纪晓岚全集

第九卷

刘金柱　杨钧　主编

中原出版传媒集团
中原传媒股份公司
大象出版社
·郑州·

目　录

四库全书简明目录

四库全书简明目录

〔清〕纪昀等 撰

编校说明

本书以影印文渊阁《四库全书简明目录》为底本，以中华书局 1964 年出版的《四库全书简明目录》为参校本。

凡例二十则

一、是书卷帙浩博,为亘古所无。然每进一编,必经亲览;宏纲巨目,悉禀天裁。定千载之是非,决百家之疑似。权衡独运,衮钺斯昭。睿鉴高深,迥非诸臣管蠡之所及;随时训示,旷若发蒙。八载以来,不能一一殚记,谨录历次恭奉圣谕为一卷,载诸简端,俾共知我皇上稽古右文,功媲删述,悬诸日月,昭示方来,与历代官修之本,泛称御定者,迥不相同。

一、是书以经、史、子、集,提纲列目。经部分十类,史部分十五类,子部分十四类,集部分五类。或流别繁碎者,又分析子目,使条理分明。所录诸书,各以时代为次。其历代帝王著作,从《隋书·经籍志》例,冠各代之首。至于列朝圣制、皇上御撰,揆以古例,当弁冕全书;而我皇上,道秉大公,义求至当,以四库所录,包括古今,义在衡鉴千秋,非徒取尊崇昭代,特命各从门目,弁于国朝著述之前。此尤圣裁独断,义惬理精,非馆臣所能仰赞一词者矣。

一、前代藏书,率无简择,萧兰并撷,珉玉杂陈,殊未协别裁之义。今诏求古籍,特创新规,一一辨厥妍媸,严为去取。其上者,悉登编录,罔致遗珠;其次者,亦长短兼胪,见瑕瑜之不掩;其有言非立训,义或违经,则附载其名,兼匡厥谬;至于寻常著述,未越群流,虽咎誉之咸无,究流传之已久,准诸家著录之例,亦并存其目,以备考核。等差有辨,旌别兼施,自有典籍以来,无如斯之博且精矣。

一、自《隋志》以下,门目大同小异,互有出入,亦各具得失。今择善而从。

如诏令、奏、议,《文献通考》入集部,今以其事关国政,诏令从《唐志》例入史部,奏议从《汉志》例亦入史部;《东都事略》之属,不可入正史,而亦不可入杂史者,从《宋史》例,立别史一门;香谱、鹰谱之属,旧志无所附丽,强入农家,今从尤袤《遂初堂书目》例,立"谱录"一门;名家、墨家、纵横家,历代著录,各不过一二种,难以成帙,今从黄虞稷《千顷堂书目》例,并入杂家为一门;又别集之有诗无文者,《文献通考》别立"诗集"一门,然则有文无诗者,何不别立"文集"一门,多事区分,徒滋繁碎,今仍从诸史之例,并为"别集"一门;又兼诂群经者,《唐志》题曰"经解",则不见其为群经,朱彝尊《经义考》题曰"群经",又不见其为经解,徐乾学通志堂所刻改名曰"总经解",何焯又讥其杜撰,今取《隋志》之文名之曰"五经总义"。凡斯之类,皆务求典据,非事更张。

一、焦竑《国史经籍志》,多分子目,颇以饾饤为嫌。今酌乎其中,惟经部之小学类,史部之地理、传记、政书三类,子部之术数、艺术、谱录、杂家四类,集部之词曲类,流派至为繁夥,端绪易至茫如,谨约分小学为三子目,地理为九子目,传记为五子目,政书为六子目,术数为七子目,艺术、谱录各为四子目,杂家为五子目,词曲为四子目,使条理秩然。又经部之礼类,史部之诏令奏议类、目录类,子部之天文算法类、小说家类,亦各约分子目,以便检寻。其余琐节,概为删并。

一、古来诸家著录,往往循名失实,配隶乖宜;不但《崇文总目》以《树萱录》入之种植,为郑樵所讥。今并考校原书,详为厘定。如《笔阵图》之属,旧入小学类,今惟以论六书者入小学,其论八法者,不过笔札之工,则改隶艺术;《羯鼓录》之属,旧入乐类,今惟以论律吕者入乐,其论管弦工尺者,不过世俗之音,亦改隶艺术;《左传》类对赋之属,旧入春秋类,今以其但取俪辞,无关经义,改隶类书;《孝经集灵》旧入孝经类,《穆天子传》旧入起居注类,《山海经》《十洲记》旧入地理类,《汉武帝内传》《飞燕外传》旧入传记类,今以其或涉荒诞,或涉鄙猥,均改隶小说;他如扬雄《太玄经》旧入儒家类,今改隶术数,俞琰《易外别传》旧入易类,今改隶道家;又如《倪石陵书》名似子书,而实文集;陈埴《木钟集》名似文集，而实语录。凡斯之流，不可殚述，并一一考核，务使不失其真。

一、诸书刊写之本不一，谨择其善本录之。增删之本亦不一，谨择其足本录之。每书名之下，钦遵谕旨，各注某家藏本，以不没所自。按，《四库总目》每书名之下注明某家藏本，《简明目录》已略去。其坊刻之书，不可专题一家者，则注曰“通行本”。至其编次先后，《汉书·艺文志》以高帝、文帝所撰杂置诸臣之中，殊为非体；《隋书·经籍志》以帝王各冠其本代，于义为允，今从其例。其余概以登第之年、生卒之岁，为之排比。或据所往来倡和之人为次。无可考者，则附本代之末。释道闺阁，亦各从时代，不复区分。宦寺之作，虽不宜厕士大夫间，然《汉志》“小学家”，尝收赵高之《爰历》、史游之《急就》，今从其例，亦间存一二。外国之作，前史罕载，然既归王化，即属外臣，不必分疆绝界，故木增、郑麟趾、徐敬德之属，亦随时代编入焉。

一、诸书次序，虽从其时代，至于笺释旧文，则仍从所注之书，而不论作注之人。如儒家类明曹端《太极图述解》，以注周子之书，则列于《张子全书》前；国朝李光地注解《正蒙》，以注张子之书，则列于《二程遗书》前是也。他如《史记疑问》，附《史记》后，《班马异同》，附《汉书》后之类，亦同此例，以便参考。至于汪晫所辑之《曾子》《子思子》，则仍列于宋；吕柟所辑之《周子抄释》诸书，则仍列于明；盖虽裒辑旧文，而实自为著述，与因原书而考辨者，事理固不同也。

一、刘向校理秘文，每书具奏；曾巩刊定官本，亦各制序文。然巩好借题抒议，往往冗长，而本书之始末源流，转从疏略；王尧臣《崇文总目》、晁公武《郡斋读书志》、陈振孙《书录解题》，稍具崖略，亦未详明；马端临《经籍考》，荟萃群言，较为赅博，而兼收并列，未能贯串折中。今于所列诸书各撰为提要，分之则散弁诸编，合之则共为总目。每书先列作者之爵里，以论世知人；次考本书之得失，权众说之异同；以及文字增删，篇帙分合，皆详为订辨，巨细不遗；而人品学术之醇疵，国纪朝章之法戒，亦未尝不各昭彰瘅，用著劝惩。其体例悉承圣断,亦古来之所未有也。

一、四部之首,各冠以总序,撮述其源流正变,以挈纲领。四十三类之首,亦各冠以小序,详述其分并改隶,以析条目。如其义有未尽,例有未该,则或于子目之末,或于本条之下,附注案语,以明通变之由。

一、历代敕撰官书,如《周易正义》之类,承诏纂修,不出一手,一一详其爵里,则末大于本,转病繁冗,故今但记其成书年月,任事姓名,而不缕陈其爵里。又如汉之贾、董,唐之李、杜、韩、柳,宋之欧、苏、曾、王,以及韩、范、司马诸名臣,周、程、张、朱诸道学,其书并家弦户诵,虽村塾童竖,皆能知其为人,其爵里亦不复赘。至一人而著数书,分见于各部中者,其爵里惟见于第一部,后但云某人有某书已著录,以省重复。如二书在一卷之中,或数页之内,易于省记者,则第二部但著其名。如:明戴原礼,已见所校补朱震亨《金匮钩玄》条下,其《推求师意》二卷,仅隔五条之类。

一、刘勰有言:“意翻空而易奇,词征实而难巧。”儒者说经论史,其理亦然。故说经主于明义理,然不得其文字之训诂,则义理何自而推;论史主于示褒贬,然不得其事迹之本末,则褒贬何据而定。如成风为鲁僖公之母,明载《左传》,而赵鹏飞《春秋经筌》,谓不知为庄公之妾、为僖公之妾,是不知其人之名分,可定其礼之得失乎?刘子翼入唐为著作郎、弘文馆直学士,明载《唐书》刘祎之传,而朱子《通鉴纲目》,书贞观元年,征隋秘书刘子翼不至,尹起莘发明称“特书隋官以美之”,与陶潜称晋一例,是未知其人之始终,可定其品之贤否乎?今所录者,率以考证精核,论辨明确为主,庶几可谢彼虚谈,敦兹实学。

一、文章流别,历代增新,古来有是一家,即应立是一类,作者有是一体,即应备是一格,斯协于“全书”之名。故释道外教、词曲末技,咸登简牍,不废搜罗。然二氏之书,必择其可资考证者,其经忏章咒,并凛遵谕旨,一字不收。宋人朱表青词,亦概从删削。其倚声填调之作,如石孝友之《金谷遗音》、张可久之《小山小令》,臣等初以相传旧本,姑为录存,并蒙皇上指示,命从屏斥。仰见大圣人敦崇风教，厘正典籍之至意。是以编辑虽富，而谨持绳墨，去取不敢不严。

一、圣贤之学，主于明体以达用，凡不可见诸实事者，皆属卮言。儒生著书，务为高论，阴阳太极，累牍连篇，斯已不切人事矣。至于论九河，则欲修禹迹；考六典，则欲复周官；封建、井田，动称三代，而不揆时势之不可行；至黄谏之流，欲使天下笔札，皆改篆体，顾炎武之流，欲使天下言语，皆作古音；迂谬抑更甚焉。又如明之曲士人喜言兵，《二麓正议》，欲掘坑藏锥以刺敌；《武备新书》，欲雕木为虎以临阵；陈禹谟至欲使九边将士，人人皆读《左传》。凡斯之类并辟其异说，黜彼空言，庶读者知致远经方，务求为有用之学。

一、汉、唐儒者，谨守师说而已；自南宋至明，凡说经讲学论文，皆各立门户，大抵数名人为之主，而依草附木者，嚣然助之。朋党一分，千秋吴越。渐流渐远，并其本师之宗旨，亦失其传，而仇隙相寻，操戈不已。名为争是非，实则争胜负也。人心世道之害，莫甚于斯。伏读御题朱弁《曲洧旧闻》，致遗憾于洛党；又御题顾宪成《泾皋藏稿》，示炯戒于东林，诚洞鉴情伪之至论也。我国家文教昌明，崇真黜伪，翔阳赫耀，阴翳潜消，已尽涤前朝之敝俗。然防微杜渐，不能不虑远思深，故甄别遗编，皆一准至公，铲除畛域，以预消芽蘖之萌。至诗社之标榜声名，地志之矜夸人物，浮辞涂饰，不尽可凭，亦并详为考订，务核其真，庶几公道大彰，俾尚论者，知所劝戒。

一、文章德行，自孔门既已分科，两擅厥长，代不一二。今所录者，如龚诩、杨继盛之文集，周宗建、黄道周之经解，则论人而不论其书；耿南仲之说易、吴幵之评诗，则论书而不论其人。凡兹之类，略示变通。一则表章之公，一则节取之义也。至于姚广孝之《逃虚子集》、严嵩之《钤山堂诗》，虽词华之美，足以方轨文坛；而广孝则助逆兴兵，嵩则怙权蠹国，绳以名义，非止微瑕。凡兹之流，并著其见斥之由，附存其目，用见圣朝彰善瘅恶，悉准千秋之公论焉。

一、儒者著书，往往各明一义，或相反而适相成，或相攻而实相救，所谓言岂一端，各有当也。考古者无所别裁，则多岐而太杂；有所专主，又胶执而过偏。左右佩剑,均未协中。今所采录,惟离经叛道、颠倒是非者,掊击必严;怀诈挟私、荧惑视听者,屏斥必力。至于阐明学术,各撷所长,品骘文章,不名一格,兼收并蓄,如渤澥之纳众流,庶不乖于全书之目。

一、《七略》所著古书,即多依托,班固《汉书·艺文志》注可覆按也。迁流洎于明季,讹妄弥增,鱼目混珠,猝难究诘。今一一详核,并斥而存目,兼辨证其非。其有本属伪书,流传已久,或掇拾残剩,真赝相参,历代词人,已引为故实,未可概为捐弃,则姑录存而辨别之。大抵灼为原帙者,则题曰"某代某人撰";灼为赝造者,则题曰"旧本题某代某人撰",其踵误传讹如吕本中《春秋传》,旧本称吕祖谦之类,其例亦同。至于其书虽历代著录,而实一无可取,如《燕丹子》、陶潜《圣贤群辅录》之类,经圣鉴洞烛其妄者,则亦斥而存目,不使滥登。

一、九流自《七略》以来,即已著录。然方技家递相增益,篇帙日繁,往往伪妄荒唐,不可究诘,抑或卑琐微末,不足编摩。今但就四库所储,择其稍古而近理者,各存数种,以见彼法之梗概。其所未备,不复搜求。盖圣朝编录遗文,以阐圣学、明王道者为主,不以百氏杂学为重也。

一、是书主于考订异同,别白得失,故辨驳之文为多。然大抵于众说互殊者,权其去取;幽光未耀者,加以表章。至于马、班之史,李、杜之诗,韩、柳、欧、苏之文章,濂、洛、关、闽之道学,定论久孚,无庸更赘一语者,则但论其刊刻传写之异同,编次增删之始末,著是本之善否而已。盖不可不辨者,不敢因袭旧文;无可复议者,亦不敢横生别解。凡以求归至当,以昭去取之至公。

圣 谕

乾隆三十七年正月初四日奉上谕："朕稽古右文，聿资治理，几余典学，日有孜孜。因思策府缥缃，载籍极博。其巨者羽翼经训，垂范方来，固足称千秋法鉴；即在识小之徒，专门撰述，细及名物象数，兼综条贯，各自成家，亦莫不有所发明，可为游艺养心之一助。是以御极之初，即诏中外，搜访遗书；并令儒臣，校勘十三经、二十一史，遍布黉宫，嘉惠后学；复开馆纂修《纲目》三编、《通鉴辑览》及'三通'诸书，凡艺林承学之士所当户诵家弦者，既已荟萃各备。第念读书固在得其要领，而多识前言往行，以蓄其德。惟搜罗益广，则研讨愈精。如康熙年间所修《图书集成》，全部兼收并录，极方策之大观；引用诸编，率属因类取裁，势不能悉载全文，使阅者沿流溯源，一一征其来处。今内府藏书，插架不为不富，然古今来著作之手，无虑数千百家，或逸在名山，未登柱史，正宜及时采集，汇送京师，以彰千古同文之盛。其令直省督抚学政等，通饬所属，加意购访。除坊肆所售举业时文，及民间无用之族谱、尺牍、屏幛、寿言等类，又其人本无实学，不过嫁名驰骛，编刻酬倡诗文，琐屑无当者，均无庸采取，其历代流传旧书，内有阐明性学治法，关系世道人心者，自当首先购觅。至若发挥传注，考核典章，旁暨九流百家之言，有裨实用者，亦应备为甄择。又如历代名人，洎本朝士林宿望，向有诗文专集，及近时沈潜经史，原本风雅，如顾栋高、陈祖范、任启运、沈德潜辈，亦各著成编，并非剿说卮言可比，均应概行查明。在坊肆者，或量为给价；家藏者，或官为装印。其有未经镌刊，只系抄本存留者，不妨缮录副本,仍将原书给还。并严饬所属,一切善为经理,毋使吏胥借端滋扰。但各省搜辑之书,卷帙必多,若不加之鉴别,悉令呈送,烦复皆所不免;着该督抚等先将各书叙列目录,注系某朝某人所著,书中要旨何在,简明开载,具折奏闻。候汇齐后,令廷臣检核,有堪备阅者,再开单行知取进,庶几副在石渠,用储乙览。从此四库、七略,益昭美备,称朕意焉。钦此。"

乾隆三十八年二月初六日奉旨:"军机大臣议复朱筠条奏内将《永乐大典》择取缮写各自为书一节,议请分派各馆修书翰林等官,前往检查,恐责成不专,徒致岁月久稽,汗青无日。盖此书移贮年久,既多残缺,又原编体例,系分韵类次,先已割裂全文,首尾难期贯串,特因当时采摭甚博,其中或有古书善本,世不恒见,今就各门汇订,可以凑合成部者,亦足广名山石室之藏。着即派军机大臣为总裁官,仍于翰林等官内选定员数,责令及时专司查校,将原书详细检阅,并将《图书集成》互为校核,择其未经采录而实在流传已久、尚可裒缀成编者,先行摘开目录奏闻,候朕裁定。其应如何酌定规条,即着派出之大臣,详悉议奏。至朱筠所奏,每书必校其得失,撮举大旨,叙于本书卷首之处,若欲悉仿刘向校书序录成规,未免过于繁冗,但向阅内府所贮康熙年间旧藏书籍,多有摘叙简明略节,附夹本书之内者,于检查洵为有益。应俟移取各省购书全到时,即令承办各员将书中要指檃栝,总叙厓略,粘开卷副页右方,用便观览,余依议。钦此。"

乾隆三十八年二月十一日奉上谕:"昨据军机大臣议复朱筠条奏校核《永乐大典》一折,已降旨派军机大臣为总裁,拣选翰林等官,详定条规,酌量办理。兹检阅原书卷首序文,其言采掇搜罗,颇称浩博,谓足津逮四库;及核之书中,别部区函,编韵分字,意在贪多务得,不出类书窠臼。是以踳驳乖离,于体例未能允协。即如所用韵次,不依唐、宋旧部,惟以《洪武正韵》为断,已觉凌杂不伦。况经训为群籍根源,乃因各韵镠轕,于《易》先列蒙卦,于《诗》先列大东,于《周礼》先列冬官,且采用各字,不论《易》《书》《诗》《礼》《春秋》之序,前后错互,甚至载入六书篆隶真草字样,摭拾米芾、赵孟頫字格,描头画角,支离无谓。至儒书之外，阑入释典、道经，于古柱下史专掌藏书守先待后之义，尤为凿枘不合。朕意从来四库书目，以经、史、子、集为纲领，裒辑分储，实古今不易之法。是书既遗编渊海，若准此以采撷所登，用广石渠金匮之藏，较为有益。着再添派王际华、裘日修为总裁官，即令同遴简分校各员，悉心酌定条例，将《永乐大典》详悉校核。除本系现在通行，及虽属古书而词义无关典要者，不必再行采录外，其有实在流传已少，其书足资启牖后学、广益多闻者，即将书名摘出，撮取著书大旨，叙列目录进呈，俟朕裁定，汇付剞劂。其中有书无可采而其名未可尽灭者，只须注出简明略节，以佐流传考订之用，不必将全部付梓，副朕裨补阙遗、嘉惠士林至意。再是书卷帙如此繁重，而明代蒇役仅阅六年，今诸臣从事厘辑，更系弃多取少，自当刻期告竣，不得任意稽延，徒诮汗青无日。仍将应定条例，即行详议，具奏。钦此。”

乾隆三十八年二月二十一日，大学士刘统勋等议奏校办《永乐大典》条例一折，奉旨："是。依议。将来办理成编时，著名《四库全书》。钦此。"

乾隆三十八年二月二十八日奉旨："现在查办《四库全书》之翰林等官，着照武英殿修书处之例，给与饭食。即交福隆安派员经理。钦此。"

乾隆三十八年五月十七日奉上谕："前经降旨，博采遗编，汇为《四库全书》，用昭石渠美备，并以嘉惠艺林。旋据浙江、江南督抚及两淮盐政等奏到购求呈送之书，已不下四五千种，并有称藏书家愿将所有旧书呈献者，固属踊跃奉公，尚未能深喻朕意。方今文治光昭，典籍大备，恐名山石室，储蓄尚多，用是广为搜辑，俾无遗佚，冀以阐疑补阙。所有进到各遗书，并交总裁等，同《永乐大典》内现有各种，详加核勘，分别刊抄。择其中罕见之书，有益于世道人心者，寿之梨枣，以广流传；余则选派誊录，汇缮成编，陈之册府；其中有俚浅讹谬者，止存书名，汇为总目，以彰右文之盛。此采择《四库全书》本指也。今外省进到之书，大小长短，参差不一，既无当于编列缥缃，而业已或刻或抄，其原书又何必复留内府？且伊等将珍藏善本，应诏汇交，深为可嘉，若因此收藏不发，转使耽书明理之人，不得保其世守，于理未为公允，朕岂肯为之？所有各家进到之书,俟校办完竣日,仍行给还原献之家。但现在各省所进书籍,已属不少,嗣后自必陆续加多,其如何分别标记,俾还本人,不致淆混遗失之处,着该总裁等,妥议具奏,仍将此通谕知之。钦此。”

乾隆三十九年五月十四日奉上谕:“国家当文治休明之会,所有古今载籍,宜及时搜罗大备,以光册府,而裨艺林。因降旨命各督抚,加意采访,汇上于朝。旋据各省陆续奏送;而江、浙两省藏书家,呈献种数尤多。廷臣中亦有纷纷奏进者。因命词臣,分别校勘,应刊应录,以广流传。其进书百种以上者,并命择其中精醇之本,进呈乙览,朕几余亲为评咏,题识简端。复命将进到各书,于篇首用翰林院印,并加钤记,载明年月姓名于书面页,俟将来办竣后,仍给还各本家,自行收藏。其已经题咏诸本,并令书馆先行录副,将原书发还,俾收藏之人,益增荣幸。今阅进到各家书目,其最多者如浙江之鲍士恭、范懋柱、汪启淑,两淮之马裕四家,为数至五六七百种,皆其累世弆藏,子孙克守其业,甚可嘉尚。因思内府所有《古今图书集成》,为书城巨观,人间罕观。此等世守陈编之家,宜俾专藏勿失,以示留贻。鲍士恭、范懋柱、汪启淑、马裕四家,着赏《古今图书集成》各一部,以为好古之劝。又如进呈一百种以上之江苏周厚堉、蒋曾莹,浙江吴玉墀、孙仰曾、汪汝瑮,以及朝绅中黄登贤、纪昀、励守谦、汪如藻等,亦俱藏书旧家,并着每人赏给内府初印之《佩文韵府》各一部,俾亦珍为世宝,以示嘉奖。以上应赏之书,其外省各家,着该督抚盐政派员赴武英殿领回分给;其在京各员,即令其亲赴武英殿祗领,仍将此通谕知之。钦此。”

乾隆三十九年七月二十五日奉谕旨:“《四库全书》处,进呈总目于经、史、子、集内,分晰应刻、应抄及应存书目三项。各条下俱经撰有提要,将一书原委,撮举大凡,并详著书人世次爵里,可以一览了然。较之《崇文总目》,搜罗既广,体例加详,自应如此办理。第此次各省搜访书籍,有多至百种以上,至六七百种者。如浙江范懋柱等家,其裒集收藏,深可嘉尚。前已降旨,分别颁赏《古今图书集成》,及初印《佩文韵府》,并择其书尤雅者,制诗亲题卷端,俾其子孙世守,以为稽古藏书者劝。今进到之书,于纂辑后,仍须发还本家,而所撰总目,若不载明系何人所藏,则阅者不能知其书所自来,亦无以彰家藏珍弆资益之善。着通查各省进到之书,其一人而收藏百种以上者,可称为藏书之家,即应将其姓名附载于各书提要末;其在百种以下者,亦应将由某省督抚某人采访所得,附载于后。其官版刊刻及各处陈设库贮者,俱载内府所藏,使其眉目分明,更为详细。至现办《四库全书总目提要》,多至万余种,卷帙甚繁,将来抄刻成书,翻阅已颇为不易,自应于'提要'之外,另刊'简明书目'一编,只载某书若干卷,注某朝某人撰,则篇目不繁而检查较易。俾学者由《书目》而寻《提要》,由《提要》而得《全书》,嘉与海内之士,考镜源流,用昭我朝文治之盛。着《四库全书》处总裁等遵照,悉心妥办,并著通谕知之。钦此。"

乾隆四十年十一月十七日奉上谕:"据《四库全书》馆总裁,将所辑《永乐大典》散片各书进呈,朕详加披阅,内宋刘跂《学易集》十二卷,拟请刊刻。其中有青词一体,乃道流祈祷之章,非斯文正轨;前因题胡宿集,见其有道院青词、教坊致语之类,命删去刊行,而抄本仍存其旧;今刘跂所作,则因已身服药交年琐事,用青词致告,尤为不经。虽抄本不妨姑存,刊刻必不可也。盖青词迹涉异端,不特周、程、张、朱诸儒所必不肯为,即韩、柳、欧、苏诸大家,亦正集所未见。若韩愈之《送穷文》、柳宗元之《乞巧文》,此乃拟托神灵,游戏翰墨,不过借以喻言,并非实有其事,偶一为之,固属无害。又如时文为举业所习,自前明以来,通人擅长者甚多,然亦只可听其另集专行,不并登文集,况青词之尤乖典则者乎。再所进书内,有拟请抄录之王质《雪山集》,内如论和战守疏及上宋孝宗书诸篇,词旨剀切,颇当事理,竟宜付之剞劂,但其中亦有青词一种,并当一律从删。所有此二书,着交该总裁等重加厘正,分别削存,用昭评督骘之允。至现在纂辑《四库全书》,部帙计盈数万,所采诗文既多,自不能必其通体完善,或大端可取,原不妨弃瑕录瑜。如宋穆修集有曹操帐记,语多称颂,谬于是非,大义在所必删,而全集或录存,亦不必因此以废彼。惟当于提要内,阐明其故,使去取之义晓然。诸凡相类者,均可照此办理。该总裁等务须详慎决择,使群言悉归雅正,副朕鉴古斥邪之意。钦此。"

乾隆四十一年六月初一日奉上谕："昨四库馆进呈裒集《永乐大典》散篇，内有《麟台故事》一编，为宋待制程俱撰，具详当时馆阁之制，所载典掌三馆秘阁书籍，以执政领阁事，又有直秘阁、秘阁校理等官，颇称赅备。方今搜罗遗籍，汇为《四库全书》，每辑录奏进，朕亲披阅厘正，特于文华殿后，文渊阁弆之，以充策府，而昭文治，渊海缥缃，蔚然称盛。第文渊阁国朝虽为大学士兼衔，而非职掌，在昔并无其地。兹既崇构鼎新，琅函环列，不可不设官兼掌，以副其实。自宜酌衷宋制，设文渊阁领阁事，总其成。其次为直阁事，同司典掌。又其次为校理，分司注册。点验所有阁中书籍，按时检曝，虽责之内府官属，而一切职掌，则领阁事以下各任之。于内阁翰詹衙门内兼用。其每衔应设几员，及以何官兼充，着大学士会同吏部、翰林院定议，列名具奏，候朕简定。令各分职系衔，将来即为定额，用垂久远。至于四库所集，多人间未见之书，朕勤加采访，非徒广金匮石室之藏，将以嘉惠艺林，启牖后学，公天下之好也。惟是镌刻流传，仅什之一；而抄录储藏者，外间仍无由窥睹。岂朕右文本意乎？翰林原许读中秘书，即大臣官员中，有嗜古勤学者，并许告之所司，赴阁观览。第不得携取出外，致有损失。其如何酌定章程，并着具奏以闻。钦此。"

乾隆四十一年七月二十六日奉上谕："关帝在当时力扶炎汉，志节凛然，乃史书所谥，并非嘉名。陈寿于蜀汉有嫌，所撰《三国志》，多存私见，遂不为之论定，岂得谓公。从前世祖章皇帝曾降谕旨，封为忠义神武大帝，以褒扬盛烈。朕复于乾隆三十二年，降旨加'灵佑'二字，用示尊崇。夫以神之义烈忠诚，海内咸知敬祀，而正史犹存旧谥，隐寓讥评，非所以传信万世也。今当抄录《四库全书》，不可相沿陋习，所有志内关帝之谥，应改为忠义。第本传相沿已久，民间所行必广，难于更易，着交武英殿，将此旨刊载传末，用垂久远。其官板及内府陈设书籍，并着改刊此旨，一体增入。钦此。"

乾隆四十一年九月三十日奉上谕："昨《四库全书》荟要处，呈进抄录各种书籍。朕于几余披阅，见粘签考订之处，颇为详细。所有各签，向曾令其附录于每卷之末，即官板诸书，亦可附刻卷尾。惟民间藏板，及坊肆镌行之本，难以概行刊入,其原书讹舛、业经订正者,外间仍无由得知,尚未足以公好天下也。前经降旨,令将《四库全书总目》,及各书提要,编刊颁行。所有诸书校订各签,并着该总裁等另为编次,与《总目提要》,一体付聚珍板排刊流传。既不虚诸臣校勘之勤,而海内承学者,得以由此研寻。凡所藏书,皆成善本,亦以示嘉惠士林至意。钦此。"

乾隆四十一年十一月十七日奉上谕:"前因汇辑《四库全书》,谕各省督抚,遍为采访。嗣据陆续送到各种遗书,令总裁等悉心校勘,分别应刊、应抄及存目三项,以广流传。第其中有明季诸人书集,词意抵触本朝者,自当在销毁之列。节经各督抚呈进,并饬馆臣详细检阅,朕复于进到时亲加披览,觉有不可不为区别甄核者。如钱谦益在明已居大位,又复身事本朝,而金堡、屈大均则又遁迹缁流,均以不能死节,腼颜苟活,乃托名胜国,妄肆狂狺,其人实不足齿,其书岂可复存,自应逐细查明,概行毁弃,以励臣节,而正人心。若刘宗周、黄道周,立朝守正,风节凛然,其奏议慷慨极言,忠荩溢于简牍,卒之以身殉国,不愧一代完人。又如熊廷弼受任疆场,材优干济,所上封事,语多剀切,乃为朝议所挠,致使身陷大辟,尝阅其疏内有'洒一腔之血于朝廷,付七尺之躯于边塞'二语,亲为批识云:'至此为之动心欲泪,而彼之君若不闻;明欲不亡,得乎?'可见朕大公至正之心矣。又如王允成《南台奏稿》,弹劾权奸,指陈利弊,亦为无惭骨鲠。又如叶向高为当时正人,颇负重望,及再入内阁,值逆阉弄权,调停委曲,虽不能免责贤之备,然视其纶扉奏草,请补阁臣疏至七十上,几于痛哭流涕,一概付之不答,其朝纲丛脞,可不问而知也。以上诸人所言,若当时能采而用之,败亡未必若彼其速。是其书为明季丧乱所关,足资考镜,惟当改易违碍字句,无庸销毁。又彼时直臣如杨涟、左光斗、李应升、周宗建、缪昌期、赵南星、倪元璐等,所有书籍,并当以此类推,即有一二语伤触本朝,本属各为其主,亦止须酌改一二语,实不忍并从焚弃,致令湮没不彰。至黄道周另有《博物典汇》一书,不过当时经生家策料之类,然其中纪本朝事迹一篇,于李成梁后设谋甚害,具载本末,尤足征我朝祖宗,行事正大光明,实大有造于明人,而彼转逞狡谋阴计,以怨报德。伏读实录,我太祖高皇帝以七大恨告天,师直为壮,神戈所指,肇造鸿基,实自古创业者所莫及。虽彼之臣子,亦不能变乱黑白,曲为隐讳,存其言并可补当年纪载所未备。因命馆臣,酌加节改,附载《开国方略》后,以昭征信。近复阅江苏所进应毁书籍内,有朱东观编辑崇祯年间诸臣奏疏一卷,其中多指言明季秕政,渐至瓦解而不可救,亦足取为殷鉴,虽诸疏中多有乖触字句,彼皆忠于所事,实不足罪,惟当酌改数字,存其原书,使天下后世,晓然于明之所以亡,与本朝之所以兴。俾我子孙永念祖宗缔造之艰难,益思兢兢业业,以祈天而永命。其所裨益,岂不更大,又何必急毁其书乎。又若汇选各家诗文内,有钱谦益、屈大均所作,自当削去,其余原可留存,不必因一二匪人,致累及众。或明人所刻类书,其边塞兵防等门,所有触碍字样,固不可存,然只须削去数卷,或削去数篇,或改定字句,亦不必因一二卷帙,遂废全部。他如南宋人书之斥金,明初人书之斥元,其悖于义理者,自当从改,其书均不必毁。使无碍之书,原听其照旧流行,而应禁之书,自不致仍前藏匿,方为尽善。着《四库全书》总裁等,妥协查办,粘签呈览,候朕定夺。并将此通谕中外知之。钦此。"

乾隆四十二年八月十九日奉旨:"前经降旨,各省藏书家所呈书籍,于办毕后即行发还。至督抚等自购呈进之本,俱经奏请,留供石渠之藏。其在京大臣官员等所进之书,亦俱请备储中秘。昨岁大学士等议定文渊阁藏书章程云,俟全书告竣后,各藏其副于翰林院,署立架分贮等语。朕命纂辑《四库全书》,原以嘉惠天下万世,公诸同好,今外省藏书家进到之书,既经陆续给还,所有在京大臣等呈进书籍,亦应一体付还本家,俾其世守。若为翰林院藏副计,则各处所进书函,长短阔狭不等,分签插架,不能整齐。莫若俟《四库全书》抄录四分完竣,令照式再抄一分,贮之翰苑。既可备耽书之人入署就阅,而传布词林,亦为玉堂增一佳话。其各督抚购进诸书,将来仍可汇交武英殿,另行陈设收藏,将此谕令四库馆总裁等遵照办理。钦此。"

乾隆四十二年十月初七日奉上谕:"《四库全书》馆进呈李廌《济南集》,其咏凤凰台一首，有‘汉彻方秦政，何乃误至斯？’之语，于理不顺，因检查《北史·文苑传叙》，亦有‘颉颃汉彻，跨蹑曹丕’之句，《韵府》因而录入，均属未协。秦始皇焚书坑儒，其酷处不可枚举，号为无道，秦后之人，深恶痛绝，因而显斥其名，尚无不可；若曹丕躬为篡逆，称名亦宜。至汉武帝在汉室尚为振作有为之主，且兴贤用能，独持纲纪，虽黩武惑溺神仙，乃其小疵，岂得直书其名，与秦政、曹丕并论乎？且自古无道之君，至桀、纣而止，故有指为独夫受者；若汉之桓、灵，昏庸狂暴，遂至灭亡，亦未闻称名指斥，何于武帝，转从贬抑乎？又如南北朝彼此互相诋毁，南朝臣子称北朝主之名，北朝臣子称南朝主之名，宋之于金、元，金、元之于宋亦然。此皆局于其地之私心，虽非天下之公，尚无伤于正理。若李延寿乃唐臣，李廌乃宋臣，其于中国正统之汉武帝，伊祖未尝不曾为其臣，岂应率逞笔端，罔顾名义，轻妄若此。且朕御制诗文内，如周、程、张、朱皆称为子，而不斥其名，又如韩昌黎、苏东坡诸人，或有用入诗文者，亦止称其号而不名。朕于异代之臣，尚不欲直呼其名，乃千古以下之臣，转将千古以上之君，称名不讳，有是理乎？朕命诸臣，办理《四库全书》，亲加披览，见有不协于理者，如关帝旧谥之类，即降旨随时厘正。惟准以大中至正之道，为万世严褒贬，即以此衡是非。此等背理称名之谬，岂可不为改正，以昭示方来。着交武英殿，将《北史·文苑传叙》，改为汉武；韵府内删去此条，酌为改刊。所有陈设之书，悉心改补。其李廌集亦一体更正。并谕《四库全书》馆臣等，于校勘书籍内，遇有似此者，俱加签拟改声明进呈，毋稍忽略。将此通谕知之。钦此。”

乾隆四十二年十一月十四日奉上谕：“前日披览《四库全书》馆所进宗泽集，内将‘夷’字改写‘彝’字，‘狄’字改写‘敌’字；昨阅杨继盛集内改写亦然。而此两集中，又有不改者，殊不可解。‘夷’‘狄’二字，屡见于经书，若有心改避，转为非理。如《论语》‘夷狄之有君’、孟子‘东夷、西夷’又岂能改易，亦何必改易。且宗泽所指，系金人，杨继盛所指，系谙达，更何所用其避讳耶？因命取原本阅之，则已改者，皆系原本妄易；而不改者，原本皆空格加圈；二书刻于康熙年间，其谬误本无庸追究。今办理《四库全书》，应抄之本，理应斟酌妥善，在誊录草野无知，照本抄誊，不足深责，而空格则系分校所填，既知填从原文，何不将其原改者悉为更正？分校复校，俱系职官，岂宜失检若此。至总裁等，身为大臣，于此等字面，尤应留心细勘，何竟未能逐一校正，其咎更无所辞，非他书总核记过者可比。所有此二书之分校、复校及总裁官，俱即着交部分别议处。除此二书改正外，他书有似此者，并着一体查明改正，并谕该馆臣，嗣后务悉心详校，毋再轻率干咎。钦此。”

乾隆四十三年五月二十六日奉上谕：“朕博搜载籍，特命诸臣纂辑《四库全书》，弆藏三阁。又择其尤精者，为荟要，分贮大内及御园，用昭美备。所以多选誊录，宽予限期，以期校成善本，嘉惠艺林。昨办书期届五年，将校对誊录诸人，优予议叙，用示劝扬。惟是进呈各书，朕信手抽阅，即有讹舛，其未经指出者，尚不知凡几。既有校对专员，复有总校、总裁，重重复勘，一书经数人手眼，不为不详，何以漫不经意，必待朕之遍览乎？若朕不加检阅，将听其讹误乎？朕因《四库全书》应缮写者，统计十六万八千册，卷帙浩繁，既成大事，不妨略其小节。自开馆以来，无不曲予加恩，多方鼓舞，所以体恤之者倍至。若此任意疏忽，屡训不改，长此安穷，是徒以四库书馆，开幸进之阶，为终南快捷方式，又岂可不防微杜渐耶？前定总裁、总校、分校等，按次记过三月，查核交部议处，原不过薄示惩儆，使知愧励，乃各总裁，仅请每部抽看十之一二，以图卸责。身为大臣，即不宜如此存心；乃既经抽看，而仍听其鲁鱼亥豕，累牍连篇，其又何辞以自解饰耶？嗣后务宜痛加猛省，悉心校勘，其于去取誊录分校之际，更不宜左袒，屡乞恩准，以无负朕稽古右文之意。毋再因循干咎，将此再行严饬，在馆诸臣知之。钦此。”

乾隆四十四年二月二十六日奉上谕：“《四库全书》馆，节次汇进各省送到违碍应毁书籍，朕亲加抽阅。内如徐必达南州草所载奸商奸珰结贿欺君诸疏，俱持论不挠，极为抗直。又如萧近高疏草内载其劾大珰潘相等，以矿税扰民；宋一韩掖垣封事，亦有劾东厂及税监李凤、梁永等蠹国病民诸疏，均属详明剀切。又侯震旸天垣疏略，以客氏再入禁中，抗章极论，并及于沈潅之交通内臣，亦能侃侃不阿，虽其间若徐尔一之九八分疏，极口诋斥孙承宗，而于温体仁、霍维华等，则曲加赞誉，是非倒置，以图荧听，此外亦不过摭拾陈言，固无足取。其余谠论危言，切中彼时弊病者，实俱无惭骨鲠。前因明季诸臣，如刘宗周、黄道周等，立身行己，秉正不回，其抗疏直谏，皆意切于匡正时艰，忠荩之忱，溢于简牍，已降旨将其违碍字句，酌量改易，毋庸销毁。因复思明自神宗以后，朝多秕政，诸臣目击国势之阽危，往往苦口极言，无所隐讳，虽其君置若罔闻，不能稍收补救之效，而遗篇俱在，凡一时废弛瞀乱之迹，痛切敷陈，足资考镜。朕以为不若择其较有关系者，别加编录，名为'明季奏疏'，勒成一书，使天下万世，晓然于明之所以亡，亦可垂示方来，永为殷鉴。况诸臣弹劾权奸，指摘利病，至不惮再三入告，实皆出自爱君体国之诚，而其姓名章疏，不尽见于明史。朕方欲阐幽显微，又何忍令其湮没弗彰。况诸臣在胜国言事，于我国家间有干犯之语，彼自为其主，不宜深责。非若身入本朝，肆为诋悖者可比。原不妨就其应存诸疏，将触背字面，量为改易选录，余仍分别撤毁。于办理违碍书籍，似属并行不悖。着交该总裁遴选一二人，详悉校阅，编辑缮录，以次呈览，候朕鉴定。并将此通谕中外知之。钦此。"

乾隆四十五年九月十七日奉上谕："国初设官，分职不殊周官法制。及定鼎中原，参稽前代，不繁不简，最为详备。其间因革损益，名异实同，稽古唐虞，建官惟百，内有百揆四岳，外有州牧侯伯；奋庸熙载，亮采惠畴。周则监于二代，立三公三孤。秦汉以后，为丞相、为中书、门下、平章、知政事。明洪武因胡惟庸之故，改丞相为大学士。其实官名虽异，职守无殊。惟在人主太阿不移，简用得人，则虽名丞相，不过承命奉行；即改称大学士，而所任非人，窃弄威福，严嵩之流，非仍名大学士者乎？盖有是君，方有是臣。惟后克艰厥后，庶臣克艰厥臣。昔人言：天下之安危，系乎宰相。其言实似是而非也。至六官即今之六部，《周礼》典制綦详，要亦本于唐虞司徒秩宗诸职；外而督抚，自秦汉以来，所称守牧、节度、行省，即唐虞十二牧之遗。历朝改革，建置纷如，难以缕数。

我国家文武内外，官职品级，载在《大清会典》，本自秩然。至于援古证今，今之某官即前某代某官，又或古有今无，或古无今有，允宜勒定成书，昭垂永久，俾览者一目了然。现在编列《四库全书》，遗文毕集，着即派总纂、总校之纪昀、陆锡熊、陆费墀、孙士毅等，悉心校核，将本朝文武内外官职阶级，与历代沿袭异同之处，详稽正史，博参群籍，分晰序说，简明精审，毋冗毋遗。其议政大臣、领侍卫内大臣、八旗都统、护军统领、健锐火器营、内务府并驻防将军，及新疆增置各官，亦一体详晰考证，分门别类，纂成《历代职官表》一书。由总裁复核，陆续进呈，候朕阅定。书成后，即以此旨冠于卷首，不必请序，列入《四库全书》，刊布颁行，以昭中外一统，古今美备之盛。因首论丞相一官，余可类推，览是编者，其各顾名思义，凛然于天工人代，兢兢业业，夙夜靖共，以庶几克艰无旷之义。钦哉特谕。钦此。”

乾隆四十六年二月十三日奉上谕：“据《四库全书》总裁奏进所办《总目提要》，内请于经、史、子、集各部，冠以圣义、圣谟等六门，恭载列圣钦定诸书，及朕御制、御批各种，所拟殊属棼繁。从前开馆之初，曾经降旨，以《四库全书》内，惟集部应以本朝御制诗文集冠首。至经、史、子三部，仍照例编次。不必全以本朝官书为首。今若于每部内，又特标圣义诸名目，虽为尊崇起见，未免又多增义例。朕意如列圣御纂诸经，列于各本经诸家之前；《御批通鉴纲目》等书，列于各家编年诸书之前；五朝圣训、朱批谕旨方略等书，列于诏令诸门之前；御注《道德经》，列于各家所注《道德经》之前；其他以类仿照编次，俾尊崇之义，与编纂之体，并行不悖。至阅其《总目》，特载朕前后修书谕旨，及御题四库诸书诗文为卷首，所办未为尽协。《四库全书》，体大物博，将来书成之日，篇帙浩繁，举何为序。所有历次所降谕旨，刊之《总目》首卷以当序，事属可行，且官撰诸书，亦有以谕旨代弁言者，自不得不如此办理。至朕题四库诸书诗文，若亦另编卷首，将来排列，转在列圣钦定诸书之前，心尤未安。虽纂校诸臣尊君之意，然竟似《四库全书》之辑，端为朕诗文而设者然，朕不为也。着将所进诗文六卷撤出，仍分列入朕御制诗文集内，俾各为卷首，则编排在列朝钦定诸书之后;而四库书内,朕所题各书诗文,列在本集首卷。庶眉目清,而开帙了然。将此谕令馆臣遵照办理。钦此。"

乾隆四十六年二月十五日奉上谕:"昨据《四库全书》总裁奏请《总目》,请于经、史、子、集各部,冠以圣义、圣谟等六门。业经降旨,令将列朝御纂、御批、御制各书,分列各家著撰之前,不必特标名目,并令将卷首所录御题四库诸书诗文撤出,分列御制诗文名集之前,所以示大公也。朕一再思维,《四库全书》之辑,广搜博采,荟萃群书,用以昭垂久远,公之天下万世。如经部易类,以《子夏易传》冠首,实为说易家最古之书,允宜弁冕羲经。若以钦定诸书列于各代之前,虽为纂修诸臣尊崇本朝起见,而于编排体例,究属未协。况经、史、子、集各部内,尚有前代帝王论著,以本朝钦定各书冠之,亦有未合。在编辑诸臣,自不敢轻议及此,朕则笔削权衡,务求精当,使纲举目张,体裁醇备,足为万世法制。即后之好为论辨者,亦无从置议,方为尽善。所有《四库全书》经、史、子、集各部,俱照各按撰述人代先后,依次编纂。至我朝钦定各书,仍各按门目分冠本朝著录诸家之上,则体例精严,而名义亦秩然不紊,称朕折中详慎之至意。将此谕令馆臣遵照办理。钦此。"

乾隆四十六年十月十六日奉上谕:"《四库全书》馆进呈书内,有宋叶隆礼奉敕所撰《契丹国志》。其说采摘《通鉴》等编,及诸说部书,按年胪载,抄撮成文,中间体例混淆,书法讹舛,不一而足。如书既名《契丹国志》,自应以辽为主,乃卷首年谱,既标太祖、太宗等帝,而事实内又称辽帝、称国主,岂非自乱其例。又是书既奉南宋孝宗敕撰,而评断引宋臣胡安国语,称为胡文定公,实失君臣之体。甚至大书辽帝纪元于上,而以宋祖建隆等年号分注于下,尤为纰谬。夫梁、唐、晋、汉、周,僭乱之主,享国日浅,且或称臣、称儿、称孙于辽,分注纪元尚可,若北宋,则中原一统,岂得以春秋分国之例,概分注于北辽之下。又引胡安国论断,以劫迫其父开门纳晋军之杨承勋,谓'变而不失其正'。时承勋同父被晋围,虑祸及身,乃劫其父,致被晋戮,而已受晋爵赏。夫大义灭亲,父可施之子,子不可施之父,父既背叛,子惟一死,以答君亲;岂有灭伦背义,尚得谓之‘变而不失其正’，此乃胡安国华夷之见，芥蒂于心，右逆子而乱天经，诚所谓‘胡说’也。其他乖谬种种，难以枚举，朕详加披览，经指驳者数十条，馆臣乃请撤出此部书。朕以春秋天子之事，是非万世之公，昨曾著《正统辨》，论断甚明。今《契丹国志》，既有成书纪载，当存其旧；惟体例书法讹谬，于纲目大义有乖者，不可不加厘正。着总纂纪昀等，详加校勘，依例改纂。其志中之事迹，如祭用白马灰牛，毡中枯骨变形视事，及戴野猪头披皮之类，虽迹涉荒诞，然与诗书所载简狄吞卵、姜嫄履武，复何以异。盖神道设教，古今胥然，义正如此，又何必信远而疑近乎。其余辽帝过举，如母后擅权诸事，足为后世鉴戒者，仍据志实书，一字不可易。该总裁等，复阅进呈，候朕亲定，录入《四库全书》，并将此旨，书于简端，以昭纲常名教，大公至正之义。特谕。钦此。”

乾隆四十六年十月二十七日内阁奉上谕：“历代明臣奏疏，向有流传选刻之本，《四库全书》内，亦经馆臣编次进呈，其中危言谠论，关系前代得失者，固可援为法戒。因思胜国去今尤近，三百年中，荩臣杰士、风节伟著者，实不乏人。迹其规陈治乱，抗疏批鳞，当亦不亚汉、唐、宋、元诸臣。而奏疏未有专本，使当年绳愆纠缪忠君爱国之忱，后世无由想见，诚阙典也。即或其人品谊未醇，而其言一事、陈一弊，切中利病，有裨时政者，亦不可以人废言。至神宗以后，诸臣奏疏内，有因辽沈用兵，涉及本朝之处，彼时主暗政昏，太阿倒置，阉人窃柄，权幸满朝，以致举措失当，赏罚不明，其君缀旒于上，竟置国事若罔闻，遂至流寇四起，兵溃饷绝，种种秕政，指不胜数，若杨涟、左光斗、熊廷弼诸人，或折冲疆场，或正已立朝，俱能慷慨建议，剀切敷陈，设明之君果能采而用之，犹不致败亡若是之极，其事距今百十余年，殷鉴不远，尤当引为炯戒，则诸人奏疏，不可不亟为辑录也。除《明史》本传外，所有入《四库全书》诸人文集，均当广为搜采，裒集成编。即有违碍字句，只须略为节润，仍将原文录入，不可删改。此事关系明季之所以亡，与我朝之所以兴，敬怠之分，天人之际，不可不深思远虑，触目警心。着派诸皇子同总师傅蔡新等为总裁，其皇孙、皇曾孙之师傅翰林等，即着为纂修校录，陆续进呈，候朕亲裁。书成后即交武英殿刊刻，仍抄入《四库全书》,将此旨冠于简端。所有前派纪昀等,选出神宗以后各奏疏,即着归入此书,按其朝代,一体编纂。特谕。钦此。”

乾隆四十六年十一月初六日内阁奉上谕:“昨阅四库馆进呈书,有朱存孝编辑《回文类聚补遗》一种,内载美人八咏诗,词意媟狎,有乖雅正。夫诗以温柔敦厚为教,孔子不删郑、卫,所以示刺、示戒也。故三百篇之旨,一言蔽以无邪。即美人香草,以喻君子,亦当原本风雅,归诸丽则,所谓托兴遥深,语在此而意在彼也。自《玉台新咏》以后,唐人韩偓辈,务作绮丽之词,号为香奁体,渐入浮靡,尤而效之者,诗格更为卑下。今美人八咏内,所列丽华发等诗,毫无寄托,辄取俗传鄙亵之语,曲为描写,无论诗固不工,即其编造题目,不知何所证据。朕辑《四库全书》,当采诗文之有关世道人心者,若此等诗句,岂可以体近香奁,概行采录。所有美人八咏诗,着即行撤出,至此外各种诗集内,有似此者,亦着该总裁督同总校、分校等,详细检查,一并撤出,以示朕厘正诗体,崇尚雅醇之至意。钦此。”

乾隆五十五年六月初一日奉上谕:“《四库全书》,荟萃古今载籍,富有美备。不特内府珍藏,借资乙览,亦欲以流传广播,沾溉艺林。前因卷页浩繁,中多舛错,特令总纂等,复加详细雠校,俾无鲁鱼亥豕之讹。兹已厘订蒇工,悉臻完善。所有江浙两省文宗、文汇、文澜三阁,应贮全书。现在陆续颁发藏庋,该处为人文渊薮,嗜奇好学之士,自必群思博览,借广见闻。从前曾经降旨,准其赴阁检视抄录,俾资搜讨。但地方有司,恐士子翻阅污损,或至过有珍秘,以阻争先快睹之忱,则所颁三分全书,亦仅束之高阁,转非朕搜辑群书、津逮誉髦之意。即武英殿聚珍板诸书,排印无多,恐士子等亦未能全行购觅。该督抚等谆饬所属,候贮阁全书,排架齐集后,谕令该省士子,有愿读中秘书者,许其呈明到阁抄阅,但不得任其私自携归,以致稍有遗失。至文渊阁等,禁地森严,士子等固不便进内抄阅,但翰林院现有存贮底本,如有情殷诵习者,亦许其就近抄录,掌院不得勒阻留难。如此广为传播,俾茹古者,得睹生平未见之书,互为抄录,传之日久,使石渠天禄之藏,无不家弦户诵,益昭右文稽古,加惠士子盛事,不亦善乎。钦此。”

职　名

钦定《四库全书》勘阅缮校诸臣职名

正总裁

皇六子多罗质郡王　臣永　瑢

皇八子多罗仪郡王　臣永　璇

皇十一子　臣永　瑆

经筵日讲起居注官太子太保东阁大学士管吏部刑部事翰林院掌院学士　臣刘统勋

经筵讲官太子太保文渊阁大学士兼工部尚书　臣刘　纶

经筵日讲起居注官太子太保武英殿大学士管吏部刑部事翰林院掌院学士文渊阁领阁事　臣舒赫德

经筵日讲起居注官太子太保领侍卫内大臣武英殿大学士管吏部事翰林院掌院学士文渊阁领阁事一等诚谋英勇公　臣阿　桂

经筵日讲起居注官太子太保文华殿大学士管户部事翰林院掌院学士文渊阁领阁事世袭一等轻车都尉　臣于敏中

经筵讲官太子太保东阁大学士兼刑部尚书内务府总管教习庶吉士　臣英　廉

经筵讲官文渊阁大学士兼吏部尚书文渊阁领阁事　臣程景伊

经筵日讲起居注官太子太保文渊阁大学士兼吏部

尚书翰林院掌院学士文渊阁领阁事　臣嵇　璜

　　太子太保御前大臣议政大臣领侍卫内大臣兵部尚书兼管工部内务府总管文渊阁提举阁事一等忠勇公和硕额驸　臣福隆安

　　太子太保御前大臣议政大臣领侍卫内大臣户部尚书内务府总管步军统领世袭三等轻车都尉　臣和　珅

　　经筵讲官协办大学士吏部尚书兼管国子监事务　臣蔡　新

　　经筵讲官太子少傅户部尚书　臣王际华

　　经筵讲官太子少傅工部尚书　臣裘日修

副总裁

　　经筵讲官太子少傅户部尚书教习庶吉士　臣梁国治

　　经筵讲官礼部尚书　臣曹秀先

　　都察院左都御史　臣张若淮

　　内阁学士兼礼部侍郎　臣刘　墉

　　吏部侍郎　臣王　杰

　　吏部侍郎　臣彭元瑞

　　户部侍郎　臣金　简

　　经筵讲官户部侍郎　臣董　诰

　　经筵讲官户部侍郎　臣曹文埴

　　兵部侍郎　臣沈　初

　　经筵讲官刑部侍郎　臣钱汝诚

　　工部侍郎　臣李友棠

翰林院勘阅编辑四库全书官员职名

总纂官

　　文渊阁直阁事兵部侍郎　臣纪　昀

　　文渊阁直阁事大理寺卿　臣陆锡熊

　　太常寺少卿　臣孙士毅

翰林院提调官

日讲起居注官司经局洗马	臣梦　吉
翰林院编修	臣祝德麟
掌河南道监察御史	臣刘锡嘏
日讲起居注官翰林院侍讲	臣王仲愚
文渊阁校理翰林院编修	臣百　龄
日讲起居注官文渊阁校理翰林院侍读	臣张　焘
翰林院编修	臣宋　铣
翰林院编修	臣萧际韶
日讲起居注官文渊阁校理翰林院侍读	臣德　昌
翰林院编修	臣黄瀛元
翰林院编修	臣曹　城
日讲起居注官文渊阁校理翰林院侍讲	臣瑞　保
翰林院编修	臣陈崇本
文渊阁校理翰林院检讨	臣五　泰
翰林院检讨	臣运　昌
军机处行走工科给事中	臣章宝传
军机处行走鸿胪寺卿	臣冯应榴
军机处行走都察院左副都御史	臣孙永清
军机处行走浙江道监察御史	臣史梦琦
军机处行走户部郎中	臣刘谨之
军机处行走工部郎中	臣蒋谢庭
军机处行走翰林院修撰	臣戴衢亨

协勘总目官

文渊阁校理	臣刘权之
文渊阁校理翰林院编修	臣汪如藻

翰林院编修 臣程晋芳
翰林院编修 臣李 潢
翰林院庶吉士 臣梁上国
礼部候补主事 臣任大椿
国子监助教 臣张羲年

纂修官

日讲起居注官文渊阁校理左春坊左庶子 臣邹奕孝
右春坊右庶子 臣平 恕
翰林院侍讲 臣刘亨地
文渊阁校理翰林院侍讲 臣庄承篯
文渊阁校理翰林院侍讲 臣吴寿昌
文渊阁校理司经局洗马 臣翁方纲
右春坊右中允 臣刘校之
翰林院编修 臣励守谦
翰林院编修 臣朱 筠
翰林院编修 臣蓝应元
翰林院检讨 臣萧 芝
翰林院编修 臣邹玉藻
翰林院编修 臣王嘉曾
翰林院编修 臣刘跃云
翰林院编修 臣姚 颐
翰林院编修 臣黄良栋
翰林院编修 臣陈昌图
翰林院修撰 臣陈初哲
翰林院编修 臣刘 湄
翰林院编修 臣郑际唐

翰林院编修	臣吴　典
翰林院检讨	臣左　周
司经局洗马	臣黄　轩
翰林院编修	臣王　增
翰林院编修	臣范　衷
翰林院编修	臣王尔烈
翰林院编修	臣闵思诚
翰林院编修	臣林树蕃
文渊阁校理翰林院编修	臣陈昌齐
翰林院编修	臣孙辰东
翰林院编修	臣俞大猷
文渊阁校理翰林院编修	臣李尧栋
翰林院编修	臣邹炳泰
文渊阁校理翰林院编修	臣庄通敏
翰林院编修	臣黄寿龄
翰林院编修	臣莫瞻菉
翰林院检讨	臣王坦修
翰林院编修	臣许兆椿
翰林院编修	臣于　鼎
翰林院编修	臣王春煦
翰林院编修	臣吴鼎雯
翰林院编修	臣吴省兰
翰林院修撰	臣汪如洋
翰林院编修	臣陈万青
翰林院编修	臣余　集
翰林院编修	臣邵晋涵

翰林院编修　臣周永年
翰林院检讨　臣谷际岐
翰林院庶吉士　臣蔡廷举
翰林院庶吉士　臣杨昌霖
翰林院庶吉士　臣戴　震
翰林院庶吉士　臣祝　堃
刑部郎中　臣姚　鼐

天文算法纂修官

钦天监中官正　臣郭长发
钦天监灵台郎　臣陈际新
算学录　臣倪廷梅

收掌官

翰林院笔帖式　臣安盛额
翰林院笔帖式　臣文　英
翰林院笔帖式　臣富　廉
翰林院笔帖式　臣舒明阿
翰林院笔帖式　臣白　瑛
翰林院笔帖式　臣英玺德
翰林院笔帖式　臣荣　安
翰林院笔帖式　臣明　福
翰林院笔帖式　臣博　良
翰林院笔帖式　臣恒　敬
翰林院笔帖式　臣那　善
翰林院笔帖式　臣长　亮
翰林院笔帖式　臣经　德
翰林院笔帖式　臣庆　明

翰林院笔帖式　臣盛　文
翰林院笔帖式　臣张纯贤
翰林院笔帖式　臣福　智
翰林院笔帖式　臣承　露
翰林院孔目　臣熊志契
翰林院待诏　臣马　蓁

武英殿缮写校正四库全书官员职名

总阅官

经筵讲官礼部尚书兼管乐部太常寺鸿胪寺事务　臣德　保
兵部尚书　臣周　煌
经筵讲官吏部侍郎　臣谢　墉
礼部侍郎　臣庄存与
礼部侍郎　臣达　椿
署工部侍郎　臣汪廷玙
工部侍郎　臣胡高望
内阁学士兼礼部侍郎　臣汪永锡
内阁学士兼礼部侍郎　臣金士松
内阁学士兼礼部侍郎　臣尹壮图
内阁学士兼礼部侍郎　臣李　绶
宗人府府丞　臣窦光鼐
通政使司通政使　臣吉梦熊
太常寺卿　臣倪承宽
日讲起居注官翰林院侍读学士　臣李汪度
日讲起居注官文渊阁直阁事翰林院侍讲学士　臣朱　珪

总校兼提调官

日讲起居注官文渊阁直阁事詹事府少詹事　臣陆费墀

提调官

日讲起居注官文渊阁直阁事翰林院侍读学士　　臣彭绍观

翰林院编修　　臣查　莹

翰林院编修　　臣刘种之

文渊阁校理左春坊左赞善　　臣韦谦恒

翰林院检讨　　臣彭元珫

翰林院编修　　臣吴裕德

翰林院编修　　臣关　槐

翰林院编修　　臣周兴岱

复校官

中允衔翰林院编修　　臣王燕绪

翰林院编修衔　　臣朱　钤

翰林院检讨　　臣何思钧

翰林院庶吉士衔　　臣仓圣脉

分校官

日讲起居注官右春坊右中允　　臣张书勋

文渊阁校理右春坊右中允　　臣季学锦

翰林院修撰　　臣钱　棨

翰林院修撰　　臣金　榜

翰林院编修　　臣张秉愚

翰林院编修　　臣项家达

翰林院编修　　臣杨寿楠

翰林院编修　　臣裴　谦

翰林院编修　　臣张能照

翰林院编修　　臣汪学金

翰林院编修　　臣严　福

翰林院编修　臣孙希旦
翰林院编修　臣罗修源
翰林院编修　臣朱　攸
翰林院编修　臣丘庭漋
翰林院编修　臣钱　樾
翰林院编修　臣周　琼
翰林院编修　臣吴锡麒
翰林院编修　臣蔡廷衡
翰林院编修　臣翟　槐
翰林院编修　臣施培应
翰林院编修　臣吴舒帷
翰林院编修　臣何　循
翰林院编修　臣颜崇沩
翰林院编修　臣张九镡
翰林院编修　臣王天禄
翰林院编修　臣冯敏昌
翰林院编修　臣朱　绂
翰林院编修　臣闵惇大
翰林院编修　臣刘汝謩
翰林院编修　臣高棫生
翰林院编修　臣范来宗
翰林院编修　臣马启泰
翰林院编修　臣戴联奎
翰林院编修　臣方　炜
翰林院编修　臣徐如澍
翰林院编修　臣戴心亨

翰林院编修　臣戴均元
翰林院编修　臣许　烺
翰林院编修　臣沈孙涟
翰林院编修　臣卢　应
翰林院编修　臣钱　栻
翰林院编修　臣胡　荣
翰林院编修　臣程昌期
翰林院编修　臣何西泰
翰林院编修　臣王嘉曾
翰林院编修　臣卢　逐
翰林院编修　臣沈清藻
翰林院检讨　臣孙玉庭
翰林院检讨　臣洪其绅
翰林院检讨　臣李奕畴
翰林院检讨　臣温常绶
翰林院检讨　臣王福清
翰林院检讨　臣德　生
翰林院检讨　臣李鼎元
翰林院检讨　臣张　位
翰林院检讨　臣萧广运
翰林院检讨　臣萧九成
翰林院检讨　臣王允中
翰林院检讨　臣龚大万
翰林院检讨　臣罗国俊
翰林院检讨　臣钱世锡
翰林院检讨　臣饶庆捷

翰林院检讨	臣汪　潒
翰林院检讨	臣郭　寅
翰林院检讨	臣王汝嘉
翰林院检讨	臣王钟健
翰林院庶吉士	臣冯　培
翰林院庶吉士	臣李廷敬
翰林院庶吉士	臣吴蔚光
翰林院庶吉士	臣徐文幹
翰林院庶吉士	臣曾廷澐
翰林院庶吉士	臣祖之望
翰林院庶吉士	臣范　鏊
翰林院庶吉士	臣胡必达
翰林院庶吉士	臣陈　墉
翰林院庶吉士	臣陈文枢
翰林院庶吉士	臣王　受
翰林院庶吉士	臣王朝梧
翰林院庶吉士	臣蔡共武
翰林院庶吉士	臣潘绍观
翰林院庶吉士	臣蒋予蒲
翰林院庶吉士	臣冯集梧
翰林院庶吉士	臣曾　燠
翰林院庶吉士	臣吴绍浣
翰林院庶吉士	臣钟文韫
翰林院庶吉士	臣俞廷抡
翰林院庶吉士	臣侍　朝
吏部员外郎	臣张慎和

起居注主事	臣牛稔文
文渊阁检阅宗人府主事	臣吕云栋
刑部主事	臣胡　敏
文渊阁检阅工部主事	臣王庆长
内阁中书	臣龚敬身
内阁中书	臣张　培
内阁中书	臣李　棨
内阁中书	臣汪日章
内阁中书	臣吴　俊
内阁中书	臣方维甸
内阁中书	臣王　璸
内阁中书	臣吴绍昱
内阁中书	臣毛上炱
内阁中书	臣盛惇崇
内阁中书	臣杜兆基
内阁中书	臣雷　纯
文渊阁检阅内阁侍读	臣宋　镕
文渊阁检阅内阁侍续	臣裘行简
文渊阁检阅内阁中书	臣李斯咏
文渊阁检阅内阁中书	臣方大川
文渊阁检阅内阁中书	臣金光悌
文渊阁检阅内阁中书	臣刘图南
内阁中书	臣李　荃
内阁中书	臣胡绍基
内阁中书	臣董联珏
内阁中书	臣程　炎

内阁中书　臣王学海
内阁中书　臣杨世纶
内阁中书　臣闵思毅
内阁中书　臣丘桂山
内阁中书　臣马犹龙
内阁中书　臣甄松年
内阁中书　臣沈　琨
内阁中书　臣鲍之钟
内阁中书　臣王　照
内阁中书　臣王中地
内阁中书　臣费振勋
内阁中书　臣沈叔埏
内阁中书　臣顾宗泰
内阁中书　臣杨　揆
内阁中书　臣洪　梧
内阁中书　臣江　琏
内阁中书　臣孙　球
内阁中书　臣徐秉敬
内阁中书　臣秦　瀛
内阁中书　臣黄秉元
内阁中书　臣张敦培
内阁中书　臣潘奕隽
内阁中书　臣张曾效
内阁中书　臣石鸿翥
内阁中书　臣赵秉渊
内阁中书　臣刘　英

内阁中书	臣沈凤辉
内阁中书	臣温汝适
内阁中书	臣贾　锬
内阁中书	臣章　煦
内阁中书	臣毛凤仪
内阁中书	臣叶　荧
内阁中书	臣郭　晋
内阁中书	臣窦汝翼
内阁中书	臣张　埙
内阁中书	臣汪师曾
内阁中书	臣言朝标
内阁中书	臣赵怀玉
内阁中书	臣徐步云
内阁中书	臣宋枋远
中书科中书	臣吴翼成
中书科中书	臣李元春
候补中书科中书	臣刘源溥
国子监助教	臣陈　木
国子监助教	臣周　铉
国子监助教	臣卜维吉
国子监助教	臣金学诗
国子监助教	臣黄昌禔
国子监助教	臣汪锡魁
内阁典籍	臣袁文邵
詹事府主簿	臣汪日赞
国子监监丞	臣金兆燕

国子监监丞 臣张曾炳

国子监学正 臣沈　培

国子监学正 臣蔡　镇

国子监学正 臣吴　垣

国子监学录 臣常　循

国子监学录 臣李　岩

候补国子监学正 臣张志枫

通政司经历 臣刘光第

太常寺典簿 臣刘景岳

太常寺博士 臣郭祚炽

进士 臣柴　模

进士 臣吴树萱

篆隶分校官

翰林院庶吉士 臣王念孙

国子监学正 臣谢登隽

绘图分校官

工部员外郎 臣门应兆

编次黄签考证官

候补国子监司业 臣王太岳

候补国子监司业 臣曹锡宝

督催官

翰林院编修 臣祥　庆

内务府郎中 臣董　椿

翰林院笔帖式 臣楚维宁

收掌官

中书科中书 臣田起莘

中书科中书 臣吴应霞

武英殿收掌官

奉宸院笔帖式 臣阿克敦

笔帖式 臣敷注礼

笔帖式 臣德　光

笔帖式 臣广　傅

七品库掌 臣陆达塞

七品库掌 臣海　宁

七品库掌 臣准提保

七品库掌 臣伊昌阿

委署库掌 臣海　福

委署库掌 臣德　明

柏唐阿 臣福　庆

柏唐阿 臣永　清

柏唐阿 臣惠　保

营造司库守 臣八　十

武英殿监造官

内务府郎中兼佐领 臣刘　淳

武英殿监造 臣绍　言

武英殿监造 臣伊灵阿

恭 纪

钦惟我皇上稽古右文,恩教稠叠。乾隆四十七年,《四库全书》告成。特命如内廷四阁所藏缮写全册,建三阁于江浙两省。谕令士子愿读中秘书者,就阁广为传写,所以嘉惠艺林,恩至渥、教至周也。四库卷帙繁多,嗜古者未及遍览,而《提要》一书,实备载时地姓名,及作书大旨。承学之士,抄录尤勤,毫楮丛集,求者不给。乾隆五十九年,浙江署布政使司臣谢启昆、署按察使司臣秦瀛、都转盐运使司臣阿林保等,请于巡抚兼署盐政臣吉庆,恭发文澜阁藏本校刊,以惠士人。贡生沈青、沈以澄、鲍士恭等,咸愿输资鸠工蒇事,以广流传。六十年,工竣。学政臣阮元本奉命直文渊阁事,又籍隶扬州,扬州大观堂所建阁曰文汇,在镇江金山者曰文宗,每见江淮人士,瞻阅二阁,感恩被教,忻幸难名。兹复奉命视学两浙,得仰瞻文澜阁于杭州之西湖,而是书适刊成,士林传播,家有一编,由此得以津逮全书,广所未见,文治涵濡,欢腾海宇,宁有既欤。臣是以敬述东南学人欢忭感激微忱,识于简末,以仰颂皇上教育之恩于万一云尔。内阁学士兼礼部侍郎浙江学政臣阮元恭纪。

表 文

多罗质郡王臣永瑢等，为奉敕编纂《四库全书》，告成，谨奉表上进者。伏以天玑甄度，书林占五纬之祥；帝镜悬光，艺苑定千秋之论。立纲维于鳌极，函列云珠；媲删述于龙蹲，契昭虹玉。理符心矩，絜三古以垂谟；道叶神枢，汇九流而证圣。治资鉴古，德洽敷文。臣等诚欢诚忭，稽首顿首上言。窃惟神霄九野，太清耀东壁之星；悬圃三成，上帝扩西昆之府。文章有象，翠妫遂吐其天苞；绘画成形，白阜肇图其地络。书传苍颉，初征雨粟之祥；箓授黄神，始贮灵兰之典。洞庭秘简，稽大禹所深藏；柱下丛编，付老聃以世守。秦操金策，圣籍虽焚；汉理珠囊，遗经故在。儒生密宝，维孔鲋之承家；谒者旁求，见陈农之奉使。蝌文以后，篇章自是滋多；麟阁所储，条目于焉渐备。杖吹藜火，夜雠《别录》之编；衣染炉香，坐校《中经》之簿。王仲宝区其流别，定新志之九条；阮孝绪撮其丛残，括旧传之五部。勘书妙画，世摹展氏之图；卷幔飞仙，史载隋宫之迹。唐武德讫乎天宝，钿轴弥增；宋景祐继以淳熙，牙签再录。南征俘玉，元迁三馆之橱；北极营都，明运十艘之椟。莫不前征邃古，丹壶溯合雒之踪；崧发空林，青简翾频斯之篆。西州片札，辨点漆于将磨；南雍残文，检穿丝于已断。竹编未朽，名认师春；瓠本犹携，稿存班固。爬罗纤碎，或得诸玉枕石函；掇拾畸零，均给以螺丸麻纸。精镠广购，一篇增十匹之酬；华赙重缣，三品别两厢之等。凡以穷搜放失，猎文林辨囿之精；互镜瑕瑜，立圣域贤关之训。结德舆而辖辖，轨顺经涂；俵学海以沿波，源通道筏。然而掇余易匮，四千卷既丐残膏；

骛广弥芜,百两篇更珍赝鼎。丹青失实,或贻诮于王充;朱紫相淆,孰齐踪于郑默。甚乃别风淮雨,惜奇字而偏留;或如许绿纣红,踵驳文而莫悟。兰台庋贮,多如贿改漆经;枣板摹传,遂至误尊阁本。故《秘书总目》,郑夹漈复议校雠;而《文苑英华》,彭叔夏重加辨证。

从未有重熙累洽,雯华悬紫极之庭;稽古崇儒,册府辟丹扆之馆;弥纶宙合,识大识小之无遗;荣镜登闳,传信传疑之有准;金模特建,宝思周融,如今日者也。钦惟皇帝陛下,瑞席萝图,神凝松栋;播威棱于十曲,响震灵夔;洽文德于四溟,兆开神鹫。帝妫歌咏,已题九万琼笺;臣向编摩,更缉三千宝牍。博收竹素,仍沿天禄之名;珍比琳琅,永付长恩之守。乃犹寻端竟委,溯支络于词源;纬地经天,探精微于义海。昭阳韶岁,特䌷翰府之藏;永乐遗编,俯检文楼之帙。例取诸吴兴韵海,割裂虽多;体宏于孟蜀书林,搜罗终富。榛楛宜翦,命刊削其谰言;沥液堪珍,敕比排其坠简。焦桐漆断,重胶百衲之琴;古罍铜斑,合铸九金之鼎。复以羽陵蠹剩,或有存留;宛委藏余,不无佚漏。十行丹诏,遍征汲古之家;七录缃囊,广启献书之路。逸经断策,出自大航;杂卦残篇,发从老屋。锦帆捩舵,孟家东路之船,玉轪飞铃,吴氏西斋之轴。鳞排玉字,多王粲之所未闻;笱束金绳,率张华之所莫识。光明茧纸,朱题芸帙之名;蟠屈鸾章,紫认槐厅之印。红梨隔院,曹司对设于东西;青镂濡香,品第详分其甲乙。天潢演派,光连太史之河;卿月澄晖,彩接文昌之宿。总司序录,叨杨亿之华资;分预校雠,列任宏之清秩。银袍应召,骧云路以弹冠;粉署征才,记仙郎而题柱。怀铅握椠,学官愿效其一长;切线割圜,博士亦研其九术。遂乃别开书局,特分署于龙墀;增置抄胥,竞抽毫于虎仆。图与史并陈左右,粉本钩摹;隶与蝌兼备古今,丝痕蠮扁。曹连什伍,各隶属于写官;工辨窳良,均稽研于计簿。提纲挈领,董成者职总监修;补缺拾遗,复勘者官兼详定。庀器预储于将作,棐几筠帘;传餐遍给于大官,珉糜珠馏。温炉围炭,纹凝䴔鸽之青;朗霓涵冰,色映玻璃之白。花砖入直,地同兜率天宫;莲炬分行,人到琅嬛福地。琼籍牒送,全搜胜囊帷盖之余;芝殿签排,共刊木扇金华之谬。程材效技,各一一而使吹;累牍连篇，遂多多而益办。香霏辟恶，拥书何止百城；沈渍隃麋，削稿宁惟两屋。譬入众香之国，目眩瞀于花光；宛游群玉之峰，神愕眙于宝气。岂但鸠都多士，骇闻见所未曾；实令虎观诸儒，辨妍媸而莫决。所赖恭承睿鉴，提玉尺以量材；仰禀天裁，握银华而鉴物。初披卷轴，共掇零玑，即荷丝纶，务砻完璧。吴澄易翼，辨颠倒乎阴阳；杨简诗音，斥混淆乎周汉。稗官剿说，删马角之荒唐；译史传闻，摘象胥之讹异。醮章祈福，发凡于刘跂之词；语录参禅，示例于齐熙之记。固已南车指路，陟道岸而衢亨；北斗璇杓，揆文星而度正。洎乎群书大集，品杂金沙，圣训弥彰，鉴澄珠砾。诂经忌凿，黜错简于龟文；论史从公，溯编年于麟笔。立言乖体，四明之录必删；赝古诬真，五柳之名宜辨。七签三藏，汰除释老之编；五蠹九奸，排斥申韩之术。毒深孔雀，无容校写其青词；巧谢璇玑，未许增添其锦字。小山艳曲，削香奁脂盝之篇；金谷新词，刊酒肆歌楼之句。凡皆词臣之奏进，误点丹黄；一经圣主之品题，立分白黑。至于铜签报夜，紫殿勤披；玉案开缄，丹毫亲咏。五家易说，岐涂附辟其传灯；四氏书笺，余绪兼详乎括地。前车后鉴，陈风雅于经筵；斜上旁行，寓《春秋》于《世本》。庐陵处士，特申僭上之防；安定门人，大著尊王之义。王元杰名同谳狱，为云谷之重儓；洪咨夔迹类探囊，窃玉川之余沈。四箴误注，宁知颜巷之心；二佛同称，转隘尼山之量。六经作绘，全收诸杨甲图中；七纬成编，知出自庄周书后。五音分配，篆文互备其形声；二史交参，奇字各通其假借。古香馣馤，细辨班书；碎腋穿连，重刊薛史。清流肇衅，示鉴戒于东林；正统明尊，存纲常于西蜀。派沿涑水，袁朱之新例兼存；俗记扶余，班范之讹传并订。党碑再勒，嗟揖盗而开门；权焰弥张，嗤教星而替月。西湖游迹，殊怜野老之藏名；北使宾筵，深陋词臣之校射。宋抄仅剩，搜旧志于临安；金刻稀闻，宝遗闻于贞观。或攻或守，徒存十鉴之兵谋；相胜相生，未信五行之德运。建炎政草，愧彼中兴；至正刑章，斥其左袒。李尊洛学，辨道命于天原；郦注桑书，剖源流于地理。史腴详摘，有逾汉隽之精；经笥悬探，更胜曹仓之富。至于孔庭旧语，首定儒宗；蔡帐秘文，严排异说。范祖禹之帝学，具有渊源；曾公亮之武经，姑存崖略。横戈危堞，节取陈规；握策灵台，参征苏颂。算穷杪忽，九章研鲍瀚之藏；术杂纵横，十卷稽赵蕤之撰。楚中隐士，互权韩柳之评；婺郡名贤，不废吕唐之学。胪登谶记，衍《洪范》而原非；妄议井田，托《周官》而更误。《钱塘遗事》，深讥首鼠于宋元；《曲洧旧闻》，微憾操戈于洛蜀。绌聪有取，旁通方朔之言；指佞无难，慎听韩非之说。陈思书苑，列笔阵而成图；马总《意林》，搴词条而擢秀。黄伯思之博洽，石墨精研；孙逢吉之淹通，云龙遥溯。多知旧事，病歌舞之销金；一洗清波，笑词章之谀墓。《太平御览》，徒粉饰乎嘉名；《困学纪闻》，偶抨弹其迂论。晚唐小史，入厨宁取乎卮言；南宋枝谈，按鞠深嫌其曲笔。十七卷骚人旧制，更证以草木之名；二百年吏部清吟，特赏其烟霞之气。兼推韩、杜，续来凤觜之胶；并采郊、祁，拟以棠华之句。文恭著作，先欧、尹而孤行；忠肃风裁，抗苏、程而角立。勤王留守，呼北渡者凡三；殉节侍郎，壮南朝者惟一。学如和叔，原不限以宗朱；诗到仪卿，乃转嫌其入墨。读书秘阁，明詹初论古之非；从宦金渊，赏仇远耽吟之癖。杨维桢取其辨统，而颂莽则当诛；刘宗周闵其完忠，而吠尧为可恕。凡兹独断，咸禀睿裁。懿此同情，实乎公义。苞千龄而建极，道出于天；综百氏以归型，言衷诸圣。权衡笔削，事通乎春赏秋刑；絜度方圆，法本乎乾规坤矩。是以仪璘悬耀，揆景凫趋；镛栈先鸣，聆音麕集。鲸钟方警，启蓬馆以晨登；鹤籥严关，焚兰膏以夜继。披文计数，宁止于万七千篇；按月程功，务得夫四十五日。裁缝无迹，先成缀白之裘；传写相争，齐炙汗青之竹。架罗黄卷，积盈有似于添筹；几拥乌皮，刊谬时防其扫叶。毕昇活板，渐看字是排成；曾巩官书，已见序称校上。加以乾行至健，七旬之念典弥勤；离照无遗，一字之褒讥恒审。梁驺练士，庚邮递初写之函；云辂巡方，乙夜展重修之卷。至三至再，戒玉楮之迟雕；数万数千，摘金根之屡误。

坤原为釜，兼搜刊板之讹，芊或作羊，细检抄书之谬。毫厘不漏，戳旁添待补之戈；涂注必严，罗上辨续加之网。削除不尽，时饬以妄下雌黄；轮郭空存，常指其竟同曳白。明周纤芥，共钦睿照无遗；报乏微涓，弥觉愧心生奋。

若夫考勤校惰，督课虽详，荷宠邀荣，恩慈实渥。风云得路，先登或列于九官;雨露均滋,中考亦赐以一级。柏台联句,听凤律之新声;芸署题名,踵麟台之故事。墨匀蝶翅,祖帖双钩;帙簇龙纹,天书五色。猩毛擢颖,腻鱼子之华笺;龙尾雕纹,融麝煤之芳气。银罂翠管,细萦百和之香;锦段香罗,交映五明之扇。绣囊委佩,铤贮朱提;珍毳丰茸,帕裁白□。雕盘列饤,果分西域之甘;华俎尝新,瓜胜东陵之种。自天宣赐,多非梦寐所期;无地酬恩,惟以文章为报。周赅始末,拟勒长编;别采英华,先为缩本。曩长庚之纪岁,庆叶嵩呼;属太乙之占祥,象符奎聚。八年敬缮,挹古今四库之精;两部分储,合大小二山之数。惟全书之浩博,实括群言,合众手以经营,倏逾数载。香薰兰椟,方粗就而未终;阁耸云楣,已先成以有待。文河疏瀹,初如江别为三;笔海朝宗,继乃渎增以四。望洋无际,虑创始之为难,登岸有期,幸观成之可冀。较删繁之别帙,又阅两年;勒总汇之鸿裁,已盈一部。插签分帙,次按乎甲、乙、丙、丁;列架胪函,色别其赤、青、白、黑。经崇世教,贵实征而贱虚谈;史系人心,削诬词而存公论。选诸子百家之粹,博收而不悖圣贤;惩十人九集之非,严汰而宁拘门户。上沿虞夏,咸挹海以求珠;下采元明,各披沙而见宝。六千篋璋分圭合,延阁储珍;二百卷部次州居,崇文列目。释名训义,因李肇之《解题》;考异参同,近欧阳之《集古》。事稽其实,循文防误于树萱;词取其详,求益非同于买菜。人无全美,比量其尺短寸长;语或微疵,辨白其玉瑕珠类。一经采录,真同鲤上龙门;附载姓名,亦使蝇随骥尾。元元本本,总归圣主之持衡;是是非非,尽扫迂儒之胶柱。至其盈箱积案,或汗漫而难寻;复以提要钩元,期简明而易览。譬诸典谟纪事,别行小序之一篇;类乎金石成书,先列诸碑之十卷。分纲列目,见义例之有条;按籍披图,信源流之大备。水四瀛而山五岳,侔此壮观,前千古而后万年,无斯巨帙。盖非常之制作,天如留待于今;而希有之遭逢,人乃躬当其盛;叨司校录,实忝光荣。臣等功谢囊萤,识同窥豹。钻研文字,未能脉望之通仙;延缓岁时,仅类鞠通之食墨。仰蒙训示,得闻六艺之源;曲荷宽容,许假十年之限。百夫决拾,望学的而知归;一篑成山,营书岩而幸就。欣陈宝笈,对轩镜之澄光;恭进瑶阶,同羲图之永宝。从此依模范状,若叠矩而重规;因之循轨知途,益轻车而熟路。先难后易,一隅可得而反三;谋始图终,百里勉行乎半九。精心刊误,八行细检朱丝;协力鸠工,万指齐磨乌玉。连绵告蒇,伫看四奏天阊;迅速先期,不待六更岁籥。人文成化,帝机运经纬之功;皇极敷言,王路示会归之准。觚棱云构,嵬峨乎银牓璇题;方策星罗,珍贵乎金膏水碧。曰渊、曰源、曰津、曰溯,长流万古之江河;纪世、纪运、纪会、纪元,恒耀九霄之日月。并五经以垂训,道通乎丹书绿字之先;合六幕以同文,治超于元律苍牙之上。臣等无任瞻天仰圣,踊跃欢忭之至,谨奉表恭进以闻。

卷　一

经部一　易　类

《子夏易传》十一卷

旧本题卜子夏撰，实后人辗转依托，非其原书。然唐、宋以来，流传已久，今仍录冠易类之首。凡托名之书，仍从其所托之时代，《汉书·艺文志》例也。

谨案：唐徐坚《初学记》以太宗御制升列历代之前，盖尊尊之大义。焦竑《国史经籍志》，朱彝尊《经义考》并踵前规。臣等编摩《四库》，初亦恭录《御定易经通注》《御纂周易折中》《御纂周易述义》，弁冕诸经。仰蒙指示，命冠于国朝著述之首，俾尊卑有序，而时代不淆。圣度谦冲，酌中立宪，实为千古之大公。谨恪遵彝训，仍托始于《子夏易传》。并发凡于此，著《四库》之通例焉。

《周易郑康成注》一卷

汉郑玄撰。原本散佚，此本乃宋末王应麟采诸书所引，裒合而成。

谨案：前代佚书而后人重编者，如有所窜改，则从重编之时代。如全辑旧文者，则仍从原书之时代。故此书虽宋人所辑，而列于汉代之中。后皆仿此。

《新本郑氏周易》三卷

汉郑玄撰，国朝惠栋编，因王应麟之本，采摭未备，又不注其所出，因重为补正，凡增入九十二条。又据郑氏《周礼》《礼记》注，作十二月爻辰及爻辰直二十八宿图，以阐明汉学。

《陆氏易解》一卷

吴陆绩撰。原本散佚,明姚士粦采陆氏《经典释文》、李氏《周易集解》及绩《京氏易传注》辑为此本,凡一百五十条。

《周易注》十卷

魏王弼注。其《系辞》以下,则韩康伯注也。汉氏《易》学皆明象数,至弼始黜象数而言义理,足以纠谶纬之失,而语涉老、庄,亦开后来玄虚之渐。

《周易正义》十卷

唐孔颖达撰。颖达诸经正义,皆元元本本,引据详明,惟《周易》罕征典籍。盖所疏者,王、韩之注;而王、韩皆扫弃旧闻,自标新解,故不能以汉儒古义与之证明,非其考订之疏也。

《周易集解》十七卷

唐李鼎祚撰。凡采《子夏易传》以下三十五家之说。鼎祚自序称:"刊辅嗣之野文,补康成之逸象。"盖发明汉学者也。

《周易口诀义》六卷

唐史徵撰。大旨与李鼎祚书相类,而与李书互有详略,且多李书所未载。世无传本,今从《永乐大典》录出,为罕观之秘笈。

《周易举正》三卷

旧本题唐郭京撰。自序称:"得晋王弼、韩康伯手写《周易》真本,刊正今本讹脱一百三十五条。"朱子《本义》亦采用其说。然《唐书·艺文志》不著录,至北宋始出,晁公武等多疑其依托。

《易数钩隐图》三卷，附《遗论九事》一卷

宋刘牧撰。其说出于陈抟与邵子先天之学，异派同源，惟以九数为《河图》，十数为《洛书》，与邵子异。宋人《易》数以此书为首。其“遗论九事”，皆奇偶阴阳之说，先儒之所未言者也。

《周易口义》十二卷

宋倪天隐述其师胡瑗之说，故曰“口义”。大旨主阐明义理，程子之《易源》从此出。

《温公易说》六卷

宋司马光撰。其书宋代有两本，皆已散佚，此本为《永乐大典》所载，即《朱子语录》所谓“北方互市之完本”也。大旨在阐明人事，不主空虚玄妙之说。

《横渠易说》二卷

宋张载撰。文颇简略，盖无可发挥新义者，即不横生枝节，强为敷衍，犹有先儒笃实之遗。间有引用《老》《庄》语者，盖借以旁证，非祖其虚无之谈。

《东坡易传》九卷

宋苏轼撰。其大体近于王弼，然弼说惟畅玄风，轼说多切人事，实不相同。朱子作《杂学辨》，尝摘驳其中十九条，然不害其全书也。

《伊川易传》四卷

宋程颐撰，其门人杨时校正。经文用王弼之本，惟解《上下经》彖象及文言亦与弼同。大旨黜数而崇理，与邵子各明一义。

《易学辨惑》一卷

宋邵伯温撰。伯温，邵子之子也。以同时郑夬诡称得邵子之传，所作说《易》诸书，支离破碎，多乖经义，因作此书以辨其诬。原本久佚，今从《永乐大典》录出。

《了翁易说》一卷

宋陈瓘撰。瓘之学出于邵氏，又常质于刘安世。故其说，理数兼推。陈振孙《书录解题》颇病其词旨深晦，然晁公武《读书志》则称其数之多验云。

《吴园易解》九卷

宋张根撰。不主汉儒象数之说，亦不主宋代河洛之学，诠释经文，颇为简切。末附《泰卦论》一篇，深著满盈之戒，盖作于徽宗之世，有为而发也。

《周易新讲义》十卷

宋耿南仲撰。南仲当钦宗之时，力主割地，为史传所讥。然是书因象诠理，随事示戒，乃颇有可取。自序谓"《易》主于无咎，无咎在于善补过"，而大旨归于无拂天道。

《紫岩易传》十卷

宋张浚撰。其说发挥《易》理，颇为醇正明白。惟末卷《杂论》，以九数为《河图》，主刘牧之说，与朱、蔡异，然亦无关宏旨也。

《读易详说》十卷

宋李光撰。旧本散佚，今从《永乐大典》录出。书中于卦爻之辞，皆引证史事，以君臣立论，或不免有所牵合。然意存法戒，究胜空谈，援古事以证爻象,始自郑玄;若全经皆证以史,则光书其始也。

《易小传》六卷

宋沈该撰。其书以正体发明爻象之旨,以变体拟议变动之意。其占则全用《左传》所载筮例。在南宋人《易》说之中,为独存古法。

《汉上易集传》十一卷,《卦图》三卷,《丛说》一卷

宋朱震撰。其书以数为宗,阐陈、邵河洛先天之学,而兼采汉以来卦变、互体、伏卦、反卦诸说。颇为芜杂。然得失互陈,存之亦可资参考。

《周易窥余》十五卷

宋郑刚中撰。其书以《伊川易传》主理,《汉上易传》主数,参取两家,发所未尽,故名曰"窥余"。大旨兼采汉学,而增以新义,不甚拘守成说,然往往惬当于理。原本久佚,今从《永乐大典》录出。

《易璇玑》三卷

宋吴沆撰。自序谓:上卷明天理之自然,中卷讲人事之修,下卷备传疏之失。凡论二十七篇。其曰"璇玑"者,取《易略例》,处"璇玑以观大运"语也。

《易变体义》十二卷

宋都絜撰。其书专明变体,即《左传》所载诸占、某卦之某卦者是也。原本久佚,今从《永乐大典》录出。

《周易经传集解》三十六卷

宋林栗撰。其说每卦必兼言互体约象复卦。尝与朱子论太极、两仪、四象、八卦不合,至于互劾。故讲学家最恶其书,几于不传。然《易》道广大,各

明一义，不必定执门户之见也。

《易原》八卷

宋程大昌撰。其书推阐数学，故谓之《易原》。于京、焦卦气，马、郑爻辰，以及邵子、张行成诸说，皆一一掊击，务申己说，未免失之好辨。而根据《系辞》，于《易》义亦有所发明，非尽凿空立异。旧本久佚，今从《永乐大典》录出。

《周易古占法》一卷，《古周易章句外编》一卷

宋程迥撰。旧本传写，混二书为一。今考《宋史》厘正。前卷论占法，后卷杂说《易》义及占验。其说用邵子加一倍法，据《系辞》《说卦》，发明其义，用逆数以尚占知来。

《原本周易本义》十二卷

宋朱熹撰。坊刻此书，皆改从《程传》之次第。此本以《经》为二卷，《十翼》为十卷，犹朱子之原本也。

《别本周易本义》四卷谨案：《总目》此部不存。

明成矩撰。割裂朱子《易本义》，以附《程传》之后，始元董楷，而明永乐《大全》因之。后场屋专用《本义》，而《大全》以官本不敢改。矩因刊为是本，以调停其间，相沿日久，今亦姑与原本存焉。

《郭氏传家易说》十一卷

宋郭雍撰，以述其父忠孝“兼山易解”之旨，故名曰“传家”。自序谓：《易》之为书，其道其词，皆由象出，未有忘象而知《易》者。大旨以观象为主，然剖析义理，犹守程门之规范，盖其父忠孝，即程子之门人也。

《周易义海撮要》十二卷

宋李衡删定。初,熙宁中,蜀人房审权病《易》说多岐,摘取专明人事者,由郑玄迄王安石凡一百家,共为一百卷,名《周易义海》。衡病其芜杂重复,乃删掇精要,以成此书,故名曰“撮要”。

《南轩易说》三卷

宋张栻撰。原本十一卷。此本出自曹溶家,《上下经》全佚,惟存系辞。然《系辞传》托始于“天一地二”一章,亦非完本。盖元人刊本,以程子《易传》缺《系辞》,割栻书补之,后又佚其前半也。

《復斋易说》六卷

宋赵彦肃撰。其说推寻卦画,即象数以求其理。朱子《语录》,颇病其取义太密;然研索于《易》中,究胜支离于易外也。

《杨氏易传》二十卷

宋杨简撰。简为陆九渊之弟子,故其说《易》,略象数而谈心性,多入于禅。录存其书,见以佛理诂《易》,自斯人始,著经学别派之由也。

《周易玩词》十六卷

宋项安世撰。前有自述,称其学以伊川《易传》为宗。然立说颇与伊川异,盖伊川务阐义理,安世则兼言象数以补所遗,故与尺寸步趋者殊焉。

《赵氏易说》四卷

宋赵善誉撰。旧本二卷久佚,今从《永乐大典》录出,厘为四卷。其书推画卦命名之意,以贯通六爻之旨。于诸卦取义相似者,参互以尽其变,往往具有精理。

《诚斋易传》二十卷

宋杨万里撰。其书大旨本程氏，而参引史传以证之，则与李光之书相同。讲学家如吴澄、陈栎、胡一桂等，皆不满之。盖门户之见，不足据也。

《大易粹言》十卷

宋方闻一编。《宋史·艺文志》作曾穜者误也。是书采二程子、张子、杨时、游酢、郭忠孝、郭雍七家之说，皆程氏之宗派，知其以洛学为主矣。

《易图说》三卷

宋吴仁杰撰。其说以六十四正卦，伏羲所作；卦外六爻及六十四复卦，文王所作。又谓《序卦》为伏羲作，《杂卦》为文王作；今之爻辞，当为《系辞传》；《系辞传》，当为《说卦传》。皆故为异说。宋人旧帙，姑存备一解云尔。

《古周易》一卷

宋吕祖谦编。自王弼以后，《周易》皆以传附经。吕大防以下诸家互有考定，而小有异同。祖谦乃以《上下经》《十翼》各为一篇，复古本之旧。朱子《本义》，即用此本也。

《易传灯》四卷

是书世无传本，诸家书目皆不著录，《永乐大典》收之，题曰"宋徐总幹撰"，亦不著其名。惟据原序，知为吕祖谦之门人耳。其以释氏"传灯"命名，颇为乖刺；参以五行家言，亦为驳杂。然其"八卦总论"十六篇，参互以求，颇能得《易》之类例。

《易裨传》二卷

宋林至撰。上卷凡三篇，一曰法象，一曰极数，一曰观变。下卷题曰外篇。

《厚斋易学》五十二卷

宋冯椅撰。旧本散佚,今从《永乐大典》录出。从其自序,厘为《辑注》四卷、《辑传》三十卷、《外传》十八卷。《辑注》惟解彖象;《辑传》则以彖象为经,而《十翼》为传;《外传》则以《十翼》为经。各附先儒之说,而断以己意。

《童溪易传》三十卷

宋王宗传撰。其说力排象数,而不免涉于虚无。大旨与杨简相类,二人同时,未知孰倡孰和也。

《周易总义》二十卷

宋易祓撰。祓本苏师旦之党人,不足道。然其说《易》,兼该理数,折中众论。每卦先括为总论,复于六爻之下,详为诠释,于经义乃颇有发明。

《西溪易说》十二卷

宋李过撰。其书首为序说一卷,次诠释经文,而不及《系辞》以下。胡一桂讥其于经文多所窜乱,冯椅则称其多所发明,盖瑕瑜不掩之书也。

《丙子学易编》一卷

宋李心传撰。书成于嘉定丙子,因以为名。所取惟王弼、张子、程子、郭雍、朱子五家之说,而以其父舜臣之说证之,亦间附以己意。原本十五卷,岁久散佚,此本乃宋末俞琰所节抄,略存梗概而已。

《易通》六卷

宋赵以夫撰,或以为莆田黄绩所代作。赵汝腾至见弹章,莫能详也。大旨以不易、变易二义参互,以明人事动静之准。

《周易经传训解》二卷

宋蔡渊撰。原本四卷，今佚其二卷，惟存《上经》《下经》。其经文以大象置卦辞下，以彖传置大象后，以小象置爻辞后，皆低一字，以别卦爻。与旧本小异。其训释则明义理者居多。

《易象意言》一卷

宋蔡渊撰。原本久佚，今从《永乐大典》录出。渊，元定之子，而从学于朱子。故此书阐发名理，多从师说；兼言数学，则本其家传。其兼用互体，则取裁古义，与讲学家持论又殊。

《周易要义》十卷

宋魏了翁撰，其《九经要义》之一也。即孔颖达《周易正义》，删繁举要，以便循览，体例颇为简当。

《东谷易翼传》二卷

宋郑汝谐撰。所谓“翼传”者，翼伊川《易传》也。然于程子之说，亦时有异同，盖纠正其失，补苴其阙，亦所以羽翼之，可谓无朋党之私矣。

《文公易说》二十三卷

宋朱鉴编。鉴为朱子之长孙，是书裒辑朱子平日论《易》之语，见于《语录》《文集》者，共为一编，以发明《本义》之旨。

《易学启蒙小传》一卷

宋税与权撰。朱子作《易学启蒙》，多发明邵子《先天图》义，至于后天之易，则以为不得文王所以安排之意。与权研求邵子之说，知易有不易之八卦为干,有互易之五十六卦为用,反复观之,《上下经》皆十八卦,羲、文之《易》似异而同。因作此书,以补朱子之所遗。

《周易辑闻》六卷,附《易雅》一卷、《筮宗》一卷

宋赵汝楳撰。《周易辑闻》,但解上、下经,多所发挥,惟窜乱经文,是其一失。《易雅》,总释名义,凡十八篇,如《尔雅》之释诗,故名曰"雅"。《筮宗》凡三篇,其中推阐大衍之数,颇为明晳。

《周易详解》十六卷

宋李杞撰。以《易》为有用之学,故名"用易"。自序甚明。焦竑《经籍志》作"周易详解"者,误也。原本二十卷,久已散佚,今从《永乐大典》录出,编为十六卷。其书多证以史事,与李光、杨万里书同,惟颇参以老、庄之说,不免驳杂。

《淙山读周易记》二十一卷

宋方实孙撰。其说多主爻象,不涉虚无。其《易卦变合图》,补朱子《启蒙》所未备。

《周易传义附录》十四卷

宋董楷撰。以程子之《传》、朱子之《本义》,合为一书。又博采程、朱之说,附录其下,使互相发明。惟割裂《本义》,以附《程传》,自楷此书始。旧传始于胡广等修《周易大全》者,非也。

《易学启蒙通释》二卷

宋胡方平撰。是书发明朱子《易学启蒙》之义,所采诸说,蔡渊等六家,皆朱子之门人。蔡模即渊之子,徐几、翁咏,又皆渊之门人。所谓一家之学也。

《三易备遗》十卷

宋朱元升撰。首为《河图》《洛书》一卷,祖刘牧之说。次《连山》三卷,以卦位配《夏时》之节气。次《归藏》三卷,以干支纳音配卦爻。次《周易》三卷,皆发反对互体之旨。

《周易集说》四十卷

宋俞琰撰。琰初裒诸家《易》说,为《大易会要》一百三十卷。后乃掇其精华,以成是书。初惟主程、朱之说,后乃研索经文,浚发新义,自为一家之言。

《读易举要》四卷

宋俞琰撰。琰所著说易之书,凡十一种,今多散佚,此书乃从《永乐大典》录出者也。琰说《易》多主朱子,而此书论刚柔往来,不主朱子卦变之说。其易图多主邵子,而此书论元亨利贞,不主起数于四之说。亦可谓不苟异、不苟同矣。

《易象义》十六卷

宋丁易东撰。是书因象以明义,故曰"象义"。其取象之例,凡十有二,大抵以李鼎祚、朱震二家为宗。而卦变则取朱子,变卦则取都絜、沈该,筮占则取朱子、蔡渊、冯椅,亦不偏主于二家。

《易图通变》五卷,《易筮通变》三卷

宋雷思齐撰。其《易图通变》,以八卦配《河图》,天一至地八,而以五十为虚数,与先儒之说颇异。其《易筮通变》分五篇,亦多自出新意,盖奇偶相生,变化不穷,随意错综,无不可以成理也。

《读易私言》一卷

元许衡撰。是书论六爻之德位,大旨多发明《系辞传》同功异位、柔危刚胜之义。其谓各卦画之居六位者,吉凶悔吝,视乎其时,而归于正而得中;又象传当位、不当位得中、行中之义也。

《易本义附录纂注》十五卷

元胡一桂撰。是书以朱子《本义》为宗,取朱子《文集》《语录》之说《易》者附之,谓之"附录"。又纂诸儒之说不悖于《本义》者,谓之"纂注"。盖宋末、元初朱子之学盛行,儒者惟守一先生之言矣。

《易学启蒙翼传》四卷

元胡一桂撰。一桂之父方平尝作《易学启蒙通释》。一桂更推阐辨别之,故曰"翼传"。凡为内篇者三,皆发朱子占筮图书之说;为外篇者一,皆杂论《易》学之支流。

《易纂言》十卷

元吴澄撰。澄于诸经多臆为窜乱,惟此经所改,大抵依据先儒,较为有本。其注释经义,亦词简而理明。

《易纂言外翼》八卷

元吴澄撰。澄所作《易纂言》,义例散见各卦,不相统贯;卷首所列卦图,亦粗具梗概,乃复作此书畅明之。凡十二篇,原本久佚,今从《永乐大典》录出,尚缺其卦变、变卦、互卦三篇。易流、易原二篇,亦缺其半。然大旨亦可睹矣。

《易源奥义》一卷,《周易原旨》六卷

元宝巴撰。案:“宝巴”原本作“保八”,今改正。是书原名“易体用”,分为三种,今佚其“周易尚占”三卷,仅存其二,大旨皆祖述程、朱。

《周易程朱传义折衷》三十三卷

元赵采撰。是书节录程子《易传》、朱子《本义》之文,益以《语录》诸书,而各以己说附于后。所注惟上、下经,或以程子未注《系辞》以下故也。大旨虽宗宋学,而于象数变互尚颇存古义,所谓“折衷”者,殆在是欤。

《周易衍义》十六卷

元胡震撰,其子广大,《四库总目》作光大,凡两见。续成之。于经文次序,臆为颠倒,殊嫌乖剌。其杂引史事,亦稍伤泛滥,然持论尚不失为醇正。

《易学滥觞》一卷

元黄泽撰。其说《易》以明象为本,其明象以《序卦》为本,其占法则以《左传》为主。大旨不取王弼之玄虚,亦不取汉儒之附会,故折中以酌其平。其历陈《易》学不能复古者十三事,亦具有根据。

《大易缉说》十卷

元主申子撰。前二卷论数学,于陈、邵诸家之说,概斥其有误;其所取者,自《河图》《洛书》外,惟伏羲、文王、周公、孔子、周子五人,未免好为高论。然自三卷以下,诠释经文,仍以辞变象占、乘承比应为说,又未尝不平正切实。

《周易本义通释》十二卷

元胡炳文撰。大旨以朱子《本义》为宗,而参以众说。原本残缺,惟上、下

经仅存。其《十翼》,乃炳文九世孙珙、玠杂采他书所引炳文之说,以补之也。

《周易本义集成》十二卷

元熊良辅撰。是书成于延祐复科举之后。元制,程试《易》用程氏、朱氏,而亦兼用古注疏。故是书虽以羽翼《本义》为主,而亦不尽墨守《本义》焉。

《大易象数钩深图》三卷

元张理撰。其书皆即陈抟、邵子之说,推广成图。朱子所谓"易外别传"者是也。

《学易记》九卷

元李简撰。是书仿李鼎祚《集解》,房审权《义海》之例,采《子夏易传》以下六十四家之说,亦间附以己意。诸家之书,今十不存一,其佚文惟赖此书以存。

《周易集传》八卷

元龙仁夫撰。每卦之下,各分象变辞占,虽大旨根据程、朱,而于卦象、爻象反复推阐,颇能自抒心得。故《元史》称其"发前儒所未发"。原书十八卷,今佚十卷,然上、下经,彖、象传皆尚完具,未可以残缺废也。

《读易考原》一卷

元萧汉中撰。是书凡三篇:一论分卦,一论合卦,一论序卦,不敢显攻《序卦传》,而亦不用序卦之说。大旨虽亦出陈、邵,而推衍颇有精理,尚不失为依经立义。

《易精蕴大义》十二卷

元解蒙撰。原本散佚,今从《永乐大典》录出。其例于彖爻之下,采辑旧说,末乃发明以己意。虽为程试而作,然荟萃群言,颇有持择,所自注亦皆简明。

《易学变通》六卷

元曾贯撰。原本散佚,今从《永乐大典》录出。其例每篇统论一卦六爻之义,又举他卦辞义之相近者,参互以求异同之故,颇为融贯。其兼取互体,亦能存古义。

《周易会通》十四卷

元董真卿撰。真卿受业于胡一桂,此书即因一桂《纂疏》而广之。然一桂坚持门户,真卿则谓诸家之《易》,途虽殊而归则同,故兼采象数、义理两家,以持其平。即苏轼、林栗之书,朱子所不取者,亦不掩其长,则所见视其师为广矣。

《周易图说》二卷

元钱义方撰。是书凡二十七图,大抵衍陈、邵之绪余。然如谓"《系辞》兼言《河图》《洛书》,乃言其理相通,非据《洛书》以作《易》";又谓"陈抟因《易》而演《图》,非伏羲据《图》以画卦"。皆笃论也。

《周易爻变义蕴》四卷

元陈应润撰。大旨谓王弼所注,乃老、庄虚渺之谈;陈抟所图,乃《参同契》炉火之术,均非《易》之本旨。又谓:周子《太极图》,别自一家之说,不可以释《易》。皆能不域于门户。所注惟六十四卦,其曰"爻变",即衍《左传》"某卦之某卦”之古义;其谓一卦可变六十四卦,亦焦、京旧法也。

《周易参义》十二卷

元梁寅撰。其说皆即日用常行之事,以示进退得失之机,颇为平易近人,胜于诸家之轇轕。

《周易文诠》四卷

元赵汸撰。汸于《易》学,不及《春秋》之深邃;然原本宋儒诠释义理,于进退存亡之故,吉凶悔吝之理,推阐颇明。与梁寅书,皆切于人事者也。

《周易传义大全》二十四卷

明永乐中翰林院学士胡广等奉敕撰。其书鲁莽而成,仅割裂董楷、董真卿、胡一桂、胡炳文四家之书,饾饤成编。以其为一代取士之制,故录之以见经学盛衰之由焉。

《易经蒙引》十二卷

明蔡清撰。清笃信朱子之学,故是书体例,以《本义》与经文并书,但每条之首,加一圈以示别。然其立说,乃或与《本义》异同,盖研索者深,故一一明其得失。犹陆游谓朱子尊程子,而说《易》乃与程子《传》异同也。

《读易余言》五卷

明崔铣撰。凡《上下经卦略》二卷,《大象说》《系辞辑说》《卦训》各一卷。大旨以《程传》为主,而兼采王弼、吴澄之说,不甚依附《本义》,论多切实。惟点窜《说卦》,而删除《序卦》《文言》,未免勇于改经耳。

《易学启蒙意见》五卷

明韩邦奇撰。凡五篇。前四篇皆推衍邵子、朱子之绪论。末一篇曰七占,凡六爻不变、六爻俱变及一爻变者，皆仍旧法，其二爻、三爻、四爻、五爻变者，则邦奇所立之新法也。

《易经存疑》十二卷

明林希元撰。是书继蔡清《蒙引》而作，然小有异同。大旨为科举而设，故谓汉学不可行于今。后来坊刻讲章，此其滥觞。然明白笃实，终非后来讲章所及也。

《周易辨录》四卷

明杨爵撰。是书乃嘉靖乙巳，爵以建言下诏狱时所作。注惟六十四卦，经文但载卦辞，然注乃并解六爻、彖传、象传。其说多明人事，颇为剀切。

《易象钞》四卷

明胡居仁撰。自序称：读《易》二十年，有所得辄抄积之。后二卷则皆与人论《易》之语，及自记所学，并为檃栝歌词以举其要。考万历乙酉，御史李颐请以居仁从祀，疏称"所著《易传》已散佚"，此本或后人所裒辑欤。

《周易象旨决录》七卷

明熊过撰。据其自序，盖因蔡清《蒙引》陈义而不及象，故作此书。名"决录"者，犹言"定本"也。其说远溯汉学，虽未必遽追梁、孟，然义必考古，终胜明人幻渺之谈。

《易象钩解》四卷

明陈士元撰。其说谓《易》以卜筮为用，卜筮以象为宗。虽或涉穿凿，然犁然有当者居多。惟谓言象为京房之学，则殊舛误。《京氏易》乃纳甲飞伏之学，非以象为占也。

《周易集注》十六卷

明来知德撰。乃其空山独处,研思二十九年而成。专取《系辞》错综其数之说,以错卦、综卦论《易》象。其注皆先释象义、字义及错综义,然后训本卦、本爻正义。颇伤繁碎,而亦自成一家之学。

《读易纪闻》六卷

明张献翼撰。是书但随笔札记,不载经文。其为人荡检逾闲,殆有狂疾,而说《易》乃笃实不支,多得圣人示戒之旨。盖其早年力学,犹未放诞时作也。

《叶八白易传》十六卷

明叶山撰。八白,其字也。惟释六十四卦爻辞,大旨以诚斋《易传》为宗,出入子史,佐以博辨。盖借《易》以言人事,不必尽为经义之所有。然所言亦往往可昭法戒。

《洗心斋读易述》十七卷

明潘士藻撰。每条皆先发己意,而采掇旧说列于后。焦竑序称所采旧说,惟李氏《集解》、房氏《义海》二书。今观所引,房书较多于李书。盖李书主象,汉学之遗;房书主理,宋学之总。士藻所主者,宋学也。

《周易像象管见》九卷

明钱一本撰。一本所著《象抄》六卷,推衍陈抟之学,支离轇轕,殊无可观。此书作于《象抄》之前,惟即卦爻以求象,即象以明人事,虽间有支蔓,而笃实近理者多。

《周易札记》三卷

明逯中立撰。是书不载经文,但以卦名、篇名为标识。采旧说者十之六,出新义者十之四。大旨以义理为主,而复、姤、中孚诸卦,亦兼用六日七分之说。

《周易易简说》三卷

明高攀龙撰。其诠解《易》义,每条不过数言,故名曰“易简”。亦颇阐明心学。然主于学《易》以检心,非如杨简、王宗传辈,引《易》归心,又引心归禅也。

《易义古象通》八卷

明魏浚撰。前有《明象总论》八篇。大旨谓文周之《易》,即象着理;孔子之《易》,以理明象。因取汉、魏、晋、唐诸儒所论象义,取其近正者录之。故名曰“易义古象通”,言即象以通义也。

《周易像象述》五卷

明吴桂森撰。乃踵其师钱一本《像象管见》而作,故以“述”为名。首列“像象金针”一篇,标举大旨。卷中所注,皆一字一句,推寻义理,颇有新意。

《易用》五卷

明陈祖念撰。祖念,陈第子也,学不逮其父,而此书则胜其父《伏羲图赞》远甚。书中不载经文,但每卦、每章详论其义,务以切于人事为主,故名曰“用”。每卦之末,总论取象之义,多取互体,盖于汉学、宋学,无所偏主云。

《易象正》十六卷

明黄道周撰。于每卦六爻,皆即之卦以观其变。盖即《左传》所载之古法。前列日次一卷,用汉人分爻直日之法。按文王卦序,以推世运。后二卷以《河图》《洛书》自相乘除,推为三十五图。则均《易》外之别传矣。

谨案:此书及《三易洞玑》,皆《皇极经世》之支流。《三易洞玑》,全推衍于《易》外,故入之术数类。此及倪元璐《儿易》,有缪辖于《易》外者,犹有据经立义,发挥于《易》中者。且皆忠节之士,宜因人以重其书。故此二编仍著录于经部,非通例也。

《儿易内仪以》六卷,《儿易外仪》十五卷

明倪元璐撰。名"儿易"者,据元璐自序,盖取孩始之义。其"内仪以"专以大象释经,以六十四卦大象皆有"以"字,故"以"为名也。《外仪》分六目,六目又各分子目,皆以《系辞》中字义名篇,篇各有图,大抵忧时伤乱,借《易》以抒其意,不必尽为经义之所有。

《卦变考略》一卷

明董守谕撰。以朱子《卦变图》与《本义》自相矛盾,因考郎颉、京房、蜀才、虞翻诸家之说,推衍成图,以存古义。

《古周易订诂》十六卷

明何楷撰。前六卷以传附经,用王弼本。七卷以下,则仍以《十翼》原文,存田、何之旧。其学虽博而不精,然取材宏富,词必有据。汉、晋以来之古义,颇藉以见梗概。

《周易玩词困学记》十五卷

明张次仲撰。自序谓不敢侈谈象数,又雅不信谶纬之说,惟于语言文字间,求其有益于身心者,持论颇为笃实。其铲除诸图,亦具有廓清之力。

《易经通注》九卷

国朝大学士傅以渐等奉敕撰。顺治十三年十二月,世祖章皇帝以永乐《易

经大全》繁而可删，华而寡要，因命以渐等刊其舛讹，补其缺漏，勒为是书。以顺治十五年十月告成。

《日讲易经解义》十八卷

康熙二十二年，大学士牛钮等奉敕编。用宋代经筵讲义之体，发挥要旨，疏通证明，不取庄、老之虚无，亦不取焦、京之术数。惟即辞占象变，敷陈人事，以明法天建极之实功。故御制序文，特揭以经学为治法之义焉。

《御纂周易折中》二十二卷

康熙五十四年，大学士李光地等奉敕撰。自董楷析朱子《周易本义》，附于《程传》，十二篇旧第复淆。是编恭禀圣裁，改从古本，足正千古之讹。大旨虽根据程、朱，而参考群言，务求至当，实不偏主一家，允为说《易》之准绳。

《御纂周易述义》十卷

乾隆二十年，大学士傅恒等奉敕撰。以本“御纂周易折中”而推阐之，故名“述义”。大旨谓《易》因人事以立象，故不涉虚渺之说与术数之学。其观象多取于互体，尤能发明古义。汉《易》、宋《易》，至是而集其成矣。

《读易大旨》五卷

国朝孙奇逢撰。皆其读《易》有得，录示门人之语。其说不显攻《图》《书》，亦无一字及《图》《书》，惟以象传通一卦之旨，以一卦通六十四卦之义，皆切近人事，发明义理。末附“兼山堂问答”，及与李崶论《易》之语，别为一卷。崶即奇逢所从受《易》者也。

《周易稗疏》四卷，附《考异》一卷

国朝王夫之撰。皆随笔札记，以剖析疑义。大旨不信焦、京，亦不信陈、邵,亦不取王弼之清言。惟引据训诂,考求古义,所谓征实之学也。

《易酌》十四卷

国朝刁包撰。大旨以程子《传》、朱子《本义》为主,虽亦兼言象数,然皆陈抟、李之才之学,非汉以来之旧学也。取其持论笃实而已。

《田间易学》十二卷

国朝钱澄之撰。澄之初问《易》于黄道周,故颇详于数学。后乃兼求义理,参取于王弼、孔颖达、程子、朱子之间。其谓《先天》《河》《洛》,皆因《易》而作图,用钱义方之说;谓图中奇偶乃揲蓍之法,非画卦之本,用陈应润之说也。

《易学象数论》六卷

国朝黄宗羲撰。宗羲以《易》至焦、京而流为方术,至陈抟而歧入道家,九流百氏,罔弗依托,因作此以纠其失。前三卷论《河图》《洛书》、先天方位、纳甲、纳音、月建、卦气、卦变、互卦、筮法、占法,附以所作原象,为内篇;后三卷论太玄、乾凿度、元包、潜虚、洞极、洪范数、皇极数,以及六壬、太乙、遁甲,为外篇。

《周易象辞》二十一卷,附《寻门余论》二卷,《图书辨惑》一卷

国朝黄宗炎撰。宗炎力辟陈抟之学,故所解惟主义理,然根据经典,不涉空谈。"寻门余论"兼排释氏,未免蔓衍于《易》外,而其他持论多醇正。"图书辨惑"论《先天图》,与陈应润所言合;论《太极图》,与朱彝尊、毛奇龄所考合。亦皆明确也。

《周易筮述》八卷

国朝王宏撰撰。以朱子谓《易》本卜筮之书,因作此编,以明其义。凡十

五篇。虽端为揲蓍而作,然辟焦、京之小术,阐羲、文、周、孔之宏旨,立论悉本经义,与方技家所说迥殊,故进之列于《易》类,不以术数论焉。

《仲氏易》三十卷

国朝毛奇龄撰。是书述其兄锡龄之遗说,故以"仲氏"为名。大旨谓《易》兼五义,一曰变易,一曰交易,为先儒之所知;一曰反易,一曰对易,一曰移易,皆先儒之所未知。其言甚辨,然大致有所根据,非纯构虚词。

《推易始末》四卷

国朝毛奇龄撰。奇龄既作《仲氏易》,因采汉以来诸儒之言卦变者,别加综核,以成是书。其名"推易",盖本《系辞》刚柔相推之文,即《仲氏易》所谓"移易"也。

《春秋占筮书》三卷

国朝毛奇龄撰。摭《春秋传》所载占筮,以明古人之《易》学。实为《易》作,非为《春秋》作也。

《易小帖》五卷

国朝毛奇龄说《易》之语,其门人记录成书者也。凡一百四十三条,与《仲氏易》互相发明。大抵征引古义,以纠近代说《易》之失。于王弼、陈抟二派,掊击尤力。

《乔氏易俟》十八卷

国朝乔莱撰。前列诸图,不取陈抟之说。于卦变亦不取虞翻诸家之说,而取来知德之反对。其解经多推求人事,证以史文,盖李光、杨万里之支流也。

《读易日抄》六卷

国朝张烈撰。一以朱子《本义》为宗。因象设事,就事陈理,犹近时《易》说之不枝蔓者。

《周易通论》四卷

国朝李光地撰。一卷、二卷,发明上、下经大旨,三卷、四卷,发明系辞、说卦、序卦、杂卦之义。冠以“易本”“易教”二篇,次论卦爻彖象、时位德应、《河图》《洛书》,以及占筮挂扐、正变环互,皆一一详悉。其于宋易,可谓融会贯通矣。

《周易观彖》十二卷

国朝李光地撰。是书取《系辞》“观其彖辞,则思过半”之义,实注全经,非止解彖辞。其《语录》《文集》,颇申明先天诸图,此书则惟《说卦传》“天地定位”一章,略及斯义,余无一字及之,则亦知非画卦之本矣。经中脱文误字,惟《系辞》“侯之”二字作衍文,余皆不从《程传》《本义》。其说皆自抒心得,亦不甚附合程、朱也。

《周易浅述》八卷

国朝陈梦雷撰。乃康熙甲戌梦雷戍尚阳堡时所作。大旨主《本义》,而参以王弼、孔颖达、苏轼、来知德及永乐《大全》,盖行箧乏书,故所据止此。其说多即象以明人事。末附三十图,则其友杨道声作也。

《易原就正》十二卷

国朝包仪撰。其学从《先天图》入,故自序谓,《皇极经世》为《易》之本旨。然每爻注变卦,犹用古法,诠释简明,亦不缴绕奇偶,排比黑白,与自序实不相应也。

《大易通解》十五卷

国朝魏荔彤撰。其论画卦,谓:《河图》《洛书》,只可云其理相通,不必穿凿附会。谓《先天图》,非生卦之次序。论爻谓:当兼变爻。谓泰、否、损、益四卦,为上下经之枢纽,皆具有理解。惟不取扶阳抑阴之说,则未审姤、复之初爻矣。

《易经衷论》二卷

国朝张英撰。所释惟六十四卦,每卦为论一篇。其立说主于显易,不务艰深,颇能扫众说之纠结。

《易图明辨》十卷

国朝胡渭撰。其一卷辨《河图》《洛书》,二卷辨五行九宫,三卷辨《参同契》《先天图》《太极图》,四卷辨《龙图》《易数钩隐图》,五卷辨《启蒙》《图书》,六卷、七卷辨先天古易,八卷辨后天之学,九卷辨卦变,十卷辨象数流弊。并引据经典,元元本本,于《易》学深为有功。

《合订删补大易集义粹言》八十卷

国朝纳喇性德撰。是书取宋陈友文《大易集义》、方闻一《大易粹贯》,案:原本讹"方闻一"为"曾穜",今考正。删除重复,刊削繁芜,合为一编。宋儒易说,略具于斯。

《周易传注》七卷,附《周易筮考》一卷

国朝李塨撰。其说以《易》卦本以人事立言,陈抟、刘牧诸图,皆使《易》道入于无用;《参同契》《三易洞玑》之类,皆以异端方技阑入经学;即汉儒卦气直日之类,亦经外别生枝节。故惟以观象为主,第不废互体耳。

《周易札记》二卷

国朝杨名时撰。名时《易》学，多得之其师李光地。是书惟《说卦传》及附论《启蒙》之类，颇推衍《先天》诸图，余皆发挥《易》理者也。

《周易传义合订》十二卷

国朝朱轼撰。凡《程传》《本义》，互有异同者，务折中以归一，使不涉两岐。惟两义并行不悖者，乃兼存其说，附以诸儒之论；或有实胜程、朱者，亦舍程、朱以从之。盖不株守门户之见也。

《周易玩词集解》十卷

国朝查慎行撰。慎行受业于黄宗羲，故于《易》家一切杂学，灼然不惑。其河图说、卦变说、天根月窟考、八卦相错说、辟卦说、中爻互体说、广八卦说，辨证具有根据。诠释经文，亦明切不支。

《惠氏易说》六卷

国朝惠士奇撰。其书杂释卦爻，专明汉学，大抵以象为主，而训诂尤所加意。惟欲矫王弼等空言之弊，采掇未免驳杂，然其精核者，终不可废也。

《周易函书约存》十八卷，《约注》十八卷，《别集》十六卷

国朝胡煦撰。原本一百十八卷，稿本浩繁，渐有散佚，其已刻者，亦编次无绪。此本乃其子季堂，以其论《易》之语，分为原图、原卦、原爻、原占者，编为《约存》；以其依经释义者，编为《约注》；而以“篝灯约旨”“易解辨异”“易学须知”，编为《别集》。其持论酌于汉学、宋学之间，与朱子颇有异同。

《易笺》八卷

国朝陈法撰。其书以《易》为专明人事，其驳来知德错综之说，最为明晳。

其论筮法,亦具有理解。

《楚蒙山房易经解》十六卷

国朝晏斯盛撰,凡《易学初津》二卷,不取图书之说,乃并卦变互体而废之,未免主持稍过。《易翼宗》六卷,诠释经文,附以《十翼》。《易翼说》八卷,诠释《十翼》,又各自为篇,与何楷《古周易订诂》例同,亦嫌繁复。然所解斟酌于言理、言数之间,则颇能持其平。

《周易孔义集说》二十卷

国朝沈起元撰。以孔子《十翼》为主,定众说之是非。前列三图:一曰八卦方位,一曰乾坤生六子,一曰因重。皆据《系辞》《说卦》,其先天诸图,则以为陈、邵之《易》,非孔子之《易》,概从芟薙,持论特确,所解亦多能推验旧诂,引申新义。惟既用王弼散附之本,而又以大象、文言析出自为一传,则自我作古耳。

《易翼述信》十二卷

国朝王又朴撰。其说亦以《十翼》为主。深以朱子所云"不可以孔子之《易》,为文王之《易》者"为非。其所征引,惟李光地之说为多,亦不甚墨守《本义》也。

《周易浅释》四卷

国朝潘思榘撰。大旨即象明理,而即互体卦变以求象,每卦皆注自某卦来,谓之"时来";是亦《易》中之一义,不足尽《易》,而不可谓之非《易》,固可存备一家也。

《周易洗心》九卷

国朝任启运撰。其说多发明图学,谓《论语》之"五十学《易》",即指《河图》之五十,立论殊为新异。其诠释经文,则观象玩词,时标精理;其考定文句,亦根据先儒。然则启运之讲图学,特好语精微耳,非如张行成等,竟舍经而言数也。

《丰川易说》十卷

国朝王心敬撰。心敬所注诸经,皆好为异论。是书阐发《易》理,乃取诸人事,谓阴阳消长,不过借作影子,特为切实。惟排斥杂学,并《左传》占法而诋之,为主持太过耳。

《周易述》二十三卷

国朝惠栋撰。其书主发挥汉儒之学,以荀爽、虞翻为主,而参以郑玄、宋咸、干宝诸家之说,自为注而自疏之。凡二十一卷,中阙《下经》一卷,又阙序卦、杂卦传,盖未完之本。末二卷为《易微言》,杂抄经典论易之语,丛冗无绪,亦未及排纂之稿本也。

《易汉学》八卷

国朝惠栋撰。考汉《易》宗派源流,掇拾绪论,以见大凡。凡《孟长卿易》二卷;《虞仲翔易》一卷;《京君明易》二卷,干宝附焉;《郑康成易》一卷;《荀慈明易》一卷。其末一卷,则栋发明汉《易》之理,以辨正《河图》《洛书》、先天太极之学。

《易例》二卷

国朝惠栋撰。皆考究汉儒之传,以发明《易》之本例。凡九十类。其中有录无书者,十三类。所分门目,颇多牵混,盖亦未成之稿。然栋于诸经,精研古义,其所采摭,多专门授受之学。傥因而排纂,犹可见作《易》之大纲,未可以冗杂弃也。

《易象大意存解》一卷

国朝任陈晋撰。多申尚象之旨，不载经文，惟折中诸家之说，明其大意。首论太极、五行、先天、河洛，皆铲除轇轕；次论彖、论爻、论象；次论六十四卦，多指陈法戒；终以系辞、说卦、序卦、杂卦，其文颇略，以所重在六十四卦也。

《大易择言》三十六卷

国朝程廷祚撰。因桐城方苞《绪论》，以六例编纂诸家之说。一曰正义，二曰辨正，三曰通论，四曰余论，五曰存疑，六曰存异。大抵力排象数，惟以义理为宗。

《周易辨画》四十卷

国朝连斗山撰。大旨谓一卦之义，在于爻；爻画有刚、有柔，因刚柔之画而立之象，即因刚柔之画而系以辞，其道先在于辨画，故以为名。虽不免或涉穿凿，然逐卦剖析互体，亦时有精理。

《周易图书质疑》二十四卷

国朝赵继序撰。其书以象数言《易》，而不主先天河洛之说。首为古经十二篇，次逐节诠释经义，而不载经文，盖用经传别行之古例。次为图三十有二，为说五。其诂经多从卦变起象，而兼取汉、宋之说，无所偏主。

《周易章句证异》十一卷

国朝翟均廉撰。皆考究诸本，辨《周易》篇章字句之同异，校勘颇为精密。

附　录

《乾坤凿度》二卷

是书为《永乐大典》所载《易纬》八种之一。分上、下二篇。上篇论四门四正取象取物，以至卦爻蓍策之数；下篇论坤有十性，而推及于荡配凌配。又杂引诸纬书之词，佶屈聱牙，颇不易晓。

《周易乾凿度》二卷

是书为《易纬》八种之二。旧本标郑康成注。唐以前说经之家，恒相引用。其太乙行九宫法，即后世《洛书》所从出。在纬书之中，特为醇正。

《易纬稽览图》二卷

是书为《易纬》八种之三。首言卦气起中孚，而以坎、离、震、兑为四正卦。六十卦，卦主六日七分。又以自坤至复十二卦为消息。余杂卦，主公卿侯大夫，候风雨寒温以为征。应即孟喜、京房之学。至所称轨之数，以及世应游归，乃兼通日家推步之法。唐一行《大衍历议》，即演其术。惟所纪年号至唐元和，疑术家所附益也。

《易纬辨终备》一卷

是书为《易纬》八种之四。一作"辨中备"，传写异文也。今《永乐大典》所载，仅数十言，似非完本。以古来著录，姑存以备考核。

《易纬通卦验》二卷

是书为《易纬》八种之五。《宋史·艺文志》作二卷，《永乐大典》所载合为一篇。今核其文义，定"人主动而得天地之道，则万物之精尽矣"以上为上卷。曰"凡易八卦之气，验应各如其法度"以下为下卷。上言稽应之理，下言卦气之征验也。

《易纬乾元序制记》一卷

是书为《易纬》八种之六。唐以前史不著录，陈振孙《书录解题》始载之。

然其文乃与诸书所引《是类谋》《坤灵图》《稽览图》之文相同,疑后人割裂纬书,伪题此名也。

《易纬是类谋》一卷

是书为《易纬》八种之七。通体以韵语成文,多言禨祥推验,并及于姓辅名号,与《乾凿度》所引易历义相发明。

《易纬坤灵图》一卷

是书为《易纬》八种之八。残缺不完,仅存论乾、大蓄、无妄卦辞,及史注所引"日月合璧"数语而已。

右易类。共一百五十八部,一千七百五十七卷。附录八部,十二卷。

卷　二

经部二　书　类

《尚书正义》二十卷

旧本题汉孔安国传，唐孔颖达疏。安国《传》虽梅赜所依托，然去古未远，训诂皆有所受。颖达《五经疏》，朱子谓《易》《书》为下，然《书疏》名物典制，终为考证家所取资，不似《易疏》之敷衍也。

《洪范口义》二卷

宋胡瑗撰。原本久佚，今从《永乐大典》录出。是书发明天人合一之旨，归其要于建中出治，定皇极为九畴之本。胜于刘向诸人借圣经而演禨祥也。

谨案：朱彝尊《经义考》，凡训释一篇者，悉附载各经之末，不与训释全经者叙时代先后。然《隋志》载《系辞注》《洪范五行传》《月令章句》《中庸讲疏》，固杂置各经中也。今从古例，不复别编，后均仿此。

《东坡书传》十三卷

宋苏轼撰。轼《易传》或偶涉玄谈，此书则于治乱兴亡，抉摘明切。盖轼究心经世之务，又长于论说。洛闽诸儒，以程子之故，与轼如水火，而不能不取此书，则大略可知矣。

《尚书全解》四十卷

宋林之奇撰。原本自《洛诰》以下皆佚，其孙畊始掇拾补完。明以来又佚《多方》一篇，今以《永乐大典》所载补之。其书如以阳鸟为地名之类，颇多新说。然辨析异同,贯串史事,实卓然成一家言。吕祖谦之《书》学,即受诸之奇者也。

《郑敷文书说》一卷

宋郑伯熊撰。凡二十九条,条各标目,皆摘其大端而论之。于经世立教之义,多所阐发。

《禹贡指南》四卷

宋毛晃撰。原本久佚,今从《永乐大典》录出。大抵参考古书,证《禹贡》山川之原委。虽南渡以后,无由睹中原西北之形势,其援据旧文,则可谓有所考订矣。

《禹贡论》五卷,《后论》一卷,《山川地理图》二卷

宋程大昌撰。其《地理图》三十有一,原本久佚,今据《永乐大典》补其二十有八。其《前论》,于江水、河水、淮水、汉水、济水、弱水、黑水,皆能纠旧说之失;《后论》则专论河水、汴水之患。盖南渡之初,尚未尽忘旧都也。

《尚书讲义》二十卷

宋史浩撰。原本久佚,今从《永乐大典》录出。其书尝于淳熙十六年奏进,皆顺文演释,如经幄讲章之体。大抵以注疏为主,融会诸说以佐之。朱子《语录》尝称"史丞相说《书》,亦有好处"云。

《夏氏尚书详解》二十六卷

宋夏僎撰。原本残缺,今从《永乐大典》补完。其书纂辑注疏,及宋儒之说,而取于林之奇者特多。说颇详明。明洪武中,与《蔡传》并以取士。后乃黜夏而专用蔡,殆以卷帙稍繁欤。

《禹贡说断》四卷

宋傅寅撰。原本残缺,又有误刊入程大昌书者。今并据《永乐大典》补正。通志堂本改名《禹贡集解》,今亦据《永乐大典》复题旧名。其书虽博引旧文,而时出新意,多足以备一解。

《增修东莱书说》三十五卷

后十三卷宋吕祖谦撰,前二十二卷其门人时澜增修。祖谦本续其师林之奇书,故之奇书终《召诰》,而祖谦书始《洛诰》,澜杂取门人所记之语,补为全经。其字句俚俗、文义繁复者,澜皆为删润,盖犹倪天隐之述《口义》也。

《尚书说》七卷

宋黄度撰。其说一以《孔传》为主,而发挥义理,推究治乱,颇为深切畅明。

《五诰解》四卷

宋杨简撰。原本久佚,今从《永乐大典》录出《康诰》《酒诰》《召诰》《洛诰》四篇,惟缺《梓材》一篇。其书虽提倡心学,兼穿凿字义,然颇能考订旧说,弃短取长。

《絜斋家塾书抄》十二卷

宋袁燮撰。变传陆九渊之学,故是书大旨在于发明本心,畅其师说。然于帝王治迹,能参酌古今,一一标举其要领,固异于金溪末派之狂禅也。

《书集传》六卷

宋蔡沈撰。其说原出朱子,而与朱子颇有异同。据其子抗进表,尚有《小序》一卷,《朱子问答》一卷。今《问答》久佚,《小序》虽尚存,而宋以来刊本悉不载,今亦惟以六卷著录焉。

《尚书精义》五十卷

宋黄伦撰。原本久佚,今从《永乐大典》录出。其书荟萃诸说,不加论断。异同矛盾,亦两存之。然征引赅博,前人《书》说之散佚者,实赖以得存崖略。

《陈氏尚书详解》五十卷

宋陈经撰。多采取注疏,参以新意,与蔡沈《传》同时并出,而宗旨不甚相同。观其自序,盖陆氏学派也。疏解详明,往往得先儒所未发。其中多援后世之事为证,盖赵岐注《孟子》例也。

《融堂书解》二十卷

宋钱时撰。原本久佚,今从《永乐大典》录出。仅缺《伊训》《梓材》《秦誓》三篇。其大旨在尊崇《书序》,而不知《书序》非《诗序》之比。然诠释颇为明确,其力排错简之说,亦为特识。

《洪范统一》一卷

宋赵善湘撰。原本久佚,今从《永乐大典》录出。其说以皇极为九畴之统,故名曰"统一"。大旨根据欧阳修《唐书·五行志》、苏洵《洪范图论》。其训皇极为大中,则注疏之说也。

《尚书要义》十七卷,《序说》一卷

宋魏了翁撰。亦其《九经要义》之一也。原本二十卷,今佚其三卷。《尚书》疏较摭实,而随文推演,亦多支蔓,了翁删存精要,颇便于循览。

《尚书集传或问》二卷

宋陈大猷撰。大猷先著《尚书集传》,因仿朱子注《四书》例,作《或问》以明去取诸说之意。今《集传》已佚,惟《或问》存。其论《尧典》“敬”字述杨简之说,盖金溪学派也。

《胡氏尚书详解》十三卷

宋胡士行撰。其书多以《孔传》为主,而存异说于后。《孔传》有所未惬,则引杨时、林之奇、吕祖谦、夏僎之说补之。诸说有所未备,乃以己意解之。中于《尧典》《洪范》,皆有绘图,亦颇引汉唐训诂,犹非以白战谈经者。

《尚书表注》二卷

宋金履祥撰。于每页乌丝栏外,上、下、左、右,皆以细字标识之外。经之家,别为一体。虽学出紫阳,而颇不牵就《蔡传》。其征引伏氏、孔氏文字异同,皆确有根据。所列作书年月,盖据胡宏《皇王大记》,虽不必尽确,要非无据而作也。

《书纂言》四卷

元吴澄撰。是编惟注《今文尚书》。自序谓“晋世晚出之《书》,别见于后”。然实未注古文,特托词耳。考汉代今文古文原自别行,澄惟注今文,犹专门授受之例,非王柏等删经者比也。

《尚书集传纂疏》六卷

元陈栎撰。以疏通《蔡传》之意,故命曰“疏”;以采辑诸家之说,故命曰“纂”。于《蔡传》有所增补,无所纠驳,盖遵延祐之功令。于首卷增题一行曰“朱子订正”,于所引朱子之说,必冠诸说之前,则借以自明笃信也。

《读书丛说》六卷

元许谦撰。多考《尚书》名物典制，虽沿袭旧文，未能一一考证，而要为征实之学，非枵腹而谈经。三卷、五卷、六卷原缺十四页，诸本并同，今亦仍之焉。

《尚书辑录纂注》六卷

元董鼎撰。以《蔡传》为主，传后继以朱子《语录》，谓之"辑录"。朱子说后，乃附以诸家之说，谓之"纂注"。自序称，《集传》为朱子所订正，则与自著无异。又称荟萃成朱子之一经，是实以朱子为主也。然与《蔡传》亦有异同，具载于吴澄序中。自序所云，特假借渊源，以为重耳。

《尚书通考》十卷

元黄镇成撰。皆搜采旧说，考《尚书》之名物典制，亦间附以论断，其中或牵及后代史事，不无泛滥。而大致详赅。其自序曰："求帝王之心易，考帝王之事难。"知其欲为空谈无实者砭也。

《书传旁通》六卷

元陈师凯撰。凡名物典制，为《蔡传》所遗者，皆一一补注，端委颇详。其《蔡传》歧误之处，则置不复论。盖如孔颖达《五经正义》，主于发挥注文，不主于纠正注文也。

《读书管见》二卷

元王充耘撰。与《蔡传》多所异同，得失参半。于伊川改正不改月之说，既失纠正，又附载"周不改月、惟鲁史改月"一条，尤为舛误。然大致能抒所心得，异乎剿说。

《书义断法》六卷

元陈悦道撰。书首冠以“科场备用”四字,盖为应举经义而作,不全载经文,仅摘其可以命题者,逐句诠解,明作文之窾要。明代揣摩拟题,从此滥觞。然元代士风淳朴,其经义犹以义理为宗,故其书训释简确,终胜明人之剽窃。

《尚书纂传》四十六卷

元王天与撰。其书虽列注疏居前,而大旨以朱子之说为主,以真德秀之说为辅。据两家以去取注疏,盖坚守紫阳之传者也。

《尚书句解》十三卷

元朱祖义撰。大旨为启迪幼学而作,故株守《蔡传》,不复考求古义。然随文诠释,词意明显。使《周诰》《殷盘》佶屈聱牙之句,皆可了然于心目,不可谓非离经辨志之遗也。

《书传会选》六卷

明洪武二十七年,翰林学士刘三吾等奉敕撰,以刊定《蔡传》之误。所正凡六十六条,皆为允惬。于字义字体,考证尤详。顾炎武《日知录》极称之。初亦颁示天下,迨永乐《大全》出,而此书遂废。然《大全》之视此书,犹莛与楹也。

《书传大全》十卷

明永乐中,翰林学士胡广等奉敕撰。是书亦剿袭陈栎《尚书集传纂疏》、陈师凯书《蔡传旁通》。然栎书义理为长,师凯书考核亦备,故在《五经大全》之中,尚为差胜。

《尚书考异》五卷

明梅鷟撰。鷟作《尚书谱》及此书，以辨正《古文尚书》。其《尚书谱》多臆断，此书则具有根据，故录之以存其概。

《尚书疑义》六卷

明马明衡撰。自序称：凡于所明而无疑者，从蔡氏；其有所疑于心而不敢苟从者，辄录为篇。其书多求古义，兼采众长，非故与蔡氏立异也。

《尚书日记》十六卷

明王樵撰。亦以《蔡传》为主。《蔡传》所未备者，则采旧说以补之。其事迹则多据金履祥《通鉴前编》。利瓦伊桢序，称其"于经旨多所发明，而亦可用于科举"，其品题允矣。

《尚书砭蔡编》一卷

明袁仁撰。皆纠正《蔡传》之误，大抵皆引据古义，以相诘难。虽不免有心立异，而中其失者居多。

《尚书注考》一卷

明陈泰交撰。《经义考》作"陈泰来"者，误也。其书亦纠正《蔡传》之讹，凡引经注经前后互异者三条，同字异解者三百二十三条，皆直录蔡氏原文，不加论断，使人对校而自见，以矛刺盾，无可置辨者多。

《尚书疏衍》四卷

明陈第撰。自序称，先由深思而得，后乃参取古今注疏附著之。然第学问淹通，其深思亦参求古义，不但师心。惟笃信古文，诋谋梅鷟甚力。是则各尊所闻,各行所知,不妨听其并存耳。

《洪范明义》四卷

明黄道周撰。崇祯十年,尝奏进于朝。其中推说灾祥,颇涉附会,配隶名目,尤病穿凿。然意存启沃,借天人相应之理,以感动修省之心,其文不尽合于经义,其纳牖之忱,则无愧于经义。道周所进经解,皆可作如是观也。

《日讲书经解义》十三卷

康熙十九年,大学士库勒纳等奉敕编。皆以经筵讲义排纂成书。其间心源治法之微,诸臣不能尽窥者,并亲为䌷释,抉奥阐精。仰见二帝三王之道统,数千载若符契焉。

《钦定书经传说汇纂》二十四卷

康熙六十年,大学士王顼龄等奉敕撰。雍正八年,世宗宪皇帝御制序文刊行。于蔡沈《集传》,从其所可从,不似袁仁等故立异同;其不可从者,必附录旧说,以明古义,亦不似陈栎等之坚守门户。大公至正,允足持千古之平。

《书经稗疏》四卷

国朝王夫之撰。其诠释名物,多出新意,虽醇驳相半,而纰缪者极纰缪,精核者亦极精核,不以瑕掩瑜也。

《古文尚书疏证》八卷

国朝阎若璩撰。辨正《古文尚书》,凡一百二十八条。因宋吴棫、朱子、陈振孙、元吴澄、明梅鷟、归有光之说,而一一推求实证,其言至为精核。惟蔓延旁及他事,未及刊除,又随时札记,先后重复,未及删并,是其所失也。

《古文尚书冤词》八卷

国朝毛奇龄撰。奇龄攻驳《仪礼》,而不平阎若璩之辨正《古文尚书》,作此书以与之辨。大旨以《孔传》为伪,以古文为真。假借《隋志》之文,巧相辨诘。学者袒分左右,断断不休。故今并存两家之书,俾论者有考焉。

《尚书广听录》五卷

国朝毛奇龄撰。奇龄欲注《尚书》而未就,因举旧所札记者,编为此书,多辨正三代之事实。

《尚书埤传》十七卷

国朝朱鹤龄撰。前有"考异"一卷,辨经文同异。次为"逸篇伪书",及"书说余"一卷,辨《孔传》为真本。"埤传"十五卷,诠释义理,而不废名物训诂之学,颇为持平。

《禹贡长笺》十二卷

国朝朱鹤龄撰。其考定《禹贡》山川,不及后来胡渭之精核,而博赡于毛晃、程大昌、傅寅之书。

《禹贡锥指》二十卷,图一卷

国朝胡渭撰。书首为图四十有七,皆开方界画,条理分明,其《禹河初徙再徙图》《汉唐宋元明河图》,尤考证精密。书中亚经文一字,为集解;又亚一字,为辨证。采摭繁富,讨论详明。援古验今,如指诸掌。当时与梅文鼎之天文,并称绝学。

《洪范正论》五卷

国朝胡渭撰。大旨以禹之治水,本于九畴。《洪范》为体,《禹贡》为用。

然务明奉若天道之理,与郑樵《禹贡》《洪范》相表里之说,立义迥殊。其辨正先儒三病,一曰附会谶纬、一曰伪造《洛书》、一曰妄移错简,尤切中其失。

《尚书七篇解义》一卷

国朝李光地撰。所解仅二典、三谟、《禹贡》、《洪范》七篇。词旨简约,而多有精义。至《尧典》之论中星岁差,《舜典》之论盖天浑天、十有二州与诗歌声律,《禹贡》之论沔水、彭蠡、会于汇、原隰潴野,又皆实有考证,非讲学家之据理臆测者也。

《书经衷论》四卷

国朝张英撰。不载经文,但标题系说,凡三百一十四条。略如宋人讲义之体。而于旧说弃短取长,特为精审。

《尚书地理今释》一卷

国朝蒋廷锡撰。书首题"恭录圣训"字,盖儤直之日,仰承指授,敬缮成帙。凡辨证地理,皆即今考古,足订正旧说之讹。

《禹贡会笺》十二卷

国朝徐文靖撰。首列《禹贡》山水,次为图说十八。书中皆先引《蔡传》,而博引诸书辨证之。文靖之学,未必能胜胡渭,而是书较渭书为益密。盖因渭之说,更加推验。继事者易为功也。

附 录

《尚书大传》四卷,补遗一卷

旧本题汉伏胜撰,郑玄注。据玄序文,乃胜之遗说,而张生、欧阳生等录之也。其文或说《尚书》,或不说《尚书》,大抵如《易乾凿度》《春秋繁露》,与经义在离合之间，而古训旧典，往往而在，所谓六艺之支流也。

谨案：《尚书大传》，诸史志皆著录《尚书》家，然究与训诂经义者不类。今亦从《易纬》之例，别为附录。

《书义矜式》六卷

元王充耘撰。乃其经义程序，存之以见一代取士之制。

谨案：此书为所作程文，宜入集部；然虽非训诂，实阐经义，置之诗文之间，究为不类，故今亦附录书类之末。

右书类。五十六部，六百五十卷。附录二部，十一卷。

谨案：蔡沈《洪范皇极数》诸书，虽以“洪范”为名，实以洛书九数推衍成文，于《洪范》绝无所涉。旧列《书》类，于义殊乖。今悉退列子部术数类中，庶不以旁门小技，汩圣人之大训焉。

经部三　诗　类

《诗序》二卷

是书作自何人,众说不一。今参考诸书,定首句为毛公以前经师所传;其下申言,为毛公以后经师所加。并以朱子辨驳,各附条下。著四五百年以来,说诗者门户之争,自此书始也。

《毛诗正义》四十卷

汉毛亨传,郑玄笺,唐孔颖达疏。旧以毛公为毛苌,以郑玄《诗谱》考之,题毛苌者误也。自朱子用郑樵之说,攻击《诗序》,毛、郑之学遂微。然迄不能废其书,录继《诗序》之次,用昭诗学之渊源焉。

《毛诗草木鸟兽虫鱼疏》二卷

吴陆玑撰。玑生于三国,去古未远,于诗人所咏诸物,今昔异名者,尚能得其梗概。故孔颖达《诗正义》,全据此书。陈启源《毛诗稽古编》,亦多据以考正诸说。

《毛诗陆疏广要》二卷

明毛晋撰。因陆玑之书,为之注释。旁通博引,互相参证。虽伤冗碎,终胜空疏。

谨案:凡注古人之书者,其次第先后,仍从所注之书,不拘注者之时代。故晋以明人,得列于唐人之前。后皆仿此。

《毛诗指说》一卷

唐成伯玙撰。凡分四篇:一曰兴述,二曰解说,三曰传受,四曰文体。皆述诗之源流体格。其以《诗序》首句为子夏所传,以下为毛公所续,即苏辙诸家之所本也。

《毛诗本义》十六卷

宋欧阳修撰。自唐定《五经正义》以后,与毛、郑立异同者,自此书始。然修不曲徇二家,亦不轻诋二家。大抵和气平心,以意逆志。故其所说,往往得诗人之本旨。

《苏氏诗集传》二十卷

宋苏辙撰。惟取《小序》之首句,而删其以下之余文。自序谓独采其可者,见于今传;其尤不可者,皆明注其失。其用意盖与欧阳修同。

《毛诗名物解》二十卷

宋蔡卞撰。所解《毛诗》名物,凡分十一类。卞为王安石婿,故多用《字说》,陈振孙《书录解题》极诋之。然所征引,颇有出于陆玑书外者,亦足以备参考,不必以人之奸邪,遂废其言也。

《毛诗集解》四十二卷

不著编录者名氏。集宋李樗、黄櫄两家《诗解》,共为一编,而附以李泳所订吕祖谦《释音》。黄、李两书,皆博采诸家训诂,因末以己意为论断,体例略同。疑其本相续而作,互为补苴,故得并为一书,而不甚相悖也。

《诗补传》三十卷

宋范处义撰。自序称以《小序》为据,而兼取诸家之长。文义有缺,补以六经史传;训诂有缺,补以《说文》《篇韵》。盖南渡之初,最攻《序》者,莫如郑樵;最尊《序》者,莫如处义也。

《诗总闻》二十卷

宋王质撰。于三百篇,各说大意。复各分闻音、闻训、闻章、闻句、闻字、闻物、闻用、闻迹、闻事、闻人十类。又有闻风、闻雅、闻颂三篇,冠于卷首。其说皆毅然自为,不遵《小序》,亦不字字攻《小序》,与郑樵同一废《序》,而门径又殊。

《诗集传》八卷

宋朱子撰。其初稿亦用《小序》,后与吕祖谦相争,遂改从郑樵,废《小序》。故有《辨说》攻《小序》,而《集传》未及追改,如"丰年篇"之类者。樵书为周孚所驳,旋即散佚。惟此书自元延祐定科举法,用以取士,遂承用至今。

《慈湖诗传》二十卷

宋杨简撰。原本散佚,今从《永乐大典》录出。其书亦不信《小序》,并《左传》《尔雅》、郑玄《诗笺》、陆德明《诗释文》皆遭诋斥,甚乃诋《大学》之释淇澳为牵合,盖金溪之学甫一传而已,放诞如是。然考证颇详,而大旨归本于无邪,要不悖于圣人之义。

《吕氏家塾读诗记》三十二卷

宋吕祖谦撰。其说以《小序》为主。陈振孙书《录解题称》其博采诸家,存其名氏,先列训诂,后陈文义,翦截贯串,如出一手。魏了翁后序称其能得诗人"躬自厚而薄责于人"之旨,足以尽是书之所长矣。

《续吕氏家塾读诗记》三卷

宋戴溪撰。原本久佚,今从《永乐大典》录出。是书以续吕氏《读诗记》,补所未备,而持论宗旨小异。大抵涵泳文义,以求诗人之志,不甚墨守《小序》也。

《絜斋毛诗经筵讲义》四卷

宋袁燮撰。诸家书目不著录，惟《永乐大典》载之。议论和平，颇得风人本旨。其中《式微》《扬之水》《黍离》诸篇，于振兴恢复之事，尤再三致意。

《毛诗讲义》十二卷

宋林岊撰。原本久佚，今从《永乐大典》录出。盖其守全州时，为诸生讲解，因录成帙。其说简括旧诂，依文训义，大旨取裁于毛、郑。

《诗童子问》十卷

宋辅广撰。广，朱子之门人，故是书以发明《集传》为主；其掊击《小序》，更过于朱子。

《段氏毛诗集解》二十五卷

宋段昌武撰。原本三十卷，今佚说三颂者五卷。书首冠以“学诗总说”三篇、“论诗总说”五篇，余皆依文疏解，大致似吕祖谦《读诗记》，而较为浅显。

《诗缉》三十六卷

宋严粲撰。以吕祖谦《读诗记》为主，而杂采诸说以发明之。旧说有未安者，乃断以己意。多深得诗人之旨。于音训疑似、名物异同，考证尤为精核。南宋说《诗》诸家中，惟粲与祖谦可以匹敌，他人莫能及也。

《诗传遗说》六卷

宋朱鉴编。盖因重槧朱子《诗集传》，因取《文集》《语录》所载论《诗》之语，辑为此书。犹所辑《文公易说》意也。

《诗考》一卷

宋王应麟撰。于齐、鲁、韩三家之遗说，皆采掇诸书所引，以存梗概。齐、鲁二家，寥寥数条，惟《韩诗》较夥。盖《韩诗》最后亡，唐以来著书之家，引其说者多也。

《诗地理考》六卷

宋王应麟撰。全录郑氏《诗谱》，又旁采《尔雅》《说文》、地志、《水经》，以及先儒传注，凡有涉于《诗》中地名者，荟萃成编。然皆采录遗文，联缀成篇，案而不断，故得失往往并存。

《诗集传名物抄》八卷

元许谦撰。谦虽受学于王柏，而谨严笃实，远过其师。研究诸经，多明古义。是书所考名物音训，率有根据。卷末列《作诗时世》，不用《郑谱》，改从《朱传》。盖其宗派如斯。然书中实多采陆氏《释文》、孔氏《正义》，亦未尝墨守《集传》也。

《诗传通释》二十卷

元刘瑾撰。大旨在发明《朱传》，与辅广《诗童子问》相同。而《小序》之是非，置不甚论，例又稍殊。陈启源《毛诗稽古编》，尝纠其明知《集传》之误，而有心回护者数条。然讲学家坚守门户，大抵如是，不能独为瑾咎也。

《诗传旁通》十五卷

元梁益撰。因朱子《诗传》，惟明作诗之意，而名物训诂，多所未详，乃仿孔、贾作疏之例，凡《集传》所引故实，一一引据出典，辨析源委，犹陈师凯"书集传旁通"意也。

《诗经疏义会通》二十卷

元朱公迁撰。亦为发明《集传》而作。于《集传》如注之有疏，故曰“疏义”。大意与刘瑾书同，而考证较瑾为稍密。后其同里王逢，及逢门人何英，又为订补。逢所补题曰“辑录”，英所补题曰“增释”；虽递相附益，其宗旨一也。

《诗疑问》七卷，附《诗辨说》一卷

《诗疑问》七卷，元朱倬撰，皆略举诗篇大旨发问，而各以所答注于下，亦有缺而不注者，盖传写佚脱也。附录《诗辨说》一卷，宋赵德撰，体例与倬书相类。或刘锦文编次倬书，因倬忠臣、德节士，足以相配合，而编之欤。

《诗缵绪》十八卷

元刘玉汝撰。诸家书目不著录，惟《永乐大典》载之。以主于发明《集传》，故曰“缵绪”。凡《集传》去取诸说之故，一一推其所以然，即一字一句，亦皆深求其命意之所在。

《诗演义》十五卷

元梁寅撰。旧本残缺，自小雅《召之华》篇以下皆佚，无从校补，今亦仍之。所谓“演义”，盖演《集传》之义也。有元一代，于紫阳之学，尺寸不失，大抵如此。

《诗解颐》四卷

明朱善撰。不载经文，但每篇各为总论。虽亦发明《集传》，而意主于借诗立训，务阐兴观群怨之旨。于治乱兴亡，尤推求原本，剀切著明。在经解中，别为一体，多有裨于人心世事。

《诗集传大全》二十卷

明永乐中，翰林学士胡广等奉敕撰。是书即刘瑾《诗传通释》，稍为点窜，惟故其中“瑾案”二字为“刘氏曰”，又改其分冠篇首之《小序》，并为一卷而已。本不足存，惟是恭逢圣代，考定艺文，既括千古之全书，则当备历朝之沿革。犹小学类中存《洪武正韵》之例云尔。

《诗说解颐》四十卷

明季本撰。凡总论二卷，正释三十卷，字义八卷。多出新意，不袭前人，而征引赅洽，足以自申其说。盖王质《诗总闻》之流派也。

《读诗私记》二卷

明李先芳撰。大旨以毛、郑为宗，然有所难通，则参取吕氏《读诗记》、严氏《诗缉》诸书，兼采众长，无区分门户之见。

《诗故》十卷

明朱谋撰。以《小序》首句为主，略如苏辙之例。其曰“故”者，盖取汉儒鲁故、韩故、《毛诗故训传》之义。故其说诗，亦以汉学为主。虽间伤穿凿，然谋博通典籍，要非游谈无根。

《六家诗名物疏》五十四卷

明冯应京撰。因蔡卞之书而广之。征引考证，颇为富赡。所谓“六家”者，齐、鲁、毛、韩及郑氏《笺》、朱子《传》也。

《诗经疑问》十二卷

明姚舜牧撰。舜牧于五经皆有疑问，惟此书兼取《毛传》《朱传》及严粲

《诗缉》,而附以新义,较所注他经特善。但不信古人字少假借通用之例,于龙光伴奂之类,皆径以本字解之,是其一失。

《诗经世本古义》二十八卷

明何楷撰。于《诗》三百篇,皆强分时代,附会以作者姓名,殊为纰缪。然于名物训诂,引据详明,本本元元,足资考证,与饾饤掇拾者迥殊。故百余年来,无不嗤点其书,而究不能弃置其书焉。

《待轩诗记》八卷

明张次仲撰。前为总论二篇,其余风以一国为一篇,雅、颂以一什为一篇。用苏辙之例,以《小序》首句为据,而参取《朱传》及诸家之说,无所偏主。

《读诗略记》六卷

明朱朝瑛撰。亦以《小序》首句为据,而训释则多从《集传》,不甚与朱子立异。大旨与《待轩诗记》相近,而考证较为详赡。

《钦定诗经传说汇纂》二十卷,序二卷

康熙六十年,户部尚书王鸿绪等奉敕撰。雍正五年,刊刻告成,世宗宪皇帝制序颁行。于《小序》《集传》,斟酌持平。凡旧说之合于理者,虽朱子之所不取,亦必附录其文,以存古义。允足破除门户,昭千古之至公。

《御纂诗义折中》二十卷

乾隆二十年,大学士传恒等奉敕撰。大旨据依毛、郑,溯孔门授受之渊源。使事必有征,义必有本。一切虚谈臆断,咸与湔除,而宋儒微论,不失风人之意者,亦不废参考。阐明古学,衡鉴群言,尼山删定之旨,至是而如日中天矣。

《田间诗学》十二卷

国朝钱澄之撰。自序称毛、郑、孔三家之书,取十之二;《集传》取十之三;由程子以至何楷等二十家,取十之四。持论颇精核。于名物训诂、山川地理,言之尤详。

《诗经稗疏》四卷

国朝王夫之撰。皆考证名物训诂,以补先儒之所遗。率参验旧文,抒所独得,虽间伤偏驳,而可据者多。末附"考异"一篇,"叶韵辨"一篇。"考异"未为赅备,"叶韵辨"持论圆通,颇足解诸家之轇轕。

《诗经通义》十二卷

国朝朱鹤龄撰。力驳废序之非。所采诸说,于汉用毛、郑,唐用孔颖达,宋用欧阳修、苏辙、吕祖谦、严粲,国朝用陈启源;其释音明用陈第,国朝用顾炎武。

《毛诗稽古编》三十卷

国朝陈启源撰。朱鹤龄作《诗经通义》,启源实佐成之。然《通义》兼权众说,此书则训诂一准诸《尔雅》;篇义一准诸《小序》;诠释经旨则一准诸《毛传》,佐以《郑笺》;名物则多以陆玑《疏》为主。题曰"稽古",明为唐以前专门之学也。其坚持古义,不容一语之出入,诚不免或失之拘。然较诸臆断说经,则相去不止倍蓰矣。

《诗所》八卷

国朝李光地撰。大旨不主于考订训诂,而在于涵泳文句,以求美刺之旨。亦不旁征事迹,必求其人以实之。故《小序》所列姓名,多废不用。即《朱传》

所取者,亦不以为然。在所注诸经之中,较为次乘。然光地邃于学术,见理终深,亦非他家悬测者所及也。

《毛诗写官记》四卷

国朝毛奇龄撰。皆自记其说《诗》之语,而托为写官之问答。凡一百八十八条。其曰“写官者”,取《汉书·艺文志》“武帝置写书之官”语也。

《诗札》二卷

国朝毛奇龄撰。奇龄既作《写官记》,复托为以札问询,而写官答之之辞,以成此书。实则《或问》之例,变其名目耳。凡八十八条。二书皆其早年所作,故与晚年之论或不合。然利钝互陈,亦非尽无可采。

《诗传诗说驳义》五卷

国朝毛奇龄撰。初明丰坊伪撰《子贡诗传》《申培诗说》二书。郭子章为之传刻,遂行于世。奇龄因援据古义,条分缕析而辨之。在所著诸书之中,最为确惬。

《续诗传鸟名》三卷

国朝毛奇龄撰。大意在续《毛诗》而纠《朱传》。每条皆先列《朱传》于前,而一一辨其得失。其中多有意吹求,自生轇轕,而大致终为博洽。

《诗识名解》十五卷

国朝姚炳撰。是书以诗中鸟兽草木,分列四门。故以“多识”为名。大致与蔡卞诸家相近。其稍异者,兼推寻文意,颇及作诗之意耳。

《诗传名物集览》十二卷

国朝陈大章撰。原书一百卷,此乃其摘录之本。大抵征引故实,颇近类书。然精核不足,博赡有余。所谓披沙简金,往往见宝。

《诗说》三卷

国朝惠周惕撰。于《毛传》《朱传》,无所偏主,惟自以己意考证,引经据典,所得者较多。

《诗经札记》一卷

国朝杨名时撰。大抵以其师李光地《诗所》为宗,而参酌于《小序》《朱传》之间,于师说有所未安者,亦无所回护。

《读诗质疑》三十一卷,附录十五卷

国朝严虞惇撰。从《小序》者十之七八,从《朱传》者十之二三,亦有二家皆不从,而虞惇自为说者。大抵推求诗意,不甚加意于训诂。其附录十五卷,考辨乃多详核。

《毛诗类释》二十一卷,《续编》三卷

国朝顾栋高撰。《类释》凡分二十一门,多采旧说,而往往因以发明诗意,与但考故实者稍殊。《续编》则取《尔雅》释诗之文,一一为之疏解。盖《类释》为名物作,《续编》又辅以训诂也。

《诗疑辨证》六卷

国朝黄中松撰。主于考订名物,以决众说之是非。故以"辨证"为名。

《三家诗拾遗》十卷

国朝范家相撰。因王应麟《诗考》,补其所遗,并稍变其体例,视应麟原书,较为赅备。

《诗沈》二十卷

国朝范家相撰。家相之学,源出萧山毛奇龄,而有鉴于奇龄之嚣争,故是编持论颇和平。大旨斟酌于《毛传》《朱传》之间,而断以己意。其考证多有可采。

《诗序补义》二十四卷

国朝姜炳璋撰。是书以《诗序》首句为据,如苏辙之例。但辙删其以下之语,炳璋则存其原文,间一字书之,而一一订其疏舛,例又小殊。盖参用朱子《诗序辨说》,以通贯两家。故于废序之说,亦置而不争。

《虞东学诗》十二卷

国朝顾镇撰。大旨以讲学诸家尊《集传》而抑《小序》,考古诸家又申《小序》而疑《集传》,构衅不解者四五百年,乃作是书以调停两家之说。与姜炳璋书体例不同,而用意相近。

谨案:诸经之中,惟《诗》文义易明,亦惟《诗》辨争最甚。盖诗无定诂,各随所主之门户,均有一说之可通也。今核定诸家,始于《诗序辨说》,以著起衅之由,终以姜炳璋、顾镇二书,以破除朋党之见。凡以俾说是经者,化其邀名求胜之心而已矣。

附　录

《韩诗外传》十卷

汉韩婴撰。其书杂引古事古语,证以《诗》辞。与经义不相比附,所述多与周秦诸子相出入。班固称"三家之诗,或取《春秋》,采杂说,咸非其本意",或指此类欤。

谨案:《汉志》以《韩诗外传》入诗类,盖附于《内传》,故连类及之。王世贞称《外传》引诗以证事,非引事以明诗,其说至确。今《内传》解诗之说已亡,则《外传》无关于诗意,徒以时代在毛公之前,遂列为古来说诗之冠。使读诗者开卷之初,即不见本旨,于理殊为未协。以其舍诗类以外,无可附丽,今从易纬、《尚书大传》之例,亦别缀于末简。

右诗类。六十二部,九百四十一卷。附录一部,十卷。

经部四　礼　类

《周礼注疏》四十二卷

汉郑玄注，唐贾公彦疏。注疏皆颇引纬书，故深为宋儒所病。然追其考古，终不能不于郑、贾取材。

《周官新义》十六卷，附《考工记解》二卷

宋王安石撰。原本久佚，今从《永乐大典》录出。惟缺《地官》《夏官》。其《考工记解》，则郑宗颜辑安石《字说》所补也。其说惟训诂字义，颇为穿凿，其发挥经义，则不失为儒者之言。

《周礼详解》四十卷

宋王昭禹撰。多引王安石《字说》，故陈振孙《书录解题》深不满之。然阐发经义，颇有注疏所未及者。王与之作《周礼订义》，多采是书，未可以新学概斥也。

《周礼复古编》一卷

宋俞庭椿撰。其说谓《冬官》不亡，特错简置五官之中，因割裂颠倒，以足其数。遂开说《周礼》者补亡一派。录存其书，著变乱古经，自是人始也。

《礼经会元》四卷

宋叶时撰。其书括《周礼》以立论。第一篇泛论《礼经》，第二篇驳汉儒之失，末一篇补《冬官》之亡。发挥经义者，实九十七篇。大旨不失醇正，惟必欲复封建、井田、肉刑，为不达事理。

《太平经国之书》十一卷

宋郑伯谦撰。其书为目二十，大约借《周礼》以抒论，与叶时书互相出入。

其欲重宰相之权，又谓人主不可崇俭约，则立论乖僻，不及时书。姑以宋人旧帙，存之尔。

《周官总义》三十卷

宋易祓撰。原本久佚，今从《永乐大典》录出，缺《地官》《夏官》二篇，谨采王与之《周礼订义》所引，以补其亡。其书研索经文，断以己意，与旧说颇有异同。然大抵多引经证经，或有所牵合，而不比于凿空。

《周礼订义》八十卷

宋王与之撰。所采旧说，凡五十一家。唐以前仅六家，其余四十五家则皆宋人。盖以当代诸儒为主，古义特附存而已。故言义理者多，考典制者少也。然宋人谈《周礼》者，其精华亦约略尽此矣。

《鬳斋考工记解》二卷

宋林希逸撰。希逸于古器制度，未尽详核，故其说多故与郑注为难，而于义实短。特以经文郑注皆古奥，疏文又浩博难详，希逸是注，颇为明显，故读《周礼》者不废焉。

《周礼句解》十二卷

宋朱申撰。大抵根据郑、贾，而约括其义，显易其辞，如太宰职贡之类，与《注疏》立异者，不多见也。然循文衍义，不失谨严，犹愈于变乱古经，横生新解。惟序官乃经文纲领，申以其赘而删之，则简而陋矣。

《周礼集说》十卷

宋陈友仁因无名氏旧本增修。原本十二卷，其《地官》二卷今已佚。书首有“总纲领”一篇，“官制总论”一篇，凡例一条。论皆赅洽。所引诸说，亦颇有审择。惟《考工记》末,附俞庭椿《复古编》一卷,为失于别裁。

《周官集传》十六卷

元毛应龙撰。原本久佚,今从《永乐大典》录出,惟缺其《地官》《夏官》。是书于诸家训释,引据颇博,所自注亦颇不苟。间有沿袭误解,未核古义者。然宋以来诸儒散佚之说,尚借以存其崖略。

《周礼传》十卷,《图说》二卷,《翼传》二卷

明王应电撰。其《周礼传》,割裂序官,颇嫌变乱。所注考证,考证不甚详明。其图亦不甚精核。而发挥义理,尚为醇正。其《翼传》分七篇,强半皆经外之余文,附缀并存而已。

《周礼全经释原》十四卷

明柯尚迁撰。其书六官分十二卷,附以"《周礼》通论"一卷,"《周礼》通今续论"一卷。书中题曰"释"者,皆采辑古注;题曰"原"者,尚迁之自为说也。其割裂《地官》,补《冬官》,小变俞庭椿之说,而弊与相等。惟训解经义,尚为条畅。

《周礼注疏删翼》三十卷

明王志长撰。于郑注、贾疏,多刊削其繁文,故谓之"删"。又杂引诸说以明之,故谓之"翼"。其所取者,大抵议论为宗。

谨案:以上三书,皆瑕多于瑜,本不足录。以有明一代,三礼几成绝学,故姑存以备家数。《仪礼》《礼记》均仿此。

《钦定周官义疏》四十八卷

乾隆十三年奉敕撰。郑康成以下说《周礼》者,明典制;王安石以下说《周

礼》者，阐义理。然典制本义理而生，义理亦必因典制而始见。各执一说，所见皆偏。是编禀承睿鉴，精粗并贯，本末兼赅，实为集汉学、宋学之成。

《周礼述注》二十四卷

国朝李光坡撰。取《注疏》之文，删繁举要，而融会诸说，参以己意，互相发明，多标举制作之义。词旨简括，异乎宋儒之冗长。

《周礼训纂》二十一卷

国朝李钟伦撰。钟伦为光地之子，受礼于叔父光坡。此书惟注五官，其体例与光坡《述注》相类。其遗词简要，多得礼意，亦近光地《周官笔记》。其辨禘祫、社稷、学校、司马法、土圭诸条，颇能征实。

《周官集注》十二卷

国朝方苞撰。据《汉志》之文，改题"周礼"曰"周官"。其注于旧说显然谬误者，皆置不论，惟似是而非者，乃略辨之。故训诂颇为简明。苞晚年又别著《周官辨说》，近武断，转不及此少作之谨严。

《礼说》十四卷

国朝惠士奇撰。其书不载经文，惟标其有所辨证者，依经文次序编之。于古音古字，多所分别疏通。于周制及郑注所云汉制，皆旁引经史，考求源委。在近时说经之家，为最有根据。

《周官禄田考》三卷

国朝沈彤撰。因欧阳修有"《周礼》官多田少，禄且不给"之疑，故详究周制，以与之辨。凡官爵数、公田数、禄田数三篇，积算特为周密。

《周礼疑义举要》七卷

国朝江永撰。其书融会郑注,参以新说,于经义多所阐发。所解《考工记》二卷,尤为详核。盖永于天文、地理、算术、律吕,皆精研毕世,故所说具有征据也。

右礼类《周礼》之属。二十二部,四百五十三卷。

谨案:《周礼》古谓之《周官》。《钦定三礼义疏》已复其本名。以诸家注本,题《周礼》者十之九,不能一一追改。故仍从郑玄以来相沿之称。

《仪礼注疏》十七卷

汉郑玄注,唐贾公彦疏。三礼以郑氏为宗,《仪礼》尤以郑氏为绝学。注文古奥,得疏乃明。数百年来,议礼者钻研不尽。后来著述,皆此书之支流而已。

《仪礼识误》三卷

宋张淳撰。原本久佚,今从《永乐大典》录出。惟缺《乡射》《大射》二篇。盖乾道八年,曾逮重椠郑注及陆氏《仪礼释文》,淳为校定,因举所考异同,汇成此书也。

《仪礼集释》三十卷

宋李如圭撰。原本久佚,今从《永乐大典》录出。惟缺《纲领》一篇,《乡射》《大射》二篇。自熙宁废罢《仪礼》,儒者不复讲说。如圭纂辑旧训,以成是书,于经学极为有功。其全载郑注,皆用当时善本,尤可据以校今本之讹。

《仪礼释宫》一卷

宋李如圭撰。《中兴书目》所载甚明,今刊入朱子《文集》者误也。考古礼者，必知其宫室之制，而后行礼之方位节次可明。故如圭作《仪礼集释》，复作此书以辅之。

《仪礼图》十七卷，《仪礼旁通图》一卷

宋杨复撰。以《仪礼》十七篇，各详其陈设之方位，为图二百有五。其《旁通图》，则分宫庙、弁冕、牲鼎礼器三门，为图二十有五。

《仪礼要义》五十卷

宋魏了翁撰。亦其《九经要义》之一也。删掇郑注、贾疏，分胪纲目，咸有条理，可以为读《注疏》者之门径。

《仪礼逸经传》二卷

元吴澄撰。《仪礼》本残缺之书，是编采掇逸礼之见于他书者，以补所遗。凡经八篇、传十篇。

《仪礼集说》十七卷

元敖继公撰。其书于郑注有所去取，而无所攻击。于郑注字句隐奥者，爬抉诠释，较贾疏颇为分明。其知《丧服传》当改附记后，而不敢移其旧第，亦汉唐诸儒笃实之遗，非悍然移易经文者比。

《经礼补逸》九卷

元汪克宽撰。其书虽以“经礼补逸”为名，而与吴澄书迥殊。大抵抄合三礼、三传、诸经之文，以五礼统之。五礼又分子目一百八十四，每类皆联属书之，而词不相贯。体例殊不可解。惟所附论断之语，尚不失醇正。姑以元人旧帙，存之耳。

《钦定仪礼义疏》四十八卷

乾隆十三年奉敕撰。《仪礼》一经,韩愈已苦其难读,自宋及元,李如圭、敖继公之书,不绝如线。有明一代,通是学者,遂无一人。是编探郑、贾之精微,综群儒之同异,析疑订误,悉禀圣裁。纲举目张,厘然昭晳。盖湮晦者四五百年,今乃大著于世焉。

《仪礼郑注句读》十七卷,附《监本正误》一卷,《石经正误》一卷

国朝张尔岐撰。全录《仪礼》郑注,摘录贾疏,而略以己意发明之。以注文古奥,因并为之句读。于《仪礼》家为善本。所附监本、石经正误,考订亦详。

《仪礼商》二卷,附录一卷

国朝万斯大撰。于《仪礼》十七篇篇为之说,多发新义。应扐谦序,称喜其覃思,而嫌其自用,可云笃论。然斯大学问淹博,用思尤锐。其发古人所未发者,亦不可废也。

《仪礼述注》十七卷

国朝李光坡撰。其义例与所作《周礼述注》同。

《仪礼析疑》十七卷

国朝方苞撰。举《仪礼》之可疑者详辨之;其无可疑者,则并经文亦不录。苞之学源出宋人,颇勇于自信,然亦时有发明。勘检全书,终为瑜多而瑕少。

《仪礼章句》十七卷

国朝吴廷华撰。以张尔岐《仪礼郑注句读》,过于墨守;王文清《仪礼分节

句读》,又笺疏太略;因参考旧说,以补二家所未及,颇为简明。然大旨仍以《注疏》为本。

《补飨礼》一卷

国朝诸锦撰。锦以《仪礼》十七篇中阙飨礼,吴澄所撰《逸经》仅附见聘觐礼中,未有专篇;其佚文散见诸经传者,尚可考见,因缉缀以补其缺。

《礼经本义》十七卷

国朝蔡德晋撰。前十六卷为《仪礼》本经,末一卷为吴澄《逸经》八篇,皆援引旧说与注疏,参证名物制度,考辨颇悉。虽时出新义,然大旨不戾于古。

《宫室考》十三卷

国朝任启运撰。于李如圭《释宫》之外,别为类次,分十三目。研究钩贯,颇有条理,视如圭书为加密。

《肆献祼馈食礼》三卷

国朝任启运撰。以《仪礼》特牲少牢馈食皆士礼,因据三礼及他传记之有关王礼者推之,不得于经,则求诸注疏。凡祭统、吉蠲、朝践、正祭、绎祭五篇。其名则取诸《周礼》"肆献祼飨先王,馈食飨先王"也。

《仪礼释宫增注》一卷

国朝江永撰。取朱子《仪礼释宫》,案:永未见《永乐大典》,但据坊本朱子《文集》,故不知《释宫》为李如圭作,今仍其旧文,而附正其讹于此。为之详注。多所补正,其舛误者仅十之一二,精核者十之八九。

《仪礼小疏》一卷

国朝沈彤撰。取《仪礼》士冠礼、士昏礼、公食大夫礼、丧服、士丧礼五篇,为之疏笺,各数十条。每篇后又各为监本刊误。卷末附“左右异尚考”一篇。考证亦颇明确。

《仪礼集编》四十卷

国朝盛世佐撰。裒合古今说《仪礼》者,一百九十七家,而断以己意。经与记一从郑氏旧本。其士冠、士相见、丧服等篇,经记传注传写混淆者,从蔡沈《书传》考定“武成”之例,别列改本于后,而不敢移易经文,尚为谨严。杨复《仪礼图》中有于注疏不合者,亦一一厘正,颇有考订之功。

附 录

《内外服制通释》七卷

宋车垓撰。补朱子《家礼》服制所未备。有图有说,有名义,有提要。凡正服、义服、加服、降服,皆推阐分析。牟楷序谓“《家礼》乃所当然,此释其所以然也”。

《读礼通考》一百二十卷

国朝徐乾学撰。统括历代之丧礼,大纲凡八:曰丧期、曰丧服、曰丧仪节、曰葬考、曰丧具、曰变礼、曰丧制、曰庙制,包举宏富,而纲目秩然,足称详洽。

谨案:《仪礼》不专言丧服,而古来丧服之书,则例附于《仪礼》。盖言丧服者,大抵以《仪礼》为根柢,从其本而类附也。

右礼类仪礼之属。二十二部,三百四十四卷。附录二部,一百二十七卷。

《礼记正义》六十三卷

汉郑玄注,唐孔颖达疏。元延祐中,行科举法,定《礼记》用郑注。至明永乐中,修《礼记大全》,始改用陈澔集说,郑注遂废,然终为说礼家之根柢也。

《月令解》十二卷

宋张虙撰。乃其端平中所疏进,以一月为一卷,请每月之初,以一卷奏御,以为裁成辅相之本,未免过胶古义,不可尽见诸施行。然于顺时出治之义,发挥明畅,亦颇有可采。

《礼记集说》一百六十卷

宋卫湜撰。采汉至宋说礼之书,凡一百四十四家,其他书之涉及《礼记》者,尚不在此数;最为赅博,去取亦颇精审。今所列诸书,百不存一,皆赖此以得传。其于《礼记》,亦犹李鼎祚之于周易矣。

《礼记纂言》三十六卷

元吴澄撰。其诠释经文,颇为简要。惟以四十九篇颠倒割裂,重为编次,全失戴氏之旧第,殊非先儒谨严之旨。分别观之,瑕瑜不掩可矣。

《云庄礼记集说》十卷

元陈澔撰。自明永乐以来,科举用以试士者,即此书也。

《礼记大全》三十卷

明永乐中,翰林学士胡广等奉敕撰。所采诸儒之说凡四十二家,而以陈澔《集说》为主。澔书之列于学官,自此书始。

《月令明义》四卷

明黄道周撰。其书测验天文,推以数学,参稽考证,颇有阐发。其胪举史传,亦意存警戒,非侈语禨祥。

《表记集传》二卷

明黄道周撰。其说以"表记"之表,为立表测晷之表,别为一解。又以古注九节,分为三十六章,各立章名。其诠释则全以《春秋》之义立说。

《坊记集传》二卷

明黄道周撰。分为三十章,亦各以《春秋》证之。

《缁衣集传》四卷

明黄道周撰。分为二十三章,各证以史事。凡三百余条,以明好恶刑赏之道。

《儒行集传》二卷

明黄道周撰。分为一十七章,杂引史传,举其人以实之,以明用人之法。

谨案:以上五书,皆与经义不相比附,所谓"郢书燕说"也。以其借经纳诲,虽多乖于训诂,而有关于劝惩,故备录之,以存法戒,不与他说经者例观。

《日讲礼记解义》六十四卷

是编为圣祖仁皇帝讲筵旧稿,未及成帙。乾隆元年,始诏儒臣排纂颁行。于本天殽地之理、坊民经国之方,并推衍详明,足为百王大法。盖敷陈虽出众手,阐绎则悉本圣训也。

《钦定礼记义疏》八十二卷

乾隆十三年奉敕撰。说礼诸家,精奥无如《郑注》,博赡无如《孔疏》,详且明者,无如卫湜《集说》。自陈澔书大行于世,古义浸微。是编仰承指授,考证参稽,以补正澔书之讹漏。俾横经之士,知议礼不可以空言;圣教昌明,信千载之一时矣。

《深衣考》一卷

国朝黄宗羲撰。前列己说,后附深衣经文,并列朱子、吴澄、朱右、黄润玉、王廷相五家图说,各摘其谬。其说皆自生新义,不主前人。

《陈氏礼记集说补正》三十八卷

国朝纳兰性德撰。专为纠驳陈澔《礼记集说》而作。凡澔所遗者,谓之"补";澔所误者,谓之"正"。皆先列经文,次列澔说,而援引考证,以著其失。往往惬理厌心。

《礼记述注》二十八卷

国朝李光坡撰。光坡以陈澔《集说》,掊击郑、孔为非,乃删节《注疏》,掇其精要。澔说之可取者,亦不废采择,深能破除门户之私。

《礼记析疑》四十六卷

国朝方苞撰。其说皆融会旧文,断以己意,间涉臆断,要于宏旨无伤。惟《文王世子》一篇,删削经文至五六节,未免如王柏之所为。

《檀弓疑问》一卷

国朝邵泰衢撰。以《礼记》出自汉儒,《檀弓》一篇尤多附会,乃摘其可疑者,条列而辨之。

《礼记训义择言》八卷

国朝江永撰。自《檀弓》至《杂记》,于注家异同之说,一一参酌其是非。

与陈澔《集说》多所出入，然征实而谈，为陈氏之学者，不能以空言争也。

《深衣考误》一卷

国朝江永撰。以深衣之制，众说纠纷，乃据《玉藻》之文，以考证诸家之误。

附　录

《大戴礼记》十三卷

汉戴德撰，周卢辩注。世有刊本，而舛不可读。今以《永乐大典》所载宋本，重为校正。戴德书为戴圣删削之余，凡八十五篇，《隋志》所录已佚其四十七篇，卢辩注亦仅存八卷，无从校补，今悉仍其旧。

《夏小正戴氏传》四卷

宋傅崧卿撰。《大戴礼》中《夏小正》一篇，自《隋志》已别为一卷，然世所传写，与戴德传混合为一。崧卿始为厘定，以正文居前，以传列下，每月各为一篇，而附以注释。

右礼类《礼记》之属。二十部，五百九十四卷，附录二部，十七卷。

谨案：明以来，训释《大学》《中庸》者，《千顷堂书目》仍入礼类，今并移入四书，以所解者四书中之《大学》《中庸》，非《礼记》中之《大学》《中庸》。学问各有渊源，不必强合也。《大戴礼记》，旧列于经，史绳祖《学斋占毕》亦有"《大戴礼记》宋列为十四经"之说，然绳祖所云，别无左证，且其书古不立博士，今不列学官，未可遽加以经号，今以二戴同源，附录于《礼记》之末，从其类焉。

《三礼图集注》二十卷

宋聂崇义撰。《三礼图》有郑玄、阮谌、夏侯伏朗、张镒、梁正及开皇官撰六家,崇义参互考订,定为此书。宋人颇议其疏舛。惟淳熙中,陈伯广重刻跋曰:“其图度未必如古昔,苟得而考之,不愈于求诸野乎?”斯言允矣。

《三礼图》四卷

明刘绩撰。所图一本陆佃《礼象》、陈祥道《礼书》、林希逸《考工记解》诸书,而取于《博古图》者尤多。与聂崇义所图大异。又增多旧图七十余事,存之亦足备参考也。

《学礼质疑》二卷

国朝万斯大撰。其考辨古礼,颇多新说,与毛奇龄相伯仲,其精确者亦不可废。

《读礼志疑》六卷

国朝陆陇其撰。陇其以汉儒所述古制,互相考校,往往不合,因取注疏诸说,折中于朱子之书,以成是编。其疑而未决者,则仍缺之,故曰“志疑”。

《郊社禘祫问》一卷

国朝毛奇龄撰。盖答门人李塨问南北郊及有禘无祫之说。末附《艾堂问》,其在艾堂讲经时所论也。南北郊,经有明文,其辨殊赘。其论大禘与吉禘不相蒙,又言大禘吉禘时必合祭,故称祫,则先儒所未详言也。

《参读礼志疑》二卷

国朝汪绂撰。取陆陇其《读礼志疑》,援据诸说,以己意参订于各条之下。与陇其互有得失。

右礼类三礼总义之属。六部,三十五卷。

谨案:郑玄有《三礼目录》一卷,此三礼通编之始。今于其文不可分属者,共为一类。亦"五经总义"之例也。其不标三礼之名,而义实兼通三礼者,亦并附焉。

《礼书》一百五十卷

宋陈祥道撰。多掊击郑氏之学,而依据王氏《新经义》。然贯通经传,纲举目张。晁公武、陈振孙皆服其精博。

《仪礼经传通解》三十七卷,续二十九卷

宋朱熹撰,其门人黄榦续。以《仪礼》为经,而《礼记》及诸书所载,以类附之为传。然篇目不从《仪礼》,特以《仪礼》经文提纲而已。丧祭二门,未及属草,朱子殁后,榦补成之。然朱子所修之本,有录无书者,则未及补也。

《礼书纲目》八十五卷

国朝江永撰。大略依仿《仪礼经传通解》,而考证较详,义例较密,实足补朱子所未及。

《五礼通考》二百六十二卷

国朝秦蕙田撰。因徐乾学《读礼通考》惟详凶礼,乃因其体例,搜罗经传,补为《五礼全书》。凡为类七十有五,如乐律、算法、地理之类,未免旁涉,失之炫博。而元元本本,具有经纬,固说礼者之渊薮也。

右礼类通礼之属。四部,五百六十三卷。

谨案:通礼所陈,亦兼三礼,其不得并于三礼者,注三礼则发明经义,辑通礼则历代之制皆备焉。为例不同,故不能合为一类也。

《书仪》十卷

宋司马光撰。凡表奏、公文、私书、家书式一卷,冠仪一卷,昏仪二卷,丧仪

六卷。《朱子语录》称“二程、横渠多是古礼,温公则大抵本《仪礼》而参以今之可行者”。又称“其中与古不甚远,是七分好”云。

《家礼》五卷,附录一卷

旧本题宋朱熹撰。据王懋竑《白田杂著》所考,盖依托也。自明以来,坊刻窜乱,殆不可读。此本为邓钟岳所刻,犹宋人原帙也。

《泰泉乡礼》七卷

明黄佐撰。首举乡礼纲领,次为冠、昏、丧、祭四礼。条教皆取其不戾于古,而可行于今。次论乡约、乡校、社仓、乡社、保甲五事。末以士相见礼及投壶乡射礼附之。

《朱子礼纂》五卷

国朝李光地编。于朱子《仪礼经传通解》《家礼》二书外,采其说礼之言散见于文集语录者,以类纂辑,分为五目,曰总论、曰冠昏、曰丧、曰祭、曰杂仪。

《辨定祭礼通俗谱》五卷

国朝毛奇龄撰。所论祭礼务协人情,故以“通俗”为名。虽不尽合于古义,然大致斟酌变通,凡古礼之必不可行,及俗礼之误托于古者,剖析考证,亦往往厘然有当。

右礼类杂礼书之属。五部,三十三卷。

谨案:公私仪注,《隋志》皆附之礼类。今以朝廷制作,事关国典者隶史部政书类中;其私家仪注,无所附丽,谨列为杂礼书一门,附之礼类。犹律吕诸书,皆得入经部乐类也。

卷　三

经部五　春秋类

《春秋左传正义》六十卷

周左丘明撰，晋杜预注，唐孔颖达疏。左氏褒贬或不确，而所述事迹则皆征国史。不明事迹之始末，而臆断是非，虽圣人不能也。故说《春秋》者，必以是书为根柢。杜注于传，孔疏于注，虽不能无所回护，然读经凭传，读传凭注，读注凭疏，均不容以小疵废也。

《春秋公羊传注疏》二十八卷

旧本题周公羊高撰。实高所传述，而其玄孙寿及胡母子都录为书。汉何休注，唐徐彦疏。寿距子夏凡六传，皆口相授受，经师附益，失圣人之意者有之，而大义相传，终有所受。休注颇不免于谬诞，要亦瑕不掩瑜。彦疏多自设问答，稍为冗沓。

《春秋穀梁传注疏》二十卷

周穀梁赤所述，而传其学者录为书。旧题赤撰，亦非也。晋范宁注，唐杨士勋疏。赤学与公羊同师，而传义之精者，公羊或弗能及。宁注矜慎，亦密于何休。疏则士勋与徐彦，犹鲁、卫也。自斯以后，左氏为一派，公羊、穀梁为一派；辗转百变，终不出此两宗。

《箴膏肓》一卷，《起废疾》一卷，《发墨守》一卷

汉郑玄撰。初，何休好公羊学，遂著《公羊墨守》《左氏膏肓》《穀梁废疾》。

玄乃作此以攻之。盖二传诟争,自西汉始,而其著书以相难,则自休与玄始也。原本久佚,此本凡《箴膏肓》二十余条,《起废疾》四十余条,《发墨守》四条。盖后人抄撮而为之。

《春秋释例》十五卷

晋杜预撰。原本久佚,今从《永乐大典》录出。存者凡四十三部。其书比事以求属词之旨。其世族谱、土地名、长历,尤为精核。大旨以左氏发凡五为根,与公、穀之例回异。左氏大行于世者,预力为多。

《春秋集传纂例》十卷

唐陆淳撰。以释其师啖助、其友赵匡之说。盖掊击三传,自此发源。然大旨阴主公、穀,故称"左氏序事虽多,释经殊寡,犹不如公、穀之于经为密"云。

《春秋微旨》三卷

唐陆淳撰。是书先列三传异同,参以啖、赵之说,断其是非。

《春秋集传辨疑》十卷

唐陆淳撰。皆述啖、赵两家攻驳三传之言。

《春秋名号归一图》二卷

蜀冯继先撰,宋岳珂重编。取《春秋》经传所载人名,核其异称,使归于一,盖左氏学也。

《春秋年表》一卷

不著撰人名氏。所列凡二十国,亦为左氏之学者。与《春秋名号归一图》,本各自为书;岳珂刊九经,始并附春秋之后。通志堂刊《经解》,并题为冯继先撰，误矣。

《春秋尊王发微》十二卷

宋孙复撰。其说阴祖公、穀，而加以深刻。谓《春秋》有贬无褒，遂使二百四十年中无一善类，常秩比于商鞅之法，殆非过诋。特录存之，著以申、韩之学说《春秋》，自是人始也。

《春秋皇纲论》五卷

宋王皙撰。凡二十二篇。皆发明笔削之旨，考辨三传，及啖、赵之是非，颇得其平。

《春秋通义》一卷

不著撰人名氏。考《宋史·艺文志》，蹇遵品、王皙、家安国、丘葵皆有《春秋通义》，不知此为谁之书。书亦不完，惟存"特笔"一卷。其言无南宋苛刻之习，其蹇与王之佚书欤。

《春秋权衡》十七卷

宋刘敞撰。皆评论三传之得失，其进退诸说，多依经以立义。是真以经求经，非南宋所谓以经求经也。

《刘氏春秋传》十五卷

宋刘敞撰。其书节录三传事迹，断以己意，其褒贬义例，多取诸公羊、穀梁，惟好改窜三传字句，以就己说，是其一失。

《春秋意林》二卷

宋刘敞撰。杂论《春秋》之义，犹未成之稿本。故文多脱略，词或佶屈。

《春秋传说例》一卷

宋刘敞撰。原本久佚，今从《永乐大典》录出。大致精核，多得经意。词颇简奥，则有意摹古之故也。

《孙氏春秋经解》十三卷

宋孙觉撰。其大旨宗穀梁，而参以左氏、公羊、啖、赵诸儒之说，所未尽者，补以其师胡瑗之说。

《苏氏春秋集解》十二卷

宋苏辙撰。孙复以后，说《春秋》者多废三传，至王安石罢《春秋》，乃并废经。辙以其时经传并荒，乃作此书以矫之。其说以左氏为主，左氏有不可通，乃取公、穀及啖、赵说以佐之。

《春秋辨疑》四卷

宋萧楚撰，其门人胡铨等附注。原本久佚，今从《永乐大典》录出。其大旨在于尊王，盖为蔡京盗窃威福而发。然《春秋》本义，实不过如斯。

《崔氏春秋经解》十二卷

宋崔子方撰。原本久佚，今从《永乐大典》录出。其书于三传多所纠正，然大抵用日月之例。

《春秋本例》二十卷

宋崔子方撰。大旨谓《春秋》之例，以日月为本，乃条分缕析，定为一十六门。每门又分著例、变例二子目，盖公羊、穀梁之学也。

《春秋例要》一卷

宋崔子方撰。原本久佚,今从《永乐大典》录出。大旨与《本例》相发明。原与《本例》共为二十卷,后佚。此卷乃析本例、目录,别为一卷以足之。赖《永乐大典》尚存,得正其误也。

《春秋五礼例宗》七卷

宋张大亨撰。取《春秋》事迹,以吉、凶、军、宾、嘉五礼,分类统贯,各为总论,义例赅备。原本十卷,今《军礼》三卷已佚,检《永乐大典》载此书,亦缺此类,则明初已散佚矣。

《春秋通训》六卷

宋张大亨撰。原本久佚,今从《永乐大典》录出。苏籀《双溪集》载:大亨以《春秋》义问苏轼,答书以苛细缴绕为戒。此书可谓得轼之意也。

《叶氏春秋传》二十卷

宋叶梦得撰。其书参考三传以求经,多不因循旧说。

《春秋考》十六卷

宋叶梦得撰。原本久佚,今从《永乐大典》录出。大旨明所以攻驳三传者,在考据周典,断其是非,非有所臆测于其间。然王朝之制,未必同于侯国;东迁之制,未必同于西京;汉儒追述之制,又未必尽合于左氏、公穀所目睹,断以一辙,似不必皆确。然其言,则不尽凿空也。

《春秋谳》二十二卷

宋叶梦得撰。原本久佚,今从《永乐大典》录出。其说主于信经不信传,多排斥公、穀两家，于左氏事迹，亦断其有诬，于经义或离或合，而词辨纵横，澜翻不竭，亦可谓长于议论矣。

《吕氏春秋集解》三十卷

宋吕本中撰。旧题吕祖谦者误也。其书用李鼎祚《周易集解》例，掇取群言，不自发议。三传以外，所取惟陆氏、两孙氏、两刘氏、苏氏、程氏、许氏、胡氏九家，而持择特精。

《胡氏春秋传》三十卷

宋胡安国撰。其书于高宗绍兴十年奏御，多借以托讽时事，于经义不甚相符。

《高氏春秋集注》四十卷

宋高闶撰。原本久佚，今从《永乐大典》录出。其书以程子《春秋传》为主，故仍冠以程子原序。其说则杂采诸家，镕贯成文，不复标举名氏。其于子纠为弟、齐桓为兄之类，亦不依阿《程传》也。

《陈氏春秋后传》十二卷

宋陈傅良撰。案：傅良字君举，盖取举于版筑之意。或作传良者，误也。其书贯通三传之说。赵汸《春秋集传》序谓："公羊、穀梁与左氏异师，傅良合而求之，颇中其失。"又谓："左氏所称书不书者，乃史例；傅良误执以诂经，则不然也。"

《春秋左氏传说》二十卷

宋吕祖谦撰。祖谦之学，于《左传》最深。其发挥《左传》者，有《类编》、有《博议》及此书。《类编》分十九目，以便记诵，今已不传。《博议》与此书皆据事发挥，指陈得失，此书尤推阐详尽。

《春秋左氏传续说》十二卷

宋吕祖谦撰。原本久佚,今从《永乐大典》录出。其书以补《左氏传说》之遗,中有自驳《博议》者二条,则晚年所作也。

《详注东莱左氏博议》二十五卷

宋吕祖谦撰,其门人张成招注。书成于乾道四年,乃其少作议论,不及《左氏传说》之密,而文采斐然,与《传说》之体如语录者有殊,盖为学者程试之式也。

《春秋比事》二十卷

宋沈棐撰。取《春秋》事迹相近者,以类相比,各为之说。

《春秋左传要义》三十一卷

宋魏了翁撰。亦其《九经要义》之一。原本六十卷,今佚其二十九卷。其书删削《注疏》,去其日月名氏之曲说,而存其征实之要语,颇不苟于持择。

《春秋分纪》九十卷

宋程公说撰。取《左传》事迹,以史家表志之例分编。凡年表九卷,世谱七卷,名谱二卷,书二十六卷,周天王事二卷,鲁事六卷,世本三十五卷,附录三卷。经纬分明,于《左传》可称淹贯,参互考校,可以发明经义,不但排比传文也。

《春秋讲义》四卷

宋戴溪撰。乃开禧中,溪为太子詹事时所进。原本久佚,今从《永乐大典》录出。所讲皆敷陈明畅。时当韩侂胄丧师辱国之后,于交邻经武之道,尤三致意焉。

《春秋集义》五十卷,《纲领》三卷

宋李明复撰。旧本佚其《纲领》三卷,今以《永乐大典》所载,补成完书。张萱《内阁书目》,称其惟采周、程、张三子之说。今观其所采,如杨时、谢湜、胡安国、朱子、吕祖谦之说,不一而足,不但三子;然皆濂、洛、关、闽之派,惟吕祖谦为永嘉派也。

《张氏春秋集注》十一卷,《纲领》一卷

宋张洽撰。其书定春王正月为周正,足订胡安国之讹。车若水《脚气集》反以为非,殊为门户之见。其讥洽注质实判断,理虽是而事则非,诚为确论。然据理而不核其事,宋人说《春秋》者类然,亦不止洽此书也。

《春秋王霸列国世纪编》三卷

宋李琪撰。以诸国为纲,而以《春秋》所载事迹类编为目。前有序,后有论断。其说多为时事而发,其诸国次第亦具有寓意。

《春秋通说》十三卷

宋黄仲炎撰。大旨谓《春秋》为圣人教戒天下之书,直书事迹,义理自见;于古来经师王不称天、桓不书王之类,一切辟之,颇能扫除枝蔓。其论孔子必不能私改正朔,尤义正词严。

《洪氏春秋说》三十卷

宋洪咨夔撰。原本久佚,今从《永乐大典》录出。其书皆考据事势,推勘情伪,如谓季友故纵庆父之类,虽稍稍过当,然其精确者,不可没也。

《春秋经筌》十六卷

宋赵鹏飞撰。其说主于弃传从经,然竟不知成风为庄公之妾、僖公之妾,

是目未睹三传矣。此孙复末派之极弊也。特以其持论平允而存之。

《吕氏春秋或问》二十卷,附《春秋五论》一卷

宋吕大圭撰。大圭尝著《春秋集传》,其书已佚,此“或问”即申明“集传”之意者也。大旨主持左氏,而排诋公羊。所附“五论”,一曰孔子作春秋,二曰辨日月褒贬之例,三曰特笔,四曰论三传得失,五曰世变。

《春秋详说》三十卷

宋家铉翁撰。其说谓《春秋》主乎垂法,不主乎记事,其或详或略,或书或不书,大率皆抑扬予夺之所系,盖亦字字求褒贬之故者。然其论多平正通达,无孙复、胡安国等刻酷锻炼之习。

《读春秋编》十二卷

宋陈深撰。其说以胡安国传为宗,然尚能考验《左传》事迹,不为无征之谈。

《春秋提纲》十卷

元陈则通撰。综论《春秋》。大旨分征伐、朝聘、盟会、杂例四门。每门又区分其事,以类相从,题之曰“例”。大抵多推究其成败之由。体如史论,于《春秋》家别为一格。

《春秋集传释义大成》十二卷

元俞皋撰。于经文之下,兼列二传及胡安国传。吴澄序谓,兼列胡氏,以从时尚。然皋于胡氏之过偏刻者,尚多所纠正也。

《春秋纂言》十二卷,总例一卷

元吴澄撰。采辑诸说,断以己意,颇为简要。冠以总例,分七纲八十一目。

天道、人纪二目,澄所自立。余吉、凶、军、宾、嘉五礼之目,则与张大亨书互相出入,疑其暗合也。

《春秋诸国统纪》六卷,目录一卷

元齐履谦撰。凡二十二篇。与李琪《列国世纪》体例略同,而次第诸国,视琪之有意颠倒,较为妥帖。惟以鲁冠周前,例不可解。每篇皆有论断。吴澄序称其"缕数旁通,务合书法,或求之太过,要为不苟于立言",亦公评也。

《春秋本义》三十卷

元程端学撰。其持论刻核,与孙复相类。如谓纪叔姬归酅为失节于纪季之类,则更甚于复。以颇能纠胡传之失,而所采三传以下一百七十六家之说,原书散佚,多赖是以传,故姑过而存之焉。

《程氏春秋或问》十卷

元程端学撰。皆发明《本义》之旨。惟"夏正"一条,反复一万余言,殊嫌回护。其余于宋以来,缴绕支离之说,多所驳正,乃较《本义》为胜之。

《春秋三传辨疑》二十卷

元程端学撰。原本残缺第一卷,今据《永乐大典》补完。其解经不及孙复、刘敞,其考古亦不及叶梦得。而排击三传,谓"无一字可信",并《左传》事迹,皆以为伪造。其悍戾乃倍于三人。存此一编,著啖助等弃传之弊,数百年后,横流至于此极。犹《周易》录《慈湖传》,著王弼废象之极弊也。

《春秋谳义》九卷

元王元述撰。原本十二卷,今后三卷已佚。其书辑程子、朱子说《春秋》之语,共为一编,而以胡安国传补所未尽。安国在朱子前,而列朱子后者,以程、朱为主故也。

《春秋诸传会通》二十四卷

元李廉撰。自序谓:“先左氏,事之案也;次公、穀传,经之始也;次三传之注,专门也;次疏义,释所疑也。总之,以胡氏贵乎断也;陈、张并列,择所长也。”是其大旨以胡安国传为主。然驳正胡传者殊多,盖深究古义,则胡氏之得失自明耳。

《春秋经传阙疑》四十五卷

元郑玉撰。以经为纲,以传为目。叙事则专于左氏,而附以公、穀。立论则先以公、穀,而参以历代诸儒之说。大抵平心察理,不拘拘于门户之私。

《春秋集传》十五卷

元赵汸撰,其门人倪尚谊补。其说谓策书之例十有五,笔削之例八;人必知策书之例,然后笔削之义可求;笔削之义既明,则凡以虚词说经者,皆不攻而自破。可谓得说《春秋》之要领矣。

《春秋师说》三卷

元赵汸撰。盖本其师黄泽之说而演之,故曰“师说”。泽说《春秋》,以左氏为主,而深戒刻削繁碎之弊。盖根本之学,与虚腾高论者,终有别也。

《春秋属词》十五卷

元赵汸撰。汸以《春秋》之义,在于比事属词,因作此以推笔削之旨。其例凡八,大致以杜预《释例》、陈傅良《后传》为本,而亦多所补正。

《春秋左氏传补注》十卷

元赵汸撰。汸传黄泽之学,说《春秋》以《左传》为主,《左传》以杜预为主。

左氏有所不及,以公、穀二传通之;杜氏有所不足,以陈傅良《左传章旨》通之。是书即采傅良章旨,以补杜注之阙者也。

《春秋金锁匙》一卷

元赵汸撰。其书撮举圣人之特笔,与《春秋》之大例,以事之相类者互相推勘,以考究其异同,而申明其正变。大旨与沈棐书相同。沈详而尽,此简而明。

《春秋胡传附录纂疏》三十卷

元汪克宽撰。克宽自序称:以诸家之说,裨胡氏之阙遗;以《辨疑》《权衡》,知三传之得失。然其大旨,终以胡氏为宗;盖程氏《辨疑》,刘氏《权衡》,皆攻三传者也;三传受攻,而胡氏独尊矣。

《春王正月考》一卷

明张以宁撰。皆援据经典,证《春秋》之用周正。所辨只一事,而关于经义者甚大。

《春秋书法钩玄》四卷

明石光霁撰。是书仿张大亨、吴澄之例,以《春秋》书法分属五礼。有失礼者,则书之。五礼所不能括者,如年月爵号之类,别为杂书法一门。每条之下,采集诸说,以切要者为纲,互相发明者为目。大抵以三传、胡氏、张氏为主。张氏,即张以宁,光霁所从受《春秋》者也。

《春秋大全》七十卷

明永乐中,翰林学士胡广等奉敕撰。大抵因汪克宽《胡传纂疏》,而稍点窜之。元延祐中,定取士用胡传,犹兼用三传。明洪武初,定取士用胡传,犹兼用张洽传。此书出而胡传独行天地间矣。

《春秋经传辨疑》一卷

明童品撰。论《左传》事迹,与公、穀异同者,凡九十三条。大约以左氏为据。盖左氏,国史之记载;公、穀两家,则经师之传闻也。然如宋师围曹、华元奔晋诸条,则未尝不疑左氏之失,非有所偏党。

《春秋正传》三十七卷

明湛若水撰。大旨以《春秋》本鲁史之文,不可强立义例,汩以臆说,因作此书,以厘订诸家。其曰"正传"者,谓正诸传之误也。

《左传附注》五卷

明陆粲撰。前三卷驳正杜预注,第四卷驳正孔颖达疏,第五卷驳正陆德明《音义》。

《春秋胡氏传辨疑》二卷

明陆粲撰。皆攻胡传之失。明二百七十余年,能昌言纠正胡传者,自此书始。

《春秋明志录》十二卷

明熊过撰。其说尽废三传,而亦不遵胡安国传。于说《春秋》者,戛戛然自为一家。其纰缪者极纰缪,其精确者亦极精确。

《春秋正旨》一卷

明高拱撰。拱以宋以来说《春秋》者,欲尊圣人而不知所以尊,欲明书法而不知所以明,乃推原经义,作此书以订其谬。篇页无多,而议论特正。

《春秋辑传》十三卷,宗旨一卷,凡例二卷

明王樵撰。其《辑传》以朱子为宗,旁采诸家,附以论断。稍嫌其冗沓,而大旨尚醇。其凡例则比类推求,不涉穿凿,较他氏为简明。

《春秋亿》六卷

明徐学谟撰。大旨谓《春秋》所书,皆据旧史,旧史所缺,圣人弗能益。盖一扫公、穀"无字非例"之说。虽主持过当,而颇能翦截葛藤。其驳夏时周月之说,曰:"为下而先倍,乌在其为《春秋》也?"可谓要言不繁矣。

《春秋事义全考》十六卷

明姜宝撰。大旨以胡传为主,而亦颇参以己意。襄公以下,胡传多缺,亦胥为补葺。其论孔子必不以褒贬之法上施于君父,尤为大义炳然。虽颇近科举之学,不以害其宏旨也。

《春秋胡传考误》一卷

明袁仁撰。亦攻驳胡传之失,与陆粲书同旨。其间吹求过当者,十之一二而已。

《左传属事》二十卷

明傅逊撰。仿袁枢《通鉴纪事本末》之体,变传文编年为属事,各隐括大义而论之。于杜注之未安者,多所更定。凡传文之有乖世教者,亦多所纠正。

谨案:章冲《左传始末》之类,以无关经旨,皆入史钞类中。惟此书虽以属事为名,而考定注文,参酌传义,非但排纂事实者比,故仍入之于经部。

《左氏释》二卷

明冯时可撰。皆发明《左传》训诂,不载传文。惟有所论说者,乃著之。间有臆断,而精核者多。

《春秋质疑》十二卷

明杨于庭撰。亦为纠正胡传而作,持论多有根据,非好为异说。

《春秋孔义》十二卷

明高攀龙撰。其说斟酌于三传、胡传之间。合者取之,不合者置之,绝不以攻辨为长。意主以经解经,故名“孔义”。然平心持择,与有意废传而托词于信经,实不相同。

《春秋辨义》三十九卷

明卓尔康撰。以六义释《春秋》:一曰经义、二曰传义、三曰书义、四曰不书义、五曰时义、六曰地义。持论颇为笃实。

《读春秋略记》十卷

明朱朝瑛撰。所采啖助、赵匡,下及季本、郝敬诸书。皆自生新义,不肯依附三传者。朝瑛所论断,亦皆冥搜别解,不主故常。大致似叶梦得《三传谳》,而不及其辨博;又似程端学《三传辨疑》,而亦不至如其刚愎。其在明季,要不失为读书者之说经也。

《春秋四传质》二卷

明王介之撰。取三传及胡安国传异同,断以己意。其“无骇卒”条下,发例云:“断以义,则胡氏精,而公、榖尤正;质以事,则左氏有征,为可信也。”其大旨可见矣。

《左氏杜林合注》五十卷

明王道焜、赵如源同编。以宋林尧叟《左传句解》,散附杜注之下。虽林非杜匹,而因林之明显,以求杜之深奥,亦未始不相资以为功。

《日讲春秋解义》六十四卷

是编亦圣祖仁皇帝讲筵旧本。世宗宪皇帝重加考定,排纂成书。每条皆先征事实,次明义例,然后酌三传之平,论断其得失,使笔削微旨,炳若日星。知临御寰瀛,所以端刑赏之原,定是非之准者,心法有自来矣。

《钦定春秋传说汇纂》三十八卷

康熙三十八年奉敕撰。以胡安国传,自元延祐以来,久列学官,故仍与三传并载。至其中缴绕苛刻之说,以及借论时事,实与经旨违戾者,皆随事驳正,无所回护。使华衮斧钺,炳若丹青。允足破陋儒门户之私,而阐圣人笔削之义。

《御纂春秋直解》十五卷

乾隆二十三年,大学士傅恒等奉敕撰。自宋孙复以后,说《春秋》者,名为弃传从经,实则强经以从己,支离迂谬,于褒贬之旨多乖。是编恪禀睿裁,一涤曲说,故名曰直解。恭读御制序文,阐尼山之本意,而揭胡安国之臆断傅会。以诰天下。信惟圣人能知圣人矣。

《左传杜解补正》三卷

国朝顾炎武撰。抉摘杜预《左传注》之缺误,根据经典,率皆精核。惠栋作《左传补注》,拾炎武之遗者尚多,其纠炎武之误者仅五六条耳。

《春秋稗疏》二卷

国朝王夫之撰。所论《春秋》书法及名物典制之类,仅十之一;考证地理者,居十之九。虽得失互见,然语皆有本。

《春秋平义》十二卷

国朝俞汝言撰。其书多引旧文,自立论者无几。然去取分明,多得经意,正不以多生新解为长。自序谓"传经之失,不在浅而在于深。《春秋》尤甚"。啖助、孙复以来,皆见未及此也。

《春秋四传纠正》一卷

国朝俞汝言撰。乃其失明以后,口授而成。摘列《春秋》三传,及胡安国传之失,随事辨正,区为六类,计一百三条。末附"春王正月辨"一篇,申左氏周正之说。虽篇页无几,然言言皆中说《春秋》之病。

《读左日钞》十二卷,补二卷

国朝朱鹤龄撰。亦补正杜预《左传注》之缺讹。集旧解者十之七,出新意者十之三,故以"钞"名。所补二卷,多用顾炎武说。是时炎武书尚未成,乃据其华阴所寄之稿本也。

《左传事纬》十二卷,附录八卷

国朝马骕撰。取《左传》事迹,类分为一百八篇。各系以论断。附录杜预、孔颖达序论及骕所作左丘明小传共一卷,辨例三卷,图表一卷,览左随笔一卷,名氏谱一卷,《左传》字音一卷。融会贯通,具有条理,所谓专门之学,与涉猎者有异也。

《春秋毛氏传》三十六卷

国朝毛奇龄撰。其书依经为次,中分二十二类,而总括以四例。大旨宗左氏,而攻胡安国。其中穿凿之说,叫嚣之语,平生结习亦未能除;而根据分明,条理融贯,较所说他经,得圣人之意者为多。

《春秋简书刊误》二卷

国朝毛奇龄撰。取三传异文,详为辨说,多主左氏。其改左氏从公羊者,"卫侯衎出奔齐"一条而已。称"简书"者,奇龄之说谓:传据策书而作,经据简书而作也。

《春秋属辞比事记》四卷

国朝毛奇龄撰。仿沈棐、赵汸之例,以《春秋》经文分隶二十二门,亦如所作《春秋传》。属稿未竟,仅得七门,而侵伐一门仅得其半。然宏纲细目,已具见体例。其大旨据礼以断《春秋》,特为典核。

《春秋地名考略》十四卷

国朝高士奇撰。《潜丘札记》以为秀水徐善作,莫能详也。是书以《春秋》经传地名,分国编次,各为考证于条下,颇有嗜博之病,而大致详赡。

《春秋管窥》十二卷

国朝徐庭垣撰。以《左传》之事实质经;以经之异同辨例。因以考定公、穀以下诸说。立义颇为明坦。其自序谓,孔子必不干犯名义,作私书以贬黜先王先公,而私匿之以图幸免。尤自古诸儒所未论及也。

《三传折诸》四十四卷

国朝张尚瑗撰。尚瑗初受《春秋》于朱鹤龄,作《读三传随笔》,后渐成卷帙，乃排纂而为是书。取扬雄“群言淆乱，折诸圣语”为名。凡《左传》三十卷，《公羊》《穀梁》各七卷。虽贪多务得，多取汉、魏以下史书以证传文，未免庞杂。而取材既广，微言大义，亦往往而存。

《春秋阙如编》八卷

国朝焦袁熹撰。自孙复倡《春秋》有贬无褒之论，说者日流于刻酷。袁熹此书，独深酌情理之平。末附读《春秋》数条，亦足破穿凿之谬。虽未成之书，近代说《春秋》者，莫能先也。

《春秋宗朱辨义》十二卷

国朝张自超撰。本朱子《春秋》据事直书之说，不以深曲缴绕，汩乱圣经，故题曰“宗朱”，非全用朱子说也。其总论二十篇，亦深得比事属词之旨。

《春秋通论》四卷

国朝方苞撰。即《春秋》经文，推求其孰为鲁史本书，孰为孔子笔削，未免臆断。至其扫公、穀穿凿之谈，涤孙、胡锲薄之见，则多协情理之平。

《春秋长历》十卷

国朝陈厚耀撰。是书补杜预《长历》而作，盖未见《永乐大典》所载《释例》原本也。其凡有四：一曰历证，二曰古历，三曰历编，四曰历存。杜预书惟以干支递推，而以闰月小建为之前后牵就。厚耀明于算术，故所推较预为密云。

《春秋世族谱》一卷

国朝陈厚耀撰。亦补杜预《世族谱》而作。与顾栋高《春秋大事表》“世系”一门，互有详略，可以相辅而行。

《惠氏春秋说》十五卷

国朝惠士奇撰。士奇世传汉学，尤覃精于三礼。是书以礼为网，而纬以《春秋》之事，比类相从，约从三传附之，间证以《史记》诸书。大抵兼取裁张大亨《五礼例宗》、沈棐《春秋比事》，而典核则胜于二家。惟灾异诸条，反复申刘向、董仲舒之说，为过尊汉学之失耳。

《春秋大事表》五十卷，《舆图》一卷，《附录》一卷

国朝顾栋高撰。以春秋事迹排比为表，凡四十篇。《舆图》则用朱书墨书，兼列古今地名。《附录》则皆诸表序，并辨论以订旧说之误。凡百三十一篇。大致与程公说《春秋分纪》相出入，而体例较密。其中有不必作表而强立为表者，亦以求密失之。

《春秋识小录》九卷

国朝程廷祚撰。凡《春秋职官考略》三卷，《春秋地名辨异》三卷，《左传人名辨异》三卷。订证颇为详悉。

《惠氏左传补注》六卷

国朝惠栋撰。皆援引旧诂，以补杜预《左传注》之遗。较朱鹤龄、顾炎武二家之书，更为详密。

《春秋左氏传小疏》一卷

国朝沈彤撰。亦补杜预《左传注》之遗。其稿未成，故只一卷。然考证颇核。是时惠栋书尚未出，此书疑栋亦未见，故两不相谋，而各有所得云。

《春秋地理考实》四卷

国朝江永撰。于《春秋》地名，悉从经传之次。凡杜预以下旧说已得者，

仍之;其未得者,始加辨证。皆确指今为何地,故曰“考实”。

《三正考》二卷

国朝吴鼐撰。取李濂《夏周正辨疑》、张以宁《春王正月考》,删其繁复,益以近时诸儒所论,勒为一编,以明《春秋》之用周正。辨证极核。其中“三正通于民俗”一条,尤足以破疑似之见。

《春秋究遗》十六卷

国朝叶酉撰。其曰“究遗”,用韩愈《赠卢仝》诗语也。大抵多宗其师方苞《春秋通论》之语,而亦时有出入。于一切苛细纠纷之说,扫除殆尽。于左氏亦多所纠正。惟于《左传》事迹,动疑伪造,则拾程端学之余论,未免过当矣。

《春秋随笔》二卷

国朝顾奎光撰。不载经文,偶有所见则记之,故名“随笔”。所论《春秋》家苛刻迂谬之弊,极为明晳,故立说多不失其平。

附　录

《春秋繁露》十七卷

汉董仲舒撰。原本残缺,今以《永乐大典》所载宋本补完。其书至北宋始出。又证以《汉书》所载书名,亦不相合。故《崇文总目》颇疑其伪。程大昌尤力排之。然精言奥义,往往而在,未敢云尽出仲舒手,亦决非唐以后书也。

谨案:《春秋繁露》虽颇本《春秋》以立论,而无关经义者多,实易纬、《尚书大传》《韩诗外传》之类。向来列之经解,殊非其实,今亦置之于附录。

右春秋类。一百十四部,一千八百一十八卷。附录一部,十七卷。

经部六　孝经类

《古文孝经孔氏传》一卷，附《宋本古文孝经》一卷

旧本题汉孔安国撰，日本信阳太宰纯音。出自歙县鲍氏，云得于市舶。今以日本所刊《七经孟子考文》证之，彼国亦自以为伪本，好奇者误信之也。今从《子夏传易》之例，不废其书，庶言古文者，有以考其真赝焉。

《孝经正义》三卷

唐玄宗明皇帝御注，宋邢昺疏。《孝经》有郑玄注今文，孔安国注古文二本。自玄宗此注用今文，而古文遂晦。然《唐会要》载当时之诏，乃郑注依旧行用，孔注传习者希，亦存继绝之典。则玄宗初未尝废古文，特后渐不用耳。宋《中兴艺文志》谓"玄宗废古文"，盖瞽说也。

《孝经指解》一卷

宋司马光撰，范祖禹说。考《书录解题》本各自为一卷，此本不知谁所合编也。所用乃孔氏古文。然光《指解》之中，乃全载玄宗今文注。知今文、古文不甚相远，故注可互用矣。

《孝经刊误》一卷

宋朱熹撰。取《古文孝经》，分为经一章、传十四章。又删削经文二百二十二字。自此以后，讲学家务黜郑而尊朱，不得不黜《今文孝经》而尊古文。酿为水火之争者，遂垂数百年。

《孝经大义》一卷

宋董鼎撰。用朱子《刊误》本。所谓"右传之几章释某义"者，一遵其旧。

其注多参以方言,如语录之体,盖为初学设也。

《孝经定本》一卷

元吴澄撰。改定《今文孝经》为经一章、传十二章,而又颠倒其次序。盖《孝经》至是而古文、今文皆有改本矣。

《孝经述注》一卷

明项霦撰。原本久佚,今从《永乐大典》录出。所用乃孔氏古文。所注颇为简要。

《孝经集传》四卷

明黄道周撰。用郑氏今文。每章杂引经典以证之,谓之“大传”。道周自为说者,则谓之“小传”。

《御注孝经》一卷

顺治十三年世祖章皇帝御撰。用石台旧本,阐明微旨,演绎精言。地义天经,灿然昭著。颁示海内,用端治本而握化源。以视开元御注,度而越之,殆不可道里计焉。

《御纂孝经集注》一卷

雍正五年,世宗宪皇帝御撰。《孝经》词近而旨远,诸儒传述,递有发明。而学判浅深,义殊醇驳。仰蒙圣鉴,始得折中。别择群言,勒为大训。盖虞周孝治,察地明天,故能心契孔、曾,以权衡众说之是非也。

《孝经问》一卷

国朝毛奇龄撰。皆驳诘朱子《孝经刊误》、吴澄《孝经定本》二书。设为其门人张燧问,而奇龄答,凡十条,反复诟争,颇不免于过当,稍乖著书之体。然删改古经,谈何容易,其说要不得谓之无理也。

右孝经类。十一部,十七卷。

经部七　五经总义类

《驳五经异义》一卷,《补遗》一卷

汉郑玄撰。举许慎《五经异义》,条举而驳其说。原本十卷,久已散佚,此本乃从诸书中抄撮而成。其有郑驳而无许义者,有许义而无郑驳者,则诸书所引有详略也。

《郑志》三卷,《补遗》一卷

魏郑小同撰。小同,郑玄之孙也。玄没之后,门人述其问答为八篇,小同编次为十一卷。原本久佚,此亦好古者从诸书辑缀,以存郑学之崖略者也。

《经典释文》三十卷

唐陆德明撰。采辑诸经音义及文字异同,依经传篇第编次。考证精博,至今谈经之士,钻仰不穷。惟列《老子》《庄子》于经典,而不列《孟子》,颇为乖舛。盖宋熙宁以前,《孟子》不列于经,《老子》《庄子》则六朝之所竞尚,德明生于陈代,犹沿积习也。

《七经小传》三卷

宋刘敞撰。七经者,一《尚书》、二《毛诗》、三《周礼》、四《仪礼》、五《礼记》、六《公羊传》、七《论语》也。宋人说经,毅然自异于先儒,实自敞始,遂开一代之风气。然敞学有根柢,故能自成一家之言。后来不能学其深究古义,而学其排击古义,则慎也宜矣。

《程氏经说》七卷

不著编辑者名氏。皆伊川程子说经之语。凡《系辞》一卷,《尚书》一卷,《诗》二卷,《春秋》一卷,《论语》一卷,改定《大学》一卷。

《六经图》六卷

宋杨甲撰，毛邦翰补。六经者，以五经并《周礼》为六也，凡三百二十三图。

《六经正误》六卷

宋毛居正撰。嘉定十六年，国子监刊定六经，居正校定四经，惟《礼记》及《春秋》三传以目疾罢，后四经刊刻不如法，因补校所缺二经，并前所校四经为此书。《书录解题》议其惟讲偏旁疑似，然监板为有司程序，义取通行，势不能如陆氏《释文》遍征古今，著篇章字句之异同。所校不过点画，不偏旁之讲而何讲乎。

《刊正九经三传沿革例》一卷

宋岳珂撰。珂尝校刊九经三传，此其总例也。一曰书本，二曰字画，三曰注文，四曰音释，五曰句读，六曰脱简，七曰考异。皆参订同异，考证精核。其论字画一条，酌古准今，尤通人之论也。

《融堂四书管见》十三卷

宋钱时撰。四书者，一《论语》、二《孝经》、三《大学》、四《中庸》。俱先列经文，略加音训，而诠释其大旨于后。《大学》析为六章，不从程、朱之本。盖时乃杨简门人；简，陆九渊门人。门户异也。

《四如讲稿》六卷

宋黄仲元撰。《福建通志》作《四书讲稿考》。是书兼论诸经，不止四书，盖字误也。其说多朱子之绪论，而亦时抒心得，虽不必一一精确，要犹为好学深思之言。

《六经奥论》六卷

旧本题宋郑樵撰。考书中引及樵说，称夹漈先生，又称朱子为文公，盖托名也。以所论颇有可采，故辨其伪而仍录之。

《明本排字九经直音》二卷

不著撰人名氏。刻于元世祖至元丁亥，而书中于真宗不加“宋”字，盖宋人所作。曰“明本”者，明州所刻板也。其书不用反切，故曰“直音”。所音皆根据陆氏《释文》，而参以宋诸儒之说，颇为精确，未可以坊本忽之。

《五经说》七卷

元熊朋来撰。朋来之学，恪守宋儒，故于古义、古音，多所抵牾。然其发明义理，尚为醇正。于礼经尤疏证分明，有裨初学。

《十一经问对》五卷

元何异孙撰。以《论语》《孝经》《孟子》《大学》《中庸》《书》《诗》《周礼》《仪礼》《春秋》、“三传”、《礼记》为十一经，颇为杜撰，先后亦无伦次。然其书仿朱子或问之体，时有谬说，而亦时有新解。其论赵岐注《孟子》一条，尤平情之论，宋儒所讳不肯言者也。

《五经蠡测》六卷

明蒋悌生撰。以五经为名，而独无《礼记》。据闵文振后记，盖残缺之稿也。其说《易》取程、朱；说《书》取蔡沈，而时立异同；说《诗》谓《小序》固有纰缪，而朱子疾之已甚，最为持平；说《春秋》者仅六条，于胡安国传在从违之间。

《简端录》十二卷

明邵宝撰。说五经者十卷，说四书者二卷。皆其诵读有得，题诸简端之语。其门人王宗元,抄合成帙。宝有经术,说经非专门,而持论笃实,在明人为不汩于异说。

《五经稽疑》六卷

明朱睦㮮撰。睦㮮初作《春秋诸传辨疑》四卷,后乃续说四经,合为一帙,改题此名。然《春秋》时有精义,《易》《书》《诗》《礼》颇为草略,特以足五经之数。末附以藩府礼制八条,尤乖体例。

《经典稽疑》二卷

明陈耀文撰。取汉唐以来,说经之异于宋儒者,分条辑录。上卷为四书,下卷为五经。《周礼》所采,多不得其根柢,又参以名人之语,亦失限断。然较诸株守永乐《四书五经大全》者,则可谓潜心训诂矣。

《翻译五经》五十八卷,《四书》二十九卷

是编仿北魏国语《孝经》之例,以国语详译诸经,并推阐语意,毫厘曲肖,不烦笺释其字句,而微言大义,触吻跃然。允为诂经之明训,不但同文之盛轨也。

《七经孟子考文补遗》一百九十九卷

旧本题西条掌书记山井鼎撰,东都讲官物观补遗。盖日本书也。其书成于康熙七年。以中国所刊诸本,与其国古今参校,颇为详备。

《九经误字》一卷

国朝顾炎武撰。炎武以明国子监所刊九经,字多讹脱,坊刻之误又甚于监本,乃考石经及诸旧本,作此书以正之。

《经问》十八卷,《经问补》三卷

国朝毛奇龄说经之语,其门人录之成编。所补三卷,又其子远宗所录也。其中多证佐分明,足称精核;而强词夺理者,亦错出其间。所指名排击者,惟顾炎武、阎若璩、胡渭三人,亦可云劲敌相当矣。

《十三经疑义》十二卷

国朝吴浩撰。取诸经注疏,标其疑义。考订之力颇勤。

《九经古义》十六卷

国朝惠栋撰。所解凡《周易》《尚书》《毛诗》、三礼、三传、《论语》十经。其中《左传补注》,先已别本孤行,故此书惟说九经。曰"古义"者,汉儒专门训诂之学,得以考见于今者也。盖汉至于今,垂二千载,文字有异,训释亦殊,其假借旁通,如拘以近代之音注,则义理全乖。栋掇拾残剩,以作是编,使读经者有所考,亦不可谓之无功矣。

《经稗》六卷

国朝郑方坤撰。采诸家笔记中说经之语,排次成书,以补传注之缺。因多采自说部,故取稗官之义,以稗为名。盖传注之文,全释一经,或不免敷衍以足篇目;杂家之言,偶举一义,大抵有所独得,乃特笔于书。说多可取,良以此也。凡《易》《书》《诗》《春秋》各一卷,三礼共一卷,《四书》共一卷。

《十三经注疏正字》八十一卷

国朝沈廷芳撰。取《十三经注疏》,以诸本互校。略仿《韩文考异》之例,各以本句标题,而列其异同得失于句下。于六书形声,尤研究不苟。

《朱子五经语类》八十卷

国朝程川撰。取《朱子语类》，按五经排纂。每经皆以总论居前，论旧说得失者次之。其余则以经文为序，并各著某人所录于下，而标其某年某月朱子年若干岁于首条，尤可以知其说之早年晚年，孰先孰后，得以订其异同。

《群经补义》五卷

国朝江永撰。取《易》《书》《诗》《春秋》《仪礼》《礼记》《中庸》《论语》《孟子》，随笔诠释，末附以杂说，多能补注疏所未及。

《经咫》一卷

国朝陈祖范撰。皆其说经之文。名“经咫”者，用国语晋文公咫闻意也。凡《易》七条，《书》十二条，《诗》七条，《春秋》十三条，《礼》六条，《论语》十三条，《中庸》二条，《孟子》十条，而以杂文八篇有关于礼者附于后。

《九经辨字渎蒙》十二卷

国朝沈炳震撰。以九经文字，分为十类：曰经典重文，曰经典阙文，曰经典传讹，曰经典传异，曰经典通借，曰先儒异读，曰同音异义，曰异音异义，曰异字同义，曰批注传述人。其排此钩稽，颇为细密；惟批注传述人一类，全录陆氏《释文》，不免赘疣耳。

《古经解钩沉》三十卷

国朝余萧客编。搜辑唐以前解经遗说，编次成帙。冠以叙录，备述所引先儒爵里，及著书之名。皆但录旧文，不加断制，与惠栋《九经古义》融会考证者，为例不同，而详略可以互参。

附 录

《古微书》三十六卷

明孙珏编。取五经纬之佚文,各为编次,以存原书之梗概。挂漏舛误,均所不免;而据所采摭,颇资异闻,亦有因以考见古义者。凡《尚书纬》十一部,《春秋纬》十六部,《易纬》八部,《礼纬》三部,《乐纬》三部,《诗纬》三部,《论语纬》四部,《孝经纬》九部,《河图》十部,《洛书》五部。

右五经总义类。三十一部,六百七十五卷。附录一部,三十六卷。

卷　四

经部八　四书类

《孟子正义》十四卷

宋赵岐注。其疏,旧题宋孙奭撰。然《朱子语录》指为邵武士人作,蔡元定犹见其人,似未必诬也。岐注笺释文句,颇为朱子《集注》所采,即误解曹交之类亦取之。疏文浅陋,则附骥以行而已。

《论语集解义疏》十卷

魏何晏等注,梁皇侃疏。自南宋后,其书久佚,此本得于东洋市舶,犹唐以来相传旧笈。经文、注文,多与今本不同,虽长短互见,而颇足以资考证。侃疏即邢疏之蓝本,然多存古义,实胜邢疏。

《论语正义》二十卷

魏何晏等注,宋邢昺疏。盖咸平二年诏昺因皇侃之书重为改定,颁列学官之本也。

《论语笔解》二卷

唐韩愈撰。愈别有《论语注》十卷,此盖其札记之稿,录之成帙,故名"笔解"也。其中称"李曰"者,皆李翱之说。据《读书附志》,今本"李曰",原本实作"翱曰",或即翱所编次,附以己说,故自题其名欤。

《孟子音义》二卷

宋孙奭撰。陆德明《经典释文》,独缺《孟子》。奭奉敕校刊赵岐《孟子注》,因裒合张鉴、丁公着、陆善经三家之音义,以成此编。《孟子正义》托名于奭,即因此书而影附也。

《论语拾遗》一卷

宋苏辙撰。以其兄轼所撰《论语说》有所未安,因作此书以正之。凡二十七章。其说“思无邪”及“夕死可矣”之类,颇涉于二氏,而所论讨陈恒、见南子、齐人归女乐、泰伯至德之类,驳正轼说,则具有精理。

《孟子解》一卷

宋苏辙撰。凡二十四章。其说瑕瑜互见,盖苏氏之学如是;要其聪明独到之处,亦不可磨。

《论语全解》十卷

宋陈祥道撰。祥道之学,出王安石,本不甚醇,是书或以《庄子》之说证《论语》,亦稍驳杂。而引据详洽,乃多可取。盖祥道即尝撰礼书者,其学问本赅博云。

《孟子传》二十九卷

宋张九成撰。原本佚《尽心》上、下二篇,今存者二十九卷。九成以冯休诸人多诋斥孟子,因著此书明孟子尊王贱霸有大功、拨乱反正有大用。每一章为解一篇,发挥大意,而不笺诂。其文句曲折明畅,全如论体。又辨治法者多,辨心法者少,故亦不涉于禅说。九成著作,当以此为最醇。

《尊孟辨》三卷,《续辨》二卷,《别录》一卷

宋余允文撰。原本残缺,今从《永乐大典》补完。是书取司马光、李觏、郑厚叔三家驳诘孟子之词,一一与辨。又以辨王充《刺孟》及苏轼《论说者》,为

《续录》二卷。其《别录》一卷,则允文所作《原孟》三篇也。

《中庸集解》二卷谨案:此部《总目》不存。

宋石𡼖编。采周子、二程子、张子、吕大临、谢良佐、游酢、杨时、侯仲良、尹焞十家解说《中庸》之语。朱子《中庸辑略》,即据此书为蓝本也。

《大学章句》一卷,《论语集注》十卷,《孟子集注》七卷,《中庸章句》一卷

宋朱熹撰。自是始有"四书"之名,而《章句》《集注》亦遂为说四书者之所祖。先儒旧解,不复能与争席矣。

《四书或问》三十九卷

宋朱熹撰。其说与《章句》《集注》颇有抵牾,盖《章句》《集注》至朱子垂没犹修改。或问则成书在先,未及追改也。

《论孟精义》三十四卷

宋朱熹撰。辑二程、张子、范祖禹、吕希哲、吕大临、谢良佐、游酢、杨时、侯仲良、尹焞、周孚先十二家解释《论语》《孟子》之语。初名"精义",后改名"要义",又改名"集义"。此本仍题曰精义,盖从原序之名也。

《中庸辑略》二卷

宋朱熹编。因石𡼖《中庸集解》,而删其繁芜。据《中庸章句》集注,初附《章句》之末,其后乃别本孤行也。

《论语意原》二卷

宋郑汝谐撰。以程子、张子及程氏门人诸说,于《论语》之义,尚有所遗,

因发明其所未尽，而以诸说附于后。颇与朱子《集注》不合，然朱子不以为嫌，称其“亦有好处”云。

《癸巳论语解》十卷

宋张栻撰。书成于乾道九年癸巳，因以为名。朱子集中，有与栻商订此书之语，多至一百一十八条，栻不尽从，朱子亦不复争也。

《癸巳孟子说》七卷

宋张栻撰。是书亦成于乾道九年。于王、霸之辨，义、利之分，剖析最明。其中交邻国一章，盖为南渡时势发。“臧仓”“王驩”二章，亦似为张说事发。然皆经义之所有，非横生枝节也。

《石鼓论语问答》三卷

宋戴溪撰。乃溪为石鼓书院山长时，与诸生所说也。书中考据，间有疏舛。朱子尝称其近道，盖取其谈理醇正也。

《蒙斋中庸讲义》四卷

宋袁甫撰。原本久佚，今从《永乐大典》录出。甫，袁燮之子，而又受业于杨简。燮、简皆陆九渊之弟子，故此书所阐，多陆氏宗旨。

《四书集编》二十六卷

宋真德秀撰。中惟《大学》《中庸》为德秀所编。《论语》《孟子》，则刘承辑德秀遗说，以成之也。其书皆采朱子文集、语录之说，以发明《章句》《集注》，而间附己意，以断制异同。

《孟子集疏》十四卷

宋蔡模撰。模，蔡元定之孙，蔡沈之子，而朱子之门人也。故是书杂引诸说，以发明《孟子集注》之意。其诸说与朱子异者，则舍诸说而从师说；或朱子之说与蔡元定、蔡沈异者，则又舍师说而从祖、父之说也。

《论语集说》十卷

宋蔡节撰。其书杂采诸说，亦附己见。时朱子之学，已行而未盛，故大旨率从《集注》，而尚有所出入于其间。

《中庸指归》一卷，《中庸分章》一卷，《大学发微》一卷，《大学本旨》一卷

宋黎立武撰。程子门人，岐为数派，此书盖传郭忠孝、郭雍之学，故立论多与朱子异，然不可谓非伊洛之传也。

《四书纂疏》二十六卷

宋赵顺孙撰。其书备引朱子之说，以羽翼《章句》《集注》。所旁引者，惟黄榦、辅广、陈淳、陈孔硕、蔡渊、蔡沈、叶味道、胡泳、陈埴、潘柄、黄士毅、真德秀、蔡模十三家，亦皆朱子之宗派也。

《大学疏义》一卷

宋金履祥撰。疏通朱子《大学章句》之旨。并作《指义》一篇，以括其要。今《指义》已佚，惟此书仅存。

《论语集注考证》十卷，《孟子集注考证》七卷

宋金履祥撰。于朱子未定之说，俱辨订归一。于事迹、典故，考证尤多。自跋谓：文义之详明者，不敢赘，但用《经典释文》之例，表其疑难者疏之。

《四书集义精要》二十八卷

元刘因编。原本三十卷，今佚二卷。初，庐孝孙采朱子《语类》、文集，编

《四书集义》一百卷，读者病其复杂，因乃摘取精要，以成是书。

《四书辨疑》十五卷

元陈天祥撰。朱子《四书章句》《集注》，元初始行于北方，王若虚不以为然，立说攻之。天祥又推演王氏之说，以成是书。于时，安熙又以天祥为非。然《问孔》《刺孟》，不废《论衡》，况儒者诂经，各抒所见，千虑一失，千虑一得，又何妨存备参考耶。

《读四书丛说》四卷

元许谦撰。原本二十卷，今惟存《大学》一卷，《孟子》二卷，《中庸》佚其半，仅存一卷，论语则已全佚。以其书发挥义理，考证训诂，多有可取，故不以残缺而废之。

《四书通》二十六卷

元胡炳文撰。因赵顺孙《四书纂疏》、吴真子《四书集成》所录诸说，尚偶有不合于朱子者，乃重为删定，驱除异议，使尽归于一家之言。

《四书通证》六卷

元张存中撰。存中以胡炳文《四书通》详于义理，略于名物，因作此书以补之。凡朱子《章句》《集注》，引经数典者，悉一一注其所本，故谓“之证”。

《四书疑节》十二卷

元袁俊翁撰。以《四书》经文比类，以参考其异同，皆设问于前，列答于后，盖即元制所谓经疑者是也。虽为科举之学，而非融会贯通，不能剖析分明如此。惟“疑节”之名，颇不可解。考彭元龙后序，有“四书经疑”之称，岂原书繁重，此其节本欤。

《四书经疑贯通》八卷

元王充耘撰。与袁俊翁四书疑节,体例相同。

《四书纂笺》二十八卷

元詹道传撰。略仿古经笺疏之体,取朱子《四书章句》《集注》《或问》,正其句读,考其名物训诂,各注于本句之下。凡朱子所引之成语,亦各证其出典。

《四书通旨》六卷

元朱公迁撰。取《四书》之文,条分缕析,以类相从,列为九十八门。每门之中,又以语意相近者,联缀列之,一一辨别其异同,各以"右明某意"云云,标立言之宗旨。

《四书管窥》八卷

元史伯璿撰。原本残缺,惟《大学》《中庸》《孟子》尚全,《论语》则第十一篇以下,佚不可考。其书取赵顺孙等解释《四书》之说,与朱子《章句》《集注》异同者,一一辨订。诸说之自相异者,亦参酌归一。

《大学中庸集说启蒙》二卷

元景星撰。星本全说《四书》,此本残缺,仅存其《大学》《中庸》。大旨宗朱子,而亦颇有出入。不似胡炳文等于《章句》《集注》,字字尊若六经也。

《四书大全》三十六卷

明永乐中,翰林学士胡广等奉敕撰。其书因倪士毅《四书辑释》,稍加点窜。然有明取士,惟重四书义,四书义惟尊此书。坊刻讲章,千汇万状,皆此书之支流,亦不能不谓之一朝典制焉。

《四书蒙引》十五卷，别录一卷

明蔡清撰。初有新旧二稿，皆非定本。嘉靖中，武进庄煦乃合并删削，编为此本。末附录一卷，则煦与其友王升商榷订正之语也。其书虽为科举而作，然阐明义理，犹有宋儒之遗意。

《四书因问》六卷

明吕柟撰。皆记其门人质问《四书》之语。然书中称柟为先生，疑其门人魏廷萱等记录，非所自著也。所说多因《四书》之义，推而证诸躬行，见诸实事，非坊刻讲章之比，盖其学源出薛瑄故也。

《问辨录》十卷

明高拱撰。取朱子《四书章句》《集注》疑义，逐条辨驳，不免有吹求过当之处。而当所独得，亦未始不可备参考。

《论语类考》二十卷

明陈士元撰。皆考证《论语》名物、典故。分十八门，又分子目四百九十有四。纠讹补漏，颇不肯为苟同。

《孟子杂记》四卷

明陈士元撰。前一卷叙孟子事迹，后三卷发明孟子之言。名似传记，实则经解居多，故仍列之于经部。

《学庸正说》三卷

明赵南星撰。以《大学》《中庸》随节衍为口义，又以不尽之意，附著于后。其体例虽近讲章，然理醇词达，与坊刻滥本终殊。

《论语商》二卷

明周宗建撰。宗建风节棱棱，而其学则姚江之末派。故此书语不尽醇，然简要明通之处，亦足释聚讼之轇轕。取其所长，而知其所短可也。

《论语学案》十卷

明刘宗周撰。其学虽出姚江，而以慎独为宗，能救其末流之失。故是书所论，或与先儒异义，而大旨终醇。其解“见危授命”一章，尤不负所言。

《四书留书》六卷

明章世纯撰。其诠解《四书》，往往于文句之外，标举精义，不规于训诂，而亦未尝如讲良知者滉漾无归。

《日讲四书解义》二十六卷

康熙十六年，大学士库勒纳等奉敕编。盖圣祖仁皇帝，夙龄典学，缉熙光明，凡诸臣讲幄从容敷陈经义，并亲为裁定，荟萃成编。以《四书》为圣学之总汇，故刊布最先焉。

《四书近指》二十卷

国朝孙奇逢撰。于《四书》要领，通论大旨，间引先儒之说，以证异同。其学介于朱、陆之间，而归本于“穷则励行，达则经世”，故所说不尽合于经义，而其理往往可存。

《孟子师说》二卷

国朝黄宗羲撰。宗羲以其师刘宗周常释《大学》《中庸》《论语》，惟《孟子》无所论著，乃述其平日所闻，以作是书。犹赵汸述黄泽之学为《春秋师说》也。

《大学翼真》七卷

国朝胡渭撰。前二卷首论《大学》音义,次序古学制。卷三论作《大学》之人,与古本、改本,皆引据精核。卷四以下则渭所考定之本。大旨仍从朱子所定,惟并传前四章为三章,《诚意章》以下则无所更易。其论格物之旨,与朱子亦同,特不用补传耳。

《四书讲义困勉录》三十七卷

国朝陆陇其撰。因彦陵张氏讲义原本,删掇精要,益以明季诸家之说,较所订《四书大全》,因仍胡广之旧者,转多所发明焉。

《松阳讲义》十二卷

国朝陆陇其撰。乃其官灵寿知县时,与诸生讲论而作。凡一百一十八章。皆近裹著己之言,与明以来坊刻讲章但为时文计者,迥殊。

《大学古本说》一卷,《中庸章段》一卷,《中庸余论》一卷,《读论语札记》二卷,《读孟子札记》二卷

国朝李光地撰。《大学》用古本而立说,与王守仁迥殊。《中庸》分十二章,不从朱子《章句》,亦不从郑氏注,而大旨则无异,《余论》尤多所阐发。《论语》《孟子》,则有所见辄记之,不遍说也。

《论语稽求篇》四卷

国朝毛奇龄撰。皆与朱子《集注》相诘难,其中引据精确者,往往而有。非如陈天祥书,但推求于文句间也。

《四书剩言》四卷,补二卷

国朝毛奇龄杂论《四书》之语。前四卷,其门人盛唐、王锡所编。补二卷,

其子宗远所编。皆随时杂记,不以经文次序为先后,亦不以四书分编。大抵谈义理者,不免有所出入;谈考证者,则用其所长,多有根据矣。

《大学证文》四卷

国朝毛奇龄撰。《大学》自程、朱以后,改本日增,往往骋私心、汩乱古义。奇龄参校诸本,共得九家,一一断制分明,具有源委。

《四书释地》一卷,续一卷,又续二卷,三续二卷

国朝阎若璩撰。若璩初考证《四书》地理,得五十七条。复摭所未尽者,“续”为一卷,牵连及于人名,凡八十条。后因地理、人名及于物类训诂典故,得一百六十三条,谓之“又续”。其他解释经义者,得一百二十六条,谓之“三续”。总题之曰“释地”,蒙其初名也。其博辩纵横,不及毛奇龄;而考据精密,亦非奇龄之所及。

《四书札记》四卷

国朝杨名时撰。其说皆笃实近理。《大学》用古本,盖从其师李光地之说。说《孟子》者极简略,疑为之未竟也。

《此木轩四书说》九卷

国朝焦袁熹撰。其中袁熹手定者十之六,其子以恕、以敬掇拾残稿者十之四。故与所作《经说》,偶有重复,然较《经说》多可取。

《乡党图考》十卷

国朝江永撰。取经传中典制名物,证《论语》“乡党篇”之义,分为九类,皆根据详明。其中深衣、车制、宫室诸条,尤永专门之学,非他家所及。

《四书逸笺》六卷

国朝程大中撰。采诸书之文,与《四书》相发明者,或《集注》所已引而语有舛误,或《集注》所未引而义可参证者,皆为笺其出典。其与《集注》异说者,则为附录。其所引与今本异文者,则为附记。末卷兼载《四书》人物遗事及杂记数十条,皆颇见考据。

右四书类。六十二部,七百二十九卷。

经部九　乐　类

《皇祐新乐图记》三卷

宋阮逸、胡瑗奉敕撰。书成于皇祐五年。时司马光主逸、瑗之论，而范镇则主房庶之说，相争莫已。大抵逸等以度起律未为不可，但以横黍起度，故乐声失于太高。盖律度生于算，二家算术皆不精，故均失之也。

《乐书》二百卷

宋陈旸撰。前九十五卷，皆引诸经论乐之文，为之训义。后一百五卷，则论律吕本义、乐器、乐章及五礼之用乐者为乐图论。引据浩博，考证亦审，惟辨二变、四清两条，颇为纰缪。

《律吕新书》二卷

宋蔡元定撰。上卷为律吕本源，凡十三篇。下卷为律吕辨证，凡十篇。大旨皆拘于古法，而不通算术候气之说，尤万不可行。然儒者类称之，今亦录备一家。

《瑟谱》六卷

元熊朋来撰。详论鼓瑟之法。首为二图，次为谱例、指法，次为《诗旧谱》十二篇，即赵彦肃所传。次为《诗新谱》十三篇，则朋来所自造。次《乐章谱》，为学宫释奠所奏。终以后录，则古来论瑟之语也。

《韶舞九成乐补》一卷

元余载撰。原本久佚，今从《永乐大典》录出。所定舞图，皆根《河》《洛》以起数。唐、虞之世，安有陈抟之图，殊为附会。然束皙补《六笙》，皮日休补《九夏》，虽不合古，要视《子夜》《读曲》，终为近雅，亦不妨存其说也。

《律吕成书》二卷

元刘瑾撰。原本久佚,今从《永乐大典》录出。其书因蔡氏、彭氏之说,而参互推演,未能造微。然元一代,无论乐之书,故录之以备一家。

《苑洛志乐》二十卷

明韩邦奇撰。前二卷皆注释《律吕新书》,后十八卷为邦奇所自撰。其说或不免好奇,而于律吕之原,较明人所得为密。

《钟律通考》六卷

明倪复撰。凡分二十七篇,间有杜撰。而于吕不韦、司马迁记黄钟之数各异,朱子、蔡元定论旋宫之法不同,亦颇能折中,非苟作者。

《乐律全书》四十二卷

明朱载堉撰。书凡十种,大旨括于《律吕精义》一书,与蔡元定说多所异同,而持有心得,所见较元定为深,盖空谈、实算之别也。

《御纂律吕正义》五卷

康熙五十二年,圣祖仁皇帝御撰《律历渊源》之第二部也。凡三编。上编二卷,曰正律审音;下编二卷,曰和声定乐;续编一卷,则取西洋律吕,而考证以古法。皆积算析乎毫芒,叶奏通乎造化。所谓金声玉振,集万古之大成。非区区争积黍之纵横、辨编钟之高下者,所能窥其万一。

《御制律吕正义后编》一百二十卷

乾隆十一年,皇上御撰。凡分十类:曰祭祀乐,曰朝会乐,曰宴飨乐,曰导引乐,曰行幸乐,曰乐器考,曰乐制考,曰乐章考,曰度量权衡考,曰乐问。盖

《御制律吕正义》,阐声气之元,此编备器数之用。虞弦轩乐,天地同和,允极作述之隆轨。

《钦定诗经乐谱全书》三十卷

乾隆五十三年奉敕撰。自汉魏以来,古乐散佚,雅音殆绝,世所传唐人乐谱十二篇,亦未详所受。我皇上体备中和,道隆制作。特命考寻古义,于三百五篇,各正其宫调,谐其音律,定为箫谱、笛谱、钟谱、琴谱、瑟谱。沨沨乎夔旷之遗规,复见于今焉。

《钦定乐律正俗》一卷

乾隆五十三年奉敕撰。即刊附《诗经乐谱》之末。因明朱载堉所谱“立我蒸民”“思文后稷”“古南风歌”“秋风词”四篇,协以曲牌、小令之调,鄙倍荒诞,有乖风雅。特命改定此谱,并附列载堉旧谱,纠其悖谬,以正世俗之惑。

《古乐经传》五卷

国朝李光地撰。取《周礼·大司乐》以下二十官为经,以《乐记》为之传,又有“附乐经”“附乐记”。其“乐用”“乐教”二篇,则其孙清植以遗稿辑成也。《大司乐》一篇,最为疑窦;光地所说,亦究未分明。其他则考据明确,得诸实验者多,故终非高谈乐理者所及也。

《古乐书》二卷

国朝鹰为谦撰。上卷论律吕本原,大旨本蔡氏《新书》,而参以朱子及注疏之说。下卷论乐器制度,则本陈祥道《礼书》及李之藻《泮宫礼乐疏》者为多。虽未精博,尚为简核。

《圣论乐本解说》二卷

国朝毛奇龄撰。是时大学士伊桑阿有《论乐疏》,其说本于径一围三、隔八相生之圣谕。故奇龄推阐考证,分条注释,以成此书。

《皇言定声录》八卷

国朝毛奇龄撰。因圣祖仁皇帝论乐圣谕,推衍奥义,而自附其七调九声之说。

《竟山乐录》四卷

国朝毛奇龄撰。据明宁王权《唐乐笛色谱》,申明其七调九声之说,以攻驳古人,殊为逐末而遗本。然言乐者既有此一家,亦可以资考核。书本奇龄所撰,而托于其父,故以其父之字,题是书云。

《李氏学乐录》二卷

国朝李塨撰。塨尝学乐于毛奇龄,因以其师五音、七声、十二律器色相配之论,演为七图,而各为之说。其法以四、上、尺、工、五、六字除一领调字,余字自领调,一声递高,又自领调,一声递低,圆转为用。大旨与《笛色谱》相出入。

《乐律表微》八卷

国朝胡彦升撰。凡度律二卷,审音二卷,制调二卷,考器二卷。在近代讲学之家,为有所心得。

《律吕新论》二卷

国朝江永撰。上卷分九篇,下卷分七篇。其大旨以琴音立说,盖即京房造均以弦求声之意。不知管音弦音,生声取分,微有不同,不免有所牵合。然永精于算法,故能通律度之微妙,实多发前人所未发。

《律吕阐微》十卷

国朝江永撰。首录圣祖仁皇帝论乐五条,冠于卷首。然永实未见《律吕正义》,故于五线、六名、八形号、三迟速之类,多不能解。其著书大旨,则以郑世子《乐书》为宗;惟方圆周径用密率起算,与之微异。

《琴旨》二卷

国朝王坦撰。其考定音调,皆以《御定律吕正义》为本,而反复推明,多所阐发。在近时言琴诸家,独得其宗旨。

谨案:此书论琴音之律吕,与他家琴谱讲指法者不同。故不入艺术,而附之于乐类。

右乐类。二十三部,四百八十三卷。

经部十　小学类

《尔雅注疏》十一卷

晋郭璞注，宋邢昺疏。《尔雅》所解，或出诸子杂书，不尽释经，而释经者为多，故得与十三经之数。欲读古书，先求古义，舍此无由入也。郭注去古未远，后人补正，终不能易其大纲。邢疏亦不出其范围。

《尔雅注》三卷

宋郑樵撰。樵说《诗》，妄作聪明，汩乱古义，实为经学之蠹。其注此书，乃通其所可通，而阙其所不可通，无所穿凿，转能简要。于说《尔雅》家为善本。经文佚脱数处，则毛晋刊本之过也。

《方言》十三卷

旧本题汉扬雄撰，然于古无征。许慎《说文》引雄说，皆不见于《方言》，其义训用《方言》者，又不言扬雄。至后汉应劭始称雄作，疑依托也。刻本传讹，殆不可读。今以《永乐大典》所载宋本校刊，始复其旧。

《释名》八卷

汉刘熙撰。凡二十篇。从音求义，多以同声相谐，不免牵合，然可以推见古音。又去古未远，所释器物，亦可以推见古制。

《广雅》十卷

魏张揖撰。案："揖"或作舟楫之"楫"，以其字"稚让"推之，作"揖"为是。其书因《尔雅》旧目，采汉儒笺注，及《三苍》《说文》《方言》诸书，以补所未备。隋曹宪为之音释，避炀帝讳，改名《博雅》。故至今二名并称，实一书也。

《匡谬正俗》八卷

唐颜师古撰。据其子扬庭进表,盖犹未竟之稿本。前四卷凡五十五条,皆论诸经训诂音释。后四卷凡一百二十七条,皆论诸书字义字音,及俗语相承之异。

《群经音辨》七卷

宋贾昌朝撰。聚诸经之字同而音训各异者,以类相从,分为五门,一一详为辨别。

《埤雅》二十卷

宋陆佃撰。凡释鱼、释兽、释鸟、释虫、释马、释木、释草、释天八门。皆因名物以求训诂,因而旁通于经义。大旨本王安石《字说》,不免穿凿,而引据博洽,其精确者,自不可废。

《尔雅翼》三十二卷

宋罗愿撰。分草、木、鸟、兽、虫、鱼六类。大致与《埤雅》相类,而引据精确,持论谨严,则远在其上。其音释则元洪焱祖作也。

《骈雅》七卷

明朱谋撰。皆刺取古书文句典奥者,依《尔雅》体例分章训释,凡二十篇。其说以为联二为一,骈异为同,故谓之“骈雅”。谋淹通典籍,其《一斋书目》,多诸家未见之本,故此书亦颇为赅洽,不比明人之饾饤。

《字诂》一卷

国朝黄生撰。于六书多所发明,每字皆有新义,而根据博奥,具有源本,乃迥异于穿凿。

《续方言》二卷

国朝杭世骏撰。采诸经注疏释文,及《说文》《释名》之属,以补扬雄《方言》之遗。前后类次一依《尔雅》,而不明标其目。搜罗古义,于训诂颇为有裨。

《别雅》五卷谨案:此部《总目》不存。

国朝吴玉搢撰。取字体之假借通用者,依韵编次,各注所出,为之辨证,可以考古书文字之异同。

右小学类训诂之属。十二部,一百二十二卷。

谨案:《旧唐书·经籍志》以训诂、小学分为二门。然训诂亦小学也。今仍从《汉志》,列为小学之子目。《尔雅》首释诂释训,其余则杂陈名物,然解释名物,亦即解释其字义,可以训诂该之。《广雅》《埤雅》《尔雅翼》之属,务求博洽,稍为泛及,然亦训诂之支流也。至《埤雅广要》之属,芜杂已甚,则退之小说家焉。

《急就篇》四卷

汉史游撰。或称《急就章》,故其字谓之章草;或但称"急就",则省文也。凡三十四章,其字略以类从,而不立门目。文词古雅,始终无一复字。隋曹寿以下,注者不一。今惟颜师古之注存,宋王应麟又补师古之缺,亦为典核。

《说文解字》三十卷

汉许慎撰,宋徐铉等补注补音,并增加新附字。原本十四篇,合目录为十五篇。铉等重校,乃每卷各分为二,其书为小篆之祖。作小篆而不从其偏旁,是为偭规错矩。至于八分、隶、行、草书,则各自为体,或相沿或不相沿,不能尽绳以小篆。或据小篆以改隶,至于怪不可识,则非可行之道也。

《说文系传》四十卷

南唐徐锴撰。其音切则朱翱作也。首通释三十卷,以许慎原本十五篇,每篇析而为二。凡锴所发明,列于慎注之后,题名以别之。次为部叙二卷,通论三卷,祛妄、类聚、错综、疑义、系述各一卷。原本残缺,多以徐铉所校《说文》窜补,今悉为考订厘正,俾无舛讹。

谨案:是书在徐铉校刊《说文》之前,而列于其后者,铉所校本乃许慎原书,不以铉为主;锴则多所论述,自为一书,以锴为主故也。

《说文系传考异》四卷,附录一卷

国朝汪宪撰。因《说文系传》世无刊本,传写讹脱,殆不可读,乃杂考诸书,核正其异同。《附录》一卷,皆诸家论《系传》语也。

《说文解字篆韵谱》五卷

南唐徐锴撰。以《说文》九千余字,分韵排纂,以便检寻。凡小篆皆略存注释,其不注者皆重文。其注史字者,籀书;注古字者,古文也。

《重修玉篇》三十卷

梁顾野王撰,唐孙强增加,宋大中祥符六年,陈彭年等奉敕重修。以为野王原本者误。张士俊家刊本以为孙强本者,亦误也。分部五百四十,与《说文》数同,而部母有所更易。又改篆书为隶书,故所收字亦多于《说文》。

《干禄字书》一卷

唐颜元孙撰。其例以四声隶字,又以二百六部,排比字之后先。每字分正、俗、通三体,以为书判章表之用,故名曰“干禄”。

《五经文字》三卷

唐张参撰。所列凡三千三百三十五字,依偏旁分百六十部。

《九经字样》一卷

唐唐玄度撰。以补张参《五经文字》之遗。原附参书之后,相辅而行,其字纠正俗体,而亦不全从《说文》,颇为适中。

《汗简》三卷,《目录叙略》一卷

宋郭忠恕撰。旧以为周人,误也。是书皆录古文,即用古文之偏旁分部。不及夏竦书之以韵领隶字,以隶字领古文,易于寻检。然此编古字皆采自本书,夏竦书又从此贩鬻也。

《佩觿》三卷

宋郭忠恕撰。上卷补论六书形声讹变之由,分为三科。中、下二卷,则取字画异同疑似者,反复相校,以四声循环轮配,分为十段。末附与《篇韵》音义异者十五字辨证。此书舛误者一百十九字。非忠恕之原书,不知谁所加也。

《古文四声韵》五卷

宋夏竦撰。以郭忠恕《汗简》分韵编次,而讳所自来,足知竦心术之不正。其中又颇有疏舛,然较《汗简》易于检字,是亦一长也。

《类篇》四十五卷

宋司马光撰。凡五百四十三部,以《集韵》所收字为本,而又补其所遗。然比《集韵》少三百六十字,盖《集韵》字数并重文计之,此书则不载重文,故数少而字实多也。

《历代钟鼎彝器款识法帖》二十卷

宋薛尚功撰。皆钩摹古器铭词,为之笺释。大抵以《考古》《博古》二图为主,而稍摭拾以附益之。然其订讹考异,具有辨证,则非《考古图》所及,尤非《博古图》所及也。

谨案:此书虽以钟鼎款识为名,而所释乃诸器之文字,非诸器之形制,故不入谱录,而入小学,从其实也。

《复古编》二卷

宋张有撰。以四声隶字,根据《说文》以辨俗体之讹。于正体用篆书,别体、俗体则附载注中。下卷入声之末,附录辨证六篇,尤为精密。然惟以《说文》正小篆,不以小篆改隶书,《书录解题》记有书碑以“魏”作“巍”,终不肯改,证以楼钥序,载其书踵息庵记事,乃篆书非隶书也。

《汉隶字源》六卷

宋娄机撰。以汉魏碑字,依韵书分二百六部,编为五卷,冠以碑目一卷,以数目记其先后。书中每字之下,但书其数,不更出其碑名,从省也。

《班马字类》五卷

宋娄机撰。采《史记》《汉书》古字,亦以韵编次。虽近饾饤之学,然考订、训诂,释辨音声,于假借通用诸字,胪列颇详,深有裨于小学。

《字通》一卷

宋李从周撰。分九十八部,收字六百有一,而辨别其偏旁,体例颇为庞杂。然所辨别,尚不失去泰去甚之旨,末附纠正俗书八十二字,皆僻不可行。核其所言,乃后人所窜入,非从周本书也。

《六书故》三十三卷

宋戴侗撰。其书以九类括诸部,始尽变《说文》《玉篇》之例。其文皆用钟鼎,其注虽用今文,又皆用小篆改隶书,非今非古,颇碍施行。吾丘衍《学古编》,讥其字多杜撰,亦中其失。惟其苦心考究,间有寸长可取耳。

《龙龛手鉴》四卷

辽僧行均撰。以偏旁分部,部首之字以四声为序。部中之字,亦各以四声为序。每字之下,详列别体。于《说文》《玉篇》之外,多所搜辑,并佛经之字,亦所不遗。不免于雅俗兼陈,然网罗可云繁富。

《六书统》二十卷

元杨桓撰。以六书分统诸字,而多设义例以该之。例所不通,则生一变例;再不通,则变例之中又生变例。数变之后,遂纷如乱丝。存之,著变乱字书之弊,始于戴侗,而成于桓。

《周秦刻石释音》一卷

元吾丘衍撰。盖因宋淳熙中杨文昺旧本删定,而参以己意。所正《诅楚文》二字,与今本不同,疑所见别一本也。

《字鉴》五卷

元李文仲撰。于字画疑似舛谬者,以四声二百六部分编,各为辨证。其说不泥于古,亦不汩于俗。

《说文字原》一卷,《六书正讹》五卷

元周伯琦撰。《说文字原》,于许慎五百四十部中,增十七部,删十七部,

改其字者四部,移其次第重为编次。使辗转相生,自成一家之说。《六书正讹》,颇拘泥不化,而辨别不苟者亦多。二书大抵从许慎者半,自为说者亦半,故利钝不免互见云。

《汉隶分韵》七卷

不著撰人名氏。其分韵以一东、二冬、三江等标目。是元人,非宋人矣。书中以汉隶分韵编次,虽大致出于娄机书,其考校字画之同异,则较机书稍详。

《六书本义》十二卷

明赵为谦撰。其书并《说文》之五百四十部为三百六十部,虽多强合,然其辨别六书,则颇为详悉。

《奇字韵》五卷

明杨慎撰。择字体之稍异者,类以四声,于周秦遗文,十已得其三四,惟扬雄、刘歆所云奇字,乃古文大篆籀书之类,不可以今文偏旁求之,慎取以名今文,殊假借也。

《古音骈字》一卷,《续编》五卷

《古音骈字》明杨慎撰,《续编》则国朝庄履丰、庄鼎铉同撰。其书取古字假借通用者,以韵分编,各注所出于其下。颇有考证,而稍嫌漏略。庄履丰等所补,亦未赅备也。

《俗书刊误》十二卷

明焦竑撰。前四卷以四声隶字刊正其讹,五卷考字义,六卷考骈字,七卷考字始,八卷、九卷考音同字异,十卷考字同音异,十一卷考俗字,十二卷考字形疑似。辨订颇为详明。

《字孪》四卷

明叶秉敬撰。取字形似而义殊者分类诂之,即郭忠恕《佩觿》之意。其每字载以四言歌诀,则秉敬自创之例,取便记诵也。

《御定康熙字典四》十二卷

康熙五十五年,大学士张玉书等奉敕撰。凡十二集一百十九部。根据六书,搜罗百氏。每字详其声音训诂。皆先今韵,后古韵;先正义,后旁义。又备载古文,以溯其本;兼列俗体,以订其讹。义例精密,考证赅洽。自《说文》《玉篇》以下,历代字书,此其总汇矣。

《钦定西域同文志》二十四卷

乾隆二十八年,大学士傅恒等奉敕撰。以通西域属国之文,分四大纲:曰地、曰山、曰水、曰人。首列国书为枢纽,次列汉字以释名义,次列三合切音以求声韵,次列蒙古、西番、托忒回字,丝连珠贯,比类可求。仰见奋武揆文,并超轶三古。

《钦定增订清文鉴》三十二卷,补编四卷,总纲八卷,补总纲二卷

乾隆三十六年,大学士傅恒等奉敕撰。因圣祖仁皇帝《御定清文鉴》旧本,重加补辑。每条标国语为纲,左列汉字切韵,右列汉语,又右音以国书。条分缕析,至为详备。允万世同文之准。

《钦定满洲蒙古汉字三合切音清文鉴》三十三卷

乾隆四十四年,大学士阿桂等奉敕撰。以国语与蒙古语、汉语通贯为一,使互相音释。凡国语一句,必兼载蒙古语、汉语,以明其义。并各以蒙古字、汉字对音,以定其声。其声为汉字所无者,则三合以取之;为蒙古字所无

者,则分各种读法、写法以取之。自有译语以来,无如是之经纬详明,举一即可知三者。

《篆隶考异》二卷

国朝周靖撰。其用意与张有《复古编》略同。惟有书以韵分,此以偏旁分三百五十七部;有书以篆领隶,此书以隶领篆耳。

《隶辨》八卷

国朝顾蔼吉撰。颇掊击娄机《汉隶字源》,然实以《字源》为蓝本,而舛误或过于《字源》。惟娄氏以后,续出之碑,悉为采掇,足以补遗。所纂偏旁一卷,颇为精核;碑考二卷,亦较娄氏《碑目》为详,固可相辅而行也。

右小学类字书之属。三十六部,四百八十五卷。

《原本广韵》五卷

不著撰人名氏。注文简当,乃宋大中祥符重修以前之旧本。但孙愐以后,有严宝文、裴务齐、陈道固三家之本,不知出谁手耳。朱彝尊序张氏所刊宋《广韵》,以此本之注为明内府刊版所删,盖未见此书有元初刻版也。

《重修广韵》五卷

宋大中祥符四年,陈彭年等奉敕撰。其二百六部,仍从旧本,而注则加详。其注可资引据者多,而伤于冗漫者亦不少。以著书体例论之,殊为未协,惟考证家取其赅博,故重之过于原本焉。

《集韵》十卷

旧本题宋丁度等撰。然度及李淑,以景祐四年受诏。至治平四年,司马光乃修成奏上。中隔三十一年,则称度撰者,非也。其书删《广韵》注文之冗,颇见体裁。而多列重文，雅俗不辨，籀篆兼存，颇为芜杂。又删去重音之互注，使两收之字不明，则亦互有短长也。

《切韵指掌图》二卷，附《检例》一卷

宋司马光撰。其《检例》一卷，则元邵光祖所补也。原本久佚，今从《永乐大典》录出。等韵之传于今者，以此书为最古。

《韵补》五卷

宋吴棫撰。其书部分多谬误，引证尤为泛滥。然韵书始自齐梁，而古韵则自宋以前无专书，以棫此书为祖。将有其末，必求其本。故录之以见后来之知讲古韵，从此书始；后来之妄讲古韵，亦从此书始焉。

《附释文互注礼部韵略》五卷，《贡举条式》一卷

《礼部韵略》，宋丁度撰。所附《释文互注》，乃南宋坊本，不知谁所加矣。此书收字最狭，颇多漏略。然宋一代程或，悬为功令，不敢一字出入。末附《贡举条式》一卷，于一切科举程序，及添减韵字之故，最为详悉。今仍并录之，以备考核。

《增修互注礼部韵略》五卷

宋毛晃增注，其子居正重增。即诸书所称“增韵”者是也。晃所增《礼部韵略》，遗漏之字凡二千六百五十有五。又《韵略》别音别体之字，例用墨图圈记者，校改一千六百九十有一。订正《韵略》舛误之字，四百八十有一。居正复增字一千四百有二。

《增修校正押韵释疑》五卷

宋欧阳德隆撰，郭守正增修。守正自号紫云山民，《永乐大典》所引《紫云

韵》,即此书也。其书辨别精核,每字之下,所注宋代场屋磨勘韵字之案牍,尤为赅备。

《九经补韵》一卷

宋杨伯岩撰。因《礼部韵略》于九经中所有之字,多所漏失,乃捃摭以补之。凡七十九字。各注应添入某韵或某字。下又附载《丧制》所出八十一字。盖宋制拘忌过甚,凡丧礼中字,官韵皆不收故也。

《五音集韵》十五卷

金韩道昭撰。所收之字,大抵以《广韵》为蓝本。所增之字,则以《集韵》为蓝本。惟并旧韵二百六部为一百六十部,改旧韵之字纽,以三十六母,分为四等配隶,颠倒其前后,为变乱古例之始。然道昭于等韵之学,深究要眇,与后来妄作者,固有间焉。

《古今韵会举要》三十卷

元熊忠撰。杨慎《丹铅录》以为黄公绍作者,误也。其书字纽用韩道昭例,部分用平水韵合并之例。古韵书之门目次第,于是尽变无遗。然注文援引浩博,而一字一句必举所本,则非后来韵书所及也。

《四声等子》一卷

不著撰人名氏。钱曾《读书敏求记》,以为即刘鉴《切韵指南》。然大同小异,截然两书。据熊泽民《切韵指南序》,乃鉴书因此书而作,其误附江梗二摄,及误配宫羽二音,鉴书皆不从之也。

《经史正音切韵指南》一卷

元刘鉴撰。大旨以司马光《指掌图》为粉本,而参用《四声等子》,增以格子门法，于出切行韵取字，乃始分明。

《洪武正韵》十六卷

明洪武中，翰林侍讲学士乐韶凤等奉敕撰。并上去入三声，各为二十二部，入声为十部，全乖古法。虽颁示天下，终无遵而用之者。存以备韵书之正变源流而已。

《古音丛目》五卷，《古音猎要》五卷，《古音余》五卷，附录一卷

明杨慎撰。四书虽各为部帙，而核其体例，实本一书。特每得数卷，即出问世，故标目各别。其书皆用吴棫《韵补》之例，以今韵分部，而古韵之相叶者分隶之。时有疏舛，然援引终为赅博。

《古音略例》一卷

明杨慎撰。取《易》《诗》《礼记》《庄》《荀》《管》《楚辞》中有韵之文，略为标例。不及后来顾炎武、江永诸书本末融贯。然明自陈第以前，谈古音者如梦语，慎能摹索得其崖略，抑亦可贵矣。

《转注古音略》五卷

明杨慎撰。六书之转注，许慎具有明文，慎乃以叶音当之，不考殊甚。然其书亦有足供考证者，故顾炎武作《唐韵正》，犹有取焉。

《毛诗古音考》四卷

明陈第撰。大旨谓古人之音与今异，凡今所称叶韵，皆古人之本音，是以钩稽参考，定为本证、旁证二例。本证者，三百篇之所有；旁证者，秦、汉以下去古未远，与三百篇相合者也。其书条例贯通，考证精密，古韵之复明，实自第始。顾炎武等虽递有推阐，终以此书为祖本。

《屈宋古音义》三卷

明陈第撰。以屈原、宋玉多三百篇之遗音，乃取其赋三十八篇，择其中韵与今殊者二百三十四字，参之考证，与《毛诗古音考》相发明。

《御定音韵阐微》十八卷

康熙五十四年，大学士李光地等奉敕撰。雍正四年告成。部分一如官韵，惟文部别出殷字为子部，存《广韵》之旧，然亦如冬钟、虞模，许附近通用，不碍施行。其翻切，则前列旧音，以考古读，而折中以国书之合声，以求至当。精微要妙，辨别毫芒，悉协乎自然之节族。

《钦定同文韵统》六卷

乾隆十五年，庄亲王允禄等奉敕撰。以天竺五十字母、西番三十字母，参考异同，而音以汉字，使华语梵音互相贯通。大旨以国书合声之法为准，而收声、引声、阴阳、长短之辨，仰承训示，尤辨析入微。其有音无字、两合三合而得者，以大书细书别其轻重，亦古法之所未备。

《钦定叶韵汇辑》五十八卷

乾隆十五年，大学士梁诗正等奉敕撰。每部前列今韵，悉以《佩文诗韵》为主，而注释加详，次以今韵。虽各为部，而古韵相通者，以类相从。其古韵相通之字，为今韵所不收者，并汇附于后，而各注其所据之书。或古今韵皆独用者，则一韵自为一部，而相通之字亦附焉。

《钦定音韵述微》三十卷

乾隆三十八年奉敕撰。其合声切字，一本《音韵阐微》。惟《音韵阐微》以字母之先后，为字之先后；此以领韵之字母为首，而余母以次从之。其部分一从《佩文诗韵》，惟殷、文分为两部，而以“殷”附“真”。其字则多所增加，如“鎗”字、“阿”字之类。古今音训回异者，承用已久，亦从宜添入，而互注之，例为尤详。盖《音韵阐微》重在字音，此所重在字义，故体例不能不异焉。

《音论》三卷

国朝顾炎武撰。陈第以后，始得古音之门径。炎武更探讨本原，推求注传，作《音学五书》。此五书之纲领也。上卷分三篇，中卷分六篇，下卷亦分六篇。中惟所论入声，以臆见论古法，余皆足订俗学之讹。

《诗本音》十卷

国朝顾炎武撰。《音学五书》之二也。由陈第之说，以三百篇所用之韵，参互考证，处处相符，明古音原作是读，非随文牵就，故曰“本音”。

《易音》三卷

国朝顾炎武撰。《音学五书》之三也。古之辞率有韵，故《易》亦用韵。然或韵或不韵，又或参用方言以为韵，与《诗》之务协声律者稍殊。故炎武是书，通所可通，其不可通者，则缺之。

《唐韵正》二十卷

国朝顾炎武撰。《音学五书》之四也。皆以古音证唐韵之讹，虽执今韵言古音，而其例则于一部全异古音，一部半异古音，一部数字异古音，及古音两部今并为一部，皆条析而言之，与误执今韵部分注通、注转、注叶者，相去远矣。

《古音表》二卷

国朝顾炎武撰。《音学五书》之五也。凡分十部，皆以平声为部首，而三声随之。其移入之字，与割并之部，即附见其中。考以古法，多相吻合。惟割裂入声,随意分配,是其一失。

《韵补正》一卷

国朝顾炎武撰。自朱子作《诗集传》,叶韵用吴棫说,考古者虽心知棫之谬戾,而压于朱子,不敢言。炎武始作此书以正之,于其古音叶读之乖方,今韵通用之舛互者,虽举之未尽,亦可谓能除门户之见矣。

《古今通韵》十二卷

国朝毛奇龄撰。盖为排斥顾炎武《音学五书》而作。创为五部、三声、两合、两界之说,欲以通之一字,破炎武之门目,而纷纭纠结,自乱其例,亦由通之一字而生。今与炎武之书并存,以备参考,犹录其《古文尚书冤词》例也。

《易韵》四卷

国朝毛奇龄撰。与顾炎武说,互有出入。大抵引证之博,辨论之详,则炎武不如奇龄;界限谨严,宁有所不知,而不敢有所强说,则奇龄不如炎武。

《孙氏唐韵考》五卷

国朝纪容舒撰。孙愐《唐韵》,至宋已佚,而徐铉等校注《说文》,尚存其音切。容舒因以其音切,参考而得其部分,辑为此书,以存唐人韵学之遗。

《古韵标准》四卷

国朝江永撰。以《诗》三百篇为主,谓之诗韵。以秦、汉以下,音之近古者附之,谓之补考。分三声,各十三部;入声八部。其一韵当分两部者,曰"分某韵";韵本不通,而有字当入此部者,曰"别收某韵"。古韵之有条理者,当以为最。

右小学类韵书之属。三十三部,三百十三卷。

谨案:韵书为小学之一类,而一类之中又自分三类,曰今韵、曰古韵、曰等韵也。本各自一家之学,至金韩道昭而等韵合于今韵。至南宋吴棫,而古韵亦合于今韵。至国朝刘凝、熊士伯诸书,而等韵又合于古韵。三类遂相牵而不能分,故今但通以时代次之。其篆韵奇字韵之属,本不为韵而作者,则仍归之于字书。

附　录

《六艺纲目》二卷

元舒天民撰。取《周礼·保氏》六艺之文,因郑玄之注,标为条目,各以四字韵语括之。其子恭为之注,同郡赵宜中又为附注。其书虽《蒙求》之类,而条析详明,注亦典核。

谨案:六艺皆古之小学,而自《汉志》以后,小学一类惟收音声训诂之文,此书转无类可归。今附小学之末,存古义也。

卷　五

史部一　正史类

《史记》一百三十卷

汉司马迁撰。凡一百三十篇,缺其十篇,褚少孙补之。考《汉志》,载《史记》百三十篇,不云有缺,则当时已与少孙书合为一矣。古注存者,有裴骃、司马贞、张守节三家。本各为书,宋元丰刊本合三家之注为一,至今仍之。

《史记集解》一百三十卷

宋裴骃撰。其书采诸家《史记》音义,并参证以经史,故名"集解"。所引多先儒旧诂。原本八十卷,毛氏刊版依《史记》篇数析之。

《史记索隐》三十卷

唐司马贞撰。是书因裴骃《集解》而作,首注骃序一篇,载其全文。于司马迁书,则如陆德明《经典释文》之例,惟标所注字句,盖经传别行之古法。末二卷为述赞百三十篇,又补《史记》条例。终以《三皇本纪》,并自注之。

《史记正义》一百三十卷

唐张守节撰。是书征引故实,颇为赅博。于地理尤详。音义亦较他注为密。

谨案:以上三家之注,虽散附今本《史记》中,而前明监本校正时既多所删除,刊刻时又多所漏落,皆已非其全文。张守节注,讹脱至一千余条,有一条佚去一百七十余字者,尤为踳驳。因并录三家原本,以资补正焉。

《读史记十表》十卷

国朝汪越撰，徐克范补。其书取《史记》十表，排比旧文，钩稽微义。虽一笔一削，务以《春秋》书法推寻，未免求之太深，而订讹砭漏，所得为多。

《史记疑问》一卷

国朝邵泰衢撰。《史记》本未成之稿，杂采群言，实多抵牾。此书参考事实，抉摘疵谬，往往多中其失。

《汉书》一百二十卷

汉班固撰，其妹昭续成之，唐颜师古注。然《地理志》《艺文志》中，有固自注；或并引为师古，非也。固原书次第，备见于《叙传》之中。而《南史·刘之遴传》，别有"汉书真本"之说，颠倒其篇目，窜乱其字句，实为谬妄。故今所传本，悉不从之遴说焉。

《班马异同》三十五卷

宋倪思撰，刘辰翁评点。大旨以《汉书》多因《史记》之旧，而篇章字句时有窜改，因参合两书，证其异同，以求史家笔削之意。其例以《史记》原文大书；《史记》无而《汉书》增者，则以细字书之；《史记》有而《汉书》删者，则以墨笔勒其旁；或颠倒先后者，注《汉书》上连某文下连某文；移入别篇者，则注曰"《汉书》见某传"。

《后汉书》一百二十卷

《后汉书》本纪十卷，列传八十卷，宋范晔撰，唐章怀太子注。志三十卷，则晋司马彪《续汉书》之文，梁刘昭注之。唐以前，本各为书。宋乾兴中，判国子监孙奭建议校刊，乃取以补范书之亡。诸家征引，多称《后汉书》某志，失之远矣。

《补后汉书年表》十卷

宋熊方撰是编，以补《后汉书》之缺。凡《同姓诸侯王表》二卷，《异姓诸侯表》六卷，《百官表》六卷。虽取材不出于范书，而条贯参稽，至为精密。

《两汉刊误补遗》十卷

宋吴仁杰撰。初，刘攽作《西汉刊误》一卷、《东汉刊误》一卷，此书盖补所遗。然书中乃兼论刘敞、刘奉世之说；盖当时尝以敞父子所校《汉书》，与《两汉刊误》合刻一编故也。其书引据赅洽，考证精确，实出三刘之上。惟《宋志》载是书十七卷，今本十卷，而西汉居其八卷，似论东汉者尚佚七卷耳。

《三国志》六十五卷

晋陈寿撰，宋裴松之注。寿不以正统予蜀，为后儒之论端。然晋承魏祚，寿为晋臣，伪魏是伪晋也，未免于不论其世。裴松之注，引据博洽，至今为考证之资。中多补正事迹，而不及音义与故实。然亦间注数篇，疑欲为之而未竟也。

《三国志辨误》三卷

不著撰人名氏。其书兼订陈志、裴注之误。凡《魏志》二十一条，《蜀志》七条，《吴志》十四条。

《三国志补注》六卷，附《诸史然疑》一卷

国朝杭世骏撰。裴松之《三国志》注，本极典博；世骏乃欲掇拾残剩，以驾乎其上。故贪多务得，体例不免芜杂。然参校异同，亦多精核。其“诸史然疑”为世骏未成之稿，篇页无几，难以孤行。以辨证颇有可采，今以类附载于末焉。

《晋书》一百三十卷

唐房乔等撰。以陆机、王羲之二传太宗制赞，故卷首题太宗御撰。考典午一代，不乏名臣，而御制赞者，仅一工文之传、一工书之传，风旨可知。其略实行而奖浮华，忽正典而取小说，盖有由来。世仅以骈体为讥，未中其根株之失也。旧有唐何超《音义》，今仍录之备考核焉。

《宋书》一百卷

梁沈约撰。据约进表称，纪传合表志为七十卷。今本一百卷，而无表。考《史通》所述，与今本同，则由来已久。中有缺卷，补以《南史》，亦自宋已然。

《南齐书》五十九卷

梁萧子显撰。原本六十卷，至唐已佚一卷，北宋本载有进书表，见晁氏《读书志》。今其表已佚。又《文学传》无叙。《州郡志》及《桂阳王传》，均有缺文，无从校补。盖《南北史》行而八书俱微，世多不甚检阅，故愈久愈佚也。

《梁书》五十六卷

唐姚思廉撰。篇末题陈吏部尚书姚察者，凡二十有六；盖思廉此书，因其父之遗稿也。《旧唐书·思廉本传》及《经籍志》，并作五十卷。《史通》及《新唐书》，则作五十六卷，与此本合。知《旧唐书》为误矣。

《陈书》三十六卷

唐姚思廉撰。是书虽亦因其父之稿，而其父所撰仅二卷，余皆出于一手。故列传体例，秩然画一。惟江总、袁宪之属，已仕隋而列之《陈书》，殊失限断。盖姚察亦入隋为秘书丞，思廉欲移其父入陈，则不得不先入总等。此足见一涉私心，鲜不自乱其例矣。

《魏书》一百十四卷

北齐魏收撰,宋刘恕等校定,称其亡佚不完者二十九篇。《书录解题》又称:《太宗纪》补以魏澹书,《天文志》补以张太素书。今本又缺卷十二《孝静帝纪》、卷十三《皇后传》,不知以何书补亡。以《太平御览》所引魏澹书校之,疑亦取澹书也。

《北齐书》五十卷

唐李百药撰。晁公武《读书志》称是书残缺不完。今本列传之中无论赞者十九卷,有赞无论者一卷,有论无赞者五卷;传文亦多似补缀而成,非其本书。然世无别本,亦不能不存备一朝之纪载焉。

《周书》五十卷

唐令狐德棻等撰。是书残缺亦甚多,取《北史》以补亡。又多所窜乱,而不著所移掇者何卷,所削改者何篇。德棻之原本,遂不可辨。大抵二十五卷、二十六卷、三十二卷、三十三卷、三十四卷剽取《北史》,痕迹显然。其他遗文脱简,不可枚数。诸史之中,惟《北齐书》及此书,断烂最甚。

《隋书》八十五卷

唐魏徵等撰。其书出自众手,旧本每篇或题名或不题名,已不能尽知谁作。其十志本名《五代史志》,盖当时五史并修,故志亦兼该五代,以《隋书》居末,故列于《隋书》之中。今竟称《隋志》,盖失其实,然已不可复正矣。

《南史》八十卷

唐李延寿撰。是书与《北史》出一手,而义例颇为两歧。大抵因四史旧文,稍为删润。补缺者少,削繁者多。不及《北史》成一家之言,特较四史稍为简要而已。

《北史》一百卷

唐李延寿撰。是书较《南史》用力独深，如周则补《文苑传》，齐则补《列女传》，皆不似《南史》之缺略。出郦道元于酷吏，附陆法和于艺术，亦不似《南史》之因仍。殆家世北方，见闻较近，故综述特为详密欤。

《旧唐书》二百卷

晋刘昫等撰。自《新唐书》出，此书遂废。然其本流传不绝。表昫之长攻欧宋之短者，亦不绝。实则互有短长，不容偏废仰承睿鉴，以新旧二书并校刊颁布。诚千古之至公，论史者无庸复赞一词矣。

《新唐书》二百二十五卷

宋欧阳修、宋祁同撰。本纪表志，修所定；列传，祁所定也。大旨以事增文省，求胜旧书；而事多采小说，文多成涩体，亦在于此。至于唐代诏令，多骈体长篇，揆以史裁，理难备载，或以为病则非也。

《新唐书纠谬》二十卷

宋吴缜撰。分二十门。所驳凡四百余事，虽未免有意吹求，然亦多中其失。世所行本，多佚脱倒乱，今以南宋椠本校补著录焉。

《旧五代史》一百五十卷，目录二卷

宋薛居正等撰。自金泰和中，立《新五代史》于学官，此书遂渐散佚，今从《永乐大典》录出。禀承睿鉴，复得列于正史。盖《新五代史》，惟主褒贬，事迹始末，究不及此书之赅备也。

《新五代史》七十五卷

宋欧阳修撰。大旨以《春秋》书法为宗。譬之三传，薛近左氏，而欧近公、縠。不必执彼废此,亦不必执此废彼也。旧有徐无党注,至为浅陋。原本所载,今亦姑存焉。

《五代史记纂误》三卷

宋吴缜撰。原本久佚,今从《永乐大典》录出。晁公武《读书志》称,所列二百余事,今所存惟一百一十二事,然已见其大概矣。

《宋史》四百九十六卷

元托克托等撰。大旨在于表章道学,其余皆姑以备数。故疏舛芜蔓,仆数难穷。即辽、金国语,托克托非不能解,亦不一核视,致烦圣朝之改译,即他可知矣。柯维骐以下,屡有改修。然才谢三长,亦终无以相胜。故考宋事者,仍依据正史焉。

《辽史》一百十六卷

元托克托等撰。辽制:国人著作,不得传于邻境,故五京兵燹,荡然无存。托克托修史之时,无可考证,仅据耶律俨、陈大任二家所纪,以成是书。故颇伤疏略。惟《国语解》一卷,仿古人音义之意,其例甚善。而讹舛亦多。今钦禀睿裁,与金、元二史《国语解》均为改译,仅并以新本著录,俾不失真焉。

《辽史拾遗》二十四卷

国朝厉鹗撰。因《辽史》太略,摭拾以弥缝其缺。有注有补,均摘史文为纲,而参引他书列于下。

《金史》一百三十五卷

元托克托等撰。金一代典制修明,图籍亦备,又有元好问、刘祁诸人,私相缀辑,故是书有所依据,较《辽史》为详赅。承修者明于史裁,体例亦为严整。

旧本三十三卷,有缺文,今以内府所藏元刻校补,仍为完帙。

《元史》二百十卷

明宋濂等撰。其书仓卒而成,最为草略。碑志之语,案牍之文,往往不及修改。顺帝时事,虽经采补,亦复不详。太祖尝命解缙改修,书竟不成。故至今仍以是书,列为正史。

《钦定辽金元三史国语解》四十六卷

乾隆五十一年奉敕撰。辽金元三史之末,本各附有《国语解》。然对音舛谬,动辄失真。是编以索伦语正《辽史》之误,以满洲语正《金史》之误,以蒙古语正《元史》之误。言必究其义,字必谐其音。一一州分部列,开卷了然,足以传信于千古。

《明史》三百三十二卷,目录四卷

国朝保和殿大学士张廷玉等奉敕撰。经始于康熙十八年,雍正二年诏诸臣续蒇其事,至乾隆四年告成。其中考究未详者,近又承命刊正。今谨以新定之本,著于录。

右正史类。三十八部,三千六百九十九卷。

谨案:注释诸史之书,皆各从其类。惟《班马异同》附《汉书》不附《史记》,以有《汉书》而后考及《史记》,其书由《汉书》作也。《两汉刊误》附《后汉书》不附《前汉书》,以后可以遥承前,前不能预见后也。若《宋史新编》之属,多删改原文,非其本书;《五代史补》之属,别搜闻见,亦与本书无关,则皆不泛入焉。

史部二　编年类

《竹书纪年》二卷

是书称魏之史记，由汲郡人发冢而得。《晋书》具载其事。沈约作注，《隋志》亦载其名。然证以诸书所引，与今本多不相符。注文亦多剿取《宋书·符瑞志》，盖又依托之伪本。以流传已久，存之耳。

《竹书统笺》十二卷

国朝徐文靖撰。冠以前编，考伏羲、神农之纪年；次为杂述，述竹书源流；皆不入卷数。于《竹书》及沈注，皆参考诸书以订证发明。虽未能知《竹书》、沈注之皆伪，然引据赅博，于地理世系，尤为详悉，亦足以旁资考证。

《前汉纪》三十卷

汉荀悦撰。约班固《汉书》为编年之体，盖建安中奉诏所作。《后汉书·荀淑传》，称其词约事详，论辨多美。历代皆重其书。顾炎武《日知录》独轻诋之，非通论也。

《后汉纪》三十卷

晋袁宏撰。其体例全仿荀悦书，其取材则以张璠《汉记》为主，而以谢承以下诸家益之。今以《三国志》注、《后汉书》注所引璠书，互校其异同详略之处，皆以此书为长。知其翦裁点窜，具有史才，非苟作者矣。

《元经》十卷

旧本题隋王通撰，唐薛收续并传，宋阮逸注。自晋太熙元年至隋开皇九年，称通原书；自开皇十年至唐武德元年，称收续作。其书《唐志》不著录，至宋乃出于阮逸家。晁公武疑即逸作，似为近之。《文献通考》作十五卷，此本十卷，盖又残缺矣。

《大唐创业起居注》三卷

唐温大雅撰。记唐高祖初起，至即位三百五十七日之事。其以起义为高祖之谋；又载高祖于太原安抚大使时，已有异志；较《唐书·高祖本纪》，小有异同。大雅为高祖记室，耳目所见，当得其实也。

《资治通鉴》二百九十四卷

宋司马光撰，元胡三省音注。光作此书，阅十九年乃成。草稿至盈两屋。故淹通贯串，为史家绝作。朱子欲修《纲目》以掩之，迄不能掩。三省所注，亦宏通博洽，后人偶拾舛漏，要不伤其大体也。

《资治通鉴考异》三十卷

宋司马光撰。光作《通鉴》所采书，自正史以外，杂史至三百三十二种，记录既繁，异同互出，因参校以作此书，明所以去取之意。元丰七年，随《通鉴》同奏上。

《通鉴释例》一卷

宋司马光撰。皆其修《通鉴》时所定凡例。原附与范祖禹、刘恕论修《通鉴》书十三篇，今刘书十一篇别刊入《通鉴问疑》中，惟与范书二篇存焉。

《资治通鉴目录》三十卷

宋司马光撰。亦于元丰七年同进。名为《目录》，实则表体。年经国纬，纪年于上，而列《通鉴》卷数于下。撮录书中要语，随年编载，而以朔闰七政之变，列于上方。盖恐《通鉴》浩博，端绪难寻，并作此以挈其纲领也。

《通鉴地理通释》十四卷

宋王应麟撰。所释《通鉴》地理,不以《通鉴》之文为次,但总括为四类:首州城,次都邑,次山川,次形势。而以唐河湟十一州,石晋燕云十六州附于末。

《资治通鉴释文辨误》十二卷

元胡三省撰。南宋时《通鉴》释文凡三家:一曰海陵本,一曰龙爪本,皆从史照书剿袭成编。而照书讹舛实甚。三省既注《通鉴》,乃举照书之误,一一辨之。海陵本、龙爪本与之同者,亦附注于下。

《通鉴胡注举正》一卷

国朝陈景云撰。是书举正胡三省《通鉴》音注之误,凡六十三条,其中论地理者居多。

谨案:以上三书,虽时代不同,然皆为《通鉴》而作,故以类相附,列于司马光《稽古录》前。

《稽古录》二十卷

宋司马光撰。是编于《通鉴》之外,自为一书。所纪上起伏羲,下至英宗治平之末。仍以先所作《历年图》中诸论附之。其于治乱兴衰之故,剖析最明。

《通鉴外纪》十卷,目录五卷

宋刘恕撰。恕与司马光同修《资治通鉴》,欲作《通鉴前纪》《后纪》而不果。迨病垂没,乃口授其子羲仲为此书,以备《前纪》之稿本。凡包羲以来纪一卷,夏、商纪共一卷,周纪八卷。终于周威烈王二十三年,与《通鉴》相接。其“目录”亦全仿《通鉴目录》之例,司马光为之序。

《皇王大纪》八十卷

宋胡宏撰。所述上起盘古,下讫周末。前二卷皆粗存名号事迹,帝尧以后始用《皇极经世》编年。博采经传,附以论断。陈振孙讥其误取《庄子》寓言,及叙邃古之初,无征不信,其说良是。然帝王名号,古籍相传,固无实证信为真,亦无实证断为伪也。

《中兴小纪》四十卷

宋熊克撰。原本久佚,今从《永乐大典》录出。所载南渡事迹,起建炎丁未,迄绍兴壬午,盖高宗一朝之史。其曰“小纪”,盖宋制,凡累朝国史,先修日纪,故以小别之,明非官撰也。

《续资治通鉴长编》五百二十卷

宋李焘撰。原本残缺,今从《永乐大典》校补,仅佚其徽宗、钦宗两朝。初,司马光修《资治通鉴》,先采合事迹,粘为长编;焘不敢居于“续通鉴”,故以所采北宋一祖八宗事迹,编年条载,汇为此书,谓之“长编”。每条之下,亦仿光考异之例,参校诸说,定其真妄。考北宋遗闻者,以此书为渊海焉。

《纲目续麟》二十卷,校正凡例一卷,附录一卷,汇览三卷

明张自勋撰。首为“校正凡例”一卷,列朱子凡例及刘友益书法凡例,而著其所疑。次“附录”一卷,论《纲目》多出赵师渊手,且晚年未定之本。《续麟》二十卷,摘列《纲目》,考异书法,发明考证之文,一一辨其是非。“汇览”则列拟改正纲三千六百四十余字,增删分注四百余字也。

谨案:《四库》编纂之例,凡评注古书者,仍从所评所注之时代为次。是书本为《朱子纲目》而作,《纲目》经圣祖仁皇帝御批,当以御批为主,已恭录于史评类中,故编年类中不录《纲目》。而是书及芮长恤、陈景云书,

则仍从《纲目》之次序列诸此焉。

《纲目分注拾遗》四卷

国朝芮长恤撰。长恤以《通鉴纲目》分注,本出赵师渊手,非朱子之笔,故删改《通鉴》,往往舛谬,乃取《通鉴》原文,与分注互勘,一一正其是非,以成此书。

《纲目订误》四卷

国朝陈景云撰。取朱子《纲目》,与诸史原文,互相比较,以订其舛谬。一字一句,皆证以实据,不空谈褒贬。

《大事记》十二卷,《通释》三卷,《解题》十二卷

宋吕祖谦撰。取司马迁年表所书,编年系月,以记《春秋》后事,复采诸书以广之。始周敬王三十九年,讫汉武帝征和三年。条下皆注据某书修。《通释》三卷,如说经家之纲领。《解题》十二卷,则如经之有传也。

《建炎以来系年要录》二百卷

宋李心传撰。原本久佚,今从《永乐大典》录出。其书述高宗一朝之事,与李焘《长编》相续。其编年纪事,附以考辨,体例亦略相同。

《九朝编年备要》三十卷

宋陈均撰。用《通鉴纲目》之例,记北宋九朝事迹。大抵据日历实录,参以李焘《长编》,删繁举要,而稍以他书附益之。意存简约,故苟非大事,率略而不书。

《续宋编年资治通鉴》十五卷

宋刘时举撰。所记起高宗建炎元年,讫宁宗嘉定十七年,当成于理宗之

世。惟附论一篇,称“理宗撑拄五十年而后亡”,似非时举之语,或后人所缀入欤。时举尝劾史嵩之,以风节著。是书于张浚、李纲,功过皆不使相掩,亦无宋末讲学家门户之见。

《西汉年纪》三十卷

宋王益之撰。原本久佚,今从《永乐大典》录出。其书排比西汉事迹,多搜采于马、班二史之外。条下所载考异,亦多司马光、三刘、吴仁杰所遗,颇为精密。惟自序称讫王莽之诛,而此本止于平帝,或有所佚脱欤。

《靖康要录》十六卷

不著撰人名氏。其书叙述详悉,不似草野传闻之语。似作于乾道元年《钦宗实录》告成之后,故撮举节目,以“要录”为名。虽叙事太略,载文太详,是其一失;而一时朝政,具有端委,多可以补《宋史》之遗。

《两朝纲目备要》十六卷

不著撰人名氏。原本久佚,今从《永乐大典》录出。所记起光宗绍熙元年,讫宁宗嘉定十七年。叙次颇为简明,持论平允,亦无宋季迂谬之见。

《宋季三朝政要》六卷

不著撰人名氏。记理宗、度宗、瀛国公三朝之事。核其题词,盖宋之遗老,摭拾传闻而成。故时有舛误。然宋末轶事,多有史所不载者,亦足备参考也。

《宋史全文》三十六卷

不著撰人名氏。其书自建隆迄咸淳,编年排纂。大抵北宋删掇李焘《长编》,高、孝两朝删掇留正《中兴圣政草》,光、宁以后则不知其蓝本于何书矣。叙述颇有条理,所采宋人议论,尤为赅博。

《资治通鉴前编》十八卷,《举要》三卷

宋金履祥撰。履祥以刘恕《通鉴外纪》,失之好奇,乃引据经典,作此以矫其失。上断自唐尧,止于《春秋》以前,又别为《举要》以表纲领。其中如于周昭王二十二年书“释氏生”之类,好奇亦不减于恕,然援据赅博,在讲学家亦可云究心史籍矣。

《通鉴续编》二十四卷

明陈桱撰。旧本题元人误也。其书首述盘古至高辛氏一卷,以补金履祥《通鉴前编》之遗。次述辽在唐及五代时事一卷。余二十二卷,皆宋事。其大书分注,全如朱子《纲目》之体,当名之曰“续纲目”。仍袭《通鉴》之名,殊乖其实。

《大事记续编》七十七卷

明王祎撰。盖续吕祖谦《大事记》而作。体例一仍其旧,惟解题散附各条下,不别为一编。俞恂序,称其自汉征和至宋德祐。而此本上起汉征和四年,接祖谦书,下仅讫周显德四年,疑尚有佚脱也。

《元史续编》十六卷

明胡粹中撰。粹中以《元史》多详世祖以前攻战之事,而略成宗以后治平之迹,顺帝一朝,尤为缺失。乃作此以补之。大书分注,仿《通鉴纲目》。有所论断,亦随事附见焉。

《开国方略》三十二卷

乾隆三十八年奉敕撰。洪惟列圣龙兴,肇基东土,式彰七德,垂裕万年。虽故老传闻,递相歌颂,而事经百载,或未能缕举其详。是以诏述是编,昭示亿代。由崇墉之因垒,至阪泉之奏功,鸿纲巨目,编年纪载。开创洪猷,炳炳麟

麟,与日月齐耀焉。

《御批通鉴辑览》一百十六卷,附《明唐桂二王本末》三卷

乾隆三十三年奉敕撰。以明正德中,李东阳等所修《通鉴纂要》,多所舛漏,乃命详考史传,定著此编。凡书法褒贬,一秉圣裁。其沿讹踵谬之处,并亲为论定,以昭千古之是非。至明季福王南渡不久就俘。特命于乙酉一年分注,以存其位号。而唐、桂二王,窃据称戈者,虽黜其年号,亦存其遗事,并诏续为编录,附于末篇。尤圣人至公之心,度越恒情万万者矣。

谨案:《御批通鉴纲目》,以"御批"为重,故恭录于史评类中;是编则书亦出于钦定,故恭录于编年类中。

《御定通鉴纲目三编》四十卷

乾隆四十年奉敕撰。是书初有张廷玉等所撰本,于事迹多所漏落,于塞外诸部人名、地名音译,亦多失真。至是乃特诏改修,义例一本《通鉴辑览》,译语一本《新定辽金元史国语解》。分注则采《明史》纪传,详具始末。又作发明,以阐书法;作质实,以备考证;较旧本特为精密。

《资治通鉴后编》一百八十四卷

国朝徐乾学撰。乾学以明人续《通鉴》者,陈桱、王宗沐、薛应旗,均为未善,乃与万斯同、阎若璩、胡渭等排比正史,参考诸书,作为是编。又依司马光例,作《考异》以折中诸说。前儒议论,亦多采摭。虽未必追踪涑水,以较陈桱等之书,则远出其上矣。

右编年类。三十八部,二千六十六卷。

谨案:史家有历代之编年,《竹书纪年》以下是也。有一代之编年,《汉纪》以下是也。其间或有或无,不能相续。故正史以朝代为序,而编年则以作者为序,不复论统系之先后焉。

史部三　纪事本末类

《通鉴纪事本末》四十二卷

宋袁枢撰。因司马光《资治通鉴》之文，分类排纂，以一事为一篇，各详其起讫，使节目分明，经纬条贯，遂于史家二体之外，自为一体，迄今不可磨灭。然溯其根柢，实则《尚书》每事为篇，先有此例，究亦六家之枝流也。

《春秋左氏传史类始末》五卷

宋章冲撰。冲与袁枢同时，是书以《左传》所载事迹，排比年月，各以类从，使节目相承，首尾完具。与枢《通鉴纪事本末》，体例相同。其孰创孰因，则不可考矣。

《三朝北盟会编》二百五十卷

宋徐梦莘编。纪宋金战和之始末，分上、中、下三帙。上帙二十五卷，记政和、宣和之事；中帙七十五卷，记靖康之事；下帙一百五卷，纪建炎、绍兴之事。皆采集诸书，编年条系，词有异同，不加论断；事有真伪，亦无所去取。盖搜录以待考证之本也。

《蜀鉴》十卷

宋郭允蹈撰。旧本题李文子者误也。其书叙述蜀事，略如纪事本末之体，每条有纲有目，有论断，又略如《通鉴纲目》之体。其目末兼附考证，则较《纲目》为详核。大抵南宋疆舆，以兴元、汉中为后户，故是书皆述战守胜败之迹，于用兵故道，尤拳拳示意云。

《炎徼纪闻》四卷

明田汝成撰。凡十四篇。皆纪平定西南苗猺之事。每篇各系以论断，多深中明季之弊。其论田州之事,归咎王守仁之姑息,无所回护,亦公论也。

《宋史纪事本末》二十六卷

明陈邦瞻撰。初,冯琦类次宋事,以续袁枢之书,未成而没。是书因琦遗稿者十之三,自补葺者十之七。凡一百九篇。诸史之中,《宋史》最为芜秽,不似《资治通鉴》,端绪易寻。邦瞻排比棼丝,俾就条理。其书虽亚于袁枢,其难则较枢十倍矣。

《元史纪事本末》四卷

明陈邦瞻撰。凡二十七篇。其律令一篇,则臧懋循所补也。所据惟《元史》及商辂《续纲目》,故不及《宋史纪事本末》之赅博。又元明间事,皆以为宜入国史,并顺帝北行,关一代之兴亡者,亦删而不录,殊多漏略。然于一代典制,则条析颇详。

《平定三逆方略》六十卷

康熙二十一年奉诏修。记戡定逆藩吴三桂、耿精忠、尚之信始末。三桂等恃恩骄恣,日形跋扈。康熙十一年,因其自乞移藩,诏允所请。逆谋既伐,遂先后遥为煽附。于是指授方略,抚剿并施。甫八年而三逆以次扫荡。皇威耆定,圣武光昭。实亘古所未睹也。

《亲征平定朔漠方略》四十卷

康熙三十五年二月,以噶尔丹数为边患,亲统六师往征,逆党溃遁。是年九月,再幸塞北,降其所属诸部。明年二月,又亲征之。噶尔丹败亡,朔漠悉平。诏大学士温达等纪其始末,为此编。康熙四十七年告成。御制序文,具述戡乱讨罪,不得已而用兵之意。

《平定金川方略》三十二卷

乾隆十三年奉敕撰。记讨定大金川始末。起于九姓之构衅，讫于郎卡之归命。轩夔远震，汤网仍宽；戡暴之功，与好生之德，并昭然于记载。知其后狡焉复逞，卒戮藁街，乃自外生成，理难再贷，初非必欲征伐也。

《平定准噶尔方略前编》五十四卷，《正编》八十五卷，《续编》三十三卷

乾隆三十七年奉敕撰。记开辟西域始末。冠以御制纪略一篇。以下厘为三编，按年月记载。前编述圣祖以来挞伐之事；正编述扫荡伊犁、俘达瓦齐及削平阿睦尔撒纳、歼馘波罗尼都霍集占之事；续编述一切善后之事。皆运筹于九天之上，而二万里外决胜如神。式廓黄图，包罗月窟。功烈为书契以来所未有。是编亦书契以来所未有矣。

《平定两金川方略》一百五十二卷

乾隆四十六年奉敕撰。记歼除小金川逆酋僧格桑、大金川逆酋索诺木事。冉駹旧地，虽止一隅，而石栈天梯，山川险阻，实自古挞伐所未及；仰承天断，始就荡平。是编恭纪启衅之由，与蒇功之故。具见区画周详，睿谋坚定。帝尧丹渊之师，高宗鬼方之克，未足比骏烈之万一也。

《钦定临清纪略》十六卷

乾隆三十九年奉敕撰。记戡定山东逆寇王伦始末。王伦倡乱于寿张，而伏诛于临清，故以“临清纪略”为名。

《钦定兰州记略》二十卷

乾隆四十六年奉敕撰。记戡定逆番苏四十三始末。苏四十三倡立新教于

循化,啸聚贼党于河州;其尽歼无遗,则在兰州龙尾山也。

《钦定石峰堡纪略》二十一卷

乾隆四十九年奉敕撰。记剿灭逆回田五等始末。田五为官军所蹙,先已自铿。其党抵于石峰堡,负隅固守。仰承睿算,合围而歼之,故以"石峰堡"名书。

《钦定台湾纪略》七十卷

乾隆五十三年奉敕撰。平定逆寇林爽文、庄大田始末。台湾虽内地,而远隔重洋,风涛不测,又山深箐密,险阻难攻。赖皇上洞烛几先,诸臣乃仰承指示,克翦鲸鲲。故纪载较详,卷帙亦视《临清纪略》诸编较为繁富。

《绥寇纪略》十二卷

国朝吴伟业撰。记明末流寇,分十二篇。每篇以二字标题末,各系以论断。其"虞渊沈"一篇,但纪明末灾异,而不及亡国之事。据朱彝尊跋,此篇原分上、中、下三子目,其后二子卷佚,未刻也。

《滇考》二卷

国朝冯苏撰。名似地志,然于山川、古迹、人物、土产、艺文之类,悉削不载。惟以庄蹻通滇,至明末国初事迹,撮举治乱大端,仿纪事本末之体,述为三十七篇。皆端委分明,足资考核。

《明史纪事本末》八十卷

国朝谷应泰撰。因张岱《石匮藏书》,排纂编次,分为八十篇。每篇论断,皆仿《晋书》之例,行以骈偶,隶事亲切,遣词精拔。虽非正裁所有,亦可云别调孤行矣。

《绎史》一百六十卷

国朝马骕撰。纂录开辟至秦末之事,首为世系图年表,不入卷数。次太古十卷,次三代二十卷,次春秋七十卷,次战国五十卷,次外录十卷。其每事各立标题,仿纪事本末之意。然征引旧文,排比先后,较袁枢书之自为叙述,体例又殊。其援据浩博,考证详密,亦非枢所及也。

《左传纪事本末》五十三卷

国朝高士奇撰。因章冲所编而广之。惟冲以十二公为次,此以列国分门。所增五例,一曰补逸,二曰考异,三曰辨误,四曰考证,五曰发明,亦较冲书为密。

《平台纪略》十一卷,附《东征集》六卷

国朝蓝鼎元撰。记康熙辛丑平定台湾逆寇朱一贵始末。起是年四月,迄雍正元年四月。鼎元时在其兄总兵官廷珍军中,故见闻最悉。《东征集》六卷,皆军中公牍书檄,亦鼎元代廷珍作也。

右纪事本末类。二十三部,一千二百四十八卷。

史部四　别史类

《逸周书》十卷

是书自《隋志》称《汲冢书》,然《晋书》荀勖、束皙诸传载《汲冢书》无《周书》。《汉志》乃有《周书》七十一篇,与今本合,是《隋志》误也。今从郭璞《尔雅》注,题曰《逸周书》焉。

《东观汉记》二十四卷

是书于汉明帝时创修,后递有增续,至熹平中,乃成书。《隋志》题刘珍撰,盖失其实。原本一百四十三卷,久已散佚,姚之骃掇拾残文,仅得八卷,殊多挂漏,今以《永乐大典》所载补葺,勒为二十四卷。

《建康实录》二十卷

唐许嵩撰。所记六朝事迹,起吴大帝,迄陈后主,而以后梁附之。以六朝皆都建康,故以为名。大旨类叙兴废大端,而尤加意于古迹,颇为详洽。且书作于唐至德中,去梁、陈未远,多见旧文,故所综述,往往为唐以后书所不载。

《隆平集》二十卷

旧本题宋曾巩撰,晁公武疑其依托。今考巩行状、神道碑,列所著述,无此名,公武之言当信也。所记太祖至英宗五朝之事,凡分目二十有六,略似会要之体;又列传八十有四,体例琐屑,颇乖古法。然尚出于北宋人手,存之亦可备参稽。

《古史》六十卷

宋苏辙撰。所述上起伏羲,下讫秦始皇帝。凡本纪七、世家十六、列传三十七。盖病《史记》浅漏疏略,为之改修。然辙文章不及司马迁,其持论以"无为”为宗,所见亦未能出迂上,悍然点窜,殆不自量。以其补苴罅漏,时有一得,姑存以备参考耳。书中附注,不著姓名,据叶大庆《考古质疑》,盖其子逊所作也。

《通志》二百卷

宋郑樵撰。凡纪传一百四十五卷、谱四卷、略五十一卷。纪传及谱,皆剿袭旧史,略为删润殊无可观。迹其精华,惟二十略,而穿凿挂漏,均所未免。在《通典》《通考》之间,实未能鼎立。特以网罗繁富,才辨纵横,遂与杜、马两家联镳文苑,今亦莫得而废焉。

《东都事略》一百三十卷

宋王偁撰。述北宋九朝之事。凡本纪十二、世家五、列传一百五、附录八。叙事简核,论断亦皆持平,多可以正托克托等《宋史》之谬。宋代私史,惟偁与李焘、李心传书,可称赅洽。其他著述,大抵皆第二流也。

《路史》四十七卷

宋罗泌撰。《前纪》九卷,述初三皇及阴康、无怀之事;《后纪》十四卷,述太昊至夏之事;《国名纪》八卷,述诸国姓氏地理;《发挥》六卷,《余论》十卷,皆辨驳考证之文。注为其子苹作,与正文皆详略相辅,疑或泌所自为,而托之其子欤。虽所依据,多出于纬书、道书,殆不足信,而征引秘奥,词采伟丽。刘勰所谓“无益经术,有裨文章”者,殆庶几焉。

《钦定重订契丹国志》二十七卷

宋叶隆礼撰,乃奉诏所编。凡帝纪十二卷,列传七卷,杂记旧事者八卷。大抵掇拾传闻,不能有所考证,诞妄疏漏,皆所不免。然三史未成以前,纪辽事者,惟此书仅存,固不能不以少见珍。惟书中忽内宋外辽,忽内辽外宋,茫无体例;又所引胡安国诸说,尤多纰缪,今恪遵指示,重为订正,乃协千古之至公。

《大金国志》四十卷

旧本题宋宇文懋昭撰。今核检其书,实依托也。凡纪二十六卷,传三卷,杂录三卷,杂载、制度七卷,行程录一卷。体例词格,与《契丹国志》略同,或即一手所作,分署二人之名欤。

《古今纪要》十九卷

宋黄震撰。其书撮录诸史,括举纲要,每一帝之事,则以一帝之臣附之。其僭窃割据,亦随时附见。前代诸臣,各分品目,惟北宋诸臣事迹,比历代稍详,而无忠佞之标题,盖不敢论定之意也。

《萧氏续后汉书》四十七卷

宋萧常撰。祖习凿齿之说,改修陈寿《三国志》,以帝蜀黜魏。凡纪二卷,表二卷,传十八卷,载记二十卷,音义四卷,义例一卷。于诸传多增删移易,其取材则不出裴松之注及范蔚宗书。盖大旨在书法,不在事实也。

《郝氏续后汉书》九十卷

元郝经撰,荀宗道注。原本久佚,今从《永乐大典》录出。大旨与萧常书同,惟作八录以补陈寿之缺,则萧常书所未及。论断多激昂慷慨,于世教有裨。宗道所注,于去取义例,亦多发明。

《春秋别典》十五卷

明薛虞畿撰。于《三传》之外,掇拾春秋时事迹,分十二公编次。颇为赅博。惟不注出典,是其一失,然亦明人著书之通病也。

《钦定历代纪事年表》一百卷

康熙五十一年,内阁学士王之枢奉敕撰。上起帝尧,下讫元末,仿《史记·年表》《通鉴目录》之体,编年系月,条列其大事。经纬交贯,始末兼赅,足为读史之纲领。

《钦定续通志》五百二十七卷

乾隆三十二年奉敕撰。门目体裁,一仍郑樵之旧。记宋、辽、金、元、明五朝之事,而兼补唐代之纪传。《明史》新修,无庸改作,亦用樵不改《唐书》例。然纪传厘订画一,较樵之因袭旧文,特为严整。二十略,搜罗详博,考证精核,亦非樵书之所及。

《历代史表》五十三卷

国朝万斯同撰。以十七史自《后汉书》以下,惟《新唐书》有表,余皆阙如,乃搜剔本史,参考诸书,各为补撰体例,参取《史记》《汉书》,惟删《新唐书·宰相世系表》,及自增《宦者侯表》《大事年表》耳。其考核精密,非条贯全史者,不能为也。

《后汉书补逸》二十一卷

国朝姚之骃编。凡《东观汉记》八卷,谢承《后汉书》四卷,张璠《汉记》、华峤《后汉书》、薛莹《后汉书》、谢沈《后汉书》、袁崧《后汉书》各一卷,司马彪《续汉书》四卷。皆散佚之余,于诸书搜合者也。舛讹漏落,均所不免。而略存古书之梗概,亦不可谓之无功。

《春秋战国异词》五十四卷,通表二卷,摭遗一卷

国朝陈厚耀撰。取诸书之文,与《春秋》三传、《国语》《战国策》互异者,分

国编次,以备考证。亦间为辨正。又以《史记·十二诸侯年表》《六国年表》,联合之以为"通表"。其琐事异闻,无关体要者,则别为"摭遗"附于末。

《尚史》一百七卷

国朝李锴撰。因马骕《绎史》,改为纪传表志,皆以旧文联缀而成。翦裁融贯,亦具有条理。

右别史类。二十部,一千六百十四卷。

谨案:《东观汉记》《后汉书补逸》之类,本皆正史也,然书已不完,今又不在正史之类,故概入此门。其先后从作者之时代,亦与编年例同。

史部五　杂史类

《国语》二十一卷

吴韦昭注。案:《三国志》作"韦曜",盖晋避司马昭之名。《国语》作自何人,说者不一;然终以汉人所传左丘明作为有征。旧有郑众、贾达、虞翻、唐固诸注,并已散佚,其传于今者,惟昭此注为最古。

谨案:《国语》二十一篇,《汉书·艺文志》虽入春秋类,然无"春秋外传"之名。《律历志》引之,乃称《春秋外传》。然所记上包周穆王,下及鲁悼公,与春秋时代不相应,与经义了不相关,朱彝尊《经义考》收之,殊为未协。考《史通》六家,《国语》居一,实古左史之遗,今改隶杂史类焉。

《国语补音》三卷

唐人旧本,宋宋庠补辑。本附庠所校《国语》后,后人苟求简易,散入句下,舛漏宏多。此本犹从宋椠录出。其例以唐人所音居前,庠所增者,题"补注"以别之。其释正文者,大书其字,夹注其音;其释注文者,则冠一"注"字。

《战国策注》三十三卷

旧本题汉高诱注。今考其书,实宋姚宏因诱注残本而补之。其中二卷至四卷、六卷至十卷,为诱原注,余皆宏所补注也。今分题二家之名,以存其实。

谨案:《汉书·艺文志》,《战国策》与《史记》为一类;《隋志》《唐志》因之。晁公武《读书志》始改入子部纵横家;《文献通考》因之。考班固称司马迁作《史记》,所据有《战国策》,则《战国策》当入史类,更无疑义。且"子"之为名,本以称人,因以称其所注。《战国策》为刘向所校编,其文不出一手,所谓"子"者,何子乎?晁氏所改,殊为未允,今仍归之史部焉。

《鲍氏战国策注》十卷

宋鲍彪撰。于《战国策》篇第先后,皆以己意改移,实为窜乱古本之始。

其注则疏通明显,较高注之简古,为近人易入云。

《战国策校注》十卷

元吴师道撰。取姚宏《战国策注》,与鲍彪注参校,而杂引诸书以证之。其篇第注文,一仍鲍氏之旧,惟增所遗者,谓之补;纠所失者,谓之正。各以“补曰”“正曰”别之。复取原本三十三篇四百八十六首之目,冠于卷端,以存刘向之旧。条理详密,实远出鲍氏本上。

《贞观政要》十卷

唐吴兢撰。乃兢于《太宗实录》之外,采与群臣问答之词,分四十门编之,以昭法戒。其注为元戈直所作,又摭唐柳芳以下二十二家之论附之,名曰“集论”。

《渚宫旧事》五卷,补遗一卷

唐余知古撰。是书搜录楚事,上起鬻熊,下讫唐代。题曰“渚宫”者,《左传》孔颖达疏“渚宫在郢都之南”是也。原本十卷,此本仅存五卷,至晋而止。今摭诸书所引宋、齐后事,别为一卷补之。其余则不可考矣。

《东观奏记》三卷

唐裴庭裕撰。一作“廷裕”,盖传写异文。所记皆宣宗一朝之事。自序谓“中原大乱,日历、起居注不存一字,谨采耳目闻睹,撰成三卷,奏记于监国史晋公,藏之于阁,以便讨论”。其称“晋公”者,盖杜让能;其称“奏记”者,汉以来僚属所上谓之记也。

《五代史阙文》一卷

宋王禹偁撰。摭拾五代轶事,以补史阙,凡十七条。王士祯《香祖笔记》

称其辨证精严，足正史官之谬。

《五代史补》五卷

宋陶岳撰。大致与王禹偁书同意，而稍近小说家言。晁公武《读书志》称所记一百七事，此本少三事，殆传写佚之矣。

《北狩见闻录》一卷

宋曹勋撰。勋以靖康二年二月，从徽宗入金营；以建炎二年七月，归至南京。述所见闻为此书，奏进。虽与诸书所记相出入，而身所阅历，节目为详。其徽宗轶事四条，亦足证《北狩日记》之妄也。

《松漠纪闻》一卷，续一卷

宋洪皓撰。皆记金国事迹，盖使金居冷山时所作。冷山在上京会宁府，为唐松漠都督府境，故以名书。

《燕翼贻谋录》五卷

宋王栐撰。栐以南渡之后，务为一切苟且之计，祖宗良法，多废格不行，乃辑成宪之可为世守者，上起建隆、下讫嘉祐，凡一百二十六条，各详其兴革得失之由，以为法戒。

《太平治迹统类前集》三十卷

宋彭百川撰。采北宋旧事，分门纪载。于朝廷大政，及名臣始末，叙述颇详，多可与史传相参。惟传写断烂，多讹不可读。

《咸淳遗事》二卷

不著撰人名氏。原本久佚，今从《永乐大典》录出。多详于典礼制敕，而略于时政。疑宋之遗民,掇拾诸司案牍为之也。

《大金吊伐录》四卷

不著撰人名氏。原本久佚,今从《永乐大典》录出。所记皆金太祖,太宗克宋之事。称天辅六年以前旧牍不存,仅略载起事梗概;天辅七年以后至康王南渡,则国书、誓诰、册表、文状、指挥、牒檄之类,皆排比年月,丝牵绳贯,亦采故府案牍所为也。

《汝南遗事》四卷

元王鹗撰。原本久佚,今从《永乐大典》录出。记哀宗蔡州受围始末。起天兴二年六月,讫三年正月。按日编载,有纲有目,皆鹗扈从所目睹也。

《钱塘遗事》十卷

元刘一清撰。其书虽以"钱塘"为名,实述南宋一代轶事。高、孝、光、宁四朝,所载颇略;理宗以后,叙录最详。大抵采掇宋人说部,削其书名而不改其书中称谓,故多类于不去葛龚。然颇资考证,不以体例未善废之也。

《平宋录》三卷

元刘敏中撰。旧题平庆安者,误也。记至元十三年巴颜案:巴颜原作伯颜,今改正。下临安,及宋幼主北迁之事。所载《封瀛国公诏》《巴颜贺表》,及追赠河南路统军郑江事,皆《元史》所遗。

《弇山堂别集》一百卷

明王世贞撰。所载皆明代典故。凡《盛事述》五卷,《异典述》十卷,《奇事述》四卷,《史乘考误》十一卷。表三十四卷,分目六十有七。考三十六卷,分目十有六。

《革除逸史》二卷

明朱睦㮮撰。亦曰《逊国记》，述建文帝始末。于行遁为僧之说，弃置不载，但以宫中火起帝逊位为传疑之词，颇为矜慎。

《蒙古源流》八卷

蒙古小彻辰萨囊台吉撰。乾隆四十二年，奉敕译进。大旨以佛教为纲，而蒙古之世系始末、兴衰治乱，即并见于其间。与《永乐大典》所载《元朝秘史》，约略相同，而原始要终，叙述尤为详备。

右杂史类。二十二部，二百七十三卷。

卷　六

史部六　诏令奏议类

《太祖高皇帝圣训》四卷

康熙二十五年,圣祖仁皇帝敕修。凡九十二章,别为二十六目。乾隆四年,皇上御制序文,宣付剞劂,昭示万方。仰见开国鸿谟,贻留奕祀;如巾机之诵轩铭,简策之尊《尧典》焉。

《太宗文皇帝圣训》六卷

顺治中,世祖章皇帝敕修。康熙二十六年,始编次成帙。凡一百一十一章,别为二十三目。乾隆四年,皇上御制序文,刊刻颁行。文谟武烈,启佑无疆;丕显丕承,焕乎日月之继高衢矣。

《世祖章皇帝圣训》六卷

康熙二十六年,圣祖仁皇帝敕修。凡一百一十三章,别为三十二目。乾隆四年,皇上御制序文,刊刻颁行。纶綍式昭,球图永宝。所由大一统之规,基万年之祚者,具备斯编。

《圣祖仁皇帝圣训》六十卷

雍正九年,世宗宪皇帝敕修。凡一千九百余章,别为三十二目。乾隆六年,皇上御制序文,刊刻颁行。景祚绵长,故卷帙繁富。六十一年之内,尧咨舜儆,跽诵如闻。知贻谋绳武钦承者,有自来也。

《世宗宪皇帝圣训》三十六卷

乾隆五年,敕修。凡九百十六章,别为三十类。御制序文,刊刻颁行。宫庭谟诰,多出亲闻。是以综述旧文,励精图治之圣心,炳如三光之烛。

《上谕内阁》一百五十九卷

自雍正元年至七年,为廷臣奏请宣布,庄亲王允禄等校刻。自雍正八年至十三年,为皇上即阼以后续录成帙,和亲王弘昼等奉敕校刻,与前编合为一书。原本不题卷目,惟每月别为起讫。今恭依旧次,编为一百五十九卷。

《朱批谕旨》三百六十卷

雍正十年,奉敕校刊。乾隆三年告成。所载臣工奏折,凡二百二十三人。皆恭录批答,俾共知所陈之得失。非惟明烛无疆,物来毕照,为自古圣王之所无;即累牍连编,悉经丹毫甲乙。唐虞三代以来,亦未闻如是之勤政也。

《上谕八旗》十三卷,《上谕旗务议复》十二卷,《谕行旗务奏议》十三卷

雍正九年,庄亲王允禄奉敕编。凡康熙六十一年十一月十七日以后所奉谕旨,涉于八旗者曰"上谕八旗"。凡谕旨列前而大臣所议列后者,曰"上谕旗务议复"。凡奏札列前谕旨列后者,曰"谕行旗务奏议"。三编共合为一书,兼用清、汉文刊行。

谨案:列圣御制及官撰诸书,并恪遵圣谕,冠于国朝著作之首。惟诏令奏议一门,例以专集居前,总集居后,而所录汉、唐诏令,皆总集之属,不应在专集之前,是以恭录圣训圣谕,弁冕此门,前代诏令列后焉。

《唐大诏令》一百三十卷

宋宋敏求编。盖因其父绶手辑之本,重加绪正,分为三十类。世无刊本,

传写多所佚脱，今缺卷十四至二十四、卷八十七至九十八，凡二十三卷，无从校补。然唐一代制诰鸿篇，亦略备于此矣。

《两汉诏令》二十三卷

《西汉诏令》十二卷，宋林虑编；《东汉诏令》十一卷，宋楼昉编。其合为一书，而冠以洪咨夔《两汉诏令揽要序》，则不知出于谁手。大抵书肆所为也。所录不出班、范两书，然排比鳞次，使政治之得失，文章之升降，皆可互勘而知，则较散见纪传，为有端绪焉。

右诏令奏议类诏令之属。十部，八百二十二卷。

《政府奏议》二卷

宋范仲淹撰。仲淹自庆历三年，拜参知政事，五年罢为陕西四路宣抚使，在政府者三年，其子纯仁辑其奏议为此编。凡八十五篇，分四类：曰治体、曰边事、曰荐举、曰杂奏。

《包孝肃奏议》十卷

宋包拯撰。其门人张田编。分三十门。汪应辰序称其次序多不可晓，今核之信然。应辰尝为之笺注，今则佚矣。

《尽言集》十三卷

宋刘安世撰。是编出自朱睦㮮家，证以《永乐大典》所载，一一相符，知犹旧本。安世危言正论，风节足以励百世。朱子作《名臣言行录》，于王安石、吕惠卿皆有所节取，独安世以尝劾程子，斥之不得登一字，然此集自在天地间也。

《谠论集》五卷

宋陈次升撰。原本二百七篇，久已散佚，今从《永乐大典》录出八十六篇，

《名臣奏议》录出三十篇,尚存崖略。次升孤直无党,于章惇、蔡京、蔡卞、曾布,弹劾甚力;于曾肇、王觌、黄庭坚、贾易、李昭玘、吕希哲、范纯礼、苏轼,亦弹劾不少假借。《宋史》以纠及肇等为非,仍门户之见而已。

《左史谏草》一卷

宋吕午撰。仅存奏疏六篇,皆嘉熙六年所上。附其子沆奏疏一篇,又家传诗文之类共为一卷。盖其后人摭拾残剩而成,然颇可考见宋末时事。其论宰相台谏之弊,尤为剀切。

《商文毅疏稿略》一卷

明商辂撰,其子良年编。盖散佚之余,故名曰"略"。凡三十三篇。《明史》本传所载诸疏咸在,劾汪直一疏较史为详。其言边务二事一疏,史佚不载,其一论养军莫善于屯田,其一论守京城不如守关,守关不如守边,尤硕画也。

《王端毅奏议》十五卷

明王恕撰。恕历仕四十五载,凡上三千余疏。此集其汰而存之者也。大抵质实明畅,于时弊多所指陈。沈德符《顾曲杂言》载:恕以疏末刻"不报"字,丘浚嗾御医刘文泰攻之,去位。浚固忮人,恕亦殊失避人焚草之义。今本皆无此二字,殆重刻削之矣。

《马端肃奏议》十二卷

明马文升撰。其孙天佑编。凡五十五篇。史传所载谠论,其全文皆在集中。大抵皆有关国计,不似明末台谏,徒事嚣争。惟文升成化中巡抚辽东,总督漕运,当时必有敷陈,此集不登一字,为不可解也。

《关中奏议》十卷

明杨一清撰。一清凡五莅陕西,是编以一官为一集,故总以关中为名。凡部议复疏，及所奉谕旨，一一详载。视诸家奏议，为例稍殊。而于时事本末，颇为详尽。

《杨文忠三录》七卷

明杨廷和撰。凡《题奏前录》一卷，《题奏后录》一卷，《视草余录》一卷，《辞谢录》四卷，实共四种。题曰“三录”者，以前三种皆关朝政；辞谢录，则辞职谢恩诸疏，仅一身之私事，特附载之而已。

《胡端敏奏议》十卷

明胡世宁撰。世宁风节震一世。及议大礼乃与张璁、桂萼持论相同。然自议礼以外，无一事不与璁、萼忤；盖所见偶符，非曲意阿附也。《明史》称世“宁呐不出口，及具疏则援据古今，洞中窾会”。今观是集，不诬也。

《何文简疏议》十卷

明何孟春撰。汝阳赵贤编。以历官先后为序。孟春虽从李东阳游，而诗文拙朴不能得其师传；至奏议诸篇，敷陈剀切，风骨凛然，非东阳所敢望也。

《垂光集》二卷

明周玺撰。上卷载疏十三篇，上于孝宗时者七，上于武宗时者六。其劾刘瑾二疏，尤直气坌涌。后附被祸时家书一通，亦忠义凛然。下卷则附录祭文、碑记之类也。

《孙毅庵奏议》二卷

明孙懋撰。懋于武宗时，弹劾权幸无所避。其不及于祸，盖有天幸。集中诸疏，《明史》本传仅载其大略，今备录之以彰遗直。惟疏中所劾诸人，刻本多剷毁其姓名，殆其子孙避怨之计。今无从一一考补，亦姑仍之焉。

《玉坡奏议》五卷

明张原撰。原两任给事中,中更迁谪而志不少挫。于权珰国戚,动相折抑,可谓不负其官。《明史》偶失立传,今录其奏议,以表章其风采焉。

《南宫奏稿》五卷

明夏言撰。言相业无可称,然颇究心于故事。此集乃其官礼部尚书时所陈,不免牵合古义,附会时局。然明代典章,至嘉靖而大变,史志但载其事,不能详其所以然。录此一编,使当时改革之由,一一可考,亦议礼者得失之林,非谓所论咸当也。

《讷溪奏疏》一卷

明周怡撰。怡疏击严嵩,与杨爵、刘魁同时受祸。迨蹶而复起,又触忤宦寺,坎壈以终。其弟恪编录遗文,得官吏科时十一疏,官太常少卿时二疏。虽卷帙无多,生气今犹凛凛也。

《谭襄敏奏议》十卷

明谭纶撰。凡分三集,曰闽稿、曰蜀稿、曰蓟辽稿。大抵论兵之作。盖纶生平仕宦,多在岩疆,更历戎行,垂三十年也。

《潘司空奏疏》六卷

明潘季驯撰。季驯虽以治河著,而历官所至,亦皆有经略。此本凡巡按广东奏疏一卷,督抚江西奏议四卷,兵部奏疏一卷。皆其子大复从掖垣所贮,掇拾而成也。

《两河经略》四卷

明潘季驯撰。皆万历初,河决高家堰时,相度南北河形势奏疏。首冠以图,末附与工部尚书李幼滋书一通。其大旨在“以堤束水,以水刷沙”之两语。后率以此奏功。

《两垣奏议》一卷

明逯中立撰。皆其为给事中时所上。以历吏、兵二科,故曰“两垣”。凡六篇。《明史》本传采其三篇,盖一以公论用舍忤旨,一以论修史用人忤辅臣,一以论会推谪官也。其请罢织造、论倭事、请停例金三疏,则本传不载,仅见于此集。

《周忠愍奏疏》二卷

明周起元撰。是书名为五卷,实则仅第二卷为《西台奏疏》十一篇,第三卷为《抚吴奏疏》十九篇其第一卷为《起元传》,第四卷为《兰言录》,第五卷为《崇祀录》,皆附录耳。然起元人自不朽,正不假诸人题咏以传也。

《张襄壮奏疏》六卷

国朝张勇撰。其子云翼编。始于顺治六年谢实授甘肃总兵官疏,终于康熙二十三年甘州军中遗疏,凡一百二十篇。勇之战功,大概于斯可考。

《靳文襄奏疏》八卷

国朝靳辅撰。是编皆其前后治河奏疏,大旨在开引河以杀其势,引淮水以刷其沙,筑六坝以时其宣泄。其持论谓:筑堤岸、疏下流、塞决口,有先后而无缓急云。

《华野疏稿》五卷

国朝郭琇撰。琇初为御史,以劾罢大学士明珠、余国柱,受圣祖仁皇帝特达之知。后为湖广总督,以红苗剽掠事罢官。盖长于敢言,而短于应变。录其奏疏,见琇自始至终,功罪皆由自取。并恭录修国史列传时钦奉谕旨,以昭示万世焉。

谨案：以上所录，皆以奏议自为一编者。其或编入本集者，则卷目虽多，亦仍以本集著录，不入此门。

《诸臣奏议》一百五十卷

宋赵汝愚编。以北宋及南宋初奏议，统为十二门，析子目一百一十四。每篇之末，各附注所居之官，与奏进之年月。汝愚奏札及序，皆称“名臣奏议”，而此本题曰“诸臣奏议”，或以中有丁谓、秦桧诸人，后改其名欤。

《历代名臣奏议》三百五十卷

明永乐十四年，黄淮、杨士奇等奉敕编。所录自商、周迄于宋、元，分六十四门。名目过繁，转至于琐杂失当。然搜罗既富，历代典制之沿革，政事之得失，贤奸之消长，可一一披简而知，固未可以冗杂废也。

《名臣经济录》五十三卷

明黄训编。辑洪武至嘉靖九朝名臣经济之文，中阙建文一朝，以革除故也。凡分十门：开国、保治二门，以时代为序；吏、礼、兵、工四部，以所属分四子目；户部以事例分十三子目；刑部以事例分四子目；内阁总括百司，都察院、通政司、大理寺篇帙太寡，皆无子目。

谨案：此书兼采杂文，然奏议居十之八九，故入之奏议，使从其类。

《钦定明臣奏议》二十卷

乾隆四十六年奉敕编。以皇子司选录，而尚书房入直诸臣预缮校。每成一卷，即恭呈御览。盖时代既近，殷鉴尤明，将以追溯兴亡，永垂法戒。故特重其事也。禀承训示，辨别瑕瑜；一代得失之林，即千古是非之准矣。

右诏令奏议类奏议之属。二十九部，七百二十六卷。

史部七　传记类

《孔子编年》五卷

宋胡仔撰。旧本或题其父舜陟，误也。是书删除诸子妄诞之说，以《论语》为主，而参考以《春秋》三传、《礼记》《家语》《史记》《世家》，颇为不失谨严。惟经典载孔子言行，多无岁月，而仔一一分年编次，未免有所牵合耳。

《东家杂记》二卷

宋孔传撰。上卷分九类，皆世系封爵之属；下卷分十二类，皆孔林圣迹。大抵胡仔书详于生前，此书详于身后。合是二书，圣人之始末，亦大概可睹矣。

右传记类圣贤之属。二部，七卷。

谨案：以上所录，皆圣迹也。以存目中多诸贤之书，名统于一，故总标曰圣贤。

《晏子春秋》八卷

撰人名氏无考。旧题晏婴撰者，误也。书中皆述婴遗事，实魏徵《谏录》、李绛《论事集》之流，与著书立说者回别。列之儒家，于宗旨固非；列之墨家，于体裁亦未允。改隶传记，庶得其真。

《魏郑公谏录》五卷

唐王方庆撰。录魏徵谏诤之语甚详，司马光《资治通鉴》多引以为征。

《李相国论事集》六卷

唐蒋偕撰。或题曰“李深之集”，称李绛撰者，误也。所录皆李绛奏议之文，与谕谏之事，而纪事者居多，偕序称编为七篇。今止六篇，殆佚其一矣。

《杜工部年谱》一卷

宋赵子栎撰。子栎与鲁訔皆绍兴中人，而訔所著《杜甫年谱》，子栎未见，故谱中惟与吕大防辨，持论亦未甚确。以宋人旧帙，存以备说杜诗者之参考尔。

《杜工部诗年谱》一卷

宋鲁訔撰。訔尝注杜甫诗，冠以此谱。今其注佚而谱存。颇有失考之处。而较赵子栎谱，则已密矣。

《绍陶录》二卷

宋王质撰。质于淳熙中，奉祠山居。以陶潜、陶弘景皆弃官遗世，其同时唐汝丹、鹿何可继其风，因作此书。上卷载栗里、华阳二谱，各摘其遗文遗事为题，别为之词。下卷记唐、鹿事，而附以林居咏物之诗。

谨案：此书非史、非子、非集，无类可归，以其上卷冠以二陶谱，下卷冠以唐、鹿事，姑附之传记类中。

《金陀粹编》二十八卷，《续编》三十卷

宋岳珂撰。珂为岳飞之孙，是编裒辑高宗御札，及飞遗文旧事，与诬构昭雪之始末，以辨飞之冤。《粹编》成于嘉定戊寅，《续编》成于绍定戊子。珂别业在嘉兴金陀坊，故以名书。

《象台首末》五卷

宋胡知柔撰。知柔为大理评事梦昱之子，梦昱以争济王事贬死象州。知柔辑其奏疏遗文，及赠答题跋之作，以成此书。编次颇无体例，以梦昱《宋史》无传，故录之以补史阙焉。

《魏郑公谏续录》二卷

元翟思忠撰。原本久佚,故明长洲彭年掇拾残剩,以补其缺。附刻王方庆书后。今检《永乐大典》,原本具存,较彭年详核十倍,故黜其所补之本,仍以原本著录焉。

《忠贞录》三卷,附录一卷

明利瓦伊樾、林增志同编。盖为建文帝旧臣卓敬作也。卷一为遗诗遗文,卷二、卷三为后人题咏。附录一卷,则敬门人黄养正、乡人陈茂烈之遗事。养正死土木之难,茂烈则孝子也。

《诸葛忠武书》十卷

明杨时伟编。时伟以太仓王士骏所撰《武侯全书》十六卷,伤于芜累,更撰是编,存其连吴、南征、北伐、调御、法检、遗事六门,而增以年谱、传略、绍汉、杂述四门。

《宁海将军固山贝子功绩录》一卷

不著撰人名氏。记国朝宁海将军固山贝子富喇塔,讨逆藩耿精忠,平定台州之事。盖即台州人之所记也。

《朱子年谱》四卷,考异四卷,附录二卷

国朝王懋竑撰。《朱子年谱》自李方子以下,屡易其本,懋竑皆病其未善,因辑此编。又仿朱子校正韩集之例,为"考异"四卷。并采掇论学之语二卷,附录于末。大旨详于学问,而略于出处行谊及政事。然以讲学而论,则较诸本精密多矣。

右传记类名人之属。十三部，一百一十三卷。

谨案：此类所录，大抵名世之英也。不曰“名臣”，而曰“名人”者，存目中孝子隐逸多未登仕籍，而道学如濂溪、文章如柳州、翰墨如襄阳者，亦究未可称名臣。统以有闻于后之称，庶为兼括之通词耳。

《古列女传》七卷，《续列女传》一卷

汉刘向撰。《续传》一卷，则不知谁作，或曰班昭，或曰项原，皆影附无据也。旧合为一编。宋王回乃以有颂无颂，离析其文，为今本。凡分七目：曰母仪、贤明、仁智、贞慎、节义、辨通、嬖孽。

《高士传》三卷

晋皇甫谧撰。原书本载七十二人，见《续博物志》。此本乃九十六人，盖原书散佚，后人摭《太平御览》所引，抄合成编，而益以所引嵇康《高士传》十条、《后汉书·隐逸传》十条，故真伪参半，人数转多于原本也。

《卓异记》一卷

旧本或题唐李翱，或题唐陈翱，或题唐陈翰。案陈翰乃《宋志》所载，不足为据；李翱、陈翱，则时代皆不相及，亦必有误也。其书记唐代朝廷盛事。《读书志》称二十七事，今存二十六事。

《春秋列国诸臣传》三十卷

宋王当撰。所录春秋诸臣，凡一百九十一人，各为之传赞。《书录解题》称其议论醇正，于经义多有发明。故徐乾学刻之《九经解》中。然所论断，自是史学，非一一明笔削之旨也。

《廉吏传》二卷

宋费枢撰。录古来廉吏，自列国至唐，凡一百十四人。每代为总论，传后

亦多系以赞。大抵以徽宗时蔡京、朱勔，奢汰无制，作此以寓意。故或但取一节，而他事不甚深求焉。

《绍兴十八年同年小录》一卷

宋绍兴戊辰王佐榜进士题名也。凡三百三十人。首载御笔、手诏，次载策问及执事官姓名，次载进士榜名及履贯。王佐等三人对策，亦载其略。

《伊雒渊源录》十四卷

宋朱熹撰。记周子以下及程子交游门弟子言行。《宋史》以道学、儒林分为两传，门户一立，水火交争，大抵皆据此书也。

《名臣言行录》前集十卷，后集十四卷，续集八卷，别集二十六卷，外集十七卷

前集、后集，宋朱熹撰；续集、别集、外集，李幼武所补。其间如进王安石，黜刘安世之类，不一而足。去取多不可解。吕祖谦与汪应辰书，深以为不然。朱子答祖谦书，亦自谓尚多谬误。以其轶事逸闻，尚资采摭，故录而存之。幼武所续，更无足观。以卷帙相连，姑容附骥云耳。

《名臣碑传琬炎集》一百七卷

宋杜大珪编。搜录名臣碑传，上起建隆，下讫绍兴，不拘时代，亦不拘体制；无所删窜，亦无所去取；但随得随编，共成三集。皆全载原文，以待后人之论定。较以当代之人，权当代之流品，曲徇爱憎，徒酿朋党者，其用心相去远矣。

《钱塘先贤传赞》一卷

宋袁韶撰。韶知临安府时，请于朝，建许由以下三十九人之祠，因各为之

传赞。其宋代诸传,于史文颇有同异,可以互参。

《庆元党禁》一卷

不著撰人名氏,但署曰"沧洲樵叟",盖与《绍兴正论》出于一手。原本久佚,今从《永乐大典》录出。所载伪学之党,凡五十九人。《宋史》有传者,不及十之三四,其他姓名爵里,史所不载者,多借此以见大略。然薛叔似、皇甫斌等,既列名此书,而他时又以韩侂胄党败,是足见依草附木,实繁有徒,不得以伊洛渊源借口矣。

《宝祐四年登科录》一卷

宋文天祥榜进士题名也。宋登科录存者二本:绍兴十八年榜以朱子名列第五甲九十人,故讲学家宝而传之;此录状元为文天祥,二甲第一人为谢枋得,第十七人为陆秀夫,并孤忠劲节,照映百世,其精神亦自不朽也。

《京口耆旧传》九卷

不著撰人名氏。原本久佚,今从《永乐大典》录出。所载京口人物,始于宋初,迄于端平、嘉熙间。其体例全仿正史,与小说、杂记不备端末者有殊。诸传事迹,于史文时有异同,亦足以备考证。

《昭忠录》一卷

不著撰人名氏。所记皆宋末忠节事迹。自绍定辛卯元兵克马岭堡,迄于崖山之复舟,凡一百三十人。文天祥、谢枋得等入元以后死义者,亦列其中,多为《宋史》所不载,足以发潜德之幽光。

《敬乡录》十四卷

元吴师道撰。是书补宋洪遵《东阳志》之缺,所录婺州人物,始于梁,讫于南宋,皆先述事迹,而附录其诗文于后。体例略近《中州集》,而实不相类。盖元好问借诗以存人,师道则因人以存诗文,故或仅载篇目而不尽登也。

《唐才子传》八卷

元辛文房撰。原本十卷,所载三百九十七人,久已散佚,今从《永乐大典》录出,尚存二百七十八人,厘为八卷,以存梗概。其书采摭繁富,不无小舛。然视计有功《唐诗纪事》,叙述较有体裁,传后论断,多抉摘诗家利病,亦往往中理。

《元朝名臣事略》十五卷

元苏天爵撰。所记元代名臣事迹,始穆呼哩,案:穆呼哩原本作木华黎,今改正。终刘因凡四十七人。所载碑记、行状、家传为多,大致似杜大珪《名臣碑传琬炎集》。但大珪录全篇,此有所删节耳。

《浦阳人物记》二卷

明宋濂撰。凡分忠义、孝友、政事、文学、贞节五目。所录共二十九人。而以进士题名一篇,附于后。书中论赞,已并摘录,编入文集中,此其全帙也。

《古今列女传》三卷

明永乐中,解缙等奉敕撰。初,洪武中,高皇后请敕儒臣撰《列女传》,因循未就;永乐元年,仁孝皇后复以请,乃敕编纂。上卷后妃,中卷诸侯大夫妻,下卷士庶人妻。大致汉以前取刘向书,汉以后取诸史列女传,而稍益以明初之人。在明代官书中,尚有条理。

《殿阁词林记》二十二卷

明廖道南撰。集明代殿阁、词林、宫坊、台省诸臣旧事,分十一类,仿列传之体，各述其官阶恩遇，而事实亦附见焉。

《嘉靖以来首辅传》八卷

明王世贞撰。记世宗、穆宗、神宗三朝阁臣事迹。盖明自嘉靖以后，阁臣之权始重，而首辅责任尤专，虽相沿祖制，不敢立丞相之名，而其位与丞相等；故世贞此书，断自嘉靖，明积渐之所由来也。

《明名臣琬炎录》二十四卷，《续录》二十二卷

明徐纮编。体例与杜大珪书相同，故名亦相袭。所录自洪武迄弘治。前录凡一百十七人，后录凡九十五人。

《今献备遗》四十二卷

明项笃寿撰。采明代名臣事迹，编为列传。起洪武讫弘治，凡二百四人。盖因袁袠旧稿，而稍增损者也。

《百越先贤志》四卷

明欧大任撰。自勾践苗裔散处海上，有闽越、瓯越、西越、骆越诸名，而统名曰百越。大任搜采先贤事迹，自东汉以下得百二十人，兼及会稽，越旧疆故也。秦会稽郡地则不载，以其兼及吴也。大抵依据史传，不甚采杂书；其间有遗漏在此，其体例严谨亦在此。

《元儒考略》四卷

明冯从吾撰。大抵以《元史·儒学传》为主，而采摭志乘附益之。有大书特书者，亦有细书附传者。体例稍伤琐屑，然元儒质实，不似宋人好附门墙，亦不似宋人务分朋党。故但笃信谨守，而未有叙述学派，著为一书者。从吾所纂，亦足以补其缺也。

《钦定八旗满洲氏族通谱》八十卷

乾隆九年奉敕撰。详载满洲氏族源流，一一考其异同分合，而胪其世系。蒙古、高丽、尼堪之久隶八旗者，亦并录焉。其勋劳昭著，节义彪炳者，各为小传，冠于一姓之首，以彰世德。体例虽近章定《氏族言行类稿》，而彼备辞藻之用，此为文献之征，故隶之传记类焉。

《钦定宗室王公功绩表传》十二卷

乾隆四十六年奉敕撰。初，乾隆二十九年，命宗人府内阁考核宗室王公战功，为目录一卷，世系表一卷，亲王传二卷，郡王传一卷，贝勒、贝子、镇国公、辅国公传一卷，褫职王、贝勒传一卷。嗣以事或未备，语或不经，命国史馆重修此本。凡专传三十一人，附传二十一人。

《钦定蒙古王公功绩表传》十二卷

乾隆四十四年奉敕撰。体例与《宗室王公功绩表传》同。盖蒙古诸部，惟察哈尔林丹汗恃其强暴，自外生成；其余科尔沁等，并于天命、天聪间，效命执殳，共为臣仆。录其勋伐，著之简编，固见群藩之忠悃，亦见圣朝威德，宣昭长驾远御之鸿略也。

《钦定胜朝殉节诸臣录》十二卷

乾隆四十一年奉敕撰。凡明季诸臣，抗拒王师而死者，并予褒谥；其死于流寇，与死于燕王之篡立者，亦并表章。凡三千六百余人。分专谥、通谥、祠祀三等人，各录其事迹为传。仰见圣人之心，大公至正，视天下之善如一，不以异代而歧视也。

《明儒学案》六十二卷

国朝黄宗羲撰。是编参考明一代讲学诸家文集语录，各条析其师承，以辨别宗派。大抵门户虽多,不过河东、姚江两家,互相出入。宗羲生于姚江,主持王学,其品题未必尽公;而于诸儒源流分合,叙述颇详。观其所列,知万历以后,党焰燎原,非一朝一夕之故,亦足为千古炯鉴也。

《中州人物考》八卷

国朝孙奇逢撰。以河南明代人物,分为七科,曰理学、经济、忠节、清直、方正、武功、隐逸,而文士不与焉。黜华藻,励实行也。后一卷曰补遗、曰续补,不复以七科分目,盖不欲入之七科,托词续补耳。

《东林列传》二十四卷

国朝陈鼎撰。所列东林名籍,凡一百八十余人。胪载事迹颇详。然黄宗羲著《明儒学案》之意,犹为门户起见;鼎著此书之意,则全为交通声气起见矣。录之以著聚徒讲学之极弊也。

《儒林宗派》十六卷

国朝万斯同撰。记孔子以下迄于明末诸儒,授受源流,各以时代为次。其上无师承,下无弟子者,则别著之。持论颇平,能扫除门户之习。世所传本十二卷,此多四卷,乃其晚年定本也。

《明儒言行录》十卷,《续录》二卷

国朝沈佳撰。于明代诸儒,各征引旧文,述其事迹,亦间摘其语录附之。始于叶仪,终于金铉,凡七十五人,附见者七十四人。《续录》所列,始于宋濂,终于黄淳耀,凡五十九人,附见者九人。佳之学,出于汤斌。然斌之学在朱、陆之间,佳则一意宗朱子。

《史传三编》五十六卷

国朝朱轼撰。凡《名儒传》八卷,《名臣传》三十五卷,又《续编》五卷,《循吏传》八卷。书作于雍正戊申,《明史》未成,故所录及元而止。《名儒传》去取谨严,而不没汉唐诸儒,能铲除门户。《名臣传》持择亦不苟。《循吏传》稍不赅备,然亦无滥登。

《闽中理学渊源考》九十二卷

国朝李清馥撰。程子之学,由杨时递传至朱子,故宗派多在闽中。是书条析支流,有如谱牒。其例于小传之后,各注其所据之书,并附其论学之语。颇为详备。

右传记类总录之属。三十六部,八百零八卷。

谨案:合众人之事为一书,亦传类也。其源出《史记》儒林、游侠、货殖、刺客诸传。其别为一书,则始于刘向《列女传》。《册府元龟》有总录之目,今取以名之。

《孙威敏征南录》一卷

宋滕元发撰。记皇祐四年孙沔平侬智高事。盖沔与狄青同事,而余靖勒铭长沙,专归其功于青,故作此以纪其实。

谨案:削平寇乱之事,宜入杂史。然此书主表沔之功,不主纪智高之变,故入之传记类中。

《骖鸾录》一卷

宋范成大撰。乾道壬辰,成大自中书舍人出知靖江府,记其途中所见。其曰"骖鸾"者,取韩愈诗"远胜登仙去,飞鸾不暇骖"语也。

《吴船录》二卷

宋范成大撰。淳熙丁酉,成大自四川制置使召还,取水程赴临安,随日记所阅历,作为此书。于古迹、形胜,言之最悉,亦时有所考证。

《入蜀记》六卷

宋陆游撰。游于乾道五年授夔州通判，以次年闰六月，自山阴启行，十二月抵夔州，因述其道途所经。叙次颇为雅洁，辨订亦多有根据。

《西使记》一卷

元刘郁撰。宪宗九年，锡里库案：锡里库原作旭烈兀，今改正。讨平西域法勒噶案：法勒噶原作发里哈，今改正。以从，遣常德使于军中。郁据其所述见闻，以为此记。虽不能考证古迹，而于山川道里、风土物产，则颇详。

《保越录》一卷

不著撰人名氏。记元顺帝至正十九年，明胡大海攻绍兴，张士诚将吕珍据守事。所记胡大海纵兵淫掠及发宋陵墓诸恶迹，《明史》皆未书。张正蒙妻韩氏女池奴及冯道二妻抗节事，《明史·列女传》亦未载。存之可补史阙也。

《闽粤巡视纪略》六卷

国朝杜臻撰。康熙二十二年，台湾平定。臻以工部尚书，与内阁学士石柱，奉诏巡视。因述其经画大略，为此书。首沿海总图，次越略二卷，次闽略三卷，次附记澎湖、台湾一卷。皆案日记载，如行程录之体。澎湖、台湾，未能亲至，故称“附记”焉。

《松亭行纪》二卷

国朝高士奇撰。康熙辛酉，圣祖仁皇帝由温泉出喜峰口，士奇扈从。以喜峰口为古松亭关，故以名其行纪。然松亭关在喜峰口外八十里，士奇谓即喜峰口误也。

《扈从西巡日录》一卷

国朝高士奇撰。康熙癸酉,圣祖仁皇帝西巡五台,士奇扈从,述所闻见为此书。

右传记类杂录之属。九部,二十一卷。

谨案:传记者,总名也。类而别之:则叙一人之始末者,传之属;叙一事之始末者,记之属。以上所录,皆记事之文,其类不一,故曰“杂”焉。

史部八　史钞类

《两汉博闻》十二卷

宋杨侃编。摘录前、后《汉书》之文，不依篇第，不分门类，惟简择其中字句故事，列为标目，而节取颜师古，章怀太子注，列于其下，往往可订正注文之讹漏。

《通鉴总类》二十卷

宋沈枢编。取《资治通鉴》之文，仿《册府元龟》例，分为二百七十一门。每门各随事标题，略依时代为次，亦间采司马光议论附之。门目颇嫌琐碎，然较原书为易检寻。

《南史识小录》八卷，《北史识小录》八卷

国朝沈名荪、朱昆田同编。仿《两汉博闻》之例，取《南北史》字句鲜华、事迹新异者，摘录成编。不分门类，仍以原书卷目为次。

右史抄类。三部，四十八卷。

史部九 载记类

《吴越春秋》十卷

汉赵煜撰,元徐天祐注。记吴、越二国兴亡始末。中或参以小说家言,盖百家杂记,往往如斯,不可绳以史例。《隋志》作十二卷,今佚二卷,《汉魏丛书》本并为六卷,弥失其初。此本犹元初所刻,其徐天祐注,《汉魏丛书》佚其姓名,亦赖此本得知也。

《越绝书》十五卷

汉袁康撰,其友吴平同定。《隋志》称子贡作者,谬也。原本二十五篇,今佚五篇。其事与《吴越春秋》相出入,而文章博奥伟丽,则赵煜弗及也。

《华阳国志》十二卷,附录一卷

晋常璩撰。世所行本十卷,中缺二子卷,今以影写宋本补足,并附以张佳允所补一卷。其书述巴蜀之事,始于开辟,终于永和三年。文词典雅,具有史裁。

《邺中记》一卷

晋陆翙撰。原本久佚,今从《永乐大典》录出。所记皆石虎逸事,中载及北齐高欢、高洋二条。又有引隋杜台卿《玉烛宝典》一条,似后人误以《邺都故事》窜入。盖诸书引此二书,往往相乱也。

《十六国春秋》一百卷

旧本题魏崔鸿撰。考鸿书自《崇文总目》,已不著录。此本乃明屠乔孙、项琳之所伪作。故以晋、宋之号系年,与《史通》合;而无表,则与《史通》不合;无赞无序,亦与《魏书》不合。然皆摭诸书所引鸿书,联贯排比而成,与他伪书究不同也。

《别本十六国春秋》十六卷

旧本亦题崔鸿撰。载何镗《汉魏丛书》中。其出在屠氏、项氏本前。然十六国各为一录,与一百卷之数不合,或即《崇文总目》所谓《十六国春秋略》,《通鉴考异》所谓《十六国春秋抄》也。疑以傅疑,故二本并存焉。

《蛮书》十卷

唐樊绰撰。原本久佚,今从《永乐大典》录出。盖绰于咸通中,为岭南西道节度使蔡袭从事,故纂述六诏始末,以成是书。于部族之分合,山川道里之险易,及叛服征讨之始末,言之最悉。

《钓矶立谈》一卷

不著撰人名氏。考书中自述,盖史虚白之子所作,《宋志》竟以为虚白作,误也。其书杂录南唐事迹,附以论断。中徐铉一条,称铉方奉诏与汤悦书江南事,则作于宋初矣。

《江南野史》十卷

宋龙衮撰。其书记南唐事,用纪传之体,而不立纪传之名。原本二十卷,今缺十卷,故诸臣之传存者仅三十篇。

《江南别录》一卷

宋陈彭年撰。记南唐义祖、烈祖、元宗、后主四代事。时徐铉、汤悦方奉诏撰《江南录》,此书乃彭年私纂,故以“别录”为名。《宋史 · 艺文志》作四卷,疑本以一篇为一卷,后人合并为一也。

《江表志》三卷

宋郑文宝撰。以徐铉等所撰《江南录》,多所漏落,因作此以补其遗。烈祖、元宗、后主各为一卷,然简略亦甚,当为残缺之本也。

《江南余载》二卷

不著撰人名氏。原本久佚,今从《永乐大典》录出。据《书录解题》所载自序,盖于记江南事者六家皆所不满,独有取于郑文宝书,因掇取六家所遗者,以成此编。

《三楚新录》三卷

宋周羽翀撰。其称"三楚"者,以长沙马殷、武陵周行逢、江陵高季兴,皆据楚地称王也。其书以一国为一卷,各述其兴废始末,与五代史颇有异同。

《锦里耆旧传》四卷

宋句延庆撰。一名《成都理乱记》。记王氏、孟氏据蜀时事。陈振孙《书录解题》载此书作八卷,述成书始末甚详,然谓此书起唐懿宗咸通九年,此书实起僖宗中和五年,又谓所记下迄祥符己酉,此书实开宝中作,不应预见祥符。或所见别一续补之本欤。

《五国故事》二卷

不著撰人名氏。据书中所述,盖宋朝人也。其书记吴杨氏、南唐李氏、蜀王氏、孟氏、南汉刘氏、闽王氏之事。以其地而论,当云四国;以其人而谕,当云六国。称曰五国,未详其例。

《蜀梼杌》二卷

宋张唐英撰。据《前蜀开国记》《后蜀实录》二书,仿荀悦《汉纪》之体,编年排次。于王氏、孟氏事迹,颇为详备。《新五代史》,于二蜀世家,删削太略,此可补其遗也。

《马氏南唐书》三十卷

宋马令撰。书成于崇宁乙酉。首为《先主书》,次为《嗣主书》,次为《后主书》。盖用陈寿《蜀志》之例。诸传各以类从,分十八目,而终以《建国谱》《世系谱》。多采诗话、小说,颇为芜杂。然不以正统予南唐,较陆游书为得体。今仿新、旧《唐书》之例,与陆游书并存焉。

《陆氏南唐书》十八卷,音释一卷

宋陆游撰,元戚光音释。其书以南唐三主,列为本纪。引《史记》秦庄襄、项羽为证,不知已久为《史通》所驳。又以后妃诸王,列群臣传后;以杂艺方士,列《忠义传》前,皆乖体例。若其序次之简洁,则述南唐事者莫能或之先矣。

《吴越备史》四卷,补遗一卷

宋钱俨撰。或题林范者,俨托名也。其《补遗》一卷,则不知为谁作。所记钱氏旧事。《备史》讫太祖开宝六年戊辰,《补遗》讫太宗雍熙四年丁亥。《书录解题》谓旧本缺前三卷,仅起于石晋开运,今本亦同。

《安南志略》十九卷

元黎崱撰。崱安南人,至元中,随陈键内附。键为安南所害,而崱归朝,乃述安南事迹,为此书。与《元史》列传,多有异同。当以崱所目击为确,疑宋濂等未见是书也。

《十国春秋》一百十四卷

国朝吴任臣撰。以欧阳修《新五代史》,惟主书法,不核事实。于十国世家,脱漏尤甚,乃搜辑此书,以补其缺,并自为之注。纠正讹谬,多所辩证。其五表考订尤详。

附　录

《越史略》三卷

不著撰人名氏。盖安南国人，自记其国之事；所谓伪史者是也。以其叙述详明，足备正史之参考，故附录焉。

《朝鲜史略》六卷

不著撰人名氏。书中称李成桂为太祖，李芳远为太宗。盖明代朝鲜国人作也。所记始于檀君，终于高丽恭让王王瑶。自新罗朴氏以前稍略，自为高丽王建以后，则编年纪载，事迹颇详。

右载记类。二十一部，三百八十卷。附录二部，九卷。

卷　七

史部十　时令类

《岁时广记》四卷

宋陈元靓撰。分四时为四卷,杂引诸书所记关于节序者,案月分隶。据钱曾《读书敏求记》,卷前尚有图说,此本已佚之矣。

《御定月令辑要》二十四卷,《图说》一卷

康熙五十四年,大学士李光地等奉敕撰。因明冯应京、戴任《月令广义》,删其芜杂,补其阙遗。征引详赅,而义例简括。于授时政典,尤为明备,不但缕述故实,点缀岁华也。

右时令类。二部,二十九卷。

史部十一　地理类

《三辅黄图》六卷

不著撰人名氏。盖六朝旧笈，而唐人删补。故晋灼注《汉书》引之，而中又有唐地名也。所记皆汉代三辅古迹，而于宫殿苑囿之制，条分缕析，尤为详备，故录冠宫殿疏之首。

《禁扁》五卷

元王士点撰。凡十五篇，分目一百一十六。所记皆历代宫殿、门观、池馆、苑籞诸名。其曰“禁扁”者，考何晏《景福殿赋》曰：“爰有禁楄，勒分翼张。”注称《说文》“扁从户册署门户也”，楄与扁同云。

右地理类宫殿疏之属。二部，十一卷。

谨案：晋有宫殿疏之名。刘知几《史通·表志篇》，欲祖其规模，别创一志。今从知几之说，以宫殿疏立为子目，冠地理类之首。

《元和郡县志》四十卷

唐李吉甫撰。旧有四十七图，冠诸镇之首，至宋已佚。此本又佚七卷有半。今以宋人重编《水经注》例，各注所阙，仍厘为四十卷。古舆记中存于今者，惟此书为最古。

《太平寰宇记》一百九十三卷

宋乐史撰。本二百卷，今佚其七卷。史进书序，颇讥李吉甫之漏阙，故其书采摭繁富，惟取赅博，人物艺文，多所登载。盖地理之书，至是而记录始详，亦至是而体例大变焉。

《元丰九域志》十卷

宋王存等奉敕撰。始于四京，次以二十三路，终于省废军州。叙述简括，而体例详于元和、太平兴国二志，于乡镇之名、土贡之数，皆一一具载。

《舆地广记》三十八卷

宋欧阳忞撰。前四卷先叙历代疆域，提其纲要；五卷以后，乃列宋郡县名。其前代州邑，宋不能有者，亦附见各道之末，名曰化外州。体例特为详整。

《方舆胜览》七十卷

宋祝穆撰。书成于理宗嘉熙己亥，时中原久弃，所述者南渡疆域而已。于名胜古迹，多所罗列，诗赋序记，所载尤繁。至于建置沿革，疆域道里，田赋户口，关塞险要之类，皆在所略。盖为登临题咏设，不为考证地理设也。志乘之尽失古法，自是书始，然亦久而为例矣。

《明一统志》九十卷

明李贤等奉敕撰。其体例悉仍元岳铉等《大一统志》之旧，故书名亦沿用之。编次颇为疏舛，然职方图籍，必考沿革于历朝，既此书尚存，即不容阙明一代，故录之以见胜国之疆域焉。

《大清一统志》五百卷

乾隆二十九年奉敕撰。初于乾隆八年纂辑成书，嗣以天威震叠，戡定西域，拓地二万余里，而府州县并省改隶，与旧制亦有异同，乃特诏重修。迨削平两金川之后，版章益廓，亦并载焉。体例虽仍其旧，而搜罗弥广，考证弥详，允足昭大同之盛。

右地理类总志之属。七部，九百四十一卷。

《吴郡图经续记》三卷

宋朱长文撰。分二十八门，征引博而叙述简。其曰“续记”者，吴郡有大中祥符中官撰《图经》长文于元丰中继有此作也。

《乾道临安志》三卷

宋周淙撰。原本十五卷,今惟存首三卷。其第一卷记宫阙官署,题曰“行在”,以别于府志,可为都城舆记之法。

《淳熙三山志》四十二卷

宋梁克家撰。凡分九门。朱彝尊跋,谓其附山川于寺观,未免失伦。今观其人物惟收科第,士俗特出谣谶,亦皆非法。然大旨在考求掌故,不在述乡贤、夸名胜,未可以常格绳也。

《吴郡志》五十卷

宋范成大撰。凡分三十九门。典赡而不芜杂,为地志之善本。艺文即附各条下,不别立一门,亦足以涤冗滥。惟汪泰亨所补,与本书相混,颇嫌淆杂。

《新安志》十卷

宋罗愿撰。愿古文在南渡以后称作者,所学亦博。是志自序,以为儒者之书,具有微旨,不同抄取记簿,非夸也。

《剡录》十卷

宋高似孙撰。乃所作嵊县志,嵊故汉剡县地,故名曰“剡录”。征引赅洽,多唐以前遗文轶事。其《先贤传》,必注所据之书,可为地志纪人物之法。其《山水纪》,仿郦道元《水经注》例,脉络井井,亦可为地志纪山水之法。

《嘉泰会稽志》二十卷,《宝庆续志》八卷

《会稽志》,宋施宿等撰;《续志》,张淏撰。宿书终于嘉泰元年辛酉。宝庆

元年，淏为续录辛酉后二十五年事迹，并补正前志之讹缺。宿常补缀其父元之《东坡诗注》，淏常撰《云谷杂记》，其学皆有根柢，故是书亦具有条理。

《嘉定赤城志》四十卷

宋陈耆卿撰。乃所撰台州志，称“赤城”者，梁代旧名也。以所属五县事迹艺文，条分件系，颇有体裁。明谢铎尝续之，实远不逮。据《书录解题》，原本尚有十三图，今已佚矣。

《宝庆四明志》二十一卷，《开庆续志》十二卷

《四明志》，宋罗濬撰；《续志》，宋梅应发、刘锡同撰。《四明志》前十一卷为郡志，后十卷为所属六县志；盖明州虽建府而无附郭之县，仍领疆土故也。叙次颇不失古法。《续志》名为郡志，实则录吴潜一人之事迹诗词，殊乖体例，以潜为名臣，姑并存焉。

《澉水志》八卷

宋常棠撰。澉水镇在海盐县东三十里。绍定三年，盐税官罗叔韶使棠为志。首为舆图，次为十四门，虽称八卷，实止四十四页。明韩邦靖《朝邑县志》，世称绝作，实仿此书也。

谨案：澉水虽见《水经注》，然是书乃志地，非志水，不可入之山水中。以镇亦郡县之分区，故附缀于都会郡县类焉。

《景定建康志》五十卷

宋周应合撰。自建炎二年，即金陵为建康府，遂为留都重镇。景定中，知府事马光祖，属应合删补旧志为此书。首为留都四卷，如《临安志》例，次为图表志传四十五卷，次为补遗一卷。体例详明，所考证皆有典据。

《景定严州续志》十卷

宋郑瑶、方仁荣同撰。原本但题“新定续志”，不题“严州”，盖刊附绍兴旧志之末，而旧志佚也。所记上起淳熙，下讫咸淳。叙次颇简洁。惟物产外增瑞产一门，乡饮外增乡会一门，亦可以附录之事而别出，为蛇足耳。

《咸淳临安志》九十三卷

宋潜说友撰。说友人不足道，而是书乃颇有条理。前十五卷为行在所录，十六卷以后乃为府志。体例与周淙志同。其以宋代诏令，置前代之后，用《汉志》及《玉台新咏》例也。

《至元嘉禾志》三十二卷

元徐硕撰。因宋志旧本，广其门目，为三十三志。中兼及松江府华亭县，盖元时原隶嘉兴路也。序次赅洽，辨定亦审。碑碣一门，多至十一卷，知于金石文字，考证最详。惟不立官师一门，为略所不当略；楼阁堂馆亭宇，析为三门，为繁所不必繁。

《大德昌国州图志》七卷

元冯复京、郭荐等同撰。原本首有三图，故曰“图志”。今图佚而志存，分为八门。其大旨在翦削浮词，故简而能括，不在韩邦靖、康海等所撰下也。

《延祐四明志》十七卷

元袁桷撰。分十二门，义例谨严，最有体要。原本二十卷，今第九卷、第十卷、第十一卷并佚。

《齐乘》六卷

元于钦撰。总括三齐舆地，分为八类。首尾淹贯，而叙述不冗不漏，在元代地志之中,极为有法。顾炎武《山东考古录》,尝摘其谬误一二事,然不以累全书也。

《至大金陵新志》十五卷

元张铉撰。根据宋周应合《建康志》凡例,而摭戚光《续志》,补宋以后事。其讥戚志删去地图,良是。至周志世表年表,深为蛇足,戚志删去,实合体例,一概讥之,则误矣。

《无锡县志》四卷

不著撰人名氏。考无锡由县升州,在元成宗元贞初;由州降县,在明太祖洪武初。此志称无锡县,而所记乡举之年,有至正辛巳,是明初所修也。其书分邑里、山川、事物、词章四大纲,而区为二十三子目,颇简而赅。

《姑苏志》六十卷

明王鏊撰。是书发端于吴宽、张习、都穆。鏊与杜启、祝允明、蔡羽、文徵明等,取宽未成之稿,因其凡例,共相厘订。计始终其事者,皆一时耆旧,终有典型,故在明人地志之中,最为近古。

《武功县志》三卷

明康海撰。是书削地志繁滥之例,以山川、城郭、古迹、宅墓并入地理,以官署、学校、津梁、市集并入建置,以祠庙、寺观并入祠祀,而艺文则用《吴郡志》例,散附各条。故书止七篇,而义例分明,纲目具括。

《朝邑县志》二卷

明韩邦靖撰。上卷四篇,曰总志、曰风俗、曰物产、曰田赋;下卷三篇,曰名宦、曰人物、曰杂记。书止二十余页,而上下数千年,包括巨细,叙次点缀,若有余闲,无局促束缚之迹。明以来推为绝作,信不虚矣。

《岭海舆图》一卷

明姚虞撰。凡十二图,首为广东全图,次十府十图,终以南夷图。图各有叙,首述沿革、形势、利病,次户口、田赋、税课,次军马。其总图则首以职官而分,统以布政、按察二司。其时巡抚犹为使臣也。南夷诸国,虽通市不通贡者,亦载。为海防计也。盖古之舆图,其体不过如此。

《滇略》十卷

明谢肇淛撰。分为十门,虽大抵本《图经》旧文,然肇淛本文士,又多见古书,故引据有征,叙述有法,体例特为雅洁。

《吴兴备志》三十二卷

明董斯张撰。分二十六门,皆征引古书,录其原文。有所考证,则附著于下。盖用张鸣凤《桂胜》之例。后朱彝尊《日下旧闻》,亦沿用之。皆明其信而有征也。

《钦定热河志》八十卷

乾隆二十一年奉敕撰。凡二十四门。热河为塞北上腴,辽、金、元以来皆陪京重镇。至我圣祖仁皇帝建避暑山庄以搜狩朝觐,銮辂岁临。我皇上绳继前徽,勤劳罔懈,亦恒以夏秋行幸,奋武卫而柔藩封。故是编所载,非但山川、风土、壮观、奥区,即盛典之频仍,宸章之繁富,亦自古舆图所未有也。

《钦定日下旧闻考》一百二十卷

乾隆三十九年奉敕撰。于朱彝尊原本十三门外,增苑囿、官署二门,而石鼓考并入国子监。凡原本所引古书,并删繁补漏,所列古迹,并一一勘其所在,证验有无。自古纪述都邑,未有如是之征实不诬者也。

《钦定满洲源流考》二十卷

乾隆四十二年,大学士阿桂等奉敕撰。凡四门:一曰部族,述肃慎氏以下源流分合;二曰疆域,附以宫室建置及古迹;三曰山川,列白山、黑水诸名胜;四曰国俗,附以官制及文字。并仰禀睿裁,援引旧文,考验地理。据见闻之实证,订史传之讹词。本本元元,足信今而传后。

《钦定皇舆西域图志》五十二卷

乾隆二十一年,大学士刘统勋奉敕撰。嗣以西域版图日扩,规制日详,又随事增修,定为今本。凡二十门。冠以天章四卷,次为图考、列表、晷度、疆域、山川、官制、兵防、屯政、贡赋、钱法、学校、封爵、风俗、音乐、服物、土产、藩属、杂录,分四十八卷。千古未有之武功,与万世永安之睿算,条分胪载,经纬详明;目见耳闻,记载典核。非马迁、班固,徒传闻于译史;法显、玄奘,多附会于佛书者所可比也。

《皇清职贡图》九卷

乾隆十六年大学士傅恒等奉敕撰。以朝鲜诸国为首,其余诸藩诸蛮,各以省分类次。会圣武远扬,平定西域,增入各部落三百余种,并绘图系说,厘为八卷。自乾隆二十八年以后,四裔之奉表入贡,及款塞内附者,又为续图一卷;并一一征诸实见,非同前代之传闻。

谨案:《西域图志》,于例当入边防;《蒙古源流·职贡图》,于例当入外纪;然国朝威棱震叠,万国一家,悉主悉臣,无分中外,西域已置郡县,《职贡图》所载亦多郡县之所属,未可区分畛域,故皆录载都会郡县之中。

《钦定盛京通志》一百二十卷

乾隆四十四年奉敕撰。盛京旧有《通志》三十二卷,叙述多所舛漏,因命补正其书,定为此本。凡开创之鸿模,征伐之旧迹,一一缕述。留都掌故,乃灿然明备。其官名、人名、地名,音译失真者,并详为厘订,尤足证旧志之讹。

《畿辅通志》一百二十卷

国朝直隶总督李卫等监修。因康熙十一年郭棻原本订讹补漏,凡分三十一门焉。

谨案:《四库全书》编次体例,凡官撰之书,由武英殿刊印者,皆冠于国朝著述之前,各省通志,虽撰录不由词馆,刊刻不由内廷,而皆于雍正七年奉世宗宪皇帝谕旨纂修,书成皆经奏进,刊版藏贮布政司,是亦官书也,故今与官书一例,编于私家著述之前。又通志虽以总督巡抚董其事,然不与纂录,视总裁官之领修有别,故今皆不题某"撰",而题某"监修",从其实也。监修每阅数官,惟题经进一人,唐宋以来之旧例也。谨并发其凡,后均仿此。

《江南通志》二百卷

国朝两江总督赵宏恩等监修。司其事者,中允黄之隽也。较于成龙等旧志,具有条理,惟纂辑刊刻,不出一手。之隽《唐堂集》中,尝记其未校正者数事云。

《江西通志》一百六十二卷

国朝江西巡抚谢旻等监修。因康熙二十二年《西江志》旧本加以厘订。《西江志》卷帙虽繁,而征引皆有典据,故是书亦具有体裁。

《浙江通志》二百八十卷

国朝浙江总督嵇曾筠等监修。凡五十四门。所引诸书,皆具载原文,标其名目。近事未有记载者,亦具列其案牍,以示有征。较他志体例特善。

《福建通志》七十八卷

国朝闽浙总督郝玉麟等监修。黄仲昭《八闽通志》称为善本,然作于明之中叶,疆域形势,岁久多更;是书根据旧文,归于今制,分为三十门,如沿海岛澳诸国,关于边防厄塞,皆详绘补入,尤足资考证。

《湖广通志》一百二十卷

国朝湖广总督迈柱等监修。是时已分湖南、湖北为二,仍并为一书者,见上江、下江总为《江南通志》同一例也。其书分目三十一,视康熙甲子旧志为详。惟开局武昌,距长沙诸郡稍远,故湖北详而湖南略,未为赅备云。

《河南通志》八十卷

国朝河东总督黄士俊等监修。《河南通志》创自明嘉靖中,粗具崖略;顺治十八年续修,始条理完具。故康熙中尝颁为志书之式。是书依据旧志,增葺新制,亦颇有法度。

《山东通志》三十六卷

国朝山东巡抚岳浚等监修。于陆钺、张凤仪二志,多所补正,门目亦多所分合。其体例考证,皆较胜于前人。

《山西通志》二百三十卷

国朝山西巡抚觉罗石麟等监修。康熙壬戌,刘梅尝因前明山西旧志,为之补续,采抚虽富,舛谬实多。此编因其旧文,删繁补漏。司其事者,为宜兴储大文。大文夙讲地理之学,其发凡起例,颇得体要。

《陕西通志》一百卷

国朝陕西总督刘于义等监修。陕西地志自《三辅黄图》以下,纪载较多;

明代诸府县志亦多有体例。故是编叙述考证,皆能有所依据。

《甘肃通志》五十卷

国朝甘肃巡抚许容等监修。甘肃一省,本以陕西分置,古无专志;新置诸县,尤旧籍无征故是编较他志为简略,盖限于地也。

《四川通志》四十七卷

国朝四川总督黄廷桂等监修。西蜀自古为名都,记载较为详备,而异同抵牾,亦缘是以生。是编虽未能厘剔无遗,视旧志则考正者多矣。

《广东通志》六十四卷

国朝广东巡抚郝玉麟等监修。是书受诏于雍正八年六月,告竣于九年五月。视他省通志,其成独速。故冗蔓舛驳,在所不免。然岭南舆记古籍多存,终有所依据,足资考核。

《广西通志》一百二十八卷

国朝广西巡抚金鉷等监修。广西在昔为蛮荒,至昭代而羁縻之地,咸入版图。其体制与古迥异。旧记所载,不过山川物产、溪峒风俗而已,故是编大旨以征今为主也。

《云南通志》三十卷

国朝云贵总督鄂尔泰等监修。云南先有康熙三十年旧志,门目分合多不得当,叙述繁简亦多不中节。此编删订厘正,较为条理分明。

《贵州通志》四十六卷

国朝云贵总督鄂尔泰等监修。与《云南通志》,皆姚州知州靖道谟所撰。

而视《云南通志》为简略，盖旧籍寥寥，无所取材故也。

《历代帝王宅京记》二十卷

国朝顾炎武撰。所录皆历代建都之制。前为总论二卷；后十八卷，上起伏羲，下讫于元，以时代为次，仿《雍录》《长安志》体例，各详载其城郭宫室都邑，及建置年月事迹。

右地理类都会郡县之属。四十八部，二千七百六十一卷。

《水经注》四十卷

《水经》旧题汉桑钦撰。然证以书中地理，实三国时人。其注则后魏郦道元作。自明以来，传刻舛误，经注混淆，今以《永乐大典》所载旧本，重为校正，补其佚脱者二千一百二十八字，删其妄补者一千四百四十八字，正其臆改者三千七百一十五字。虽宋本原佚之五卷，不可复补，较诸明刻，亦可谓还其旧观矣。

《水经注集释订讹》四十卷

国朝沈炳巽撰。据明嘉靖间黄省曾所刻《水经注》，博考诸书，参以己意，辨证其同异而诠释之。凡郡县沿革，皆注以今名。虽不必一一皆确而积九年之力，成此一书，所得者亦颇不少。

《水经注释》四十卷，《刊误》十二卷

国朝赵一清撰。是书用全祖望之说，谓《水经注》原本注中有注，本双行夹写，今混为一，殊为无据。然创此义例，亦使经纬分明，便于循览。其考补原佚五卷中二十一水，亦确有佐证。

《吴中水利书》一卷

宋单锷撰。锷究心水利三十年，据所目睹，著为此书。苏轼尝为奏进，虽

不见用，然明夏原吉、周忱，皆祖其遗法以成功。据轼进状称，原本有图，今已佚矣。

《四明它山水利备览》二卷

宋魏岘撰。它山水在鄞县，灌溉七乡，惟患为江潮所汩。唐时筑堰以捍潮，遂为永利。岁久废坏，岘请于府重修，因作是书。上卷记源流规制及修筑始末；下卷为碑记与题咏。

《河防通议》二卷

元沙克什撰。案：沙克什原作赡思，今改正。原本久佚，今从《永乐大典》录出。其书分六门，门各有目。凡物料、工程、丁夫、输运，以及安椿、下络、叠埽、修堤之法，一一咸备。

《治河图略》一卷

元王喜撰。原本久佚，今从《永乐大典》录出。首列六图，图末各系以说，而附《治河方略》及《历代决河总论》二篇于后。

《浙西水利书》三卷

明姚文灏撰。大旨以南直隶之苏州、松江、常州，浙江之杭州、嘉兴、湖州，环居太湖，最为卑湿，围田掩遏，则水势无所发泄，而塘港湮塞。因辑宋以来言浙西水利者，纂为此编。于诸家之言，多所笔削弃取，则以古今异宜也。

《河防一览》十四卷

明潘季驯撰。首敕谕图说，次河议辨惑，次河防险要，次修守事宜，次河源决考，各一卷。次前人治河之议，与明代之奏章，共九卷。大旨总主于束水以刷沙。

《三吴水利录》四卷

明归有光撰。大旨以吴中之水,宜专力于松江,松江既治,则太湖之水东下,而他水不劳余力。因采集前人水议之善者七篇,又自作“水利论”二篇以发明之,而以《三江图》附于其后。

《北河纪》八卷,《纪余》四卷

明谢肇淛撰。首列河道诸图,次分河程、河源、河工、河防、河臣、河政、河议、河灵八纪。至山川古迹、古今题咏,则别为四卷,名曰“纪余”。盖治河之书,以河为主,与他地志例异也。

《敬止集》四卷

明陈应芳撰。应芳以泰州之人,言泰州水利,故以“桑梓敬止”之义为名。其书集当时奏疏、公牍、私札,附以六图十三论。其论又兼田赋、漕运而言之。

《三吴水考》十六卷

明张内蕴、周大韶同撰。万历四年,命御史林应训修浚三吴水利,越六载蒇事,因令内蕴等编为此书。凡分十二类。词不甚文,而源流利弊,一一分明。

《吴中水利书》二十八卷

明张国维撰。首列东南七府水利总图,次为诸水源委,次为艺文。所记仅明一代事,时世较近颇足以资考验。

《钦定河源纪略》三十六卷

乾隆四十七年奉敕撰。冠以御制《河源》诗一章,读《宋史·河渠志》一篇。次图,次表,次质实,次证古,次辨讹,次纪事,次杂志。盖是年命侍卫祭告河神,因西溯河源,得于阿勒坦郭勒。乃诏辑此篇,以正千古之疑误。

《昆仑河源考》一卷

国朝万斯同撰。河有重源之说,自皇上平定西域,始得实征。斯同此书,作于康熙初年,尚未能细究其本。然穿穴古书,能知笃什。案:笃什原作都实,今改正。之谬误,足见考证之精,在诸家之上。录存其书,益见《御批通鉴辑览》所论,折中精确,超轶万古也。

《两河清汇》八卷

国朝薛凤祚撰。凤祚精于天文,亦究心地理。是书首为黄河、运河二图,一卷至四卷论运河,五卷、六卷论黄河,七卷采录潘季驯、崔维雅之说,八卷则凤祚所著论四篇也。其言率有实征,惟欲复海运一条,为大纰缪耳。

《居济一得》八卷

国朝张伯行撰。乃其总督河道时作。前七卷论东省运河,疏证最详。末一卷为河漕类纂,则仅存梗概。盖职在河不在漕也。伯行平生著作,惟此书切于实用。

《治河奏绩书》四卷,附《河防述言》一卷

国朝靳辅撰。卷一为川泽考、漕运考、河决考、河道考,卷二为职官考、堤堰考及诸修防规制,卷三为所上章奏及部议,卷四为疏浚事宜,皆亲所阅历之言。《河防述言》,张霭生撰,皆述辅幕客陈潢之论。

《直隶河渠志》一卷

国朝陈仪撰。乃其为霸州等处营田观察使时所作。凡畿辅之水二十五,皆巨流也,但详学见在形势,不以征考古迹为长。

《行水金鉴》一百七十五卷

国朝傅泽洪撰。其书总括古今,胪陈利病。上下数千年中,地形之变迁,人事之得失,一一条析分明。言水道者,观此一编,足以见四渎之大凡矣。

《水道提纲》二十八卷

国朝齐召南撰。召南以郦道元《水经注》详北略南,黄宗羲《今水经》又知南而不知北,乃作此书,以巨川为纲,而以所会众流为目,故曰"提纲"。大旨惟以今日水道为主,不屑屑附会古迹。

《海塘录》二十六卷

国朝翟均廉撰。统载浙江海塘形势,由汉唐以至乾隆二十九年,一一胪载。冠以圣谕、圣制。次为图说,次为疆域、建筑、名胜、古迹、祠祀、奏议、艺文、杂志八门,颇为详赡。

右地理类河渠之属。二十三部,五百零七卷。

《筹海图编》十三卷

明胡宗宪撰。盖为嘉靖中备倭而作,所载南北沿海冲要,日本入贡、入寇始末,及战守经略,一一详备。宗宪虽依附赵文华,攘夺战功,而娴于军旅,其才实不可没;盖亦王越之流亚,不以其人废其书也。

《郑开阳杂著》十一卷

明郑若曾撰。若曾在胡宗宪幕中,多所论著,后其五世孙启泓,合为此编。凡《万里海防图论》二卷,《江防图考》一卷,《日本图纂》一卷,《朝鲜图说》一卷,《安南图说》一卷,《琉球图说》一卷,《海防一览图》一卷,《海运全图》一卷,《黄河图议》一卷,《苏松浮粮议》一卷。其《海防一览图》,即《万里海防图》之初稿,以互有详略,故两存焉。

谨案:此书末二种与边防之事无关,然此书大旨以边防为重,二种特其附录,故仍入之边防。

右地理类边防之属。二部,二十四卷。

《南岳小录》一卷

唐道士李冲昭撰。案:冲昭《通志·艺文略》作仲昭,盖字之误。首列五峰三涧,次叙宫观祠庙坛院之属,而以历代得道飞升之迹附之。虽黄冠自张其教,不足为据,然山志之中,未有古于是书者,亦图经之所宜征也。

《庐山记》三卷,附《庐山纪略》一卷

宋陈圣俞撰。原本五卷,并冠以图。此本仅存前三卷,勘验《永乐大典》,所阙亦同,盖明初已佚也。圣俞谪官南康时,与刘涣以两月之力,遍游庐山,因取涣尝所记录,编为此书。盖处处皆所目睹,故考证精核,与据图作志者迥殊。末缀宋释慧远《庐山纪略》一卷,不知何人所附,六朝古籍,今仍并录焉。

《赤松山志》一卷

宋倪守约撰。首述黄初平兄弟仙迹,次丹类,次洞穴类,次山水类,次宫宇类,次人物类,次制诰类,次碑籍类。志山水而用郡县舆记体例者,自守约是书始。

《西湖游览志》二十四卷,《志余》二十六卷

明田汝成撰。是书虽以"游览"为名,而实非游记,大抵因名胜而附以事迹,可以备史家之考核。《志余》则于南宋轶闻,分门胪载,兼及杭州之事,不尽有关于西湖,故别为一编;盖有此以消纳冗碎,而后本书不病芜杂,是其体例之善也。

《桂胜》十六卷,《桂故》八卷

明张鸣凤撰。《桂胜》以记山水,各引证诸书叙述于前,即以诗文附本条下,于石刻题名之类,搜采尤详。《桂故》以纪故实,分郡国、官名、先政、先献、游寓、杂志六门。

谨案:《桂故》乃志乘之流,宜入都会郡县,以原本联为一书,鸣凤原序又称《桂故》辅《桂胜》以行,故以《桂胜》为主,入之于山水。

《钦定盘山志》二十一卷

国朝大学士蒋溥等奉敕撰。盘山为畿东胜境,僧智朴旧志,冗蔓特甚。乾隆十九年,圣驾驻跸,命溥等重辑。是编分图考、名胜、寺宇、流寓、方外、艺文、物产、杂缀八门,而冠以巡典天章五卷。岩壑增辉,照映千古矣。

《西湖志纂》十二卷

国朝大学士梁诗正撰。乾隆十六年圣驾南巡,诗正请重修西湖志,因命以沈德潜所进本,删并为一。其门目减于旧志,而大纲已包括无余。

右地理类山水之属。七部,一百十三卷。

《洛阳伽蓝记》五卷

后魏杨衒之撰。案:杨或作羊,未详孰是。魏自太和以后,洛阳佛刹甲天下。永熙乱后,衒之行役故都,感怀兴废,因捃拾旧闻,追叙故迹,录成是书。以城内及四门之外,分叙五篇。文词秀逸,且多附轶事,足资考证。

《吴地记》一卷,附《后集》一卷

旧本题唐陆广微撰。然广微僖宗时人,而书中称钱氏讳镠。疑原本散佚,后人抄合而成,有所窜入也。所录皆吴地古迹。《后集》一卷,不知谁作,其叙事止于大中祥符,则北宋人也。

谨案:《吴地记》《雍录》之属,名似乎省志;《长安志》《长安志图》之类,名似乎郡县志;而实皆考究古迹,与他志之体迥殊,故今录于古迹之内。盖编次当循其实,不当循名而收,如《崇文总目》以《树萱录》入种植也。

《长安志》二十卷

宋宋敏求撰。是书考长安古迹,于城郭、宫室、山川道里、津梁、邮传,言之最详。其坊市曲折,及唐时士大夫第宅所在,一一能举其处。地志中之最精核者。

《洛阳名园记》一卷

宋李格非撰。或题李廌者,误也。是书记洛中诸家别墅,凡十九所,叙述颇为雅饬。

《雍录》十卷

宋程大昌撰。乾道、淳熙间,关中已久为金地,故大昌此书,惟据诸书、诸图参考而成。于宫殿、山水、都邑,皆有图说,而尤加意于险要。盖作是书时,孝宗方有阴图中原之志也。

《洞霄图志》六卷

宋邓牧撰。洞霄宫在余杭县大涤洞天,为道书七十二福地之一。此志乃牧入元以后,遁居其地而作。凡六门:曰宫观,曰山水,曰洞府,曰古迹、附以异事,曰人物,曰碑记。旧本有图,故云"图志",今图则已佚矣。

《长安志图》三卷

元李好文撰。一名《长安图说》。好文以至正四年,再任陕西行台治书侍御史，取吕大防长安故图，删除讹驳，更为图二十有二。其中《泾渠图说》，尤有裨于民事。旧附刻宋敏求《长安志》后，然图本不为《宋志》而作，两不相应，今仍各著录焉。

《汴京遗迹志》二十四卷

明李濂撰。濂以历代都会，皆有专志，惟汴无之，乃摭拾旧文，编次成帙。义例颇整齐，引证亦具有根据。在明人地志之中，尚为善本。

《武林梵志》十二卷

明吴之鲸撰。所述杭州古刹，以城内、城外、南山、北山及诸属为纲，以诸寺院分系。亦《洛阳伽蓝记》之流。惟后附天朝宠锡、宰官护持、古德机缘、历代勋绩四门，不出地志之积习。

《江城名迹》二卷

国朝陈宏绪撰。皆记南昌名迹，以城内、城外为断，去城远者，则不录。卷上为考古，卷下为证今。其古今不以年代为断，而以兴废存亡为断。叙次考证，颇有可采。惟喜载杂事，时参以小说家言，是其一瑕。

《营平二州地名记》一卷

国朝顾炎武撰。炎武游永平时，郡人以志属之。炎武未应其求，但采古来营、平二州故实，为六卷付之。原本散佚，此其六卷之中古地名一卷也。

《金鳌退食笔记》二卷

国朝高士奇撰。士奇以康熙甲子，入直内廷。赐居太液池之西，朝夕往来，访求前明故迹，记其梗概，为此书。

《石柱记笺释》五卷

国朝郑元庆撰。唐颜真卿所书《石柱记》,在湖州杼山,载其地山川、陵墓、古器、古迹颇详,岁久残缺,惟存三县。朱彝尊摭诸书补完其二县,元庆因为之笺释。

《关中胜迹图志》三十二卷

国朝陕西巡抚毕沅监修。乾隆四十一年奏进。其书以郡县为纲,系以地理、名山、大川、古迹四子目,后附以图。

谨案:《四库》编纂之例,自官撰诸书外,其人存者,皆不录。此编以经进御览,故得从官书之例录入。然究为私撰,而非敕修,故仍与国朝著述,叙年代先后,不列于前。

右地理类古迹之属。十四部,一百二十五卷。

《南方草木状》三卷

晋嵇含撰。凡分草、木、果、竹四类,共八十种。皆岭南土产也。叙述简雅,非唐以后人所能伪,不得以隋、唐《志》皆不著录为疑。

《荆楚岁时记》一卷

梁宗懔撰。旧本题晋人,误也。据《南史·梁元帝本纪》,懔盖楚人,故述其乡之土俗为此书,凡三十六事。其注相传为隋杜公瞻作,《唐志》有杜公瞻《荆楚岁时记》二卷,其即注懔之书欤。

《北户录》三卷

唐段公路撰。案:《学海类编》作公璐,盖传写之讹。是书载岭南风土,颇为赅备。于物产为尤详。援据极为博洽,所引之书,今未见者十之七八也。其注亦颇典赡,题登仕郎前参军龟图撰,不著其姓,或公路之族欤。

《桂林风土记》一卷

唐莫休符撰。原本三卷,今佚其两卷。目录凡四十六条,今亦佚其火山、采木二条。其叙述风物,颇为雅赡,所载诸诗,亦多他书所未及。《全唐诗》所录张固等十人诗,即据此收入。唐人著述传世日稀,不以残缺废也。

《岭表录异》三卷

唐刘恂撰。原本久佚,今从《永乐大典》录出。所叙物产、风土,词皆古雅。于虫鱼草木,训诂名义,尤为精核。盖于图经之内,兼有苍、雅之学焉。

《益部方物略记》一卷

宋宋祁撰。乃祁知益州时,因沈立剑《南方物略》,补其阙遗,共得六十五种,各为图而系以赞,并注其形状于赞后。今图已佚,惟赞与注存。文词古雅,有郭璞《山海经赞》之遗。

《岳阳风土记》一卷

宋范致明撰。不分门目,随事记载。书虽不过一卷,而于郡县沿革、川原改易、故迹存亡,考证特详。

《东京梦华录》十卷

宋孟元老撰。乃南渡之后,追忆汴京之盛而作。自都城坊市、节序风俗,及当时典礼仪卫,靡不记载。虽不过识小之流,而朝章国制,实多杂见于其间。

《六朝事迹类编》二卷

宋张敦颐撰。盖补《金陵图经》而作。凡十四门,引据详核。其碑刻一门，尤资考证。惟书以六朝为名，而南唐、北宋之事，往往阑入，不免失于断限。

《会稽三赋》三卷

宋王十朋撰。一曰《会稽风俗赋》，一曰《民事堂赋》，一曰《蓬莱阁赋》。皆有关会稽之风土。嵊县周世则尝为注《会稽风俗赋》；郡人史铸病其不详，乃为增注，并后二赋亦注之。

《中吴纪闻》六卷

宋龚明之撰。采吴中故老嘉言善行及风土人文，为图经所未载者，汇为一编。其体似乎小说，实则补地志之遗也。

《桂海虞衡志》一卷

宋范成大撰。凡十三篇。于山川、物产、土俗、民风，皆叙述典雅，无夸饰附会之习。惟原书三卷，此本仅存一卷。盖明人所删并。观《文献通考·四裔考》中引《桂海虞衡志》，几盈一卷，皆此本所无，知其佚脱者多矣。

《岭外代答》十卷

宋周去非撰。原本久佚，今从《永乐大典》录出。盖去非自岭外代归，有问其土风物产者，著此书示之，以代应对也。大致与段公路、刘恂、范成大诸书相出入。其边帅、法制、财计诸门，尤足补正史所未备。

《都城纪胜》一卷

旧本题耐得翁撰。不著名氏。书成于端平二年，皆记杭州琐事。分十四门。不及《梦粱录》《武林旧事》之赅备，而详略可以互补。

《梦粱录》二十卷

宋吴自牧撰。其书全仿《东京梦华录》之体，记南宋旧典及杂事，虽拙于辞藻,时杂鄙语,而叙述特为详备。

《武林旧事》十卷

宋周密撰。皆于宋亡之后,追述轶闻。自叙称:欲如吕荥阳《杂记》而加详,如孟元老《梦华》而近雅,足尽是书之长。明人刻本多所佚脱,此本从毛氏汲古阁元椠影抄,犹足本也。

《岁华纪丽谱》一卷,附《笺纸谱》一卷,《蜀锦谱》一卷

元费著撰。记蜀中节候风俗,自元旦至冬至,一一胪载,盖仿《荆楚岁时记》之体;而于兵燹之余,追思繁盛,实有《东京梦华》之思。末附《笺纸》《蜀锦》二谱,二物皆蜀中所擅,故并述及焉。

《吴中旧事》一卷

元陆友仁撰。皆记吴郡轶闻故迹,以补地志之缺。颇能有所考证,不但掇拾之学也。

《平江纪事》一卷

元高德基撰。所记皆吴中故实,而又兼及神仙鬼怪、诙谐谣谚之事,不全为地志,亦不全为小说。为例不纯,无类可隶,姑录之地理类杂记中焉。

《江汉丛谈》二卷

明陈士元撰。其书于楚地故实,众说异同者,各设为问答,以疏通证明,故名为“丛谈”。

《闽中海错疏》三卷

明屠本畯撰。所志闽地水族,凡鳞部一百六十七种,介部九十种,又非闽

产而闽所常有者二种。

《益部谈资》三卷

明何宇度撰。皆记蜀中山川、物产及历代轶事。以体例不似图经，故名曰"谈资"，实则地志之支流。

《蜀中广记》一百八卷

明曹学佺撰。大致似通志，而所分十二门则多类杂记，不似通志之以疆域、山川、职官、田赋为主。采掇颇为繁盛。

《增补武林旧事》八卷案：此部《总目》入存目，此删。

明朱廷焕撰。本宋末周密所作《武林旧事》一书补缀，其间凡增睿藻、恩泽、开炉、故都宫殿、湖产、灾异六门，共补一百五十四则。

《颜山杂记》四卷

国朝孙廷铨撰。廷铨家于益都颜神镇，采其地旧闻新事，辑为此书。分十有六目。叙述琐屑，工于造语。王士祯《居易录》，尝以配田雯《黔书》。

《岭南风物记》一卷

国朝吴绮撰。宋俊增补，江闿删订。所叙岭南风物，简雅不支，与《桂海虞衡志》可相伯仲。

《台海使槎录》八卷

国朝黄叔璥撰。盖康熙壬寅，叔璥以御史巡视台湾时作。故以"使槎"为名。凡三子目，曰《赤嵌笔谈》、曰《番俗六考》、曰《番俗杂记》。

《龙沙纪略》一卷

国朝方式济撰。式济因省亲至黑龙江,记所见闻,考核山川古迹,以成是书,凡九门。

《东城杂记》二卷

国朝厉鹗撰。鹗居杭州城东之东园,为宋代故址,因旁考里中旧闻轶事,舆记所不载者,为此书。凡八十五条。

右地理类杂记之属。二十八部,二百十三卷。

《游城南记》一卷

宋张礼撰。礼以元祐元年,与其友陈微明游长安城南,访求古迹,因作此书,而自为之注。辨证颇详。又有续注其下者,不知谁作。据注中所言,盖金末元初人也。

《河朔访古记》二卷

元纳新撰。案:纳新原作乃贤,今改正。乃至正三年,北游所记。原本十六卷,今从《永乐大典》录出,仅存二卷。其一记真定路所见,其一记河南路所见。山川古迹,多今日舆记所未详。

《徐霞客游记》十二卷

明徐宏祖撰霞客,其自号也。少好游,足迹几遍天下。尝西行数千里,求河源。是编皆其纪游之文。旧本残缺失次,杨名时重为编订,以地理区分,定为此本。

右地理类游记之属。三部,十五卷。

《佛国记》一卷

宋释法显撰。案:《通典》引之作法明,盖避中宗讳改。法显于晋义熙中,自长安游天竺,经历三十余国,归与天竺禅师参互辨定,以成此书。中多自尊其教之词,不足与辨。其山川道里,则未尝不可资考核也。

《大唐西域记》十二卷

唐释玄奘译,辨机撰。玄奘以贞观三年,求经西域。归而述所经历,辨机因编类成书。所列凡一百八十三国,多述佛典因果之事,举其地以实之。中第十一卷,有明永乐三年太监郑和一条。核其上下文义,乃后人附注,传写者误作正文也。

《宣和奉使高丽图经》四十卷

宋徐兢撰。宣和六年,遣路允迪使高丽,兢为从官。归撰此书上之。凡二十八门。于其国地理、风俗、典章、制度,以及接待之仪文,往来之道路,一一具载。惟所绘诸图,自南宋时已佚矣。

《诸蕃志》二卷

宋赵汝适撰。原本久佚,今从《永乐大典》录出。盖其提举福建市舶时作。所言皆海外诸国,与《宋史·外国传》相出入。惟史详事迹,此详风土物产。则正史之与杂记,各有体裁尔。

《溪蛮丛笑》一卷

宋朱辅撰。溪蛮即武陵五溪蛮也。辅尝官其地,据所闻见,作为此书,记其种类风俗颇备。

《真腊风土记》一卷

元周达观撰。元贞元年,遣使招谕真腊,达观随行。往返三载,因述所闻见为此书。

《岛夷志略》一卷

元汪大渊撰。大渊于至正中,尝附海舶,经数十国。各纪其山川、道里、物产、民风,大半史所不载,即载者亦不及其亲见之详。

《朝鲜赋》一卷

明董越撰。弘治元年正月,越奉使至朝鲜,五月还京。述其风土为此赋。并仿谢灵运《山居赋》例,自为之注。与《明史·朝鲜传》所言,一一相符,知其信而有征。

《海语》三卷

明黄衷撰。衷隶籍南海,晚岁家居,访番舶以海外事。因积所闻,著为此书。分四门:曰风俗、曰物产、曰畏途、曰物怪。颇多恍惚奇怪之谈,天地之大,何所不有,未可遽以为诞也。

《东西洋考》十二卷

明张燮撰。所记惟海国之通互市者,与赵汝适《诸蕃志》同。所录西洋十五国,附见者四;东洋七国,附见者十二。其不通互市者,别为外纪。又缀以税饷、舟师、税珰、艺文、逸事诸考,则赵汝适书所未有也。

《职方外纪》五卷

明西洋艾儒略撰。皆绝域土风,为自古舆图所不载,故曰外纪。凡分天下为五大州，而冠以《万国全图》，附以《四海总说》。大抵《山海经》《十洲记》之流，存之亦足广异闻。

《赤雅》三卷

明邝露撰。乃露游广西猺峒，因为猺女云亸娘书记，述所闻见，为此书。虽不免有所涂饰，而山川物产，序述简雅，实不在《桂海虞衡志》下。

《朝鲜志》二卷

不著撰人名氏。盖故明时朝鲜人作。首述疆域沿革，为一书纲领，次分六大纲为经，曰京都、曰风俗、曰古都、曰古迹、曰山川、曰楼台，而以所属八道为纬。其古迹多杂以神怪，颇类小说。其他遗闻琐事，则多中国史传所未详。

《坤舆图说》二卷

国朝西洋南怀仁撰。与艾儒略《职方外纪》，互相出入，而亦时有详略异同，大致不免有所粉饰，而亦不尽出于虚构。

《异域录》一卷

国朝图理琛撰。康熙五十一年五月，图理琛奉使土尔扈特，由喀尔喀俄罗斯至其地。五十四年三月还京，述其道路所经，进呈御览。首冠以舆图，次为行记，以所历之地为纲，而案日纪载，以为目。

《海国闻见录》二卷

国朝陈伦炯撰。伦炯少随其父昂，习知海道，又历官皆滨海重镇，故以所闻见，著为此书。上卷记八篇，下卷图六幅。事事得诸阅历。视郑若曾等据图籍而谈海防者，固确有据焉。

右地理类外纪之属。十六部，八十九卷。

卷　八

史部十二　职官类

《唐六典》三十卷

唐玄宗明皇帝御撰，李林甫奉敕注。其书以三师、三公、三省、九寺、五监、十二卫，列其职司官佐，叙其品秩，以拟《周礼》。凡令式皆分入六司，其沿革则附见于注中。书在唐代，不能事事遵用，而讨论典章，亦时相引据。亦如后来之或从律、或从例尔。

《翰林志》一卷

唐李肇撰。唐时翰林，虽初为艺术者待诏之地。然明皇置待诏供奉，已与集贤学士分掌制诏。迨改置学士以后，遂专为儒官之职。肇此书作于元和十四年，于一代词臣职掌，最为详备。

《麟台故事》五卷

宋程俱撰。原本久佚，今从《永乐大典》录出。所述皆北宋词林典故，凡十二门。

《翰苑群书》二卷

宋洪遵编。上卷为李肇《翰林志》、元稹《承旨学士院记》、韦处厚《翰林学士记》、韦执谊《翰林院故事》、杨巨《翰林学士院旧规》、丁居晦《重修承旨学士院壁记》、李昉等《禁林宴会集》。下卷为苏易简《续翰林志》、苏耆次《续翰林志》《学士年表》《翰苑题名》，并遵所撰《翰苑遗事》共十二种，皆词林故事也。

《南宋馆阁录》十卷,《续录》十卷

《馆阁录》,宋陈骙撰;《续录》则不知谁所作。原本残缺,今从《永乐大典》补完。惟《陈录》沿革一门,《续录》廪禄一门,《永乐大典》亦佚之,则其来久矣。二书皆用《麟台故事》之例,分九门。《陈录》所记,自建炎元年至淳熙四年;《续录》所记,自淳熙五年至咸淳五年。

《玉堂杂记》三卷

宋周必大撰。宋代以掌制为重任,必大两入翰苑,自权直院至学士承旨,皆遍历之。因录銮坡典制沿革,及宣召奏对之事,辑为此书。

《宋宰辅编年录》二十卷

宋徐自明撰。皆叙宋世宰辅拜罢。宋制以中书、枢密为二府,皆宰辅之职,故自平章事、参知政事、枢密使、知枢密院事、同知佥书枢密院事,皆著其名位,详其始末,编年系日,起建隆戊午迄于嘉定丁亥。

《秘书监志》十一卷

元王士点、商企翁同撰。所载自至元以来,迄于至正,凡秘书监建置迁除,典章故事,一一具备,略仿《南宋馆阁录》之体。其兼载司天监,及职官题名兼及直长令史,则元制如是也。

《翰林记》二十卷

明黄佐撰。所录明一代翰林掌故,自洪武以至嘉靖,每事各有标目,凡二百二十六条。

《礼部志稿》一百十卷

明泰昌元年官撰。实上海生员俞汝楫所修也。首训谕,次建置,次职掌,次历官表,次奏疏,次列传,次事例。首尾淹贯,颇有条理。

《太常续考》八卷

不著撰人名氏。考书中年月,盖明崇祯中作。虽多录案牍之文,而于沿革损益之由,名物度数之细,一一缕载,多《明会典》《明集礼》之所未及。

《土官底簿》二卷

不著撰人名氏。所载皆明正德以前土司官爵世系,则其书当作于嘉隆间。

谨案:土司之目,旧史不详。惟《明史》始自为列传。其分盖在内臣、外臣之间。然生必受敕,没必请袭,既受王爵,即属王臣,与外藩之奉正朔、通职贡而自君其国者,事势迥殊,故不入地理类外纪之属,而附诸官制。

《词林典故》八卷

乾隆九年,重修翰林院落成,圣驾临幸,赐宴赋诗。掌院学士鄂尔泰等,因请纂此书。首临幸盛典,以志缘起;次官制、职掌、恩遇、艺文、仪式、廨署,皆上溯前代;终以题名,则惟纪国朝诸臣,而前代之久远无征者,悉不录焉。

《钦定国子监志》六十二卷

乾隆四十三年,户部尚书梁国治等奉敕撰。先是监臣辑有《太学志》,然太举因元、明旧制,而援据唐、宋以前故实,殊失限断。乃诏重为删定,勒成此编,凡一十五门。

《钦定历代职官表》六十三卷

乾隆四十五年奉敕撰。每一曹司为一表,悉以国朝官制为纲,而历代官制列于下。表后详述建置,亦以国朝居前,历代列后。凡今有而古无,古有而今无,与名同而实异,实同而名异者,并一一引据旧文,详为考证。

右职官类官制之属。十五部,三百六十五卷。

《州县提纲》四卷

不著撰人名氏。《文渊阁书目》作宋陈襄者,误也。原本久佚,今从《永乐大典》录出。皆论牧令驭民之道,于厘奸剔弊,缕述颇详。其推本于正己、省身,尤为知要。

《官箴》一卷

宋吕本中撰。篇帙无多,而语皆明切。其首揭"清、慎、勤"三字,千古言吏治者,莫之易也。

《百官箴》六卷

宋许月卿撰。仿扬雄《官箴》,分曹列职,各申规戒。

《画簾绪论》一卷

宋胡太初撰。端平乙未,其外舅陶某出宰香溪,太初因论次居官之道,以贻之。凡十五篇。亦《州县提纲》之类。

《三事忠告》四卷

元张养浩撰。《牧民忠告》二卷,养浩为县令时所作,凡十二子目。《风宪忠告》一卷,养浩为御史时作,凡十篇。《庙堂忠告》一卷,养浩入中书时所作,亦十篇。皆留心实政,抒其阅历之所得。

《御制人臣儆心录》一卷

顺治十二年,世祖章皇帝御撰。以大臣谭泰、石汉、陈名夏等,先后以骄怙伏诛,乃特著此书,以示炯戒。凡八篇。凡一切植党、沽名、营私、舞弊之术,一一抉摘其隐微,昭揭其情状,如九金铸鼎,毕肖魑魅之形。训诫周详,足以使千古奸谀,无所施其伎俩。

右职官类官箴之属。六部,十七卷。

史部十三　政书类

《通典》二百卷

唐杜佑撰。其书因刘秩《政典》而广之，分食货、选举、职官、礼、乐、兵、刑、州郡、边防八门上溯黄、虞，下暨唐之天宝，包括宏富，义例严整，繁不至冗，简不至漏，为数典之渊海。《通志》《通考》，皆以是书为蓝本，精博则终不逮也。

《唐会要》一百卷

宋王溥撰。唐苏冕尝次高祖至德宗之事，为《会要》四十卷。杨绍复等又采德宗至宣宗之事，续为四十卷。溥因二家原本，补辑宣宗至唐末之事，以成此书。凡分目五百十四，旧本残缺，佚其四卷，别本有补亡四卷，不知谁作。今并录以备参考，而各注补字于标目之下，使不相淆焉。

《五代会要》三十卷

宋王溥撰。五代俶扰，百度沦亡，其法度典章，仅见于各朝实录。溥因检寻旧籍，条分件系，以成是编。后欧阳修作《五代史》，惟务刻画《春秋》，钩摹《史记》，于累朝掌故，屏弃荡然，幸此编尚存其崖略也。

《宋朝事实》二十卷

宋李攸撰。案：《宋志》作李攸通，《文献通考》作李攸，均传写之误。原本久佚，今从《永乐大典》录出，仅阙十卷。其书辑北宋一代典制，分门编录，盖亦会要之类，多《宋史》所未详。

《建炎以来朝野杂记》四十卷

宋李心傳撰。取南渡以后事迹，分门编类，亦略如会要之体。分甲、乙二集,各十三门。盖所作《系年要录》,备纪传之取材,此则备表志之取材。王士祯《居易录》,称其"大纲细目,粲然悉备",非虚美也。

《西汉会要》七十卷

宋徐天麟撰。取《汉书》所载典章制度,见于纪传表志者,三百六十七事,以类相从,分十五门。编载略与《唐会要》相似。其无可隶者,亦依苏冕旧例,以杂录括之。颇为淹贯,惟所采止于《汉书》,未免稍隘耳。

《东汉会要》四十卷

宋徐天麟撰。凡三百八十四事,门目与《西汉会要》同。惟《西汉会要》但录事迹,此书则间有论断,为例小殊。

《汉制考》四卷

宋王应麟撰。因《汉书》《续汉书》诸志,于制度多举大端,略于细目,因采郑氏《三礼注》及《说文》诸书,以补其遗。又孔、贾诸疏,于郑注"某物即今某物"者,多不能详解,亦一一博考诸书,疏通证明,颇为赅洽。

《文献通考》三百四十八卷

元马端临撰。因杜佑《通典》而广之。以《通典》八门,析为一十有九,而增以经籍、帝系、封建、象纬、物异五门,共为二十四门。所述事迹,上承《通典》,下迄南宋宁宗。虽分条排纂,不能如《通典》之翦裁镕铸,成一家言。然上比佑不足,下比郑樵有余也。

《明会典》一百八十卷

明弘治十年,徐溥等奉敕撰。正德四年,李东阳等重修。其体例以六部为纲,弁以宗人府一卷。自二卷至一百六十三卷,皆六部掌故。一百六十四卷至一百七十八卷,为诸文职。末二卷,为诸武职。特附见其职守沿革而已。

《七国考》十四卷

明董说撰。采掇战国制度,分十四门,略如会要之体。援引诸书,以相佐证。七雄云扰,策士纵横,诸书但述战攻之迹,未有汇次其典章者。说摭拾残剩而为之,亦足资考证。

《钦定大清会典》一百卷

乾隆二十六年奉敕撰。初修于康熙三十三年,再修于雍正五年,至是三经考订,踵事加详。凡一切大经、大法,无不胪载,宏纲细目,条理秩然。允足凌跨《周官》,不但超轶《唐典》也。

《钦定大清会典则例》一百八十卷

乾隆二十六年,与《会典》同修。旧本《会典》,以则例散附诸条下,至是禀承圣训,分为两编。观于《会典》,可知法守之常经;参以《则例》,可知通变之大用;互相经纬,而百余年之因革损益,源委灿如。

《钦定续文献通考》二百五十二卷

乾隆十二年奉敕撰。乾隆三十七年告成。辑宋、辽、金、元、明五朝事迹,续马端临之书。初议于马氏二十四门外,增朔闰、河渠、六书、氏族四门,嗣于乾隆三十二年,诏修《五朝续通志》,以无庸复见,遂辍此四门,仍从马氏之旧目。

《钦定皇朝文献通考》二百六十六卷

乾隆十二年奉敕撰。初与五朝《文献通考》共为一书,嗣以体例互异,奏请别以“皇朝”标目,各自为编。初亦用二十四门旧目,嗣以宗庙考中,附载诸祀,于义未安,诏分立群庙考一门,以符体制,故列为二十五门。

《钦定续通典》一百四十四卷

乾隆三十二年奉敕撰。门目体例,一仍杜佑之旧。惟杜佑以兵附刑,此析为二,而篇第则仍相次。其纂言纪事,则唐天宝以后,取材于《通志》《文献通考》,而有所增益;宋嘉定以后,取材于《钦定续文献通考》,而有所翦裁。盖马、郑据私家之本,所见者狭,今书据天府之藏,所征者广也。

《钦定皇朝通典》一百卷

乾隆三十二年奉敕撰。门目体例,与五朝《通典》同,而重熙累洽,列圣相承,制作详明,典章赅备。我皇上振兴百度,修举六官,骏业鸿猷,尤上超三古。是以䌷金匮之旧文,胪丹纶之新诏。良法美意,缕述莫殚。分类而登简牍者,文章彪炳,迥非前代所能及焉。

《钦定皇朝通志》二百卷

乾隆三十二年奉敕撰。二十略之目,一仍郑樵原书。至于六书之备西域,七音之增三合,天文殚欧罗巴之微,地理括伊犁河之外,礼本乎官绘之图,乐本乎御定之律,艺文图谱稽中禁之秘藏,草木虫鱼罗遐方之珍产,则郑樵所未及闻也。

谨案:郑樵《通志》入别史,《钦定续通志》亦入别史,均以兼有纪传故也。《皇朝通志》惟有二十略,则名为"通志",实与《通典》《通考》为类。故恭录于政书之中。

《元朝典故编年考》十卷

国朝孙承泽撰。是书取元代事迹,分年编次。正史以外,杂取文集、说部附益之,足补托克托等记载之疏。后二卷一为《元朝秘史》,一为《辽金遗事》,

则附录也。

右政书类通制之属。十九部,二千二百九十八卷。

谨案:纂述掌故,门目多端。其以一代之书而该六职之全者,不可分属。今总而汇之,谓之通制。

《汉官旧仪》一卷,补遗一卷

汉卫宏撰。原本久佚,今从《永乐大典》录出。所记皆西汉典礼,本曰《汉旧仪》,后来辗转传写,与应劭《汉官仪》混淆为一,遂妄增"官"字于书名中,非其旧也。

《大唐开元礼》一百五十卷

唐萧嵩等奉敕撰。首为序例三卷,次以五礼分类,而退凶礼于第五,用贞观、显庆旧制也。杜佑尝撷其精要三十五卷,编入《通典》。然始末完具,节次详明,终以原书为赅备。

《谥法》四卷

宋苏洵撰。乃洵修《太常因革礼》时,奉敕所编。取刘熙等六家谥法,删定考证,除其糅杂,凡所取者一百六十八谥三百十一条,新改者二十三谥,新补者十七条,又有七法八类,于旧文多所刊正。

《政和五礼新仪》二百二十卷

宋郑居中等奉敕撰。原本散佚,凡佚者十九卷,阙者三卷。前列御笔指挥,次列御制冠礼,盖当时颁此十卷为式,故以弁首。次以五礼分门。其次序一如《开元礼》,而于官民之制特详,则较《开元礼》稍异。

《绍熙州县释奠仪图》一卷

旧本题宋朱熹撰。考朱子于是书凡三属稿,此为绍熙五年最后之定本。

首以官牒，次释奠仪注，次礼器图，至今尚大概沿用之。惟所列两庑从祀，有吕祖谦、张栻，朱子已不及见，或后人有所附益欤。

《大金集礼》四十卷

金明昌六年，礼部尚书张玮等奏进。其书分类排纂，条理秩然。《金史》诸志，皆以此书为蓝本，而托克托等援引潦草，往往失其本意。存此一书，足以见金源一代之掌故，并可订史志之讹。

《大金德运图说》一卷

金贞祐二年，尚书省集议之案牍也。金初用金德，色尚白。泰和二年，更用土德。至是更令所司集议，言应为土德者四人，应为金德者十四人，迄无定论而罢。其集议之文，则尚存《永乐大典》中。经睿鉴折中，祛疑除妄，式昭千古之常经，谨并录其书，为附会谶纬之戒焉。

谨案：五运本术数家言，以其服色政分，关乎一朝之典礼，故附之仪制门中。

《庙学典礼》六卷

不著撰人名氏。原本久佚，今从《永乐大典》录出。所载始于元太宗丁酉，终于成宗大德间，盖元人录记也。其书杂抄案牍，未经文士之润色，故词多质朴，然于一代庙学之制，叙述特详，多可以补史阙。

《明集礼》五十三卷

明洪武三年，徐一夔等奉敕撰。原本五十卷，嘉靖中重修增为五十三卷，以五礼为纲，分二十六子目，而别出冠服、车辂、仪仗、卤簿、字学、钟律、雅乐、俗乐，各自为类。

《明臣谥汇考》二卷

明鲍应鳌撰。首载各谥释义,所列“某臣谥某”,皆分注当日取于某义,使后人具知其所以然,较他家特有根据。最后考异一篇,亦极详核。

《泮宫礼乐疏》十卷

明李之藻撰。首列泮宫仪注,次名物器数,共为八卷。第九卷为启圣祠、名宦乡贤祠,第十卷附载乡饮酒礼、乡射礼,颇为详备。其乐谱尤具有心解,不同剿说。

《明谥记汇编》二十五卷

明郭良翰撰。以诸谥分类编载,各分子目。与鲍应鳌书,详略互见。

《明宫史》五卷

旧本题芦山赤隐吕毖校次,盖明季宦官也。所纪皆宫闱杂事,词义颇为猥鄙。其称司礼监掌印秉笔,秩尊视元辅,权重视总宪,尤为悖妄。特诏录存,著明代乱亡之源,以为万世之殷鉴也。

《幸鲁盛典》四十卷

康熙二十三年,圣驾东谒阙里,衍圣公孔毓圻等恭述典礼,辑成是编进呈。蒙训示改定刊刻,凡事迹二十卷,艺文二十卷。

《万寿盛典》一百二十卷

康熙五十二年,内廷诸臣所编。凡六目:曰宸藻,曰圣德,曰典礼,曰恩赍,曰庆祝,曰歌颂。备述华祝嵩呼之盛,传留册府,震耀古今。冠以绘图二卷,摹写精工,尤足见溥洽欢心之象。

《钦定大清通礼》五十卷

乾隆元年奉敕撰。越二十一年告成。五礼之次,悉本《周官》。首纪朝庙大典及钦颁仪注,其余条分缕析,各以类从。所重在等威之崇卑,节文之次第。至于礼器,则不具详,以别有成书故也。

《南巡盛典》一百二十卷

乾隆三十一年,两江总督高晋撰进,蒙御制序文,俯允刊行。所述辛未至乙酉四幸江浙诸巨典。门分部系,颇为详悉。虽圣主勤民之念,非简牍所能罄陈,然据其所载,已足迈虞巡、轶夏谚矣。

《万寿盛典》一百二十卷

乾隆五十四年正月,大学士阿桂等奏请纂修。五十七年十月告成。所载皆圣寿七旬以后之事。凡分八门:首宸章,次圣德,次圣功,次盛事,次恩赉,次图绘,次臣工歌颂。我皇上法天行健,无逸永年,薄海臣民,鼓舞华祝。洵与圣祖仁皇帝万寿盛典,祖武孙谋,后先焜耀,并隆轨于万代矣。

《钦定皇朝礼器图式》二十八卷

乾隆二十四年奉敕撰。三十一年重修。凡六门:曰祭器,曰仪器,曰冠服,曰乐器,曰卤簿,曰武备。并绘图于右,系说于左。形模度数,不失毫厘。盖敬遵昭代典章,据器为图,集图成帙,与聂崇义等所修揣摩影响者,迥不侔云。

《国朝宫史》三十六卷

乾隆七年奉敕撰。二十六年增修。首训谕,次典礼,次宫殿,次经费,次官制,次书籍。凡禁闱制度,皆一一胪载。伏考古籍,自《周礼》内政见于天官以外，未有以紫霄丹地之掌故，别为一编者。典章明备，洵无过于昭代矣。

《钦定满洲祭神祭天典礼》六卷

乾隆四十二年奉敕撰。所录皆国家肇造以来，旧制相沿之祀典，凡祭期、祭品、仪注、祝词，一一详载。其间口耳相传，或小有异同者，并加厘定。用昭敬事神明，崇报功德之至意焉。

《历代建元考》十卷

国朝钟渊映撰。以年号相同者列前，次以年号分韵排编，次列历朝帝王及僭伪诸国始末，颇为详悉。

谨案：是书考论帝王之建号，事近于史；然建元改元为国家之大典，故列之于仪制。

《北郊配位议》一卷

国朝毛奇龄撰。康熙二十四年，礼官请定北郊配位。奇龄时官检讨，因作此议，申明以东为上之义。

《庙制图考》一卷

国朝万斯同撰。其书统会经史，考定庙制，由秦、汉以迄元明，各为之图，而缀以说。义例颇有条理。虽大旨遵王黜郑，持论不能无偏，要不可谓非通今博古之学也。

右政书类仪制之属。二十四部，一千五十一卷。

谨案：六官之序，始于冢宰；然职官已各自为类，故不复及。其次应及司徒；而今先以春官所掌者，帝制朝章，于是乎在，取以托始，尊王之义也。

《救荒活民书》三卷

宋董煟撰。是书缕陈荒政。上卷考古以证今,中卷条陈救荒之策,下卷述宋代名臣贤士之所议论设施可为法戒者。在南宋人著述之中,最切于实用,胜理气心性之空谈。

《熬波图》一卷

元陈椿撰。是书乃元统中,椿为下砂场监司,因前提干旧图而补成者也。自各团灶座至起运散盐,为图四十有七。图各有说,复系以诗。凡晒灰打卤之方,运薪试运之细,纤悉毕具。惟原缺五图,世无别本,不可复补。

《钱通》三十二卷

明胡我琨撰。专论明代钱法,而因及于古制,分十三门。

《捕蝗考》一卷

国朝陈芳生撰。首备蝗事宜十条,次前代捕蝗之法。条分缕析,颇为详备。

《荒政丛书》十卷

国朝俞森编。所辑古人救荒之法,于宋取董煟,于明取林希元、屠隆、周孔教、钟化民、刘世教,于国朝取魏禧,凡七家之言。附以常平、义仓、社仓三考,其官河南时所撰。末附“郧襄赈济事宜”及“捕蝗集要”,其官湖广时所撰也。

《康济录》六卷

国朝倪国琏撰。因陆曾禹之旧本,而删存精要。凡分四门:一曰前代救荒之典,二曰先事之政,三曰临事之政,四曰事后之政。又附录四事,于荒政颇为周备。乾隆四年，恭录进呈，蒙特赐此名。

右政书类邦计之属。六部，五十三卷。

《历代兵制》八卷

宋陈傅良撰。其书上溯成周乡遂之法，下迄于宋。而于宋事指陈利病，言之尤详。盖为南渡以后冗军骄卒言也。

《补汉兵志》一卷

宋钱文子撰。北宋惩五代之弊，收天下之兵于京师，禁军多至八十万。南渡以后，招募弥多，冗费弥甚。文子以汉代去古未远，犹有寓兵于农之意，因采《汉书》中言及兵制者，裒为一编，附以论断。

谨案：文子此书，虽称班固未作兵志，以此补之，然实为宋事立议，非为《汉书》补亡。陈元粹序甚明。与熊方之补《后汉书》表，貌同心异，故不附正史而入此。

《马政纪》十二卷

明杨时乔撰。马政莫详于明，亦莫弊于明。时乔此书，上溯洪武，下迄万历，分十三门。于利病言之最详，足为鉴戒。

《钦定八旗通志》二百五十卷

雍正五年奉敕撰，乾隆四年告成。凡志之目八，表之目八，传之目八。以兵制为根柢，而一切典章、爵秩、人物、艺文，皆条分胪载，体例极为详悉。乾隆五十一年又奉敕，续辑益为赅备。

右政书类军政之属。四部，二百七十一卷。

《唐律疏义》三十卷

唐长孙无忌等奉敕撰。自李悝创《法经》六篇，历代递有增损，而大致相沿。贞观中,诏房玄龄等删定旧文,是为唐律,十二目依隋之旧。高宗初年,又诏无忌等撰为义疏,多所发明。考古律之源流者,莫详于此。

《大清律例》四十七卷

乾隆五年,大学士三泰等奉敕撰。凡律目一卷,诸图一卷,服制一卷,名例三卷,六曹律三十四卷,总类七卷,比引律条一卷。盖因三朝旧本,而斟酌损益,增入新例一千余条,以协于世轻世重之精义,明刑弼教之中,寓因事制宜之用焉。

右政书类法令之属。二部,七十七卷。

谨案:法令与法家,其事相近而实不同。法家者,私议其理;法令者,官著为律也。刑为盛世所不废,而亦盛世所不尚。今载《唐律疏义》,见世轻世重之源流;并恭录钦定《大清律例》,以昭圣代之法守。其余杂帙,则率存其目焉。

《营造法式》三十四卷

宋李诫奉敕撰。原本颠舛失次,今从《永乐大典》校正。是书初修于熙宁中,哲宗又诏诫重修。据所作"总看详"中称:总释总例共二卷,制度十五卷,功限十卷,料例并功作等共三卷,图样六卷,目录一卷,当为三十六卷,此本无所佚脱,而止三十四卷,似为后人所并。其书共三百五十七篇,内四十九篇,皆根据经史,讲求古法。余三百八篇,则自来工师所传也。

《钦定武英殿聚珍版程式》一卷

乾隆三十八年,诏甄择《四库全书》善本,刊刻流布。侍郎金简以活字印行,赐名曰聚珍版。金简因综述其法,编为此书奏进。凡为图十有六,为说十有九,视王桢《农书》所载,法小变而用尔捷。

右政书类考工之属。二部,三十五卷。

谨案:司空所掌,河渠为大,然其势与地形相表里,因势制宜,非可勒为成法。散修浚之政,别入地理。至于百工之事,率皆艺术,亦不足以称令典,故今惟录其司于官者,而他不及焉。

史部十四　目录类

《崇文总目》十二卷

宋王尧臣等奉敕撰。旧本佚其解题，今从《永乐大典》补辑。其书以四库分编，所录凡三万六百六十九卷。篇帙既多，抵牾难保。诸家时有纠正。郑樵《通志》至专作“校雠略”攻之，亦有切中其失者。然平心而论，终在樵所作“艺文略”上十倍也。

《郡斋读书志》四卷，《后志》二卷，《考异》一卷，《附志》二卷

《读书志》，宋晁公武撰；《续志》亦公武所撰，赵希弁重编；《考异》《附志》则希弁所撰也。《读书志》《后志》所录，皆至南渡而止；《附志》则兼及庆元以后。三志并以经、史、子、集分部，各有解题，为藏书家所依据。惟此本所载，与《文献通考》所引，多有异同，盖当时传刻亦非一本也。

《遂初堂书目》一卷

宋尤袤撰。一名《益斋书目》。所分四部，与诸家小有出入，而不甚相远。惟一书兼载数本，则体例独异。诸书皆但有书名，不作解题，盖从郑樵之说。然并卷数及撰人名氏删之，未免太略。或传写者佚脱欤。

《子略》四卷，目录一卷

宋高似孙撰。首卷冠以目录，由《汉志》《隋志》《唐志》、庾仲容《子抄》、马总《意林》，至郑樵《通志·艺文略》所载诸子，皆存其书名，而削其门目，略注卷数撰人于下。其下四卷，则似孙所论断，凡三十八家。虽品题未必尽允，然皆实睹其书，非郑樵、焦竑辈，辗转贩鬻，徒见书名者比也。

《直斋书录解题》二十二卷

宋陈振孙撰。原本久佚，今从《永乐大典》录出。其书以历代典籍，分为

五十三类,而不立经、史、子、集之名。然核其次第,实仍以四部为先后也。其解题与晁氏相类。马端临作《经籍考》,以《读书志》及此编为蓝本,则其典核可知矣。

《汉艺文志考证》十卷

宋王应麟撰。《汉书·艺文志》间有班固自注,然不甚详,颜师古注间有附论,亦仅辨证其数条,不能赅备。应麟始捃拾旧文,为之补注。不载《汉志》全文,惟以有考订者摘录为纲,略如《经典释文》之例。持论皆有根据,惟古书不载于《汉志》者,增入二十六种,真伪相杂,颇为蛇足。

《文渊阁书目》四卷

明杨士奇撰。所录诸书,以千字文编号。自天字至往字,凡二十号。但有册数,而无卷数。自《七略》以至《崇文总目》,记载中秘之书,未有如是之潦草者。特以所列书名,尚足以考证存佚,姑存以见一代储藏之略而已。

《授经图》二十卷

明朱睦㮮撰。其书因章俊卿《山堂考索》所述传经宗派,多所讹缺,乃重为补辑。首授经世系,次诸儒列传,次诸儒著述、历代经解、名目卷数。每经四卷。旧无刊本。康熙中,黄虞稷、龚翔麟始为校刻,然虞稷等颇窜乱旧文,多失睦㮮本意。

《钦定天禄琳琅书目》十卷

乾隆九年,诏编内廷秘笈,为《天禄琳琅》。乾隆四十年,重为补辑,定著此目。以经、史、子、集为纲。书则以宋、金、元、明刊版朝代为次。其一书而载数本,用《遂初堂书目》例。详其题跋姓名、收藏印记,兼用《铁网珊瑚》例。至各冠御题,品评甲乙,则自来册府储藏,未闻斯盛矣。

《千顷堂书目》三十二卷

国朝黄虞稷撰。所录皆明一代之书,颇为赅备。惟每类之末,各附录宋、金、元人著述,既多挂漏,又不上溯五代以前,莫详其义例之所在。

《经义考》三百卷

国朝朱彝尊撰。统考历代经义之目,以御注敕撰诸书,别为一卷,弁于首。次以诸经分类,而附以毖纬、拟经、承师、刊石、书壁、镂版、著录、通说八门。每经先注其或存或缺,或佚或未见,次载原序跋及诸家论断。彝尊有所考证,亦附著之。网罗宏富,为古来诸家书目所未及。虽间有舛误,要不伤其大体也。

右目录类经籍之属。十一部,四百二十五卷。

谨案:《隋志》以下,皆以法书、名画,列入目录。今以书画改隶艺术,俾各从其类。惟记载金石者,无类可归,仍从古例,入目录,然别为子目,不使与经籍相淆。盖目录本为经籍设,金石其附庸也。

《集古录》十卷

宋欧阳修撰。修集录金石之文,多至千卷,其中有跋尾者,录之成帙。其所考证,虽不及洪适诸人,而亦时有所得。其文多所改窜,故真迹集本,互有异同。书中两本并存,参观其点定之意,亦颇有裨于文章。

《金石录》三十卷

宋赵明诚撰。所录古碑凡二千卷,以时代先后编为目录十卷,各注年月、撰书人名。后二十卷,为跋尾五百二篇。盖有所辨证,乃有题识,犹《集古录》之例。或以为不完之本,则误矣。

《法帖刊误》二卷

宋黄伯思撰。初,米芾取淳化阁帖,一一辨其真伪,载于《书史》,多据笔迹断定,罕所考证。伯思病其疏略,乃重为补正,以成此书。

《法帖释文》十卷

宋刘次庄撰。次庄以《淳化阁帖》摹刻于临江,并各刻释文于字傍,改名《戏鱼堂帖》。后人录其释文,别为此帙。虽草书变化多方,毫厘疑似,不能一一尽确,然创始之功,亦不可没焉。

《籀史》一卷

宋翟耆年撰。原本二卷,今佚其下卷。其书采录金石遗文,各为论说,不专收籀书。惟以籀史为名者,诸体之中,籀为最古,举以括其余尔。

《隶释》二十七卷

宋洪适撰。前十九卷,以所藏汉碑一百八十九,皆录其全文,于假借通用之字,并一一疏通证明,其中有关史事者,亦一一辨订异同,于字学、史学,均为有补,非徒供赏鉴之资。后八卷,则汇载诸家碑目也。

《隶续》二十一卷

宋洪适撰。盖《隶释》刻成之后,以续得诸碑,补其所遗。体例与《隶释》相同。淳熙辛丑,尝与《隶释》合为一编。其本不传,传者仍各行之本。然残缺失次,佚其九卷、十卷,而以碑图三卷、碑式一卷,搀列于四卷之后、十一卷之前。考适别有《隶图》,或后人得其残本,合为一书也。

《绛帖平》六卷

宋姜夔撰。原本二十卷,今佚其十四卷。初,潘师旦摹刻淳化阁帖,后绛州公库得其石刻之半,补刻足之,名曰“绛帖”。夔一一详为考辨,取汉官延尉平之意,名之曰“平”。援据精博,出米、黄二家评论《阁帖》之上。书虽残缺,要为书家津筏也。

《石刻铺叙》二卷

宋曾宏父撰。案:宏父之名,偶与曾惇之字同;朱彝尊跋,以为即曾惇者,误。其书叙次石经之后,及秘阁诸帖,而于所自集《凤墅帖》,论议尤详。凡所引征,具有典据。

《法帖谱系》二卷

宋曹士冕撰。皆述宋代法帖源流。首为谱系图。上卷录《淳化阁帖》以下,凡二十二本。下卷录绛州潘师旦摹刻《阁帖》以下,凡十四本。大抵以《阁帖》为大宗,《绛帖》为别子,其余皆其支裔也。每条叙述摹刻始末,及异同工拙,颇为详悉。

《兰亭考》十二卷

宋桑世昌撰,高似孙删定。世昌《书考》,论《兰亭帖》原委本十五篇,似孙为汰去"集字""附见"二篇,于文句亦多减缩。陈振孙《书录解题》,谓其多失世昌之意。然世昌书已不传,存此一编,于《禊帖》始末,尚足见梗概也。

《兰亭续考》二卷

宋俞松撰。其书继桑世昌《兰亭考》而作,故名曰"续"。然体例迥异。上卷载诸家所藏及松所自藏,下卷则皆松所藏经李心传题识者。所录诸跋,亦足与桑氏书相补苴也。

《宝刻丛编》二十卷

宋陈思撰。所列古碑之目,以《元丰九域志》京府州县为纲。其石刻,地理可考者,案各路编纂;无可考者附于末。兼采诸家辨证之语,具著于下。原本辗转传写,已颠倒讹脱。今具为厘正其亡佚之六卷。残缺之两卷,则无从校补矣。

《舆地碑目》四卷

宋王象之撰。象之有《舆地纪胜》二百卷,今未见其本,不知存佚。此即其中碑目四卷也。大致与陈思《宝刻丛编》体例相类。但陈书用北宋舆图,此用南宋舆图;陈书集诸家题跋,此多自为考证耳。

《宝刻类编》八卷

不著撰人名氏。以书中筠州称瑞州,知为宋理宗以后人。原本久佚,今从《永乐大典》录出。惟缺唐玄宗至代宗三朝碑目,无可校补。其书叙述古碑,上起周秦,下迄五代。取书撰之人,分为八类。以人名为纲,而以所书所撰之碑系之于下。诠次颇有条理。

《古刻丛抄》一卷

明陶宗仪编。所录碑刻,凡七十二种,皆全载原文,以原额为题。无所考辨,亦无先后次序。盖随得随抄之本,尚未成书。然所录多诸书所未载。

《名迹录》六卷,附录一卷

明朱珪编。旧本题元人,误也。珪工于刻石,因裒其生平所镌,以成是书。原本传写多佚脱,今亦姑仍其旧。

《吴中金石新编》八卷

明陈暐撰。暐于弘治中,官苏州通判,因与祝允明等采郡中石刻,分为七类,编次成书。皆载原文。以汉、唐旧迹,考古者纪录已多,故以明初为断,颇为未广。然所取多有关利病,于颂德谀墓之作,一字不载也。

《金薤琳琅》二十卷

明都穆撰。仿洪适《隶释》之例，取金石文字，搜辑编次，各为辨证。惟适书止汉、魏，此下及隋、唐，为小异。于古碑皆录原文，其剥落不完者，则取《隶释》以补之，不尽据石本也。

《法帖释文考异》十卷

明顾从义撰。取《淳化阁帖》释文旧本，一一核其异同，订其讹舛，手自缮写而刊之。虽考证未必全当，其用心亦可谓勤矣。

《金石林时地考》二卷

明赵均撰。取诸家碑目，及近代新出古刻，耳目所及者，仿陈思《宝刻丛编》、王象之《舆地碑目》之例，叙次朝代，以考其时；胪列郡县，以考其地。故谓之"时地考"。明季去今尚近，郡县改并未多，视陈思等所言，较为可据。

《石墨镌华》六卷，附录二卷

明赵崡撰。崡癖嗜古碑，搜求颇夥。是书凡跋尾二百五十三种，以有石无金，故取刘勰《文心雕龙》语名之。所收不及欧、赵两家之博，而多两家所未见；又多亲至碑所，审视扬摹，所见亦较两家为确。附录二卷，乃其询访古碑之时所作游记及诗，亦足以见其求索之勤也。

《金石史》二卷

明郭宗昌撰。宗昌与赵崡，皆隶籍关中，地多古刻，同以搜辑石本为事。而宗昌好持高论，故是书所录仅五十种。然其辨别真伪，亦具有心得。

《钦定校正淳化阁帖释文》十卷

乾隆三十四年，于秘府所储《阁帖》，择淳化四年赐毕士安之本，为初拓第一者,命内廷诸臣校定刻石,厘正其标题之讹,刊改其音释之误,辨证精密,为米芾以下诸家所未尝有。侍郎金简,因恭录其中案语释文,以聚珍版印行。仍从原帖目次,为十卷。

《求古录》一卷

国朝顾炎武撰。皆搜索古碑,手自缮写。凡已见方志者不录,见有拓本者不录,近代文集尚存者不录。上自汉《曹全碑》,下至明建文《霍山碑》,凡得五十五种,并详考源委,辨证音释,多可以补史传之阙。

《金石文字记》六卷

国朝顾炎武撰。所录金石之文,凡三百余种,各缀以跋,无跋者亦具列年月姓名。自序谓抉剔史传,发挥经典,颇有欧阳、赵氏二录之所未具者。今核其书,实非夸语,盖炎武平生之学,深于史也。

《顾氏石经考》一卷

国朝顾炎武撰。叙述石经本末,颇有端绪。于汉、魏两代一字、三字之分,《后汉书·儒林传》叙述舛讹者,援引诸说,祛除疑窦,尤足决聚讼之是非。

《万氏石经考》一卷

国朝万斯同撰。因顾炎武《石经考》,而采录诸家之说,以相证明。炎武书详于汉、魏,略于唐、宋。此书则于唐、宋特详,足以互相补苴。

《来斋金石考》三卷

国朝林侗撰。所录古刻,自三代以讫唐末,凡二百二十碑,皆据目见者为断。其辨证多取之顾炎武《金石文字记》,而颇以己意考订之,皆有典据。

《嵩阳石刻集记》二卷

国朝叶封撰。乃其官登封知县时,辑录境内古碑而作。登封在嵩山之阳,故以为名。于诸碑皆录原文,如《隶释》之例。其辨订亦颇博洽。

《观妙斋金石文考略》十六卷

国朝李光映撰。光映与朱彝尊同郡,得彝尊家金石诸刻,因裒集诸家辩论,以成此编。所采集录金石之书,凡四十种;地志文集说部之类,又六十种。其用力亦云勤笃。惟以品题书迹为主,不以考订旧闻为主。与赵、洪诸家,门径又截然异耳。

《分隶偶存》二卷

国朝万经撰。上卷首论作书法,次作分隶书法,次论分隶,次论汉、唐分隶同异,次汉魏碑考;下卷为古今分隶人名氏,始于程邈,终于明末马如玉。上卷所列古碑仅二十一种,而论多详核。

《淳化秘阁法帖考正》十二卷

国朝王澍撰。是书兼取米芾、黄伯思、顾从义三家辨证《阁帖》之意。以史传证讹误,以笔迹辨依托。而行款标目,以及释文之类,亦一一考核。仍依原目为十卷。其末二卷:一为《古今法帖考》,溯阁帖之源流;一则自述其笔法也。

《竹云题跋》四卷

国朝王澍撰。皆其临摹古帖之题跋,裒合成编。考辨援引,多有依据。非徒论笔法也。

《金石经眼录》一卷

国朝褚峻摹图，牛运震补说。峻工于镌刻，以拓碑鬻帖为业。是编皆以所亲见之碑四十有七，临为缩本，而自刊之，点画位置，不失毫发，并剥蚀残缺之处，亦一一钩摹毕肖。自欧阳修集录金石以来，未有如是之工妙者。

《石经考异》二卷

国朝杭世骏撰。以补顾炎武《石经考》所未备。上卷分十五篇，下卷分三篇。较炎武之说为更密，继事者易为功也。大旨与万斯同书相类，而世骏乃未见斯同书，故二家详略互见，今亦并存云。

右目录类金石之属。三十六部，二百七十六卷。

谨案：《隋志》以秦会稽刻石及诸石经入小学，《宋志》则金石入目录。今以裒集古刻，条列名目者，从《宋志》入目录；其《博古图》之类，因器而及款识者，别入谱录；《石鼓文音释》之类，从《隋志》入小学；《石经考》《兰亭考》之属，既非缕列诸名，亦非考辨音训，无类可归者，亦姑从《宋志》入之此门。

史部十五　史评类

《史通》二十卷

唐刘子玄撰。子玄即刘知几,以字行也。其书内篇论史家体例,凡三十九篇,今佚其三篇;外篇述史籍源流,与古人得失,凡十三篇。盖子玄官秘书监时,与萧至忠、宗楚客争论史事,发愤而作。故其词往往过激,至《疑古》《惑经》诸篇,更几于王充之《刺孟》《问孔》。然子玄熟悉史例,其所驳诘,虽马、班或不能自解。故自唐、宋以来,史家奉若龟鉴焉。

《史通通释》二十卷

国朝浦起龙撰。是书笺释详明,于《史通》注中为善本。惟好臆改旧文,是其一失。《疑古》《惑经》诸篇,不加纠正,反助颓澜,尤文人好异之习也。

《唐鉴》二十四卷

宋范祖禹撰。原本十二卷,吕祖谦注之。乃卷析为二,其书摘唐事标题,系以论断,敷陈剀切,于法戒多所申明。

《唐史论断》三卷

宋孙甫撰。甫尝改刘昫《唐书》为编年,中系论断九十二篇。后《唐纪》散佚,惟论断以有别本得存。朱子尝称其议论胜《唐鉴》,今观其书亦互有利钝也。

《唐书直笔》四卷

宋吕夏卿撰。夏卿尝预修《唐书》,此其预局时所作。前二卷论纪传志,三卷论旧史繁文缺误,四卷为新例须知,即所拟发凡也。宋祁、欧阳修不尽用其说。然《宋史》称其于《新唐书》最有功,《世系》诸表,皆出其手。晁公武《读书志》又载其别修《唐书兵志》三卷云。

《通鉴问疑》一卷

宋刘羲仲编。案:《宋史》作义仲,乃字之讹。羲仲,刘恕子也。司马光修《资治通鉴》,以三国至隋,属恕编次,恕以书往返商榷,羲仲因排纂成帙。朱子《通鉴纲目》,黜魏帝蜀,讲学家以为上继《春秋》。今观此书,则恕已先持此论,不但习凿齿、刘知几也。

《三国杂事》二卷

宋唐庚撰。杂论三国之事,凡三十六条,瑕瑜参半。

《经幄管见》四卷

宋曹彦约撰。原本久佚,今从《永乐大典》录出。案:宝元二年,始诏以三朝宝训进讲。后讲幄遂沿为故事。是书即彦约进讲《三朝宝训》之语,大抵旁证经史,而归之于法戒,能不失启沃之义。

《涉史随笔》一卷

宋葛洪撰。凡二十六篇。乃洪解官忧居时,献于时宰之作,故所论皆古大臣之事。

《六朝通鉴博议》十卷

宋李焘撰。详载三国六朝胜负攻守之迹,而系以论断。盖借史以论南渡时事也。

《大事记讲义》二十三卷

宋吕中撰。胪列北宋九朝事迹,而推论其治乱得失之由。皆反复开陈,最为明畅。

《两汉笔记》十二卷

宋钱时撰。皆评论汉史。前数卷论颇苛刻,类胡寅《读史管见》;后数卷乃渐近人情,其谓井田封建必不可行,识在南宋讲学诸儒上。

《旧闻证误》四卷

宋李心传撰。原本久佚,今从《永乐大典》录出。其书驳正宋代私史之讹,皆前列原文,后加考证。心传所作《建炎以来系年要录》,于诸书讹异,皆随事辨定。故此书所辨者,北宋之事为多,或偶及南宋,则补《要录》之遗也。

《通鉴答问》五卷

宋王应麟撰。所论始周威烈王,与《通鉴》相应;终汉元帝,则与《通鉴》不相应。盖未完之稿本。又以"通鉴答问"为名,而所论乃以尊崇《纲目》为主。名实亦乖,持论刻核,与应麟他书颇不类。疑王厚孙托其祖名,刊附《玉海》。以大旨尚不诡于正,姑以旧帙存之耳。

《历代名贤确论》一百卷

不著撰人名氏。盖即《宋史·艺文志》所谓《十七史名贤确论》,南宋人之所作。明刻或题钱福撰者,误也。其书虽坊刻程试之本,而上起三王,下迄五季,诸家史论,搜采颇详。亦未尝不可资参考。

《历朝通略》四卷

元陈栎撰。其书论断历代兴废得失,每一代为一篇。伏羲至五代仅二卷,南北宋乃各占一卷,盖详近而略远也。

《十七史纂古今通要》十七卷

元胡一桂撰。约括十七史事迹,系以论断。其上起伏羲,殆以司马贞《史记索隐》有《补三皇本纪》也。

《学史》十三卷

明邵宝撰。取自周至元史事,随笔论断,词义颇为简括。推其以十二卷象十二月,多一卷以象闰;每卷或三十条,或二十九条,以象月之大小,取"日格一物"之义,则殊可不必耳。

《史纠》六卷

明朱明镐撰。考订诸史书法之谬,及其事迹之抵牾。上起《三国志》,下迄《元史》。《元史》不甚置可否,自谓仿郑樵《通志》,不敢删削《唐书》之例。其《晋书》《五代史》亦缺而不论,则不知为未成、为佚脱也。其言皆从钩稽本史而来,不似明人之裨贩。

《国史考异》六卷谨案:《总目》此部不存。

不著撰人名氏。以所称"明国史"推之,当为明末人也。其书以实录野史及诸家文集碑志,参证同异,而攻驳郑晓《今言》者尤多,所考仅洪武、永乐两朝,疑未竟之稿也。案:本书作者实为潘柽章。

《御批通鉴纲目》五十九卷,《通鉴纲目前编》十八卷,《外纪》一卷,《举要》三卷,《通鉴纲目续编》二十七卷

康熙四十七年,圣祖仁皇帝御撰。朱子约《资治通鉴》为《纲目》,笔削义例,多拟《春秋》。尹起莘、刘友益等多所发挥,而未得要领。经睿裁论定,微旨乃明。金履祥补其前,商辂续其后,亦皆窃取朱子之意,得邀圣鉴,益有折中。

《御制评鉴阐要》十二卷

乾隆三十六年,大学士刘统勋等恭录。初敕撰《通鉴辑览》,其中笔削义

例,经睿鉴指授者,凡数千条。此八百余条,又皆亲御丹毫,昭垂衮钺,均非馆臣所意及。故统勋等别缮成编,并以《御制通鉴辑览》序文冠于卷首。俾共知圣主持衡,大公至正,用定千古是非之准,而破儒生迂谬之论焉。

《钦定古今储贰金鉴》六卷

乾隆四十八年,命诸皇子率内廷诸臣撰。凡历代册立太子事迹三十三条,又附录五传,各系以论断,著其酿衅召变之由,以示鉴戒。并见睿思深远,家法相承,为万世无弊之良规焉。

右史评类。二十二部,四百零五卷。

卷 九

子部一 儒家类

《孔子家语》十卷

魏王肃注。《家语》虽名见《汉志》,而书则久佚。今本盖即王肃所依托,以攻驳郑学。马昭诸儒,已论之详矣。然肃虽作伪,实亦割裂诸书所载孔子逸事,缀辑成篇。大义微言,亦往往而在。故编儒家之书者,终以为首焉。

《荀子》二十卷

周荀况撰,唐杨倞注。况亦孔氏之皮流,其书大旨在劝学,而其学主于修礼,徒以恐人恃质而废学,故激为性恶之说,受后儒之诟厉。要其宗法圣人,诵说王道,终以韩愈"大醇小疵"之评为定论也。倞注多明古义,亦异于无稽之言。

《孔丛子》三卷

旧本题陈胜博士孔鲋撰。凡二十一篇。末为《连丛子》上下二篇,题汉孔臧撰。皆依托也。然《隋志》著录,其来已久。且亦缀合孔氏之遗文,故相沿莫之废焉。

《新语》二卷

旧本题汉陆贾撰。凡十二篇,与《汉书》本传合。卷数亦与《隋志》合。惟"道基篇"末引《穀梁传》,则非贾所及见,盖依托也。然唐李善注《文选》所引,已即此本。其大旨主于崇王黜霸,而归于修身用人,持论亦不悖于圣贤。

《新书》十卷

汉贾谊撰。原本五十八篇，今佚其三篇。多取《汉书》谊本传之文，割裂章段，颠倒次序，而加以标题，殊瞀乱无绪。疑旧本残缺，好事者取本传所载，离析其文，以足五十八篇之数。不可谓真出谊手，亦不可谓非出谊手也。

《盐铁论》十二卷

汉桓宽撰。记始元六年，郡国所举贤良文学之士，与桑弘羊等议盐铁榷酤事，凡六十篇。所论者食货之政，而诸史皆列之儒家。盖古之儒者，主于诵法先王，以适实用，不必言心言性而后谓之闻道也。

《新序》十卷

汉刘向撰。唐以前本皆三十卷，宋以后本皆十卷，盖不知为合并、为残缺也。与《说苑》体例相同，大旨亦复相类。其所以分为两书之故，莫之能详。中有一事而两书异词者，盖采摭群书，各据其所见，既莫定其孰是，宁传疑而两存也。

《说苑》二十卷

汉刘向撰。凡二十篇。所录皆春秋至汉初轶事，可为法戒者。虽传闻异词，姓名时代或有抵牾，要其大旨主于正纪纲、迪教化，不失为儒者之言。

《法言集注》十卷

汉扬雄撰，宋司马光集注。旧本小序一篇，在十三篇之末，宋咸始散置卷首，光亦仍之。雄《长杨》诸赋，文章殊绝；《训纂》诸书，于小学亦深。惟此书摹仿《论语》，徒为貌似，不知光何取而注之。殆以尊圣人、谈王道，持论犹近正欤。

《潜夫论》十卷

汉王符撰。凡三十五篇,又叙录一篇。符遭逢乱世,以耿介忤俗,发愤著书。然明达治体,所敷陈多切中得失,非迂儒矫激,务为高论之比也。

《申鉴》五卷

汉荀悦撰,明黄省曾注。《后汉书·荀淑传》,称献帝时悦侍讲禁中,见政移曹氏,志在献替,而谋无所用,乃作《申鉴》五篇。其所论辨,通见政体。今观其《政体》《时事》二篇,皆制治之要旨。《俗嫌》一篇,排斥谶纬。《杂言》上下二篇,剖析义理,皆原本儒术之言。省曾所注,亦多得悦之本意。

《中论》二卷

汉徐干撰。旧本题魏人,是未考干没四年之后,魏乃受禅也。书凡二十篇。大抵原本经训,指陈人事,而归于圣贤之道。故前史皆列之儒家。

《傅子》一卷

晋傅玄撰。原本一百三十篇,宋代仅存二十三篇,后遂散佚,今从《永乐大典》重辑,尚得十有二篇。《晋书》载,王沈称玄所著书,言富理济,经纶政体,存重儒教。此本虽残缺之余,尚足见梗概焉。

《中说》十卷

旧本题隋王通撰。核以事实,多相抵牾,盖其子福郊、福畤等所依托也。书凡十篇,字字句句,皆刻书《论语》,师弟亦互相标榜,自比孔、颜。盖自汉以来,僭拟圣人自通始,聚徒讲学之风亦自通始。录之以著儒风变古,其所由来者渐也。

《帝范》四卷

唐太宗文皇帝御撰。盖贞观二十二年以赐太子者也。凡十二篇,至宋已佚其半。元吴莱称,泰定二年,复于云南得全书,然亦未见传本。今始从《永乐大典》录出。旧有唐贾行注,此本注引吕祖谦、杨万里,则元人所补,非唐人之旧也。

《续孟子》二卷

唐林慎思撰。凡十四篇。大旨以孟子之书乃门人所记,往往失其本意,因推阐以作此书,亦颇有所发明。独其不自立论,而必假借姓名,设为问答,类乎庄、列之寓言,则又多生节目耳。

《伸蒙子》三卷

唐林慎思撰。“伸蒙子”者,慎思以《易林》自筮,得蒙之观,有“伸蒙入观”之语,因自号也。凡“槐里辨”三篇,叙天地人之事;“泽国纪”三篇,叙君臣民之事;案:民字原本避讳作人,今改正。“时喻”二篇,叙文武之事。大旨醇正,惟所设姓名如芉㟪、𣶒道、𥑮砇、粈𥻘、虒敔、甗𦒿之类为奇,不近理。

《素履子》三卷

唐张弧撰。凡十四篇。《唐书·艺文志》《崇文总目》,皆不著录。郑樵《艺文略》始载之。然不甚显于世。故宋濂作《诸子辨》,亦未及之。要其援引经典,根据义理,实儒家者流也。

《家范》十卷

宋司马光撰。首列易家人卦及节录诸经之语,为之纲领。以下分十九篇,皆杂采史事可为法则者。亦间附以论说。与朱子《小学》体例小异,而用意略同。

《帝学》八卷

宋范祖禹撰。乃元祐初，祖禹在经筵所进，皆纂辑自古帝王及宋代祖宗典学事迹，亦间附论断。由伏羲至唐仅二卷，由宋太祖至神宗乃至六卷，盖缕陈家法，以劝继述之意也。

《儒志编》一卷

宋王开祖撰。皆讲学之语，持论颇为笃实。原序称旧无刊本，明王循守温州，始为搜访遗文，编为此帙。因当时有"儒志先生"之称，故以名书。然《宋史·艺文志》实有王开祖《儒志编》一卷，或散佚之后，循又重辑欤。

谨案：以上诸儒，皆在濂、洛未出以前。其学主于修己治人，无所谓理气心性之微妙也。其说不过诵法圣人，未尝别尊一先生号召天下也。中惟王通师弟，私相标榜，而亦尚无门户相攻之事。今并录之，以见儒家之初轨焉。

《太极图说述解》一卷，《通书述解》一卷，《西铭述解》一卷

明曹端撰。明代醇儒，以端及胡居仁、薛瑄为最。端又开二人之先。是编笺释周子、张子之书，大抵抒所心得，故其言简而不支。

《张子全书》十四卷，附录一卷

宋张载撰。题曰"全书"，乃止《西铭》一卷，《正蒙》二卷，《经学理窟》五卷，《易说》三卷，《语录抄》一卷，《文集抄》一卷，《拾遗》一卷，又附载行状之类为一卷。自《西铭》《易说》以外，与《宋志》卷数皆不合。实非全本，然世所通行，惟有此刻也。

《注解正蒙》二卷

国朝李光地撰。《正蒙》词奥义隐，注者多不得涯涘，又多与程、朱之说抵

牾,注者亦莫知所从。光地此注,疏通证明,多所阐发,于先儒异同之处,尤能一一别白是非。

《正蒙初义》十七卷

国朝王植撰。于《性理大全》所收《正蒙》诸注外,旁采高攀龙等五家注,而互证以张子他书之说,于张子解经用注疏之处,持论特平。其谓张子自注惟十四条,余皆误引。又谓十七篇为张子手定,李光地本多割裂,亦颇能考核。

《二程遗书》二十五卷,附录一卷

程子门人所记,而朱子编次之。其《附录》一卷,则行状之类也。书成于乾道四年戊子,《文献通考》所载卷数,与此本同。《黄震日抄》所载卷数、次第,皆不合。殆传写非一本欤。

《二程外书》十二卷

亦程子门人所记。朱子又取他书所载程子语一百五十二条益之,以补《遗书》所未备。成于乾道九年癸巳,以真伪错杂,故目曰“外书”。

《二程粹言》二卷

宋杨时编。乃其自洛归闽时,以二程子门人所记师说,采撮编次,分为十篇。

《公是先生弟子记》四卷

宋刘敞撰。曰“弟子记”者,托词于弟子所记也。敞穷经学古,介然自持。是书所论,于王安石之新学,无所假借;于程、苏二党,亦多所箴规。其两无所归,失援孤立,亦坐此。然人品则超然远矣。

《节孝语录》一卷

宋徐积撰。其解经多生异议，颇似染王氏新学。然积笃行谨守《宋史》列之“卓行传”，实非附和时局者，特好奇耳。其推陈平、扬雄，而薄贾谊，亦非公论。然其他多笃实近理。

《儒言》一卷

宋晁说之撰。自晁迥以后，晁氏之学，皆杂禅。惟此书为攻王安石新学而作，持论皆深合儒理。其间以安石讲《周礼》而排《周礼》，以安石尊《孟子》而抑孟子，未免成见不融，务与相反，然其大旨终正也。

《童蒙训》三卷

宋吕本中撰。乃其家塾训课之本，多正论格言，务切实用，于立身从政之道，多有所裨。

《省心杂言》一卷

宋李邦献撰。或曰林逋，或曰尹焞，或曰沈道原，皆误也。其书切近简明，不为高论，而多足以范世励俗。

《上蔡语录》三卷

宋曾恬、胡安国所录谢良佐语，朱子又为删定之。良佐受业于程子，而学乃杂禅，故朱子删薙颇严。然为良佐作祠记，称其以生意论仁，以实理论诚，以常惺惺论敬，以求是论穷理，命意皆精当；又称其以穷理居敬为入德之门，得明道教人纲领。盖其学醇疵参半，故朱子尚有取于此书云。

《袁氏世范》三卷

宋袁采撰。原本讹舛，今以《永乐大典》校正。其书分睦亲、处己、治家三门。意求通俗,故字句不免于近俚。然明白切要,使人易知易从,即为有补于世道。与文章固各为一事也。

《延平答问》一卷,附录一卷

《延平答问》,宋朱熹撰,皆记与李侗往来论学之语,而以侗与刘平甫二书附之。延平者,侗所居也。其附录,则朱子门人,取朱子论侗之语,及祭文、行状,并载焉。

《近思录》十四卷

宋朱熹、吕祖谦同撰。或惟题朱子者,谬也。书成于淳熙二年,取周子、程子、张子之言,择其切要者,得六百二十二条,分十四门。淳祐十二年,叶采为之集解,始表进于朝。

《近思录集注》十四卷

国朝茅星来撰。星来病叶采《近思录集解》粗率肤浅,又多讹舛,因参校诸本,凡近刻窜乱者,悉以朱子考定错简之例,注于条下。又杂采诸说,疏通其义,于名物训诂颇详。其后序谓,马、郑、贾、孔之学,如百货所聚;周、程、张、朱之学,如权衡百货之轻重。亦公论也。

《近思录集注》十四卷

国朝江永撰。因明周公恕所刻《近思录》,妄加分析,增立子目,或移置其篇章,或佚脱其句字,多误后人,因注原本以正之。凡《朱子文集》《语录》有相发明者,皆为采入,朱子说有未备者,乃取叶采诸家之注,或以己意疏证之。

《杂学辨》一卷,附《记疑》一卷

宋朱熹撰。盖为诸儒之说杂于二氏者而作。所驳凡苏轼《易传》、苏辙

《老子解》、张九成《中庸解》、吕希哲《大学解》四书，皆摘录原文，驳正于下。《记疑》一卷，则辨程氏门人所记语录也。

谨案：讲学家专著一书，以相攻驳者，始于是编。然犹为辨所当辨，故录之以示发源。其末学沿流，徒酿朋党之局者，则概不录焉，谨发其凡于此。

《小学集注》六卷

旧本题宋朱熹编。以朱子集中"癸卯与刘子澄书"考之，实子澄之所类次。犹《通鉴纲目》出赵师渊手也。初有文章一门，后乃改定为内篇四、外篇二。其注为明陈选作，随文衍义，颇为浅近。盖为课蒙之计，不得不词取通俗尔。

谨案：《文献通考》以此书入经部小学类。然《汉书·艺文志》小学类中皆训诂文字之书，而《弟子职》乃附《孝经》。沿及诸史，无以幼仪入小学者。今考是书所录，皆养正之功、立教之本，入之儒家，于古义为允焉。

《朱子语类》一百四十卷

宋黎靖德编。朱子没后，辑门人分记之语者，有池录、饶录、饶后录、建录；其类编为书者，则有蜀本、徽本。后翻刻不一，讹舛日增。靖德裒集诸刻，删除重复一千一百五十一条，厘为二十六目，颇清整易观。然前后异同之处，则未能考定也。

《戒子通录》八卷

宋刘清之撰。原本久佚，今从《永乐大典》录出。其书博采群籍，凡有关庭训者，皆录其大要。母训、阃教，亦备述焉。不免冗繁而要为详尽。

《知言》六卷，附录一卷

宋胡宏撰。刊本窜乱失真，今从《永乐大典》校定。宏论性近于禅，论治泥于古，皆不可训。然大致明白醇正，不以小疵废之。附录一卷，则朱子辨正是书之语也。

《明本释》三卷

宋刘荀撰。原本久佚，今从《永乐大典》录出。大旨谓为学当求其本，因举其切要者三十三条，各著论以明之。其曰释者，荀自为之注也。

《少仪外传》二卷

宋吕祖谦撰。原本久佚，今从《永乐大典》录出。其书为课幼而设，故取《礼记》“少仪”为名。中间杂引嘉言懿行，兼及于立身行己、应世居官之道，不与《礼记》经义相比附，故名曰“外传”。

《丽泽论说集录》十卷

宋吕乔年编。乔年为吕祖谦之侄，吕祖俭之子。祖谦没后，祖俭搜辑其门人记录之语，乔年因排次为此书。凡经说七卷，史说二卷，杂说一卷。

《曾子》一卷

宋汪晫编。《汉志》载《曾子》十八篇，《隋志》《唐志》皆作二卷，高似孙《子略》、陈振孙《书录解题》皆载有《曾子》，是宋时尚有传本。晫盖以其未备而重辑之，凡十二篇。其强立篇名，颇为杜撰。然宋代旧本已佚，存之尚具《曾子》之崖略也。

《子思子》一卷

宋汪晫编。晁公武《读书志》载有《子思子》七卷，晫此本乃止一卷，而分为九篇。其割裂古经，强立篇名，与所辑《曾子》相等，亦以旧本久亡存之耳。

《迩言》十二卷

宋刘炎撰。凡十二篇。其言醇正笃实,而切近事理,无迂僻不情之论。如谓井田封建,必不可复,谓党锢之祸,由于自取,谓学二程而不至者,不能无偏,皆讲学家所讳不肯言者也。

《木钟集》十一卷

宋陈埴撰。其书以集为名,实则所作语录。凡《经说》九卷,《近思杂问》一卷,《史论》一卷。其体例皆先设问,而后答之。故取《礼记》"善问者如攻坚木,善待问者如撞钟"之义,名"木钟集"云。

《经济文衡前集》二十五卷,《后集》二十五卷,《续集》二十二卷

旧本题宋滕珙编。或又题明马季机编,未之详也。其书取《朱子文集》《语录》,分类编次。《前集》皆论学,《后集》皆论古,《续集》则补前二集之遗。每一论必先著缘起,后标立论之意,颇有条理。但门目太碎,是其一失耳。

《大学衍义》四十三卷

宋真德秀撰。因《大学》之义,而敷演之。首以为治之要、为学之本二篇,次分四大纲,曰格物致知、曰诚意正心、曰修身、曰齐家,分子目四十有四。皆援引经训,旁征史事,参以先儒之论,以明法戒。大旨在正本清源,故治平之道,置而弗及焉。

《西山读书记》六十一卷

宋真德秀撰。原本分甲、乙、丙、丁四集。今惟存甲集三十七卷,皆论天人理气之奥;乙集二十二卷,论虞、夏以来名臣事迹,略仿编年之体,前有纲目一篇,称止于五代,而书止于唐李德裕,盖未完也;丁集二卷,皆论出处之义。

《心经》一卷

宋真德秀撰。集圣贤论心格言,而以诸儒议论为之注。大旨以正心为本,非慈湖之学,以心之精神为圣也。

《政经》一卷

旧本题宋真德秀撰。采经典论政之言为经,而杂引事迹为之传。末载当时近事六条,谓之附录。又以德秀历官公牍告谕附之。考陈氏《书录解题》,有《心经》而无此书,疑或依托。然其言有取,真赝亦无庸深诘焉。

《项氏家说》十卷,附录二卷

宋项安世撰。原本久佚,今从《永乐大典》录出。盖其读书札记也。凡《说经篇》七卷,《说事篇》《说政篇》《说学篇》各一卷。附录二卷,一为《孝经》说,一为《中庸》臆说。原本所附,尚有《诗》篇次一卷,丘乘图一卷,今则佚矣。

《先圣大训》六卷

宋杨简撰。搜辑孔子遗言,排纂为五十五篇,而各为之注。简出陆九渊之门,故所注多牵合圣言,抒发心学。然秦、汉以来,百家诡诞之谈,往往依托孔子。简能刊削伪妄,归于醇正,异同舛互,亦多所厘订,其搜罗澄汰之功,亦未可没焉。

《黄氏日抄》九十五卷

宋黄震撰。原本九十七卷,今佚其二卷。自一卷至六十八卷,皆读经、史、子、集而摘其精要,论其得失;六十九卷以下,则震之杂文也。其学以朱子为宗。然震学朱子,一如朱子之学程子,虽笃信谨守,而补阙订误,亦未尝字字附和,与宋末之依草附木者,区以别矣。

《北溪字义》二卷

宋陈淳撰。以《四书》字义,分二十六门,每拈一字,详论原委,旁通曲证,颇有所发明。

《准斋杂说》二卷

宋吴如愚撰。原本久佚,今从《永乐大典》录出。如愚早耽禅悦,既乃反于笃实。其解《大学》格物,为王守仁《传习录》所祖,似夙见未能尽涤,然如天理人欲之辨,三畏四箴之论,亦未尝不发挥深至。

《性理群书句解》二十三卷

宋熊节编,熊纲大注。其书皆录周子、二程子、邵子、张子、朱子及司马光之文,而杨时、罗仲素、范浚、吕大临、蔡元定、黄榦、张栻、胡宏、真德秀亦间及焉。明永乐中,修《性理大全》,其文多采诸此。其"性理"之名,亦似沿此书也。

《东宫备览》六卷

宋陈模撰。取经史旧文有关于训储者,汇为一编,凡二十篇。条分缕析,颇为详悉。其加意者,尤在择妃嫔、简宫僚、谨游习三篇。

《孔子集语》三卷

宋薛据编。集诸书所载孔子之语,挂漏芜杂,皆所不免,不及杨简书之有条理。而秦汉古书,残章断句,亦或赖以考见,故并存焉。

《朱子读书法》四卷

宋张洪、齐熙同编。原本久佚,今从《永乐大典》录出。盖因庆源辅氏原本,及鄱阳王氏所续编,重为补订。皆以《语录》《文集》,分门编次。于朱子一家之学,亦可谓究心矣。

《家山图书》一卷

是书自《永乐大典》录出,原本题曰朱子撰。然中引《文公家礼》,其不出朱子审矣。钱曾《读书敏求记》,载有此名,而所说与此书颇不相合。盖诸儒互有增损,非一本也。其书先图后说,根据礼经,自入学以至成人,依类标题,极有根据。虽不出自朱子,要必有所受之也。

《读书分年日程》三卷

元程端礼撰。亦因辅广所辑《朱子读书法》而修之。以原目六条为纲,而分立其课程。《元史·儒学传》称,端礼有《读书工程》,国子监尝以颁郡县,即此书也。

《辨惑编》四卷,附录一卷

元谢应芳撰。因吴俗信鬼神,多拘忌,往往违礼而戾教,乃引古人事迹,及先儒论说,条析而辨之,以纠正其失。凡十五类。又附录书及杂著八篇,言虽浅近,然申明礼教,辟邪说以正民风,是不愧儒者矣。故进而列之儒家焉。

《治世龟鉴》一卷

元苏天爵撰。乃天爵再任浙江行省参知政事时作。凡六目:一曰治体,二曰用人,三曰守令,四曰爱民,五曰为政,六曰止盗。所采皆宋以前善政嘉言,而大旨归于培养元气。

《管窥外编》二卷

元史伯璇撰。伯璇尝作《四书管窥》,此书又条记友朋答问之语,以阐发其余义，故谓之“外篇”。然皆辨证之文，不主于笺释经义，实则伯璇之语录耳。其谨守闽学，如胡炳文、陈栎；而多见古书，则非二人所及也。

《内训》一卷

明仁孝文皇后撰。或以为高皇后撰者，误也。凡二十篇。词意皆明白醇正。每章之下，各有附注，皆儒臣颂扬之词，不著名氏，不知谁所为矣。

《理学类编》八卷

明张九韶撰。初名“格物编”，吴当为易此名。分天地、天文、地理、鬼神、人物、性命、异端七类。以周、程、张、邵、朱六家之言为主，而以荀卿以下五十三家之言辅之。每类之末，附以己见，采撷精要，具有条理。

《性理大全书》七十卷

明永乐十三年，胡广等奉敕撰。所采宋儒之说凡一百二十家。其中撷录原书，自为部帙者九种；捃拾群言，分门编纂者十三类。大抵芜杂割裂，襞积成书，非能于道学源流，真有鉴别。经我圣祖仁皇帝特诏儒臣，删为《性理精义》，所遗者皆糟粕矣。以后来言性理者，皆出于是书，将举其末，必有其本，故仍过而存之焉。

《读书录》十一卷，《续录》十二卷

明薛瑄撰。明代醇儒，以瑄为首。是二录皆躬行心得之言，无一诟争门户语也。

《大学衍义补》一百六十卷

明丘濬撰。真德秀《大学衍义》，止于格、致、诚、正、修、齐，未及治、平之事。濬因作此书以补之。分十二目。博采群言，而附以己见。书虽芜杂，而要不失为典赡。盖浚人虽忮，而学则博也。

《居业录》八卷

明胡居仁撰。乃其所著语录，分十二类。居仁与陈献章，俱出吴与弼之门。献章出处颇与其师相类，持论亦涉玄虚；居仁则人品学问，皆谨严笃实，为青出于蓝焉。

《枫山语录》一卷

明章懋撰。凡分四类：曰学术、政治、艺文、人物，而附以拾遗。卷帙不多，而言皆切实近理。其谓陈献章近禅，胡居仁不适于用，皆公论也。

《东溪日谈录》十八卷

明周琦撰。凡分十三类。其学出于河津，一本濂洛之说。盖薛氏之学，虽或失之拘谨，而行矩言规，不敢恣为高谈，故数传之后，尚有典型。

《困知记》二卷，《续记》二卷，附录一卷

明罗钦顺撰。前记成于嘉靖戊子，续记成于辛卯，附录则与人论学书六篇。钦顺之学，初从禅入，晚乃折而归儒。故于禅学利病，纤悉皆知，能抉摘其要书，非漫无所见，徒博辟佛之名者也。

《读书札记》八卷

明徐问撰。乃其与门人问答，札记成书。其论学一本洛闽，深不取姚江之说。然但平心论理，无一语指名攻击。不似陈建诸人，跳踉狂詈；亦不似张烈诸人，锻炼深文也。

《士翼》四卷

明崔铣撰。前三卷曰《述言》，皆其语录；后一卷曰《说象》，则《易》解也。

铣学问切实,而持论明畅。如云:讲理至宋人而精,然而滋蔓;讲学至宋人而切,然而即空。又云:汉、唐之小人易见,宋之小人难知;汉、唐之君子可信,宋之君子当考。皆争门户者,所断不肯言也。

《泾野子内篇》二十七卷

明吕柟撰。凡语录十一种。其学出薛敬之,而敬之学出薛瑄,故持论与王守仁异趣。大旨在格物以穷理,先知而后行,颇为近里著己。

《周子抄释》三卷

明吕柟撰。一卷为周子《太极图说》《通书》,二卷为遗诗遗文,三卷为传志之属。每条之下,柟各释以一二语,颇为简要。

《张子抄释》六卷

明吕柟撰。张子遗书在四子中最残缺。柟之所见亦与今本相同,于《正蒙》隐奥之处,标举颇明。

《二程子抄释》十卷

明吕柟撰。皆依《二程遗书》原第摘抄,仍留其某某所记之注。朱子编《遗书》时,深病其真伪糅杂,柟所别择,颇为不苟。

《朱子抄释》二卷

明吕柟撰。宋四子中,惟朱子著述最繁。柟所抄乃独最简,然采撷要语,爬疏微义,已足见紫阳门径。

《中庸衍义》十七卷

明夏良胜撰。仿《大学衍义》体例,以《中庸》之义,推广演绎;于崇神仙、好符瑞、改祖制诸条,尤反复致意。盖书作于嘉靖中也。

《格物通》一百卷

明湛若水撰。体例亦仿《大学衍义》,而以致知并于格物,以格物统诚意、正心、修身、齐家、治国、平天下。各分纲目,引证祖训,而参以诸儒之说,大致与丘濬书相近。惟濬多征往事,此多引前言。

《世纬》一卷

明袁袠撰。凡二十篇。其言皆指陈弊俗,反复阐明。虽词气或不免太激,然贾谊《新书》、王符《潜夫论》,从古列诸儒家也。

《呻吟语摘》二卷

明吕坤撰。初本四卷,此本乃坤手自刊,削勒为二卷,故名曰摘,盖晚年定本也。其讲学不语精微,不谈高远,惟以躬行实践为本,在明季最为醇正。

《圣学宗要》一卷,《学言》三卷

明刘宗周撰。其《圣学宗要》,合周、张、程、朱与王守仁之说,各为之训解;《学言》三卷,则其语录也。其学虽出姚江,而以慎独为宗,能归于诚敬,故与王学末派滉漾自恣者异云。

《人谱》一卷,《人谱类记》二卷

明刘宗周撰。姚江之学,多言心,故宗周救之以实践。《人谱》首列人极图说,次记过格,次改过格。《类记》,则集古来嘉言善行,分为五篇。词多浅显,盖为中人以下立教也。

《榕坛问业》十八卷

明黄道周撰。前十六卷,为道周里居讲学之作;十七卷,为追答友人问难之书;十八卷,则蒋德璟所问,而道周授意于门人答之者也。其言出入经典,博综事物,不但为性命空谈。

《温氏母训》一卷

明温璜述其母陆氏之训也。璜抗节孤城,阖门就义,得于母教者为多。录之儒家,示进之也。

《御定资政要览》三卷,后序一卷

顺治十二年,世祖章皇帝御定。凡三十篇。篇各标目。以大书阐其理,以分注核其事。凡奉天出治之源,本身加民之道,一一粹经籍之菁华,发圣贤之蕴奥。万万世立纲陈纪,奉兹一编,而有余矣。

《圣谕广训》一卷

圣祖仁皇帝亲制圣谕十六条,颁示天下。雍正二年,世宗宪皇帝阐绎觉世牖民之意,演为《广训》万言。列在学官,使共相讲肄。迄今朔望宣读,无不油然感动。盖周详剀切,所以入人者深也。

《庭调格言》一卷

雍正八年,世宗宪皇帝御纂。凡二百四十有六则。盖至孝承颜,独蒙眷顾,宫廷问视之余,训示周详,心法、治法,同符典诰,嗣服之后,爰追录以成此编云。

《御制日知荟说》四卷

乾隆元年,皇上取旧制各体文,亲为删择,勒成一编。凡二百六十则。一卷论帝王治化之要,二卷论天人性命之旨,三卷论礼乐法度之用,四卷论古今行事之迹。内圣外王,同条共贯。允足方轨乎六经,垂模乎百代。

《御定内则衍义》十六卷

顺治十三年,世祖章皇帝御定。仿真德秀《大学衍义》之例,分八大纲三十二子目。前有御撰恭进皇太后表文,仰见任姒徽音,衍为二南之化。以本治治天下,渊源有自来也。

《御定孝经衍义》一百卷

康熙二十一年,侍郎张英等奉敕撰。亦仿真德秀《大学衍义》之例,分八大纲五十六子目。凡征事考言,皆引经据典;其诸子杂书,惟据为旁证,不入正条。义例谨严,而包罗宏富。推阐孝德,曲畅无遗。

《御纂性理精义》十二卷

康熙五十六年,大学士李光地奉敕撰。明永乐中,胡广等撰《性理大全》,芜杂无绪,后来节本,亦皆持择未精。因特命光地删繁举要,勒成此编。卷帙仅及原书七分之一,而条理精密,义蕴已包括无余矣。

《御纂朱子全书》六十六卷

康熙五十二年,大学士李光地等奉敕撰。宋儒文集语录,惟朱子卷帙最繁。其中或未定之说,后先互异;或门人记述,彼此迥殊。学者各据一端,弥滋聚讼。是编分类排辑,厘为一十九门。存真削伪,去驳留醇。使朱子一家之言,有伦有要。视黎靖德等所录,实为既博且精。

《御定执中成宪》八卷

雍正六年奉敕撰。前四卷载帝尧以来至明孝宗嘉言善政,后四卷为名臣奏议。先儒论说,凡有资于治法者,搜精取要,靡不赅载。与御撰《资政要览》,心源符契,均为驭世之大经。

《御览经史讲义》三十一卷

乾隆十四年,大学士蒋溥等奉敕编。乾隆元年,诏翰詹科道轮奏经史讲义,盖仿宋代进御故事之体。日积月粹,篇帙渐繁,因命简其近理者,编为此帙。仰见圣德谦冲,迩言必察,如海岳之不捐尘露也。

《正学偶见述》一卷

国朝王宏撰撰。朱子无极之辨,陆九渊攻之于前;格物之说,王守仁轧之于后。诸儒各争门户,垂数百年。宏撰谓无极之说,当以陆九渊为是;格物之说,当以朱子为是。因作此书,以持其平。

《思辨录辑要》三十五卷

国朝陆世仪撰。原本卷帙繁重,张伯行删削其文,分十四门编次,故名曰"辑要"。其学主于敦守礼法,讲明实用,能尽涤明季猖狂之习。

《双桥随笔》十二卷

国朝周召撰。自序称,集中大意,在信道而不信邪,事人而不事鬼,言理而不言数,崇实而不崇虚,足以见其所学。惟词气多伤激烈,未免所养未粹耳。

《读朱随笔》四卷

国朝陆陇其撰。乃其读《朱子文集》随笔札记。于正集二十九卷以前,诗赋札子,人所共知者,不复置论。三十卷以后至别集五卷,则摘其精要,各加案语,以申明之。

《三鱼堂剩言》十二卷

国朝陆陇其撰。皆平时札记,其甥金山陈济排比成帙。凡说五经者四卷,说《四书》《性理》者二卷,说诸儒得失者二卷,说子史及杂事者四卷。

《松阳抄存》二卷

国朝陆陇其撰。盖其官灵寿知县时,取所撰《问学录》《日记》二书,抄撮精要,裒为此编。张伯行尝为刊行,而汰除过半,多失陇其之意。此本乃乾隆辛未,金山杨开基以原本重编者也。

《榕村语录》三十卷

国朝李光地撰。光地虽留意讲学,而研究经典,多所独得。是编为其门人徐用锡及其孙清植所编。凡说经者十七卷,论诸子诸儒者三卷,论史者一卷,论历代者一卷,论学者二卷,论性理者二卷,论治道者二卷,论诗文韵学者二卷。大旨皆有本之言。

《读书偶记》三卷

国朝雷鋐撰。是编大旨以朱子为宗,而能不争竞门户。其中论《易》多本李光地,论《礼》多本方苞;盖一其乡前辈,一其受业师也。

右儒家类。一百十二部,一千六百八十一卷。

谨案:"非十二子"见荀卿书,是儒术争构之始矣。自宋及明,角立分朋,格斗而不休者,四五百年。故王圻《续文献通考》,于儒家诸书,各以学派分之,以示区别。然儒者之患,莫大于门户,圻仍以门户限之,是率天下以植党也,于学问何有焉。今所甄录,但以时代先后为次,不复分析宗派,要求其不失孔、孟之旨而已。各尊一别子为祖,而置大宗于不问,是恶识学问之本原哉。

子部二　兵家类

《握奇经》一卷

旧本题风后撰，汉公孙弘解，晋马隆述赞。《汉志》《隋志》《唐志》皆不载，《宋志》始著录。详考其文，盖因唐独孤及《八阵图记》而依托为之。然其言具有条理，流传四五百年，为谈兵者所祖，今亦仍录之，冠首焉。

《六韬》六卷

旧本题周吕望撰。其文义不类三代，盖因庄子“金版六弢”之语，而附会成书。然陆德明《庄子释文》，谓“太公六韬，文武虎豹龙犬也”。则其伪，在陈、隋以前矣。

《孙子》一卷

周孙武撰。《史记·孙子列传》载武之书十三篇是也。兵家书之传于今者，惟此本为最古。

《吴子》一卷

周吴起撰。《隋志》《唐志》皆作一卷，与今本同。惟晁氏《读书志》作三卷，然六篇之目则与今本合，亦真古书也。

《司马法》一卷

旧本题齐司马穰苴撰。证以《史记》，盖齐威王诸臣集古兵法为之，而附穰苴于其中，非穰苴作也。其时去古未远，三代遗规，往往于此书见之。

《尉缭子》五卷

周尉缭撰。《汉志》兵家有《尉缭》三十一篇，今本二十四篇，不知即《汉志》所载否。然其言多近于正,与战国权谋颇殊,故横渠张子亦尝注之。

《三略》三卷

旧本题黄石公撰。云即圯上以授张良者。然其文不类秦汉间书。汉光武帝诏虽尝引之,安知非反摭诏中所引二语,以证实其书?谓之北宋以前旧本,则可矣。

《三略直解》三卷

明刘寅撰。诠释颇为明畅。其以此书为真出太公所作,则非也。

《素书》一卷

旧本题黄石公撰,张商英注。实即商英所伪托。以书中所言,颇有合于以柔制刚、以退为进之理,故今尚传焉。

《李卫公问对》三卷

旧本题唐李靖撰,陈师道、何薳、邵博皆以为阮逸所托。然其指画攻守、变易主客,于兵家微意,时有所得。故郑瑗《井观琐言》,谓其书虽伪,亦出于有学识谋略者之手也。

《太白阴经》八卷

唐李筌撰。于行军制胜之术,指画甚详。杜佑《通典》采用其说颇多。

《武经总要》四十卷

宋曾公亮等奉敕撰。凡前后二集。前集制度十五卷,边防五卷;后集故事十五卷,占侯五卷。战阵之事,非宋人所长,故所言阵法战具制弥详,而拘牵弥甚。边防五卷,亦多得诸传闻。然前集备一朝之规制,后集具历代之得失。录之亦足资考核,神而明之,存乎其人焉。

《虎钤经》二十卷

宋许洞撰。其书指陈兵法,上自占候阴阳,下至医疗人马,一一详备。大抵汇辑旧文,参以己意。惟第九卷飞鹗、长虹、重复、八卦四阵,及飞辕寨图,为洞自创之新法。

《何博士备论》一卷

宋何去非撰。凡二十八篇,今佚二篇。皆论兵之语。元祐中,苏轼尝为奏进于朝,荐为馆职,不果。卷首载轼荐状二篇,所以志是书之缘起也。

《守城录》四卷

是书凡分三种。首为《靖康朝野佥言》,后序宋陈规撰,因金人攻汴之具,而追论捍敌之法。次为《守城机要》,亦规所撰,皆论备御之术。次曰《建炎德安守御录》,则绍熙中浏阳汤璹,追录规守城轶事也。

《武编》十卷

明唐顺之撰。凡前后二集。前集缕陈战法,分五十四门;后集征述古事,凡九十七门。体例略似《武经总要》,然顺之身经行阵,较曾公亮等多阅历之言。

《阵纪》四卷

明何良臣撰。皆述练兵之法。凡分二十三类,共六十六篇。大抵以平时选练为本,而预筹其应变之术焉。

《江南经略》八卷

明郑若曾撰。为江南倭患而作,兼及防御土寇之事。于山川形势、攻守机宜及善后诸策,言之最详。盖若曾尝入胡宗宪幕,参赞军政也。

《纪效新书》十八卷

明戚继光撰。乃其官浙江参将时,练兵备倭之作。首为或问一篇,解释疑阻;次分十八篇,每篇各有图说。其词率如口语,不加文饰,取其易于谕众也。

《练兵实纪》九卷,《杂集》六卷

明戚继光撰。乃隆庆二年,继光总理蓟州、昌平、保定三镇时,讲求练兵之衡而作,凡练法六篇。其《杂集》五篇,则军中条议法制也。

右兵家类。二十部,一百五十三卷。

卷　十

子部三　法家类

《管子》二十四卷

旧本题周管仲撰。然多言管子后事，盖后人附盆者多，故其中往往有鄙语。其标题有经言、外言、内言、短语、区言、杂篇、管子解、管子轻重诸名，在当时必有分别，今混为一耳。原本八十六篇，今佚十篇。其注旧题房玄龄撰，据晁氏《读书志》，盖尹知章作也。

《管子补注》二十四卷

明刘绩撰。《管子》旧注多疏舛，绩因补其所遗，皆附于旧注之后，以“绩案”别之。虽循文衍义，不能有所考证，以视旧注，则较为词意分明矣。

《邓析子》一卷

周邓析撰。凡无厚、转词二篇，与《汉志》所载合。然其文节次不相属，疑亦掇拾重编也。其说在申、韩、黄、老之间，大旨在势统于尊、事核于实。

《商子》五卷

旧本题秦商鞅撰。《周氏涉笔》谓其书多附会后事，拟取他词，非本所论著。今案开卷称孝公之谥，则谓不出鞅手，良信。然其词峻厉而刻深，虽非鞅作，亦必其徒述说之，非秦以后人所为也。《汉志》载二十九篇，至宋佚其三篇，今有录无书者又二篇。

《韩子》二十卷

周韩非撰。凡五十五篇,旧本多所佚脱,明赵用贤始得宋椠校补。又周孔教家大字刻本,与赵本亦同。今用以互校,视他刻本为完善。其注不知何人作,元何犿注本,称为李瓒,未知何据也。

《疑狱集》四卷,《补疑狱集》六卷

《疑狱集》,晋和凝及其子㠊撰;《补疑狱集》,明张景撰。所记皆平反冤滥、抉摘奸慝之事。

《折狱龟鉴》八卷

宋郑克撰。原本二十卷,佚其十有五卷,今从《永乐大典》补完,并为八卷。凡分二十门,计三百九十五事。虽持论不必尽当,而胪陈旧事,使后人触类旁通,于治狱者,不为无益。

《棠阴比事》一卷,附录一卷

宋桂万荣撰,明吴讷删补。万荣取和氏、郑氏所集断狱事迹,仿李瀚《蒙求》之体,次为七十二韵,凡一百四十四事,各为之注。讷病其拘于声韵,乃删其不足为法,及相类复出者,存八十条,以事之大小为先后,不复以韵相叶。其注亦稍为点定。又补遗二十三事,附录四事,别为一卷,缀于后。

右法家类。八部,九十四卷。

子部四　农家类

《齐民要术》十卷

后魏贾思勰撰。凡九十二篇。于农圃衣食之法，纤悉毕备。又文章古雅，援据博奥，农家诸书，无更能出其上者。其注不题撰人，以《文献通考》所载李焘序证之，知为孙氏所作，其名则不可考矣。

《农书》三卷，附《蚕书》一卷

宋陈旉撰。案：《书录解题》作陈芳，盖传写之误。上卷论农事，中卷论养牛，下卷论养蚕。多发挥其理，与他书兼举其法者，为例稍殊。末缀《蚕书》一卷，则秦湛所作，后人附入也。

《农桑辑要》七卷

元至元十年官撰。原本久佚，今从《永乐大典》录出。《元史》称世祖即位，诏天下崇本抑末，又颁《农桑辑要》于民，即此本也。凡十门，大致以《齐民要术》为蓝本，而删其今古异宜，及琐屑繁重之处，使简而易行。

《农桑衣食撮要》二卷

元鲁明善撰。原本久佚，今从《永乐大典》录出。其书以农圃诸务，分系十二月令，使民及时趋事。《农桑辑要》末载《岁月杂事》一卷，未为该备，此足以补其缺也。

《农书》二十二卷

元王桢撰。原本讹脱，今以《永乐大典》校正。凡《农桑通诀》六卷，《谷谱》四卷，《农器图谱》十二卷。其书于农事极详，所载楔水诸器，尤切民用，而叙述古雅，引据博赡。每图之末，附以铭赞诗赋，亦词采蔚然，盖《齐民要术》之亚也。

《救荒本草》二卷

明周定王朱橚撰。或题周宪王者,误也。是书载诸草之可以充食者,以备饥馑,最切实用。其取诸《本草》者一百三十八种,橚所采访新增者二百七十六种。

《农政全书》六十卷

明徐光启撰。凡农本三卷,田制二卷,农事六卷,水利九卷,农器四卷,树艺六卷,蚕桑六卷,种植四卷,牧养制造各一卷,荒政十八卷。诸书所载,不过农事;而此书多及于政典,故以“农政”为名。陈子龙尝病其浩博而删之,然终以原本为赅备也。

《泰西水法》六卷

明西洋熊三拔撰。记取水蓄水之法,皆制造奇器,以捷巧见长,图说亦极详备。欧罗巴人所著,自步算诸书外,此为切于实用。

《野菜博录》四卷

明鲍山撰。与《救荒本草》互有出入。所载仅及其三之二。然周王多得于采访,山则皆得于亲试,固可相辅为用焉。

《钦定授时通考》七十八卷

乾隆二年奉敕撰。乾隆八年告成。御制序文颁行。凡八门:曰天时、曰土宜、曰谷种、曰功作、曰劝课、曰蓄聚、曰农余、曰蚕桑。皆本诸天道,修人事以尽地力,《豳风》《无逸》,敦本重农之至意,具备于是焉。

右农家类,十部。一百九十五卷。

子部五　医家类

《黄帝素问》二十四卷

唐王冰注。晁氏《读书志》作王砅，盖欲附会杜甫诗而改之。原本残缺，冰采《阴阳大论》以补之。其书云出上古，固未必然；然亦必周、秦间人，传述旧闻著之竹帛。故通贯三才，包括万变，虽张、李、刘、朱诸人，终身钻仰，竟无能罄其蕴奥焉。

《灵枢经》十二卷

是书论针灸之道，与《素问》通号“内经”，然至南宋史崧，始传于世，最为晚出。或以为王冰所依托。然所言俞穴脉络之曲折，医者亦终莫能外，盖其书虽伪，其法则古所传也。

《难经本义》二卷

周秦越人撰，元滑寿注。越人撰《难经》八十一篇，发明《内经》之旨，词义古奥，猝不易通，笺释多失其本意。寿以文士而精于医，故其注较诸家所得为多。

《针灸甲乙经》八卷

晋皇甫谧撰。据其自序，盖合《针经》《素问》《明堂孔穴针灸治要》三书，撮其精要，以成是经。言针灸之法最悉。或曰王冰所撰。《灵枢经》即割裂此书之文，伪为古书也。

《金匮要略论注》二十四卷

汉张机撰，国朝徐彬注。是书本晋王叔和所编，世罕传本，宋王洙始于秘阁录出，凡二十五篇二百六十二方。为医杂症者之祖本，彬所注亦颇明显。

《伤寒论注》十卷,附《伤寒明理论》三卷,《论方》一卷

《伤寒论》,汉张机撰,晋王叔和编,金成无已注。机书自明以来,为诸家窜改殆尽,惟无已所注,犹为古本。《明理论》五十篇、《论方》二十篇,皆无已所撰,以发明机意也。

《肘后备急方》八卷

晋葛洪撰。凡分五十三类,但有方而无论。其书经梁陶弘景、金杨用道增修。用道所增,犹注附方字;弘景所增,则不可考矣。然弘景亦妙解医理者也。

《褚氏遗书》一卷

旧本题南齐褚澄撰。凡十篇。宋嘉泰中,始有刊版。云唐清泰中,黄巢乱时,群盗发冢,得之于石刻,殆出依托。然颇能发气血阴阳之奥。其论寡妇、僧、尼之异治,发前人所未发。论吐血、便血、戒饮寒凉,尤为精识。伪书中之最有理致者也。

《巢氏诸病源候论》五十卷

隋大业中,巢元方等奉敕撰。凡六十七门一千七百二十论。但论病源,不载方药。唐王焘作《外台秘要》,宋太平兴国中撰《圣惠方》,皆采是书所论,冠诸门之首,则历代宝为圭臬矣。

《千金要方》九十三卷

唐孙思邈撰。思邈谓“人命至重,贵于千金;一方济之,德逾于此”。故此书以“千金”为名。原本三十卷,又“千金翼方”三十卷,此本混合为一,乃广至九十三卷,其为原书与否,已不可详。要之,思邈之方,仍散在此编内也。

《银海精微》二卷

旧本题唐孙思邈撰。其名乃取王安石论苏轼诗语,伪不待辨,然所论治目之法,乃多中理。

《外台秘要》四十卷

唐王焘撰。是书作于出守邺郡时,故曰“外台”。凡一千一百四门。皆先论后方,古来专门授受之秘法,多在其中。惟以针法无益而有损,削之不载焉。

《颅囟经》二卷

不著撰人名氏。即《宋志》所谓《师巫颅囟经》也。原本久佚,今从《永乐大典》录出。皆疗治小儿之法。钱乙为幼科之圣,而《宋史》称其学出于此经,则其术之精可知,宜其托之师巫也。

《铜人针灸经》七卷

不著撰人名氏。疑即宋王维德《铜人腧穴针灸图经》也。“维德”一作“惟一”。其书乃天圣中奉敕所撰。晁公武《读书志》、王应麟《玉海》,并载作书始末甚详。所言一一与此本合,但卷数小异耳。

《明堂灸经》八卷

旧本题西方子撰。不知何许人。其书专论灸法。铜人图式惟有正背左右,此所绘腧穴诸图,乃兼及侧伏,尤为详密。其曰“明堂”者,《素问》称雷公问黄帝以人身经络,黄帝坐明堂以授之,故《旧唐书·经籍志》以针灸诸书,别为明堂经脉一类云。

《博济方》五卷

宋王衮撰。原本久佚,今从《永乐大典》录出。自序称随其父官滑州时,以家藏医方七千余道,择其精者五百余道为此书。今所存者,三百五十余方而已。其方多他书所不载,颇好奇异,然晁公武《读书志》谓其用之无不效。

《苏沈良方》八卷

宋沈括撰。后人又以苏轼之说附之。原本十五卷,久已散佚,今从《永乐大典》录出,厘为八卷。二人皆不以医名,而皆能通医理。括尤能究药性,故其方试之多有验。

《寿亲养老新书》四卷

前一卷宋陈直撰,本名《养老奉亲书》。后三卷元邹铉续撰,并直书改题此名。直书凡十五篇,论颐养之法甚备。铉书兼说杂事,稍为冗蔓,而于起居服食,一切琐务,无不详悉。

《脚气治法总要》二卷

宋董汲撰。原本久佚,今从《永乐大典》录出。上卷论脚气证治之异,下卷凡四十六方。

《旅舍备要方》一卷

宋董汲撰。原本久佚,今从《永乐大典》录出。皆猝病救急之方,其中有用之则效,而其药不可理解者,所谓专门禁方是也。惟小儿一门,多用金石之药,似不可以概施。

《素问入式运气论奥》三卷,附《黄帝内经素问遗篇》一卷

宋刘温舒撰,发明《素问》运气之理,凡三十一论、二十九图。五运六气,不可执为定法,而不可谓无其理。故有时不验,亦有时而验。存之亦备医家之一义。所附《刺法论》一篇,其亡在王冰作注之前,温舒何自得之,存而不论可矣。

《伤寒微旨》二卷

宋韩祗和撰。原本久佚,今从《永乐大典》录出。凡十五篇。大抵推阐张机之意,而随时随证,又为变通于其间。

《伤寒总病论》六卷,附《音训》一卷,《修治药法》一卷

宋庞安时撰。音训及修治药法,则其门人董灼编。安时尝与苏轼、黄庭坚、张耒诸人游,皆盛称之,以此为叶梦得所不满。然其书实能发张机未尽之意,而补其未备之方,非虚相标榜也。

《圣济总录纂要》二十六卷

宋政和中奉敕撰。皆以御府所藏禁方秘论,纂辑成编。原本二百卷,繁重难行,遂多佚缺。国朝程林得其残帙,凡三本,互相参校,掇取其切于用者,编次成书,故名"纂要"。

《证类本草》三十卷

宋唐慎微撰。有宋、金两刻。刻于宋者,名《大观本草》;刻于金者,名《政和本草》。其增附寇宗奭《本草衍义》,则金刻也。此本从金刻翻雕,较为清厘。其书采摭繁富,而条理详明,故南北并有刊版云。

《全生指迷方》四卷

宋王贶撰。原本久佚,今从《永乐大典》录出。凡二十一门。虽以方名,实则每证之前,皆详述病状,以推究病源。于脉法言之尤详,非诸家方书,但注某方主治某病者也。

《小儿卫生总微论方》二十卷

宋嘉定丙午,太医局刻本。不著撰人名氏。凡论一百篇。每论附以方。

于小儿诸症,自初生以至于成重,一一详备。

《类证普济本事方》十卷

宋许叔微撰。所载皆经验诸方,并记医案,故以“本事”为名,犹孟棨记诗家故实,称“本事诗”也。其书属词简雅,俗医不能甚解,故罕传习。然实多入微之论。

《太平惠民和剂局方》十卷,《指南总论》三卷

是书初创于元丰,重修于大观,后绍兴、宝庆、淳祐中,又递有所增加。盖南宋医院,以此书为祖本。多用燥烈香窜之药,易见功效,而亦多所耗伤。故朱震亨极排之。然病有万状,药不一格,在用得其当而已,亦不必矫枉过直也。

《卫生十全方》三卷,《奇疾方》一卷

宋夏德撰。原本散佚,今从《永乐大典》录出。《十全方》皆出旧传;《奇疾方》三十八,则出德自造。其证皆世所罕见,然天地之大,何所不有,亦未可遽斥为无用也。

《传信适用方》二卷

宋吴彦夔撰。《文献通考》作《传道适用方》,字之讹也。所录皆经验之方,其“八味丸问难”一条,尤深得制方之意。

《卫济宝书》二卷

题东轩居士撰,不著名氏。原本久佚,今从《永乐大典》录出。所载皆痈疽之方。卷首论治诸条,设为问答,剖析入微。其后胪列诸方,附以图说,亦辨证颇详。

《医说》十卷

宋张杲撰。集古来医案，勒为一书。凡分二十七门。杲师其父彦仁，彦仁师其父子发，子发师其兄扩，扩则师于庞安时，所谓三世之医，故所载多可依据云。

《针灸资生经》七卷

宋王执中撰。第一卷总载诸穴，后六卷分论诸症。经纬分明，颇易寻觅。

《妇人大全良方》二十四卷

宋陈自明撰。凡分八门，共二百六十余论，论后各附以方。于妇人症治，条析无疑。明薛已尝删定之，然终以原本为赅备也。

《太医局程文》九卷

不著编辑者名氏，皆南宋考试医学之文。原本久佚，今从《永乐大典》录出。凡墨义九道、脉义六道、大义三十七道、论方八道、假令十八道、运气九道；盖当时命题，分此六格也。

《三因极一病证方论》十八卷

宋陈言撰。其说分病为三因：一内因，一外因，一不内外因也。条理分明，而方论简要。严氏济生方，即由此出蓝。

《产育宝庆方》二卷

不著撰人名氏。原本久佚，今从《永乐大典》录出。凡二十一篇。初但有论而无方，郭稽中始以方附之，杜莜又增以陈言三因方所评，赵莹又增以杨子建七说，冀致君又增以杂病方论及阴阳避忌之类。盖成于众人之手，而书名则未改其旧也。

《集验背疽方》一卷

宋李迅撰。原本久佚,今从《永乐大典》录出。所集背疽诸方,皆系以论说,凡证候之虚实,治疗之缓急,一一剖析分明。

《济生方》八卷

宋严用和撰。原本久佚,今从《永乐大典》录出。其持论小心畏慎,不敢轻攻,并不敢轻补。虽不善学之,或致以模棱贻误,而用意谨严,可以与张从正、刘完素书,互相调剂也。

《产宝诸方》一卷

不著撰人名氏。《书录解题》载之,亦不云谁作。原本久佚,今从《永乐大典》录出。其书于保产诸法,颇赅备。惟用药稍为峻利,盖和济局方之支派也。

《仁斋直指》二十六卷,附《伤寒类书活人总括》七卷

宋杨士瀛撰。《仁斋直指》,凡七十九篇,每篇之后各有附遗,则明嘉靖中朱崇正重刊所加。其《伤寒类书活人总括》,作于《仁斋直指》前,以卷帙较少,故附于后,其中三图,亦崇正所加也。

《急救仙方》六卷

不著撰人名氏。原本久佚,今从《永乐大典》录出。所载皆疡医之术,而于背疮、疔疮、目疾、痔漏四症,所论尤详。

《素问元机原病式》一卷

金刘完素撰。以《素问至真要论》所列病机十九条,演为二百七十七字,立全书之纲领,而逐条辩论以申之,其大旨多主于火。

《宣明论方》十五卷

金刘完素撰。其大旨本《素问》及《金匮要略》,而用药多主寒凉,盖因北方地气而施。泥之者非,废之者亦非也。自序称三卷,此本乃十五卷,其方下小序有称灌顶王子所传者,金时安有是名,知传刻有所窜入也。

《伤寒直格方》三卷,《伤寒标本心法类萃》二卷

旧本皆题金刘完素撰。然《伤寒直格方首》,又题"临川葛雍编",似乎非其旧本。《伤寒标本心法类萃》中,称双解散、益元散皆为神方,二方即完素所制,不应自誉至此。疑皆为传刘氏学者所作也。

《保命集》三卷

金张元素撰。旧题刘完素者,误也。其书分三十二门,于脉证多所阐明。李濂《医史》称:刘完素病伤寒,不能自医,得元素医之乃愈,则其术在完素上矣。

《儒门事亲》十五卷

金张从正撰。其曰"儒门事亲"者,以为儒者能明其理,而事亲当知医也。其术以汗、吐、下三法治诸证,颇不可以立训。而用之得宜,取效亦捷。在因证而消息之耳。

《内外伤寒辨惑论》三卷

金李杲撰。发明内伤之证,有类外感,辨别寒热,有余不足。大旨以培补脾胃为主。

《脾胃论》三卷

金李杲撰。是书申明培补脾胃之旨,与《辨惑论》相辅而行。

《兰室秘藏》三卷

金李杲撰。其曰“兰室”者，取《素问》“藏诸灵兰之室”语也。凡二十一门。其归重脾胃，仍不离一生之大旨。其脾胃虚损论，极言寒凉峻利之害，盖隐挽刘、张二家之流弊也。

《医垒元戎》十二卷

元王好古撰。以十二经为纲，皆首以伤寒，附以杂证。大抵祖张机之意，而参以其师张元素、李杲之法，亦兼用和剂局方，与朱震亨门径小异。其曰“医垒元戎”者，自序谓：良医用药，如临阵用兵也。

《此事难知》二卷

元王好古撰。皆阐明李杲之绪论，于伤寒症治尤详。杲《伤寒会要》久已散佚，惟赖此尚存其梗概。

《汤液本草》三卷

元王好古撰。上卷述用药之凡例；中、下二卷以《本草》诸药，配十二经络，各以主病者为君臣佐使应次之。大都从试验而来，不甚泥本经旧文也。

《瑞竹堂经验方》五卷

元沙图穆苏撰。案：沙图穆苏，原作萨里弥实，今改正。原本久佚，今从《永乐大典》录出。其方如八珍散、返魂丹、内托千金散之类，医家至今沿用。惟幼科用药，或嫌峻利耳。

《世医得效方》二十卷

元危亦林撰。集其高祖以下，五世经验之方，分为七科，而附以孙思邈养生法节文。其总目有针灸一科,而有录无书。核检其文,乃散附于七科之中,非缺佚也。

《格致余论》一卷

元朱震亨撰。其说以人身阳常有余,阴常不足,故以补阴为宗。以古人谓医为格物、致知之一事,故题曰《格致余论》。

《局方发挥》一卷

元朱震亨撰。以和剂局方多用温补燥烈之药,耗损真阴,乃著此书以辟之。古之医家,各明一义而已。其分别门户,以相攻者,自此书始。

《金匮钩玄》三卷

元朱震亨撰。明戴原礼校补。其以补阴为宗,实开直补真水之先。其以郁论病,亦开后来无穷之悟。但用药制方,未及薛己诸人,愈讲愈密耳。

《扁鹊神应针灸玉龙经》一卷

元王国瑞撰。题曰扁鹊,原序以为托名也。其书以针灸腧穴,编为歌诀,词颇近俚,而专门之学,具有授受,但取术能愈疾,固不得以词义工拙求之。

《外科精义》二卷

元齐德之撰。其说皆先求疡疾之本,而量其阴阳强弱,以施疗。大旨近东垣之学,故后人附刻《东垣十书》中。或竟引为"东垣外科精义",则非也。

《脉诀刊误》二卷,附录二卷

元戴启宗撰。王叔和《脉经》十卷,见于《隋志》。宋熙宁中,或伪为《脉诀》,托之叔和,盛行于世。启宗条析而辨之。明嘉靖中,汪机为之刊行。并以

《脉书要语》一卷,及所撰《矫世惑脉论》一卷,附录于末。

《医经溯洄集》一卷

元王履撰。取张机《伤寒论》三百九十七法,删其重复,补其阙漏,重订为三百九十七法。并极论内伤、外伤、中风、中暑之辨,撰为此书,凡二十一篇。

《普济方》四百二十六卷

明周定王朱橚撰。凡一千九百六十论,二千一百七十五类,七百七十八法,二万一千七百三十九方,二百三十九图。自古经方,未有赅备于是书者。

《推求师意》二卷

明戴原礼撰。原礼为朱震亨之弟子。既校补震亨《金匮钩玄》,又阐发震亨未尽之意,以成此书。震亨用黄柏、知母补阴,或致以苦寒伐生气,原礼能调剂其所偏,尤为善学。

《玉机微义》五十卷

明徐用诚撰,刘纯续增。用诚书本名"医学折中",凡十七类;纯病其未备,增为三十三类,改题此名,凡十七类。外所增立之门,目录各注"续添"字,凡十七类,中所增附之论,亦各注"续添"字。虽皆集旧论旧方,而各加案语,多所订正。

《仁端录》十六卷

明徐谦撰,其门人陈葵删定。皆治痘之方,论于寒温攻补,务审症而施,无所偏主。

《薛氏医案》七十八卷

明薛己撰。盖裒其生平述作,共为一编。所自著者九种,订正旧本而附以己说者十四种。其大旨以命门为真阴、真阳,而气血为阴阳所化。常用者不过十余方,而随机加减,变化不穷。后赵献可作《医贯》,述己之说,而主持太过,遂至胶柱鼓瑟,非己之本意也。

《针灸问对》三卷

明汪机撰。上、中二卷论针法。下卷论灸法,及经络穴道。皆根据古法,设问对以发明其义。其论针能泻有余,不能补不足。又论针灸不如汤液,又极论误灸之害,皆针灸家所讳不肯言也。

《外科理例》七卷,附方一卷

明汪机撰。凡一百五十四门,附方一百六十五道。其自序谓外科必本诸内,与齐德之《外科精义》持论相同。其分舍脉从证、舍证从脉,及治之不应别求其故三例,则德之所未及也。

《石山医案》三卷,《附案》一卷

明陈桷撰。桷为汪机弟子,因裒机治验为此书。石山者,机别号也。机之学,源出丹溪,而其著论,乃排王纶明《医杂著》株守丹溪之弊。岂非随证施治,不主一格,故所投辄效欤。

《名医类案》十二卷

明江瓘撰,其子应宿增补。凡二百五门。所采上自秦越人、淳于意,下至元明名医治验方论。瓘所评骘,亦即附注于下。多所辨证,不但以捃拾为富也。

《赤水玄珠》三十卷

明孙一奎撰。凡分七十门,每门又各条分缕析,辨别疑似。大旨专以明证为主,故于寒、热、虚、实、表、里、气、血八端,言之最详。其论古今病证,名实混淆之处，尤为细密。惟第十卷怯损痨瘵门中，忽参以容成之术，为白璧之微瑕。

《医旨绪余》二卷

明孙一奎撰。以藏府、血气、经络、腧穴，推明阴阳五行之理，并评论诸家之短长。

《证治准绳》一百二十卷

明王肯堂撰。据其自序，盖初成《证治准绳》，附以类方。后续成《伤寒准绳》《疡医准绳》《幼科准绳》《女科准绳》，以补所未备。而仍以“证治准绳”为总名，从其朔也。采摭繁富，而条理分明。考方论者，莫赅洽于是书。

《本草纲目》五十二卷

明李时珍撰。取诸家本草，删繁除复，补漏订讹，汇为一编，凡十六部六十二类。所收诸药，一千八百八十二种。每药先列正名为纲。次以释名集解，辨疑正误。次以气味主治附方。冠以图三卷，序例二卷，百病主治药二卷。考证精博，与王肯堂《证治准绳》，均为医学之渊海。

《奇经八脉考》一卷

明李时珍撰。以人身十二经脉，医家所共知；惟阴维、阳维、阴蹻、阳蹻、冲任、督带，为奇经八脉，医所易忽。因各详其证治，并附以《气口九道脉图》，阐发《内经》之旨。

《濒湖脉学》一卷

明李时珍撰。其父言闻，尝著《四诊发明》。时珍撮其精要，以成此书。刊伪本《脉诀》之误。其法分脉为二十七种，辨别毫厘，极为精密。

《伤寒论条辨》八卷，附《本草抄》一卷，《或问》一卷，《痉书》一卷

明方有执撰。其说以张机《伤寒论》，一乱于王叔和之编次，再乱于成无己之注释，全失其旧，因考定以为此编。亦如改本《大学》，于学者不为无功。必以为孔门旧本如是，则未有据也。附录三书之中，《痉书》辨痉与惊风之疑，似最为明确。

《先醒斋广笔记》四卷

明缪希雍撰。初，丁元荐以希雍方论集为《先醒斋笔记》，希雍又自补所未备，故名曰“广”。其大旨以刘完素、朱震亨为宗，与张介宾同时，而门径迥异。缪捷变而或以巧失，张持重而或以缓误，亦互有得失也。

《神农本草经疏》三十卷

明缪希雍撰。分《本草》为十部，每药皆有发明，故谓之疏。冠以序例二卷，论三十余首。王懋竑作《石膏辨》，颇诋諆此书。然亦一家之学也。

《类经》三十二卷

明张介宾编。以《素问》《灵枢》，析为三百九十条，分十二类，厘为十七卷，又益以图翼十一卷，附翼四卷。虽不免割裂古书，而门目分明，易于寻检。李杲、罗从谦尝有是作，不自介宾始也。所注亦颇有发明。

《景岳全书》六十四卷

明张介宾撰。其门目有传忠录、脉神章、伤寒典、杂症谟、妇人规、小儿则、痘疹诠、外科钤、本草正、新方八阵、古方八阵。名皆纤佻，而典、谟二名尤妄。大旨以温辅为宗，然主持太过，故传其说者，功与过参半。

《瘟疫论》二卷，补遗一卷

明吴有性撰。其说以伤寒中脉络，因表入里；瘟疫之气，自口鼻而入，伏于膜原，在不表不里之间，治法迥异，乃著此书，以辨别之。盖崇祯辛巳，疫气蔓延数省，以伤寒法治之，多死。因推究而得其病源也。

《痎疟论疏》一卷

明虑之颐撰。所论痎疟证治，于寒热虚实之辨，至为详悉。

《本草乘雅半偈》十卷

明卢之颐撰。以《神农本草》所录凡三百六十五种，古有今无者居三之一，乃删其一百四十五种，而采掇别录以下适用之药，如其数以补之。考辨皆颇详洽。其曰“乘雅”者，乘为四数，每药之下，诠释之例有四也。曰“半偈”者，兵燹佚其半也。亦太僻涩矣。

《御定医宗金鉴》九十卷

乾隆四年，大学士鄂尔泰奉敕撰。凡订正《伤寒论注》十七卷，订正《金匮要略注》八卷，删补《名医方论》八卷，《四脉要诀》一卷，《运气要诀》一卷，《诸科心法要诀》五十一卷，《正骨心法要旨》四卷。并有图有说，有方有论。并各有歌诀，以便记诵。古今医学，此集其成。

《尚论篇》四卷，《后篇》四卷

国朝喻昌撰。因方有执《伤寒条辨》，重为补正。大旨一一相同，故有“郭窃向注”之谤。然首冠“尚论大意”一篇，原称“方氏削王叔和序例，得尊经之旨，‘太阳’三篇，改叔和之旧，尤有卓识，而不达立言之旨者尚多，于是复位此书”云云。叙改修源委甚明，原未讳所自来也。

《医门法律》十二卷，附《寓意草》一卷

国朝喻昌撰。大旨为针砭庸医而作。每门先冠以论，次为法，次为律。法者，疗病之例；律者，纠误疗之失也。《寓意草》，为所治医案，皆一一明审证用药之意，亦不似他家医案，但称治验，而不言其所以然。

《伤寒舌鉴》一卷

国朝张登撰。以舌胎辨验伤寒，参证旧法，增以身所阅历，定为一百二十图，颇显明易见。

《伤寒兼证析义》一卷

国朝张倬撰。《伤寒论》合病并病，惟及六经兼证，而未及杂症。倬作是书以补之。使分别施疗，不惑于多歧，凡十七类。

《绛雪园古方选注》三卷，附《得宜本草》一卷

国朝王子接撰。选录古方，而推阐其制方之意，辨析往往造微。附载本草，亦殊简括。

《续名医类案》六十卷

国朝魏之琇撰。以补江瓘《名医类案》所未备。所录明以来事为多，古事为江书所漏者亦间为补载。采摭繁富，不免芜杂。而援据既多，变证咸备，亦颇可资考核。条下附注，尤多所辨正。

《神农本草经百种录》一卷

国朝徐大椿撰。于神农本经之内，采取百种，各推阐其主治之所以。然有常用之药，而反不收入者。凡例谓辨明药性，使人不致误用，非备品以备查阅也。

《兰台执范》八卷

国朝徐大椿撰。其持论以张机诸方为主,唐人所传已有合有不合,宋以后弥失古法。故所采古方为多,虽不免故为高论,然疏通证明,具有精理,得古人之意者为多。

《伤寒类方》一卷

国朝徐大椿撰。讲《伤寒论》者如聚讼,大椿以为张氏非依经立方之书,乃救误之书。当时随证立方,本无定序。但使方以类从,症随方注,使人知案症以求方,而不必循经以求症。虽未必合张氏本意,亦芟除葛藤之一道也。

《医学源流论》二卷

国朝徐大椿撰。其大纲凡七,子目凡九十有三。指摘医家利弊,言多精凿。

右医家类。九十七部,一千八百零七卷。

卷十一

子部六　天文算法类

《周髀算经》二卷,《音义》一卷

是书为相传古本,莫知谁作。其算法为句股之祖,其推步即盖天之术。欧罗巴法,实从此出。注为赵爽作,《隋志》作赵婴,未详孰是。《音义》为李籍作。原本舛讹,今据《永乐大典》所载宋本补脱子一百四十七,正误字一百一十三,删衍字一十八,补图二。

《新仪象法要》三卷

宋苏颂撰。元祐中,诏别制浑天仪,以颂提举。并诏记其制度,为此书。绍圣中始告成。故一名《绍圣仪象法要》。凡六十图,图各系说,颇为详悉。

《六经天文编》二卷

宋王应麟撰。三代以上,推步之书不传,而遗文时散见于六经。应麟因采掇成编,以著古法之梗概。虽以天文为名,实旁及阴阳五行卦气,悉备录之。虽以“六经”为名,亦颇以史志互证。

《原本革象新书》五卷

元赵友钦撰。旧题赵缘督者,其号也。原本久佚,今从《永乐大典》录出。其名曰“革象”,盖取革卦大象之文。所论疏密互见。明王祎病其冗芜,尝删润之。然术数主于测算,不论文词之工拙;且儒者之兼通,终不似专家之本业。故二本今并存焉。

《重修革象新书》二卷

元赵友钦撰,明王祎删定。其修饰字句,较原本斐然可观,犹《新五代史》之于《旧五代史》也。

《七政推步》七卷

明贝琳撰。即默德纳马哈麻之回回历也。梅文鼎《历算书记》曰:回回历法,刻于贝琳,其布立成,以太阴年而取距算,以太阳年巧藏根数,虽其子孙为台官者,莫能知。然回历即西法之旧率,泰西本回历而加精耳。

《圣寿万年历》八卷,附《律历融通》四卷

明郑王世子朱载堉撰。成化以后,以《大统历》推交食,多不验,议改历者日众。载堉因撰此二书奏进。《明史》称其深得授时历之义,而能匡所不逮。当事惮于改作,格之不行,故于历志多取其说云。

《古今律历考》七十二卷

明邢云路撰。言律者仅六卷,罕所发明,惟辨李文利黄钟长数为精确。言历者六十六卷,持论立法,皆不及郑世子之密,而在历法敝坏之日,亦足自成一家之言。

《乾坤体义》二卷

明西洋利玛窦撰。是为西法入中国之始。上卷言天象,皆发古人所未发,罕譬曲喻,具有至理;下卷言算术,以边线、面积、平圜、撱圜,互相容较,亦补古方田少广所未及。虽篇帙无多,而言天皆得诸实测,言算亦取以捷法,实较古术为精密焉。

《表度说》一卷

明西洋熊三拔撰。其书因土圭旧制，变为捷法，可以随意立表，分五体以明其说。盖西洋天圆地亦圆，及地球小于日轮之说，初入中国，泥古法者多骇之，故先即表度之易见者，证明其理焉。

《简平仪说》一卷

明西洋熊三拔撰。其仪以天地二盘，上下贯以枢纽，可旋转测量。大旨以视法取浑圆为平圆，而以平圆测量浑圆之数，凡名数十二则，用法十三则。

《天问略》一卷

明西洋阳玛诺撰。于诸天重数、七政部位、太阳节气、昼夜永短、交食本原、地影麤细、蒙气映漾、蒙影留光，皆设问答以明其理。末载《蒙影刻分表》，及《交食浅深图说》，亦颇详明。与熊三拔《表度说》，盖互相发明。

《新法算书》一百卷

明徐光启等与西洋垄华民等同撰。凡十一部。以五部明历之基本，六部明历之节次，冠以修历缘起，记崇祯时新旧两法，测验辨争始末。后附《历法西传》、《新法表异》二种，则西洋汤若望所续。其法实密于旧法，而格于门户，不得立。入国朝后，乃用以布授时之典焉。

《测量法义》一卷，《测量异同》一卷，《句股义》一卷

明徐光启撰。《测量法义》，因利玛窦所译而衍之，首造器、次论景、次设问十五题以明测望之法。《测量异同》，皆取古法九章句股测量与新法相较，以测量仅句股之一端，故以专言句股之义者，别为一卷焉。

《浑盖通宪图说》二卷

明李之藻撰。其法出自熊三拔《简平仪》。卷首总论仪之形体,上卷以下规书度分时刻及制用之法,下卷诸图皆表明法意也。

《圜容较义》一卷

明李之藻撰。亦利玛窦之遗法也。自序谓“昔从利公研容天体,因论圜容,拈出一义,次为五界十八题,借平面以推立圜,设角形以征浑体”云云。盖其法从四周取一面,即从一面以例四周,割圜形为众角,即合众角以成圜形也。

《历体略》三卷

明王英明撰。上卷六篇,中卷三篇,皆论天地象纬;下卷则续见欧罗巴书,撮其体要为七篇,又附论一篇。然上、中二卷,大旨亦与西法通,盖是时利玛窦说已传于中国也。其书立说皆浅近,可以为天学之入门。

《御定仪象考成》四十二卷

康熙十三年,圣祖仁皇帝御定《律历渊源》之第一部也。上编十六卷,曰“揆天察纪”,以阐其理;下编十卷,曰“明时正度”,以详其法;又表十六卷,以致其用。于圆灵仪象,殚极精微。虽庖牺之仰观俯察,未能逾聪明之天纵也。

《御定历象考成后编》十卷

乾隆二年奉敕撰。初,世宗宪皇帝因《御制历象考成》中六仪之法,阅一甲子,将届七十年岁差之候,命续定日躔、月离二表,然有表无说,亦无算法,虑其久而失传,乃诏监臣增补图说,为推步之津梁。盖玑衡齐政之术,至是无余蕴矣。

《御定历象考成》三十二卷

乾隆九年奉敕撰。凡《御制玑衡抚辰仪》二卷,《恒星黄道经纬度表》十三卷,《恒星赤道经纬度表》十二卷,《月五星相距恒星黄赤道经纬度表》一卷,《天汉经纬度表》四卷。皆考究岁差,以符天运。其星图视旧增一千六百一十四则,愈测而愈密矣。

《晓庵新法》六卷

国朝王锡阐撰。前一卷述句股割圜诸法,后五卷皆推步七政交食凌犯之术。梅文鼎尝称其学在薛凤祚上。

《中星谱》一卷

国朝胡亶撰。所订经星凡四十有五,于二十八宿之外,益以大角等十七星,与《御定仪象考成》中《星更录》不甚相远。书作于康熙八年,存其度数,亦足以考岁差也。

《天经或问前集》四卷

国朝游艺撰。是书凡前后二集。后集多支离汗漫之谈;此集于天道运行皆设为问答,一一推其所以然,颇有理致,其不谈占验,尤为精识。

《天步真原》一卷

国朝薛凤祚撰。凤祚初从魏文魁游,主持旧法,后见穆尼阁,乃改从西学。此书即所译穆尼阁求交食法也。

《天学会通》一卷

国朝薛凤祚撰。是书以表算法求交食,盖本穆尼阁《天步真原》,而推演其术。

《历算全书》六十卷

国朝梅文鼎撰。文鼎历算之法,近世推为绝学。受知于圣祖仁皇帝,有“积学参微”之御题。此编裒集其历算之书,凡二十九种。

《大统历志》八卷,附录一卷

国朝梅文鼎撰。康熙丙午,开局修明史,馆臣以文鼎精于算术,就询明历。文鼎因即《大统》旧法,推衍注释,以成此编。分三纲十七目,明历之得失,粲然明白。

《勿庵历算书记》一卷

国朝梅文鼎撰。文鼎历算诸书,仅刊刻二十九种,此乃合其已刊未刊之书,各疏其论撰之意,凡推步之书六十二种,算术之书二十六种。虽目录解题之类,而诸家之源流得失,一一具明,实数学之总汇。故列之天文算法类焉。

《中西经星同异考》一卷

国朝梅文鼏撰。文鼏为文鼎之弟,数学亚于其兄。是书以丹元子“步天歌”,与利玛窦“经天该”所列星名虽同,而位座有无、数目多寡,往往不合,乃参注其异同,以为此书。

《全史日至源流》三十二卷

国朝许伯政撰。皆溯稽经史传注所载,至朔气闰,质其合否,纠其谬误,亦颇有资于考证。

《算学》八卷,《续》一卷

国朝江永撰。是编因梅文鼎《历算全书》,为之发明订正,一准《御定历象考成》，折中其异同，踵事而增，愈推愈密，可与文鼎书相辅而行。

右天文算法类推步之属。三十一部，四百二十九卷。

谨案：推步之术，古疏而今密，故今所甄录，新法为多。诸家算书，为天文而作者入此门；与天文并合为帙，不可割裂者，亦入此门。其专言数者，则别立为算书一类。

《九章算术》九卷

不著撰人名氏。原本久佚，今从《永乐大典》录出。盖《周礼》保氏之遗法，汉张苍删补校正，而后人又有所附益也。晋刘徽、唐李淳风，皆为之注。自《周髀》以外，此为最古之算经。

《孙子算经》三卷

不著撰人名氏。疑汉、魏人所述。或以为孙武作者，误也。原本讹缺，今从《永乐大典》校正。旧有甄鸾、李淳风注，今则佚矣。

《术数记遗》一卷

旧本题汉徐岳撰，北周甄鸾注。《隋志》不著录。序中所言姓名、时代，多与史传抵牾，注亦无所发明，疑为伪作。殆因唐代算学所肄有此书，遂袭其名而依托欤。流传已久，姑录以备一家焉。

《海岛算经》一卷

晋刘徽撰，唐李淳风注。原本久佚，今从《永乐大典》录出。其书本名“重差”，皆测望之术。唐代乃改称“海岛算经”，盖因第一条以海岛立表设问，遂以卷首之字名之耳。

《五曹算经》五卷

不著撰人名氏，以《唐志》载有甄鸾注，知书在北周前矣。原本讹缺，今从

《永乐大典》校补。其甄鸾、韩延、李淳风之注,则《永乐大典》亦佚之。

《夏侯阳算经》三卷

旧本题夏侯阳撰。时代未详。《唐志》载有甄鸾注,则北周以前人也。原本久佚,今从《永乐大典》录出。凡十有二门。其法务切实用,虽九章古法,非官曹民事所必需者,亦略而不载,于古算经中最为简要。

《张丘建算经》三卷

旧本题张丘建撰,不著时代。序中引及夏侯阳,则犹在阳后也。其本乃毛晋汲古阁从宋椠影抄,首题"甄鸾注、李淳风注释、刘孝孙撰细草",盖犹北宋秘书监赵彦若等校本。其体例皆设为问答,参较申明,条理精密,文词亦简奥古雅。

《五经算术》五卷

北周甄鸾撰,唐李淳风注。原本久佚,今从《永乐大典》录出。名为五经,而书中举《易》《书》《诗》、三礼、《春秋》《孝经》《论语》中待算方明者列之,实则九经也。所引经文,皆据古本,尤足以考异订讹。

《缉古算经》一卷

唐王孝通撰,并自注。志称李淳风注,误也。大旨以《九章》"商功篇",有平地役功受广袤之术,于上宽下狭、前高后卑,阙而不论,因设二十术以明之。文词隐奥,猝不易通,而细研之,具有端绪。

《数学九章》十八卷

宋秦九韶撰。原本久佚,今从《永乐大典》录出。其书虽以"九章"为名,而别立九目,与古《九章》迥别。其法虽不尽精密,而大衍数中所载立天元一法,为郭守敬、李冶所本。欧罗巴之借根法,至为巧妙,亦从此出也。

《测圆海镜》十二卷

元李冶撰。其书以句股容圆为题,自圆心圆外纵横取之,得大小十五形,皆无奇零。次列识别杂记数百条,以穷其理。次设问一百七十则,以尽其用。所演秦九韶立天元一法,为唐顺之、顾应祥等所不解,则精妙可知矣。

《测圆海镜分类释术》十卷

明顾应祥撰。应祥得李冶之书于唐顺之,而不得其立天元一之解,遂去其细草,专算法,改为此书,殊失冶之本意。然乘方之法不明,亦难以遽求其根本。应祥所演,于读冶书者,不为无助也。

《益古演段》三卷

元李冶撰。原本久佚,今从《永乐大典》录出。以某氏所作《益古集》,案:是书冶亦不知谁作,故原序但称曰某。以方圆周径幂积和较相求,定为诸法,而秘其要旨不肯言。因为移补条目,厘定图式,演为六十四题,以畅明其义。大旨亦借以明立天元一法。

《弧矢算术》一卷

明顾应祥撰。弧矢之法,始于元郭守敬《授时历草》,亦本于立天元一法,应祥得其书而不得立法之本,故惟补开带纵三乘方式,及各弧矢相求术,其失与改《测圆海镜》等,其可为初学门径,功亦略同。

《同文算指前编》二卷,《通编》八卷

明李之藻演利玛窦所译法也。《前编》言笔算定位,加减乘除之式,及约分通分之法。《通编》则以西术易九章,分十六目。其论三率比例,较古法方

田粟米差分为详，少广则略而未备，盈朒方程，梅文鼎谓之藻取古法以传之，非利氏本意，存之亦见古法、西法互有短长也。

《几何原本》六卷

西洋欧几里得撰，利玛窦译，而明徐光启所笔受也。其书为欧罗巴算学之祖，原本十五卷，光启刊其最要者六卷。卷一论三角形，卷二论线，卷三论圆，卷四论圆内外形，卷五、卷六俱论比例。

《御定数理精蕴》五十三卷

康熙十三年，圣祖仁皇帝御定《律历渊源》中第三部也。上编五卷，以立纲明体，曰数理本原、曰河图、曰洛书、曰周髀经解、曰几何原本；下编四十卷，以分条致用，曰首部、曰线部、曰面部、曰体部、曰末部；又表八卷，其别有四，曰八线表、曰对数阐微表、曰对数表、曰八线对数表。通中西之异同，阐天人之微奥。自隶首以来，咸未窥斯秘也。

《几何论约》七卷

国朝杜知耕撰。是书取徐光启所受《几何原本》，重为删削，故名曰“论约”。末附十题，则又知耕所推衍也。

《数学钥》六卷

国朝杜知耕撰。其书列古法《九章》，以今线、面、体三部之法隶之，与方中通《数度衍》体例相同。而每章设例，必标其凡于首；每问答有所旁通，必附其术于下；每引证必著所出，条理尤详。

《数度衍》二十四卷，附录一卷

国朝方中通撰。盖集诸书之长，勒为一编。其推阐九章，本《御制数理精蕴》;其几何约,本徐光启;其珠算,本程大位《算法统宗》;其笔算、筹算,本李之藻《同文算指》;尺算本陈荩谟《天算用法》。惟数原、律衍二门,未详所本耳。

《句股引蒙》五卷

国朝陈吁撰。是书亦杂采诸法而成,虽未造精微,而浅显易入,其名曰“引蒙”,盖以此也。

《句股矩测解原》二卷

国朝黄百家撰。所论句股测望之法,即《海岛算经》之遗术。与熊三拔《表度说》,大概相近,而专明一义,其说尤详。

《少广补遗》一卷

国朝陈世仁撰。其书以一面尖堆及方底、三角底、六角底、尖堆、各半堆等题,分为十二法。有抽奇、抽偶诸目,盖堆垛之法也。堆垛为少广之一目,算书多未详说,故名曰“补遗”。

《庄氏算学》八卷

国朝庄亨阳撰。乃其官淮徐海道时,经理河防,于高深测量之法,随事推究,设问答以穷其变,随笔札记。后人以其残稿,编为此书。末附七政步则本之《新法算书》,而摘取其要焉。

《九章录要》十二卷

国朝屠文漪撰。以古《九章》合今法,与杜知耕《数学钥》大致略同,而互有疏密,彼此可以相辅。

右天文算法类算书之属。二十五部,二百十卷。

子部七　术数类

《太玄经》十卷

汉扬雄撰，晋范望注。雄作《法言》拟《论语》，又作此书以拟《易》。宋衷、陆绩各为之注，望又删定二家之注，并自注赞文，定为此本。以《玄首》一篇，分冠八十一家之前；以《玄测》一篇，分系七百二十九赞之下。如费直之析十翼附《周易》，亦自望始也。

《太玄本旨》九卷

明叶子奇撰。《汉书》扬雄本传称，"《太玄》兴，《太初历》相应"。其时去雄最近，必有所受。子奇是注，独扫除星历之说，别为诠释，亦犹说《易》之家，黜象数而崇义理也。

《元包》五卷，附《元包数总义》二卷

后周卫元嵩撰，唐苏源明传，李江注，宋韦汉卿释音。其总义二卷，则张行成所补撰也。其书体例近《太玄》，序次则用《归藏》，以坤为首，多作奇字，猝不易读。盖扬雄之重儓，姑存备数学之一种耳。

《潜虚》一卷，附《潜虚发微论》一卷

宋司马光撰。乃拟《太玄》而作，以五行为本，五行相乘为二十五，又两之为五十章。附以七图。未及成书，而光卒。今所传本，盖后人有所附益。然混淆不可复别矣。《发微论》十篇，张敦实撰，皆阐明此书之义，旧附于末，今亦仍之焉。

《皇极经世书》十二卷

宋邵雍撰。一卷至六卷，以易卦配元会运世，推其治乱。七卷至十卷，为

律吕声音,是为内篇。卷十一、十二为观物篇,即外篇也。其说借《易》以推衍,而实无关于《易》,故朱子以为“易外别传”。旧列儒家,今改隶术数类焉。

《皇极经世索隐》二卷

宋张行成撰。原本久佚,今从《永乐大典》录出。行成以邵伯温所解《皇极经世》,尚于象数未详,复为推衍其说,故名曰“索隐”。

《皇极经世观物外篇衍义》九卷

宋张行成撰。原本久佚,今从《永乐大典》录出。大旨以《皇极经世》内篇,理深而数略,外篇数详而理显,学先天者,当自外篇始。因离析其文,分类编次,以言数者为三卷,言象者为三卷,言理者为三卷,而各推其义。

《易通变》四十卷

宋张行成撰。取邵子先天卦数等十四图,敷演解释,以通其变,故谓之“通变”。大抵蔓引旁推,凡万事万物,一一归之于数。

《观物篇解》五卷,附《皇极经世解起数诀》一卷

宋祝泌撰。其书演邵子之说,而立义多与邵子异。盖数学纵横推演,无不可通,各以所见为说也。其《起数诀》一卷,乃不完残帙,所存仅声韵一谱,亦邵氏之学,故类附《观物篇》末焉。

《皇极经世书解》十四卷

国朝王植撰。改并《皇极经世》之卷帙,而冠以新旧十八图。于诸本异同,多能厘正。所解亦颇明显。

《易学》一卷

宋王湜撰。是书阐明邵子之学,其说颇杂以道家,盖图学原出《参同契》

也。其谓先天之图,陈抟以前莫知所自来,又谓《皇极经世》,不尽出于邵子,间有讹谬,绝不神奇,其说则犹有先儒笃实之遗。

《洪范皇极内篇》五卷

宋蔡沈撰。借洪范九数,衍为八十一章,而配以月令节气,欲以拟《易》。实则《太玄》之支流,特变《易》数为《洪范》,以新耳目。本不足录,以自沈以后,又开演范一派,故录之以著其本始焉。

《天原发微》五卷

宋鲍云龙撰。凡二十五篇,以象天数,皆借《易》以阐明数学。

《大衍索隐》三卷

宋丁易东撰。原本残缺失次,今从《永乐大典》补正。其书皆明大衍之数。凡三篇:一曰原衍,为图三十六;二曰翼衍,为图二十九;三曰稽衍,列《乾凿度》以下诸家之说,各系以论断。

《易象图说》内篇三卷,外篇三卷

元张理撰。"内篇"三,"外篇"亦三。凡天行人事,无一不推本于图书。《皇极经世》之支流也。

《三易洞玑》十六卷

明黄道周撰。其书约天文历数归之于《易》。曰"三易"者,谓伏羲、文王、孔子之易;曰"洞玑"者,谓易之测天道,犹璇玑之测天象也。

右术数类数学之属。十六部,一百三十七卷。

《灵台秘苑》十五卷

后周庾季才撰。原本一百十五卷,宋王安礼等奉敕重修,删为此本。其说多主占验,不尽可凭。又笃信分野次舍,尤为附会。然所根据,皆隋以前之古书,可资参考。历代史志,皆存此一家,今亦姑录以备数焉。

《唐开元占经》一百二十卷

唐开元中,太史监瞿昙悉达奉敕撰。所言占候之法,大抵术家之异学。惟一百四卷、一百五卷所载麟德、九执二历,为他书所不详。又《隋志》著录纬书八十一篇,尚十存其七八,皆孙瑴《古微书》所未见。故其术可黜,而好古者终不废其书焉。

右术数类占候之属。二部,一百三十五卷。

《宅经》二卷

旧本题黄帝撰。而书中所引有《黄帝二宅经》,则后人所伪题也。其书分二十四路,考寻休咎。大旨以阴阳相得者为吉。说尚近理,词亦雅驯。犹方技书之近古者,疑即《宋志》所录《相宅经》也。

《葬书》一卷

旧本题晋郭璞撰。然《晋书》璞本传,不言所作有《葬书》;《唐志》有《葬书》,不云璞作。《宋志》乃载郭璞《葬书》一卷,则至宋始出矣。蔡元定、吴澄各有删本,此本即澄所定。旧有刘则章注,此本不题则章名,不知即所注否也。

《撼龙经》一卷,《疑龙经》一卷,《葬法倒杖》一卷

旧本题杨筠松撰。即术家所谓“杨救贫”也。《撼龙经》,言山龙脉络形势,配以九星,决其休咎。《疑龙经》,凡三篇:一论干中寻枝;一论寻龙到头,附以十问;一论结穴形势。“葬法”专论点穴,“倒杖”即申明其说。虽依托古人,而其言往往近理。

《青囊奥语》一卷,《青囊序》一卷

《青囊奥语》,旧本题唐杨筠松撰,其序则题其门人曾文迪作,疑即《通志·艺文略》所谓杨、曾二家《青囊经》也。相墓家理气一派,从此发源。其真出二人与否,亦莫可究诘。

《天玉经内传》三卷,《外编》一卷

旧本题唐杨筠松撰。然其书至宋始出。其学亦以理气为宗。其注题天谷散人作,所诠解尚知文义。

《灵城精义》二卷

旧本题南唐何溥撰,明刘基注。诸家书目皆不著录,莫考其所自来。大旨以元运为主,是明初宁波幕讲僧之学,五代安有是也?然词旨明畅,犹术士能文者所为。

《催官篇》二卷

旧本题宋赖文俊撰。即术家所谓"赖布衣"也。其书分龙、穴、砂、水四篇,颇能阐发吉凶祸福之所以然,胜于泛称某宜某忌,而不能言其故者。

《发微论》一卷

宋蔡元定撰。其书分十四例,推阐地道,而终以"原感应"一篇,明福善祸淫之义。盖术家惟论其数,元定兼推以儒理,故其说能不悖于道,似当真出元定手也。

右术数类相宅相墓之属。八部,十七卷。

谨案:相宅相墓,自称堪舆家。然《汉志》《堪舆金匮》十四卷,列于五行。颜师古注引许慎曰:"堪,天道;舆,地道。"语不甚明。而《史记·日者列传》载:“武帝聚占家问某日娶妇,堪舆家言不可。”则堪舆,占家也。又或自称形家,然《汉志》形法一类,乃兼相地、相人、相物,亦非其专名。今用《隋志》之文题曰相宅、相墓,从其质也。

《灵棋经》二卷

旧本题汉东方朔撰,或题淮南王刘安撰,皆依托也。然考以《南史》所引,此书实出于六朝,故《隋志》已著录。其法以棋十二枚,以所掷面背相乘,得一百二十四卦,卦各有繇词。其文雅奥,非后世术家所能伪。刘基之注,似亦非依托。

《易林》十六卷

汉焦延寿撰。其书以一卦演为六十四卦,各系以繇词。文句古奥,所卜亦多有验。然汉易之流为术数,自延寿始也。

《京氏易传》三卷

汉京房撰。房传焦氏之学,故言术数者,称“焦、京”。而房之推衍灾祥,更甚于延寿。其书凡十四种,今佚十三,惟此书以近正得传。今世钱卜之法,实出于此。

《六壬大全》十二卷

不著撰人名氏。其本则明郭载騋所刊也。六壬为三式之一,莫知其所自起。其可考者,《吴越春秋》《越绝书》所言占法,与今同。则当出自后汉。故赵煜、袁康德附会其说也。《隋志》《唐志》《宋志》所列,今率散佚。是书掇拾旧文,合为一编,虽真伪相参,然业是术者,率以此为祖本。

《卜法详考》四卷

国朝胡煦撰。古者卜筮并用,后世则蓍盛而龟微。然遗说散见于诸书,煦择其不失古义者，汇为此编，尚足见钻灼之梗概。

右术数类占卜之属。五部，三十七卷。

《李虚中命书》三卷

旧本题鬼谷子撰，唐李虚中注。原本久佚，今从《永乐大典》录出。鬼谷子本纵横家，不闻能知禄命；李虚中虽善禄命，而其法用年月日不用时，与此书言四柱者不合。所举官职，亦多宋制。殆宋人所依托。而其言近理，要不可以尽废。

《玉照定真经》一卷

旧本题晋郭璞撰，张颙注。其正文与注，如出一手，盖即颙所依托也。原本久佚，今从《永乐大典》录出。文句不甚雅驯，而于命理颇有所阐发。

《星命溯源》五卷

不著编辑者名氏。凡五种：一曰《通玄遗书》，二曰《果老问答》，三曰《玄妙经解》，四曰《观星要诀》，五曰《观星心传口诀补遗》。大抵推衍唐张果之说，虽出依托，而谈五星者，实以是为祖本。

《徐氏珞琭子赋注》二卷

宋徐子平撰。原本久佚，今从《永乐大典》录出。《珞琭子赋》，出于南北宋之间，或称王子晋，或称陶弘景，皆为依托。惟此注，真出子平手，今称推八字者为"子平"，因其名也。

《珞琭子三命消息赋注》二卷

宋释昙莹撰。注《珞琭子赋》者，徐子平外，有王廷光、李仝二家。昙莹采王、李之注，傅以己说，以成是编。其说多牵合于易数，盖易道阴阳，与术数家事事可通也。

《三命指迷赋》一卷

旧本题宋岳珂补注。原本久佚,今从《永乐大典》录出。其书《宋志》不著录,而元明人命书多引之,当犹宋人所作。考珂《桯史》有论韩侂胄、袁韶禄命二条,其说极详,盖亦喜谈是事者,故术家因而托名欤。

《星命总括》三卷

辽耶律纯撰。术数之书,凡称古名人著述者,百无一真。纯不知为何许人,似尚实出其手。原本久佚,今从《永乐大典》录出。其书兼称星命,而大抵专主子平。

《演禽通纂》二卷

不著撰人名氏。其书以演禽推人禄命。上卷载三十六禽喜好、吞啖、干支、取化,及旬头、胎命、流星、十二宫、行限、入手之法;下卷为《鉴形赋》,具悉吉凶变幻之理。其词颇鄙俚,而其法自唐、宋以来,相承已久。故存之以备一说。

《星学大成》十卷

明万民英撰。取旧传星学之书,排纂成帙,凡八种。各为注释论断,言果老术者,以此书为总汇。

《三命通会》十二卷

不著撰人名氏。《明史·艺文志》有万民育《三命会通》十二卷,疑即此书而误倒"通会"二字也。于诸家命书,采摭最备,至今为术士所依据。或曰此书与《星学大成》,同出一手,以万民英号育吾山人,故史志讹英为育,是亦一说。然莫能详考矣。

《月波洞中记》二卷

是书从《永乐大典》录出。上卷凡九篇,原本称老子题于太白月波洞壁,唐任逍遥得之,因以为名。其说荒诞不足辨,然其论相人之术颇精,词亦近古。下卷颇冗杂,疑术家又有所附益也。

《玉管照神局》三卷

旧本题南唐宋齐丘撰。虽无从辨其真伪,然《宋志》著录,则其来已久。世所传者凡三本,一本一卷,一本十卷,一本二卷。此本从《永乐大典》录出,盖即《宋志》所载,故所论相术,与《读书敏求记》所载十卷之本分阳局、阴局者,其说不同。

《太清神鉴》六卷

旧本题后周王朴撰,然序称尝隐居林屋山,与朴事迹不合,亦依托也。原本久佚,今从《永乐大典》录出。其书阐发相术,颇有理致,所引诸家古相书,亦皆今所未见。

《人伦大统赋》一卷

金张行简撰,元薛延年注。原本久佚,今从《永乐大典》录出。延年序称其提纲挈领,不过二三千言,而囊括相术殆尽。

右术数类命书相书之属。十四部,五十三卷。

谨案:命书、相书,皆五行之支流,故古与相宅、相墓合为一类。然命相主于前知,皆言数不可移;相宅、相墓,则谓吉凶可趋避,非命相所能限。持论各殊,故今各为子目焉。

《太乙金镜式经》十卷

唐开元中，王希明奉敕撰。其中推太乙积年，至宋景祐元年，则后人所附益也。补《史记·日者传》载占法七家，太乙居其一。其说以一为太极，太极生二目，二目生四辅，四辅生八将，错综以推吉凶。古书今已不传，希明参校众法，尚能括其纲领。

《遁甲演义》二卷

明程道生撰。言遁甲者，祖《洛书》。其实乃《乾凿度》太乙行九宫法也。于诸术数中，最有理致。是编亦颇得其精要。

《禽星易见》一卷

明池本理撰。《明史·艺文志》作四卷，此本盖传抄合并也。所论禽宫性情，较他书为简明。其以时日禽为彼我公，其专取翻禽为我，倒将为彼，则其独得之解也。

《御定星历考原》六卷

康熙五十二年，大学士李光地等奉敕撰。初康熙二十二年，修辑《选择通书》，至是以其中尚沿旧说，命李光地等因曹振圭《历事考原》，重加厘定，勒为此编。定阴阳宜忌之准，以前民利用。

《钦定协纪辨方书》三十六卷

乾隆四年，庄亲王允禄等奉敕撰。凡本原二卷，义例六卷，立成宜忌用事各一卷，公规二卷，年表六卷，月表十二卷，日表一卷，利用二卷，附录辨讹各一卷。尽破术家附会不经、拘泥不化之说，而断以五行生克之至理。

右术数类阴阳五行之属。五部，五十五卷。

卷十二

子部八　艺术类

《古画品录》一卷

南齐谢赫撰。是书品第画家优劣，自陆探微以下凡二十七人，分以六品，各为之评。画家之称六法，亦始于是书。

《书品》一卷

梁庾肩吾撰。载汉至齐、梁能真草者，分为九品，每品各系以论，而以总序冠于前。惟序称所列一百二十八人，今止一百二十三人。又其中载及魏徵，时代邈不相及，然张彦远《法书要录》所载全同，此本魏徵之误，亦复相同，则其来已久矣。

《续画品》一卷

陈姚最撰。其书继谢赫《画品》而作，所录凡二十人。系以论断十六篇。惟叙时代，不分品第。与谢书体例小异。

《贞观公私画史》一卷

唐裴孝源撰。其书以“贞观画史”为名，所录实皆隋代官库之本，画壁亦终于隋杨契丹，盖记隋室旧藏，至贞观初尚存者尔。其例皆前列画名，后列作者之名，而以梁太清目所有、梁太清目所无，分注于下。考隋以前名画之目者，盖莫古于是书。

《书谱》一卷

唐孙过庭撰。自称撰为六篇，分为两卷，此本乃止一篇。盖全书已佚，仅真迹总序一篇，以勒石仅存耳。

《书断》三卷

唐张怀瓘撰。所录皆古今书体，及能书人名。上卷述十体源流，各系以赞，终以总论一篇；中卷、下卷，以能书者分神、妙、能三品，皆前列姓名，后为小传。书家有三品之目，自此书始。

《述书赋》二卷

唐窦臮撰，案："臮"即"洎"字之别体；或作窦泉、窦臬，并误。其兄蒙注。凡赋二篇。上篇所述，自上古至南北朝；下篇所述，自唐武德至天宝。凡一百九十八人，各品题其工拙。末附以署证八人，印记十一家，征求宝玩二十六人，利通货易八人。

《法书要录》十卷

唐张彦远撰。集诸家论书之语，起于东汉，讫于元和。有未见其书者，如王愔《文字志》之类，亦存其目。采摭繁富，后之论书者，大抵以此为根柢。末附二王帖释文，四百八十二条，亦《阁帖》释文之祖本也。

《历代名画记》十卷

唐张彦远撰。前三卷皆画论，四卷以下皆画家小传。逸文轶事，引据浩博，多可以资考证，不但评品丹青也。

《唐朝名画录》一卷

唐朱景玄撰。所录画家，分神、妙、能、逸四品。神、妙、能品，各分三等；逸品则不分等。画家之称逸品,自景玄始也。

《墨薮》二卷,附《法帖释文刊误》一卷

旧本题唐韦续撰。凡二十一篇。皆录前人论书之语,与《书录解题》所载合,其题为韦续,则莫知所本也。末附宋陈与义《法帖释文刊误》一卷,论颇精核,今亦仍旧本录之。

《画山水赋》一卷,附《笔法记》一卷

旧本题唐荆浩撰。二书文皆拙涩,殆出依托。以流传已久,且所论画法,时有可采,姑录存焉。

《思陵翰墨志》一卷

宋高宗皇帝御撰。高宗苟且偏安,颇有愧中兴之号。惟于书法,则所得特深。故此志多入微之论。

谨案:高宗时代,虽在北宋诸人后,然臣不先君,古今通义。今从《隋志》之例,升冠于宋代之首。《汉志》以文帝、武帝与诸臣叙时代,《玉台新咏》因之,皆不可训之例,故不从也。

《五代名画补遗》一卷

宋刘道醇撰。所录凡二十四人,盖胡峤先作《梁朝名画录》,此补其遗,凡已见峤书者,不录也。

《宋朝名画评》三卷

宋刘道醇撰。分六门,一曰人物、二曰山水林木、三曰畜兽、四曰花柳翎毛、五曰鬼神、六曰屋木,每门又各分神、妙、能三品。古画之分类记载,自此书始。

《益州名画录》三卷

宋黄休复撰。一名《成都名画记》,所录皆蜀中画手。起唐乾元,讫宋乾德,凡五十八人。以逸、神、妙、能四品分隶,与朱景玄书例同。其移逸品于神品前,则又小异。盖景玄以逸品居三品外,休复以逸品居三品上也。

《图画见闻志》六卷

宋郭若虚撰。盖续张彦远《名画记》而作。所录起于五代,止于宋熙宁七年。分四门:曰叙论、曰纪艺、曰故事拾遗、曰近事。所论多深解画理,故马端临《文献通考》,称为“看画之纲领”。

《林泉高致集》一卷,《山水诀》一卷

宋郭熙撰,其子思续补。熙所撰者,凡四篇,曰山水训、曰画意、曰画诀、曰画题,间有注释,皆思所附。思所续补者二篇:曰画格拾遗,记熙平生真迹;曰画记,述熙在神庙朝宠遇之事。书之前后,又载有王维、李成、荆浩、董羽诸画论,乃元至正中,欧阳必学重刻所附,非其旧也。

《墨池编》六卷

宋朱长文撰。分字学、笔法、杂议、品藻、赞述、宝藏、碑刻、器用八门,又分子目十有九。皆引古人成书而编类之。搜辑颇富,间附论断,亦多典核。

《德隅斋画品》一卷

宋李廌撰。记赵令时家诸画,凡二十二种,各为叙述品题。廌本文士,故词致雅令,虽篇帙寥寥,而波澜意趣,在诸家画品之上。

《画史》一卷

宋米芾撰。举其生平所见所闻诸名画,品题真伪,或间及装褙收藏,或并

为考订讹谬。历代赏鉴之家,皆奉为圭臬。

《书史》一卷

宋米芾撰。评论前人墨迹,始自西汉,终于五代。皆以目睹者为断,与《画史》体例小殊。故印章、跋尾及纸绢装褙,俱一一详载。

《宝章待访录》一卷

宋米芾撰。皆记同时士大夫所藏晋、唐墨迹,分目睹、的闻二类,与《书史》互有出入。

《海岳名言》一卷

宋米芾撰。皆论书之语。于古人如欧阳询、徐浩、薛稷、颜真卿、柳公权,于同时如蔡襄、沈辽、黄庭坚、苏轼、蔡京、蔡卞,皆极词诋斥,不免好为高论。然所言运笔布格之法,皆自抒心得,要为直凑单微也。

《宣和画谱》二十卷

不著撰人名氏。王肯堂《笔麈》以为徽宗御撰者,误。前有徽宗御制序,而其文乃臣子之词,亦后人妄改也。以十门分类,收录所载凡二百三十一人,画六千三百九十六轴。据《铁围山丛谈》,书画二谱大抵米芾所鉴别,故其书皆在《博古图》上。

《宣和书谱》二十卷

不著撰人名氏。皆载御府所藏墨迹。终以蔡京、蔡卞、米芾。疑即三人所定也。

《山水纯全集》一卷

宋韩拙撰。原本十篇,今佚其一。拙本宣和画院中人,故持论多主格律。

所谓逸情远性超然笔墨之外者,概未之及,然亦一家之法也。

《广川书跋》十卷

宋董逌撰。逌官司业,为张邦昌抚慰太学诸生,人不足道,其赏鉴书画,则至今推之。是编所载,多钟鼎款识,及汉唐碑刻,末亦附宋人数帖,论断考证,多为精核。

《广川画跋》六卷

宋董逌撰。逌《书跋》有刊本,此书则仅辗转传抄。中间考证之文居十之九,与他家画品仅评笔迹者,用意各殊。

《画继》十卷

宋邓椿撰。其曰"画继"者,郭若虚续张彦远之书,自唐会昌元年迄宋熙宁七年,此又续载熙宁以后至乾道三年,故曰"继"也。所录凡二百一十九人。一卷至五卷以人分,凡六类;六卷、七卷以画分,凡八类;八卷记所见名迹;九卷、十卷皆论画之杂说。

《续书谱》一卷

宋姜夔撰。盖续孙过庭《书谱》也。凡二十篇。皆抒所心得。世有两本,一本仅十八篇,次序先后,亦稍异,然十八篇之文并同。

《宝真斋法书赞》二十八卷

宋岳珂撰。原本久佚,今从《永乐大典》录出。其书以所藏墨迹,各系以跋而为之赞。首以帝王,次晋真迹,次唐摹,次唐五代至宋真迹,而终以其祖岳飞之手书。每类之首,有总标、有总赞;诸帖之末,唐以前一帖一赞,宋帖稍多,则连类而赞之。其帖之书体、行款、题记、涂乙,各一一详记。

《书小史》十卷

宋陈思撰。以历代能书之人，详具始末，排比成帙。凡纪一卷，帝王五十一人，传九卷，后妃十人，列女十三人，诸王十人。仓颉至郭忠恕，共四百三十人。

《书苑菁华》二十卷

宋陈思撰。古人论书之语，分体编次，凡三十二类一百六十余篇。亦《墨薮》之类。而所收较为赅博，亦较为芜杂，盖长短各不相掩也。

《书录》三卷，外篇一卷

宋董史撰。皆记宋代书家名氏。上卷帝王，中卷北宋一百十人，下卷南宋四十五人。前人评论，悉采附其人之后。末附外篇，则女子六人也。

《竹谱》十卷

元李衎撰。原本久佚，今从《永乐大典》录出。凡分四门：曰画竹谱、墨竹谱、竹态谱、竹品谱。于画之程序，竹之种类，无不详尽。非但游艺之资，抑亦博物之助也。

《画鉴》一卷

元汤垕撰。所载诸画，上自三国曹不兴，下至元龚开、陈琳，殿以外国画及杂论。大致以笔迹辨真伪，与米芾《画史》相类，不似董逌《画跋》，一一考证也。

《衍极》二卷

元郑杓撰。原本讹舛，今以《永乐大典》校定。凡五篇，皆述书法之源流。

其注为刘有定作，亦颇详悉。

《法书考》八卷

元盛熙明撰。首为书谱，次字源，次笔法，次图诀，次形势，次风神，次工用。次附录印章、跋尾，虽杂取诸书，而颇有持择。其字源一门，所列梵书十六声三十四母、蒙古书四十二母，亦足资考证。盖熙明本色目人，能通六国书也。

《图绘宝鉴》五卷，《续编》一卷

《图绘宝鉴》，元夏文彦撰，采古来能画人名氏，自轩辕迄元代，旁及外国，凡一千五百余人。《续编》，明韩昂撰，所录自洪武迄正德，凡一百七人，而冠以宣宗、宪宗、孝宗三朝御笔。

《书史会要》九卷，《补遗》一卷，《续编》一卷

《书史会要》及《补遗》，明陶宗仪撰。《续编》，朱谋垔撰。宗仪所录能书人，自上古至元，为八卷，末为书法一卷，而附以补遗，今以篇页稍繁，析补遗别为一卷。《续编》所载皆明人，旧列补遗之前，使宗仪书断而为二，今退之置于末焉。

《寓意编》一卷

明都穆撰。记所见书画真赝，及当时收藏名氏，鉴别颇详。后人伪作《铁网珊瑚》，托名于穆，并此书收入，以盈卷帙，原本遂微。今《铁网珊瑚》已考定知为赝作，斥存其目，故仍以此书别著录焉。

《珊瑚木难》八卷

明朱存理撰。载所见书画题跋，其中诗文，世所罕观者，亦备录全篇。每种各系以跋语。大抵文徵明、文嘉、王穉登、王腾程所藏居多。四人皆精于赏

鉴,存理又工于考证,故凡所品题,具有根据,非真伪杂糅者比。

《赵氏铁网珊瑚》十八卷

旧本题明朱存理撰。其实乃赵琦美得秦氏、焦氏两家无名氏书画题跋,并为一本,又以所见真迹,补缀而成也。然所载题跋、印记,赏鉴家多引据之,亦不必问定出谁氏矣。

《墨池琐录》四卷

明杨慎撰。皆其论书之语,颇抑颜真卿、米芾,而推赵孟頫为得晋人法。盖各得其性之所近,中亦颇有所考证。

《书诀》一卷

明丰坊撰。《詹氏小辨》称:坊为人逸出法纪外,而书学极博,五体并能,盖工于执笔,故此编论书、评书,皆具有悬解。

《书画跋跋》三卷,《续》三卷

明孙矿撰。王世贞尝作《书画跋》,矿又跋其所跋,故以重文见。义犹之非非国语、反反离骚也。

《绘事微言》四卷

明唐志契撰。所录画家诸论,自南齐谢赫至同时李日华,皆删除芜杂,汰取菁英,持择颇为不苟。其所自论,尤多心解。故姜绍书《无声诗史》,称其"颇得六法之蕴"云。

《书法雅言》一卷

明项穆撰。穆为项元汴之子,家藏书画,甲于一时,至今讲赏鉴者,尚以其印识为左验。穆多见真迹，亦工于书，因抒所见为此编，凡十七篇。

《寒山帚谈》二卷，拾遗一卷，附录一卷

明赵宧光撰。宧光《说文长笺》，至为疏陋，惟篆文笔法，则亦有微长。故此书论作篆之法，犹颇可采。其曰“帚谈”，殆敝帚千金之意欤。

《书法离钩》十卷

明潘之淙撰。荟萃论书旧说，以类相从。大旨谓书家之妙，有法而未始有法，无法而未始无法，故取禅家“垂丝千尺，意在深潭，离钩三寸”之语，以为之名。

《画史会要》五卷

明朱谋垔撰。盖因陶宗仪《书史会要》未及画家，故仿其体例，为此书。编次无法，至以明太祖、宣宗列诸外国之后，殊为乖舛。然宋、金、元、明诸画家姓名不显者，亦颇赖以传。

《郁氏书画题跋记》十二卷，《续记》十二卷

明郁逢庆编。皆但据所见书画，录其题跋，不甚以辨别真赝为事。故罕所折中，或自相违异。然采摭既富，可互资参考者亦多。

《清河书画舫》十二卷

明张丑撰。其以“书画舫”为名，取黄庭坚诗“米芾书画船”语也。其书用《铁网珊瑚》之例，于所见真迹，备录其题跋、印记，有所疑似，亦多辨证。较郁氏《书画题跋记》，为有鉴裁。

《真迹日录》五卷，二集一卷，三集一卷

明张丑撰。是书成于《书画舫》之后，盖据所续见以补所遗。然以二书相

较,"初集"复出二十六种,"二集"复出十一种,"三集"复出三种,未喻其故。鲍氏刻本始悉为删汰,惟字句有详略异同者,仍两载焉。

《法书名画见闻表》一卷

明张丑撰。仿《宝章待访录》之例,变而为表,凡分四格。第一格为"时代",二格为"目睹",三格为"的闻",四格总计一代之数,题曰"会计"。

《南阳法书表》一卷,《南阳名画表》一卷

明张丑撰。所列皆韩世能家收藏真迹。二表皆分五格。《法书表》上为时代,次以真书、行书、草书、石刻,分四格。《名画表》亦上为时代,次以释道人物、山水界画、花果鸟兽、虫鱼墨戏,分四格。

《清河书画表》一卷

明张丑撰。记其家累世所藏名迹,以书画时代为经,以世系为纬,分为六格。其高祖元素为一格,其曾伯祖维庆、曾祖子和为一格,其祖约之、叔祖诚之为一格,其父茂实为一格,其兄以绳为一格,丑所自藏为一格。

《珊瑚网》四十八卷

明汪珂玉撰。案:《明诗综》作汪砢玉,盖字之误。凡书跋、画跋,各二十四卷。皆以题跋居前,论说居后。视《清河书画舫》所收较博,条理亦较清整。惟书跋末附书旨、书品之类,画跋末附画继、画评之类,割裂无绪,挂漏不完,殊属赘疣。

《御定佩文斋书画谱》一百卷

康熙四十七年,礼部侍郎孙岳颁等奉敕撰。首论书论画十八卷,次历代帝王书画三卷,次书家画家传三十七卷,次无名氏书画八卷,次御制书画跋一卷,

次历代帝王书画跋二卷,次历代书画跋十八卷,次书画辨证三卷,次历代鉴藏十卷。搜罗繁富,巨细靡遗。从来品书、品画之编,未有详备于斯者。允为墨林之巨观。

《秘殿珠林》二十四卷

乾隆九年奉敕撰。考古来画品,以释道自为一门,书品则无所区别。是编始以书画品之涉于仙佛者,自为一书,冠以三朝宸翰,皇上御笔。次历代名迹及印本、刻丝、绨绣之类,次臣工进本,次石刻、木刻、经典、语录、科仪及供奉经像并载焉。

《石渠宝笈》四十四卷

乾隆九年奉敕撰。依贮藏之所,按次编辑,各分书册、画册、书画合册、书卷、画卷、书画合卷、书轴、画轴、书画合轴九类。其笺数、尺寸、款识、印记、题咏、跋尾,与曾邀奎章宝玺者,并一一胪载。凡品评甲乙,悉禀睿裁。是以既博且精,非前代诸谱,循名著录者,所可同日语也。

《庚子销夏记》八卷

国朝孙承泽撰。乃顺治十六年,承泽退居后所作。以所藏书画,各为叙述始末,考证异同。始于四月,成于六月,故以销夏为名。凡书画真迹三卷,石刻四卷,末一卷为寓目记。则诸家所藏,承泽所及见者也。

《绘事备考》八卷

国朝王毓贤撰。第一卷为总论,后七卷为历代画家小传。而以相传名迹,附于后。虽皆采旧文,而排纂具有条理。

《书法正传》十卷

国朝冯武撰。武为冯班之从子,传其笔法,晚年馆缪曰芑家,述为此编,论正书之法。前七卷皆采掇旧文,以己意评定;八卷为书家小传;九卷为名迹源流;十卷以班所著《钝吟书要》终焉。后来赵执信等,皆传冯氏之法者也。

《江村销夏录》三卷

国朝高士奇撰。乃其罢归平湖之后,记所见书画。体例略如《铁网珊瑚》,而兼详纸本、绢本及册轴之长短、广狭,较《铁网珊瑚》为详备。其以自作题跋载入,与诸家记书画者亦小有不同。士奇本富收藏,又精鉴别,故所载多为可据。

《式古堂书画汇考》六十卷

国朝卞永誉撰。杂采诸书著录书画,合以所藏,与所见者,共为一编。如《江村销夏录》之类,或全部收入。故不免小有抵牾,而大致终为赅博。

《南宋院画录》八卷

国朝厉鹗撰。院画始于宣和,而其人不尽可考,可考者惟南宋为详。是书首为总述,次列李唐等九十六人,各述其事迹,而以诸书所载真迹、题咏,系于其后。

《六艺之一录》四百六卷,《续编》十二卷

国朝倪涛撰。凡分六集:曰金器款识、曰石刻文字、曰法帖论述、曰古今书体、曰历朝书论、曰历朝书谱。所采摭旧文,不加论断异同,互见者亦两存之。书学之源流正变,莫备于斯。其书世无副本,此四百六卷,皆其手稿,及其妻女所书也。

《小山画谱》二卷

国朝邹一桂撰。专论画花草之法。上卷列八法、四知,八法皆采前人要

语,四知则一桂所独得也;次为各花分别,次为配色之法。下卷则古人画说,附胶矾纸绢诸器,而终以洋菊谱;盖一桂尝画是花,蒙皇上赐题,故别为一谱,以志荣也。

《传神秘要》一卷

国朝蒋骥撰。凡分二十七目,于一切布局、取势、运笔、设色,皆抒所心得,较元王绎《写像秘诀》载于《辍耕录》者,所论尤详。

右艺术类书画之属。七十一部,一千七十三卷。

谨案:考论书画之书,著录最夥,有记载姓名,如传记体者;有叙述名品,如目录体者;有讲论笔法者;有书画各为一书者;有书画共为一书者。其中彼此钩贯,难以类分,故统以时代为次。其或兼说古器者,则别入杂家类中。

《琴史》六卷

宋朱长文撰。前五卷载古来能琴者一百五十五人,各为小传;末一卷分十一篇,记琴之制度损益、音调沿革。文词雅赡,而采摭赅博,在所作《墨池编》之上。

《松弦馆琴谱》一卷

明严澄撰。所载凡二十八调,琴家所谓虞山派也。其谱皆有声而无词,其自序引据古义,最为明确。

《琴谱合璧》十八卷

国朝和素撰。因明人所辑《太古遗音》,译以国语。琴谱以声为主,而谐音之妙,无过国书十二字头。故曲折窈杳,无不契律吕之微。

《松风阁琴谱》二卷，附《抒怀操》一卷

国朝程雄撰。冠以指法二篇，乃改定庄臻凤之本。其谱凡十一曲，皆辑诸家旧调，而参以己法。其《抒怀操》一卷，则以士大夫赠答之词，谱入声律者也。所列指法，与古乐一字一弹者，为法迥殊，盖与严澄谱皆后世之琴，非夔、旷以来之琴也。

右艺术类琴谱之属。四部，二十八卷。

谨案：以上所录，皆山人墨客之技，识曲赏音之事也。与熊朋来《瑟谱》、王坦《琴旨》之类，发律吕之微，叶风雅之奏者，截然二事。故熊、王诸书得入经部乐类，而此则仅于有词之谱与无词之谱，各存一部，以见梗概，其他悉不滥收焉。

《学古编》一卷

元吾丘衍撰。原本二卷，今并为一。专为篆刻印章而作。首列三十五举，详述书体正变，及章法镌法；次合用文籍品目，凡四十六条；而附以洗印、印油二法。

《印典》八卷

国朝朱象贤撰。是书凡分十二类，皆印章故实。体例颇杂，而征引尚富。

右艺术类篆刻之属。二部，九卷。

《羯鼓录》一卷

唐南卓撰。分前后二录。前录首叙羯鼓形状，次叙玄宗以后诸故赏；后录载宋璟知音事，而附以羯鼓诸宫曲名。

《乐府杂录》一卷

唐段安节撰。首列乐部，次列歌舞俳优，次列乐器，次列乐曲。旧本末附

五音二十八调图,今佚其图,惟说存焉。

《玄玄棋经》一卷

宋晏天章撰。凡十三篇。盖以弈通于兵,故仿《孙子》之篇数。于弃取攻守之道,言简而理赅,历代国手,无能出其范围。

《棋诀》一卷

宋刘仲甫撰。凡四篇。后附论棋杂说,即晏天章《棋经》之末篇,仲甫为之注也。

右艺术类杂技之属。四部,四卷。

谨案:《羯鼓录》《乐府杂录》,《新唐书·艺文志》皆入经部乐类,殊为雅郑不分,故今悉改列于艺术类。

子部九　谱录类

《古今刀剑录》一卷

旧本题梁陶弘景撰。记古来刀剑四十事,证以李绰《尚书故实》,所引亦合。然弘景卒于梁武帝前,而书中称梁武帝,又斥其讳,殊不可解。殆后人有所窜乱欤。

《鼎录》一卷

旧本题梁虞荔撰。考荔已仕陈,称梁为误。又荔卒于陈武帝天嘉二年,乃记陈宣帝太极殿铸鼎事,尤为不合。殆亦经搀改也。

谨案:陶弘景《刀剑录》,《文献通考》一入类书,一入杂技艺。虞荔《鼎录》,亦入杂技艺。夫类聚刀剑与鼎之故实,入类书犹可,入杂技艺,于理未安。故今悉改隶谱录类。

《考古图》十卷,《续图》五卷,《释文》一卷

《考古图》,宋吕大临撰,其书在《博古图》前,较《博古图》为精审。《续图》五卷,钱曾《读书敏求记》亦以为大临所作,然体例与大临书少异,书中引吕与叔《考古图》,又有绍兴壬午纪年,则必非大临所作。观《释文》所注诸字,皆在《考古图》内,无一字及《续图》,亦可见也。

《啸堂集古录》二卷

宋王俅撰。案:俅亦作球,未详孰是。其书集古器款识,各以今文释之,又并载古印数十。吾丘衍《学古编》,尝摘其所收伪迹二事,然古器真伪相参,释文亦彼此互异,诸家所录,往往抵牾,亦不但此书也。

《宣和博古图》三十卷

宋大观中,王黼等奉敕撰。其称"宣和"者,徽宗未改宣和纪年以前,先有

宣和殿也。其书所收古器,真赝杂糅,辨证尤多疏谬,为诸书所指摘者,不可缕陈。然音释舛而铭字尚存,论说误而器形犹在,故考古者或有取焉。

《宣德鼎彝谱》八卷

明宣德中,礼部尚书吕震等奉敕撰。所记皆当日铸器图式工料,及供用名目。末附释名二卷,具列仿古规模尺寸,记载尤详。

《钦定西清古鉴》四十卷

乾隆十四年奉敕撰。皆即内府庋藏古器,绘图列说。体例虽仿《考古诸图》,而援据经典、辨别款识,一一考证精核,无所牵合附会于其间,则万非诸图所及也。 以上古器。

《奇器图说》三卷、《诸器图说》一卷

《奇器图说》,明西洋邓玉函撰;《诸器图说》,明王徵撰。玉函所述奇器,凡起重十一图,引重四图,转重二图,取水九图,转磨十五图,解木四图,解石、转碓、书架、水日晷、代耕各一图,水铳四图,各系以说。《诸器图说》凡图十一,皆徵所自制,亦具有思致。 以上杂器。

《文房四谱》五卷

宋苏易简撰。凡笔谱二卷,砚墨纸谱各一卷,附以笔格水滴。皆详述始末,而附以故实诗文,盖用《艺文类聚》之例。后来《蟹录》《砚笺》之类,则又以此书为例也。

《歙州砚谱》一卷

宋唐积撰。其书成于治平丙午,凡十门,记歙州采砚造砚之法甚详。本名《歙砚图谱》,左圭刻入《百川学海》,删去其图,改今名。

《砚史》一卷

宋米芾撰。所记诸砚凡二十六种。于端石、歙石，辨论尤详。冠以用品一条，论石当以发墨为上。附以性品一条，论石质刚柔；样品一条，述历代形制。

《砚谱》一卷

不著撰人名氏。皆录砚之出产，与其故实。中引欧阳修、苏轼、唐询、郑樵之说，则南宋人作也。

《歙砚说》一卷，《辨歙石说》一卷

不著撰人名氏。盖洪适所刻《砚谱》三种之二也。《砚说》兼纪采石之地，琢石之法，及其品质之高下。《歙石说》则专论其纹理、星晕，凡二十七种。

《端溪砚谱》一卷

不著撰人名氏。有淳熙十年荣芑跋，又称徽宗为太上皇，知作于建炎、绍兴之间。其书前论石之所出，与石质、石眼，次论价，次论形制，而终以石病。

《砚笺》四卷

宋高似孙撰。一卷为端砚，二卷为歙砚，各附以诗文，原有砚图四十二，今已佚之；三卷为诸砚品；四卷则诗文之为诸砚作者。

《钦定西清研谱》二十五卷

乾隆四十三年奉敕撰。凡陶之属六卷，石之属十五卷，共研二百，为图四百六十有四。附录三卷，则今松花、紫金、驼基、红丝，仿制澄泥诸品，共研四十有一，为图百有八。每研皆正背二图，亦间及侧面。凡御题及诸家铭识，一一钩摹精好。自有研谱以来，无如斯之完备。

《墨谱》三卷

宋李孝美撰。一名《墨苑》，一名《墨谱法式》，皆后人妄改。今仍以原序之名名之。上卷原本八图、八说，今八说存，而图佚其六；中卷序以墨名家者十六人，其墨亦各绘图；下卷载制造之法，凡二十条。

《墨经》一卷

宋晁季一撰。载制墨之法甚详，而又加意于和胶。谓上等煤而胶不如法，墨亦不佳；如得胶法，虽次煤能成善墨，诚笃论也。

《墨史》二卷

元陆友撰。集古来善制墨者，凡一百五十余人，旁及高丽、契丹、西域之墨，无不搜载。末附杂记二十五则，皆墨之典故，颇为博赡。

《墨法集要》一卷

明沈继孙撰。凡图二十有一，图各有说。古法制墨用松煤，后易以油烟，今松煤之法不传。此书所载皆油烟之法，实近代造墨之祖本也。以上文房谱。

《钱录》十六卷

乾隆十五年奉敕撰。所列古钱，前十三卷自伏羲至明崇祯，以编年为次；十四卷为外域诸品；十五、十六卷，则吉语、异钱、厌胜诸品，咸载焉。大致用洪遵《泉志》之例。而图必有征，不似遵之动涉荒唐；说必有据，不似遵之多所臆断。析疑订舛，于货泉原委，展卷厘然。

《香谱》二卷

不著撰人名氏。或题洪刍，与晁公武《读书志》所说亦不合，疑即《书录解题》所载侯氏《萱堂香谱》二卷也。凡四类,曰香之品、香之意、香之事、香之法。

《陈氏香谱》四卷

宋陈敬撰。是书集沈立、洪刍以下十一家之香谱,汇为一书。故所载颇泛滥无律,然可资考证者亦多。

《香乘》二十八卷

明周嘉胄撰。凡香之名品、修制、典故、艺文,一一胪载。考香事者,莫备于是书。

《云林石谱》三卷谨案:此部《总目》附录。

宋杜绾撰。汇载石品凡一百一十有六,各具出产之地、采取之法,详其形状色泽,而品其高下。以上杂物。

谨案:宋以后书,纂录日繁多,出于古来门目之外。如此谱汇载诸石,既非器用,又非珍宝,且自然之质,亦并非技艺,不但四库之内,无可系属,即谱录之内,亦无可类从,以石亦器物之材,姑附著于器物。

右谱录类器物之属。二十四部,一百九十九卷。附录一部,三卷。

《茶经》三卷

唐陆羽撰。古来称善茶者,以羽为首;言茶之书,亦以是书为首。凡分十类,曰一之源、二之具、三之造、四之器、五之煮、六之饮、七之事、八之出、九之略、十之图。其曰具,皆采制之用;其曰器,皆烹试之用;故二者异部。其曰图者,即上九事而图之。名虽十类,实则九也。

《茶录》二卷

宋蔡襄撰。襄以陆羽《茶经》,不载闽产;丁谓《茶图》,又但论采造,不及烹试。乃作此书。上篇论茶,下篇论茶器。皆烹试之法也。

《品茶要录》二卷

宋黄儒撰。皆论采造建茶之事。所论惟制茶之疵病,与售茶之真伪,与他家但称建茶之美者,立论各异。然恐以制不如法,鬻或售欺,为建茶累,正以表建茶之真也。

《宣和北苑贡茶录》一卷,附《北苑别录》一卷

《北苑贡茶录》,宋熊蕃撰,所论皆建安焙造贡茶法式,其图三十有八,则蕃子克所补,克即撰《中兴小记》者也。蕃书有所未备,赵汝砺又作《别录》一卷,补其所遗。原本并久佚,今从《永乐大典》录出,以其相因而作,故并为一帙。

《东溪试茶录》一卷

宋宋子安撰。晁氏《读书志》作朱子安,盖字之误。东溪者,建安地名也。其书补丁谓《茶图》、蔡襄《茶录》之遗,凡分八目。大旨以品茶宜辨所产之地,或相去咫尺,而优劣顿殊。故于诸焙道里远近,言之最详。

《续茶经》三卷,附录一卷

国朝陆廷灿撰。续陆羽《茶经》,仍其十目。其附录一卷,则历代茶法也。

《煎茶水记》一卷

唐张又新撰。前列刘伯刍所品七水,后列陆羽所品二十水,末附叶清臣述《煮茶泉品》一篇,欧阳修《大明水记》一篇、《浮槎山水记》一篇,则宋人所附入也。

以上茶录。

《北山酒经》三卷

宋朱翼中撰。第一卷为总论,后二卷论制曲酿酒之法,颇详。《说郛》所载,仅有总论一卷,此乃足本也。

《酒谱》一卷

宋窦苹撰。案:苹或作革,盖字之误。其书杂录酒之故实,大抵取新颖字句,以供采掇,与谱录之体稍殊。以上酒谱。

《糖霜谱》一卷

宋王灼撰。凡七篇。首叙唐代糖霜缘起,次考古来已有糖霜,次种蔗,次造糖之器,次结霜之法,次糖霜杂事,终以辨糖霜性味及制食之法。

以上食品。

右谱录类饮馔之属。十部,二十卷。

《洛阳牡丹记》一卷

宋欧阳修撰。凡三篇:一曰花品,叙所列凡二十四种;二曰花释名,述得名之由;三曰风俗记,首略叙游宴及贡花。余皆种植之事。

《扬州芍药谱》一卷

宋王观撰。因刘攽《芍药谱》所列三十一种,改其一种,增其八种,而叙述比刘本较详。

《范村梅谱》一卷

宋范成大撰。所录梅花凡十二种,盖据吴郡所产、其别业之所植者记之。故冠以"范村",非谓梅类止于此也。

《刘氏菊谱》一卷

宋刘蒙撰。首谱叙,次说疑,次定品,次列菊名三十五种,各为品第,而终以杂记三篇。其书作于徽宗时,所录皆中原产也。

《史氏菊谱》一卷

宋史正志撰。所录凡二十八种。自序谓菊花昔未有谱,因姑以所见为之,盖未见刘蒙之谱。然刘所谱者北地之花,此所谱者南方之产,不害其并存也。

《范村菊谱》一卷

宋范成大撰。所录范村之菊,据自序凡三十六种,此本阙其一种,盖传写所佚。谢采伯《密斋笔记》,病此谱太略,不知但记其所有也。惟其以一干出千百朵者为贵,是南方所谓“千头菊”、北方所谓“满天星”也,至贱之品,何以重之,为不可解耳。

《百菊集谱》六卷,《菊史补遗》一卷

宋史铸撰。荟萃诸家菊谱,订为一编。首列诸菊名品一百三十三种,不入卷数。卷一、卷二为诸家旧谱及铸自撰新谱,卷三杂录菊事,卷四为诗文,卷五为新增胡融谱及栽植事实,卷六为铸咏菊诸诗,补遗一卷皆诗文也。编次颇无体例,而采摭颇博。

《金漳兰谱》三卷

宋赵时庚撰。其书不及王贵学谱,然互有详略。陶宗仪收入《说郛》,而佚第三卷,此犹完帙也。

《海棠谱》三卷

宋陈思撰。上卷皆录海棠故实,中、下二卷皆题咏其名品之别、栽植之术。

特上卷附见四五条,盖数典之书,非种树之书也。

《荔枝谱》一卷

宋蔡襄撰。凡七篇:一原本始,二标尤异,三志贾鬻,四明服食,五慎护养,六时法制,七别种类。襄本闽人,所记皆闽产也。

《橘录》三卷

宋韩彦直撰。上卷柑品八、橙品一,中卷橘品十八,下卷为种植之法。盖其知温州时作,故所录皆温州之产。《宋史·艺文志》作《永嘉橘录》,当是其旧名。今刻本乃无此二字,考《全芳备祖》论其不知黄岩有乳柑,则陈景沂时已但称《橘录》,故以永嘉境外之物,责以遗漏也。

《竹谱》一卷

晋戴凯之撰,并自注。所记竹类七十有余,皆叙以四言韵语。词旨古雅,非唐以后人所能。其注中所引晋以前书,多存古义,亦足以旁资考证。

《笋谱》一卷

宋释赞宁撰。或作惠崇者,误也。凡分五类:曰一之名,二之出,三之食,四之事,五之说。援据奥博,所引古书,多今所未见。

《菌谱》一卷

宋陈仁玉撰。南宋时以台州之菌为上味,故仁玉述其乡之所产为此书。凡十一种。各详所生之地,所采之时,与其形状色味。末附以解毒之法。

《御定广群芳谱》一百卷

康熙四十七年,翰林院编修汪灏等奉敕撰。因明王象晋旧本,改其岁谱为天时谱,而删其鹤鱼谱,其余订讹补漏,一一精核。名虽因而书则创,以较象晋所作,不啻大辂之有椎轮也。 以上草木。

《禽经》七卷

旧本题师旷撰,晋张华注,皆依托也。然陆佃《埤雅》以下所引《禽经》,今本乃皆不载,又伪本中之伪本矣。以左圭《百川学海》所收,即是此本,知其伪在南宋之末。既已流为丹青,今亦不能遽废也。

《蟹谱》二卷

宋傅肱撰。所录皆蟹之故实。上卷多采旧文,下卷则肱所自记。诠次颇为雅驯。

《蟹略》四卷

宋高似孙撰。以补傅肱之遗。分十二门:曰蟹原、蟹象、蟹乡、蟹具、蟹品、蟹占、蟹贡、蟹馔、蟹牒、蟹雅、蟹志、赋咏。虽偶有疏舛,而较傅谱为详备。

《异鱼图赞》四卷

明杨慎撰。凡鱼图三卷,共八十七种,为赞八十六首。附《海错疏》一卷,共三十五种,为赞三十首。词旨古隽,自序拟郭璞、张骏,固未必逮,与宋祁《益部方物略》,实足以颉颃。

《异鱼图赞笺》四卷

国朝胡世安撰。杨慎《异鱼图赞》,间有自注,多未详核。世安因为一一补笺,贪多务得,不免泛滥,而大致终为淹博。

《异鱼图赞补》三卷,闰集一卷

国朝胡世安撰是书,补杨慎所未赞。凡鱼类一百五十四种,为赞五十七首;海错类三十八种,为赞二十八首。"闰集"一卷,则别录非常之鱼,恍惚不尽可凭者,其子谨及门人雷管等,共为之注。 以上禽鱼。

右谱录类草木虫鱼之属。二十一部,一百五十一卷。

卷十三

子部十　杂家类

《鬻子》一卷

旧本题周鬻熊撰,盖依托也。《汉志》载于道家者二十二篇,载于小说家者十九篇,此本疑即小说家所载。《崇文总目》作十四篇,《子略》作十二篇,《书录解题》作十五篇,此本篇数与《崇文总目》合。其注为唐逄行珪撰,亦无深义,以旧本存之耳。

《墨子》十五卷

旧本题周墨翟撰,然书中多称"子墨子",则其门人所记也。原本七十一篇,今佚八篇。其说为孟子所辟,不行于世。然其书则历代著录,列为九流之一。观其近理乱真之处,然后知儒墨异同之所以然,则亦不必废观也。

《子华子》二卷

旧本题晋程本撰,盖南北宋间不得志者所托名。然在伪书之中,最有理致。

《尹文子》一卷

周尹文撰。《汉志》列于名家。大旨指陈治道,欲自处于虚静,而万事则一一核其实,故立说在黄、老、申、韩之间。

《慎子》一卷

周慎到撰。《汉志》列之于法家。今考其书,大旨欲因物理之当然,各定一法以守之，不求于法之外，亦不宽于法之中，则上下相安，可以清净而治。然法有不行，势不能不以刑齐之，黄、老之为申、韩，此其转关矣。

《鹖冠子》三卷

是书《汉志》著录，即佚其名氏，但知为楚隐士尔。其说颇杂刑名，而大旨原本于道德。其注为陆佃所作，文颇简略。

《公孙龙子》三卷

周公孙龙撰。亦《汉志》所谓名家流也。原本十四篇，今存六篇，大旨欲综核名实，而恢诡其说，务为博辨。《孔丛子》所谓“词胜于理”，殆确论焉。其注为宋谢希深作，词不及龙，而欲伸龙之理，其浅陋宜矣。

《鬼谷子》一卷

旧本题鬼谷子撰。《唐志》则以为苏秦撰，莫能详也。其书为纵横家之祖，原本十四篇，今佚其二。旧有乐壹等四家注，今并不传。

《吕氏春秋》二十六卷

旧本题秦吕不韦撰。实则其宾客所集也。凡十二纪、八览、六论，故《汉志》称二十六篇。实则纪、览、论各分子目，共一百六十篇。不韦人不足称道，而是书裒合群言，大抵据儒书者十之八九，参以道家、墨家之近理者十之二，较诸子为颇醇。高诱所注，亦多明古义。

《淮南子》二十一卷

汉淮南王刘安撰，高诱注。安书原分内、外篇，此二十一卷其内篇也。大旨原本道德，而纵横曼衍，多所旁涉，故《汉志》列之杂家。诱注或题许慎撰，盖慎注散佚，误以诱注当之，今详为考定，仍题诱名。

《人物志》三卷

魏刘邵撰,北魏刘昞注。凡十二篇。大旨主于论辨人材,以外见之符,验内藏之器,分别流品,研析疑似。其学出于名家,而大旨则不悖于儒者。昞注疏通大义,不沾沾于训诂,文词简括,亦有魏晋之遗。

《金楼子》六卷

梁孝元皇帝撰。原本十五篇,久已散佚,今从《永乐大典》录出,尚存十四篇。其书综括古今,兼资劝戒,所征引者,亦多周秦古书,非今所及见。

《刘子》十卷

是书或题刘歆,或题刘勰,或题刘孝标,惟袁孝政序定为刘昼。然其书晚出,至《唐志》始著录,《九流》一篇,全袭《隋书·经籍志》之文,疑即孝政所伪作,而自为之注也。然杂采古籍,融贯成篇,虽风格稍卑,而词采秀倩,即出孝政之手,亦唐代古书也。

《颜氏家训》二卷

隋颜之推撰。旧作北齐人者,误也。其书凡二十篇,多辨正世俗之失,以戒子孙。大抵于世故人情,深明利害,而能文之以经训,故《唐志》《宋志》俱列儒家。然其《归心》等篇,申明佛法,非专以儒理立言,故今退置于杂家。

《长短经》九卷

唐赵蕤撰。原本十卷,今佚其一。其源出于纵横家,主于因时制变,综核事功,不免于杂霸之学。而大旨尚为近正,其文格亦在《申鉴》《人物志》之间。

《两同书》二卷

唐罗隐撰。上卷五篇,皆归本于老子之言;下卷五篇,皆归本于孔子之言。

《崇文总目》谓其"以老子修身之说为内,孔子治世之言为外,会其旨而同元"。然则所谓"两同"者,取晋人仲尼、老聃将无同之义耳。

《化书》六卷

南唐谭峭撰,宋齐丘攘为己作,故亦谓之《齐丘子》。凡六篇,曰道化、术化、德化、仁化、食化、俭化。峭本道士,故大旨多出于黄老,而附合于儒言。

《昭德新编》三卷

宋晁迥撰。大旨勉人为善,而立言根柢于佛氏。自序谓东鲁之书,文而雅;西域之书,文而备。故酌中而作。晁氏累世之学,皆发源于此。

《刍言》三卷

宋崔敦礼撰。上卷言政,中卷言行,下卷言学。指切事理,于人情物态,抉摘隐微,多中窾要。而大旨在道家、儒家之间。

《乐庵遗书》四卷

旧本题宋李衡撰,其门人龚昱编,其书至明隆庆元年始出,莫审其所自来。大旨提唱心学,以悟为宗,似乎传姚江之学者,依托为之。然终无显证,姑录备杂家之一种焉。

《习学记言》五十卷

宋叶适撰。凡论经十四卷,论诸子七卷,论史二十五卷,论文鉴四卷。其说颇务新奇,故未能纯粹,要亦文章之豪也。

《本语》六卷

明高拱撰。是书成于万历丙子,距拱罢归之日,已十三年。故论史多借喻时事,论理亦或参二氏。其抉摘先儒,亦颇过悍。然其精确者,自不可磨。盖拱天性刚愎,敢言人所不敢言,故其长在破除拘牵,其短在无所畏忌云。

右杂家类杂学之属。二十二部,一百七十八卷。

《白虎通义》四卷

汉班固撰。凡四十四篇。盖肃宗诏群儒,考定五经同异,于北宫白虎观,裒其议奏,为《白虎通德论》。后诏固撰集成书,始定此名。或称"白虎通"者,省文也。其说虽兼涉谶纬,而多传古义,至今为考证家所依据。

《独断》二卷

汉蔡邕撰。皆考论旧制,综述遗文,与《白虎通义》《风俗通义》,俱为讲汉学者之资粮。然《风俗通义》多说杂事,不及二书之字字皆为典据也。

《古今注》三卷,附《中华古今注》三卷

《古今注》,晋崔豹撰;《中华古今注》,五代马缟撰。二书皆考证名物,而文相同者十之九。故两存其书,且并为一帙,以便互考焉。

《资暇集》三卷

唐李匡乂撰。案:匡乂或作匡文,或作正文,或作匡义,均传写之误。大抵考证旧文。自序称世俗之谈,类多讹误,故著此书。上篇正误,中篇谈原,下篇本物。书中乃不标此目,然所说一一与此目相应。

《刊误》二卷

唐李涪撰。原本五十篇,今佚其一。皆考究典故,引旧制以正唐末之说,又引古制以正唐制之失,多可以订正礼文。下卷兼及杂说,亦皆典核。

《苏氏演义》二卷

唐苏鹗撰。原本久佚,今从《永乐大典》录出。书中所言,与崔豹《古今注》、马缟《中华古今注》,多相出入。非《永乐大典》仅存,则豹书之出缟书犹可考见,缟书之袭此书,竟无从而验也。然缟书所未载者,尚几及半,则亦考证家所必资矣。

《兼明书》五卷

五代丘光庭撰。皆考证之文。首总说诸书,次说五经、《论语》《孝经》《尔雅》,次《文选》,次杂说,次字书。并引据典核,辨订详明。

《近事会元》五卷

宋李上交撰。其书纪唐至五代典制。体例在蔡邕《独断》、高承《事物纪原》之间。惟第五卷载及琐闻,然亦多关掌故。《书录解题》称其皆纪杂事细务,盖未详阅其书。

《东观余论》二卷

宋黄伯思撰,其子訒编。伯思尝作《法帖刊误》二卷,又作《古器说》四百六十二篇,訒合而编之,益以伯思所作论辨题跋,共为一书,总题此名。伯思终于秘书郎,故称"东观"云。

《靖康缃素杂记》十卷

宋黄朝英撰。原本二百条,今存者九十条,皆考证经典异同。其学出于王安石,故刘敞、晁公武皆摭其解诗"握椒"一条为谐笑,然其他皆具有根据,非苟作者。王氏学固非正轨,然其徒如陈祥道、陆佃及朝英实皆淹通古义,未可以门户之见,并废所长也。

《猗觉寮杂记》二卷

宋朱翌撰。上卷皆诗话,止于考究典据,而不详词意之工拙;下卷杂论文章,兼及史事。近时鲍氏知不足斋刻本,割其下卷六十八条,移入上卷,以均篇页,殊失古人著书之意,今仍从原本分卷焉。

《能改斋漫录》十八卷

宋吴曾撰。向无刊本,传写者以意分合,卷数各异,门目亦不甚相同。此本凡分事始、辨误、事实、沿袭、地理、议论、记诗、记事、记文、类对、方物、乐府、神仙鬼怪十三类,稍有条理,大抵皆考证之文,颇为诸家所纠驳,而精确者终不可废。

《云谷杂记》四卷

宋张淏撰。原本久佚,今从《永乐大典》录出。于诸家著述,析疑正误,多所厘订。

《西溪丛语》三卷

宋姚宽撰。其书考正旧文,间有疏舛之处,亦多精确之处。统观大致,瑜七八而瑕二三也。

《学林》十卷

宋王观国撰。本名《学林新编》;称“学林”者,省文也。专以辨别字体字义为主,于经史诸书笺释注疏之文,皆胪列异同,考求得失,多前人所未发。

《容斋随笔》十六卷,《续笔》十六卷,《三笔》十六卷,《四笔》十六卷,《五笔》十卷

宋洪迈撰。其书随时札记,以次成编。惟《五笔》未成而迈没,故独止于

十卷。皆考辨经史,厘订典故,旁及文章艺术,无不有所论说。虽贪多务广,不免偶有疏漏,然淹通该博,南渡以后诸说部,惟《野客丛书》可与对垒,他家终不逮也。

《考古编》十卷

宋程大昌撰。其考辨经史,援据该博,多发先儒所未发。其短亦在好生新义,务异先儒。特其学本淹通,故与枵腹高谈,掊击郑贾者,终不同耳。

《演繁露》十六卷,《续演繁露》六卷

宋程大昌撰。绍兴中,《春秋繁露》始出,大昌斥为伪本,谓《繁露》原书必句用一物,以发己意,案:二句即分条辨证之意,而文义不明,故姑仍其原文。乃作此书以拟之,故立此名。其说殊谬。然此书则辨证详博,多有可采。《演繁露》不分目,续编则分制度、文类、诗章、谈助四门。

《纬略》十二卷

宋高似孙撰。似孙《子略》即论诸子,《骚略》即论《楚辞》,惟此书以“纬略”为名,而非论纬书。大抵皆考证旧文,疏通疑滞,采摭颇富。沈士龙跋,谓其多引类书,夸示宏肆。然本书存者当引本书,本书佚者不能不取诸类书也。惟不以类书标目,而仍标本书,是其一短耳。

《瓮牖间评》八卷

宋袁文撰。原本久佚,今从《永乐大典》录出。一卷论经,二卷论史,三卷论天文、地理、人事,四卷论小学,五卷论诗文书画,六卷论衣食器用之属,七卷论释道方技及物产,八卷杂论神怪。持论具有根据。

《芥隐笔记》一卷

宋龚颐正撰。芥隐者,颐正书室之名也。是书篇页无多,而考据博洽,不

在洪迈《容斋随笔》下。每条多有附注,其中班固宾戏一条,与本书不相应。王安石草堂怀古一条,明注与本书异同;王建一条,乃纠驳本书。知非颐正所自注。其出于谁手,则不可考矣。

《芦浦笔记》十卷

宋刘昌诗撰。以作于监芦沥场盐课时,故名"芦浦"。皆考辨讹文疑义,而纠正吴曾《能改斋漫录》者为多。间记轶事,不及全书十之一,盖偶尔附载,非其通例也。

《野客丛书》三十卷,附《野老记闻》一卷

宋王楙撰。其书卷帙繁富,考辨详明,于经籍异同,多所厘正。在南宋说部之中,最为善本。陈继儒刻入《秘笈》,仅删存十二卷,殊为庸妄。今仍以原本著录。末附《野老记闻》,乃楙父所作,多记元祐中轶事,原本所有,仍并存之。其父之名字,则不可考矣。

《坦斋通编》一卷

宋邢凯撰。原本久佚,今从《永乐大典》录出。多考证之文,颇为有据。间论史传及杂事,亦多中理。

《考古质疑》六卷

宋叶大庆撰。原本久佚,今从《永乐大典》录出。其书上自六经诸史,下及宋代著述,各为抉摘疑义,考订厘正。其征引古书,及旁通互证之处,各夹注本文之下,体例尤为详悉。

《经外杂钞》三卷

宋魏了翁撰。皆杂录诸书,而略以己意标识于下。多有不载全文,但书

“云云”字者，亦有两互见者。盖随手记载，以备考证。后人得其稿本，缮写成帙也。

《古今考》一卷，《续古今考》三十七卷

《古今考》，宋魏了翁撰；《续考》，元方回撰。了翁以郑玄《礼》注“某物即今某物者”，孔、贾诸疏多不能考，欲即《汉书》本纪所载，随文辨证，然其书未成，仅得二十条。回乃因其手稿衍而续之，亦以《汉书》本文标目而推类，以尽其余。

《颖川语小》二卷

宋陈昉撰。原本久佚，今从《永乐大典》录出。其考究文籍异同、掌故沿革，颇似洪迈《容斋随笔》。其论文多辨别经史句法，又颇似陈骙《文则》。

《宾退录》十卷

宋赵与旹撰。与旹受学于杨简，文艺非其所长，故是编论诗多迂谬。至于考订经史，辨析典故，则精核者十之七八。

《学斋佔毕》四卷

宋史绳祖撰。皆考定经史疑义，间有穿凿舛漏，而立论尚多根据。上比王观国、洪迈、王楙则不足；下方姚宽、孙奕，亦可以肩随。

《鼠璞》一卷

宋戴埴撰。《文献通考》列之小说家，然其辨证经传，考订名物训诂，颇有可采，实非小说家言。曰“鼠璞”者，取《战国策》以鼠为璞之意也。

《朝野类要》五卷

宋赵升撰。是书征引朝廷故事，大致如蔡邕《独断》，惟以类相从，分为十

四门，一一标题系说，体例少异耳。宋代案牍之文，与搢绅之习语，今有不可以文义推求者，披检是书，往往得其解也。

《困学纪闻》二十卷

宋王应麟撰。凡说经八卷，天道、地理、诸子二卷，考史六卷，评诗文三卷，杂识一卷。援据精博，为宋一代说部之后劲。阎若璩、何焯皆有评本，今并刊附书内。焯评多大言诋諆；若璩之评，附著所见而已。盖若璩亦博极群书也。

《识遗》十卷

宋罗璧撰。璧盖讲学之家，故谓孔子之道至晦翁集大成，诸家经解自晦翁断定，始出于正，而诋《礼记》为委巷之谈，颇不免党同伐异。然其征据旧文，爬梳钩索，亦尚可观。

《爱日斋丛钞》五卷

不著撰人名氏。但据《说郛》所载，知其姓叶，据书中咸淳年号，知为宋末人耳。原本久佚，今从《永乐大典》录出。其书多考证名物典故，于宋人说部如何薳、赵德麟、王直方、蔡绦、朱翌、洪迈、陆游、周必大、龚颐正、赵彦卫诸书，皆博引繁称，核订同异。惟文笔冗沓，是其所短。

《日损斋笔记》一卷

元黄溍撰。于经史子集，各有所辨订，而论史十六条，尤为根据分明，不同臆断。

《丹铅余录》十七卷，《续录》十二卷，《摘录》十三卷，《总录》二十七卷

明杨慎撰。三录皆所自编。总录则其门人梁佐编也。明代诸儒，惟慎为

博洽,故傲视一世,谓莫能核其真伪,遂往往赝托古书,佐其辨论,致陈耀文、胡应麟等乘隙而攻。然二家所驳,亦互有得失,平心而论,慎所学终在其上也。

《谭苑醍醐》九卷

明杨慎撰。是书成于嘉靖壬寅,与《丹铅录》间相出入。其曰"醍醐者",自序谓如从乳出酪,从酪出酥,从生酥出熟酥,从熟酥出醍醐。盖晚年著述,所得愈精之意也。

《正杨》四卷

明陈耀文撰。凡一百五十条,皆纠杨慎《丹铅录》之讹。其间精确者颇多,惟是衅起争名,语多吹索,丑词恶谑,无所不加,殊乖著书之体。取其博赡而已,其浮嚣则不可训也。

《疑耀》七卷

明张萱撰。旧题李贽者,伪托也。皆考证之文。虽有穿凿,要为典赡。盖萱为中书舍人时,尝重编《文渊阁书目》,多见古图籍也。

《艺彀》三卷,补二卷

明邓伯羔撰。其考订旧文,颇有精核之处。虽或疏舛,要于大体无伤。隆庆、万历之际,心学横流,伯羔独研求古义,亦可谓庸中佼佼矣。

《名义考》十二卷

明周祈撰。以天、地、人、物分四部,条列子目,而训释其名义。于诸说舛误之处,皆参考诸书,一一辨定。惟引用旧文,而概不著其出典,不出明季著书之通病。

《笔精》八卷

明徐渤撰。分易通、经臆、诗谈、文字、杂记五门。其曰“笔精”者,取江淹《别赋》语也。其中踳驳颇多,未能脱明季卤莽纵恣之习。然焞家富藏书,多见古本,引据究为博赡。分别观之,亦未尝不资参考。

《通雅》五十二卷

明方以智撰。以考证训诂音声为主,而旁及于名物度数艺术之类。援据博奥,条理分明。明一代考证之书,罕与并骛。

《卮林》十卷,补遗一卷

明周婴撰。皆纠古书之舛误。其胪列诸家,系以考订,体例如朱子《杂学辨》。其每条以两字标目,而各系以作者之姓,如驳鱼豢《魏略》即谓之“质鱼”之类,体例如《孔丛》“诘墨”。其所刊正,多中肯綮。

《拾遗录》一卷

明胡爌撰。皆杂考训诂之文。原本十卷,明季散佚于兵火。其裔孙掇拾残稿,得说经者二百三十二条,论文考古者六十三条,分为六类,仅十之二存耳。

《日知录》三十二卷

国朝顾炎武撰。乃其读书有得,随时札记,故以“日知”为名。然炎武之学,博赡而能通贯,每一事必核其始末,究其异同,参以证佐,而后笔之于书。故积三十年而后成。自序谓其有不合,时复改定,则易稿亦不知凡几。不似杨慎诸人,偶有所见,即行记录,往往知一而不知其二也。

《义府》二卷

国朝黄生撰。上卷论经;下卷论子史集,附以金石。又有所注《冥通记》,以异教之言,缀于末焉。生于小学训诂,研究独深,是书虽卷帙无多,而論其精核,不在方以智《通雅》之下。

《艺林汇考》二十四卷

国朝沈自南撰。本所辑类书,凡二十四门。此本仅刻其栋宇、服饰、饮食、称号、植物五门。所采皆诸书之有辨证者。虽依文排纂,无所论断,而异同兼备,首末悉赅,开卷厘然,与考证之学无异。故进而列之杂考,不使与他隶事之书,摘录字句,徒供文藻者伍焉。

《潜丘札记》六卷

国朝阎若璩撰。世有二本,一为其孙学林所刊,编次糅杂,无复端绪;一为山阳吴玉搢所编,较有条理,今取以著录。此书为若璩未成之本。然援据精博,与顾炎武《日知录》,方轨并骛,未决谁先。

《湛园札记》四卷

国朝姜宸英撰。皆考证经史之文。而論三礼者尤多。自序称阎若璩欲改“札记”为“劄记”,宸英以“劄”乃古人奏事之名,不见经传,而《左传》《尔雅》注中,皆有“简札”之文,故不从其说,可知其言必据典矣。

《白田杂著》八卷

国朝王懋竑撰。以所作辨证之文,合为一帙。与黄伯思《东观余论》,体例略同。懋竑于朱子之书,用力至深,并能辨别其真伪,参考其异同,不苟相附合,于经史亦多自抒心得。凡所发挥,多先儒之所未及。

《义门读书记》五十八卷

国朝何焯撰，其门人蒋维钧编。焯文章负盛名，而自选刻时文以外，无所著作。焯没之后，维钧乃搜辑其所评所校之书，录其题识，共为一编。凡经十二卷，史十七卷，集二十九卷。

《樵香小记》二卷

国朝何琇撰。凡考证诸书疑义一百二十条，说经者居其大半，论小学者次之。其学盖出于阎若璩、顾炎武、朱彝尊、毛奇龄诸家。

《管城硕记》三十卷

国朝徐文靖撰。皆辨析典籍之疑误，每条以原书为纲，各系以考证，略如陈耀文《学林就正》之体，而论说加详。

《订讹杂录》十卷

国朝胡鸣玉撰。皆考证声音文字之舛，及事迹传闻之误。大抵依据旧文，参以己见，不甚多生新义。故罕所特创，亦罕所穿凿。

《识小编》二卷

国朝董丰垣撰。凡二十四篇。议礼者居十之九，虽不免得失互形，而多可节取。

右杂家类杂考之属五十七部，七百零七卷。

谨案：考证之书，始于《白虎通义》及《独断》。唐以后，作者日繁；宋以后，更动成巨帙。其说大抵兼论经、史、子、集，不可限以一类，真班固所谓出于议官之杂家也。今汇而编之，命曰杂考。

《论衡》三十卷

汉王充撰。原本八十五篇,今佚其一。充生当汉季,愤世嫉俗,作此书以劝善黜邪,订讹砭惑。大旨不为不正,然激而过当,至于问孔、刺孟,无所畏忌,转至于不可以训。又务求尽意,不惜繁词,其文亦冗漫而无制。瑕瑜不掩,分别观之可也。

《风俗通义》十卷,附录一卷

汉应劭撰。《后汉》书劭本传作《风俗通》,省文也。原本三十卷,卷为一篇,分子目一百三十四。其姓氏一篇,自宋已佚。然散见《永乐大典》中,今裒为一篇,附录于末。其书考论典礼,类《白虎通义》;纠正流俗,类《论衡》。不名一体,故列之于杂说。

《封氏闻见记》十卷

唐封演撰。原本五卷,此本分为十卷,而残缺特甚。前六卷多陈掌故;七卷、八卷,多记古迹杂论,颇资考证;末二卷则皆载唐代轶事,嘉言懿行居多,惟末附谐谑数条而已。

《尚书故实》一卷

唐李绰撰。《宋志》作李纬,盖传刻之误。尚书者,张嘉贞之玄孙,其名无考。绰尝客游其家,述其所言为此书。犹韦绚之《刘宾客嘉话》也。其书虽多记杂事,而时征古义,援据博洽,颇资考证。

《灌畦暇语》一卷

不著撰人名氏。据书中所说,盖元和以后人。《书录解题》始著录,朱子《韩文考异》亦引之。然世罕传本,此本乃明李东阳偶得残帙,重为排整成书,凡存三十二条,皆杂述旧文,附以论断。其宗旨出于黄老,而持论尚不悖于圣贤。

《春明退朝录》三卷

宋宋敏求撰此书。《文献通考》凡两载,一入故事,一入杂家。今观所记,虽多述宋代掌故,而杂说杂事,亦参错其间,不全为数典之书。今隶之杂家,于义为惬。

《笔记》三卷

宋宋祁撰。或作宋庠者,误也。上卷曰释俗。中卷曰考订,多正名物、音训,颇有裨于小学,亦间及论文、论史。下卷曰杂说,则欲自为子书,刻意造语,近乎焦氏《易林》、谭氏《化书》。末附庭戒、治戒、左志、右铭,皆身后之事,未知为祁所预拟,为其子孙附入也。

《东原录》一卷

宋龚鼎臣撰。是书辨订经史,考论训诂,多为确当。兼记轶事,亦多有资于掌故。惟解经好立新义,是其所短。《洪范》错简之说,于古未有,即鼎臣倡其始也。

《王氏谈录》一卷

宋王钦臣撰。旧题其父洙之名,盖以卷末观览书目有"王洙敬录"字而误也。书凡九十九条,皆述洙平日所论。

《文昌杂录》七卷

宋庞元英撰。原本断烂颠舛,今为厘正。是书乃元丰壬戌,元英官主客郎中时作。时官制初更,所记一时闻见,关于典制者为多。于朝廷礼仪、百官除拜,多详其时日,可以补《宋史》之阙。故《宋史·艺文志》入之故事类中。然中间颇涉杂事、杂论,不尽朝章国宪也。

《麈史》三卷

宋王得臣撰。所记凡二百八十四事,分四十四门。于朝廷掌故、耆旧轶事,多所记载。其参稽经典,辨别异同,亦深资考证。其师为郑獬、胡瑗,又与明道、程子友,而于洛、蜀二党,俱无所攀附。惟于王安石一人,书名示贬,盖亦特立之士矣。

《梦溪笔谈》二十六卷,《补笔谈》二卷,《续笔谈》一卷

宋沈括撰。梦溪其润州别业也。是书凡分十七门。于遗闻、旧典、文章、技艺,以及小说家言,无不赅载。而乐律、象数二类,尤其专门绝学。补、续二编,旧本别行,今附载于后,以备一家之言焉。

《仇池笔记》二卷

旧本题宋苏轼撰。今勘验其文,盖后人集其杂帖为之,非所手著。以颇资考证,故至今传之。中有不类轼语者,疑或以伪迹窜入欤。

《东坡志林》五卷

旧本题宋苏轼撰。一名《东坡手泽》,后编入《东坡大全集》中,改题此名。核其文义,亦搜辑墨迹所编也。

《珩璜新论》一卷

宋孔平仲撰。即《孔氏杂说》也。皆考证旧闻,亦间托史事,以寓意议论,特为条畅,盖三孔本皆工文也。

《晁氏客语》一卷

宋晁说之撰。其体近于语录,亦间记朝野见闻,并注得之于某人,所谓“客语”也。其持论淆杂儒禅,盖自晁迥以来,家学如是。其述元祐诸人轶事,亦多可补史传之遗。

《师友谈记》一卷

宋李廌撰。杂记苏轼、范祖禹、黄庭坚、秦观、晁说之、张耒之言,故曰“师友谈记”。其人皆元祐胜流,而廌之文章学问,亦足以解其所谈,故所录多名言格论,非小说琐语之比。

《杨公笔录》一卷

宋杨延龄撰。其论《易》取郑夬,盖据司马光之奏。其字义训诂,亦取王安石、陆佃。又称过洛见程子。盖于熙宁、元祐两局,无所偏附,自据所见而著书也。

《吕氏杂记》二卷

宋吕希哲撰。原本久佚,今从《永乐大典》录出。希哲少从焦千之、孙复、石介学,又从二程子、张子及王安石游,故其学问出入于数家之间,醇驳互见。其所记家世旧闻、朝廷典故,亦多足与史传相参。

《冷斋夜话》十卷

宋释惠洪撰。晁氏《读书志》著录十卷,与此本合。然此本经后人删削,已非完帙。又每条标题,皆后人所妄加,亦非其旧也。其书杂述见闻,而论诗者居十之八,论诗之中称引元祐诸人者又十之八,黄庭坚语尤夥。盖假借以增声价,故宋人多病其依托,然所论则未为无理也。

《曲洧旧闻》十卷

宋朱弁撰。盖其使金被留时所作。以皆追述北宋轶事,无一事涉于金朝,故曰“旧闻”。《文献通考》入之小说家,然所述北宋君臣事迹,皆足以明一代治乱之由,实非小说之琐语。第兼及诗话、文评,及诸考证,不可以入杂史,故今改隶杂家类焉。

《元城语录》三卷,附《行录》一卷

宋马永卿撰。皆述其师刘安世之语。安世,元城人,故以名书。多叙述旧闻,亦参以论事、论学之说。大旨传述司马光,其时杂禅理,则颇近于苏轼。盖其师友渊源如是也。《行录》一卷,崔铣所纂,于文熙又补缀之,旧附卷末,今亦并存焉。

《嬾真子》五卷

宋马永卿撰。乃其随笔札记,亦多述刘安世语。中间颇及杂事,而考证之文为多。

《春渚纪闻》十卷

宋何薳撰。凡杂记五卷,东坡事实一卷,诗词事略一卷,杂书琴事附墨说一卷,记研一卷,记丹药一卷。其特述苏轼者,薳父去非为轼所荐士也。

《石林燕语》十卷,《考异》一卷

《石林燕语》,宋叶梦得撰;《考异》,宇文绍奕撰。梦得书旧有刊本,绍奕书则久佚,今从《永乐大典》录出,合为一编。梦得纂述遗闻,多有关掌故,于官制科目,言之尤详。绍奕所纠,或不免有意吹求,而援引旧章,详确者亦十之八九,相辅而行,于考证乃益明焉。

《避暑录话》二卷

宋叶梦得撰。梦得本蔡京之门客，又章惇之姻家，故是书所述，往往于熙宁、绍圣之弊政，阴为解释，殊乖公道。以梦得练习旧闻，又博通群籍，其所叙述辨論，亦颇有裨于考核，故仍录而存之。

《岩下放言》三卷

宋叶梦得撰。商维浚《稗海》刻有郑景望《蒙斋笔谈》二卷，其文全与此同，乃剿取此书以作伪也。书为梦得晚年所作，多归心于二氏，持论殊不甚醇，而见闻终博，故亦时有可采。

《却扫编》三卷

宋徐度撰。度为靖康中参知政事，处仁之子，故家遗俗，具有传闻，故所纪皆朝廷旧典、耆宿轶事，深有裨于史学。

《五总志》一卷

宋吴坰撰。记见闻杂事，间亦考证旧闻。其論诗独尊黄庭坚，盖亦江西之流派。其名“五总志”者，取“龟生五总，灵而知事”之义也。

《紫微杂说》一卷

宋吕本中撰。旧本题吕祖谦者，误也。其书分条胪列，于六经疑义、诸史事迹，皆有所论辨，大都中理。

《辨言》一卷

宋员兴宗撰。其书胪举经、传、子、史，及宋代诸家之说，凡理有未安，皆条列而与之辨。

《墨庄漫录》十卷

宋张邦基撰。所记轶事多参以神怪,颇阑入小说家言。至于辨定杜甫、韩愈、苏轼、黄庭坚诸诗,皆为典核,考证名物,亦资博识。

《寓简》十卷

宋沈作喆撰。其才辨纵横似苏轼,其菲薄王安石、抵牾程子,以及谈养生、耽禅悦,持论亦皆似轼,盖眉山之余派也。其考据颇多精核,惟以禅解《易》,为支离而不可训。

《栾城遗言》一卷

宋苏籀撰。籀为苏辙之孙,是书皆记辙平日之语。于文章流别,古今人是非得失,辨析颇详。惟轼、辙兄弟无尤,而此书乃抑轼以尊辙,是则籀之私心,必非辙意也。

《东园丛说》三卷

旧本题宋李如篪撰。其名虽见正德《崇德县志》,而此本莫考所从来。且多不似南宋人语,疑为依托旧名,造作伪本。以其考辨多有根据,故明知其赝,而仍录存之。

《常谈》一卷

宋吴箕撰。原本久佚,今从《永乐大典》录出。大抵多评骘史事,而亦间及于考证。其学出自陆九渊,故持论往往相近。

《云麓漫钞》十五卷

宋赵彦卫撰。书中记宋时杂事十之三,考辨名物训诂者十之七。自序谓可敌叶梦得《避暑录话》，今核其书，乃似胜梦得书也。

《示儿编》二十三卷

宋孙奕撰。凡总说一卷，经说五卷，文说诗说共四卷，正误三卷，杂记字说五卷。大抵杂引众说，罕所裁制，往往伤于芜杂，又引征既繁，不免小有舛误，故不能与沈括诸家并驾。而精核之论，亦时时错出于其间。

《游宦纪闻》十卷

宋张世南撰。所记多闻诸刘过、高九万、赵蕃、韩淲诸人，而程迥之说尤夥。惟录前辈轶事，无一字涉时政。所记诸杂物，亦足资博识。

《密斋笔记》五卷，《续记》一卷

宋谢采伯撰。原本久佚，今从《永乐大典》录出。其书杂论经史文艺，凡五万余言。自序以为无抵牾于圣人。今观其书，虽不及洪迈诸人之博洽，而援据史传，颇足考镜得失。杂录前贤言行，亦多寓劝惩。

《梁溪漫志》十卷

宋费衮撰。是书开禧二年，尝取入史馆备参考。然惟前二卷言朝廷典故，三卷多说杂事，四卷惟述苏轼事，五卷至九卷则多考证史传、评论诗文，末卷乃兼论神怪，盖杂家之言，不尽为史事作也。

《涧泉日记》三卷

宋韩淲撰。案：淲字或作虎，或作謕，或作琥，并传写之误。原本久佚，今从《永乐大典》录出。其书首掌故，次品评人物，次考证经史，次评论诗文，次杂记山川古迹。淲本故家耆宿，所言率根据旧闻，与剿说者异。

《老学庵笔记》十卷,《续笔记》二卷

宋陆游撰。《宋史·艺文志》载入杂史类,《文献通考》载入小说类。史志盖以其多述旧闻,《通考》则以其杨戬诸条近神怪、鲜于广诸条近谐戏也。实则综述见闻,考订文艺,确为杂家而已。

《愧郯录》十五卷

宋岳珂撰。多记宋代制度,颇可补史志所未备。其曰"愧郯"者,取左传"郯子来朝仲尼问官"事,言通知掌故,有愧古人也。

《祛疑说》一卷

宋储泳撰。泳平生笃好术数,久而知其诈伪,乃作此书以辨之。商维浚尝刻入《稗海》,删节不完,此本犹足本也。

《琴堂谕俗编》二卷

宋郑至道撰。彭仲刚续,元应俊补。原本久佚,今从《永乐大典》录出。其书皆采摭经史故事关于伦常日用者,旁引曲喻,以开导下愚。故其词惟主于通俗,而其说亦多诫以利害。

《鹤林玉露》十六卷

宋罗大经撰。其体例在诗话、语录、小说之间,其宗旨亦在文士、道学、山人之间。大抵详于议论,而略于考证。

《贵耳集》一卷,《二集》一卷,《三集》一卷

宋张端义撰。"贵耳"即尊闻之义。特变幻其字,如"鸥阁虬户"耳。初集、二集多记朝廷轶事,兼及诗话,亦有考证数条。三集则多记琐闻,兼涉神

怪。故自序有“稗官虞初之文”也。

《吹剑录外集》一卷

宋俞文豹撰。文豹所作《吹剑录》，持论偏驳，已斥存其目。此其晚年所作，以续前录，故曰“外集”。学问渐深，意气渐平，其论辨乃渐归于醇正。

《脚气集》二卷

宋车若水撰。因病脚气时所著，遂以为名，殊不雅驯。其书略如语录之体，所论多坚持道学门户，往往横斥古人，而援据考证，亦颇有精确之处。盖若水初师陈耆卿，接永嘉之派，后乃改师陈文蔚，称考亭之传。其学问原在两岐之间，故变而有所不尽变也。

《藏一话腴》四卷

宋陈郁撰。分甲、乙二集，多记南北宋杂事，间及诗话，亦或自抒议论。其说诗颇穿凿，所录遗事轶闻，尚可资劝戒。

《佩韦斋辑闻》四卷

宋俞德邻撰。多考论经史，间及当代故实，与典籍艺文，颇为该核。惟第四卷皆解《四书》，往往横生新意，伤于穿凿。

《书斋夜话》四卷

宋俞琬撰。卷一皆发明经义，考证训诂，颇为赅洽。卷二、卷三，多发明《河图》《洛书》，《先天》《太极》二图，盖琬之易学，本从陈、邵出也。四卷皆论文之语，多不中窾。观所著《林屋山人集》，知于文章一道，犹茫乎未解矣。

《齐东野语》二十卷

宋周密撰。密家湖州，此书称“齐东”者，其先世济南人也。中颇考证古义，皆极典核。而所记南宋旧事为多，皆兴亡治乱之大端，足以补史传阙失。与《癸辛杂识》，好录琐语者，不同。故《杂识》入小说家，此则录之杂家焉。

《困学斋杂录》一卷

元鲜于枢撰。所录当时诗话杂事为多，故厉鹗跋称，卷中金源人诗，可补刘祁《归潜志》之阙。然编次颇乏伦贯，疑偶然抄记，后人录其墨迹成帙也。

《隐居通义》三十一卷

元刘埙撰。埙虽宋之遗民，初亦遁迹，然晚岁终食元禄，称隐居者非实也。其书分十一门。论学既堕虚无，考古亦颇饾饤，率无可取。惟说诗论文之二十卷，则埙生于宋末，旧集多存，其所称引，今或莫识其姓名，又多备录全篇，首尾完具，足补诸家总集之遗。其诗话文评，亦多出诸家说部之外。

《湛渊静语》二卷

元白珽撰。乃其杂记之文。辨证多有可取。虽或小舛，于大体无伤。其记汴京故宫，尤为详备。至所载宋理宗赐林希逸诗，厉鹗《宋诗纪事》不载，则鹗未见此书矣。

《敬斋古今黈》八卷

元李冶撰。其命名不甚可解，疑为塞聪专思之义，或作"古今难"，字之误也。原本久佚，今从《永乐大典》录出。其书皆订正旧文，以考证佐其议论。词锋峻利，博辨不穷。虽间或横生别解，有意翻新，而大致皆有根据，不同于虚骋浮词。

《日闻录》一卷

元李翀撰。案：李翀或作凌翀，传写误也。原本久佚，今从《永乐大典》录出。

其书多考究历代掌故,略如《独断》《古今注》之体,亦间及元代杂事。

《勤有堂随录》一卷

元陈栎撰。皆其札记之文,虽多谈义理,而亦兼考证于宋末、元初诸人,各举其学问之源流、文章之得失,尤多公论。

《玉堂嘉话》八卷

元王恽撰。述其中统二年、至元十四年,两入翰林时,一切掌故及词馆中考核讨论诸事。于当时制诰记录特详。足见一朝典制。于前代故实,多录史所不载者,尤足资博识。

《庶斋老学丛谈》三卷

元盛如梓撰。其书辨论经史,评骘诗文,亦间及朝野轶事。盖如梓犹及与元初故老游,故所记多前人绪论,具有根据。

《研北杂志》二卷

元陆友撰。友取段成式《汉上题襟集》序中语,自号曰"研北生",因以名其笔记。所录皆佚文琐事,而友颇精赏鉴,亦工篆隶,故关于书画古器者为多。其考证诗文,颇见依据。

《北轩笔记》一卷

元陈世隆撰。所辩论者,史事为多。援据颇详,亦时具特识。惟载僧静如事一条,体杂小说,为自乱其例。

《闲居录》一卷

元吾丘衍撰。乃其未成之手稿,陆友仁得而传之。故先后无次第,字句亦多未润饰。然其考辨诸条,往往可采。

《雪履斋笔记》一卷

元郭翼撰。或以为明人,误也。是编乃其江行舟中所记,随手杂录,漫无铨次。然于经史疑义,颇有考证,持论亦多有理致。

《霏雪录》二卷

明镏绩撰。绩父涣,通《毛诗》,故此书辨订诗义,多有根据。又及与元末故老游,故综述旧闻,亦多有渊源。好记梦幻诙谐,不免体杂于小说。

《蠡海集》一卷

明王逵撰。旧本作宋人,误也。逵之学,出于邵子,其书亦规摹《观物外篇》,凡分八门,皆即数究理,推天地人物之所以然。

《草木子》四卷

明叶子奇撰。凡八篇,自天文、地纪、人事、物理,皆一一辨析,颇多微义。其记元代故事,亦颇详核。

《胡文穆杂著》一卷

明胡广撰。乃其随笔札记,原别本单行,后乃编入文集中。然广文集未足名家,此书考订经史疑义,反多可取。

《谰言长语》一卷

明曹安撰。皆据所见闻,阐明义理。其论诗不中肯綮,所称诸诗,大抵不工。至欲以《尚书》所载诸歌及《诗》三百篇,刻为一集,使天下摹拟其体,更万不可行。然其他议论尚醇正,颇有裨于风教。

《蟫精隽》十六卷

明徐伯龄撰。凡二百六十一条,论杂事者居十之一,文评诗话居十之九。其体例略似孟棨《本事诗》。其多录全篇,又略似刘埙《隐居通义》。遗文旧事,多他书所未载。惟往往体杂小说,是其所短。

《震泽长语》二卷

明王鏊撰。凡十三类。鏊当明之盛时,儒者尚究心古学,故是书持论,皆有根据。惟内阁丝纶簿之类,失于考据;河北试行井田之类,过于迂阔;梦兆一门,侈谈灵异。均为白璧之瑕。

《井观琐言》三卷

明郑瑗撰。旧本作宋人,误也。其书大抵考辨故实,评骘古今,颇能有所发明。其掊击王柏之改经,尹起莘之发明《纲目》,尤为笃论也。

《南园漫录》十卷

明张志淳撰。自序称因读《容斋随笔》《鹤林玉露》二书,仿而为之。卷首数条,皆摭洪迈之失,其余则述所见闻,各为考证。大抵似洪书者十之一,似罗书者十之九。

《雨航杂录》二卷

明冯时可撰。上卷多论学、论文,下卷多记物产而兼涉杂事。持论笃实,无隆万间狂恣之习。

《采芹录》四卷

明徐三重撰。第一卷论养民教民,二卷、三卷多论学校贡举政事利弊,四卷多论明代人物,大抵考证典故,究悉物情。持论不失平允,惟力主均田之议,为迂阔而远于事情。

《画禅室随笔》四卷

明董其昌撰。第一卷论书。第二卷论画,平生心得,具见于斯。三卷分记游、记事、评诗、评文四子目。四卷亦分四子目:曰杂言上、曰杂言下、曰楚中随笔、曰禅悦,皆取盈卷帙而已。

《六研斋笔记》四卷,《二笔》四卷,《三笔》四卷

明李日华撰。日华工于书画,故是编所记,论书画者十之八。词旨清隽,其体皆类题跋。余所记杂事,亦楚楚有致,不失为雅人吐属。至于考证,则动辄疏舛。所谓人各有能,有不能欤。

《物理小识》十二卷

明方以智撰。乃其《通雅》之绪余。首为总论,次分十有五门,大致本《博物志》《物类相感志》而衍之。但张华、赞宁,但言物性,此更推阐所以然耳。

《春明梦余录》七十卷

国朝孙承泽撰。所述明代典故,颇为详悉,足备考核。惟体例瞀乱,似地志而非地志,似职制而非职制,似故事而非故事,无类可入。姑以不名一格,录之于杂说焉。

《居易录》三十四卷

国朝王士祯撰。乃康熙己巳至辛巳,十三年中所纪。大抵辨证典籍,评品诗文,表彰人物,而于所见古书,言之尤悉。三卷以后,兼记政事;九卷以后,兼记差遗迁除。俱编月系日,略如史体。盖用庞元英《文昌杂录》之例,

然庞录亦非通例也。

《池北偶谈》二十六卷

国朝王士祯撰。凡谈故四卷,皆朝廷殊典,及衣冠盛事。谈献六卷,皆嘉言懿行。谈艺九卷,皆论诗文。谈异七卷,皆记神怪。其曰"池北"者,士祯家有池北书库故也。

《香祖笔记》十二卷

国朝王士祯撰。"香祖"者,其滋兰之室也。是书体例与《居易录》同,惟不载时事为异。盖士祯已罢官家居也。

《古夫于亭杂录》六卷

国朝王士祯撰。是书作于康熙乙酉。多考证之文,疏密互见。因所居鱼子山,有古夫于亭,因以名书。

《分甘余话》四卷

国朝王士祯撰。是书作于康熙己丑,因年已垂暮,故取王羲之分甘之语为名。大抵随笔记录,琐语为多。间有考辨,亦不及《居易录》《池北偶谈》之详核。盖老无余事,姑以著书遣日而。然多年耆旧,其持论终有典型。

右杂家类杂说之属。八十六部,六百三十六卷。

《洞天清录》一卷

宋赵希鹄撰。所论皆鉴别古器、书画之事。凡分十一类,辨析精审,为后来收藏赏鉴家所宗。世有真伪二本,此犹希鹄之原书也。

《负暄野录》二卷

宋陈槱撰。上卷论石刻及诸家书格,下卷论学书之法及笔墨纸研诸器。

皆源委分明，足资考证。

《云烟过眼录》四卷，《续录》一卷

《云烟过眼录》，宋周密撰，皆记所见古器奇玩及书画，各以所藏之人标目，但略分甲、乙，不甚考证。《续录》，为汤允谟作，凡三十九条，旧附于末，今亦并录之。

《格古要论》三卷

明曹昭撰。凡分十三门。其铜器、古画、墨迹、碑帖、古研、古琴、窑器七门，古人所已论；珍奇、金铁、漆器、绮绣、异木、异石六门，则自昭始创也。赏鉴器玩，略具于斯。郎瑛《七修类稿》，尚欲更广其门目，不知古人著书，据所闻见，而天下奇物，安能以数卷括之耶。

《竹屿山房杂部》三十二卷

是书凡分五种。养生部六卷，燕间部、树畜部各三卷，明宋诩撰。种植部十卷，尊生部十卷，诩子公望撰。公望子懋澄，合而编之。于田居杂事，最为详悉，亦间有所考证，颇见根据。不但为小品清言，如陈继儒之流派。

《遵生八笺》十九卷

明高濂撰。以闲适消遣之事，分为八类，故曰“八笺”。其标目纤俗，不出明季小品积习。而考论古器，汇集单方，一壶千金，时亦可采。久为世所行用，今亦过而存之焉。

《清秘藏》二卷

明张应文撰，其子谦德润色之。上卷分二十门，下卷分十门。皆论玩好赏鉴诸物。其曰“清秘藏”者，原序谓取倪瓒清秘阁意，殊割裂不成文义，其斯以为明季人乎。

《长物志》十二卷

明文震亨撰。以闲适玩好之具,分十二门,大抵以《洞天清录》《考槃余事》为蓝本,而傅以己意。虽亦明季山人之习,然震亨为文徵明曾孙,家世儒雅,其赏鉴具有渊源,固非俗士所能拟也。

《韵石斋笔谈》二卷

国朝姜绍书撰。盖仿周密《云烟过眼录》而作,记所见书画器玩。惟密书以收藏之人标目,此则以其物标目。密书但记其名,此并载其形模色泽及诸家授受得失之始末。为体例加详耳。

《七颂堂识小录》一卷

国朝刘体仁撰。所记书画古器,凡七十四条。多称孙承泽、梁清标诸旧家物,盖体仁与汪琬、王士祯以诗文相高,与承泽等又以赏鉴相高也。

《研山斋杂记》四卷

不著撰人名氏。疑为孙承泽之孙炯所作也。首论六书,而附以玺印及刊板告身之属;次研说、墨谱,而附以眼镜;次为铜器窑器考。皆有资于鉴别。

右杂家类杂品之属。十一部,八十三卷。

谨案:古人质朴,少涉杂事,其著为书者,至射法、剑道、手搏、蹴鞠止矣。至《隋志》而《欹器图》犹附小说,《象经》《奕势》犹附兵家,不能自为门目也。宋以后则一切赏心娱目之具,无不勒有成编,图籍于是始众。今于专明一事者,皆别入谱录,其杂陈众品者,并类聚于此门。盖既为古所未有之书,不得不立古所未有之例矣。

《意林》五卷

唐马总编。初,梁庾仲容取周、秦以来诸家杂记一百七家,摘其要语,名曰《子抄》。总以其繁略失中,复增损以成是书。原本残缺,仅存七十一家,每家所录,不过数条。然今人所未见者,十之七八也。

《绀珠集》十三卷

不著编辑者名氏。或题宋朱胜非者,误也。摘录古书凡一百三十七种,体例与曾慥《类说》相近,而去取各有不同。

《类说》六十卷

宋曾慥编,摘录古书二百六十一种,分前、后二集。南宋之初,旧籍多存,慥又精于鉴别,凡所甄录,大都遗文僻典,裨助多闻。

《事实类苑》六十三卷

宋江少虞编。少虞以宋代朝野事迹,散见诸家之记录,乃裒集排纂,类为二十四门,并全录原文,不加点窜,仍各以书名注于条下,以示有征。援引浩博,北宋一代之遗闻,略具于是。其原书散佚者,亦皆赖此以存。

《仕学规范》四十卷

宋张镃编。分为学、行己、莅官、阴德、作文、作诗六类。皆采宋代名臣事状,各据所载之书,胪列原文,注其出典。其所援引,多修《宋史》者所未见,可以补列传之遗。

《自警编》九卷

宋赵善璙编。皆采宋代名贤言行可以为法者,厘为八类,又分五十五子目。原本各注所引书名,今多佚脱,诸刻并同,无从校补,亦姑仍其旧焉。

《言行龟鉴》八卷

元张光祖编。原本散佚,今从《永乐大典》录出。其书盖因赵善璙《自警编》重为删补,传写屡更,所采诸书,不能尽注出典,亦与《自警编》同。

《说郛》一百二十卷

明陶宗仪编。体例如曾慥《类说》,而采摭较富,所摘录亦稍详。原本一百卷,后佚其三十卷。弘治中,上海郁文博仍补为一百卷,此本为国朝姚安、陶珽所刊,又增为一百二十卷,盖非宗仪之旧矣。

《玉芝堂谈荟》三十六卷谨案:《总目》《古今说海》一百四十二卷,列此部之前。

明徐应秋编。亦考辨之学。每事立一标题,而杂引诸书之文,以相左证。虽或失之琐屑,其博赡亦未可没也。

《元明事类钞》四十卷

国朝姚之骃撰。皆摘取元、明诸书,分门隶载,亦江少虞《事实类苑》之流。元人纪载较少,故搜罗主于详;明人纪载最多,故去取主于慎。体例颇为不苟。

右杂家类杂纂之属。十部,三百九十四卷。

《俨山外集》三十四卷

明陆深撰。皆其札记之文,其子楫编为一集,凡二十四种。今汰其六种,所存者凡十八种,曰《传疑录》《河汾燕闲录》《春风堂随笔》《知命录》《金台纪闻》《愿丰堂漫书》《溪山余话》《玉堂漫笔》《停骖录》《续停骖录》《豫章漫钞》《中和堂随笔》《史通会要》《春雨堂杂钞》《同异录》《蜀都杂钞》《古奇器录》《书辑》。

《古今说海》一百四十二卷

明陆楫撰。采前代至明小说一百三十五种，分为七家，统以四部：一曰说选，载小录、偏记二家；二曰说渊，载别传家；三曰说略，载杂记家；四曰说纂，载逸事、散录、杂纂三家。

《少室山房笔丛》正集三十二卷，续集十六卷

明胡应麟编。大抵皆考证之文。两集共十二种：曰《经籍会通》《史书佔毕》《九流绪论》《四部正讹》《三坟补逸》《二酉缀遗》《华阳博议》《庄狱委谈》《玉壶遐览》《双树幻钞》《丹铅新录》《艺林学山》。其说利钝互陈，而在明季诸人中，终为博洽。

《钝吟杂录》十卷

国朝冯班撰。凡九种：曰《家戒》《正俗》《读古浅说》《严氏纠谬日记》《戒子帖》《遗言》《通鉴纲目》《纠谬》《将死之鸣》。皆班没之后，其从子武收拾遗稿所编也。

右杂家类杂编之属。四部，二百三十四卷。

谨案：合数家之书，以成一编者，俗谓之丛书。《明史·艺文志》无类可归，遂附之类书，究非其实。今以其杂合诸书，不名一类，隶之于杂家。其一人之书，自有数种，共为一部者，无所附丽，亦并录于此门。

卷十四

子部十一　类书类

《古今同姓名录》二卷

梁孝元皇帝撰，唐陆善经续，元叶森补。原本久佚，今从《永乐大典》录出。所录同姓名人，虽不及后来余寅诸家之备，然类书之存于今者，莫古于是，故仍录之以冠首。

《编珠》二卷，《补遗》二卷，《续编珠》二卷

旧本题隋杜公瞻撰。其《补遗》及《续》，则国朝高士奇作也。公瞻书《宋志》著录，然《文渊阁书目》不载，士奇称得自内库，殊不可信。其中多犯隋讳，尤为可疑。殆与所补、所续，均一手伪作。以所引皆唐以前书，颇为古雅，故知其赝而仍存之。

《艺文类聚》一百卷

唐欧阳询等奉敕撰。中有苏味道、李峤、宋之问、沈佺期诗，皆后人窜入也。凡四十八门，以事实居前，诗文列后，在诸类书中，体例最善。

《北堂书钞》一百六十卷

唐虞世南撰。北堂者，隋秘书省之后堂，犹未入唐时所作也。凡八百一类。多摘录字句，而不尽注所出，不及欧阳询书首尾完具。又原本为明陈禹谟所窜改，亦非其旧。然所引究多古书，故考证家犹援以为据焉。

《龙筋凤髓判》四卷

唐张鷟撰。其名似乎法家,实则隶事之书。盖唐制以判试士,故辑以备用也。其书胪比官曹,条分件系,组织颇工。其注为明刘允鹏作,意主详明。而稍伤冗蔓。

《初学记》三十卷

唐徐坚等奉敕撰。凡三十二部。其例前为叙事,次为事对,次为诗文。叙事虽杂取群书,而次第若相连属,较他类书,独有条理。事对、诗文,采录亦皆不苟。在唐人类书中,博不及《艺文类聚》,而精则胜之。

《元和姓纂》十八卷

唐林宝撰。原本久佚,今从《永乐大典》录出,惟阙其卷首国姓一门。其书以《唐韵》二百六部,排比诸姓,各载受氏之源,与诸家之谱系,虽不免于附会,而要为详赅。

《白孔六帖》一百卷

《六帖》本三十卷,唐白居易撰。《续六帖》本亦三十卷,宋孔传撰。其合两书为一,而析成百卷,不知为谁。据《玉海》所载,则宋本已然矣。二书均仿《北堂书钞》之例,而传书稍详其名。"六帖"者,唐制帖经,以得六为通也。

谨案:《六帖》自合并以后,世遂竟无单行本。然孔传续白居易书,当以居易书为主,故今仍以居易之时代为次。

《小名录》二卷

唐陆龟蒙撰。所载古人小名,始于秦,终于南北朝。证以赵希弁《读书附志》,已非完书。所录亦多讹漏,特以其旧本而存之。

《蒙求集注》二卷

晋李瀚撰，宋徐子光注。瀚书取古人事迹，类为四字韵语，以便记诵，皆以对偶成文。子光注虽稍冗蔓，而援引赅博，多所纠正。

《事类赋》三十卷

宋吴淑撰，并自注。凡一百篇。皆隐括故实，以一题为一赋，颇为简要。康熙末，华希闵尝病其未备而广之。然精博不逮淑也。

《太平御览》一千卷

宋太平兴国二年，李昉等奉敕撰。凡五十五门。所采书一千六百九十种。虽多转引类书，不能一一出自原本，而搜罗浩博，至今为考据之渊薮，他类书莫能先也。

《册府元龟》一千卷

宋景德二年，王钦若等奉敕撰。凡三十一部，部有总序；一千一百四门，门有小序。采摭浩繁，而惟取六经子史，不录小说。去取特为谨严。旧有《音义》十卷，为孙奭奉诏所作，今则佚矣。

《事物纪原》十卷

宋高承撰。考《书录解题》，称承书凡二百十七事，而此本乃多至一千七百六十五事，非陈振孙所记有讹，即后人有所窜入也。其书于一事一物，皆考索古书，求其缘起，虽不必尽确，而多可以资博识。

《实宾录》十四卷

宋马永易撰，文彪续补。原本久佚，今从《永乐大典》录出。其书采古人殊名别号,汇为一编。初名《异号录》,后彪增广其书,乃取庄子"名者实宾"之意,改题此名。

《书叙指南》二十卷

宋任广撰。案:《文献通考》作任浚,盖以广浚仪人而致讹。皆采掇典籍成语,以备尺牍之用,故以书叙为名。征引不免丛冗,而大抵皆采自本书,不由稗贩。

《海录碎事》二十二卷

宋叶廷珪撰。凡十六部五百八十四目。《闽书》称廷珪闻士大夫家有异书,无不借读,因作数十大册,择其可用者手抄之,名曰"海录"。后知泉州,因取类之。然则廷珪所录,皆从本书而来,故此书颇简而有要。

《古今姓氏书辨证》四十卷

宋邓名世撰。原本久佚,今从《永乐大典》录出。其书以韵隶姓,亦如《元和姓纂》之例,而考订讹舛,特为精核。盖林宝书以二百日而成,此书则始于政和,成于绍兴,父子相继,积数十年之力也。

《帝王经世图谱》十六卷

宋唐仲友撰。原本久佚,今从《永乐大典》录出。其书分类纂言,而各系以图谱,于先圣大经大法,咸综括贯串,故以"帝王经世"为名。其所辨订,亦皆精确,非空谈心法者所能及也。

《职官分纪》五十卷

宋孙逢吉撰。每官先列《周官》典章,次叙历代沿革及居是官者姓名事迹。采摭颇为繁富。其名似乎职制,实则隶事之书,故不入史部职官类。犹《全芳备祖》,虽皆花木故实,而不入农家也。

《历代制度详说》十二卷

宋吕祖谦撰。凡十三门。每门前列制度,叙述简赅;后为评说,议论明切。祖谦年谱不载此书,盖采辑事类,以备答策,本家塾私课之本,转相传录,遂以付刊,非所特著之书也。

《永嘉八面锋》十三卷

不著撰人名氏,或曰陈傅良,或曰叶适,莫之详也。凡提纲八十有八,皆备程试答策之用。大旨不失醇正,亦不至迂阔。信其为永嘉之学也。

《锦绣万花谷前集》四十卷,《后集》四十卷,《续集》四十卷

不著撰人名氏。其原本成于淳熙中,书肆辗转增加,乃下括绍定、端平事迹。前集凡二百四十二类,后集凡三百二十六类,续集凡四十七类。所录虽冗杂琐碎,多无条理,而所引究多古书。宋代轶事逸诗,所载尤夥。

《事文类聚前集》六十卷,《后集》五十卷,《续集》二十八卷,《别集》三十二卷,《新集》三十六卷,《外集》十五卷,《遗集》十五卷

前、后、续、别四集,皆宋祝穆撰;新集、外集,元富大用撰;遗集,元祝渊撰。穆书每类皆始以群书要语,次古今事实,次古今文集,略仿《艺文类聚》,其诗文多载全篇,亦复相同。大用与渊,相继增加,体例皆一无所改。

《记纂渊海》一百卷

宋潘自牧撰。其分门隶事,与他家略同。惟以天地人物提纲,而天道仅五卷,地理则二十卷,人事则六十四卷,物类又仅十一卷,详近略远,详大略细,与他家体例迥殊。

《名贤氏族言行类稿》六十卷

宋章定撰。以姓氏分韵排编,而以历代名人之言行,依姓氏分隶,盖以谱牒传记类为一书也。

《群书会元截江网》三十五卷

不著撰人名氏。盖宋理宗时书肆本。或作元胡助撰者,误也。凡六十五门,以历代事实、宋朝事实、经传格言、名臣奏议、诸儒至论为大纲,又有主意、事证、时政、散段、结尾诸目。盖为程试策论而设。在南宋类书中,仅胜于《万卷菁华》。然其中宋代事迹议论,多史传文集所不载,存之亦可备参考。

《鸡肋》一卷

宋赵崇绚撰。取古事之相似而不同者,各以类聚,为后来《骈雅》《同书》之祖。类书之别出此、格,犹袁枢于史家二体之外,别创纪事本末之一体,后遂亦不能废也。

《小字录》一卷,补录一卷

宋陈思撰。因唐陆龟蒙《侍儿小名录》,稍加推广,并集史传所载小字以为一编。存之亦足为识小之助。

《全芳备祖前集》二十七卷,《后集》三十一卷

宋陈景沂撰。前集为花部,后集为果部、卉部、草部、木部、农桑部、蔬部、药部。每部分事实祖、赋咏祖二类。事实与诸书相出入,赋咏则采录宋诗特详。后来总集多即据此为出典。

《山堂考索前集》六十六卷,《后集》六十五卷,《续集》五十六卷,《别集》二十五卷

宋章俊卿撰。前集分十三类,后集分七类,续集分十五类,别集分十一类。门目互相出入。大抵此集所遗,即彼集补苴,节节叶叶而成之,故体例颇为糅杂,亦南宋类书之通弊。至其引据博赡,考辨精核者,则非南宋类书所及也。

《古今合璧事类备要前集》六十九卷,《后集》八十一卷,《续集》五十六卷,《别集》九十四卷,《外集》六十六卷

宋谢维新撰。前集凡六十一门,后集凡四十八门,续集别集各六门,外集十六门。采掇颇详,惟不载郡县山川名胜,以祝穆《方舆胜览》已备也。每门皆前为事实,后为诗文。宋代轶事逸篇,往往而在。后集所列宋代官职,尤多史志所未详,远在《锦绣万花谷》之上。

《古今源流至论前集》十卷,《后集》十卷,《续集》十卷,《别集》十卷

前集、后集、续集,宋林駉撰;别集,宋黄履翁撰。其书亦备程试之用,而于历代政治沿革,别目分门,条列件系,尚有体要。于宋代朝章国典,叙述尤详。

《玉海》二百卷,附《词学指南》四卷

宋王应麟撰。凡二十一类。本为词科而作,故所列门目,率巨典鸿章,所录故实,亦多吉祥善事,与他类书体例迥殊。又应麟博极群书,谙练掌故,征引奥博,条理通贯。唐宋诸大类书中,杜佑《通典》可以抗行;马端临以下,皆非其敌也。旧附刻书十三种,惟《词学指南》,原附书末,今仍存其旧,而其余则别著录焉。

《小学绀珠》十卷

宋王应麟撰。分门隶事,与诸类书略同。而每门之中,以数为纲,以所统

之目,系于数下,其例始自陶潜《四八目》,应麟取以类事,遂为创格。张九韶以下,皆沿其余波者也。

《姓氏急就篇》二卷

宋王应麟撰。仿史游《急就篇》体,以姓氏联贯成章,取便记诵。文词古雅,亦不减于游。惟篇中复姓如申屠,不能避申字屠字之类,其余单姓,皆无一字重见。其注亦应麟自作,援引证明,皆一一典核。

《六帖补》二十卷

宋杨伯岩撰。凡二十门,皆补白居易、孔传二书之遗。二书所有,即不复见,故所采未能繁富。其故实或不注出典,亦沿白居易之例也。

《翰苑新书前集》七十卷,《后集上》二十六卷,《后集下》六卷,《别集》十二卷,《续集》四十二卷

不著撰人名氏。旧序但称为宋人刻本,题谢枋得者,妄也。前集皆备书启之用,后集上皆备笺表之用,后集下为类姓,而补前集未备者三门,别集皆录宋人笺表之类,续集皆录宋人书启之类。大例以前集、后集载事,别集、续集载文也。其书虽为应酬而作,而于宋代典故文章,颇资考证。

《韵府群玉》二十卷

元阴时夫撰,其弟中夫注。以韵隶事,始于《韵海镜源》。然其书不传,传于今者,以此书为最古。《今韵》称刘渊所并,其书亦不传,世所通行之韵,即从此抄出,录之以著韵府及诗韵之所始焉。

《纯正蒙求》三卷

元胡炳文撰。炳文以李瀚《蒙求》,多以对偶求工,不尽有关于法戒,因别

作是书。上卷叙设教明伦,中卷叙立身行己,下卷叙待人接物。每卷一百二十句,并自为之注。

《排韵增广事类氏族大全》二十二卷

不著撰人名氏。所述事迹,迄于宋末,盖元人所作。其书以韵隶姓,以姓统人,与章定《名贤氏族言行类稿》,体例相同,而互有详略,是以并存。

《名疑》四卷

明陈士元撰。于古人姓名异字、更名更字与同姓名者,上起三皇,下迄元代,一一援据诸书,分条胪载。虽嗜博好奇,间伤驳杂,其博赡要不可没。

《荆川稗编》一百二十卷

明唐顺之撰。其体例略仿章如愚《山堂考索》,而大旨欲无所不该。故门目浩博,始以六经,六经所不能括者,条列以九流之学术,凡为类二十有七。终以六官,六官所不能括者,赅举以历代史传,凡为类二十有五。顺之没后,颇为茅一相所窜乱,故瑕颣在所不免。而搜罗宏富,要足为渔猎之资。

《万姓统谱》一百四十六卷,附《氏族博考》十四卷

明凌迪知撰。其书亦仿章定《氏族言行类稿》,而搜罗较广,其庞杂抵牾,亦以骛广而生。以世俗之所通行,故亦存备参考焉。

《喻林》一百二十卷

明徐元太撰。采古人设譬之词,分类编辑,凡十门五百八十余子目。其体例为古所未有,其征引古籍,具列书名,又仿《资暇集》《演繁露》之例,并注其篇目卷第,尤明人之所不能。

《经济类编》一百卷

明冯琦撰。其以琦手稿删定排纂,分为二十三类者,琦弟瑗及琦门人周家栋、吴光仪也。大致仿《册府元龟》,而兼录文章,体例小异,惟道术、物类二门,颇为芜杂,是瑗等刊削之无法矣。

《同姓名录》十二卷,录补一卷

明余寅撰,周应宾补。梁元帝《同姓名录》,明代已无传本。寅因补撰为四卷,应宾谓其未备,为补一卷,寅复自补为八卷,与应宾书共为一编刻之。二人争相捃拾,不免泛滥,然亦赅博。

《说略》三十卷

明顾起元撰。其书摘录说部,分门编次,但纂言而不记事,与徐元太《喻林》相近,翦裁镕铸,颇为条理分明。

《天中记》六十卷

明陈耀文撰。以所居近天中山,因以为名。明代博洽推杨慎,起而与之争者,惟胡应麟与耀文。故所辑类书,终较有根据,间附辨证,亦创类书之所无。世所行本五十卷,此刻独六十卷,乃晚年所定足本也。

《图书编》一百二十七卷

明章潢撰。取古人左图右书之义,裒辑诸图,系以论断。凡经义十五卷,象纬历算十三卷,地理三十九卷,人道六十八卷,附以易象、类编、学诗、多识各一卷。引据古今,详赅本末,远在王圻《三才图会》之上。

《骈志》二十卷

明陈禹谟撰。取古事之相类者,对偶标题,而各注其事于条下。大抵与方中德之《古事比》,大致相近而博赡则胜之矣。

《山堂肆考》二百二十八卷,补遗十二卷

明彭大翼撰。凡四十五门,大抵荟萃类书而成,非伐山自作。编次亦未免芜杂,然包括群言,取材终富。

《古俪府》十二卷

明王志庆撰。皆取六朝、唐、宋骈偶之文,采撷英华,分类编载。凡十八门,一百八十二子目。或录全篇,或取节本,如《艺文类聚》之例,皆采自本书,不同割裂饾饤,迷其所出。在明人类书中,犹为具有根柢者。

《广博物志》五十卷

明董斯张撰。凡二十二门,一百六十七子目。凡所引据于古书之佚亡者,虽不免转取类书,然多据唐、宋巨帙,不至贩鬻于坊本。其古籍尚存者,则皆采自原书,具有首尾,故往往文句略繁,然胜他类书之割裂多矣。

《御定渊鉴类函》四百五十卷

康熙四十九年奉敕撰。体例本俞安期《唐类函》,而博采诸书,益以唐、宋、元、明诗文事迹。计其卷数,虽仅及《太平御览》之半,而细行密字,篇页繁重,所载乃赢于《太平御览》三之一,实古今类书之渊海也。

《御定骈字类编》二百四十卷

康熙五十八年奉敕撰。雍正四年告成。所采诸书词藻,并括以二字,而以上一字类从,凡一千六百有四字,分隶为十有三门。周亮工《书影》谓《韵府》惟齐句尾一字,欲创一书齐句首一字以便检核,举一白字为例,然其书未成,至是乃为类书补此一体云。

《御定分类字锦》六十四卷

康熙六十年奉敕撰。类书之有事对，始于徐坚《初学记》，案：隋杜公瞻《编珠》，亦全用事对，然其书真伪难明，故不以为始。然每门不过数联。至全书皆以成语对偶，巧合天然，则自古以来，未有巨于是编者；亦未有翦裁组织，更精于是编者。与《御定骈字类编》，皆超轶前代之制作也。

《御定子史精华》一百六十卷

康熙六十年奉敕撰。四库之中，惟史部最为浩繁，惟子部最为芜杂。纂言记事，博涉为难。乃特命撷其要语，别类分门。以大书挈纲领，以细注具始末，俾学者弃其糟粕，而咀其膏腴。于读子史者，良有事半功倍之益焉。

《御定佩文韵府》四百四十四卷

康熙四十三年奉敕撰。以《韵府群玉》《五车韵瑞》所已载者列前，而博征典籍，补所未备列于后，并以经、史、子、集为次。然旧有者不及十之二三，新增者逾于十之七八。自《韵海镜源》以来，未有如是之总括词林、环络藻府者也。

《御定韵府拾遗》一百一十二卷

康熙五十九年奉敕撰。以拾《佩文韵府》之遗，凡前编所未载者，谓之补藻；其已载而增所未备者，谓之补注。务期清词丽句，咸入搜罗。仰见睿虑周详，织微必察，虽一典籍之编摩，亦反复研求，至精至密，不留只字之挂漏也。

《格致镜原》一百卷

国朝陈元龙撰。类事之书，大都缕陈事迹，胪列典章。此书所分三十门，皆博识之学，故名曰“格致”。每物必溯其源委，略如高承《事物纪原》之例，故名曰“镜原”。较诸类书之采掇字句，不具始末者，特有条理，足资考证。

《读书记数略》五十四卷

国朝宫梦仁撰。分类隶事,各以数为纲。大致因王应麟《小学绀珠》、张九韵《群书拾唾》为蓝本,而旁摭他书附益之。

《花木鸟兽集类》一三卷

国朝吴宝芝撰。所集花木鸟兽故实,凡一百一十目,皆以备词藻之用,故惟以新颖为宗,异类书之陈因剿说。

《别号录》九卷

国朝葛万里撰。取宋、金、元、明人别号,以下一字,分韵编辑,颇便考核。

《宋稗类抄》三十六卷

国朝潘永因编。杂采诸家说部,分六十门,名为“宋稗”,然颇及元、明事,又皆不注所出,殊乖体例。然州区部列,颇便检寻。

右类书类。六十五部,七千零四十五卷。

子部十二　小说家类

《西京杂记》六卷

旧本或题汉刘歆撰,或题晋葛洪撰,实则梁吴均撰,托言葛洪得刘歆汉书《遗稿》,录班固所不载者为此书也。

《世说新语》三卷

宋临川王刘义庆撰,梁刘孝标注。本名“世说新书”,后相沿称“新语”,遂不可复正。其书取汉至晋轶事琐语,分为三十八门,叙述名隽,为清言之渊薮。孝标所注,征引赅博,多所纠正,考证家亦取材不竭。

《朝野佥载》六卷

旧本题唐张鷟撰。然鷟没于玄宗时,而书中有敬宗、宣宗时事,核以诸书所载,盖原本久佚,后人掇拾成编,与无名氏《朝野佥载补遗》并为一书,故卷数、门目,皆与所传鷟书不合也。其书记唐代轶事,多琐屑猥杂,然古来小说之体,大抵如此。

《国史补》三卷

唐李肇撰。凡二百五条。皆开元、长庆间杂事。自序谓书报应、叙鬼神、征梦卜、近帷薄则去之,纪事实、采物理、辨疑惑、示劝戒、采风俗、助谈笑则书之。在唐、宋说部中,最为近正。

《大唐新语》十三卷

唐刘肃撰。所记唐事,起自武德,迄于大历。以类相从,分为三十门。《唐志》列诸杂史中,然其中谐谑一门,殊为猥杂,其义例亦全为小说,非史体也。

《次柳氏旧闻》一卷

唐李德裕撰。一名《桯史》。所记凡玄宗遗事十七条。盖柳芳闻之高力士,尝记为一书,后诏求芳书不获,而德裕之父吉甫尝闻其说于芳之子冕,德裕因述为此编,故名曰《次柳氏旧闻》。

《刘宾客嘉话录》一卷

唐韦绚撰。追述长庆元年在白帝城闻刘禹锡所谈。其文与李绰《尚书故实》相同者,凡三十八条。疑原书残缺,妄人采补,以足卷帙。今删除重复,仍勒为一卷,以还其旧。

《明皇杂录》二卷,补遗一卷

唐郑处诲撰。皆记开元、天宝轶闻。卷数与晁公武《读书志》所载合。而叶梦得《避暑录话》所引卢怀慎好俭一条,此本无之,则尚有所佚脱也。

《因话录》六卷

唐赵璘撰。以五音分五部。一卷宫部为君,记帝王;二卷、三卷商部为臣,记公卿百僚;四卷角部为民,案:民字原本作人,避太宗讳也。凡不仕者咸隶之;五卷征部为事,多记典故,而附以谐戏;六卷羽部为物,杂述诸物,而一时琐事,无所附丽者,亦入焉。在唐人说部之中,颇严整有体例。

《大唐传载》一卷

不著撰人名氏。记武德至元和杂事,多唐代公卿言行,《新唐书》颇采用之。其间及诙嘲琐语,则小说之本色也。

《教坊记》一卷

唐崔令钦撰。所记皆天宝中乐部杂事,故陈振孙《书录解题》斥其猥亵。

然后记一篇，谆谆于声色之亡国，虽无一语及玄宗，而历引汉成帝、高纬、陈叔宝、慕容熙旧事，反复推明，其言至为痛切。振孙盖略观其书，而未详其著书示戒之本旨也。

《幽闲鼓吹》一卷

唐张固撰。顾元庆跋，称二十五篇，此本二十六篇，盖误分元载一条为二也。所记皆中唐遗事，多有关于劝戒。

《松窗杂录》一卷

唐李濬撰。案：李濬或作韦濬，乃字之误。所记唐代杂事，明皇最详。其中宗称"苏瑰有子，李峤无儿"一条，《通鉴考异》斥其诬说，盖小说家言，自古虚实相半也。

《云溪友议》三卷

唐范摅撰。云溪者，摅所居若耶溪，一名五云溪也。其书凡六十五条，各以三字标题。诗话居十之七八，大抵孟棨《本事诗》所未载也。

《玉泉子》一卷

不著撰人名氏。所记皆唐代杂事，颇与《因话录》《尚书故实》诸书相出入，盖亦杂采小说以为之，不尽其所自作。

《云仙杂记》十卷

旧本题唐冯贽撰。或以为王铚所伪作也。皆杂记古人逸事，各注其所出之书，而其书皆古来史志所不载，依托显然。然工于造语，词赋家转相引用，知其赝而不能废焉。

《唐摭言》十五卷

五代王定保撰。商维浚尝刻于《稗海》中,删削不完,此乃扬州所刊宋宾王家足本也。凡一百三门。述唐代贡举之制特详。其一切杂事,亦足见当日之士风,有资法戒。

《中朝故事》二卷

南唐尉迟偓撰。盖奉先主李升之命,述唐宣、懿、昭、哀四朝旧闻。升自称系出太宗子吴王恪,故称长安为中朝。上卷记君臣事迹、朝廷制度;下卷则杂陈神怪,纯为小说体矣。

《金华子》二卷

南唐刘崇远撰。崇远自号金华子,因以名书。原本久佚,今从《永乐大典》录出。凡六十余条。皆唐大中以后,朝野之佚事。于将相贤奸,藩镇强弱,言之颇悉。而述文章、志神怪,亦错杂其间。

《开元天宝遗事》四卷

五代王仁裕撰。仁裕初仕蜀,为翰林学士,蜀亡后栖寓长安,得民间所传玄宗时遗事,记为此书。凡一百五十九条。洪迈《容斋随笔》,尝摭其失实者四事;然小说家言,得诸委巷,不能一一责以必实也。

《鉴戒录》十卷

蜀何光远撰。凡六十六条,皆以三字标题。名为鉴戒,实则杂记唐及五代杂事,多诙嘲神怪之谈,不尽有关于美刺。《书录解题》以为辑唐以来君臣事迹可为世鉴者,似未观其书,但据名臆说也。

《南唐近事》一卷

宋郑文宝撰。所记皆琐语碎事。疑文宝裒集遗文,以朝廷大政为《江表志》,以其余文为此编。一为史体,一为小说体也。

谨案:偏霸事迹,例入载记。惟此书虽标南唐之名,而非其国记,故入之小说家。盖以书之体例为断。犹《明皇杂录》不可以入史部也。

《北梦琐言》二十卷

宋孙光宪撰。旧本题五代人者,误也。光宪初从高季兴于荆州,在梦泽之北,因以名书。所载皆唐末、五代轶事,多记某人所说,以示有征。记载芜杂,叙述亦复冗沓;而遗文琐语,亦往往可资考订。

《贾氏谈录》一卷

宋张洎撰。原本久佚,今从《永乐大典》录出。盖洎仕南唐之时,奉使至宋,录所闻于馆伴贾黄中者也。史称黄中多知台阁故事,故此录所述,多唐代旧闻。

《洛阳缙绅旧闻记》五卷

宋张齐贤撰。皆述梁唐以来洛中旧事,凡二十一篇。多据传闻之词,约载事实,以明劝戒。自称凡与正史差异者,并录而存之,亦别传、外传之比云。

《南部新书》十卷

宋钱易撰。所记皆唐时故实,兼及五代。多采轶闻琐语,而朝章国典,因革损益,亦杂载其间。故虽小说家言,而不似他书之侈谈迂怪。

《王文正笔录》一卷

宋王曾撰。所记皆太祖、太宗、真宗时廊庙旧闻。下及仁宗初年,仅一二条。曾谙习掌故,所言多确凿有据,故李焘作《通鉴长编》,往往全采其文。

《儒林公议》二卷

宋田况撰。所记建隆以迄庆历,朝廷政令、士大夫言行甚详。亦间及五代十国时事。持论平允,不以恩怨亲疏为是非;“公议”之名,卓然不忝。

《涑水纪闻》十六卷

宋司马光撰。杂记宋代旧事,起于太祖,迄于神宗。每条皆注其述说之人,故曰“纪闻”。虽亦偶涉琐事,而国家大政为多。盖光欲辑录宋事,作《资治通鉴后纪》,故以此储史料也。后黄庭坚等修神宗实录,多取是书。绍圣初,蔡京等重修朱墨本,乃悉刊削云。

《渑水燕谈录》十卷

宋王辟之撰。案:《宋志》作王关之,盖字之误。皆记绍圣以前事,分十五类。晁公武《读书志》称,所载三百六十余条,此本仅二百八十五条,疑商维浚刻入《稗海》,有所删节。盖明人所刻古书,未有不妄行点窜者也。

《归田录》二卷

宋欧阳修撰。以作于致仕居颍之后,故名曰“归田”。多记朝廷旧事,及士大夫谐谑之言。自序谓以李肇《国史补》为法,而小异于肇者,不书人之过恶也。

《嘉祐杂志》一卷

宋江休复撰。亦曰《江邻几杂志》。“邻几”,即休复之字也。所记皆当代轶事,兼以杂说。

《东斋记事》六卷

宋范镇撰。原本久佚,今从《永乐大典》录出。盖镇致仕家居时作,故所记多蜀事。时新法方行,故所述多祖宗美政,有鱼藻之意。惟其中间涉语怪,不免稗官之习。《文献通考》列之小说家,殆以是焉。

《青箱杂记》十卷

宋吴处厚撰。所记多当代见闻,亦多诗话。处厚人不足道,而吟咏则颇工。故其论诗之语,往往可取。

《钱氏私志》一卷

宋钱世昭撰。盖纂录其世父愐之所述,或题愐撰,或题钱彦远撰,皆误也。是书杂述家世见闻,而颇诋斥欧阳修,自称报东门之役。盖修《五代史·吴越世家》及《归田录》,皆颇不满钱氏耳。

《龙川略志》十卷,《别志》八卷

宋苏辙撰。皆其元符二年谪居循州时作。《略志》三十九条,惟首末两卷记杂事者十四条,余二十五条皆记朝政。于众议之同异,颇详。《别志》四十八条,则皆述耆旧余闻也。

《后山谈丛》四卷

宋陈师道撰。陆游以为依托,未详考也。所记皆宋代杂事,洪迈尝摭其失实者四条,然称其笔力高简,必传于后世。

《孙公谈圃》三卷

宋刘延世撰。皆记闻于孙升之语。升虽列元祐党籍,而观其所论,既不满王安石,又不满苏轼,又不满程子,盖于洛、蜀二党之外,自行其意,无所偏附,则是书当为公议矣。

《孔氏谈苑》四卷

旧本题宋孔平仲撰。所记杂事,多与宋人小说相出入,似杂摭诸书以成之。其不见于他小说者,又或失实。赵与旹《宾退录》,疑为依托,似乎不诬。姑以宋人旧本,存备参考尔。

《画墁录》一卷

宋张舜民撰。皆记所见闻,颇存臧否。如《新唐书》《五代史记》,皆屡致不满。盖虽在党籍之中,而自行己意,大致类乎孙升也。

《甲申杂记》一卷,《闻见近录》一卷,《随手杂录》一卷

宋王巩撰。皆纪东都旧闻,本各自为书,后其曾孙从谨合为一编。《甲申杂记》凡二十二条,甲申者崇宁三年也,故所记上起仁宗,迄崇宁而止。《闻见近录》凡一百四条,所记上起周世宗,下迄宋神宗,而太祖、太宗、真宗、仁宗事为多。《随手杂录》凡三十三条,所记惟周及南唐、吴越各一条,余皆宋事,止于英宗之初。虽皆稍涉神怪,而朝廷大事为多。

《湘山野录》三卷,《续录》一卷

宋释文莹撰。以作于荆州金銮寺,故以"湘山"为名。所记皆北宋杂事。《续录》中,太宗即位一条,李焘引入《通鉴长编》,启千古之论端。今详核其文,实无指斥逆节之事,特后人误会其词,致生疑宝耳。

《玉壶野史》十卷

宋释文莹撰。本名《玉壶清话》,"玉壶"者其所居之地也。《湘山野录》作

于熙宁中，此书则作于元丰中，盖即《野录》后集尔。

《侯鲭录》八卷

宋赵令畤撰。令畤晚节颓唐，而早年坐与苏轼游，入元祐党籍。所往还酬唱，皆一代胜流，故目染耳擩，典型终在。所记前辈遗事，及诗话文评，皆斐然可观。

《东轩笔录》十五卷

宋魏泰撰。泰为曾布之妇弟，故此书所记多尊熙宁新法，而抑元祐党籍。持论不甚可凭，而所记琐事尚有可采。

《泊宅编》三卷

宋方勺撰。勺寓居湖州之泊宅村，因以名书。原本十卷，此本三卷，似尚非足本。所纪皆见闻杂事，间有附注，或驳正本书，不知何人所加也。

《珍席放谈》二卷

宋高晦叟撰。原本久佚，今从《永乐大典》录出。所记北宋旧闻，上自太祖，下讫哲宗。于朝廷制度沿革，士大夫言行得失，言之颇详。

《铁围山丛谈》六卷

宋蔡绦撰。绦为蔡京之子，故是书多为其父饰非。然绦颇娴翰墨，又预直中禁，于朝廷令典，知之为详，故所记徽宗时一切制作始末，乃多足以资考证。鸷兽当殪，而骨革不害其适用，则是书亦未可竟废矣。

《国老谈苑》一卷

旧本题仪门隐叟王君玉撰。据《书录解题》及《宋志》，则此书本名《国老闲谈》,而君玉亦佚其姓。今本实明人妄改妄增也。所记太祖、太宗、真宗三朝遗事,于当时士大夫褒贬,无所假借。不著姓名,或以是欤。

《道山清话》一卷

不著撰人名氏。旧本题王暐者,误也。所记皆北宋杂事。终于崇宁五年。于王安石深致诋諆;而于伊川程子及刘挚,亦不甚满。惟苏、黄、晁、张,交际议论特详。其为蜀党中人,则灼然可见耳。

《墨客挥犀》十卷

宋彭乘撰。皆记宋代轶事及诗话文评。大旨皆推重苏、黄,中有数条与《冷斋夜话》一字不异。又有数条但录旧史原文,而无所论断,或原本残缺,后人又有所窜乱欤。

《唐语林》八卷

宋王谠撰。原本久佚,今从《永乐大典》校补。其体例虽仿《世说新语》,而所记故实、嘉言懿行,多与正史相发明。与刘义庆之标举清谈,用意又殊。

《枫窗小牍》二卷

不著撰人名氏,但以书中"袁良碑"一条,知其姓袁。查慎行注苏轼诗指为袁褧,则非也。其人上及见徽宗崇宁,下及见宁宗嘉泰,故旧本题为百岁老人。所记多汴京故事。

《南窗记谈》一卷

不著撰人名氏。袁文《瓮牖闲评》,已引其书,则作于南北宋间也。多记北宋盛时事,其中有延祐戊午开元宫立虞集碑一条,乃元人附注之语,误连为正文也。

《过庭录》一卷

宋范公偁撰。公偁为仲淹之玄孙,中间多述祖德,亦间及诗文杂事。以皆绍兴丁卯、戊辰间,闻于其父,故名曰“过庭”。

《萍洲可谈》三卷

宋朱彧撰。原本残缺,今从《永乐大典》校补。彧父服尝使于辽,后帅广州,故是书多述其父所闻见。又彧初与苏轼兄弟游,后乃隙,末党附舒亶、吕惠卿,故与熙宁、元祐之际,颇有意抑扬。然所记朝章国典、土俗民风,皆颇足以资考证。

《高斋漫录》一卷

宋曾慥撰。原本残缺,今从《永乐大典》校补。是书虽卷帙寥寥,而所述朝廷典制及士大夫言行,往往可资法戒。其品诗文、供谐戏者,亦皆有理致可观。

《默记》三卷

宋王铚撰。所记皆汴京朝野遗闻,惟末一条为考证曹植《感甄赋》事。

《挥麈前录》四卷,《后录》十一卷,《第三录》三卷,《余话》二卷

宋王明清撰。前录、后录、第三录,皆记朝廷故事。于前录自跋,谓记忆残缺,以补册府之遗。第三录于高宗东狩事尤详。余话则兼及诗文碑铭之属。惟明清为曾布之弥甥,故于布及王安石,皆有溢美,而于米芾极丑诋,皆不为公论云。

《玉照新志》六卷

宋王明清撰。多谈神怪琐事,亦间及朝野旧闻,及前人逸作。如王尧臣

《谏取燕云疏》,李长民《广汴都赋》,姚平仲《预拟破敌露布》,及曾布、冯燕《水调歌头·排遍七章》,皆出自此书。其曰“玉照新志”者,盖尝得一玉照,因以名其所居,并名其书云。

《投辖录》一卷

宋王明清撰。乃其晚年所作。凡四十四条。以皆奇闻异事,客所乐闻,不待投辖而自留,故以“投辖”为名。

《张氏可书》一卷

宋张知甫撰。原本久佚,今从《永乐大典》录出。知甫生北宋末年,犹及见汴都全盛,故于徽宗时朝廷故事,记载特详,往往意存劝戒。其杂以神怪诙谐,虽不出小说之体,要其大旨,固《东京梦华》之类也。

《闻见前录》二十卷

宋邵伯温撰。前十六卷记太祖以来故事,于熙宁变法、元祐分党,言之尤详。十七卷记杂事。末三卷记邵子言行,如黑猿感孕之类,乃颇涉于语怪。

《清波杂志》十二卷,《别志》三卷

宋周辉撰。案:《宋诗纪事》作周煇,盖误以讹本为据。所记皆宋人杂事。方回《桐江续集》,力诋其尊王安石之非。盖辉之曾祖于安石为中表,亲串之间,不免回护。犹王明清《挥麈录》,多为曾布解耳。知其私意所在,则可以此并废其书,则又门户之见矣。

《鸡肋编》三卷

宋庄季裕撰。季裕之父与黄庭坚、苏轼、米芾游,季裕犹及识芾及晁补之,故学问颇有渊源,亦多识旧事。此编略见其梗概。

《闻见后录》三十卷

宋邵博撰。以其父伯温有《闻见录》,故此以后名。然伯温尊程氏,博乃助苏氏以攻程,其宗旨迥异。盖两家后人,始以标榜相附,终以争名相失也。其持论驳杂,尤乖家法。惟所辨订考证,颇有可取,持论亦时复可观。

《北窗炙輠录》一卷

宋施德操撰。炙輠之名,盖取《史记》所载淳于髡事。然所记多当时前辈盛德可为世法者,间及杂事杂说,亦无滑稽之意,不识何以立此名也。

《步里客谈》二卷

宋陈长方撰。步里,长方所居地也。原本久佚,今从《永乐大典》录出。所记多嘉祐以来名臣言行,而于熙宁、元丰之间,邪正是非,尤三致意。其论元祐党人,不皆君子,其见迥在宋人上。其评论文章,亦多可采。

《桯史》十五卷

宋岳珂撰。其曰"桯史",盖袭李德裕之故名,而取义则不甚可解。所载南北宋事,凡一百四十余条,多足补正史之遗。虽颇及诙嘲琐语,然大旨亦多寓劝惩。

《独醒杂志》十卷

宋曾敏行撰。敏行曾祖孝先、祖君彦,在熙宁中皆不肯以新学求进。敏行守其家法,所与游者皆胡铨、杨万里之流。故是书所记是非,皆不诡于正,间有疏舛,要不害其宏旨。

《耆旧续闻》十卷

宋陈鹄撰。所录皆南北宋遗事,大抵采掇诸家文集家传而成。往往不改其称谓,故有似自述者,有似子孙之词者,颇乖体例。然皆据南渡以后故家遗老之所传,故多有元祐诸人绪论。其品评文艺,亦具有渊源。

《四朝闻见录》五卷

宋叶绍翁撰。记高、孝、光、宁四朝事迹,分甲、乙、丙、丁、戊五集,凡二百七条。皆随事标题,不分时代。惟丁集但载宁宗受禅、庆元党禁二事,不及其他。绍翁之学,一以朱子为宗。然卖武夷山一条,于朱在无所回护,足知其是非之公。惟王士祯《居易录》,病其颇涉烦碎,不及李心传《朝野杂记》。今核之信然。故心传书入史部,而此入小说家焉。

《癸辛杂识前集》一卷,《后集》一卷,《续集》二卷,《别集》二卷

宋周密撰。与所作《齐东野语》大致相近。然《野语》兼考证旧文,此则辨订者无多;《野语》多记朝廷大政,此则琐事杂言居十之九。故入之小说家。

《随隐漫录》五卷

宋陈世崇撰。"随隐",其自号也。多记同时人诗词。而于南宋宫禁故事,言之尤详。盖世崇,陈郁之子,又尝为东宫掌书故也。

《东南纪闻》三卷

不著撰人名氏。原本久佚,今从《永乐大典》录出。核其词意,盖元人所作,故称宋曰"东南"。所纪间有北宋事,则连类及之也。

《归潜志》十四卷

元刘祁撰。旧题金人者,误。其曰"归潜",乃祁未仕元时,自署所居。后西山之节不终,亦非其实也。其书一卷至六卷,为金末诸人小传;七卷至十卷,杂记轶事;十一卷记哀宗亡国始末;十二卷记崔立作乱,劫群臣立碑事,而附以

《辨亡论》一篇;自是以下至末,皆祁之语录诗文。后元修《金史》,多采此书。然其体则小说也。

《山房随笔》一卷

元蒋子正撰。所记多宋末元初事,而叙贾似道误国始末尤详。

《山居新语》四卷

元杨瑀撰。大致似陶宗仪《辍耕录》,而所记多有关政典,有裨劝戒,则非宗仪之所及也。

《遂昌杂录》一卷

元郑元祐撰。元祐家钱塘、寓平江,而此录题曰"遂昌",不忘本也。元祐生元中叶,上及见宋诸遗老,下及见泰哈布哈,案:泰哈布哈,原作泰不华,今改正。倪瓒、杜本,故是书多记宋代轶闻。而遭逢丧乱,亦多忧时感事之言。

《乐郊私语》一卷

元姚桐寿撰。至正之末,寇乱相仍,桐寿避地海盐,独未遭兵燹,故以"乐郊"名书。所记轶闻琐语,多类小说;记赵孟坚事,尤失实。然亦有可补史传之遗者,所辨天册碑、秦桧像赞、鲁訔注杜诗诸条,亦颇见考据。

《辍耕录》三十卷

明陶宗仪撰。书中称明兵曰集庆军,又曰江南游军,盖元末作也。于元代法制,及至正末东南兵乱,纪载颇详。所考订书画诗文,亦足备参证。惟好采猥谈鄙事,自秽其书,是其大瑕耳。

《水东日记》三十八卷

明叶盛撰。是书征引繁而议论夥,不免时有抵牾。又好著己长,亦为一失。然所记明代制度,及一时遗闻轶事,颇足以资考证。盖盛既练习掌故,又家富藏书,故终与道听涂说者异也。

《菽园杂记》十五卷

明陆容撰。多记明代朝野故实,多可以参证史传。其杂以诙嘲鄙事,盖小说之体。惟考辨古义,或有偏驳,存而不论可矣。

《先进遗风》二卷

明耿定向撰,毛在增补。所录皆明代名臣言行,大抵严操守、砺品行、存忠厚者居多。又多居家行己之事,而朝政不及焉。其意似为当时士大夫讽也。

《觚不觚录》一卷

明王世贞撰。皆叙明代朝廷制度、搢绅仪注之沿革,虽多细故,而一代风气之升降,可略见焉。

《何氏语林》三十卷

明何良俊撰。是书袭裴启《语林》之名,而体例门目则因刘义庆《世说新语》,益以宋、齐以后之事,并原书为二千七百余条。每条之下,并自为之注。翦裁镕铸,皆雅有体裁。

右小说家类杂事之属。八十六部,五百八十一卷。

谨案:纪录闻见之书,小说与杂史最易相淆,诸家著录亦往往牵混。今以述朝廷关军国者,入杂史;其兼涉里巷闲谈、词章细故者,则均隶此门。《世说新语》,古来列之小说,其明例矣。

《山海经》十八卷

是书或称夏禹撰,或称伯益撰,其中乃有帝启、周文王及秦、汉地名,则安不待辨。然司马迁已称之，则亦周、秦以来古书也。其注为晋郭璞作。《隋志》以来，皆列地理之首。然侈谈神怪，百无一真，是直小说之祖耳，入之史部未允也。

《山海经广注》十八卷

国朝吴任臣撰。因郭璞《山海经注》而广之。于名物训诂、山川道里，皆有所订正。虽引据稍繁，要不失为博赡。

《穆天子传》六卷

汲冢古本，晋郭璞注。所纪周穆王西行之事，为经典所不载，而与《列子·周穆王》篇互相出入。知当时委巷流传，有此杂记。旧史以其编纪月日，皆列起居注中，今改隶小说，以从其实。

《神异经》一卷

旧本题汉东方朔撰，晋张华注。考诸《隋志》所载亦符。则其依托已久矣。所记皆八荒以外之言，不可究诘。而文采缛丽，词赋家恒所引用，要亦六朝文士所为。《隋志》列入地理类，《唐志》列入神仙家，均非其实，今亦改隶于小说。

《海内十洲记》一卷

旧本题汉东方朔撰。皆神仙恍惚之说，亦依托也。《隋志》著录。李善《文选注》、陆德明《庄子音义》，已屡引其文，则亦六朝人所为矣。

《汉武故事》一卷

旧本题汉班固撰，或以为齐王俭作。语出唐人，或不诬也。所说与《史记》《汉书》相出入，但杂以妖妄之语。自《三辅黄图》已引用，然诸书所引，今本往往不载,疑其抄合而成,又非王俭原本也。

《汉武帝内传》一卷

旧本题汉班固撰。然《隋志》著录二卷,不云班固,殆后人以《汉武故事》,托名于固,并举此书而归之也。证以诸书所引,其文盖出于魏、晋之间。

《汉武洞冥记》四卷

旧本题汉郭宪撰。其言荒诞不可诘,其词华艳丽,亦迥异东京。其中影娥池事,唐上官仪采以入诗,时称博洽,是犹唐以前之伪书。

《拾遗记》十卷

秦王嘉撰。原本十九卷二百二十篇,经乱佚阙,梁萧绮掇拾残文,编为十卷,并为序录,录即论赞之别名也。所记上起三皇,下迄石虎事迹,十不一真,而词条艳发,摛华掞藻者,挹取不穷。

《搜神记》二十卷

旧本题晋干宝撰。证以古书所引,或有或无。其第六、第七卷,乃全抄《续汉书·五行志》,一字不更,殆亦出于依托。然犹为多见古书之人,联缀旧文,傅以他说。故核其体例,俨然唐以前书,非谛审详稽,不能知其伪也。

《搜神后记》十卷

旧本题晋陶潜撰。考潜卒于宋元嘉四年,而书中有元嘉十四年、十六年事,其伪可不待辨。然其书文词古雅,体例严整,实非抄撮补缀而成,亦非唐以后所作。故《隋志》著录,而唐人所引,文亦一一相合。盖犹隋以前之完帙也。

《异苑》十卷

宋刘敬叔撰。所记皆神怪之事。遣词简古,而意态具足。不类唐人小说之冗沓。

《续齐谐记》一卷

梁吴均撰。或作唐吴筠,误也。案《隋志》,宋散骑侍郎东阳无疑先有《齐谐记》七卷,故此书称续。卷帙不多,而所载异闻,恒为唐人所引用。

《还冤志》三卷

隋颜之推撰。书名之上,或冠以“北齐”字者,误也。所述皆冤报之事。之推《家训》有“归心篇”,精信因果,此书盖犹是志。然自《左传》以来,即有是事,亦不尽佛氏之说也。

《集异记》一卷

唐薛用弱撰。凡十六条。多述唐代轶闻,亦间涉灵异。序述颇有文采,胜他小说之凡鄙。

《博异记》一卷

旧本题唐谷神子撰,或云冯廓,或云郑还古,均无确证也。所记凡十条。皆鬼神灵迹,叙述雅赡,所录诗词亦工致,盖犹能文之士所为。

《杜阳杂编》三卷

唐苏鹗撰。所记唐代异闻,上起代宗广德元年,下迄懿宗咸通十四年。皆以三字为标题,文词瑰丽,皆类郭宪、王嘉之体。其荒诞亦复相似。虽一一学其闻自某某,恐亦俗语之为丹青也。

《前定录》一卷,《续录》一卷

唐钟辂撰。录前定之事,凡二十三则。自序称:"庶达识之士,知其不诬;奔竞之徒,亦足以自警。"其著书之旨,较他小说为有劝戒。《续录》一卷,不知谁作。中引柳宗元《龙城录》,柳录为王铚伪作,则书在王铚以后矣。

《桂苑丛谈》一卷

旧本题冯翊子子休撰,不著姓名。《邯郸书目》称其姓严,名则终莫考也。书前十条,皆神怪之事;后十八条,别题曰"史遗",皆记杂事。凡唐代十二条、南北朝六条。

《剧谈录》二卷

唐康骈撰。案:康或作唐,骈或作軿,皆传写之误。其书成于乾宁二年,皆记天宝以来杂事,凡四十条。

《宣室志》十卷,补遗一卷

唐张读撰。所记皆鬼神灵异之事。其曰"宣室",盖取汉文帝问贾谊事。然文帝以受厘宣室,偶问贾谊,非必于宣室问鬼神,亦非问鬼神必于宣室,核以名义,实属未安。

《唐阙史》二卷

五代高彦休撰。旧本题唐人,误也。凡五十一篇。所记怪妄诸事,如"丁约剑解"一条,王士祯斥其导逆,所说良是。然其中如"李可及说三教"一条,颇有正论;"刘蜕单长鸣"诸条,亦颇资考证。

《甘泽谣》一卷

唐袁郊撰。自序谓,春雨泽应,甘泽成谣,故以名书。所记异闻凡九事,皆从《太平广记》录出,非其原本也。

《开天传信记》一卷

唐郑棨撰。凡三十二条。自序谓,搜求遗逸,期于必信,故以“传信”为名。然如华阴岳神、梦游月宫,及罗公远、叶法善诸事,恐非信史,以文士久相引用,存备唐人小说之一种尔。

《稽神录》六卷

宋徐铉撰。所记皆唐末、五代异闻。晁公武《读书志》称凡一百五十事,此本乃有一百七十四事,又有拾遗十三事。案:《枫窗小牍》载,修《太平广记》时,此书全部收入,疑从《广记》录出,又误录他书并入之,故数浮于旧也。

《江淮异人录》二卷

宋吴淑撰。原本久佚,今从《永乐大典》录出。所载道流、侠客、术士,凡唐代二人、南唐二十三人。大抵语怪。然其中耿先生事,马令、陆游并采入《南唐书》中,则亦不尽凿空也。

《太平广记》五百卷

宋太平兴国二年,李昉等奉敕撰。凡分五十五部,所采书三百四十五种。古来奇文秘笈,咸在焉。小说家之渊海也。

《茅亭客话》十卷

宋黄休复撰。所记蜀中轶事,始于王、孟二氏,终于宋真宗时。多涉神怪,而大旨主乎劝戒。其他杂说,亦颇资博识。

《分门古今类事》二十卷

不著撰人名氏。但据书中“龙泉梦记”,知其姓宋耳。其书分十二门,大抵即先兆以明定数,示人无庸妄觊,与钟辂《前定录》同意。其异于辂者,在终以为善而增、为恶而损二门,有教人立命之义焉。

《陶朱新录》一卷

宋马纯撰。陶朱,其所居乡名也。所载皆宋时琐事,语怪者十之七八。末附元祐党籍碑,与全书体例不类。盖纯为马默之孙,默为党籍中人,欲以表其先德也。

《睽车志》六卷

宋郭象撰。所记皆奇异之事,故取《易》睽卦上爻"载鬼一车"之义为名。

《夷坚支志》五十卷

宋洪迈撰。其以"夷坚"为名,取《列子》"大禹行而见之,伯益知而名之,夷坚闻而志之"语也。原书四百二十卷,初十集以甲、乙等十干记,次以支甲、支乙等记,次以三甲、三乙等记,次以四甲、四乙等记,凡三十二编。此乃其支甲至支戊五集也。

右小说家类异闻之属。三十二部,七百二十四卷。

《博物志》十卷

旧本题晋张华撰。实则原本散佚,后人采其遗文,裒合成编,又杂取他说附益之。故证以诸书所引,或有或无,或合或不合也。

《述异记》二卷

旧本题梁任昉撰。其中有北齐武成、河清年事,盖亦如张华《博物志》裒合而成,半真半伪之书也。

《酉阳杂俎》二十卷,《续集》十卷

唐段成式撰。原本三十篇,今佚其“破虱录”一篇。《续集》十卷,胡应麟《笔丛》称,自《太平广记》抄出,然具有篇目,又似本书,莫能详也。所记多荒怪不经,而古来佚文秘典,往往而在。故论者虽病其浮夸,而不能不相征引。自唐以来,推为小说之翘楚。其曰“酉阳杂俎”者,取梁元帝“访酉阳之逸典”语,谓二酉山也。

《清异录》二卷

宋陶谷撰。采唐及五代新颖之语,分三十七门,各为标题,而注事实缘起于其下。陈振孙《书录解题》,以为不类宋初人语。今观其“花九命”一条,乃似南唐人所作,诚不可解。然词人引用已数百年。撷其华藻足矣,其真赝亦不足深诘也。

《续博物志》十卷

宋李石撰。旧本题晋李石者,误也。其书以补张华所未备,多采掇旧文,失于刊改,如称宋太祖为“今上”之类,往往有之,而轶闻琐语,亦多可以备参考。

右小说家类琐记之属。五部,五十四卷。

子部十三　释家类

《宏明集》十四卷

梁释僧祐撰。凡十篇。皆东汉以下，至于梁代，阐明佛法之文。其辨难攻诘者，亦具载其往复之语。大旨斥道以尊释，因并抑儒。

《广宏明集》三十卷

唐释道宣撰，以续僧祐《宏明集》。亦分十篇。体例与僧祐小异。其不攻儒而惟攻道家，宗旨亦小异。盖其时方诏孔颖达、贾公彦等修《五经疏义》，古学方明，知其必不能攻，故知难而退也。

《法苑珠林》一百二十卷

唐释道世撰。以佛经故实，分类编排，凡一百篇。每篇各有述意，如史传之序。大旨推明福罪之由，以生人敬信之念。

《开元释教录》二十卷

唐释智升撰。以三藏经论，叙为自录。分为二编：一曰“总括群经录”，皆以释人先后为次第，先列朝代姓名，次列所译经名卷数，及或存或佚，末为小传，凡九卷，其第十卷则历代佛经目录四十一家；一曰“别分乘藏录”，分七子目，各以经论类从，以辨别存亡真伪，及删并重修之类，凡八卷，其十九、二十卷，则大、小乘经论入藏目录也。后朱彝尊作《经义考》，其体例一准此书。

《宋高僧传》三十卷

宋释赞宁撰。唐释道宣作《高僧传》，所载至贞观而止。太平兴国七年，敕赞宁续之。故所载自唐高宗时为始，凡五百三十三人，附见一百三十人，分为十类，亦仍道宣之例。

《法藏碎金录》十卷

宋晁迥撰。乃其退居昭德里时所作,融会佛书,随笔记录,亦禅门语录之属。而迥本文士,能饰以雅词。其曰“碎金”者,取《世说新语》“谢安碎金”之义也。

《道院集要》三卷

宋晁迥撰,王古删定。迥耽于禅悦,所著有《道院别集》《自择增修百法》《法藏碎金录》《随因记述》《耄智余书》,凡五编。古删除重复,择其精要,为此书。

《僧宝传》三十卷,附《补僧宝传》一卷,《临济宗旨》一卷

宋释惠洪撰。其书总括五宗于禅门宿望,各述其事迹始末,为之传赞,凡八十一人。末附补传一卷,题丹峰庵僧庆老,盖北宋人。又《临济宗旨》一卷,亦惠洪所撰。

《林间录》二卷,后集一卷

宋释惠洪撰,本明编次。所记皆禅门古德,嘉言善行。多订赞宁《高僧传》之讹,中颇自抒己意,发明佛理,不尽叙录旧事。后集一卷,则惠洪所作赞偈铭三十一首。《渔父词》六首,不知何人所附入也。

《五灯会元》二十卷

宋释普济撰。取道原《传灯录》、李遵勖《广灯录》、白运中《续灯录》、通明《联灯会要》、正受《普灯录》,合为一编。故以“五灯”为名,删薙冗杂,颇为简要。其考论宗系,亦最详明。

《罗湖野录》四卷

宋释晓莹撰。自序谓倦游归憩罗湖,追忆昔所见闻,录为四卷。其中多载机锋问答,而于禅门故实,叙述颇详。所载士大夫投赠诗歌,尤夥。

《释氏稽古略》四卷

元释觉岸撰。用编年之体,以历代统系为纲,而释家源流始末,随手编载。始于伏羲,终于南宋瀛国公,援据颇博。

《佛祖通载》二十二卷

元释念常撰。所载释氏故实,上起七佛,下至顺帝元统元年。编年纪载,于佛教之废兴、禅宗之授受,一一分明。

右释家类。十三部,三百十二卷。

谨案:佛氏之书,浩如烟海,非惟经论语录,不可胜收,即叙述释家故实者,亦难以赅载。故今惟即官库所有,择可录者录之,以见梗概;官库所未收者,则自有彼之佛藏在,无庸代为搜辑也。其道家之书,亦仿此例焉。

子部十四　道家类

《阴符经解》一卷

旧本题黄帝撰，太公、范蠡、鬼谷子、张良、诸葛亮、李筌六家注。案此经造自李筌，则筌注自为真本，余皆依托而已。然世传《阴符经》注，以此本为最古。

《阴符经考异》一卷

宋朱子撰。阴符之伪，自黄庭坚发之，《朱子语录》亦以为然。然以其时有精语，非深于道者不能作，乃考诸本之同异，刊定其文。

《阴符经讲义》四卷

宋夏元鼎撰。其说以丹法释《阴符》，绘图列说，亦居然成理。阴符之变为炉火，自此书始。

《老子注》二卷

旧本题河上公撰。唐刘知几尝辨其伪，词意颇浅，实不类秦、汉人书，且注附句下，马融以前亦无此例。姑以唐以前本而存之。

《道德指归论》六卷

旧本题汉严遵撰。《唐志》亦著于录，此本仅存说德经者六卷。据曹学佺《元羽外篇》序，乃明末人所伪作，胡震亨误收入《秘册函》也。然其说颇近于理，存之亦足备一解。

《老子注》二卷

魏王弼撰。弼以老庄说《易》，论者互有异同；至于解老，则用其所长。故是注,词义简远,妙得微契。《老子》注本,此为最古。

《道德经解》二卷

宋苏辙撰。大旨主于佛老同源,而又引《中庸》之说,以相比附。朱子作《杂学辨》,极攻之。然在儒家为异说,在道家则正其本旨也。

《道德宝章》一卷

宋葛长庚撰。陈继儒《秘笈》刻之作《蟾仙解老》,以长庚自号白玉蟾也。其书随文标识,不涉训诂,亦无所推阐。注文乃少于本经,语意多近禅偈,盖佛老本同源也。

《道德真经注》四卷

元吴澄撰。大旨与苏辙略同。其并为六十八章,则澄之独见。澄所注《易》《书》《春秋》《礼记》《孝经》,均有删改,不独此书也。

《老子翼》三卷,《考异》一卷

明焦竑撰。采古来解《老子》者六十四家,裒其精语,以成一编,而益以自著之《笔乘》。竑讲学皆涉老、庄,其讲老、庄之书,乃多得其本旨。所附《考异》,亦颇赅备。

《御注道德经》二卷

顺治十三年,世祖章皇帝御撰。前有御制序,明《老子》非虚无寂灭之道,亦非权谋术数之学。故注中所阐明者,皆人事常经。盖睿鉴宏通,包涵万有,随在可以观理,即随在可以择善。渊怀所契,固非拘牵文句者,所能窥也。

《老子说略》二卷

国朝张尔岐撰。以解《老子》者多缴绕穿凿,自生障碍,乃屏除繁说,但疏通其大意,故名“说略”。

《道德经注》二卷,附《阴符经注》一卷

国朝徐大椿撰。其凡例诋諆河上公、王弼诸家,未免已甚。其谓老氏之道,在六经以上,亦属偏见。其所注,则实简而明。

《关尹子》一卷

旧本题周尹喜撰。凡九篇。《汉志》著录,而《隋志》《唐志》皆不载。知原本久佚,此本出宋人依托。然在伪书之中,颇有理致、有词采,犹能文者所为。

《列子》八卷

旧本题周列御寇撰。而书中有御寇以后事,故柳宗元《列子辨》,谓其经后人增窜;高似孙《子略》,遂以为庄周寓言,并无其人。然据《尔雅》疏,引《尸子·广泽篇》,知当日实有《列子》,特书为门人所追记耳。晋张湛所注,具有名理,亦肩随向、郭之注《庄》。

《冲虚至德真经解》八卷

宋江遹撰。其称《列子》为《冲虚至德真经》者,“冲虚真经”,唐所尊;“至德”字,又宋所加也。所注摆落训诂,多得言外之旨。惟书作于徽宗时,于《周穆王》篇,灼然露附合方士之意。

《庄子注》十卷

晋郭象撰。《世说新语》称象攘窃向秀注,后向注复出,遂两本并行。今乃向佚而郭存,以陆德明《庄子释文》所引向注互校,攘窃之迹,灼然可见。然象亦有所补缀改定,不可目为秀书,故今仍题象名焉。

《南华真经新传》二十卷

宋王雱撰。唐天宝元年，尊《庄子》为《南华真经》，雱书盖仍其旧号。所注详于内篇，略于外篇、杂篇。大致规仿郭象，而更约其词。后附“拾遗杂说”一卷，疑其书成以后所补也。

《庄子口义》十卷

宋林希逸撰。所得于《庄子》者颇浅，乃排斥旧注，殊不自量。然词旨明显易入，尚有裨于初学。

《南华真经义海纂微》一百六卷

宋褚伯秀撰。辑郭象以下注《庄子》者十三家，并附以己意。间引陆德明《音义》，而不列于十三家，所重不在训诂也。又引成玄英、文如海、张潜夫，亦不列于十三家，以采自陈景玄书也。宋以前注《庄子》者，梗概略具于此书。

《庄子翼》八卷，《庄子阙误》一卷，附录一卷

明焦竑撰。体例与《老子翼》同。所采《庄子》注，自郭象以下，凡二十二家，旁引他说者，自支遁以下，凡十六家，又章句音义，自郭象以下，凡十一家。而大旨以郭象、吕惠卿、褚伯秀、罗勉道、陆西星五家为主。所附《阙误》一卷，乃陈景玄之旧文。附录一卷，则“庄子列传”之类也。

《文子》二卷

文子不知其名字。《汉志》但称老聃弟子而已。或曰计然者，误也。书凡十二篇，皆述老聃之说。柳宗元称其多窃取他书以合之，然要是唐以前之古本也。

《文子缵义》十二卷

宋杜道坚撰。原本久佚,今从《永乐大典》录出。惟缺其五篇。凡所采李暹、徐灵府诸说,皆不标姓名,但题曰“旧注”。道坚自为说者,则题缵义以别之。其文子原文字句,多与今本异。核以文义,并此本为长。

《列仙传》二卷

旧本题汉刘向撰。自赤松子至玄俗,凡七十一人。人系一赞,篇末又为总赞一首,全如《列女传》之体。然《汉志》载刘向六十七篇,无此书。疑魏、晋间方士所依托,故葛洪《神仙传》已引之。其总赞引《孝经》《援神契》,亦《七略》不载之书。疑即《隋志》所谓郭元祖《列仙传赞》也。

《周易参同契通真义》三卷

《参同契》,汉魏伯阳撰;《通真义》者,后蜀彭晓所注也。葛洪《神仙传》称,伯阳作《参同契五行相类》,凡三卷。其说似《周易》,其实假借爻象以论作丹之意,儒者不知神丹之事,多作阴阳注之,殊失其旨。盖丹经以此为最古。晓此书作于唐末,于注《参同契》者,亦为最古。惟移易“歌鼎器”一篇于后,开后来窜乱之门。

谨案:《唐志》列《参同契》于五行类,固为失当;朱彝尊《经义考》列之易类,则又不伦。惟葛洪所云,得作书本旨。若预睹陈抟以后,牵异学以乱圣经者,是此书本末,道家原了了,儒者反愦愦也。今仍列之道家,庶可知丹经自丹经,易数自易数;不以方士之说,乱羲、文、周、孔之大训焉。

《周易参同契考异》一卷

旧本题空同道士邹欣撰,朱子之寓名也。然订正文字者,不过七八处,余皆诠释丹法,实即笺注。考《朱子年谱》载,庆元三年,蔡元定将编管道州,朱子与论《参同契》。《文集》又有《答元定书》,论《参同契》,有“但望他日为刘安鸡犬”之语。盖遭逢世难,不得已而托诸神仙;亦犹韩愈谪潮州日,与大颠往还之意耳。

《周易参同契解》三卷

宋陈显微撰。书中篇次,悉从彭晓之本;其分三篇而不分章,则从葛洪之说。惟移“象彼仲冬”节以下七十字,于“太阳流珠”一节前,盖是时王柏诸人日煽六经错简之说,余波并流入道家矣。其解则诠释详明,尚不失为善本。

《周易参同契发挥》三卷,《释疑》一卷

宋俞琰撰。其说以一身之阴阳水火,发明丹法。虽不及彭晓等道家专门之学,然取材甚博。其《释疑》三篇,考订同异,亦较朱子为详。

《周易参同契分章注》三卷

元陈致虚撰。分《参同契》伪三十五章,次第一从旧本,无所改易。李光地《参同契注》称,诸本之中,惟朱长春本为最得古意。此本即朱本所自出也。其疏解亦颇明畅,无所穿凿。

《古文参同契集解》三卷

明蒋一彪撰。用杨慎所传伪古本,而割裂彭晓以下诸家之注分附之。然自慎以后,世遂别有此本,不可磨灭,故今亦录备一家焉。

《抱朴子内外篇》八卷

晋葛洪撰。抱朴子,其自号也。内篇论神仙修炼符箓劾治诸事,纯为道家之言;外篇则论时政得失、人事臧否,多作排偶之体,而词旨辨博,饶有名理。故《隋志》以内篇入道家,外篇入杂家。然外篇大旨亦以黄、老为宗,今并入于道家。

《神仙传》十卷

晋葛洪撰。所录凡八十四人。证以诸书所引，确为古本。《汉魏丛书》别载一本，所录凡九十二人；核检其文，乃自《太平广记》抄合，多剿取他书以足数，舛漏殊甚，不足为据也。

《真诰》二十卷

梁陶弘景撰。凡七篇。所记皆神仙授受真诀之事，凡降现月日、文字语言，一一详载。其事不足辨诘，而叙述雅饬。诗歌书牍，亦斐然可观。乃不类道家之野谈，盖弘景本博学工文也。

《亢仓子》一卷

唐王士元撰。士元作孟浩然集序，尝自述其事。旧本题周庚桑楚者，妄也。然柳宗元已有《亢仓子辨》，则唐本即题周庚桑楚矣。凡九篇。其文多杂掇古书，融以己意，亦颇亹亹有理致，惟多作奇字，与卫元嵩《元包》相类，为中不足而涂饰于外耳。

《亢仓子注》九卷

旧本题何粲撰。不著时代。据柳宗元《亢仓子辨》，则是书唐代已有注。晁公武《读书志》亦载何璨注《亢仓子》二卷，当即此本。粲字从玉，盖传写异文耳。然则此本在公武前安。注中间有音释，为明黄谏所加，谏即作《从古正文》，以小篆改隶者也。

《玄真子》一卷，附《天隐子》一卷

《玄真子》，唐张志和撰。原本十二卷，今存三篇。其言略似《抱朴子》外篇，但词采不及其博丽。《天隐子》亦唐人撰，佚其姓名。书虽八篇，而寥寥仅两三页，不能自为卷帙，以与志和同时，宗旨词格皆相类，故附缀志和书末焉。

《无能子》三卷

不著撰人名氏。盖唐僖宗时人也。原本四十二篇，今存者三十四篇。其说原本老、庄，而傅以佛理，词旨未为深奥，以唐人旧本而存之。

《续仙传》三卷

南唐沈汾撰。案：汾或作玢，盖字之误。上卷载飞升十六人，中卷载隐化十二人，下卷载隐化八人。

《云笈七签》一百二十二卷

宋张君房撰。盖真宗时校正遗书，王钦若等荐君房司其事，因撮其精要，以成是书。其称“七签”者，以天宝君说洞真为上乘，灵宝君说洞玄为中乘，神宝君说洞神为下乘。又太玄、太平、太清三部为辅经，又正一法文遍陈三乘，别为一部，共七部也。

《悟真篇注疏》三卷，附《直指详说》一卷

宋张伯端撰，翁葆光注，元戴启宗疏。伯端书以诗词百篇，演说金丹之旨，与《参同契》互相发明。葆光、启宗所注疏，亦言之有故，执之成理。

《古文龙虎经注疏》三卷

宋王道撰。取世传《龙虎经》三十三章自为注，而自疏之。末附二图，大旨以魏伯阳书为根柢。

案：四库编录之例，凡伪书各从其所伪之时代，以便检寻。故《阴符经》知出李筌，而既称黄帝，即以冠道家之首。此经虽称古文，而不著撰人，亦不著时代，无可位置，故惟从作注之人，列宋人书中。

《易外别传》一卷

宋俞琰撰。以邵子《先天图》,明丹家之旨。考《先天图》原出丹家,琰还以明丹家之说,可谓不失其本旨。其称“易外别传”,亦分明不苟也。

谨案:此书旧附《周易集说》后,然琰已自言非《易》之本义,故析而列诸道家。

《席上腐谈》二卷

宋俞琰撰。乃其随笔札记。推上卷有考证数条,其余则皆辟容成之术,及论《褚氏遗书》胎孕之说;下卷则备述丹经,而终以黄白为戒。故虽兼杂说,而从其所重,列之道家。

《道藏目录详注》四卷

明白云霁撰。以道家之书,分三洞、四辅七部,与《云笈七签》同。七部之中,又分十二子目,以千字文为次,一字当一函,“天”字至“群”字为旧藏之目,“英”字至“将”字为明人新续之目,每条各为解题,如《崇文总目》之例。

右道家类。四十四部,四百三十二卷。

卷十五

集部一 楚辞类

《楚辞章句》十七卷

汉王逸撰。初,刘向辑屈原、宋玉、景差诸赋,附以贾谊、淮南小山、东方朔、严忌、王褒诸作,及向自作《九叹》,为《楚辞》十六篇。逸又益以自作《九思》,及班固二叙,勒成十七卷。且为作注。其《九思》亦自注。为宋人辗转校刻,已多更其旧第。然其注则未有窜改也。

《楚辞补注》十七卷

宋洪兴祖注。原本有考异一卷,今本散入各句下。其书以苏轼校本为主,而参用洪炎以下十五家之本。其书前列王逸旧文,而一一疏通证明,拾其遗阙,皆以“补曰”二字别之,较原注为详密。朱子作《楚辞集注》,实多本是书。

《楚辞集注》八卷,《辨证》二卷,《后语》六卷

宋朱子撰。以屈原所作二十五篇为《离骚》,宋玉以下十六篇为《续离骚》。随文诠释,各注以比兴赋字,如毛亨《诗传》例。其纠驳旧注者,别为《辨证》。又刊定晁补之《续楚辞》《变离骚》二书,录荀卿至吕大临所作五十二篇,为《后语》。

《离骚草木疏》四卷

宋吴仁杰撰。取《离骚》所用草木,一一诠释,谓原多本《山海经》,每引以为说,殊为胶滞,然征引宏富,颇为博物之助。

《钦定补绘离骚全图》二卷

国朝萧云从原画并注。旧祇六十四图,余多阙佚未备。乾隆四十七年,特命内廷诸臣考订补绘,自《离骚》篇至《香草》止,共增九十一图,通计一百五十五图。《楚辞》景物于是无不赅具矣。

《山带阁注楚辞》六卷,《楚辞余论》二卷,《楚辞说韵》一卷

国朝蒋骥撰。冠以《屈原列传》,以考事迹之本末;次列地理图五,以考原之涉历,即据其年月道里:以定所作之时也。余论二卷,辨证诸家注释。《说韵》一卷,多执二母攻驳顾炎武、毛奇龄之说。其书颇为冗杂,然明以来说《楚辞》者,大抵多臆说空言,此犹为征实之学,故姑录以备一家焉。

右楚辞类。六部,六十五卷。

集部二　别集类一汉至五代

《扬子云集》六卷

汉扬雄撰。《隋志》《唐志》皆载雄集六卷，其本久佚，宋谭愈始裒合残剩，厘为五卷。明万历中，郑璞又补辑为六卷，即此本也。所收诸箴，凡三十篇。然雄箴实止二十八篇，此杂以崔骃、崔瑗之作，殊失考订。

《蔡中郎集》六卷

汉蔡邕撰。邕集久佚，今因裒辑而成者，凡有二本：一为张溥《百三家集》本，一为陈留新刻本。此即陈留本也。凡诗文九十四首，与张本互有增损。张本《荐董卓表》一篇，此本删去。考刘克庄《后村诗话》，已论邕此表，则宋本已有之，此本盖为乡曲讳也。

《孔北海集》一卷

汉孔融撰。据《后汉书》融本传，魏文帝求其遗文，凡得二十五篇。张溥《百三家集》所载，凡四十二篇，此本又多《告高密令教》《告高密县僚属》二篇，凡四十五篇。其《圣人优劣论》，以一篇误断为二，实四十四篇。盖捃拾类书，仅存残缺，即苏轼所称《扬氏四公赞》，今已不存矣。

《曹子建集》十卷

魏曹植撰。凡赋四十四篇，诗七十四篇，杂文九十三篇。目录后有"嘉定六年癸酉"字，盖即《文献通考》所载十卷本也。其中《善哉行》误收古词，《七哀诗》不收本词而收晋乐所奏，《玉台新咏》所载《弃妇篇》《艺文类聚》所载《回文镜铭》《坦斋通篇》所载王宋诗均未收入，亦不免有所舛漏。

《嵇中散集》十卷

魏嵇康撰。《晋书》为康立传，旧本因题曰晋者，缪也。其集散佚，至宋仅存十卷，此本为明黄省曾所编。虽卷数与宋本同，然王楙《野客丛书》称，康诗六十八首，此本仅诗四十二首，合杂文仅六十二首，则又多所散佚矣。

《陆士龙集》十卷

晋陆云撰。原本散佚，宋徐民瞻所刻亦散佚，此本盖明人所重辑。编次颇为丛杂。《答兄平原》诗中，误收陆机一首。失题诸句载于《艺文类聚》"芙蕖部""啸部"者，直题曰"芙蕖"曰"啸"，尤为庸妄。以世无别本，姑以存云著作之概云尔。

《陶渊明集》八卷

晋陶潜撰。今所传六朝别集，惟此与谢朓集为原书。然亦北齐阳休之所编，增入《圣贤群辅录》《五孝传赞》二书，已非昭明太子八卷之旧。宋庠校正，又未能辨二书之依托。遂流传至今。今删除二书，仍存八卷。虽未必合昭明之原第，而黜伪存真，庶几犹为近古焉。

《璿玑图诗读法》一卷

《璿玑图诗》，秦苏蕙撰。其《读法》则明康万民作也。原图凡八百余言，纵横往复，皆成章句。其字本织以五色，以别三、五、七言，后传本概以墨书，因迷其句读。唐申诚尝作释文，今亦不传。宋元间，有僧起宗者，以意推求，得诗三千七百五十二首，分为十图。万民增立一图，更得诗四千二百六首，与起宗图合为一编，以成此书。

谨案：古无以一图为一集者。然此图，经、史、子三部之中，皆无类可附，以究为韵语之类，且两家演至诗七千九百五十八首，是亦足以当一集矣，故附之别集类中。

《鲍参军集》十卷

宋鲍照撰。"照"或作"昭"，唐人避武后讳也。其集《隋志》作十卷，此本出自都穆家,与《隋志》卷数相合。然既以乐府为一卷,而《采桑》《梅花落》《行路难》,乃列入诗中,唐以前本,不应荒陋至此,断为明人所重编。又往往注曰“某字集作某”,是采自他书之明证。然文章皆有首尾,诗赋亦间有自序、自注,与抄撮类书者不同,其因旧本而妄为窜乱欤。

《谢宣城集》五卷

齐谢朓撰。原本十卷,宋楼照惟刻其诗五卷,前有照序,犹南宋佳本。观其附载王融和诗,知不由掇拾成也。朓诗为沈约所推赏,而钟嵘则抑扬参半,要皆爱憎之私。赵紫芝诗称:“辅嗣易行无汉学,玄晖诗变有唐风。”于文质升降之际,独得其平。

《昭明太子集》六卷

梁昭明太子撰。原本久佚,此本为明叶绍泰所刊,较张溥《百三家集》本,多《七召》等十三篇,而少《与明山宾命》等三篇。盖两本皆出掇拾,故互有出入。其诗亦误收简文帝作五首;当由不知《玉台新咏》所题“皇太子”乃简文,非昭明也。

《江文通集》四卷

梁江淹撰。旧有汪士贤、张溥两刊本。此乃乾隆戊寅梁宾,以汪本、张本,合以张斌家旧抄本,通为一编,较为赅备。于字句之讹异,亦多所校正。

《何水部集》一卷

梁何逊撰。其集自宋已残缺,故杜甫诗注所引,黄伯思皆以为未见。然宋本今亦不可得,此本乃明张弦所刻。凡诗九十五首,附同作二首,联句三首,又附以《七召》一篇。其中学《青青河畔草》一首,妄改原题,殊为庸陋。然考《永乐大典》所载,逊诗无出此本之外者,或亦因旧本点窜欤。

《庾开府集笺注》十卷

周庾信撰，国朝吴兆宜笺注。考倪瓒集，有与齐学士借庾子山集书，则信集在元宋尚有传本，至明遂佚。此本盖从诸书抄撮，已非其旧。胡渭欲为作注而未竟，兆宜采其遗稿，与徐树谷等补缀成书。

《庾子山集注》十六卷

国朝倪璠撰。以吴兆宜所笺庾信集，出自众手，不免漏略，乃重为补葺。并作年谱，冠于前。虽稍伤冗漫，而于史事考证较详。其辨误收杨炯文二篇，亦颇为精审。

《徐孝穆集笺注》六卷

陈徐陵撰，国朝吴兆宜笺注。较庾信集笺注稍略，似乎未成之本，然亦有足备参考者。

《东皋子集》三卷

唐王绩撰。绩为王通之弟，而天性真率，不随通聚徒讲学、献策干进。诗文皆疏野有别致，其诗惟《野望》一篇最传。然如《石竹咏》《赠薛收》诗，皆风骨遒上；《古意》六首，亦陈、张《感遇》之先导。集为吕才所编。此本卷数与才序合，而才所称《龙门忆禹赋》，集乃不载，似未必旧本矣。

《寒山子诗集》一卷，附《丰干拾得诗》一卷

寒山子、丰干、拾得，皆贞观中台州僧，世颇传其异迹。是集乃台州刺史闾丘允令寺僧道翘所搜辑。寒山子诗最多，拾得次之，丰干存诗二首而已。其诗多类偈颂，而时有名理。邵子《击壤集》一派，此其滥觞也。

《王子安集》十六卷

唐王勃撰。勃集久佚,《初唐十二家集》中,仅载其诗赋一卷。故皇甫汸作杨炯集序,称王诗赋之余,未睹他制。此本乃明崇祯中张燮所编。皆从诸书采辑而成,较宋本仅少四卷。盖勃文章巨丽,为四杰之冠,诸家总集所录特多也。

《盈川集》十卷,附录一卷

唐杨炯撰。亦明万历中,龙游童佩所辑录也。凡赋八首、诗三十四首、杂文三十九首,而以赠答评论之作,别为附录。其《彭城公夫人尔朱氏墓志》《伯母李氏墓志》,误编庾信集中,此本收尔朱氏一篇,而李氏一篇仍失载,则搜采尚有所遗也。

《卢昇之集》七卷

唐卢照邻撰。原本十卷,此本仅存七卷。其《穷鱼赋》序称,常思报德,故冠之篇首。今此赋不在篇首,知亦出重编,非其旧第矣。

《骆丞集》四卷

唐骆宾王撰,明颜文选注。宾王讨武后败死,颇为唐人所怜,故造有灵隐寺伪僧之说,即中宗亦不甚以为非,故诏求其文,使郗云卿编次。然云卿所编百余篇,今已久佚,此本盖后人所重辑。颜文选注,颇为弇陋,以原刻所有,而姑存之。

《陈拾遗集》十卷

唐陈子昂撰。子昂始变文格,其诗为唐初之冠,其文自骈偶诸篇外,散体皆疏朴近古,故韩愈、柳宗元皆称之。其人则献媚武后,殊不足道。所作《大周受命颂》，及《进表》《请追上太原王帝号表》《大崇福观记》诸篇，并载集中，至今为儒者诟厉。特以词章之美，流传不废云尔。

《张燕公集》二十五卷

唐张说撰。其集《唐志》作三十卷，宋以来诸家著录，则皆二十五卷，与今本同。考《文苑英华》及《唐文粹》所载诗文，此集未收者，尚六十一篇。盖撰录二书之时，其五卷尚未佚也。今并依类补入，使成完本，而二十五卷之数，则仍其旧焉。

《曲江集》二十卷

唐张九龄撰。其书首尾完具，犹唐以来之旧本。盖文渊阁所藏宋椠，丘浚录传于外也。九龄以忠亮负重望，而文章高雅，亦不减燕、许。《唐书·文艺传》载徐坚之言，谓其如轻缣素练，实济时用，而窘边幅，殆局于风气，以富艳求之欤。

《李北海集》六卷，附录一卷

唐李邕撰。凡赋五篇，诗四篇，杂文三十二篇。盖后人裒辑之本，视原集七十卷已十不存一。卷末附录新、旧《唐书》本传，及赠答诗，而别载贺赦表六篇，题曰“纠谬”，盖皆李吉甫作《文苑英华》，误题邕名，彭叔夏《文苑英华辨证》，尝厘正之，故不以入集云。

《李太白集》三十卷

唐李白撰。初李阳冰编白所作，为《草堂集》十卷；宋乐史续增，为二十卷；而白又别有杂著十卷，今皆不传。此集乃宋敏求以王溥及唐魏颢本，又搜罗逸作，合为一编。近缪曰芑得宋椠，为翻刻以行。其编次以诸家序文为第一卷，自第二卷至二十四卷为诗，二十五卷至三十卷为杂著。

《分类补注李太白集》三十卷

宋杨齐贤集注，元萧士赟删补。前二十五卷为古赋、乐府、歌、诗，后五卷为杂著。且分类编次，与旧本迥异，未审为齐贤所改，士赟所改。其注则以“齐贤曰”“士赟曰”别之。注白集者，由宋及元，传世者惟此一本。

《李太白诗集注》三十六卷

国朝王琦撰。注李白集者，杨、萧二家之外，有明林兆珂、胡震亨二家。琦皆病其漏略，乃参合众说，定为此编。诗凡三十卷，后六卷则附录诸家之文为白而作者也。其注欲补四家之阙，故采摭繁富，颇伤芜杂，而亦多可以备考。

《九家集注杜诗》三十六卷

唐杜甫撰，宋郭知达集注。九家者，王洙、宋祁、王安石、黄庭坚、薛梦符、杜田、鲍彪、师尹、赵彦材也。所采颇为简要，其削去伪苏轼注，亦具有别裁。

《黄氏补注杜诗》三十六卷

宋黄希原本，其子鹤成之，以补千家注本之所阙，故以“补注”为名。用黄伯思之例，不分体而编年。故冠以年谱、辨疑为纲领，而诗题下各注其岁月。未免多所穿凿。然钩稽辨证，具有苦心，亦非全无一当。

《集千家注杜诗》二十卷

元高楚芳编。《集千家注杜诗》，本南宋书肆所刊，楚芳略为刊削，而以刘辰翁评语散附句下，已非其旧，仍题曰“集千家注杜诗”，从初名也。

《杜诗捃》四卷

明唐元竑撰。乃其读杜诗时所札记，故不载原诗，但逐条发议。以所阅乃元人重刊《千家注》,中附刘辰翁评,故多驳正辰翁之语。所论虽未能尽合,而刊除附会,洗涤穿凿,较他家所得为多。

《杜诗详注》二十五卷,附编二卷

国朝仇兆鳌撰。凡诗注二十三卷,杂文注二卷,后以逸杜、咏杜、补注、论杜为附编二卷。其分段诠释,颇不脱坊刻窠臼;而所征引,较诸本为博,“详注”之名殆亦不忝。

《王右丞集注》二十八卷,附录二卷

唐王维撰,国朝赵殿成笺注。殿成以顾起经《类笺王右丞集》,支离破碎,又注诗而不注文,乃详为考订,以成此注。凡诗十四卷,皆以刘辰翁评本为定,刘本不载者,别为外编一卷。杂文则厘为十三卷,而以进表、批答、本传、世系、遗事、倡和、题咏为一卷弁首;以诗评、画录、年谱为一卷缀于末。

《高常侍集》十卷

唐高适撰。其本从宋刻影钞,凡诗八卷、文二卷,与《唐志》十卷之数合。而《文献通考》所谓集外诗一卷、文一卷者,则已佚之。明人所刻适集,以《太平广记》所载高锴墓中狐诗,亦讹为适作,殆足哈噱。此本不载,知其精善也。

《孟浩然集》四卷

唐孟浩然撰。其集本天宝四年宜城王士源所编。士源称凡二百一十八首,此本乃有二百六十三首,洪迈《容斋随笔》尝疑其是孟郊诗。时代远不相及。今考《长安早春》一首,本张子容作;《蓟门看灯》一首,亦非其游迹之所至。盖其窜入者,多矣。

《常建诗》三卷

唐常建撰。建名位不昌,沈沦一尉,而遗诗五十七首,往往与王、孟抗行。

所唱和交游，非惟无一显官，即知名之士，亦仅王昌龄一人。盖恬淡寡营，泊然声利之外者，宜所造独深矣。

《储光羲诗》五卷

唐储光羲撰。光羲失节从贼，终以贬死，其人殊不足道。其诗则源出陶潜，质而不俚，在开元、天宝间，能卓然自成一家。

《次山集》十二卷

唐元结撰。结所著《元子》十卷、《文编》十卷、《琦玕子》一卷，今皆不传。此本盖后人所掇拾也。结踪迹类古狂者，然制行高洁，而深抱闵时忧国之心。其诗文皆寄托遥深，戛然自造。韩愈以前，力变排偶浓丽之习者，实自结始。

《颜鲁公集》十五卷，补遗一卷，年谱一卷，附录一卷

唐颜真卿撰。原本久佚，此本乃宋敏求掇拾重编，得十五卷。至南宋又佚其三卷，留元刚为搜辑补完，并订正年谱，附于末。然真卿诗文，见于石刻者，尚有《尉迟迥庙碑》等八篇；见于说部者，尚有《政和公主碑》等三篇。则亦未为赅备。今并续采补入，俾无更散遗焉。

《宗元集》三卷，附录《元网论》一卷，《内丹九章经》一卷

唐吴筠撰。宗元者，其私谥也。权德舆序称凡四百五十篇，此本仅一百十九篇，则亦非完书矣。其《元网论》三篇，见于新、旧《唐书》，当为筠作。至筠没于大历十三年，其《内丹九章经》前有筠序，乃题元和戊戌，又称避吴元济之乱于东岳，遇李白所授，尤为荒诞。姑以旧本所有，存之耳。

《杼山集》十卷

唐释皎然撰。贞元中，尝诏取其集，藏集贤御书院。于頔为序。此本卷数

与《唐志》合。顺序亦存。盖犹旧本。其诗在唐僧之中,弱于齐己,而雅于贯休。末附杂文数篇,则备数而已,非所长也。

《刘随州集》十一卷

唐刘长卿撰。凡诗十卷、文一卷。旧有外集一卷,核检其诗,皆与正集复出,今删之不录。长卿号“五言长城”,而高仲武《中兴间气集》,病其十首以后,语意略同,实为确论。王士禛独深非之,盖士禛亦有此病中所忌也。

《韦苏州集》十卷

唐韦应物撰。其集为宋嘉祐中,王钦臣所校定。此本从宋椠翻雕,盖犹旧帙。惟原序称分十五类,而此本凡赋一篇、诗五百七十首,仅十四类,岂尚有所佚欤。其诗近体不如古体,七言不如五言。大抵源出于陶,而融化于三谢,故真而不朴,秀而不媚,但以为追步柴桑,尚未究其实也。

《毘陵集》二十卷

唐独孤及撰,其门人梁肃编。凡诗三卷、文十七卷。然其中《马退山茅亭记》,实柳宗元作,不应误入及集,岂后人又有窜乱欤。唐之古文,得元结与及,始湔除繁滥。故《唐实录》有韩愈学及之说,特变格之初,明而未融耳。王士祯颇相诋諆,殆非笃论。

《萧茂挺文集》一卷

唐萧颖士撰。颖士文章,与李华齐名。然华污伪命;而颖士劝源洧拒安禄山,致书崔圆策刘展必叛,其气节识略,皆非华所及。惟著作散落,《唐志》所载《游梁新集》十卷、《文集》十卷者,俱不可见。此本仅存赋九篇、表五篇、牒一篇、序五篇、书五篇耳。

《李遐叔文集》四卷

唐李华撰。华之文章,根柢不及萧颖士,而词采焕发则过之。晁、陈二家书目,皆不录其集,盖至宋已佚。此本乃从《文苑英华》《唐文粹》诸书采辑而成,故李翱所作卢坦、杨烈妇两传,亦误收焉。

《钱仲文集》十卷

唐钱起撰。大历以还,诗格顿变,十子实为之职志,起其首也。其集晁公武《读书志》作二卷,此本十卷,盖后人所分集。末《江行》绝句一百首,皆钱珝之诗;然孙附祖集,亦无不可,故今仍并录之。

《华阳集》三卷,附顾非熊诗一卷

唐顾况撰。况集本三十卷,南宋末仅存五卷,后亦佚。此本乃其裔孙名端,搜合成帙,而以其子非熊诗附之。然《文苑英华》《唐文粹》所载,尚未全收也。皇甫湜称自为况作集序,未尝许人;则况在中唐名甚重。非熊诗所存无几,其御沟红叶诗,殆好事者为之,存以为谈资尔。

《翰苑集》二十二卷

唐陆贽撰。或题"陆宣公奏议",沿《读书志》之误也。贽文多用骈句,盖当日之体裁。然真意笃挚,反复曲畅,不复见排偶定迹。《新唐书》不收四六,独录贽文十余篇。司马光《资治通鉴》录其疏至三十九篇,上下千年,所取无多于是者,经世之文,斯之谓矣。

《权文公集》十卷

唐权德舆撰。德舆制集、文集各五十卷。据王士祯《居易录》,其所藏尚五十卷,然未见其本。世所传者,皆杨慎所收诗赋十卷,即此本也。其诗精炼不足，而有雍容之气象。

《韩集举正》十卷，外集、叙录一卷

宋方崧卿撰。本与文集、外集、附录并刻，今惟存此。纸墨精好，犹淳熙中所印。朱子《韩文考异》，即用此为蓝本。其笃信阁本，颇为朱子所诋。然所采碑刻十有七，所据诸家之本凡十。其搜辑之功，亦乌能尽掩也。

《原本韩文考异》十卷

宋朱熹撰。因方崧卿《韩集举正》，重为校定。方书用陆德明《经典释文》之例，不载全文，但大书所正之字，而以辨证注于下，此亦仍之。后张洽校刊，又附以补注数条。此本为李光地所重刻，以有散附句下之别本，故今题曰"原本"，以相别。

《别本韩文考异》四十卷，《外集》十卷，遗文一卷，补遗一卷

宋朱熹原本，王伯大重编。以朱子《韩文考异》，散入句下，而别采诸家音释，附篇末。后书肆重刊，又散音释入句下，至今仍之。虽不免有所舛漏，而便于循览，故读韩文者，多从此本焉。

《五百家注音辨昌黎先生文集》四十卷

宋魏仲举编。于诸儒之论韩文者，采摭颇博。然据其所列，实止三百六十八家，不足五百之数。且引用词组，即列一家，亦非皆音注。然韩文撰有考证音训者，洪兴祖以下，凡三十一家。原本十佚其九，颇赖此书以存。

《东雅堂韩昌黎集注》四十卷，《外集》十卷

宋廖莹中撰。即所谓世彩堂本也。明万历中，长洲徐时泰重刊，恶莹中为贾似道之党，削去其名，并削去世彩堂名，而改题东雅堂。刊字相沿，称徐氏东

雅堂本,盖以此云。

《韩集点勘》四卷

国朝陈景云撰。盖因点勘东雅堂韩文集注,纠其舛迕,辑为一编,于考据史传,订正训诂,颇为精密。

《诂训柳先生文集》四十三卷,《外集》二卷,《新编外集》一卷

唐柳宗元撰,宋韩醇音释。初,刘禹锡编宗元诗文,为三十二卷。宋穆修所刊,云即禹锡所编,然已分为四十三卷。沈晦以穆本参校诸本,凡穆本所不载者,厘为外集。醇因沈本作音注,又别辑逸文一卷,目曰"新编外集",与张敦颐《韩柳音辨》同时并出,而较张书为差详。

《增广注释音辨柳集》四十三卷

不著编辑者名氏。以童宗说《柳文注释》、张敦颐《柳文音辨》、潘纬《柳文音义》,合为一书。以"童里云""张云""潘云"别之。其序但称"柳文音义",盖以潘书为主,而童、张两书,散附其中也。

《五百家注音辨柳先生文集》二十一卷,《外集》二卷,《新编外集》一卷,《附录》八卷

宋魏仲举编。所引训释柳文诸家,以书称者有:集注、补注、音释、解义;以人称者有:孙氏、童氏、张氏、韩氏而外,片言数字,所引寥寥。盖论韩文者本多,论柳文者本少;其虚题五百家者,姑以配韩文云尔。

《刘宾客文集》三十卷,《外集》十卷

唐刘禹锡撰。原集四十卷,至宋佚其十卷。宋敏求搜得逸诗四百七首、遗文二十二首,编为《外集》十卷。其古文纵横博辨,于韩、柳之外,自为轨辙;其

诗含蓄不足，而精锐有余，大抵皆与杜牧相伯仲。

《吕衡州集》十卷

唐吕温撰。其集本刘禹锡所编，久已残缺，此本乃常熟冯舒重编也。温人品不醇，而学《春秋》于陆淳，学文章于梁肃，授受颇有渊源，持论乃多能中理。

《张司业集》八卷

唐张籍撰。其集初编于张洎，再编于汤中，今皆未见。此本八卷，乃明张尚儒所编。凡诗四百四十九首、书二首，其卷数与汤本同，篇数与张本亦略同，似三本不甚相远也。籍乐府与王建齐名，而格在其上。文仅传此二首，其笔力亦不在皇甫湜下，故韩愈以籍、湜并称焉。

《皇甫持正集》六卷

唐皇甫湜撰。其文与李翱同出韩愈，愈文谨严而奇崛，翱得其谨严，湜得其奇崛，故名亚于愈。元郑玉颇极诋之，玉在讲学之家，尚为纯正，至于文章，未必能见韩门弟子涯涘也。

《李文公集》十八卷

唐李翱撰。翱才与学皆逊韩愈，不能镕铸百氏，悉如己出，而能得愈所传，故持论率有根柢，其文安雅而不迫，苏颂称其词不逮韩，而理过于柳，可谓笃论。郑獬称其尚质少工，是以雕镂字句论文矣。

《欧阳行周集》十卷

唐欧阳詹撰。李贻孙作是集序，以詹与李观、韩愈并称，盖三人同年登第，同以文名，其时尚未论定，故贻孙云然。詹文实有古格，故愈作哀词亦推之甚至。至于自诚明谕之类，驳杂太甚，则早卒而学未深造耳。

《李元宾文编》三卷,《外编》二卷

唐李观撰。《文编》,陆希声所辑。《外编》,赵昂所辑。希声序称:“其文不古不今,自作一体。”又称:“观尚于词,故词胜其理;愈尚于质,故理胜其词。使愈穷老不休,终不能为观之词;使观后愈死,亦不及愈之质。”其持论皆确。

《孟东野集》十卷

唐孟郊撰,宋宋敏求编。其诗托兴深微,而结体古奥,韩愈以下皆推之。苏轼始有“空螯小鱼”之诮,元好问遂目以“诗囚”。盖苏尚豪肆,元尚高华,门径不同故,是丹非素,未可据为定论也。

《长江集》十卷

唐贾岛撰。岛诗幽僻,遂为四灵先导。然四灵自分派于姚合,其于岛仿其近体,不能仿其古体,仿其近体之偶句,不能仿其近体之全篇也。《读书志》载其诗三百七十九首,此本仅佚其一,如并《送无可上人》诗中所注一绝句计之,则数仍恰合,殆犹旧本。

《昌谷集》四卷,《外集》一卷

唐李贺撰。《幽闲鼓吹》谓贺诗为其表兄投溷中,故流传者少。此自指李藩所收而言,若贺所自编,杜牧所序,则至今犹在也。贺于诗家为别派,牧序谓其少加以理,可奴仆命骚,不知贺诗别趣在于不可解以理,使必出于理,则不能措词。吞刀吐火之幻人,使操作常业,何所施其技哉。

《笺注李长吉歌诗》四卷,《外集》一卷

宋吴正子笺注,刘辰翁评点。李贺诗可以意会而不可以言诠,正子此注但略疏典故,不加推详,深得以不解解之之道。辰翁评王维、杜甫诗,多舍夷涂而

穿旁窦，惟评贺诗，乃蹊径正同，往往有所独契。

《绛守居园池记注》一卷

唐樊宗师撰，元赵仁举、吴师道、许谦注。宗师此记，诘屈殆难句读，故好奇者递为笺注，然得其本意与否，则终未可知。以相传已久，譬如古器铭识，虽鸟迹蝌文，不可辨识，而不能不谓之旧物，赏鉴家亦存而不弃耳。

《王司马集》八卷

唐王建撰。元、白、张、王并以乐府擅长，而元稹、白居易多作长调，以曲折尽情；张籍及建多作短章，以抑扬含意。同工异曲，各擅所长。至《宫词》百首，以诗纪事，其格亦自建开之。

《沈下贤集》十二卷

唐沈亚之撰。凡诗赋一卷、杂文十一卷。杜牧、李商隐集，皆有拟沈下贤体，则亚之诗在当日自为一格。然今所存仅十八首。观其答学文僧诗、请益书，其于文章盖戛然自异。惟《秦梦录》《异梦录》《湘中怨解》三篇，为刘克庄《诗话》所讥。考《太平广记》载此三篇，皆题出《异闻集》，不云出亚之本集，或亚之戏为小说，重编者摭以入集，非其旧本欤。

《追昔游集》三卷

唐李绅撰。是集述其早年阅历，凡一百一首。《新唐书》本传颇采用之。其诗皆音节啴缓，不能与同时诸人角胜。然春容恬雅，其格究在晚唐上。

《会昌一品集》二十卷，《别集》十卷，《外集》四卷

唐李德裕撰。《会昌一品集》者，皆武宗时制诰；《别集》皆赋诗杂文；《外集》皆迁谪以后，闲居论史之文，即穷愁志也。德裕别有《卫公备全集》五十

卷,《年谱》一卷,《姑臧集》五卷,《献替记》《辨谤略》诸书共十一卷,并见陈氏《书录解题》,今则已佚矣。

《元氏长庆集》六十卷,补遗六卷

唐元稹撰。白居易作稹墓志,称著文一百卷,题曰《元氏长庆集》。至宋已残缺,此本乃宣和中建安刘麟所刊,明马元调据以翻雕。凡诗二十六卷,赋一卷,杂文三十三卷。较原本已佚十之四,而门目亦与稹自述不同,不知何人所重编也。

《白氏长庆集》七十一卷

唐白居易撰。居易诗格与元稹同,而深厚则过之。故张为《主客图》,以居易为"广大教化主",稹不与焉。其集自宋迄今,惟此一本,但或题"长庆集",或题"白氏文集",其标目行款,有所改削耳。

《白香山诗集》四十卷,附录年谱二卷

国朝汪立名编。立名据宋祁之言,谓白居易文不如诗,因别刊其诗为此本,其说良是。至谓宝历以后,不宜概名"长庆集",因改题曰"香山诗集",则未详考居易《圣善寺文集记》矣。然其考证编排,颇为精密,其所笺释,亦颇典核,在白诗中究为善本。

《鲍溶诗》六卷,《外集》一卷

唐鲍溶撰。溶即《主客图》所谓"博解宏拔主"也。其集旧讹为鲍防,曾巩始考正之。巩所编本,凡二百首,而益以《外集》三十三首。此本外集之数,与巩本同;正集比巩本多一卷,而诗止一百四十五首。盖残缺之余,重为编次,已非巩本之旧矣。

《樊川文集》二十卷,《外集》一卷,《别集》一卷

唐杜牧撰。其《文集》二十卷与《唐志》合,《外集》一卷与《读书志》合,惟《后村诗话》称《续别集》三卷,此仅别集一卷,而无续集,盖佚之矣。牧作李戡墓志,述其诋元、白之言甚悉。案:《云溪友议》误以戡语为牧语,今考正。刘克庄独不谓然。今考牧语冶荡,诚不减元、白,然其风骨则迥胜杂文,排奡纵横,亦非元、白所及也。

《姚少监诗集》十卷

唐姚合撰。合早以《武功县》诗三十首得名,后官至秘书少监,诗家终谓之姚武功,其诗亦即称"武功体"。大抵刻意于五言,五言尤刻意于中二联。其冥搜物象,多人意想所不至;而琐屑纤巧,亦由于此。永嘉四灵,皆沿其末派者也。

《李义山诗集》三卷

唐李商隐撰。商隐诗缛丽之中,多所寄托。宋人过相菲薄,以韩偓"香奁集"例观,固视之太浅;近代人过于穿凿,一字一句,无不关合时事,又求之太深。惟王安石谓:能学老杜,而得其藩篱,为不易之论。其集唐宋以来,只有此本。近刻或分体,或编年,皆非其旧也。

《李义山诗注》三卷,《补注》一卷

国朝朱鹤龄撰。李商隐诗旧有刘克庄、张文亮二注,久已散佚。明末释道源始为作注,而冗杂特甚。鹤龄是编,盖因其旧本,重为补正,然所采不及十之一。虽征引故实,援据史传,不及程梦星、冯浩诸本之备;而不以其诗为艳词,亦不字字句句附会时事,则较诸家为善焉。

《李义山文集笺注》十卷

国朝徐树谷笺，徐炯注。李商隐骈偶之文，婉约雅饬，于唐人为别格。所自编《樊南甲乙集》，久已散佚，朱鹤龄始搜辑残剩，编为五卷，而阙其状之一体。炯又为补辑，定为此本，并为之注。树谷又考证史籍，各笺其本事于题下，多所辨订。

《温飞卿集笺注》九卷

唐温庭筠撰，明曾益注，国朝顾予咸补，其子嗣立又重订之。凡益之原注，不署名。予咸注，署“补”字。嗣立所加者，则自题名。庭筠诗亚于李商隐，而隶事博奥，则相近。三人踵成此注，亦十得六七。

《丁卯集》二卷，《续集》二卷，《续补》一卷，《集外遗诗》一卷

唐许浑撰。其曰“丁卯”者，浑别业在润州丁卯桥也。诗凡五百篇，与晁公武《读书志》所载合，而卷数倍之，疑后人所分析。毛晋汲古阁刊本，仅三百余首，不及此本之备也。

《文泉子集》一卷

唐刘蜕撰。自序谓，覃以九流之旨曰文，配以不竭之源曰泉，故命曰文泉。原本十卷，今已散佚。此本乃崇祯庚辰，韩锡所编。其文多摹仿扬雄，而大旨与元结相出入。欲挽末俗反之古。然所谓古者，乃黄、老之清净，是则唐人之见耳。

《梨岳集》一卷，附录一卷

唐李频撰。频为姚合婿，而其诗乃不效合。本名《建州刺史集》，以庙祀梨山，建州尊称曰梨岳，遂并改其集名。附录一卷，则梨山庙敕书碑记类也。

《李群玉集》三卷，《后集》五卷

唐李群玉撰。群玉大中八年，诣阙进诗表，自称四通三百首。此本合前后集共八卷，而诗止二百八十首，又有授官以后作，盖又后来所编，非奏进之原本也。

《孙可之集》十卷

唐孙樵撰。凡文三十五篇，汪师韩作《孙文记》，疑其中二十五篇出伪托，无显证也。其文格受之来无择，无择受之皇甫湜，湜受之韩愈，故具有典型。然愈镕铸群言，自然高古，湜有意为奇，樵则刻意求奇矣。

《曹祠部集》二卷，附曹唐诗一卷

唐曹邺撰。其集《唐志》作三卷，此本为明蒋冕所刻，仅有二卷。曹唐诗亦冕所附刻，以二人均粤西产也。其诗皆不出晚唐之格，以流传旧本，存之耳。

《麟角集》一卷

唐王棨撰。皆其场屋程试之文。原本凡赋四十二篇，其八代孙苹，又补采省题诗二十一篇附于后。其曰"麟角"者，取《颜氏家训》"学如牛毛，成如麟角"之语，以登科比登仙也。

《皮子文薮》十卷

唐皮日休撰。乃其咸通丙戌下第后所自编。自序谓发箧丛萃，繁如薮泽，因名"文薮"，凡二百八篇。其书序论辨证，原本经术。其请以孟子立学科表章，亦在宋以前。惟诗仅一卷，盖已入《松陵集》者，不载耳。

《笠泽丛书》四卷，补遗一卷

唐陆龟蒙撰。即所自编，以丛脞细碎，故名"丛书"。其多载杂文，而不及

《松陵集》中诗,亦与《皮子文薮》同。二人倡和之诗,未易分甲、乙;杂文则日休多伟论,龟蒙多小品,然闲情别致,亦自为一家。

《甫里集》十九卷,附录一卷

唐陆龟蒙撰,宋叶茵编。龟蒙诗文繁富,其成编者仅《笠泽丛书》《松陵集》,颇多散佚。宝祐中,茵采得逸诗一百七十一首,合二书所载共四百八十一首,编为十九卷,而以碑传之类,别为一卷附焉。

《咏史诗》二卷

唐胡曾撰。杂咏史事,各以地名为题。自共工氏不周山,至隋汴水,凡七言绝句一百五十首。每首下各有注,不著姓名。

《云台编》三卷

唐郑谷撰。诗家所谓"郑都官"也。其集以乾宁初,扈从登华山,于云台观编次,即以为名。谷《鹧鸪》诗最得名,而非高;《唱雪》诗至传为画图,格调亦卑。然其他一花一草,亦时有姿致。

《司空表圣文集》十卷

唐司空图撰。即《唐志》所载《一鸣集》也。图大节炳然,其文章亦尚存唐代旧格,不涉五代之猥琐。陈继儒《太平清话》载其墨竹、笔铭手迹,此集不载。其序称梁庚寅岁,图年八十二,伪妄审矣。继儒不能辨也。

《韩内翰别集》一卷

唐韩偓撰。偓孤忠劲节,为唐末完人。刘克庄《诗话》乃诋其国蹙主辱,绝无感时伤事之作,似克庄所见仅《香奁》一集耳。此集忠愤之气,溢于句外,激昂慷慨,有变风变雅之遗。何可执其游戏之笔,遽概生平乎。

《唐英歌诗》三卷

唐吴融撰。融与韩偓同年，又同为翰林院学士，多相倡和。偓蹈危报主，抗节完名，万万非融所敢望。以文章而论，则融诗音节谐雅，有中唐遗风，与偓正复劲敌也。

《玄英集》八卷

唐方干撰。其诗气格清迥，在晚唐纤靡俚俗之中，颇能自拔。其七言近体，较逊五言。自《郝氏林亭》一首外，佳处不数数见也。

《唐风集》三卷

唐杜荀鹤撰。荀鹤党附朱温，人不足道，其诗亦惟《春宫怨》一首压卷，余多俗格。然唐人旧集，传本日稀，如汉印、宋研，虽复制作不佳，亦以旧物存之耳。

《徐正字诗赋》二卷

唐徐寅撰。其集《唐志》不著录，此本盖其后人搜辑而成。其赋刻意锻炼，时有秀句，诗则不出五代之格。五言如“白发随梳少，青山入梦多”“岁计悬僧债，科名负国恩”，七言如“鹍鸠声中双阙雨，牡丹花畔六街尘”“月明南浦梦初断，花落洞庭人未归”，即集中佳句矣。

《黄御史集》十卷，附录一卷

唐黄滔撰。原集久佚，此本乃宋淳熙中，其后人所重编。文颇赡蔚，诗亦有贞元、长庆之风。虽不及韩偓、罗隐、司空图，究远胜徐寅、杜荀鹤也。

《罗昭谏集》八卷

唐罗隐撰。原本散佚，仅存《甲乙集》四卷。此本乃康熙中，张瓒所辑。

以其诗文杂著,合为一编。盖掇拾而成也。《文苑英华》尚有隐《秋云似罗赋》一篇,此本不载,则所收尚未备矣。其诗讽刺镵刻,时或不留余地。而大旨不乖于忠孝。杂文亦无五代龌龊之态。

谨案:罗隐终于钱镠节度判官,今系之唐人者,隐未食唐禄,而义不忘唐,从其志也。杜荀鹤、徐寅、黄滔皆系之唐者,荀鹤死时朱温尚未篡,寅子朱温又不合而窜归,后与黄滔依王审知以终,均未入梁,故不能不谓之唐人也。

《白莲集》十卷

后唐释齐己撰。旧本题梁人,误也。其诗五言近体居十之六,虽沿武功之派,当其合作,风力特遒。其惓惓不忘唐,亦非他释子所及。宜其与司空图相契也。

《禅月集》二十五卷,补遗一卷

蜀释贯休撰。旧本亦题梁人,考其生平,实未尝一至梁也。集为其门人昙域所编。原本三十卷,今佚其文集五卷,惟诗集存。明毛晋又摭拾为《补遗》一卷。其诗颇失之粗豪,而落落有气。

《浣花集》十卷,补遗一卷

蜀韦庄撰。其弟蔼编。原本五卷,后人析而为十。《补遗》一卷,则毛晋所增也。庄在蜀得杜甫浣花溪草堂,因以名集。其诗音节颇高亮,在五代为铁中铮铮。

《广成集》十二卷

蜀杜光庭撰。原本一百卷,今所存者惟表及斋醮文,仅十之一矣。其文多异教之词,本不足录,而所言多足与正史相参考,故过而存之。

右别集类汉至五代。一百十一部,一千五百十八卷。

集部三　别集类二北宋建隆至靖康

《骑省集》三十卷

宋徐铉撰。其婿吴淑编。前二十卷仕南唐时所作,后十卷入宋后作也。铉才思敏捷,下笔即成。故其诗流易有余,深警不足。其文亦沿溯燕、许,不能嗣韩、柳之音。然在五季之中则迥然孤秀矣。

《河东集》十五卷,附录一卷

宋柳开撰。其门人张景编。附录一卷,为景所撰。开行状其文,力涤排偶,转成艰涩。然有宋一代,矫五季之弊,而振兴古体者,开实为之先导。

《咸平集》三十卷

宋田锡撰。原本奏议二卷,文集五十卷。此本并奏议入文集中,仅三十卷,盖残缺之后,又重编也。其奏议为当代所重,诗文皆余事,然亦光明磊落,无淟涊之态。

《逍遥集》一卷

宋潘阆撰。原本久佚,今从《永乐大典》录出。阆去五代未远,犹乱世游士之余习,故行事不甚拘绳墨,诗亦落落有奇致,皆才气纵横故也。

《寇忠愍诗集》三卷

宋寇准撰。准风节动一世,而诗情清婉,如宋广平之赋梅花。是集为范雍所编,去取颇不苟。如小说和蒨桃诗之类,皆不收也。

《乖崖集》十二卷,附录一卷

宋张咏撰。其集宋代有二本,此本即郭森卿所刻,但佚其年谱一卷耳。咏以不合时宜,故自号“乖崖”。其文乃疏通平易,不为崭绝之语;其诗亦列名《西昆集》中。

《小畜集》三十卷,《外集》七卷

宋王禹偁撰。禹偁尝以《易》自筮,得《乾》之“小畜”,故以名集。明以来,但有写本,近乃有平阳赵氏刻本。《外集》为其曾孙汾所编,久佚不传,此本为河间纪氏阅微草堂所藏,仅存第七卷至十三卷。其诗文始全变五季雕绘之习,然亦不为柳开之奇僻。

《南阳集》六卷

宋赵湘撰。其孙抃编。原本久佚,今从《永乐大典》录出。方回作《罗寿可诗序》,称宋划五代旧习,有白体、昆体、晚唐体,列湘于晚唐体中,与寇准、林逋、魏野、潘阆并称。今观其诗,虽源出姚合,而无雕镂琐屑之失;其文亦扫除排偶,近皇甫湜、孙樵。

《武夷新集》二十卷

宋杨亿撰。亿集本一百九十四卷,至南宋惟存此集及别集。今别集又佚,惟此集存。凡诗五卷,文十五卷。大致宗法李商隐,而精警不及。要其舂容典雅,不失为治世之音。

《和靖诗集》四卷

宋林逋撰。逋名列《宋史·稳逸传》,虽声华太著,未能鸿冥物外、脱屣世情,然视种放、常秩,终为有别。故其诗修词雅秀,颇有意于求工,而意境尚为澄淡。

《穆参军集》三卷,附录《遗事》一卷

宋穆修撰。修终于颍、蔡二州文学掾,然宋人皆谓之穆参军;犹姚合终秘

书少监,唐人皆称姚武功也。宋自柳开初变文体,而其力不足转移风气,自修表章韩、柳,一传为尹洙,再传为欧阳修,而炳然复古,其功实不可没。至其尊崇曹操之类,识有所闇,亦无庸为之讳焉。

《晏元献遗文》一卷

宋晏殊撰。殊文集本二百四十卷,后自删为《临川集》三十卷,《二府集》二十五卷,今皆不传。此本为康熙中胡亦堂所辑,虽篇帙寥寥,然尚存鼎之一脔。

《文庄集》三十六卷

宋夏竦撰。原本久佚,今从《永乐大典》录出。竦虽奸党,然学问则殊赅博。其文章词藻赡逸,尚有燕、许遗轨。集中所载多庙堂典册之文,盖所长在是体也。录唐诗者,不废沈佺期、宋之问,则竦是集亦不妨就文论文矣。

《春卿遗稿》一卷

宋蒋堂撰。《宋史》本传,称其有集二十卷,世无传本,此本为其裔孙镄所辑,仅赋一篇、诗三十一篇。胡宿作堂神道碑,称其善作尺牍,思致简诣,时人得之,藏为名笔,今无一篇存矣。

《东观集》十卷

宋魏野撰。野号隐士,而此集题曰"东观"者,野追赠秘书省著作郎,其子以志荣宠也。野在日,名重于林逋;身后装点湖山,供人题咏,则不及逋。其诗沿五代旧格,亦不逮逋之工,而别致逸情,时逢佳处。

《宋元宪集》四十卷

宋宋庠撰。原本久佚,今从《永乐大典》录出。庠兄弟以落花诗得名,然其诗乃晚唐纤体。集中名章隽句,实不止于斯。其文多馆阁之作,沈博绝丽,与尹洙、欧阳修分道扬镳;譬枚、马、贾、董,体制各殊,而均为一代之作者。

《宋景文集》六十二卷,补遗二卷,附录一卷

宋宋祁撰。原本久佚,今从《永乐大典》录出。其集原非一种,诸书所载,或有《永乐大典》所未收。今编为补遗二卷,轶事余闻又别为一卷附焉。祁撰《唐书》,务为艰涩,又删除骈体,一字不登。其诗文乃博丽典雅,追唐人之格律,无所谓奇险难句者。

《文恭集》五十卷,补遗一卷

宋胡宿撰。原本久佚,今从《永乐大典》录出。于时文格未变,其骈体典重高华,方轨燕、许。元好问选《唐诗鼓吹》,误收宿诗二十余首。好问精娴声律,非不能鉴别体裁者,知宿诗杂置唐人中,不可辨矣。

《武溪集》二十卷

宋余靖撰。靖不以词章名,诗文亦斐然可观。集为其子仲荀所编。久无传本,明成化中丘浚始自文渊阁录出。卷目与欧阳修所撰神道碑铭合,盖犹旧本。其奏议别为一编,不在集内,今则不可见矣。

《安阳集》五十卷

宋韩琦撰。琦当宋文极盛之时,欧、曾、苏、梅,各辟门径,而于诸人格律之外,直抒胸臆,自成其为琦之文。尝自谓:琦在政府,欧阳永叔在翰林,天下文章莫大乎是。是真能见文章之本矣。故是集所载,词华不在诸人上,而足以笼罩诸人。

《范文正集》二十卷,《别集》四卷,《补编》五卷

宋范仲淹撰。本名《丹阳集》,即苏轼所序。《别集》为綦焕所辑,《补编》

则其裔孙能浚所辑。仲淹之文,较琦加意于修词,亦较有儒者气象。盖仲淹之志,在行求无愧于心,事求有济于世,古之儒者不过如斯。不必图太极、衍先天,而后为能闻圣道;亦不必讲封建、议井田,而后为不愧王佐也。

《河南集》二十七卷

宋尹洙撰。邵伯温《闻见录》,谓欧阳修早工俪偶之文,及于河南见洙,乃出韩退之之文学之。然则修以古文倡导一代,其法得之洙也。洙文简严,与修之曲折抑扬,结体迥异,则各有其性之所近耳。

《孙明复小集》一卷

宋孙复撰。本名《睢阳子集》。凡十卷,岁久散佚。此本出自泰安赵国麟家,凡文十九篇、诗三首,附以欧阳修所撰墓志;盖抄录而成,非其旧也。其文不及欧、苏、曾、王之变化,而谨严峭洁,原本经术,亦不失为儒者之言。

《徂徕集》二十卷

宋石介撰。介之学,出于孙复,而更加以迂僻。其作《怪说》以诋杨亿;而作《过魏东郊》诗,深称柳开之功。其文章宗旨,可以想见。大抵倔强劲直,一扫雕绘绮靡之态,是其所长客气太深,名心太急,亦是其所短。其《庆历圣德诗》,启宋一代钩党之祸,尤不可训也。

《蔡忠惠集》三十六卷

宋蔡襄撰。其集屡经校刊,多非旧第。此本与王十朋所编卷数虽合,然亦非原本也。襄本直臣以书法掩其风节,并掩其文章。今观所作,虽未能排突欧、梅,驰骤坡、谷,在北宋诸作者间,亦不失为第二流焉。

《祠部集》三十六卷

宋强至撰。原本久佚,今从《永乐大典》录出。其奏牍曲折疏畅,切中事机,故韩琦章疏多使之属稿。其诗沈郁顿挫,气体颇高。虽当宋文极盛之时,粤镈燕函,不能表异;要非南渡以后,冗长纤琐者所及也。

《镡津集》二十二卷

宋释契嵩撰。王士祯《居易录》称,其诗多秀句,其文则好与辟佛者辨,哓哓然动至数十篇,姑无论其援儒入墨,即以彼法论之,亦嗔痴之念太重,非能解脱缠缚,空种种人我相者。然其于文,则健矣。

《祖英集》二卷

宋释重显撰。其诗多涉禅宗,与道潜、惠洪等专事吟咏者,蹊径少别。然胸怀脱洒,韵度自高,随意所如,天然拔俗。五言体尤往往有九僧遗响。

《苏学士集》十六卷

宋苏舜钦撰。其歌行多雄放,如其为人。近体乃敛为妥贴。欧阳修作是集序,亦极推其古文。盖舜钦虽一蹶不复,抑郁没世,不能与当代作者争雄长,而当代作者,固以为屹然劲敌也。

《苏魏公集》七十二卷

宋苏颂撰。其集与《宋志》卷目相合,盖犹旧本。惟外集一卷,今佚。颂学问淹通,故发为文章,亦清丽博赡,自成一家。其生在宋代文格将变之时,故其体裁亦介于两派之间。

《华阳集》六十卷,附录十卷

宋王珪撰。原本久佚,今从《永乐大典》录出。其附录轶事杂说十卷,则今所续加也。珪不出国门,坐致卿相,无壮游胜览拓其心胸,亦无羁恨哀吟形于笔墨,故其文多台阁之体,其诗善言富贵,当时谓之“至宝丹”。然论其词华,则固二宋之亚也。

《古灵集》二十五卷

宋陈襄撰。其子绍夫编。以所居在侯官古灵村,因以名集。李纲为作集序,称其诗如韦应物,其文如韩愈,论事如陆贽,虽推挹少过,然亦各具其一体焉。

《伐檀集》二卷

宋黄庶撰。庶,黄庭坚之父也。集凡诗一卷、文一卷。诗近体不甚工,古体则力拟昌黎,戛戛独造,实开江西宗派之先。文格亦殊峻洁。旧附载山谷集末,于义未安,今析之别著录焉。

《传家集》八十卷

宋司马光撰。光大儒名臣,不于文章论工拙。然即以文章而论,其气象亦包括诸家,凌跨一代。盖学问、德行、经济,皆文章之根柢也。

《清献集》十卷

宋赵抃撰。凡诗五卷、文五卷。其奏议多有关时政,侃侃不挠,诗则谐婉多姿。盖争天下之大计,自为一事;抒一时之兴会,又自为一事。固不必即景咏怀,皆作理语,而后谓之君子也。

《盱江集》三十七卷,年谱一卷,外集三卷

宋李觏撰。朱子论觏文,实有得于经。其不喜《孟子》,犹欧阳修不信《系辞》,意见偶偏,儒者之所恒有。明左赞重刻此书,乃删其疑孟之词,并点窜其文,使改而尊孟,殊为庸妄。然今不得其原本,姑仍赞本录之,而附订其谬焉。

《金氏文集》二卷

宋金君卿撰。原本久佚，今从《永乐大典》录出。君卿行事，无所考。观集中所与倡和者，如韩琦、范仲淹、欧阳修、曾巩、王安石，皆一时胜流，则亦非孤陋寡闻者。故诗文醇雅，皆有古风。其陈灾事、贡举诸疏，尤为剀切。

《公是集》五十四卷

宋刘敞撰。原本久佚，今从《永乐大典》录出。敞谈经好与先儒异，然淹通古义，具有心得，故其文根柢训典，具有本原。朱子称其作文多法古，绝相似；又称其文自经书中来，比之苏公，有高古之趣云。

《彭城集》四十卷

宋刘攽撰。原本久佚，今从《永乐大典》录出。攽与兄敞齐名，敞性醇静，攽则才锋敏捷，词辨隽利，著作亦各肖其为人。然沉酣典籍，文章尔雅，则一也。

《邕州小集》一卷

宋陶弼撰。弼集本十八卷，此其一种。以皆知邕州时所作，故以为名。黄庭坚集有弼墓志，称平生不治细故，独以文章自喜，尤号为能诗。此集不尽所长，略见一斑而已。

《都官集》十四卷

宋陈舜俞撰。原本久佚，今从《永乐大典》录出。凡文十一卷、诗三卷。舜俞少师胡瑗，长师欧阳修，而友司马光、苏轼，学问具有本原。以不奉行青苗法，一斥不起，气节亦不愧儒者。其文多论时政，其诗多作于谪官后，并自抒胸臆，无依违澒涊之态。

《丹渊集》四十卷，拾遗二卷，年谱一卷，附录二卷

宋文同撰，其曾孙鳌编。拾遗、年谱、附录，皆庆元中家诚之编。同以画竹著名，文章遂为画所掩。核其全集，驰驱于黄、秦、晁、张之间，如骏之靳也。

《西溪集》十卷

宋沈遘撰。遘敏于吏事，而文章亦擅胜场。其制诰温厚典重，得王言之体；诗亦清新。《宋史》本传，称其尝进《本治论》十篇，为仁宗嘉赏，今不见集中，疑尚非完本也。

《郧溪集》三十卷

宋郑獬撰。原本久佚，今从《永乐大典》录出。《宋史》獬本传，称其文章，豪伟峭整，议论剀切，精练民事。又刘敞称其文比皇甫湜。今观集中与敞书，其古文之法，盖自韩愈来也。

《钱塘集》十四卷

宋韦骧撰。原本十六卷，今佚前二卷。其诗不规模唐调，而颇近自然。杂文雅饬有法度，表启气机流利，已开南宋之先。

《净德集》三十八卷

宋吕陶撰。原本久佚，今从《永乐大典》录出。陶排击奸邪似刘安世，其深防绍述之祸似范祖禹，以不入洛、蜀之党，故两党皆罕称述之。遗集遂几于泯灭。然越数百年，终能于蠹蚀之余，自发其光，岂非严气正性，足以不朽，故若有呵护者欤。

《冯安岳集》十二卷

宋冯山撰。原本三十卷，与其子澥集合刻。今澥集全佚，山集亦佚其文十

八卷，惟诗仅存。山当嘉祐之初，已尽变西昆旧调，故其诗平易条畅，纯为元祐之体。

《元丰类稿》五十卷

宋曾巩撰。世所称唐、宋八家，惟巩集最为残缺，亦最为舛谬。续稿、外集，自南宋已佚。正集一为明成化中杨参所刻，讹漏不可胜乙，又佚其年谱；一为康熙中顾崧龄所刻，稍稍补正，然核以何焯《义门读书记》，其未及校改者犹多。今姑以崧龄本著录，而以何焯所点勘者，厘订其脱误焉。

《龙学文集》十六卷

宋祖无择撰，其曾孙行编。一名《焕斗集》，凡十卷，附《名臣贤士诗文》二卷，《家集》四卷。“家集”者，无择叔祖皍、叔士衡、弟无颇之传记、诰敕，及其侄德恭诗也。无择受经于孙复，学文于穆修，所作皆峭厉劲折，与二人相近。诗题下多有附注，核其文义，皆行所加。

《宛陵集》六十卷，附录一卷

宋梅尧臣撰。原本尚有外集十卷，今已散佚，而别增附录一卷。欧阳修始变诗文之格，佐修变文格者，尹洙、苏舜钦；佐修变诗格者，尧臣也。其诗外槁而内腴，不善学之则枯淡而无味，故苏、黄崛起之后，传其派者差稀。

《忠肃集》二十卷

宋刘挚撰。原本久佚，今从《永乐大典》录出。挚为朔党之魁，然端劲自持，不预洛、蜀交讧之事，特以不附二党，故当时别目为一党耳。其平生秉正嫉邪，与刘安世相近，故安世为序其集。集中奏议，于是非邪正，辨别至严。杂文亦曲折明畅，不屑为依违掩抑之词。

《无为集》十五卷

宋杨杰撰，赵士髟彡编。凡赋二卷、诗五卷、文八卷。其诗率易者近白居易，奇崛者或偶似卢仝；然习与欧阳修、苏轼、王安石游，大致不出元祐之体。其文边幅少狭，然亦习与胡瑗游，故持论颇有根柢。其诗文为二氏作者，不入此集，疑亦瑗之教也。

《王魏公集》八卷

宋王安礼撰。其称魏公，盖郊恩所赐勋封也。原本久佚，今从《永乐大典》录出。文较其兄王安石规模少隘，而亦具有典则。

《范太史集》五十五卷

宋范祖禹撰。世有二本：一本十八卷，为明程敏政摘抄；此本乃原帙也。祖禹平生谕奏，不下数十万言。《宋史》谓其“开陈治道，区别邪正，平易明白，洞见底蕴”。采入本传者十五六篇。然集中所载，大抵湛深经术，练达时务，不但本传所采也。

《文潞公集》四十卷

宋文彦博撰。凡赋颂二卷、诗五卷、文五卷、奏议札子二十七卷。与《书录解题》卷目合。惟补遗一卷，今佚耳。彦博不以诗名，而其诗词意婉丽，多近晚唐，王士祯《居易录》称之。亦不以文名，而其文质实明畅，惟意所如，叶梦得作序尤推之。

《击壤集》二十卷

宋邵雍撰。其诗源出寒山、拾得，然寒山拾得之派，不行于唐，而此集之派，蔓延于南宋。至明代陈献章、庄昶等，以讲学自名者，大抵宗之。

《鄱阳集》十二卷

宋彭汝砺撰。原本四十卷,今已散佚,仅存此诗集十二卷。编次错乱,盖后人所重辑也。其诗颇谐婉可诵,其平生耽于禅悦,故与释子倡和者多。

《曲阜集》四卷

宋曾肇撰。原本散佚,此本乃其裔孙俨所搜辑。前三卷为诗文,末一卷为附录。肇与兄布、巩,俱有名。其立身贤于布,而文章稍不及巩。然耳擩目染,俱有渊源,于巩文亦为具体,惟逊其深厚耳。

《周元公集》九卷

宋周敦颐撰。周子本无文集,至南宋始有掇拾遗文数篇为一卷,缀以附录六卷,称"濂溪文集"者,《书录解题》亦载其名。此本编入《太极图说》《通书》,又大增其附录,遂成九卷。其中《爱莲说》一篇,江昱《潇湘听雨录》,力攻其伪托,然去之则篇页更寡,故仍录焉。

《南阳集》三十卷,附录一卷

宋韩维撰。维尝封南阳郡公,故以名集。《书录解题》作二十卷,此本多十卷,盖陈氏误记。凡诗十四卷,内外制四卷,王邸记室二卷,奏议五卷,表章、杂文、碑志各一卷,手简、歌词共一卷。其中"王邸记室"一目,为他集所无,盖英宗开颖邸时,维掌笺奏所作也。

《节孝集》三十卷,附录一卷

宋徐积撰。其附录,则积事实也。积好为坚苦卓绝之行,不甚合中道,其文亦奇谲恣肆,不主故常。故苏轼称其诗文怪而放,如玉川子。然积诗文虽雅俗杂奏,有似卢仝,而立言多根据经训,不诡于正,则非仝所及也。

《文忠集》一百五十三卷，附录五卷

宋欧阳修撰，周必大编。修之诗文，惟《居士集》五十卷为所自定，其余《别集》《四六集》《奏议内外制集》《从谏集》之类，皆他人掇拾所编。而诸集又有衢州、韶州、浙西、庐陵、京师、绵州、吉州、苏州、闽中刻本，遂致去取不一，文句互异。必大参互考订，合为此集，较诸本特为精善。

《欧阳文粹》二十卷

宋陈亮编。凡一百三十篇。亮本工文，故所去取颇精审。其篇章字句，亦多与集本同异，可互资参考。

《乐全集》四十卷，附录一卷

宋张方平撰。方平天姿绝世，记诵淹博，又练习天下事势，故其文疏畅明快，虽苏氏父子亦为所慑。其终不得与苏氏父子并骛艺林者，即事立就，惟意所如，不以文章为专门也。《宋文鉴》所载方平诸制词，今皆不在集中，盖方平别有《玉堂集》二十卷，今已佚矣。

《范忠宣文集》二十卷，《奏议》二卷，《遗文》一卷，附录一卷，补编一卷

宋范纯仁撰。集凡诗五卷、文十二卷。其末三卷，为国史列传及行状奏议，所载始于治平元年为殿中侍御史，迄于元祐八年再入相，皆旧本也。《遗文》载其弟纯礼、纯粹之文二十八篇。《附录》为诸贤论颂。《补遗》载纯仁尺牍一首，附以制词题跋，皆其裔孙能浚所辑。

《嘉祐集》十六卷，附录二卷

宋苏洵撰。洵集在宋凡四本，曾巩作洵墓志称二十卷，晁氏、陈氏著录皆

十五卷,徐氏传是楼绍兴十七年婺州椠本作十五卷附录二卷,又有邵仁泓翻雕宋本与徐本小有异同,亦十六卷。今所传者有两本:一为凌蒙初朱墨版本十三卷,又有蔡士英刻本十五卷。曾巩所志与晁、陈所录,今不可见。以所存四本相较,当以徐氏宋本为近古。今用以著录,而以邵氏宋本互核焉。

《临川集》一百卷

宋王安石撰。安石集在宋无定本,故或称一百卷,或称一百三十卷,或又称后集八十卷。今所传者,惟此一百卷之本,亦不知何人所编。蔡绦《西清诗话》尝论其误收王禹偁、王珪、王安国诗,吴曾《能改斋漫录》又摘其有所遗漏,然欲观安石之诗文,终不能不用此本也。

《王荆公诗注》五十卷

宋李壁撰。案:壁字从土,或从玉者,误。所录王安石诗,较本集多七十二首,足证本集之遗漏。其注欲仿任渊之注陈师道、黄庭坚诗。惟渊去师道、庭坚近,又传其轶事者多,易于考明;壁去安石稍远,称述之者亦少,故勿能如其详悉。至于征引故实,则不甚逊渊也。

《广陵集》三十卷,拾遗一卷

宋王令撰。其诗才气奔轶,大抵出入于韩愈、卢仝、李贺、孟郊之间。虽得年不永,未及镕炼归醇,而奥衍纵横,要亦异于龊龊。其文如"性说"诸篇,亦自成一家之言。

《东坡全集》一百十五卷

宋苏轼撰。轼诗文衣被天下,刻本丛杂,较欧阳修集更夥,诸家所纪,不可殚数,今亦不能悉见。大抵以《东坡七集》为最古,以《大全集》分类排纂为易于检寻。此本即从《大全集》校刊,故用以著录焉。

《东坡诗集注》三十二卷

旧本题宋王十朋撰，盖依托也。其分类编次，颇多舛误，注亦不免漏略，颇为邵长蘅所诋。然长蘅补《施注苏诗》十二卷之阙，亦未尝不据此书为蓝本也。

《施注苏诗》四十二卷，《东坡年谱》一卷，《王注正讹》一卷，《苏诗续补》二卷

宋施元之注。国朝邵长蘅、李必恒补，冯景续注。元之所注，在宋代即称善本，而所传不广。康熙己卯，宋荦得其残帙仅三十卷，属长蘅等补之。长蘅并以施本夹注句下者，移聚篇末，又作《王注正讹》，及订正王宗稷《东坡年谱》，冠于首。荦又辑得逸诗二卷，属景续注，共合为一集刊之。

《补注东坡编年诗》五十卷

国朝查慎行撰。以宋荦所刻《施注苏诗》旧本黴暗，邵长蘅等惮于校雠，多以臆改，或竟刊削以灭迹，其所补注、补遗，亦多潦草，乃重为考订，以成是编。虽不免尚有舛错，然较荦所刊，则精密多矣。

《栾城集》五十卷，《后集》二十四卷，《三集》十卷，《应诏集》十二卷

宋苏辙撰。《栾城集》为元祐以前之作，《后集》为元祐九年至崇宁四年之作，《三集》为崇宁五年至政和元年之作，《应诏集》则策论及应试之作。四集皆辙所手定，不似东坡集编自众手，故自宋至今，犹未改其原本。

《山谷内集》三十卷，《外集》十四卷，《别集》二十卷，词一卷，简尺二卷，年谱三卷

宋黄庭坚撰。《内集》其甥洪炎编，《外集》李彤编，《别集》及年谱其孙㽦

编,词及简尺不知谁编。《内集》与任氏所注本同,《外集》《别集》则与史氏所注本大异,而外集后四卷,凡诗四百余篇皆史注所无。庭坚之诗得此乃全,故今与注本并列焉。

《山谷内集》注二十卷,《外集注》十七卷,《别集注》二卷

《山谷内集》注,宋任渊撰。《外集注》,宋史容撰。《别集注》,容之孙季温补撰。庭坚诗工于用事,翦裁镕铸,点化无痕,注未必尽得所出。至于考订行藏,证明时事,则所得者较多。

《后山集》二十四卷

宋陈师道撰。黄庭坚与师道同学杜甫,然庭坚学杜脱颖而出,师道学杜沈思而入。所谓宁拙毋巧,宁朴毋华,虽非中声,不能不谓之高格。其古文简严密栗,亦不在李翱、孙樵之下。

《后山诗注》十二卷

宋任渊撰。体例与所注黄庭坚诗同。而庭坚出处,多关时事,考核较易。师道声华阒寂,寒饿孤吟,渊一一具考其本事,为尤难也。

《宛丘集》七十六卷

宋张耒撰。据周紫芝《书谯郡先生文集后》,知耒集在南宋之初已有四本:一本十卷,一本三十卷,一本七十卷,一本一百卷。此本与所记四本皆不合,疑后人以残本重编。然较胡应麟所见十三卷之本,则赅备多矣。

《淮海集》四十卷,《后集》六卷,《长短句》三卷

宋秦观撰。敖陶孙《诗评》,谓观诗如时女步春,终伤婉弱。吕本中《童蒙训》,则谓其过岭以后,诗高古严重,自成一家。盖早标新颖,晚洗浮华,自古文

人往往如是。其策论神锋俊利,亦少年作也。

《济南集》八卷

宋李廌撰。原本久佚,今从《永乐大典》录出。其文才辨纵横,去苏轼最近,故轼亦最赏之。

《参寥子集》十二卷

宋释道潜撰。道潜性褊寡合,故其诗颇少含蓄。然落落不俗,亦因于此。其集世有二本,卷帙相同,而次序少异。一题三学法嗣广䆗订,一题法嗣法颖编。考集中有与法颖倡和诗,则法颖本当不失真也。

《宝晋英光集》八卷

宋米芾撰。芾山《林集》本一百卷,散佚之后,岳珂重为编缀,仅得十之一。《书录解题》所载《宝晋集》十四卷,疑即珂本。此本原跋称出吴宽家,已非岳本之旧,而中有从《戏鸿堂帖》增入者,则又非吴本之旧。其以芾宝晋斋、英光堂合为集名,亦嫌杜撰。然考芾诗文者,以此集为备,别有范明泰所刻本,殊漏略也。

《石门文字禅》三十卷

宋释惠洪撰。其论诗喜称黄庭坚,宋人多以为依托。然其才俊异,实亦一时之秀。此集释氏收入《大藏》中,以其天姿聪颖,偈颂诸作,于彼法亦多所悟入耳。

《青山集》三十卷,《续集》七卷

宋郭祥正撰。祥正附王安石,而反为所薄,人不足道。其诗则才气坌涌,在熙宁、元祐之间,能自成一家。王士祯《居易录》记其集写本,仅六卷。此本首尾完具,且别得《续集》,合为一编,亦罕观之秘笈也。

《画墁集》八卷

宋张舜民撰。原本久佚,今从《永乐大典》录出。舜民慷慨好议论,坐是沈滞,而文集则宋代绝重之。一行于政和,鬻者填巷,虽为蔡京所禁,南渡后仍雕版印行。其诗词每窜入东坡集中,殆由体格相近,致误收耳。

《陶山集》十四卷

宋陆佃撰。原本久佚,今从《永乐大典》录出。佃本王安石客,而论新法与安石左,故不与政事,惟委以典礼,今集中郊庙诸议是也。其黜郑尊王,虽不尽允,要为根柢于经术,故有驳论,无游词。其诗具有唐音,尤工七言近体。故方回《瀛奎律髓》,称其格与胡宿同。

《倚松老人集》二卷

宋饶节撰。节后为僧,名如璧。原集十四卷,今存者仅此。大半为僧以后所作。陆游《老学庵笔记》称,北宋诗侩,以节为第一。今观是集,游殆不诬。

《长兴集》十九卷

宋沈括撰。括以博物冠一时,不甚以文章著。然学有根柢,所作亦宏赡淹雅,具有典则。惟原本残缺,仅有文而无诗,又史称括在河北西路条上三十一事,集中不载,盖亦佚脱不完矣。

《西塘集》九卷,附录一卷

宋郑侠撰。原本二十卷,明叶向高删为奏疏杂文八卷、诗一卷,又附以本传谥议之类为一卷,重为刊版,原本遂亡。王士祯《居易录》称:“其文似石介,而无怒张叫呶之习;古诗在白居易、孟郊间。”亦据此本言之也。

《云巢编》十卷

宋沈辽撰。原本二十卷，今存十卷，或高布刻三沈集时所并欤。辽文章豪放，无尘俗局促之状；诗尤生峭，与江西宗派为近。王安石、王雱赠辽诗，并以陶渊明为比，蹊径迥别，不知何以云然也。

《景迂生集》二十卷

宋晁说之撰。其孙子健编。别本或题曰《嵩山集》，实一书也。说之淹贯群书，著作繁富。此集盖掇拾于兵燹之余，然据其所存，尚多博奥，不止以文艺为长。

《鸡肋集》七十卷

宋晁补之撰。其弟谦之编。古文波澜壮阔，与苏氏父子相驰骤。诸体诗皆风骨遒上，与张、秦并骛，亦未决后也。

《乐圃余稿》十卷，附录一卷

宋朱长文撰。原集一百卷，南渡后毁于兵。其从孙思求得诗一百六十三首、文二十九首，编为此本，而以志传之类为附录一卷。长文与徐积齐名，积文怪伟，长文则明白坦易，不务为奇崛之言，盖各肖其为人也。

《龙云集》三十二卷

宋刘弇撰。其文不名一格，大都气体宏放，落落不凡，诗则才地稍弱，要亦拔俗。

《云溪居士集》三十卷

宋华镇撰。原本久佚，今从《永乐大典》录出。其学以王安石为宗，且多与蔡京、章惇辈赠答，似非善类。然核诸史传，乃无显状。其文则才气丰蔚，词条畅达，大抵斐然可观。

《演山集》六十卷

宋黄裳撰。其子介编。裳归心道教，自号曰紫玄翁，往往喜作世外语。然其诗文皆骨力苍坚，大旨不诡于经训。

《姑溪居士前集》五十卷，《后集》二十卷

宋李之仪撰。王明清《挥麈后录》称之。仪尺牍最工，然他作亦神锋俊逸，具苏轼之一体。轼尝题其诗后，有"每逢佳处辄参禅"句，注家谓讽其艰涩。今观其诗，实无郊、岛钩棘之态，知为附会其说矣。

《潏水集》十六卷

宋李复撰。原本久佚，今从《永乐大典》录出。其文醇正而通达，如论扬雄不知道，识在北宋诸儒上；论井田兵制不可复古，识尤在南宋诸儒上。其余奏议，亦多指陈利弊，不失为有用之言。

《学易集》八卷

宋刘跂撰。学易，其堂名也。原本久佚，今从《永乐大典》录出。其文简劲有法度，其诗多作黄、陈体。而吕本中《江西宗派图》中，不列其名，殆以其父刘挚与蜀党门户不同欤。

《道乡集》四十卷

宋邹浩撰。其子柄、栩同编。原本三十卷，此多十卷，盖后人所分也。其古诗似白居易，律诗似刘梦得，惟学出伊洛而喜谈禅悦，又兼取王氏新说，持论不能尽醇。要其大节，不愧师门，不必争得失于语录中也。

《游廌山集》四卷

宋游酢撰。文仅七首,诗仅十三首,其余则杂取其经解语录,裒合成编。盖后人掇拾而成,实非古本。姑以其宋儒绪论,录备一家尔。

《西台集》二十卷

宋毕仲游撰。原本久佚,今从《永乐大典》录出。苏轼集中有举仲游自代状,称其学贯经史,才通世务,文章精丽,议论有余。今观是集,信非溢美。

《乐静集》三十卷

宋李昭玘撰。昭玘以党籍废弃,清净无营,其人品最高,其文皆光明洒落,无掩抑不吐之态,亦无愤郁不平之气,尤不可及。

《北湖集》五卷

宋吴则礼撰。原本久佚,今从《永乐大典》录出。其诗格力峭拔,务脱陈因,杂文亦谨严有法。

《溪堂集》十卷

宋谢逸撰。原本久佚,今从《永乐大典》录出。《江西宗派图》二十五人,逸兄弟并与其数。吕本中称其才力富赡,刘克庄《诗话》则谓其轻快而欠工致,不以本中之言为然。今观其集,虽稍伤寒瘦,而时露清新。上方黄、陈则不足;下比江湖诗派,则沨沨雅音也。

《竹友集》十卷

宋谢薖撰。世所传本仅四卷,此本为明谢肇淛自文渊阁抄出,乃完帙也。凡诗七卷、文三卷,王士祯《居易录》称其诗"清逸可喜,然于涪翁沈雄豪健之气,去之尚远”。于所长所短,均为定评。

《日涉园集》十卷

宋李彭撰。原本久佚,今从《永乐大典》录出。刘克庄《诗话》称,彭博览强记,独惜其诗拘挛少变化,今观是集,克庄之论为允。然边幅虽狭,而颇有锻炼磨淬之功。

《灌园集》二十卷

宋吕南公撰。原本久佚,今从《永乐大典》录出。南公在熙宁中耻为新学,竟高蹈不出其论文宗旨具见与江秘校书中,自命未免太高。然观其所作,戛然自异,亦可谓不汩于流俗者矣。

《庆湖遗老集》九卷

宋贺铸撰。其子檩编。原本前集九卷,皆元祐己卯以前作;后集十一卷,皆己卯后作。今惟存其前集。铸以小词得名,陆游《老学庵笔记》,则谓其诗文皆高,不独工长短句。今其文已不可考,其诗则工致修洁,时有逸气,不愧游之所称。

《摛文堂集》十五卷,附录一卷

宋慕容彦逢撰。原本久佚,今从《永乐大典》录出。绍圣初,始立词科,彦逢首中其选。官侍从十有五年,一时典册多出其手。乃丽词不乏,谠论殊稀;《宋文鉴》一字不登,殆非无意。然彦逢没于政和七年,未尝乱政;其文章温雅,亦尚有前辈典型。

《襄陵集》十二卷

宋许翰撰。原本久佚,今从《永乐大典》录出。翰虽与蔡絛游,而持论乃不附蔡京。南渡以后,又能排击黄潜善,尚不失为正人。亦颇究心经术,故文章颇有根柢。惟请以扬雄配享孔子一书,为大纰谬耳。

《东堂集》十卷

宋毛滂撰。原本久佚,今从《永乐大典》录出。滂反复于蔡卞、曾布之间,人殊诡薄。其诗文则才气俊迈,与李廌足以对垒。

《浮沚集》八卷

宋周行己撰。原本久佚,今从《永乐大典》录出。行己受业于程子,为永嘉学派之宗。其文章明白淳实,亦具有儒者气象。盖行己虽讲学之家,与曾巩、黄庭坚、晁说之、秦观、李之仪多相倡和,尤倾挹于苏轼,故能不以语录为文云。

《刘给事集》五卷

宋刘安上撰。其诗酝酿未深,而格意在中晚唐间,颇具风致。其文亦修洁自好,无粗犷之习。不但排击蔡京,以风节著也。

《刘左史集》四卷

宋刘安节撰。其文多明白质实。经义十七篇,皆当时程试之作,即八比之权舆也。

《竹隐畸士集》二十卷

宋赵鼎臣撰。原本久佚,今从《永乐大典》录出。鼎臣与王安石、苏轼相唱和,故诗文皆具有门径。其诗属对工巧,多若天成,记问赅博,驱遣如意之故也。

《唐子西集》二十四卷

宋唐庚撰。原本二十二卷,汪亮采重刊,以《三国杂事》二卷附入,故为二十四卷也。庚与苏轼同里,而颇不满于苏轼。然其诗文实毅然有以自立,其不肯步趋乡先辈,亦有所恃也。

《洪龟父集》二卷

宋洪朋撰。原本久佚,今从《永乐大典》录出。原集诗仅一百首,今乃得一百七十八首,疑所据非黄君著本也。朋为黄庭坚之甥,虽不幸早夭,而授受有源,实能酷似其舅。

《跨鳌集》三十卷

宋李新撰。原本久佚,今从《永乐大典》录出。新早从苏轼,晚颂蔡京,其反复更甚于毛滂。其杂文以俪体入散体,亦颇不入格。其诗多气宇开朗,无南渡后啁哳之音。

《忠愍集》三卷

宋李若水撰。原本久佚,今从《永乐大典》录出。诗文皆所造不深,然光明俊伟之气,自不可掩。忠臣孝子之文,固不与词人争字句之工也。

《忠肃集》三卷

宋傅察撰。其孙伯寿编。察奉使不屈,舍生取义,为北宋完人。其诗学韩愈而未成,其文亦多应俗之作。盖兵燹后,掇拾残剩,皆不足传。以察之人,传其集耳。

右别集类北宋建隆至靖康。一百二十二部,三千三百八十一卷。

卷十六

集部四　别集类三南宋建炎至德祐

《宗忠简集》八卷

宋宗泽撰。楼昉编。泽虽赍志以终,未能恢复,终赖其倡明大义,得立国百有余年。特当时深讳言兵,故无收拾其文者。嘉定中,昉始为编此集,已多所散亡。如《请还汴疏》凡二十八,上集中仅有十八,其他可知。然残缺之余,仍精贯三光也。

《龟山集》四十二卷

宋杨时撰。时没于建炎四年,入南宋之日浅,然南宋一百四十余载,其士风朝论,悉操之于道学,道学之派,则开之于时。故次于宗泽之后,著一代风气之始焉。

《梁溪集》一百八十卷,附录六卷

宋李纲撰。纲人品经济,炳然史册。即以文章而论,亦雄深雅健,非株守章句者所能。徒以集中喜谈佛理,故诸儒不肯称之。然颜真卿孤忠劲节,日月争光,终不以书《西京多宝塔碑》、作《抚州麻姑坛记》,遂减其文章之价也。

《初寮集》八卷

宋王安中撰。原本久佚,今从《永乐大典》录出。安中喜依附名流,而反复炎凉,颇干清议。其交结梁师成、蔡攸,附和童贯、王黼,更小人之尤。其诗文乃典雅凝重,绝不类其为人。存之亦足见文章工拙,不足以定人品也。

《横塘集》二十卷

宋许景衡撰。原本久佚，今从《永乐大典》录出。景衡为洛党旧人，然不与贾易辈喧嚣门户。于徽宗时，劾童贯、王黼、朱勔；于高宗时，忤黄潜善。皆争所当争。故集中奏议，悬切感人。其诗乃吐言清拔，不露伉直之状。知其危言正论，不自客气中来矣。

《西渡集》二卷，补遗一卷

宋洪炎撰。炎为南昌四洪之一，其诗法得之黄庭坚，具有典型。旧本附录二卷，一为其弟朋诗九首，一为其弟刍诗二十四首、文二篇，均近人所抄入。二人已各有集，此非足本，今删之不载焉。

《老圃集》二卷

宋洪刍撰。原本久佚，今从《永乐大典》录出。刍于金兵攻汴时，借根括金银，挟诸王邸内人唱歌侍酒；南渡后，减死窜流。其行事殊为乖剌。然其诗才，则在四洪之中尤为隽异。亦不以其人而废言。

《丹阳集》二十四卷

宋葛胜仲撰。原本久佚，今从《永乐大典》录出。胜仲尝续修太常因革礼三百卷，故其文娴于典制；尝考论诸史为《评古篇》，故其文娴于史事；又崇宁三年，尽阅释氏《大藏经》，故其文多阐明佛理。

《毗陵集》十五卷

宋张守撰。原本久佚，今从《永乐大典》录出。守初荐汪伯彦，再荐秦桧，颇昧于知人。然练习政体。集中所载论国事、边事诸疏，缓急利害，一一如指诸掌，皆硕画也。

《浮溪集》三十六卷

宋汪藻撰。原本久佚,今从《永乐大典》录出。藻文章淹雅,为南渡后词臣之冠。其《隆祐太后手书》《建炎德音》诸篇,感动人心,几于陆贽兴元之诏。杂文亦雅健有体。其诗得于徐俯,俯得于其舅黄庭坚,尤远有渊源。

《浮溪文粹》十五卷

不著编辑者名氏。刊版者则明胡尧臣也。其去取汪藻之文,颇有鉴裁,故今从《欧阳文粹》之例,与全集并存。

《庄简集》十八卷

宋李光撰。原本久佚,今从《永乐大典》录出。其诗多婉约流丽,托兴深微,颇类词人之作。其区画军国,排击奸谀,乃硕画危言,凛然生色。过岭以后,多与胡铨手札往还,温厚缠绵,无牢骚不平之意,尤难能也。

《忠正德文集》十卷

宋赵鼎撰。高宗尝手书"忠正德文"四字赐鼎,因以名集。鼎为南渡名臣,彪炳史册,本不以辞藻争短长,而出其绪余,亦无忝作者。

《东窗集》十六卷

宋张扩撰。原本久佚,今从《永乐大典》录出。扩因秦桧之荐,得为中书舍人,故作桧追赠祖父及万俟高兼侍读诸制,皆贡谀取媚,人品殊不足道。其词采清丽,则蔚然一时之秀也。

《忠惠集》十卷,附录一卷

宋翟汝文撰。原本久佚,今从《永乐大典》录出。汝文及与苏、黄诸人游,文章有熙宁、元祐遗风,而尤工于制诰。周必大作孙觌《鸿庆集》序,称觌集多误收汝文作,知其体格相类矣。

《松隐文集》三十九卷

宋曹勋撰。原本四十卷,今佚一卷。勋尝从徽宗北行,后又使金,迎宣仁太后,故集中诗文多可以参证史事。其文颇雅赡;诗格多类小词,盖勋父元宠,本以红窗迥曲擅名也。

《石林居士建康集》八卷

宋叶梦得撰。南渡诗人以陈与义为冠,而梦得亚之。其总集一百卷,《审是集》八卷,今皆散佚,惟此集存。皆其绍兴八年,再镇建康时作。《书录解题》作十卷,此本八卷,其孙篣跋亦称八卷,或《书录解题》传写误欤。

《简斋集》十六卷

宋陈与义撰。与义之名,不列江西宗派中,然其诗实江西宗派。特天分绝高,工于变化,能自辟蹊径耳。至湖南流落之余,汴京版荡之后,抚时感事,多近杜陵,于黄、陈之间,高置一席,无愧也。

《北山小集》四十卷

宋程俱撰。俱在掖垣,以抗直著。所论谏缴驳,今具见集中。其制诰典雅闳奥,为《宋史》本传所称。其诗取径韦、柳,亦绰有自得之趣。

《杉溪居士集》十二卷

宋刘才邵撰。案:邵字从卩不从邑,或从邑者误。原本久佚,今从《永乐大典》录出。其诗源出苏氏,故词气颇为纵横,杂文皆典雅,制诰尤有体裁。惟秦桧制词比以孔、孟、伊、吕,殊为非体。史称其于权臣用事,能雍容退避,颇著微词，其指此类欤。

《筠溪集》二十四卷

宋李弥逊撰。筠溪者，弥逊归连江时所居。别本或作《竹溪集》，误也。前有楼钥序，称其归隐西山十六年，咏诗自娱，笔力愈伟。今观所作，大抵盘空硬语，时参文句，可谓浩浩落落，自成一家。

《华阳集》四十卷

宋张纲撰。纲在北宋忤蔡京、王黼，在南宋又忤秦桧。其论党籍，推恩太滥，亦不附合元祐之局。盖自行一意之士。其文颇有典则，其讲筵所进故事，因事纳忠，尤多剀切。

《忠穆集》八卷

宋吕颐浩撰。原本久佚，今从《永乐大典》录出。颐浩排李纲、李光，又创立月桩钱法，贻患东南，深为公论所不与。然集中所载奏札，谙练事势，多能先见。故其都督江淮，虽未能恢复，亦不至如张浚之偾辕。

《紫微集》三十六卷

宋张嵲撰。原本久佚，今从《永乐大典》录出。嵲为陈与义之表侄，少尝受学，故其诗格多与与义相近。

《苕溪集》五十五卷

宋刘一止撰。原名《非有斋类稿》，凡五十卷。此本出自朱彝尊家，增多三卷，又附录、行状、告词各一卷，而题曰《苕溪集》，不知何人所改也。韩元吉所作行状，称其文虽演迤宏博，而关键严密；又称其诗寓意高远，为吕本中、陈与义所推。

《东牟集》十四卷

宋王洋撰。原本久佚,今从《永乐大典》录出。文颇温雅,制诰尤有典则,诗则兀奡自喜,颇不为边幅所拘。盖洋虽尝官禁近,而中年退处,耽守清贫,故多放旷山林之致云。

《相山集》三十卷

宋王之道撰。原本久佚,今从《永乐大典》录出。之道婴城捍御,干略足称,其力争金有九不可和,坐沦弃二十载,尤见气节。故集中论事之文,率剀切明畅;惟韵语非其所长,姑以吟咏自适而已。

《三余集》四卷

宋黄彦平撰。别本作黄次岑、黄次山、黄季岑,或以字行,或传写误也。彦平在靖康初,坐与李纲善,贬官。南渡后,数上札子论事,多所建白。其论赏罚一疏,于吕祉、刘光世得失,能先事预料,盖亦一刚正有为之士,诗文特其余事也。

《大隐集》十卷

宋李正民撰。原本久佚,今从《永乐大典》录出。正民初从高宗航海,后知陈州,为金所执。绍兴十六年南还,仍历官禁近,奉祠以终。盖虽被俘,而未屈节也。其文制诰为多,率温润流丽,诗亦不失为雅音。

《龟溪集》十二卷

宋沈与求撰。史称与求历御史三院,知无不言,前后几四百奏。今集中所载仅十之三四,大抵深切著明,其制诰亦多得立言体。

《栟榈集》十六卷

宋邓肃撰。原本三十卷，此残缺重编之本也。肃于宣和壬寅，以论艮岳事被斥，后张邦昌僭号，间关奔赴行在，与杜甫相似。其《靖康迎驾行》《后迎驾行》等篇，亦颇近甫“奉先”诸作。其书扬雄事一篇，斥雄为叛臣，亦在朱子《纲目》书“莽大夫”之前。

《默成文集》八卷

宋潘良贵撰。良贵屡触权幸，朱子称其刚毅近仁。然原集十五卷，久佚不传，此本乃其裔孙所掇拾，仅文二十首、诗二十七首、词一首，而多所附录，强分八卷，殊无体例。以良贵端人，存其著作之梗概耳。

《鄱阳集》四卷

宋洪皓撰。原本久佚，今从《永乐大典》录出。皓羁处冷山，节侔苏武，其可传者不在文章。即论其文章，是集之先导三洪，亦犹《伐檀集》之先导黄庭坚也。

《淡斋集》十八卷

宋李流谦撰。原本久佚，今从《永乐大典》录出。其诗文皆边幅少狭，间参俚语，然格力挺拔，无后来江湖派龌龊之气。

《韦斋集》十二卷，附《玉澜集》一卷

《韦斋集》，宋朱松撰；《玉澜集》，松弟槔撰。松为朱子之父，然其诗文气格高逸，翛然迥出，虽不藉朱子之力，亦足以自传。槔诗颇为萎弱，以邝璠刻附松集后，故亦附骥以行焉。

《陵阳集》四卷

宋韩驹撰。驹之学出于眉山,故吕本中列之《江西宗派图》中,驹颇不乐。然驹诗实颇近豫章,其不乐寄黄氏门下,亦犹陈师道瓣香南丰,不忘根本耳。非其宗旨之迥殊也。

《灊山集》三卷

宋朱翌撰。原本久佚,今从《永乐大典》录出。其诗源出苏、黄,古体排奡纵横,才力特为富健,近体亦伟丽伉壮,喜以成语属对,多妥帖自然。

《云溪集》十二卷

宋郭印撰。原本久佚,今从《永乐大典》录出。其诗才地稍弱,而清思隽语,亦错出其间。

《卢溪集》五十卷

宋王庭珪撰。凡诗文各二十五卷。庭珪初为茶陵丞,以忤上官去。后胡铨争和议窜谪,庭珪以诗赠别,触秦桧之怒,亦徙岭南。盖始终不畏强御者,故其诗文皆伉厉之气,溢于句外。

《屏山集》二十卷

宋刘子翚撰,其子玶编,朱子为之序,自称门人,盖早年尝师子翚也。其文论事论理,皆曲折明畅,无语录俚词。古诗风格高秀,不袭陈因;近体则派近江西,亦复波峭。惟其学初从禅入,往往语杂偈颂,于诗格颇乖。

《北海集》四十六卷,附录三卷

宋綦崇礼撰。原本久佚,今从《永乐大典》录出。凡诗文三十六卷,诸体寥寥,惟制诰表启最多,亦惟是体最工。后十卷为《兵筹类要》,皆援据兵法,系以论断。其附录三卷,则告敕传志之属也。

《鸿庆居士集》四十二卷

宋孙觌撰。以奉祠提举鸿庆宫,故以名集。觌一生巧宦,殆不知世有廉耻。其碑志谀颂宦寺,排抑忠良,殆亦不知世有是非。其词采则汪藻、綦崇礼以外,罕与抗行。亦所谓"孔雀有毒,不掩文章"者。故自宋以来,无不非薄其人,而不废其集焉。

《内简尺牍编注》十卷

宋孙觌撰,其门人李祖尧编并注。其文与《鸿庆集》多异同,注中所引觌文,亦或为集所不载。盖集为他手所编,此则据其墨迹也。其注多得诸亲授,故较任渊之注《山谷集》,引证尤详。

《崧庵集》六卷

宋李处权撰。原本久佚,今从《永乐大典》录出。其诗得自苦吟,颇能标新领异。大抵五言清脱浏亮,可追张耒;七言伉爽,亦略似陈与义。

《藏海居士集》二卷

宋吴可撰。原本久佚,今从《永乐大典》录出。可始末无考,而所撰诗话,多与韩驹论诗语,此集亦多与王安中、赵令畤、米友仁唱和,盖亦苏、黄之支派。故其诗遗词清警,品在谢逸、谢薖兄弟之间。

《豫章文集》十七卷

宋罗从彦撰。元曹道振编。首列经解一卷,有录无书。次《尊尧录》八卷,集二程、杨龟山语录一卷,杂著二卷,诗一卷,附录三卷,外集一卷,实十六卷。

《和靖集》八卷

宋尹焞撰。凡奏札三卷,诗文三卷,壁帖一卷,师说一卷。壁帖者,焞手书格言粘壁,门人录之成帙。师说者,焞之语录,其门人王时敏所记也。

《王著作集》八卷

宋王苹撰。原本四卷久佚,此本乃明弘治中其十一世孙观所编。首为传道支派图一卷,次为札子杂文一卷,仅十余篇。自三卷以下,皆为附录。与潘良贵《默成集》,皆所谓"指大于臂"者也。

《郴江百咏》一卷

宋阮阅撰。盖其宣和中知郴州时所作。旧无刊本,此本出自厉鹗家,佚其八首,仅存九十二首。其题下之注,亦并佚。其诗多入论宗,而叙述风土,亦足资考证。

《双溪集》十五卷

宋苏籀撰。籀,辙之孙,迟之子也。集中上秦桧二书,献谀干进,殊堕其家声。其文则雄骏疏畅,犹不失眉山矩矱。

《少阳集》十卷

宋陈东撰。其遗文仅前五卷。自六卷以下,皆附录也。东以诸生伏阙,煽动十余万人,至于击碎院鼓,脔割中使,其迹近乎乱民,殊不可训。徒以志在匡时,言皆中理,其心犹有可谅。故前史列之忠义,而遗集亦为世所传焉。

《欧阳修撰集》七卷

宋欧阳澈撰。称"修撰"者,高宗所赠官也。澈与陈东同死之后,吴沆编其诗三卷,为《飘然集》。嘉定中,胡衍又刻所上三书。明永乐丙申,其十世孙齐,以书三卷、诗文事迹四卷,合为一编,即此本也。

《东溪集》二卷,附录一卷

宋高登撰。登初随陈东伏阙,后虽不预其祸,而卒以不肯为秦桧父立祠,窜谪以死,故当时亦称为烈士。其集,《书录解题》作二十卷,《宋史·艺文志》作三十卷,皆已散佚。此本乃明林希元所编,仅存二卷。其附录一卷,则朱子请褒录奏状,及祠记之属也。

《岳武穆遗文》一卷

宋岳飞撰。《书录解题》载飞集十卷,今已不传。此本乃明徐阶所编,原附刻《岳庙集》。以《岳庙集》多明人恶札,故悉删除。惟以飞遗文一卷著录,示表章之义焉。

《茶山集》八卷

宋曾几撰。原本久佚,今从《永乐大典》录出。几诗源出黄庭坚,而语多自造,不甚隶事为小异。一传而为陆游,变而圆润,与几又异。然游之学几,而不似几,犹赵孟頫书学李邕,而不似李邕。特不袭其面貌而已。

《雪溪集》五卷

宋王铚撰。原本八卷,今佚三卷。其诗大致近温、李,在南宋初年为别调。

《芦川归来集》十卷,附录一卷

宋张元幹撰。原本残缺,今从《永乐大典》补完。元幹以胡铨坐累,与王廷珪相似,盖亦气节之士,故其诗格颇遒。杂文多青词之类,虽不足取,然题跋则具有苏、黄法,盖犹及识元祐诸人故也。末一卷为《幽嵓尊祖录》,记为其祖母外家置祭田事,其题跋多南北宋名臣之笔,今亦并录焉。

《东莱诗集》二十卷

宋吕本中撰。本中有文集及外集,皆久佚。此其诗集也。其诗得法于黄庭坚,故作《江西宗派图》,列陈师道等二十五人,而已居其末。其《紫微诗话》,及《童蒙训》,论诗尤多精语,故吐言天拔,卓尔成家。敖陶孙《诗评》,譬以散圣安禅,自然奇逸,可谓善状矣。

《澹庵文集》六卷

宋胡铨撰。《宋史》本传称铨集百卷,《艺文志》又作七十卷,今已不传。此本文五卷、诗一卷,盖后人掇拾重编也。铨受《春秋》于萧楚,故集中持论多本《春秋》义例,不但争和议一疏震耀千古,《鹤林玉露》记其《饮湘潭胡氏园》诗为朱子所诋,此集不载,殆讳而删之。然铨大节凛然,乃以歌筵一咏,斥为尽丧生平,操之未免已蹙矣。

《五峰集》五卷

宋胡宏撰,其子大时编。凡诗一卷,书一卷,杂文一卷,《皇王大记论》一卷,《易外传》《论语指南》《释疑孟》为一卷。持论皆醇正而和平。所学所养,均远在其弟寅之上。

《斐然集》三十卷

宋胡寅撰。寅以不持生母服,为章复所劾。复虽迎合秦桧,假公以济私,然所执则不为无理,寅自辨之书,今在集中,究之强词也。又集载释氏疏文六篇,与所作《崇正辨》亦自相矛盾,均为白璧之瑕。至其出处大节,则卓然无愧,故其集亦终不可废焉。

《邓绅伯集》二卷

宋邓深撰。《千顷堂书目》作元人，误也。原本久佚，今从《永乐大典》录出。深为吏有惠政，初不以文章著名，而所作犹有北宋前辈之矩矱。

《北山集》三十卷

宋郑刚中撰。凡初集十二卷、中集八卷，皆刚中自编。后集十卷，则其子良嗣所编。史称刚中由秦桧以进，故曲附和议，而此集载谏和议四疏、和议不屈一疏，乃与史相反。又有救胡铨、曾开二疏，史亦无是事，殆其子赝作。至其诗峭健、文简古，则方回所跋，不甚失真焉。

《浮山集》十卷

宋仲并撰。原本久佚，今从《永乐大典》录出。其古文简严而不局促，四六以散行为排偶，有欧、苏之遗，诗亦清隽。王应麟《困学纪闻》所称"韦执谊不看岭南图诗"，乃集中之下乘，所长实不止此也。

《横浦集》二十卷

宋张九成撰。九成少师杨时，既而学禅于僧宗杲，其学遂杂，故为朱子所攻。然立身自有本末，其文章亦自成一家，如刘安世、苏轼、李纲，其言禅不能讳其人品，著作要不可废也。

《湖山集》十卷

宋吴芾撰。原本久佚，今从《永乐大典》录出。其诗才藻富有，澜翻不竭。早年或失于剪裁，晚乃渐趋平淡。观《和陶》诸作，可见其志趣。

《文定集》二十四卷

宋汪应辰撰。应辰立朝骨鲠，其文章学问亦具有渊源。故朱子颇引以为重。其集五十卷,世久无传。明程敏政于文渊阁得旧本,摘抄八卷刊行,余遂散佚。今录《永乐大典》所载,重为编次。鸿篇巨制,多出程本之外。

《缙云文集》四卷

宋冯时行撰。原本四十三卷,岁久散佚。此本乃明嘉靖中,李玺以残本重编也。时行与朱松、曾开等,以争论和议,忤秦桧坐贬。故其诗文,往往含忠愤之气。

《嵩山居士集》五十四卷

宋晁公遡撰。公遡为公武之弟,家学相承,具有轨范。其文章劲气直达,尚有《景迂》《鸡肋》诸集之遗。诗格稍靡,当缘性有偏长欤。

《默堂集》二十二卷

宋陈渊撰,其门人沈度编。凡文十二卷、诗十卷。渊受业于杨时。绍兴七年,求直言敢谏之士,胡安国以渊应诏。其上殿札子,辟王安石,诋秦桧,又纠莫将、郑亿,纠宰执不职,视其师之依违蔡氏,实青出于蓝。其诗不甚雕琢,而时露天趣,亦异于有韵之语录。

《知稼翁集》二卷

宋黄公度撰。原本十二卷,此其残缺之本也。公度廷试第一人,而享年不永,诗文尚未成家;然词气恬静而轩豁,知为端士之语也。

《唯室集》四卷,附录一卷

宋陈长方撰。原本久佚,今从《永乐大典》录出。集中论古多刻核,大抵以理绳人,而不甚计其事势。然于时政,则利害颇明。如绍兴十八年应诏札子,筹划兵食,具有条理。杂著中《里医》一篇,于张浚躁妄偾辕,若操券逆睹,固与迂阔者有殊也。

《汉滨集》十六卷

宋王之望撰。原本久佚,今从《永乐大典》录出。之望附和汤思退,颇不惬于清议。其文则舒畅明达,犹有元祐之旧格。

《香溪集》二十二卷

宋范浚撰。其门人高栴编。浚《心箴》为朱子所取,然实究心于世务。集中进策五卷,可见其概。其说《诗》鄙穿凿者,似诋郑樵之流;说《易》鄙象数家,似斥陈抟之学。于经术皆颇有功。诗亦尚存元祐旧格。

《郑忠肃奏议遗集》二卷

宋郑兴裔撰。其书由掇拾而成,虽以奏议为名,实则裒辑杂文,共为一集。其请起居重华宫、论淮西荒政诸疏,颇为剀切。蠲缗钱禁改抄论、折钱帛诸疏,于利弊尤详。杂著亦有考证。

《云庄集》五卷

宋曾协撰。原本久佚,今从《永乐大典》录出。杂文颇雅饬,其诗格则源出苏轼、陈与义。傅伯寿序,称其多效选体,殊不然也。

《竹轩杂著》六卷

宋林季仲撰。原本久佚,今从《永乐大典》录出。《书录解题》称其以赵鼎荐入朝,疏争和议得罪,今其疏不见集中,而他奏札多深切时弊。《庚溪诗话》称其诗意新而语佳,今观所作,边幅少狭,已逗江湖一派,而清隽者,亦多可喜。

《拙斋文集》二十卷

宋林之奇撰。凡《道山记问》二卷、诗一卷、杂文十七卷。之奇受业吕本中，吕氏学颇杂禅理，故之奇持论亦在儒释之间。吕氏学不废文章，故之奇杂文无语录粗鄙之态。其诗尤多高韵，如《江月图》《早春》《偶题》诸篇，置之苏、黄集中不辨也。

《于湖集》四十卷

宋张孝祥撰。其诗文刻意追苏轼，虽不能至，而天姿高迈，亦时时得其近似，尚不失元祐风格也。

《太仓稊米集》七十卷

宋周紫芝撰。凡乐府诗二十七卷、文四十三卷。紫芝年过六十始通籍，而集中谀颂秦桧父子者，连篇累牍，殆于日暮途远，倒行逆施。其诗在南渡之初，则特为秀出，足以继眉山之后麈，伯仲于石湖、剑南也。

《夹漈遗稿》三卷

宋郑樵撰。樵在南宋称博洽，文章则不甚著名。此集凡诗五十六首、文七篇，盖亦掇拾之本。其诗不甚修饰，而萧散无俗韵；其文愰漾恣肆，多夸张叫嚣之词，颇病器量之浅狭。

《鄮峰真隐漫录》五十卷

宋史浩撰。其门人周铸编。凡诗五卷、杂文三十九卷、词曲四卷。末二卷为《童丱须知》，分三十章，皆以修身齐家之道，次为韵语，盖"蒙求"类也。

《燕堂诗稿》一卷

宋赵公豫撰。原本十六卷，此本为蒋鼪所删定。诗不甚工，而公豫于当时为循吏，以其人而存之。

《海陵集》二十三卷,《外集》一卷

宋周麟之撰,其子准编。麟之以文章任侍从,致位通显,与王珪略同。故此集制诰居大半,吐属雅赡,亦与珪相近。其《外集》则使金来往所作,与珪之不出国门差异。然多附会夸诞之词,亦未能以名山大川,助笔墨之气,故今削之不录焉。

《竹洲集》二十卷,附《棣华杂著》一卷

宋吴儆撰。程珌序称,所作峭直而纡徐,严洁而平淡,质而不俚,华而不雕。今观其诗文,皆意境劖削,去陈师道为近,特深厚不及耳。

《高峰文集》十二卷

宋廖刚撰。《宋史》以刚与张九成、胡铨同传,然刚附会和议,其约束边将诸奏札,今尚载集中,迨败盟之后,乃始改辙,实非二人之比。其请高宗不拜钦宗,亦嫌贡媚,然其他奏议,指陈利弊,尚颇有可采。

《鄂州小集》六卷,附录二卷

宋罗愿撰。愿父汝楫,助秦桧而杀岳飞,犯天下万世之公怒,愿则学问赅博,文章高雅,卓然有以自立,不为父恶所掩。其集本刘清之所编,此本丛杂少绪,似非原帙。然其为愿之遗文,则无可疑。附录二卷,为其兄颂、侄似臣之文,亦具有家法。

《艾轩集》九卷,附录一卷

宋林光朝撰。原集二十卷,此本乃明郑岳所删也。光朝文不多作,作则刻意锻炼,或经岁不成,故所传颇少。刘克庄作《网山集》序,称其文高者逼《檀弓》《穀梁》,平处犹与韩并驱。推挹虽过,要其学有根柢,终与俗格迥殊。

《晦庵集》一百卷,《续集》五卷,《别集》七卷

宋朱熹撰。《晦庵集》一百卷,见《书录解题》,相传为其子在编;《别集》七卷,余师鲁编;惟《续集》不知出谁手,黄镛序作于咸淳元年,则理宗时所编也。三集皆旧本,后其裔孙朱玉割裂掺和,别名为《朱子文集大全类编》,多立门目,转无端绪。

《梁溪遗稿》一卷

宋尤袤撰。尤、杨、范、陆,称南宋四家;而杨、范、陆三集皆存,尤独散佚。此本为康熙中尤侗所搜辑,百分仅存其一。然片羽一鳞,犹见龙鸾之章采。

《文忠集》二百卷

宋周必大撰,其子纶编,即《宋史》所称《平园集》也。凡分二十七集。生平所著之书,亦皆编入。盖即仿必大编欧阳修集凡例也。

《雪山集》十六卷

宋王质撰。原本久佚,今从《永乐大典》录出。《宋史》称质博通经史,善属文。王阮作是集序,亦称听其论古,如读郦道元《水经注》,名川支川,贯穿周匝,无有间断,盖学博而才赡也。至奏札诸篇,详明剀切,特邀睿赏,亦非偶然焉。

《方舟集》二十四卷

宋李石撰。原本久佚,今从《永乐大典》录出。石少从苏符游,故文以闳肆见长,诗亦纵横跌宕,多得法于苏氏。又谪为成都学官时,与诸生讲肄于石室,研究经训,著有《易十例》《略互体例》《众统左氏卦例》《诗如例》《左氏君子例》《圣语例》《诗补遗》诸书,原附集末,今仍并录之。

《网山集》八卷

宋林亦之撰。亦之继林光朝主闽中讲席,颇负时望。刘克庄序其集,亦推挹甚至。此本诗仅三卷,而挽诗居一卷;文仅六卷,而祭文居二卷、祝文聘书居一卷、青词募疏之类不轨于正者又居一卷。殊不称其名。殆原集散佚,无识者掇拾糟粕,为之重编。以别无完本,姑存备插架之一种云尔。

《东莱集》四十卷

宋吕祖谦撰。其弟祖俭、侄乔年同编。凡文集十五卷,又以家范尺牍之类为别集十六卷,程文之类为外集五卷,年谱遗事为附录三卷,而终以拾遗一卷。祖谦之学,朱子颇病其杂;其文博辨闳肆,朱子又病其不守约。然祖谦博览群书,语有根柢,终胜枵腹高谈也。

《止斋文集》五十一卷,附录一卷

宋陈傅良撰。其门人曹叔远编。傅良传永嘉学派,以通知古今、讲求实用为本。故集中多经世之文,不空谈心性以博名高。而叔远所编,断自乾道丁亥,凡少作皆削弃不存,去取亦为精审。

《格斋四六》一卷

宋王子俊撰。子俊有《三松类稿》,今已散佚,此即其《类稿》之一种也。杨万里称其四六追步欧、苏,不论汪藻、孙觌,推挹稍过。然即此一卷而论,典雅流丽,渐近自然,与汪、孙亦分路扬镳也。

《梅溪集》五十四卷

宋王十朋撰。其子闻诗、闻礼同编。汪应辰序,称其文专尚理致,不为浮虚靡丽之词。刘洪序,称其诗浑厚质直,恳切条畅,如其为人。今核所作,两序皆不为溢美。

《香山集》十六卷

宋喻良能撰。原本久佚,今从《永乐大典》录出。仅有诗而无文。其诗大致近杨万里,但气象广博逊之,故集中与万里唱和颇多。

《官教集》十二卷

宋崔敦礼撰。原本久佚,今从《永乐大典》录出。诗文皆平正通达,不标新领异,亦不矜才破律。

《蒙隐集》二卷

宋陈棣撰。原本久佚,今从《永乐大典》录出。棣当南渡之初,而其诗已逗江湖之派。盖游历不过数郡,唱和不过数人,无以荡涤心胸、扩充学识,其边幅颇狭,比兴颇浅,亦势使之然。然缘情抒写,终与伪体有殊。

《倪石陵书》一卷

宋倪朴撰,明毛凤韶编。其不名“集”而名“书”者,以朴尝拟上高宗万言书,陈复雠之义,以是书为主故也。冠以吴师道、宋濂所作传;附以书札八篇,书《唐史》诸传七篇,《观音院钟刻辨》一篇。文皆雅健,惟《钟刻辨》,谓钱镠为朱温复雠,殊为纰缪。

《乐轩集》八卷

宋陈藻撰。其诗颇涉粗率,而真朴之处,亦能自抒性情;其文规仿林光朝,亦不失师法。

《定庵类稿》四卷

宋卫博撰。原本久佚,今从《永乐大典》录出。其中表札、笺启、序记、书疏代人作者十之九，盖当时亦以四六擅场，故假手者众。其文工稳流丽，颇有汪藻、孙觌之遗音。

《澹轩集》八卷

宋李吕撰。原本久佚，今从《永乐大典》录出。其文颇近朴直，少波澜潆洄之致，然往往有关于劝戒。其子文子跋，载朱子称其有补世教，实为公论，非以文子从游之故也。

《攻媿集》一百一十二卷

宋楼钥撰。原本一百二十卷。其中青词、朱表之类，今禀承圣谕，概为删除，重编为一百十二卷。钥学问赅博，文章淹雅，在南宋词臣之内，可谓佩实衔华。其题跋诸篇，尤多资于考证。

《尊白堂集》六卷

宋虞俦撰。原本久佚，今从《永乐大典》录出。俦慕白居易之为人，故以“尊白”名堂，其诗亦与居易相近。其文惟存制诰、札子二体，制诰温雅，札子详明，亦复可观。

《东塘集》二十卷

宋袁说友撰。其集《宋志》不著录，原本亦佚，今从《永乐大典》录出。观其跋默堂帖，知其所学薄熙宁而尊元祐，故其论事之文，曲折明畅，具体欧、苏。其诗多与杨万里唱和。五言近体，颇病局促；七言近体，亦嫌轻剽；至其古体诸篇，则意境开拓，风骨遒上，与《石湖》《剑南》两集，可分曹对垒也。

《义丰集》一卷

宋王阮撰。集首有淳祐癸卯吴愈序，盛推其文。今文佚而诗存。阮尝从朱子讲学，然不竟其业。其诗亦不为濂洛体。据岳珂《桯史》，知其所师法者，在张孝祥。惟孝祥规抚苏轼，阮则兼效黄庭坚，故刘克庄跋，谓其佳处逼韩驹、曾几。

《涉斋集》十八卷

宋许及之撰。原本久佚，今从《永乐大典》录出。惟《永乐大典》题为许纶，或及之一名纶，史失之也。其诗宗法王安石，故读《王文公诗》绝句，有"少读公诗头已白，只因无奈句风流"之语。

《蠹斋铅刀编》三十二卷

宋周孚撰。陈珙序称三十卷，盖《非诗辨妄》二卷为解百禴所编入，珙但序其诗文也。其诗宗法黄、陈，而能自出机轴；其文不事雕缋，颇近自然。其《非诗辨妄》二卷，列四十二事，力破郑樵之诬诞，于经学尤为有功。

《乾道稿》一卷，《淳熙稿》二十卷，《章泉稿》五卷

宋赵蕃撰。原本久佚，今从《永乐大典》录出。蕃本词人，晚乃从朱子讲学，然无所成就，其究也仍以诗传。其诗派出江西，而学其高秀，不学其生硬，颇为善变。

《双溪集》二十七卷

宋王炎撰。炎著作总名《双溪类稿》，今已散佚，此集乃其中之一种；其标题亦称"双溪类稿"，从总名也。炎诗歌高雅，文章援引考证，尤有根柢。其与朱子争宁宗谅闇，开讲书依据古义，而朱子钳口不能答，则所持之正可知矣。

《止堂集》二十卷

宋彭龟年撰。原本久佚，今从《永乐大典》录出。龟年立朝伉直，大节凛

然。所存文二百二十三首、诗二百二十首,并严气正性,浩浩直达,不求工而自工,不但奏札五十五篇声动简外也。

《缘督集》二十卷

宋曾丰撰。原集四十卷,明嘉靖中詹事讲臆为删汰,旧本遂夫,今从《永乐大典》录出。丰仕宦不达,覃思著述。集中如《六经论》之类,义蕴闳深,多先儒所未发。诗文虽不免好奇,然有物之言,终与虚谈心性者异。

《象山集》二十八卷,外集四卷,附语录四卷

宋陆九渊撰。九渊天姿绝世,故其学以悟为宗,能确然有得。然但可九渊自为,而不能人人皆九渊,故学之不成,则荡然无律。攻之者,以末派之弊,并斥九渊;宗之者,以九渊之有得,并庇其末派;皆一偏也。观其文集语录,所得所失,固历历可见矣。

《慈湖遗书》十八卷,《续集》二卷

宋杨简撰。陆九渊之学,近乎禅而非禅,其全入于禅,则自简始,犹王守仁之一传为王畿也。然畿多空谈,简则犹有实用;畿不矜细行,简则不失为正人。故是集得传至今焉。

《絜斋集》二十四卷

宋袁燮撰。原本久佚,今从《永乐大典》录出。燮亦传金溪之学,而较杨简为笃实。其文淳朴质直,不事雕绘,而剖析义理,敷陈政事,皆剀切详明,诗则具体而已。

《舒文靖集》二卷

宋舒璘撰。璘与杨简、袁燮、沈焕,俱称金溪之高弟。焕著作全佚,璘所传

者亦仅此,然已见其学术之梗概。

《云庄集》十二卷

宋刘爚撰。爚与弟炳,俱出朱子之门,故集中有《乞开伪学之禁疏》。其上史弥远书,论用人听言之道,亦颇详明。《宋史》载其奏便民五事,论贡举五弊疏,集中不载。盖此本乃明天顺中,其十世孙梗,掇拾而成,非完帙也。

《定斋集》二十卷

宋蔡戡撰。原本久佚,今从《永乐大典》录出。戡《宋史》无传,李埴序称其挺鲠不阿,屡更繁剧,宣力四方,无不弹尽。今观集中奏札,多切实有用之言;所称,殆不诬也。

《九华集》二十五卷,附录一卷

宋员兴宗撰。原本久佚,今从《永乐大典》录出。集中多与张栻、杨简往复书牍,盖亦讲学之家。然所上奏议,皆指陈利弊,深切著明,非竟不达于世务。其文章力摹韩、柳,亦无语录之俚词。其答洪适论汉碑书,考证分明,亦非废史不观者也。

《野处类稿》二卷

宋洪迈撰。迈以文章名一世,然陈振孙《书录解题》已云未见其全集。马端临《经籍考》仅载此集,而又误入文集类中,不知其为诗集,则亦未见也。今所传迈诗,亦惟此本残珪断璧,固益足珍惜矣。

《盘洲集》八十卷

宋洪适撰。其集世罕传本,朱彝尊藏书最博,亦仅有其诗。惟此本为毛晋汲古阁影抄宋椠,犹完帙也。适兄弟并以词科起家,故俪偶特为工雅,其他诗文,亦尚有北宋典型。

《应斋杂著》六卷

宋赵善括撰。原本久佚,今从《永乐大典》录出。宋儒奏议,动至万言,名曰疏章,实则策论。善括所上,独简明切要,为一代所希。其诗词多与洪迈、章甫倡和,而与辛弃疾往复尤夥,其格意豪俊,亦近于弃疾。

《芸庵类稿》六卷

宋李洪撰。原本久佚,今从《永乐大典》录出。其诗虽骨干未坚,而遣词警秀,七言近体,尤风华可诵。

《浪语集》三十五卷

宋薛季宣撰。其从孙旦编。永嘉之学,周行己发其源,而季倡导其流。大致在博通古今,以求实用。故诸儒或以为事功,或以为驳杂。然如季宣此集,学问经济文章,皆炳然具见,又安可以空言据其上也。

《石湖诗集》三十四卷

宋范成大撰。成大有《石湖大全集》一百三十六卷,《别集》二十九卷,今皆未见。此本乃其诗集也。其才调富健不及杨万里,而无万里之粗豪;气象广博不及陆游,而亦无游之窠臼。大抵早年沿溯晚唐,自官新安掾后,乃规取苏、黄遗法,变以婉峭,自为一家。

《诚斋集》一百三十二卷,附录一卷

宋杨万里撰。其子长孺编。一官一集,仿南齐王俭之例。其诗沿江西末派,或不免粗厉颓唐;而才思健拔,包孕宏富,要足以笼罩群材。

《剑南诗稿》八十五卷

宋陆游撰。其子子虚编。游留蜀十年,乐其风土,故一生所作,总目以剑南;犹元、白一生之作,统名长庆也。其诗以无日不吟,故体多圆熟,又往往自蹈陈因;然其寄托遥深,风骨遒上者,自不可掩。后人但录其肤滥之作,以供剽窃,遂并游为世所薄。是则学诗者之误游,非游误学诗者矣。

《渭南文集》五十卷,《逸稿》二卷

宋陆游撰。游晚封渭南伯,故以名集。据其子遹跋,盖游所自定也。其文边幅少狭,不及诗才之壮阔,而亦不失典型。逸稿二卷,为毛晋所编,《南园记》《阅古泉记》悉在焉,实游所不欲存也。

《放翁诗选前集》十卷,《后集》八卷,附《别集》一卷

《前集》,罗椅所选;《后集》,刘辰翁所选;《别集》为明人所续,其姓名则原跋断烂,不可见矣。椅所选,有圈点而无评;辰翁所选,间有评语;二人皆去游未远,且皆能诗,故所录与近人《剑南诗选》门径迥殊。其别集乃摭《瀛奎律髓》所录游诗,补二人所遗,盖是时剑南集犹未刻也。

《金陵百咏》一卷

宋曾极撰。皆咏建康故迹,一事为七言绝句一首,词旨悲壮,多寓乱世之感。

《颐庵居士集》二卷

宋刘应时撰。前有陆游、杨万里序,各摘其佳句,盖用李中《碧云集》序例。其诗格力稍薄,去游与万里尚远,而视江湖末派,则居然雅音。

《水心集》二十九卷

宋叶适撰。原集不传,此本乃明正统中黎谅所编也。永嘉之派,得薛季宣、陈傅良及适,而蔚然大振。适才雄学博,而主于语必己出,尤凌跨一代。然所作具有典则,非恣意驰骋也。

《南湖集》十卷

宋张镃撰。原本久佚,今从《永乐大典》录出。《永乐大典》题曰"湖南集",盖缮写误倒其文也。镃初附韩侂胄,后与史弥远计去侂胄,而又欲以计去弥远,盖反复倾危之士。其诗词吐言秀拔,乃绰有晚唐风调。

《南涧甲乙稿》二十二卷

宋韩元吉撰。原本久佚,今从《永乐大典》录出。元吉文献世家,其亲串交游,皆一时耆宿,故学问具有渊源,文章亦尚有元祐、熙宁之遗响。

《自鸣集》六卷

宋章甫撰。原本久佚,今从《永乐大典》录出。其诗已逗江湖派,而骨格尚为苍秀。惟末附杂说三篇,援儒入墨,为不得志者之放言,殊不可训。

《客亭类稿》十五卷

宋杨冠卿撰。原本残缺,今从《永乐大典》补完。冠卿诗情清隽,四六尤流丽浑成。《贵耳集》尝载其《九江宴上》,致语之工,盖以是体擅长也。

《石屏集》六卷

宋戴复古撰。其诗刻意精研,而自有清远之致。观其"夕阳山外山"句,越数载乃得"春水渡傍渡"句为对,其苦吟可知矣。集前冠以其父敏诗十首,盖仿黄庶《伐檀集》例，而移以弁首，则于义为安。

《莲峰集》十卷

宋史尧弼撰。原本久佚，今从《永乐大典》录出。尧弼年十四，即举于乡，不幸早逝，未老其材。然其诗纵横排宕，摆脱恒蹊；其论策亦博辨澜翻，滔滔清绝，皆有其乡眉山苏氏之遗。

《江湖长翁集》四十卷

宋陈造撰。其记序颇谨严，而过于锻炼，真气转伤。札子多敷陈明切，《罪言》一篇，虽纸上谈兵，而其文恢奇排奡，纵横如志。上方杜牧则不足，要不在陈亮、刘过下也。

《烛湖集》二十卷，附编二卷

宋孙应时撰。原本久佚，今从《永乐大典》录出。应时预策吴曦之叛，智略颇远；又史弥远为应时门人，而不附弥远，人品亦高。其文章虽不甚著，然刘克庄尝求其著作，乃编此集，则克庄固心折之矣。附编二卷，一为其父介，其兄应符、应求诗，一则志传之属也。

《昌谷集》二十二卷

宋曹彦约撰。昌谷者，所居巷名也。原本久佚，今从《永乐大典》录出。其奏札多洞达事理，可见施行。惟韵语俪词，不甚经意，盖彦约本讲学家也。

《省斋集》十卷

宋廖行之撰。原本久佚，今从《永乐大典》录出。其文多伤质朴，然理胜其词；惟四六颇流丽。原跋称其多互见周必大《省斋》集中。今检必大全集，无一篇与此相复，殆知其误收而删削欤。

《南轩集》四十四卷

宋张栻撰，朱熹编。于栻早年之作，多所删削。即张浚行状，朱子所据以作墓志者，亦刊除不载。去取颇为精审。其中驳诘朱子之语，一一具录，不以为忤；驳诘胡安国、胡寅之语，亦一一具录，不以为嫌。尤见至公。然则讲学家于朱子一字之失，无不委曲回护者，非朱子之意审矣。

《勉斋集》四十卷

宋黄榦撰。其文大致质直，无所雕饰，而词意淳实，不失为布帛菽粟之言。

《北溪大全集》五十卷，《外集》一卷

宋陈淳撰。其诗其文，皆如语录。然自南宋诸儒开此一派，文章亦遂有此一体，苟其理可取，亦不能不略其词章矣。

《山房集》九卷

宋周南撰。原本久佚，今从《永乐大典》录出。凡前集八卷，后稿一卷。大致以四六为最工。其秦桧降爵易谥敕，《林下偶谈》《困学纪闻》，各引为佳话，其以是事擅场可知也。

《橘山四六》二十卷

宋李廷忠撰。明孙云翼笺注。北宋四六大都温雅，南宋渐变为纤巧。廷忠当淳熙、绍熙之间，正风气升降之际，故格意不免稍卑。又嗜博务新，亦或伤繁冗。然组织工稳，其佳处亦不可没。云翼所注，颇为芜杂，姑存以备考云尔。

《后乐集》二十卷

宋卫泾撰。原本久佚，今从《永乐大典》录出。泾开禧中草诏，假手周南。

叶适称其文字长进,似不以辞藻擅名。然所作大都温雅,不失体裁,其论北伐,劾易祓、朱质、林行诸奏疏,直气凛然,又不以字句论工拙矣。

《竹斋诗集》三卷,附录一卷

宋裘万顷撰。其诗风骨不高,而清婉有余。品在《剑南集》之下,《后村集》之上。

《华亭百咏》一卷

宋许尚撰。以华亭古迹,各为绝句,大抵感慨今昔。数首以后,语意不免重复,然所注尚足资考订。

《梅山续集》十七卷

宋姜特立撰。正集已佚,所存惟此。原本十五卷,其杂文诗余二卷,后人所附入也。特立名列《宋史·佞幸传》,其诗乃天然秀拔,故韩元吉、陆游皆爱其才。陈振孙《书录解题》,亦惜其本一士人,涂辙一异,俨然嬖御之态云。

《信天巢遗稿》一卷,附《林湖遗稿》一卷,《江村遗稿》一卷,《疏寮小集》一卷

《信天巢遗稿》,宋高翥撰,原本散佚,此本乃其裔孙士奇所重编,凡一百八十九首。后附《林湖遗稿》,为翥侄鹏飞之诗。《江村遗稿》,为翥父选、叔迈之诗,又载高氏先世质斋遁翁之诗,而佚其名。最后《疏寮小集》,乃高似孙诗也。

《性善堂稿》十五卷

宋度正撰。原本久佚,今从《永乐大典》录出。正虽讲学之家,而颇以经世为志。文章多切实用,不徒作心性虚谈。诗格颇类朱子,则其渐摩者然也。

《漫塘文集》三十六卷

宋刘宰撰，王遂编。宰多与朱子门人游，故淳祐初，是集得闻于理宗，诏取入秘阁。然宰闭户读书三十年，所学原富，其文章淳厚质实，亦具有儒者气象。

《克斋集》十七卷

宋陈文蔚撰。其诗不入格，文则持论皆醇正。其《朱子语录》已见池录第四者，亦编入集中。盖语录从所言之人，此从所记之人，故不嫌复见也。

《芳兰轩集》一卷

宋徐照撰。照字灵晖，永嘉四灵之一也。其诗源出武功，取境太狭，然清瘦不俗，故亦能自成丘壑。

《二薇亭诗》一卷

宋徐玑撰。玑字灵渊，永嘉四灵之二也。其诗与徐照如出一手，盖四灵同一机轴，而二人才分尤相近。

《西岩集》一卷

宋翁卷撰。卷字灵舒，永嘉四灵之三也。其诗较二徐稍秀润，如“移花连旧土，买石带新苔”之类，尚有姚合风致。

《清苑斋集》一卷

宋赵师秀撰。师秀号灵秀，永嘉四灵之四也。四灵皆以炼字为宗，而师秀才力稍富健。其诗如“楼钟晴听响，池水夜观深”“朝客偶知亲送药，野僧相保密持经”，为徐照等所能；如“野水多于地，春山半是云”“辅嗣易行无汉学，元晖诗变有唐风”，则徐照等弗能也。

《瓜庐诗》一卷

宋薛师石撰。师石与四灵倡和,其诗大致相类,而襟度夷旷,不似四灵之雕锼。

《洺水集》三十卷

宋程珌撰。原本六十卷,今佚其半。诗词皆不甚工,奏议则利害得失,指画井然。盖所长在彼,不在此也。

《龙川文集》三十卷

宋陈亮撰。亮跅弛之士,敢为大言,使其得志,未必不为赵括、马谡。然就文论文,其才辨纵横,亦一世之豪也。

《龙洲集》十四卷,附录二卷

宋刘过撰。过亦陈亮之流,而躁妄弥甚。称其气节者曰伏阙请过宫,然廷臣业已交章,过特从而附和。称其才略者曰议北伐,然开禧之役,事竟何如,过亦徒为夸诞。其诗文亦较亮为粗率,特才气纵横,胜于龌龊耳。

《鹤山集》一百九卷

宋魏了翁撰。了翁研思经术,其文根柢醇正,而纡余宕折,出以自然,无江湖游士叫嚣狂躁之气,亦无讲学诸儒空疏迂腐之习。在南宋中叶,可谓不转移于流俗矣。

《西山文集》五十五卷

宋真德秀撰。德秀传朱子之学,所编《文章正宗》,持论最严。而集中吹嘘佛老之焰者,不一而足,殆不可解。然其他著作,不失为儒者之言。

《方泉诗》集四卷

宋周文璞撰。其诗长篇多病颓唐,古体、短章、近体小诗,可肩随于《白石》《涧泉》诸集。

《东山诗选》二卷

宋葛绍体撰。原本久佚,今从《永乐大典》录出。考叶适集,有赠绍体诗,惜其不遇。而集中有与翁卷、赵师秀倡和诗,盖亦山林枯槁之士,故其诗派颇近四灵。

《白石诗集》一卷,附《诗说》一卷

宋姜夔撰。夔诗在南宋中叶,最为杰出。虽篇帙无多,而格意不在范、陆下。其自序主于摆落一切,冥心独造,可谓不负所言。《诗说》仅二十七条,而大抵皆造微之语。

《野谷诗稿》六卷

宋赵汝鐩撰。王士祯《池北偶谈》,称汝鐩五言律诗,时有佳句,七言俚俗,歌行漫无音节顿挫;其论良允。然四灵一派,所刻意求工者,不过五言近体,亦其时风气使然也。

《平斋文集》三十二卷

宋洪咨夔撰。集中经筵进讲及制诰之文居多,诗歌杂著仅十之三。《宋史》本传称其官御史时,忠言谠论,力陈时弊。而集中不载其奏议,或别为编录欤。

《蒙斋集》十八卷

宋袁甫撰。原本久佚,今从《永乐大典》录出。甫历官皆著政绩,所条议皆可施行，而一劾史嵩之之议伐金，再劾史弥远之专政，尤其大节。其奏疏虽不尽见集中，而据其所存，尚见骨鲠之概。其他诗文，亦多切近事理，不为雕绘之词。

《康范诗集》一卷，附录三卷

宋汪晫撰。康范，其私谥也。凡诗词七十首。附录三卷，一为进曾子子思子表及褒赠指挥，一为行状铭诔之类，一为唱酬题赠之作。

《清献集》二十卷

宋杜范撰。凡诗四卷，文四卷，奏稿十卷，书札一卷，而附行状之属为一卷。范耿直敢言，其风裁干略，具见于奏稿之中。诗文虽非所专门，亦具有体格。

《鹤林集》四十卷

宋吴泳撰。原本久佚，今从《永乐大典》录出。泳危言正色，力折权奸，不愧古之遗直。其奏疏筹划蜀事，尤为详密。其文皆曲折畅达，有苏氏父子之遗风。

《东涧集》十四卷

宋许应龙撰。原本久佚，今从《永乐大典》录出。集中惟制诰为多，大抵典赡严重，不失典则。诗文格力稍弱，然尚无南宋冗碎之习。

《方是闲居士小稿》二卷

宋刘学箕撰。上卷为诗，下卷为杂文及词。刘淮序以其诗拟白居易，殊不相类；以其词拟辛弃疾，则大概近之。

《翠微南征录》十一卷

宋华岳撰。翠微者，岳之别号；南征者，岳以劾韩侂胄、苏师旦流窜建宁，集皆是时作也。第一卷即劾侂胄疏，后十卷皆诗卷。首有王士祯题词，称其诗粗豪使气，又称如岳诗可不以工拙论，所评皆当。

《浣川集》十卷

宋戴栩撰。原本久佚，今从《永乐大典》录出。栩阳附清流，阴谀权幸，其人实奸黠之尤。其诗则体近四灵，颇有雕琢之功；其文则酷似叶适。盖栩与四灵同里，又叶适之弟子也。

《渔墅类稿》八卷

宋陈元晋撰。原本久佚，今从《永乐大典》录出。集中札启，多指陈时弊之作，颇类乎贾谊痛哭，王符发愤，盖伉直寡合之士也。

《沧洲尘缶编》十四卷

宋程公许撰。原本久佚，今从《永乐大典》录出。诗文皆直舒胸臆，而具有光明磊落之概。《宋史》本传撮载其奏疏六篇，今皆不见于集中。盖公许别有《内外制奏议》《掖垣缴奏》诸集，今皆散亡也。

《安晚堂诗集》七卷

宋郑清之撰。原集六十卷，今惟存第六卷至十二卷，皆各体诗也。其体格多近白居易，而时时参以禅语。

《四六标准》四十卷

宋李刘撰，其门人罗逢吉编，明孙云翼笺注。刘事迹无可称述，惟以四六为专门，大抵以流丽稳贴为宗，无复唐以来浑厚之气，亦世变为之也。凡分七十一目一千九十六首，逢吉欲尊其师传，故题曰“标准”。云翼尝注《橘山四六》，颇为芜杂，此注亦略相同。

《篔窗集》十卷

宋陈耆卿撰。原本久佚，今从《永乐大典》录出。耆卿之学，出于叶适，其文驰骤纵横，而终归法度，亦与适同。吴子良《林下偶谈》，述其源流最悉。车若水《脚气集》独菲薄之，盖讲学家之论文，又别有门径也。

《友林乙稿》一卷

宋史弥宁撰。其论诗以妙悟为宗，故有“诗家活法类禅机”之语。其诗乃务为新巧，或伤纤仄，然一花一草，时亦点缀映媚。

《云泉诗集》一卷谨案：此部《总目》不存。

宋释永颐撰。其诗才地颇弱，然所居都会，而所与唱和，仅三五寒士，其寄周伯弜诗，述寒饿之状甚悉，盖亦孤僻自守者。故酝酿虽薄，而气韵终不俗也。

《方壶存稿》八卷

宋汪莘撰。凡杂文一卷，赋及诗共六卷，诗余一卷。其文排宕有奇气。诗摹李白而不逮，乃转类卢仝。虽非中声，要殊俗格。词自称学苏轼、朱希真、辛弃疾，然多涉粗豪。其以“持志”“存心”为题，尤自有诗余从无此例。既欲讲学，何不竟作语录乎？

《铁庵集》三十七卷

宋方大琮撰。大琮耿介之士，奏疏多剀切无隐，经义亦颇可观。惟文格庸沓，不能自拔风气之外。

《壶山四六》一卷

不著撰人名氏。南宋中叶，号壶山者凡四人，以其除福建漕司谢乔平章启考之，似当为方大琮作。而大琮集中又不载，岂其族孙良永等撮拾遗文之时，偶未见欤。疑以传疑，姑置于大琮集后。

《默斋遗稿》二卷

宋游九言撰。凡诗一卷，文一卷。文无以异于人，诗格虽不甚高，而时有晚唐秀致，无江湖派之猥琐。

《履斋遗集》四卷

宋吴潜撰。原集久佚，此本为明梅鼎祚所辑。故《宋史》本传所载奏疏，皆已无存，仅得诗一卷、词一卷、杂文二卷，而诗中又误收他作也。其诗绝少警策，词则激昂凄动，往往感人。杂文中与史弥远诸书，亦见耿直之气。

《臞轩集》十六卷

宋王迈撰。原本久佚，今从《永乐大典》录出。迈以抗直著。其奏疏多危言正论，诗文亦皆俊伟光明。

《东野农歌集》五卷

宋戴昺撰。昺为戴复古之从孙，故是集或附刻《石屏集》末。复古与昺诗有“不学晚唐体，曾闻大雅音”句。然集中秀句多得晚唐佳处，盖复古所谓晚唐者，乃四灵体耳。

《敝帚稿略》八卷

宋包恢撰。原本久佚，今从《永乐大典》录出。恢之学出于朱子，而奉行贾似道公田法,至用肉刑以虐民,颇为紫阳宗派之玷。其文章则疏通明畅,沛然有余,奏札亦指陈详悉,无异于君子之言。

《清正存稿》六卷,附录一卷

宋徐鹿卿撰。清正,其谥也。鹿卿立身端直,其奏札多真挚恳切,无所避忌。刘克庄以董仲舒、贾谊比之,固为太过,要非脂韦者所能言也。

《寒松阁集》三卷

旧本题宋詹初撰。凡翼学十篇、序经二篇、日录二篇、诗四十七首。《宋志》及诸家书目,皆不著录。至明嘉靖戊午,其十六世孙景凤,始为刊行。其出最晚,似乎依托。然亦无以确证其伪,疑以传疑,姑存以备一家。

《沧浪集》二卷

宋严羽撰。羽论诗以妙悟为上乘,故其诗纯任性灵,扫除美刺,清音独袅,切响遂稀。由其但追王、孟之意境,未窥李、杜之根柢也。然视宋季庸沓之作,则倜倜乎远矣。

《泠然斋集》八卷

宋苏泂撰。原本久佚,今从《永乐大典》录出。泂为陆游之弟子,其诗皆镵刻淬炼,自出清新。盖学问有所受之,终与师心者异也。

《可斋杂稿》三十四卷,《续稿》八卷,《续稿后》十二卷

宋李曾伯撰。曾伯负经济之才,集中奏疏表状,皆深明时务,究悉物情。惟诗词才气纵横,多不入格。

《后村集》五十卷

宋刘克庄撰。克庄从真德秀讲学,年至八十,乃媚于贾似道,人品、诗品,

遂并颓唐。然时出清新,亦未可尽废。文体雅洁,较诗为胜。题跋诸作,乃独擅胜场。

《涧泉集》二十卷

宋韩淲撰。原本久佚,今从《永乐大典》录出。淲诗稍不逮其父,然制行清高,谢绝俗累,一意以吟咏为事,意境终为不凡。当时与赵蕃齐名,良为不忝。

《矩山存稿》五卷

宋徐经孙撰。经孙以气节见长,辞藻非所留意,诗尤鄙俚。至其奏疏,则指陈弊政,抨击权奸,虽谓之"独得雄直气,发为古文章"可也。

《雪窗集》二卷,附录一卷

宋孙梦观撰。上卷为奏议,下卷为故事,附录一卷则志铭之类。故事者,征引古书于前,附议论于后,更番进御,因事纳规,李曾伯集中亦有之,盖当时体制也。其言大抵切直,其谓"士大夫有宽厚之名,非国之福",尤深中宋人之弊。

《庸斋集》六卷

宋赵汝腾撰。原本久佚,今从《永乐大典》录出。《宋史》本传称其守正不挠,极论奸谀兴利之臣,残损国脉。今两札具在集中。其内制集序,又有缴驳词头事,其立朝风节,不愧朱子之门。惟集中与徐霖唱和颇多,互相标榜,卒为霖之所累,是又讲学之流弊,可为炯戒者矣。

《文溪存稿》二十卷

宋李昴英撰。昴英具应变之才,而抨击权奸,尤著风节。其文皆质实简劲,惟诗颇粗俚。然其发于刚直之气,则一也。

《彝斋文编》四卷

宋赵孟坚撰。姚桐寿《乐郊私语》谓其入元者,误也。孟坚襟度清高,其文章随意吐属,独无俗韵。大抵踪迹似米芾,至芾之委蛇于蔡京,则孟坚弗为也。

《张氏拙轩集》六卷

宋张侃撰。原本久佚,今从《永乐大典》录出。侃父岩,依附权臣,朋奸误国,侃独志趣萧散,《浮沉》末僚,所与唱和,多山林恬退之士,故其诗意境闲淡,无奇辟之语,亦无嘈囋之音。

《灵岩集》十卷

宋唐士耻撰。原本久佚,今从《永乐大典》录出。集中制诰,皆无除授姓名,其表檄箴铭赞颂诸体,亦皆拟作。盖士耻肄习词科,积而成帙,其文大抵典丽温雅,具有体裁。

《玉楮集》八卷

宋岳珂撰。其诗始戊戌,讫于庚子,故取三年而刻楮叶事,以为集名。盖珂与韩正伦构怨,被陷时也。诗少蕴藉之致,而磊落轩爽,尚不失气格。

《楳埜集》十二卷

宋徐元杰撰。原本久佚,今从《永乐大典》录出。元杰以论劾史嵩之,为所酖杀,可谓不畏强御。集中奏议,皆刚直之气凛然,间有过泥古义者,盖夙从陈文蔚、真德秀游,所讲如是,要之不诡于正。其诗拙俚,亦沿《文章正宗》之派也。

《耻堂存稿》八卷

宋高斯得撰。原本久佚,今从《永乐大典》录出。斯得气节刚方,初沮于史嵩之,中厄于贾似道,晚困于留梦炎。计其一生,无日不与权奸相触,故奏议多忠愤之词,诗歌感怀书事,亦多白氏讽谕之遗也。

《秋崖集》四十卷

宋方岳撰。岳天才骏厉,洪焱祖为作小传,称其诗文四六,不用古律,以意为之,语或天出,可谓兼尽其短长。其集世有二本,详略互见,今删除重复,合为一编,著于录。

《芸隐横舟稿》一卷,《芸隐倦游稿》一卷

宋施枢撰。据诗中年月,《倦游稿》当在《横舟稿》前,以篇页无多,故附载于末。其诗不出江湖派,而大致尚为清婉,未至于冗沓琐碎。

《蒙川遗稿》四卷

宋刘黻撰。其弟应奎编。黻触忤权奸,再遭挫折,卒以追随故主,身陨海滨。所著作散落鲸波,不可复得。惟此残稿,仅存其诗,多规仿陈子昂体。虽格律未纯,而人品既高,神思自别,下视方回辈,背主求荣,如凤凰之翔千仞矣。

《菊山清隽集》一卷,附题画诗一卷,《锦钱集》一卷,杂文一卷谨案:此部《总目》不存。

《菊山清隽集》,宋郑震撰,元仇远编。题画诗、《锦钱集》及杂文,皆其子思肖撰。其曰“锦钱”者,言如以锦为钱,虽美无用也。震倦游稿久佚,远所选录,不愧清隽之目。思肖诗惟意所云,多如禅偈,然清风高节,接迹东篱,譬古柏苍松,支离不中绳墨,终胜于桃李妖妍也。

《雪矶丛稿》五卷

宋乐雷发撰。其诗旧列《江湖集》中，而风骨颇遒，调亦浏亮，实胜于江湖一派。盖江湖派中多游士，雷发则恬淡无求，人品本高也。

《北磵集》十卷

宋释居简撰。宋代诸僧，大抵有诗而无文；其集中兼有诗文者，惟契嵩、惠洪及居简。契嵩博而辨，惠洪轻而秀。居简此集，不掇拾宗门语录，格意特为清拔，在二人之间，亦未遽为蜂腰也。

《西塍集》一卷

宋宋伯仁撰。其诗思清而才弱，有流利之处，亦有浅易之处。

《梅屋集》五卷

宋许棐撰。凡"梅屋诗稿"一卷，"融春小缀"一卷，第三稿一卷，第四稿一卷，杂著一卷。与宋伯仁皆江湖派中人，其工拙大抵相近。

《孝诗》一卷

宋林同撰。取古来孝子，分类题咏，各为五言绝句。词不甚工，然同为忠烈之士，所述又天经地义之理，固不能以雕章炼字之学，论其得失矣。

《字溪集》十一卷，附录一卷

宋阳枋撰。原本久佚，今从《永乐大典》录出。枋从朱子门人度正、渊游，故集中书简多讲学之语。其言笃实，绝不僭拟圣贤。惟论易象与朱子异。案李性传《朱子语录序》，称渊所录《易说》，与《本义》异者十之三四，然则亦得于渊也。

《勿斋集》二卷

宋杨至质撰。至质为合皂山道士，工于笺启。第二卷中，多代士大夫所作，知当时重其文笔，故假手也。其文虽边幅少狭，而吐属雅洁，有《樊南甲乙集》之遗，在宋季为独弹古调。

《巽斋文集》二十七卷

宋欧阳守道撰。分甲、乙、丙、丁、戊五集。守道以德器见重，其讲学多由心得，故文章亦皆醇实。江万里、吴子良皆延为山长，而文天祥、刘辰翁皆其门人，即守道可知矣。

《雪坡文集》五十卷

宋姚勉撰。其从子起龙编。凡奏对笺策七卷，讲义二卷，赋一卷，诗十一卷，杂文二十九卷。原本讹缺，今以《永乐大典》校补。勉诗法得之乐雷发，少变而伉厉，文章则淹雅可观，无宋末语录之鄙谈。

《文山集》二十一卷

宋文天祥撰。凡诗文十七卷，《指南前录》一卷，《后录》二卷，《纪年录》一卷。天祥大节炳然，不必以词章重，而词章实卓然可传。《农田余话》称其不独忠义冠一时，亦斯文闲气之发见，非虚语也。

《文信公集杜诗》四卷

宋文天祥撰。是编旧于集外单行，今亦别著于录。凡五言绝句二百篇，皆集杜句为之。每篇之首，悉有标目、次第，而题下叙次时事，多足补史传之遗。

《叠山集》五卷

宋谢枋得撰。枋得捐生完节，与文天祥殊途同归。其却聘一书，乡塾童竖皆能记诵。其他文亦光明磊落,卓尔不群。

《本堂集》九十四卷

宋陈著撰。其诗多沿《击壤集》派,文亦多似语录,然持论皆不诡于正。讲学派之著作,不必以文章格律论也。

《汶阳端平诗隽》四卷

宋周弼撰。李龏编。弼有《端平集》十二卷,龏选录其尤,编为此本,故名“端平诗隽”。冠以“汶阳”者,弼汶阳人也。

《鬳斋续集》三十卷

宋林希逸撰。一曰《竹溪十一稿》,考集中所列凡十三体,其命名之义,莫之详也。集中多应酬颂美之作,其上贾似道启,尤为瑕类。诗亦往往作禅语,皆非讲学家所宜。然其文在南宋末年,尚不失轨度。

《鲁斋集》二十卷

宋王柏撰。柏好为高论,至敢于改窜六经,殊无忌惮。其诗乃豪迈雄肆,而一轨于理。在宋末诸作者间,最为挺出,不但讲学家所无。惟寿贾似道诗,谀颂援鄂之功,殊乖素守。核之于史,又无柏依附似道之事,殊不可解也。

《潜山集》十二卷

宋释文珦撰。原本久佚,今从《永乐大典》录出。凡诗九百首,宋释子吟咏之富,无过于斯。多山林闲适之作,兼有白氏讽谕之体,往往有关劝戒。

《须溪集》十卷

宋刘辰翁撰。原本久佚,今从《永乐大典》录出。辰翁所评诸古书,大抵意取标新,多伤纤诡,其自作诗文亦然,甚或至于不可句读,不免舍正轨而骛旁蹊。然宋季文体冗滥,辰翁力涤陈因,虽矫枉过直,究为能毅然自立也。

《须溪四景诗》四卷

宋刘辰翁撰。皆五言长律,各以四时写景之句命题,即宋人所谓省题诗也。大抵皆气韵生动,无襞积涂饰之习,在程试体中,最为高格。

《苇航漫游稿》四卷

宋胡仲弓撰。原本残缺,今从《永乐大典》校补。其诗多衰飒之音,盖风会所趋,虽作者亦不自知矣。

《兰皋集》三卷

宋吴锡畴撰。其诗刻意清新,或伤纤巧,然视宋季江湖潦倒之作,尚自开生面。

《云泉诗》一卷

宋薛嵎撰。其诗承藉乡风,出入于四灵之间。然尚永嘉之初派,非永嘉之末派也。

《嘉禾百咏》一卷

宋张尧同撰。皆以七言绝句,咏嘉兴山川古迹。词不甚工,而颇足与图经参考。每首之后,皆有附考,不知何人所作。

《柳塘外集》四卷

宋释道璨撰。以别有《语录》,故名"外集"。释氏以佛典为内学,以儒书为外学也。道璨才地颇弱,而善用其短,小诗颇楚楚可观。

《碧梧玩芳集》二十四卷

宋马廷鸾撰。廷鸾有碧梧精舍，又自号玩芳病叟，因以名集。原本久佚，今从《永乐大典》录出。其骈体最工，理宗时官两制，朝廷典册，多出其手。诗文亦皆雅赡秀润，含卷轴之味。盖名德宿儒，通知今古，与江湖游士，枵腹白战者固殊也。

《四明文献集》五卷

宋王应麟撰。应麟《深宁叟集》一百卷，久已散佚，此乃《四明文献集》中之一种。故一人之作，而题以总集之名也。所录文凡一百七十余篇，而制诰居十之七，虽不尽所长，尚足见其崖略。

《覆瓿集》六卷

宋赵必豫撰。凡诗二卷，词一卷，杂文二卷，附录一卷。诸体之内，当以诗为专门，虽风格不高，而颇饶韵调。如“一雨鸣蛙乱深夜，数声啼鸟怨斜阳”句，亦复有致。

《阆风集》十二卷

宋舒岳祥撰。原本久佚，今从《永乐大典》录出。诗文皆称心而出，不事雕镌，自有不衫不履之致。集中有《诗诀》一首云：“欲自柳州参靖节，将邀东野适卢仝。”其宗旨可见也。

《北游集》一卷

宋汪梦斗撰。梦斗入元以后，谢昌言荐于朝，召入京师，梦斗坚不受职，乃放归。此其纪行之作，故以北游为名。末附《杏山摭稿》数条，乃其语录也。

《秋堂集》三卷

宋柴望撰。望所上《丙丁龟鉴》,颇近谶纬妖言,非匡君之正轨。至国亡后,终身匿迹,追步陶潜,节概自不可没。其诗虽格近晚唐,而亡国哀音,颇为凄切。

《蛟峰文集》八卷,《外集》四卷

宋方逢辰撰。其第八卷则附载其弟逢振作。《外集》四卷皆诰敕,及酬赠诗文也。其集由掇拾而成,不足尽逢辰所长。即黄潜墓表所载奏札,亦仅存一首,特略见梗概而已。

《秋声集》六卷

宋卫宗武撰。原本久佚,今从《永乐大典》录出。其诗文根柢颇薄,而气韵冲淡,有萧散自如之致,品究在江湖诸人上。

《牟氏陵阳集》二十四卷

宋牟巘撰。凡诗六卷,杂文十八卷。诗有苏、黄遗韵,杂文亦典实详雅,在宋季可称晚秀。

《湖山类稿》五卷,《水云集》一卷

宋汪元量撰。元量以供奉琴工,甘随三宫北徙,卒托迹黄冠,以终其志。操乃在当日廷臣上。其诗哀思凄动,记临安破后事迹最详。故李鹤田跋,称为宋亡之诗史。

《晞发集》十卷,《晞发遗集》二卷,《遗集补》一卷,附《天地间集》一卷,《西台恸哭记注》一卷,《冬青引注》一卷

宋谢翱撰。翱志节特高,诗文亦奇气兀傲,一扫宋季之庸音。旧本残缺,

诸刻猥杂，惟陆大业所编，较有条理，今用以著录。末附《天地间集》一卷，盖翱所录宋遗老诗，原本五卷，此本仅诗二十首，已非完帙。其《西台恸哭记》《冬青引》二篇，皆明张丁所注，陆本附刻卷末，今亦存之，与本集互考焉。

《潜斋文集》十一卷，附《铁牛翁遗稿》一卷

宋何梦桂撰。凡诗三卷，词及试策一卷，杂文七卷。诗格在《长庆集》《击壤集》之间，殊不擅长。然王士祯《池北偶谈》，以酸腐庸下诋之，似乎太甚。文颇援引证佐，有博辨自喜之意。末附《铁牛翁诗》，乃其族孙景福作，语颇奇伟，气格在梦桂之上也。

《梅岩文集》十卷

宋胡次焱撰。凡诗文八卷，末二卷则附录也。次焱在宋、元作者之中，尚未能自辟门径，然位置于江湖诸人间，亦无多让。至其志节，则非江湖诸人所及也。

《四如集》五卷

宋黄仲元撰。仲元在宋末讲学，最为笃实。其文不事驰骋，自有端厚朴直之气。知近里之言，与嚣争门户者异也。

《霁山集》五卷

宋林景熙撰。原本残缺，此本乃明天顺中吕洪所编。凡诗集三卷，附以元章祖程注，犹《白石樵唱》之旧本。文集二卷，则白石稿散佚之后，掇拾而成也。景熙收宋陵遗骨，忠义之风，震耀百世。其诗文风骨高秀，亦宋末所稀。

《勿轩集》八卷

宋熊禾撰。禾集经张伯行删削，殊失其真。此本凡《易学图传》二卷，《春

秋通义》一卷,《四书标题》一卷,诗文三卷,补遗一卷,乃明天顺中旧刻,犹完帙也。

《古梅吟稿》六卷

宋吴龙翰撰。龙翰得诗法于刘克庄,其刻意清新,颇与克庄相似,而不染克庄之俚语,可谓智过于师矣。

《佩韦斋文集》十六卷

宋俞德邻撰。凡诗七卷,杂文九卷。前有熊禾序,颇引方回为德邻重;然德邻人品高于回,其诗恬淡夷犹、自然深远,文复简洁有清气,亦在回《桐江集》上也。

《庐山集》五卷,《英溪集》一卷

宋董嗣杲撰。原本久佚,今从《永乐大典》录出。《庐山集》,景定中榷茶九江富池时作;《英溪集》,为武康令时所作也。其诗亦江湖之派,然吐属新颖,非江湖诸人所及。

《西湖百咏》二卷

宋董嗣杲撰。附明陈贽和韵。每题为七言律诗一篇,题下分注始末甚悉,多有宋末轶闻,为诸书所未载者。贽诗作于洪武中,才力视嗣杲稍弱,而亦足肩随。

《则堂集》六卷

宋家铉翁撰。原本久佚,今从《永乐大典》录出。其学源出陆九渊,故以三教归一立论。然大旨主于敦厚风俗,崇奖名教,事事以礼义为训,与金溪末派摆落防检者迥殊。诗文皆词意真朴,文不掩质,亦无宋季纤仄之调。

《富山遗稿》十卷

宋方夔撰。夔受学于何梦桂，志节与其师同，诗则过其师远甚。五言惟意所如，苍苍莽莽，尤胜于七言。

《真山民集》一卷

旧本题宋真山民撰。然其人匿迹销声，实不得其名氏，特后人约略揣测，谓或当姓真耳。其诗源出晚唐，短长互见。大抵于黍离麦秀，抱痛至深，而安命委时，无一怨尤之语。志操识量，皆不可及。宋代遗民，兹其第一流乎。

《百正集》三卷

宋连文凤撰。原本久佚，今从《永乐大典》录出。吴渭举月泉吟社，其第一人罗公福，即文凤之寓名。其诗皆流利清切，自抒性灵，在宋末诸人之上。

《月洞吟》一卷

宋王镃撰。其诗七言绝句多近小词，五言律诗时出佳句，往往有九僧遗韵。

《伯牙琴》一卷

宋邓牧撰。牧抱节潜踪，为宋之遗老。而其文惟《寓屋壁记》《逆旅壁记》二篇，略抒繁华销歇之感，余无一字及兴亡。特以古初荒远之论，世外旷放之谈，自释其侘傺。大旨咎宋之君臣，湖山歌舞，纪纲丛脞，以至于亡，而始终不欲显言也。

《存雅堂遗稿》五卷

宋方凤撰。诗文皆嵚崎磊落，不为凡近之语。然意象方圆，自有法度。其门人柳贯得其绪论,尚以文章鸣一代也。

《吾汶稿》十卷

宋王炎午撰。炎午生祭文天祥一事,为世所传。其文章则不甚著名。此集晚出,或其后人务盈卷帙,又有所窜入。珠砾混淆,在所不免。王士祯《居易录》,以里社饼肆中庆吊卷轴诋之,则太甚矣。

《在轩集》一卷

宋黄公绍撰。仅文三十九篇,诗余二十八首。而文三十九篇中,为儒言者六篇,为释氏作者三十三篇,盖原本散逸,多掇拾于佛刹中也。特以其人,传之而已。

《紫岩诗选》三卷

宋于石撰。其门人吴师道编。凡诗二百首。其感时伤事之作,摹杜甫者,或流于元、白;游览闲适之作,摹王维、孟浩然者,或近于钱郎。盖效法乎上,仅得其中也。然在《江湖集》盛行以后,则啾啾百鸟群,忽见孤凤皇矣。

《九华诗集》一卷

宋陈岩撰。凡七言绝句二百十首,皆咏九华山川、古迹、物产,旧与九华山图合刻,今图佚而诗存。其诗多意境萧洒,在阮阅、许尚、曾极、张尧同等咏风土者之上。

《宁极斋稿》一卷,附《慎独叟遗稿》一卷

《宁极斋稿》,旧本题宋陈深撰。《慎独叟遗稿》,其子植撰。其诗皆春容闲雅,不失古风,然核其体裁,如出一手。且诗中事迹,多似植之游历宦途,不似深之闭门高隐,疑或皆为植作,标题讹异,以别无显证,今亦姑缺所疑。

《仁山集》六卷

宋金履祥撰。其诗皆《击壤集》派，王士祯极称其《箕子操》一篇，然亦不工。其杂文则持论皆有根柢，盖宋末讲学诸家，独履祥能研究经史也。

《自堂存稿》四卷

宋陈杰撰。原本久佚，今从《永乐大典》录出。其诗源出江西，而丰姿峭拔，出入于《剑南》《石湖》之间。其《弋阳石桥》及《读邸报》诸作，亦颇见志节。

附　录

《心泉学诗稿》六卷

此集载《永乐大典》。惟题蒲寿晟撰，不著时代。《万姓统谱》，称为宋末之循吏；《八闽通志》，则以为蒲寿庚之弟，寿庚降元拒宋，皆其阴谋。然史无明文，无从质实。以其诗恬淡闲远，不失雅音，谨从缺疑之义，附录于南宋之末。

右别集类南宋建炎至德祐。二百七十七部，四千九百七十八卷；附录一部，六卷。

卷十七

集部五　别集类四金至元

《拙轩集》六卷

金王寂撰。原本久佚,今从《永乐大典》中录出。其诗戛戛独造,刻露清新,文笔亦复疏畅。在大定、明昌之间,可称作者。盖生长北方,不染宋南渡后江湖派猥琐之格,亦不染道学家冗沓之习,故能毅然自为也。

《滏水集》二十卷

金赵秉文撰。原本三十卷,以不乖儒理者为内集二十卷,以主张释老者别为外集十卷。今外集已佚,惟内集存。刘祁《归潜志》,论秉文于诗最细,于文颇疏;李之纯于文最细,于诗颇疏。盖责备贤者之论,要其才高学博,亦一世之雄。

《滹南遗老集》四十五卷

金王若虚撰。辨证经史诸书者凡三十三卷,又有文辨四卷,诗话三卷,惟末五卷为诗文。其间持论偏驳之处,颇不能免,而金、元间征实之学,实无出若虚右者。其论文宗苏轼,而不甚取韩愈;论诗宗杜甫,而不甚取黄庭坚。盖主于浩浩直达,而不尚劖削锻炼也。

《庄靖集》十卷

金李俊民撰。其称"庄靖"集者,元世祖所赐谥也。凡诗七卷、文三卷。俊民以金代旧臣,不食元禄,有陶潜栗里之风。其诗多侘傺幽忧,寄怀深远,文格亦冲淡和平。论其词章，盖元好问之亚。至于为崔立作碑，则俊民无是也。

《遗山集》四十卷，附录一卷

金元好问撰。凡诗十四卷、文二十六卷。其本出自储巏家。附录一卷，即巏所辑也。好问才雄而学赡，其诗皆兴象深远，风格遒上。古文亦绳尺严密，根柢盘深。欧、曾、苏、黄，固未易及；使与尤、杨、范、陆，旗鼓相当，正未知胜负。所在金、元两代，谈艺者奉为大宗，名下固无虚士也。

《湛然居士集》十四卷

元耶律楚材撰。楚材博通典籍，于学无所不窥。故其诗不甚修词，又多参禅悦，然要其大旨，终以风教为归。集中诗多而文少，惟第十三卷、十四卷以书序碑记与诗杂编，颇无伦次，或传写者乱之欤。

《藏春集》六卷

元刘秉忠撰。原集十卷，今佚其杂文四卷，惟诗仅存。《元史》本传，称其诗萧散闲淡，类其为人。今寻检遗篇，斯评稍过。然如小诗中"鸣鸠唤住西山雨，桑叶如云麦始花"之类，亦未尝不时露风致也。

《淮阳集》一卷，附录诗余一卷

元张洪范撰。诗词皆颇沿南宋江湖末派，而大致爽朗，无游士龌龊之状。

《陵川集》三十九卷，附录一卷

元郝经撰。经奉使拘留，节侔苏武。其文章学问，亦具有本原。是集与其师元好问，可以雁行。南宋词人，罕能与之对垒也。

《归田类稿》二十四卷

元张养浩撰。原本残缺，今从《永乐大典》校补。养浩一代名臣，不以词章工拙为重轻。然如奏议诸篇,风采棱棱,叙述时事诸诗,亦忠厚悱恻,蔼然仁义之言。即以词章而论,亦未始不足以自传矣。

《白云集》三卷

元释英撰。其诗才分稍弱,未能脱宋末江湖之派。而世情既淡,神思自清,固非高九万、孙季蕃辈口山水而心轩冕者,所可同日语也。

《稼村类稿》三十卷

元王义山撰。旧题宋人者,误也。凡诗三卷,文二十七卷,大抵皆南宋派。故王士祯《居易录》,诋其最下最传。然集中说经诸篇,时有考据,表启亦尚流利,一知半解,固不妨备插架之数也。

《桐江续集》三十七卷

元方回撰。宋末讲学之家,未有诸恶毕备如回之甚者。然其文则崇正辟邪,不遗余力;其诗亦格力苍坚,在《江湖》诸集之上,遂亦不能以人废焉。

《野趣有声画》二卷

元杨公远撰。原本一卷,后一卷乃续编也。其诗不出江湖之派,盖风气所趋,非绝世之姿、毅然有志于古者,弗能自拔也。

《月屋漫稿》一卷

元黄庚撰。其诗格意不高,而亦时有秀句。其在越中诗社,以枕易诗得名,乃非佳作。

《剡源文集》三十卷

元戴表元撰。表元早从王应麟、舒岳祥游,渊源最正。顾嗣立《元诗选》,

称其学博而肆,其文清深雅洁,化腐朽为神奇,间事摹画,而隅角不露,殆非溢美。黄宗羲尝刻其文四卷,删削过当。此本为明嘉靖中周仪所编,乃完帙也。

《剩语》二卷

元艾性夫撰。原本久佚,今从《永乐大典》录出。性夫亦讲学之家,而其诗气韵清拔,以妍雅为宗。古诗笔力排奡,尤为擅场。曹安《谰言长语》,亦称其诗多关于世教。

《养蒙集》十卷

元张伯淳撰。其诗极浅拙,古体尤甚。其文则源出韩愈,多谨严峭健。邓文原序,以春容纡徐称之,殊为不类。

《墙东类稿》二十卷

元陆文圭撰。原本久佚,今从《永乐大典》录出。文圭学问淹通,故称心而谈,罔弗曲折畅达。《元史·儒学传》,称其文融会经传,纵横变化,莫测其涯涘,殆不诬焉。

《青山集》八卷

元赵文撰。案:文亦作彣,即文字之古体,非二字也。原本久佚,今从《永乐大典》录出。文初从文天祥起兵,终食元禄,于出处之义,深为未得。其文则自抒胸臆,无所涂饰。尝自谓:行事使人可知可见者,为君子之行;为文使人读之易晓、考之有证者,为君子之言。所作差能不愧云。

《桂隐文集》四卷,《诗集》四卷

元刘诜撰。其论文,主于自出机轴,不以摹拟字句为古。故欧阳元序,称其于欧、苏非相师,非不相师。其五言古诗短篇,亦为元所称。今观其五言近体,风骨亦遒。顾嗣立《元诗选》,但摘其佳句,所见浅矣。

《水云村稿》十五卷

元刘埙撰。埙才力雄赡,尤工于四六,隶事铸词,具有精彩。然埙之所长,在以散体为四六;埙所短,即在以四六为散体。故其杂文,不古不今,转成伪体。

《巴西文集》一卷

元邓文原撰。文原学有本源,所作皆温醇典雅。大德、延祐之际,为元代文章之极盛,实文原有以倡导之。惟原集罕传,此本仅杂文七十余首,未尽所长耳。

《屏岩小稿》一卷

元张观光撰。其诗多穷途之感,盖老学官也。格意颇清浅,然吐属尚为婉秀。

《玉斗山人集》三卷

元王奕撰。旧题宋人者,误也。其诗稍失之粗,而磊落有气。其人虽初称遗老,终仕新朝,而无所怨尤,亦无所文饰,视隳节偷生,而犹作倔强不屈之语者,亦有间焉。

《谷响集》三卷

元释善住撰。善住喜与文士游,故所作颇有格律。其论诗有"典雅始成唐句法,粗豪终有宋人风"句,自命亦高。然核其全集,惟工近体,仍不出四灵一派。第造语新秀,无蔬笋气耳。

《竹素山房诗集》三卷

元吾丘衍撰。其诗颇效李贺体，不能出元人窠臼，而胸次不凡，自能脱俗。亦往往于町畦之外，逸致横生。所谓王谢子弟，虽不端正者，亦奕奕有一种风气也。

《紫山大全集》二十六卷

元胡祗遹撰。原本久佚，今从《永乐大典》录出。《元史》本传，但以吏材称祗遹，无一语及文章。今观是集，学出洛闽，务求笃实，诗文无所摹仿，惟求理达词明。元代词人，风华相尚，亦不可无此布帛菽粟之作焉。

《松乡文集》十卷

元任士林撰。其文刻意学韩愈，而其力不足以及愈。故句格往往拗涩，乃类乎刘蜕、孙樵。然宋季文体卑靡，古法殆绝，士林独力而求诸古，虽明而未融，固宜过而存之矣。

《松雪斋集》十卷，外集一卷

元赵孟頫撰。其集初有江元禧刻本，残缺不完，此本卷数与焦竑《国史经籍志》合，盖犹旧帙。孟俯改节仕元，颇不谐于物议。至其才艺，则冠绝一时，不但翰墨为元代第一，即以文章而论，并骛于虞、杨、范、揭之间，亦未遽作后塵也。

《吴文正集》一百卷

元吴澄撰。一名《支言集》，其孙当所编，五世孙爟所重辑也。揭傒斯奉诏撰澄碑文，称“皇元受命，天降真儒，北有许衡，南有吴澄”。然衡好讲学，澄好著书。衡之文明白质朴，达意而止；澄则词华典雅，颇能与文士争短长。虽笃实不及衡，而文章固较胜焉。

《金渊集》六卷

元仇远撰。乃其官溧阳教授时作，故名曰“金渊”。原本久佚，今从《永乐大典》录出。远生于宋末，而不染江湖之派。尝自跋其诗云：“近世习唐诗，以不用事为第一格，少陵无一字无来处，众人固不识也。若不用事之说，正以文不读书之过耳。”其言切中宋末诗人之病，宜所作之高雅跋俗矣。

《山村遗集》一卷

元仇远撰。远所作《金渊集》，仅溧阳之诗，其他作则已散佚。此本乃项梦昶掇拾诸书，辑为一集。并录之，以存远之佚作。

《湛渊集》一卷

元白珽撰。原本八卷。此本仅赋二篇、诗六十三篇、文二篇，乃沈菘町所重辑也。戴表元序，称其诗甚似渡江陈去非，今据此集论之，亦彷佛具体。

《牧潜集》七卷

元释圆至撰。六代以来，僧能诗者多，能古文者不数见。契嵩、惠洪虽能之，而亦非专门；圆至独刻意为古文，出其曹偶。诗其余事，亦楚楚有清致。

《小亨集》六卷

元杨宏道撰。原本久佚，今从《永乐大典》录出。宏道本金人，金亡仕宋，宋败又仕元。迹其生平，几如冯道。其诗则风格高华，逼元好问。好问为作集序，亦极推其以唐人为指归。

《还山遗稿》二卷，附录一卷

元杨奂撰。原集散佚，此本为明宋廷佐所辑。其诗气格俊伟，有中原文献之遗,杂文所述诸古迹,尤可资考证。

《鲁斋遗书》八卷,附录二卷

元许衡撰。首二卷为语录,三卷为《小学大义直说》《大学要略》《大学直解》,四卷为《中庸直解》《读易私言》《续文献公揲蓍说》及《阴阳消长》一篇,五卷为奏疏,六卷为杂著书状,七卷、八卷为诗乐府,附录二卷为诰敕像赞之属。所录巨细不遗,颇为冗碎。而衡平生宗旨,亦赖此编以存。

《静修集》三十卷

元刘因撰。惟诗集五卷,为因所自定,余皆门人、故友所掇拾也。其文遒健排奡,迥在许衡、吴澄上,而醇正不减于二人。其诗风格高迈,而比兴深微,尤闯然入作者之室。北宋以来,讲学而兼擅文章者,因一人而已。

《青崖集》五卷

元魏初撰。原本久佚,今从《永乐大典》录出。初受学于元好问,故其诗皆气格苍坚,其文亦简括有法度,奏议尤多深切著明。《元史》多采入本传,然集中有关利病诸篇,史尚未能尽采也。

《养吾斋集》三十二卷

元刘将孙撰。原本久佚,今从《永乐大典》录出。将孙为刘辰翁子,诗文务标新隽,如其父。颇涉钩棘,亦如其父。

《存悔斋稿》一卷,补遗一卷

元龚璛撰。补遗一卷,明朱存理所辑。璛刻意学书,诗不多作,故所存仅此。然爽朗清新,能自开门径。

《双溪醉隐集》八卷

元耶律铸撰。原本久佚,今从《永乐大典》录出。铸早建战功,晚居政府,能不愧其父楚材。文章亦复相埒。而考证古迹,综述旧闻,尤为详洽。

《东庵集》四卷

元滕安上撰。原本久佚,今从《永乐大典》录出。元诗纤丽,多近晚唐;安上独风骨遒健,七言古体,尤排宕纵横,虽或失于粗犷,要不同靡靡之音。

《白云集》四卷

元许谦撰。谦虽讲学之家,而其诗理趣之中,颇含兴象,乃胜其师金履祥。文章醇古,则与履祥相类。

《畏斋集》六卷

元程端礼撰。原本久佚,今从《永乐大典》录出。端礼论文,以朱子为古今第一,虽诗如李、杜,文如韩、欧,均谓之衰且坏,未免胶于一偏,然所作尚为淳实。

《默庵集》五卷

元安熙撰。熙之学,宗法刘因,其词章虽非因比,然诗亦颇有格调。其间全似语录者,不过《冬日斋居》五首,《寿李翁》八十一首。惟文皆笃实力学之言,颇为庸沓,盖其意本不求工耳。

《云峰集》十卷

元胡炳文撰。其《草堂学稿》序,于历代诗人,极词丑诋,皆责以不讲道学,殊非通论。然其天姿实最近于词章,集中所载,未尝不修饰文句也。

《秋涧集》一百卷

元王恽撰。恽诗文源出元好问，故意度波澜，具有轨范，足以嗣响其师。奏议尤疏畅详明，了如指掌，史称恽有才干，语殆非虚。其所著书四种，皆编入集中，亦有资考证。

《牧庵文集》三十六卷

元姚燧撰。原本久佚，今从《永乐大典》录出。燧学出许衡，而文章过衡远甚。雄深雅健，绰有古风。碑志尤足补史阙。有元一代，自虞集之外，罕能旗鼓相当也。

《雪楼集》三十卷

元程巨夫撰。巨夫文章典雅，有北宋馆阁余风。苏天爵多取入《元文类》，惟其诗一字不登。然近体虽肤廓，古体实落落不凡，七言尤多遒警，天爵盖偶遗之也。

《曹文贞诗集》十卷，后录一卷

元曹伯启撰。“后录”则碑志之类也。伯启家世江北，其诗不染江湖之末派，亦不沿豫章之余波。大抵娴雅舂容，有元祐旧格。惟五言古体，少病冗沓耳。

《芳谷集》二卷

元徐明善撰。其文多谈性理，而大致雅洁，尚不至竟如语录。尝主浙江乡试，拔黄溍于弃卷之中，知其究心文律，非苟作也。

《观光稿》一卷，《交州稿》一卷，《玉堂稿》一卷，附录一卷

元陈孚撰。《观光稿》，为署上蔡书院山长考满谒选时作；《交州稿》，为奉

使安南时作;《玉堂稿》,为官翰林时作;附录一卷,则使安南时诏敕、表文、书札也。《观光》《交州》二稿,及《玉堂稿》内《上都纪行》诗,皆摹绘土风,可资考证。余亦多谐雅春容。而七言古体,尤超迈。

《陈秋岩诗集》二卷

元陈宜甫撰。原本久佚,今从《永乐大典》录出。其诗源出元、白,虽无镵刻奇辟之思,而抒所欲言,语无格碍,自不失为雅音。

《兰轩集》十六卷

元王旭撰。原本久佚,今从《永乐大典》录出。其诗随意抒写,不屑屑于雕琢,而气格俊迈,时见性灵。古文多讲学家言,其《井田说》一篇,迂谬尤甚,殆全不解事之腐儒也。

《玉井樵唱》三卷

元尹廷高撰。其诗气格不高,而神思清隽。卷首冠以其父栋诗一联,用《石屏集》例也。

《清容居士集》五十卷

元袁桷撰。桷早从戴表元、王应麟、舒岳祥诸遗老游,文律诗法具有授受。又博览古籍,练习旧章,故册诰之文,典礼之议,为一时弁冕。诗亦高华俊逸,能自成家。与邓文原等,崛起大德、延祐之间,称艺林领袖,盖不虚焉。

《此山集》四卷

元周权撰。权遨游辇毂之下,凡巨公耆宿,无不唱酬,似乎干谒之辈。然以其诗材隽异,争相奖拔,理亦有之,未可遽名为贱士也。集为陈旅所定,旅本工诗,故去取特为精审。欧阳元序,称其无险劲之词,而有深长之味;无轻靡之习,而有春容之风。品题亦颇当云。

《申斋集》十五卷

元刘岳申撰。《江西通志》称,岳申文集,今已不传,此乃仅存之抄本也。其文根柢经训,而取法于韩、苏。碑志居十之四五,尤可以考证史事。

《霞外诗集》十卷

元马臻撰。详集中《述怀》一诗。臻盖宋室遗老,抑塞磊落,遁迹黄冠,故其诗风骨高骞,无方士丹汞之气。虽未能香象渡河,金鸩擘海,亦不类酸寒细碎,虫吟草间。

《西岩集》二十卷

元张之翰撰。原本久佚,今从《永乐大典》录出。之翰循吏,而词章亦复擅场。其诗规仿苏、黄,时时近似,文亦具有古格。

《蒲室集》十五卷

元释大欣撰。前有虞集序,称许颇为溢量。然其五言古体,实足与作者抗行。余体亦皆恬雅。其《显教院记》《佛光大师塔铭》,并代赵孟頫作,是当代胜流,亦或假手,知非俗衲矣。

《弁山小隐吟录》二卷

元黄玠撰。其诗不为近体,视宋末江湖诸人,志趣殊高。中多劝戒之词,上者近乎元结,次者近乎白居易。虽根柢深厚,不及古人;而繁音嘈囋之中,读之如听古钟磬矣。

《续轩渠集》十卷,附录一卷

元洪希文撰。附录一卷,则其父岩虎诗也。岩虎诗名《轩渠集》,故希文诗以续名。以岩虎集断烂不存,故掇拾残剩,用《伐檀集》例附之于末,希文集有王凤灵序,称其能以质胜,不蔽其情。盖其诗清遒激壮,落落自行,与元人华缛之派,迥不相同也。

《定宇集》十六卷,《别集》一卷

元陈栎撰。《别集》一卷,则附录志传之类也。栎笃信朱子之学,而所作《澄潭赞》乃云:惟千载心,秋月寒水,儒释同处,我闻朱子。附会《感兴》诗语,殊为瑕类。然集中诸文,尚为质实,惟诗非所长耳。

《艮斋诗集》十四卷

元侯充中撰。明代以唐汝询为异人,充中幼而失明,长而著述,乃在汝询之前。诗多作七言近体,又多涉理论,其谐音格诗五十二首,尤为创造。其诗虽不甚工,其人要当恕论也。

《知非堂稿》六卷

元何中撰。顾嗣立《元诗选》,称其集十七卷,与自序合。王士祯《居易录》,称其集十六卷,亦与自序外稿合。此仅六卷,殆非足本。然嗣立所录,与士祯所称者,具在其中。岂后人删除芜杂,撮其合作,为此本欤。

《云林集》六卷,附录一卷

元贡奎撰。原本七集,共一百二十卷,今惟此集仅存。其诗在元中叶,亦一巨擘。王士祯《居易录》谓其境地未能深造,殆专以神韵求之欤。

《梅花字字香》前集一卷,后集一卷

元郭豫亨撰。两集皆以七言律诗咏梅,各一百首。与宋张道洽所赋,几于相等。然道洽诗重见叠出,窠臼陈因;豫亨集句为之稍辟新境,存备诗家小品,亦无不可也。

《中庵集》二十卷

元刘敏中撰。原本久佚，今从《永乐大典》录出。其诗文平正通达，在元人中亦马祖常、元明善之亚。所作碑志，尤足订《元史》之讹。

《王文忠集》六卷

元王结撰。原本久佚，今从《永乐大典》录出。诗多古体，大抵和平安雅，不事雕镌，文则务切于实用。其《问答》一卷，乃与吴澄往复之语。《善俗要语》一卷，乃为顺德路总管时条约，亦足见其学问政事之概。

《静春堂集》四卷

元袁易撰。前有龚璛序，以王安石拟之，殊为不类；然有厉鹗跋，以黄庭坚、陈师道拟之，亦未尽然。易诗吐言亮拔，去陈与义为近，与山谷之镕铸劖削、后山之深刻瘦硬，门径固不同也。

《惟实集》四卷，《外集》一卷

元刘鹗撰。鹗捐生捍寇，烈拟睢阳，而《元史》潦草成书，竟漏其名氏。惟遗集仅存，固宜亟与表章，以昭忠义。其诗体裁高秀，风骨清遒，即论文章，亦卓然可以传也。

《勤斋集》八卷

元萧撰。原本久佚，今从《永乐大典》录出。究心道学，而能博观典籍，于六经百氏，无所不通。故其文树义醇正，而皆有根据，诗非所长，亦无俚语，殆泽于古者深欤。

《石田集》十五卷

元马祖常撰。石田者,其山房之名也。大德、延祐以后,为元文之极盛;祖常才力富健,以博赡鸿丽之文,倡导海内,南宋来猥琐庸沓之习,殆尽湔除。苏天爵序称,“后生效慕,文体为之一变”,盖不虚矣。

《榘庵集》十五卷

元同恕撰。原本久佚,今从《永乐大典》录出。恕持身端悫,号曰醇儒,文章亦敦实淳朴。贾仁为作行状,称其于诗喜陆放翁,于文慕周益公,大抵学其所可及,故较动称秦、汉者,实有得焉。

《道园学古录》五十卷

元虞集撰。金、元之间,元好问为文章耆宿。迨元之季,则以集为大宗。此集凡分四编:曰在朝稿,曰应制稿,曰归田稿,曰方外稿。虽所作不仅于此,而菁华荟萃,已见大凡。其陶铸群材,固不减庐陵之在北宋也。

《道园遗稿》六卷

元虞集撰。其从孙堪编。盖以补《学古录》之遗也。较世所传《道园类稿》,增多五百余篇。集之名章巨制,亦约略尽此矣。

《杨仲宏集》八卷

元杨载撰。元史称载文章以气为主,于诗尤有法度。今文不多见,惟以诗传。其诗清思不及范椁,秀韵不及揭傒斯,权奇飞动尤不及虞集,而风规雅赡,位置于三人之间,亦终无怍色。

《范德机诗》七卷

元范梈撰。原本十二卷,分为六集,此本七卷,不知何人所并。梈诗豪宕清遒,足为高调,而机杼自运,未尝刻画古人。虞集谓如唐临晋帖,终未逼真,殆不可晓。揭傒斯为作集序,务反集评,又推之过当,亦未为确论焉。

《文安集》十四卷

元揭傒斯撰。其门人变理普化编。其文叙事严整,简而有要,朝廷典册及碑版巨制,多其撰著。其诗则清丽婉转,如出二手,然神骨秀削,终非姹紫嫣红也。

《翠寒集》一卷

元宋无撰。七言古体,兼效李贺、温庭筠,不出元人蹊径。乐府短章,往往欲出新意,反失之纤。五言律诗、五言长排,最为擅长。七言绝句次之,七言律诗又次之,五言古诗仅一篇,盖才所不近,避而不作也。亦可谓善用短矣。

《桧亭集》九卷

元丁复撰。复诗不事雕饰,而意趣超忽,自然俊逸。其才气横溢,魏文帝所谓笔墨之性,殆不可胜者,几乎近之。

《伊滨集》二十四卷

元王沂撰。原本久佚,今从《永乐大典》录出。沂历跻馆阁,多庙堂著作。又上逢延祐之升平,下及至正之丧乱,一生阅历,多见于诗。迹其所作,虽未能方轨虞、杨,联镳范、揭,而老成耆旧,终有前辈典型。

《渊颖集》十二卷,附录一卷

元吴莱撰。其门人宋濂编。莱与黄溍、柳贯,并受学于宋方凤,再传及濂,遂开明一代文章之派。其文崭绝雄深,规摹秦汉;其诗亦刻意锻炼,句奇语重。然劖削雕镂之痕,皆未能浑化,则年未中寿之故也。

《黄文献集》十卷

元黄溍撰。其文原本经术,动中法度,学者经其指授,具有规程。王袆即其弟子,宋濂初师吴莱,后亦师溍也。

《圭斋集》十五卷,附录一卷

元欧阳元撰。元六入翰林,三拜承旨,凡朝廷高文典册,多出其手。其碑志之文,不苟为谀墓;《至正直》记载,时人谓其文法,不及揭徯斯、虞集、黄溍,而事实不妄,则过之。然元文之于三人,其相去亦咫尺间耳。

《待制集》二十卷,附录一卷

元柳贯撰。贯经学受于金履祥,史学受于牟应龙,文章则得于方凤、谢翱、吴思齐、方回、龚开、仇远、戴表元、胡长孺,授受相承,皆远有端绪。故其文根柢深厚,闳肆而精严,与黄溍齐名,而骎骎乎欲争先路。

《闲居丛稿》二十六卷

元蒲道源撰。凡诗赋八卷,杂文乐府十八卷。皆词意真朴,无所雕饰。盖元大德、延祐以后,亦如明宣德、正统以后,其文大抵雍容不迫,浅显不支。末流之弊,失于庸沓则有之,要不能不谓之盛运也。

《所安遗集》一卷

元陈泰撰。泰与欧阳元同举于乡。其《天马赋》今冠集首。后元跻膴仕而泰终于一簿,惟以吟咏自适。其诗歌行居十之七八,大抵出入于李白、李贺之间。虽奔轶太过,或伤粗犷,而神锋凌厉,亦不可一世之才也。

《至正集》八十一卷

元许有壬撰。原本一百卷,今佚其十九卷。有壬立朝五十年,三入政府,具著风节。诗文亦雄浑闳肆,餍切事理,不为纂组之华词。

《圭塘小稿》十三卷,《别集》二卷,《续集》一卷,附录一卷

元许有壬撰。《小稿》有壬所自编;《别集》其弟有孚所编;《续集》为志文、祭文及有孚等唱和之作,其五世孙容所编。集中诗文,与《至正集》大略相同,而亦互有出入,故两存以备参考焉。

《礼部集》二十卷,附录一卷

元吴师道撰。称"礼部"者,师道致仕后,加礼部郎中也。凡诗九卷,文十一卷。师道与许谦同师金履祥,于经术史学皆有根柢。又与黄溍、柳贯、吴莱游,故诗文亦有法度。其文多阐明义理,排斥释老,能笃守师传。其诗则风骨遒上,意境颇深,非复《仁山集》中格律矣。

《积斋集》五卷

元程端学撰。原本久佚,今从《永乐大典》录出。其文结构缜密,不失矩度,盖以理胜。其诗则沿南宋之末派,虞集最器重端学,而无一字与唱和,其不以是事相许可知矣。

《燕石集》十五卷

元宋褧撰。其诗才地富赡,时露奇丽之致,而贪多务得,不免利钝互陈。文乃敛才就法,颇为雅洁。

《秋声集》四卷

元黄镇成撰。其诗境狭而味薄,盖才弱之故。然近体出以恬雅,古体出以清倩,乃善用其短。

《雁门集》三卷,《集外诗》一卷

元萨都拉撰。案:萨都拉原作萨都刺,今改正。虞集作傅若金集序,称进士萨天锡最长于情,流利清婉。今观所作集,殆定评。萨都拉本色目人,其集称"雁门"者,盖其祖父以来,世居是地。原本八卷,毛晋初得别本,并为三卷,后得荻匾王氏本,乃录三卷所未载者,别为《集外诗》焉。

《杏亭摘稿》一卷

元洪焱祖撰。焱祖尝作《尔雅翼音释》,盖亦稽古之士。其诗虽纯沿宋调,然尚有《石湖》《剑南》风格,非江湖末派所及也。

《安雅堂集》十三卷

元陈旅撰。旅初从马祖常游,后得法于虞集,所造益深。《元史·儒学传》,称其文典雅峻洁,必求合于古作者。虞集有"我老将休,付子斯文"之语。今观所作,与集代兴固未能,自集以下,亦驰骤于诸家间矣。

《傅与砺诗文集》二十卷

元傅若金撰。揭傒斯谓其文无所短长,特以诗传。范梈以七言歌行胜,若金以五言古律胜,余相伯仲。王士祯则谓其歌行得老杜一鳞片甲,七律亦有格调。持论互异。今观其集,当以士祯为定论。

《瓢泉吟稿》五卷

元朱晞颜撰。与作《鲸背吟集》之朱晞颜,名姓相同,非一人也。其集久佚,今从《永乐大典》录出。其诗根柢稍薄,神理自清。牟巘序所称,拟古诸作,皆颇得汉魏遗意,不求似于字句,杂文刻意研练,亦不失绳墨。

《筠轩集》十三卷

元唐元撰。元虽栖迟散秩，而始终皆值元盛时，故其诗多和平温厚之音。又究心经术，故其文皆一轨于正。惟《玉堂夜直》《滦阳扈从》诸诗，非元仕履之所及，或误收他作欤。

《俟庵集》三十卷

元李存撰。其学出上饶陈立夫，为金溪之传。然践履笃实，不堕空虚，与陆氏末派迥异。故其文皆平正醇雅，不失儒者气象，诗则写意而已。

《滋溪文稿》三十卷

元苏天爵撰。天爵有诗稿七卷，顾嗣立《元百家诗选》尚录之，今未见传本，此编乃其文稿也。天爵虽学出安熙，而词章淹雅，根柢深厚，波澜意度，出入欧、苏，乃过熙不可道里计。碑版诸作，尤足补史阙。盖自从沉酣典籍、练习掌故而来，非得之于熙也。

《青阳集》四卷

元余阙撰。阙孤忠劲节，撑拄纲常。其诗沉浸汉魏，风力高骞，于元代亦别为一格。其上贺丞相四书，尤关安危之大计；使用其言，天下事未可知也。

《方叔渊遗稿》一卷谨案：此部《总目》不存。

元方澜撰。凡五言诗四十二首，盖后至元己卯樊士宽所抄存，非其全也。然此本有顾嗣立名印，又有点勘甲乙之处，知嗣立选元诗时所见，亦止此本矣。其诗边幅少窘，且不免于累句，然兴象颇幽，触处延赏，亦时逢佳句。

《鲸背吟集》一卷

旧本题元朱晞颜撰。与作《瓢泉吟稿》之朱晞颜，又别一人。或谓宋无初名朱晞颜,亦莫能详也。集凡七言绝句三十余首,每首之尾各以古句足之。盖其至元辛卯,泛海至燕京时作,故以“鲸背”为名。

《近光集》三卷,《扈从诗》一卷

元周伯琦撰。《近光集》,乃后至元庚辰至乙酉,由编修历擢崇文监丞时作。《扈从诗》,为至正壬辰,随跸上京所作。《近光集》述朝廷典制为多,《扈从诗》纪塞垣风土尤备。

《经济文集》六卷

元李士瞻撰。《元史·顺帝本纪》载,至正二年士瞻极论时政二十事,盖本谠直之士,故是集筹划时事之书札,几居全集之半。凡朝政之姑息、兵略之乖方、藩臣之跋扈,无不蒿目疚心,谋所以匡救弥缝之术。老臣忧国,至今犹彷佛见之。其曾孙申,编录此集,以经济为名,殆取于此。

《纯白斋类稿》二十卷,附录二卷

元胡助撰。凡赋一卷、诗十六卷、杂文三卷、附录投赠诗文二卷。所作皆平易近人,无深湛奇警之思,亦无破碎支离之病。

《圭峰集》二卷

元卢琦撰。琦列名良吏,本不藉诗以传。而其诗清新俊逸,亦不在陈旅、萨都拉下。集中多误收二人之作,以体格相近故也。

《蜕庵集》五卷

元张翥撰。翥心性之学,受之李存;声律之学,受之仇远。后讲学无成,卒以诗著;颇类宋之赵蕃。近体长短句,极为当代所推,然古体亦伉爽可诵,往往有香山讽谕之遗。王士祯居易录称为元末大家,古今诗皆有法度,无论赵孟颇、马祖常，即范梈、揭傒斯，未知伯仲如何谅矣。

《五峰集》六卷

元李孝光撰。元诗绮靡，孝光独力求复古。乐府古体，皆刻意奋厉，不作庸音。近体五言，疏秀有唐调。七言颇出于江西派中。俊伟之气，乃不可遏。间或失之粗犷，要不害其风格。杂文二十首，亦矫矫无凡语。

《野处集》四卷

元邵亨贞撰。亨贞所著诗词十六卷，今已散佚。惟此文集仅存，凡六十八篇。亨贞终于儒官，足迹不出乡里，故无雄篇巨制，发摅其奇气。而其文清畅流利，步伐井然，自不同于俗格。

《梦观集》五卷

元释大圭撰。其集原冠以语录三卷，次为诗六卷，次为杂文十五卷。其语录既为异学，杂文多青词疏引之类，俱无足取。其诗则气格磊落，无纤秾之习，亦无蔬笋之气。《石湖》《剑南》余音，尚存于方外。故今惟取其诗，编为五卷，而他皆不录焉。

《金台集》二卷

元纳新撰。案：纳新原作迺贤，今改正。明危素编。纳新天才秀拔，去元好问为近。故气格轩翥，无米盐琐屑之态。其名亚于萨都拉，核其所作，实未易轩轾也。

《子渊诗集》六卷

元张仲深撰。原本久佚，今从《永乐大典》录出。古诗冲淡，有陶、韦余响；律诗颇涉江湖末派，格意未高，而佳句亦多可诵。

《午溪集》十卷

元陈鉴撰。鉴学诗于张翥,故才地虽弱,而吐言清脱,不失风调。盖格律有所受之也。卷首载刘基手柬,欲删其应酬之作。此本所载仍夥,岂言之而不从欤。然基言则允矣。

《药房樵唱》三卷,附录一卷

元吴景奎撰。五言古体,皆源出白居易;七言古体,间似李贺;近体亦爽朗自喜。惟编录者,务盈卷帙,失于删汰,多参以率意之作,为榛楛勿翦耳。

《栲栳山人集》三卷

元岑安卿撰。安卿志行孤洁,穷厄以终。诗亦戛戛孤诣,如其为人。惟歌行时杂李贺、温庭筠体,是则有元一代之习径,不独安卿为然矣。

《梅花道人遗墨》二卷

元吴镇撰。镇工于画,此集多从手迹录出。然收藏家所宝卷轴,未必皆确,故此集亦真伪相参。然披沙简金,往往见宝。其萧散高逸之笔,要可望而知也。

《玩斋集》十卷,拾遗一卷

元贡师泰撰。师泰虽以政事著,而承其父奎家学,又受业于吴澄,故文章具有轨度,诗格尤为高雅。虞、杨、范、揭之后,亦可云晚秀矣。

《羽庭集》六卷

元刘仁本撰。原本久佚,今从《永乐大典》录出。仁本虽在方国珍幕,其官则授之于元。其从国珍,如罗隐之仕吴越,志不忘唐;事败后,义不仕明,捐生抗节，实不失为烈士。其文亦清隽绝俗，意境超然。

《不系舟渔集》十五卷，附录一卷

元陈高撰。高当元祚阽危，浮海流离，力图匡复，其心事与王保保等。事虽不遂，志实可哀。其诗惟七言古体，非其所长；绝句亦不经意。至五言古体，源出陶潜；近体律诗，格从杜甫；面目稍别，意境不殊，在元季亦铮铮者矣。

《居竹轩集》四卷

元成廷珪撰。廷珪诗法多得于张翥。刘钦序，称其五言务自然，七言律诗最工。今观其七言古诗，亦颇遒丽；惟五言古诗，竟无一篇。殆亦如宋无《翠寒集》，自知不工此体，遂绝不作欤。

《句曲外史集》三卷，《补遗》三卷，《集外诗》一卷

元张雨撰，明陈应符编。《补遗》为闵元衢编。《集外诗》又毛晋与冯武编也。雨工于翰墨，诗文亦豪迈洒落，体格遒逸，虽托迹黄冠，而谈艺之家，皆位置于文士之列，不复以外教视之焉。

《侨吴集》十二卷

元郑元祐撰。所作《侨吴集》《遂昌山人集》，本各为书，明弘治丙辰，张习除其重复，合为一集，总以侨吴为名。其文颇疏宕有气，诗亦苍坚。

《咏物诗》一卷

元谢宗可撰。凡一百六首。格不甚高，词亦不能尽工。姑存备诗家之一体，犹唐诗之存胡曾也。

《鹿皮子集》四卷

元陈樵撰。其诗古体五言胜七言，近体七言胜五言。大抵七言古体学温

庭筠,以幽艳为宗;七言近体学陆龟蒙,而雕削太甚。顾嗣立《元诗选》所摘佳句,如“春在地中常不死,月行天尽又飞来”“诗无獭髓痕犹在,梦有鸾胶断若何”,皆其疵处,非其佳处也。

《林外野言》二卷

元郭翼撰。翼没于至正二十四年,在杨维桢前,而其诗法实得自维桢,故所作皆近其流派。然笔力惊矫,语无懦响,虽非正格,要亦异才。

《傲轩吟稿》一卷

元胡天游撰。艾科作天游小传,称其诗遇伯生、子昂,不输一筹。今观所作,大都悲壮激烈,颇病粗豪,非惟不能敌虞,抑亦未足当赵。惟其长歌,慷慨之中,能发乎情,止乎礼义,犹有诗人忠厚之遗,为足尚耳。

《师山文集》八卷,《遗文》五卷,附录一卷

元郑玉撰。玉取义成仁,无忝讲学。其论文诋韩、柳,诋欧、苏,诋皇甫湜,则与程端礼、胡一桂偏驳略同。然其文实醇正而简洁。汪克宽行状谓,大抵主于明正道、扶世教者,其说不诬。欧阳元所谓严而有法者,亦为不愧。

《友石山人遗稿》一卷

元王翰撰。翰终始皆似谢枋得,故慷慨激烈,一一托之于诗。虽篇什无多,而即物寓情,恒凛凛有生气也。

《闻过斋集》八卷

元吴海撰。海与王翰友善,劝翰死节,而抚其孤。其行谊甚高,其持论亦甚正。故《明史·隐逸传》,称其文严正典雅,而一归于理。

《学言诗稿》六卷

元吴当撰。当为吴澄之孙，能傅家学。其诗风骨崚嶒，有毅然不可犯之色。盖当志操坚苦，义不负元，陈友谅迫胁幽縶，卒不能屈。明太祖以礼招之，亦长揖不拜，其人品本高故也。

《北郭集》六卷，补遗一卷

元许恕撰。恕以元代遗民，潜踪海上，使人不能识，可谓鸿冥。其古诗意境沉郁，而音节高朗；近体则多似陈与义，大抵多愁苦之词。

《玉笥集》十卷

元张宪撰。宪诗法得自杨维桢，早游京国所作，多奇气郁勃。晚为张士诚所招，非其本志，见于《枕上感兴》一诗。故感时怀古诸篇，多感激豪宕之语。

《青村遗稿》一卷

元金涓撰。涓受经于许谦，而学文章于黄溍。然所著今皆不传，惟诗集仅存其诗。沿江湖末派，摹写山林，篇篇一律，未为超诣。特胸次清高，自无俗韵耳。

《丁鹤年集》一卷

元丁鹤年撰。鹤年谢绝世缘，覃思吟咏，故所得颇深。近体尤沉郁顿挫，至顺帝北徙以后，其诗缠绵往复，往往酸恻动人。

《贞素斋集》八卷，附录一卷，《北庄遗稿》一卷

元舒頔撰。其文章颇有古格，其诗纵横排宕，七言古体尤所擅长。附录一卷，皆铭记之属。《北庄遗稿》，则其弟远逊之诗也。

《一山文集》九卷

元李继本撰。诗文皆俊伟明畅,歌行尤多逸气。虽有学李白而不成,流为卢仝、马异格调者,盖好奇之弊,其失必至于粗野,然终胜于翦红刻翠,以词为诗也。

《江月松风集》十二卷

元钱惟善撰。其集在明不甚显,此本乃曹溶得惟善手稿,因传于世。前有陈旅序,称其诗妥适清倩,娓娓乎有唐人之流风。

《龟巢集》十七卷

元谢应芳撰。其集诗后有文,文后又有诗,编次殊无条理。疑本正、续两集,传写者合为一也。《明史》称其诗文雅丽酝藉,今观其集,诗颇雅洁,文则多应俗之作。惟其论时事利病者,多切于事理。

《石初集》十卷,附录一卷

元周霆震撰。霆震自号石田子,初省其文,则曰石初,因以名集。其生在前至元壬辰,至明初乃卒,年八十有八。元一代治乱兴亡,一身毕阅,故其诗忧时伤世,感喟至深。其叙述至正中兵戈饥馑之状,沉痛酸楚,使异代尚如见情状。

《山窗余稿》一卷

元甘复撰。其诗法得诸张翥,虽不及翥之才力富健,诸体兼备,而风怀澄淡,意境萧散。五言古体,绰有韦、柳遗音,其格韵乃似在翥上,殆才有偏长欤。

《梧溪集》七卷

元王逢撰。逢少学诗于陈汉卿，得虞集之再传，故才气宏放，而法度谨严。集中载元、明之际，忠孝节义事甚备，多作小序，以志其崖略，盖其寓意所在也。

《吾吾类稿》三卷

元吴皋撰。原本久佚，今从《永乐大典》录出。其诗遣词质实，无元季纤佻之习。多作于顺帝末年，故伤乱忧危，义同变雅。其和刘文廷拟古十首，特表李黼之忠烈，所志可见也。

《樵云独唱》六卷

元叶容撰。其诗多写闲适，颇有流于颓唐者，然天机所到，亦时有自得之趣。

《桐山老农文集》四卷

元鲁贞撰。其诗不出元末之格，且有累句。其文亦闻见颇狭，或失考证。如《武安王庙记》赤兔周仓之类，直以里巷之言，镌诸金石。然胸怀夷旷，神韵自清；譬深山散木，拥肿卷曲，而天然有尘外意也。

《静思集》十卷

元郭钰撰。钰遭逢乱世，诗多成于流离道路、转侧兵戈之时，故哀怨之音，居其大半。其抱节不仕，但以病废为词，尤和平温厚。

《九灵山房集》三十卷，《补编》二卷

元戴良撰。良为余阙之弟子，元亡后追念故君，不食明禄，幽囚以死，终不

易心，可谓下不负师、上不负国。其诗神姿竦秀，亦高出一时。

《滦京杂咏》一卷

元杨允孚撰。凡一百八首。所记元上都轶事最详。词亦雅驯。据末数首，知其作于元亡以后。盖其体则王建《宫词》，其意则孟元老《东京梦华录》也。

《云阳集》十卷

元李祁撰。祁于李黼、余阙为同年进士，黼、阙皆死国难，祁亦抱节以终。其诗恬雅舂容，自合节奏；文亦雅洁。康熙中，僧大汕删其集为四卷，去取颇乖。此本为其五世从孙东阳所编，犹完帙也。

《南湖集》七卷

元贡性之撰。性之避地更名，躬耕没世。其诗多眷怀故国，而词意深婉，无所怨尤。

《佩玉斋类稿》十卷

元杨翮撰。翮父刚中，为大德中耆宿。翮承其家学，又与虞集、杨维桢等游，故才力虽不富健，而规矩森然不同率尔。

《清闷阁集》十二卷

元倪瓒撰。瓒画居逸品，诗文亦适然寄意。而神思散朗，气韵自高。其集刻本，互有详略。此本为康熙癸巳，曹培廉所编。凡诗八卷、文二卷。又《外纪》二卷，上卷为遗事之类，下卷为品题诗画之语。

《玉山璞稿》一卷

元顾瑛撰。瑛池馆宾客之盛，甲于江左，而瑛之词采，亦足与唱和。杨循吉《苏谈》曰:“阿瑛好事而能文,其所作不逮诸客,而词语流丽,亦时动人。”故在当时,得以周旋骚坛之上,非独以财故也。

《麟原文集》二十四卷

元王礼撰。凡前、后集各十二卷。有李祁、刘定之二序。定之序,借礼以诋刘基,称礼文为奇气硉矶,颇不相似。祁序称其蔼然仁义之词,凛然忠愤之气,深切恳至,无不可人意者,斯为近之。

《来鹤亭诗》八卷,补遗一卷

元吕诚撰。诚称处士,而集中多谪窜岭南之作,不甚可解。其诗意境未深,而颇为清丽。

《云松巢集》三卷

元朱希晦撰。五言诗,气格颇清,而数首以外,蹊径略同,未能变化。七言诗,较为挺拔。古体又胜于近体。其瓣香盖在剑南。鲍原宏序,以为宗法李、杜,非其实也。

《环谷集》八卷

元汪克宽撰。其平生以聚徒讲学,摹仿朱子,本不留意于文章。然其文持论谨严,无迂怪不情之说。诗仅十余首,其中七言古诗数首,造语新警,乃近温庭筠、李贺。

《性情集》六卷

元周巽撰。原本久佚,今从《永乐大典》录出。其诗虽乏沉郁顿挫之致,然抒怀写景,颇近自然。集以“性情”为名,其宗旨可见也。

《花谿集》三卷

元沈梦麟撰。诗文皆娴雅,然文不及其诗。诗则诸体不及七言律。盖性有偏近,功有独至也。

《樗隐集》六卷

元胡行简撰。原本久佚,今从《永乐大典》录出。其文以冲和雅淡为宗,波澜未阔,矩矱自严,无冗赘支离之语。诗不多作,亦不甚经意。

《东山存稿》七卷,附录一卷

元赵汸撰。有元一代,经术莫深于黄泽,文律莫精于虞集。汸受经于泽,学文于集,渊源所自,皆天下第一。故其文在元季,亦翘然特出。诗词非所专门,其合者亦颇近元祐体。

《东维子集》三十卷,附录一卷

元杨维桢撰。维桢以诗才雄一世。此集乃录文二十八卷、诗仅二卷。盖以文为主,诗特附行。同时王彝,尝作《文妖》,以诋维桢。然维桢特乐府诗歌,好为纤谲;其文则文从字顺,其作《鹿皮子集》序,论文尤醇正无疵也。

《铁厓古乐府》十卷,《乐府补》六卷

元杨维桢撰。其门人吴复编。元季诗格纤靡,歌行尤多类小词。维桢以雄桀之才,力挽其弊,而矫枉过直,遂至于诡怪不经,为后人诟厉。要其别调逸情,亦天地间不可磨灭之文。去其太甚则可,必欲废之,则又过矣。

《复古诗集》六卷

元杨维桢撰。其门人章琬编。所载皆琴操、宫词、冶春、游仙、香奁之类，而古乐府亦杂列其间。以皆时俗所不为，故题曰复古。

《丽则遗音》四卷

元杨维桢撰。其门人陈存礼编。凡赋三十二篇，皆应举时私拟程试之作。旧无刻本，此本出常熟毛晋家，称尝得元乙亥科湖广乡试《荆山璞赋》一册，此集附于册末，因为剞劂，而以《荆山璞赋》五篇附之云。

《夷白斋稿》三十五卷，《外集》一卷

元陈基撰。基受业黄溍之门，其文皆操纵驰骋，而有雍容揖让之度，能不失其师傅。

《庸庵集》十四卷

元宋禧撰。禧受业于杨维桢。维桢诗歌以奇谲兀奡，凌踔一世；禧诗乃清和婉转，以自然为宗，出入于香山、剑南之间，文亦详赡畅达，可谓善学柳下惠矣。

《可闲老人集》四卷

元张昱撰。昱诗源出虞集，而才气纵逸。其下者或失于颓唐，其上者苍莽雄肆，有古直悲凉之概。

《石门集》七卷

元梁寅撰。寅研究经史，颇能考证。故其文理致醇正，而语有根据，异乎心性之空谈。诗亦淡远冲融，足征所养。

《玉笥集》九卷

元邓雅撰。雅从梁寅讲学,此集即寅所勘定。其诗或伤率易,而文大致闲雅,亦略似寅。

右别集类金至元。一百七十五部,二千一百一十二卷。

卷十八

集部六　别集类五明洪武至崇祯

《明太祖文集》二十卷

案:《明太祖文集》,见于焦竑《国史经籍志》者凡二部,见于黄虞稷《千顷堂书目》者凡四部。此本为姚士观、沈铁所校刊,即焦志所列第一部也。

《宋学士全集》三十六卷

明宋濂撰。元末文章,以吴莱、柳贯、黄溍为一朝后劲。濂初学于莱,后学于贯与溍,遂根柢经训,发为文章,称明一代之冠冕。其文醇深演迤,不动声色,而二百余年之中,弹力翻新,终莫能先也。

《宋景濂未刻集》二卷

明宋濂撰。其稿旧藏文徵明家。盖元代功臣诸颂及志铭之属,作于至正中者,至明不免有所讳;其为二氏作者,亦以词涉异学而隐之。康熙中,濂裔孙实颖得稿,金坛蒋超为简存本集,不载者三十八篇。今以本集互较,实止二十七篇未刻也。

《诚意伯文集》二十卷

明刘基撰。基学术经济似耶律楚材、刘秉忠,而文章则在二人上。其诗沉着顿宕,自成一家,可亚高启。其文亦宋濂之亚。所不能突过二人者,神锋豁露而已。

《凤池吟稿》十卷

明汪广洋撰。广洋以巧宦自容,而终以巧败。其诗则源出余阙,清刚典重,一洗元人纤媚之习。朱彝尊《静志居诗话》所摘佳句,皆宛然唐调也。

《陶学士集》二十卷

明陶安撰。其诗本分五集,此本合为十卷。其文亦十卷。明初典礼,皆安议定,其文不载集中。集所载者,送别序引居其半,寿文入集亦始于安。其声价亚于宋濂、刘基,然学术深醇,所作皆平实典雅,固一代开国之音也。

《西隐集》十卷

明宋讷撰。明成均师范,推南陈、北李,而开其先者则讷。其文淳厚端重,宛肖其人。诗乃风华秀润,无语录气,然亦无一佻语。

《王忠文公集》二十四卷

明王袆撰。本为《华川前集》《后集》,各十卷。正统中,刘杰、刘同共编此本。袆与宋濂同游黄溍之门,授受具有端绪,故其文醇朴而宏肆,有北宋遗风。濂序称其体凡三变,可谓深知甘苦矣。

《翠屏集》四卷

明张以宁撰。以宁元季在翰林,继虞集、黄溍、欧阳元、揭傒斯后,以文章擅名。然其文神锋太隽,颇乏浑涵。其诗则五言古体,意境清远;七言古体,亦遒警。惟《倦绣篇》之类,少病绮靡。近体皆格意清新,有数联偶涉侧调,未为大损。

《说学斋稿》四卷

明危素撰。原本五十卷,明代即已不传。此本乃归有光从其手稿传抄,皆元代所作,凡一百三十二篇。案:归有光跋,称一百三十六篇,王懋竑又称一百三十八篇,盖传写互异。素人不足道,而其文在元末为巨擘。王懋竑跋,称其演迤澄泓,视之若平易,而实不可及,非有光莫知其深云。

《云林集》二卷

明危素撰。是编乃其诗集,亦皆元代所作。其气格雄伟,风骨清刚,亦足以凌轹一时。

《白云集》七卷

明唐桂芳撰。集中有与陈浩书,自称为文慕苏洵,颇能具体。其诗清婉,亦协雅音。

《林登州集》二十三卷

明林弼撰。弼官至登州知府,故以名集。凡诗七卷,文十六卷。王廉为作墓志,称其诗文皆雄伟跌宕,清峻之语,迥出尘表,亦颇肖其真。

《槎翁诗集》八卷

明刘崧撰。崧刻意吟咏,日课一诗。所作皆清和婉约,为明代豫章诗派之宗。杨士奇等,皆沿波而起者也。

《东皋录》三卷

明释妙声撰。妙声与袁桷、张翥、危素等游,故所作颇有士风。至正中诸诗,感事抒怀,往往激昂可诵。杂文体裁清整,俪语亦有南宋之风,大抵格不高,而韵亦不俗也。

《覆瓿集》七卷,附录一卷

明朱同撰。凡诗三卷。多元末之作,爽朗有格。文四卷,议论纯正,不失其父升之家学。而吐词雅洁,则远过其父。

《柘轩集》四卷

明凌云翰撰。其诗才气驰骋,而不离法度。当其合作,可并骛于刘基、高启之间。

《白云稿》五卷

明朱右撰。右尝录韩愈、柳宗元、欧阳修、苏洵、苏轼、苏辙、曾巩、王安石文,为《八先生集》。唐宋八家之目,实源于是。其文章格局,即皆从是出。

《密庵集》八卷

明谢肃撰。原本久佚,今从《永乐大典》录出。肃尝从贡师泰于海昌,凡一诗一文,折中议论,必当于理然后已。其法律得于师泰者为多,故体格亦往往相近。

《清江诗集》十卷,《文集》三十一卷

明贝琼撰。其集一本二十卷,一本三卷。此两集共四十一卷,乃足本也。琼学诗于杨维桢,而能取维桢之所长,不取所短;故温厚之中,自然秀拔。其文亦舂容不迫,有一唱三叹之音。

《苏平仲集》十六卷

明苏伯衡撰。郑瑗《井观琐言》,病伯衡文用意太苦,遣词太繁缛。然《明史·文苑传》称,宋濂致仕,荐伯衡自代,称其文蔚赡有法;为伯衡作集序,又称其不求似古人,而未尝不似。濂老于文律,其必有所取矣。

《胡仲子集》十卷

明胡翰撰。翰从吴师道、吴莱学古文,从许谦受经。其文多得二吴遗法,

而颇切世用,则与谦之坐谈心性小殊。然如《五行志序论》《牺尊辨》《宗法论》诸篇,亦未尝不原本训典,精究儒理。诗仅一卷,而格意特高,不但谦所不及,并突过二吴之上矣。

《始丰稿》十四卷

明徐一夔撰。其集世有二本,其一六卷,颇为阙略,其一即此本也。以《千顷堂书目》考之,仅佚其诗一卷。其文皆谨严有法。与王袆论修《元史》书,洞悉著作利病,《明史》载之于本传。《宋行宫考》《吴越国考》《钱塘铁箭辨》《欧阳史十国年谱备证》,尤为典核。

《王常宗集》四卷,补遗一卷,续补遗一卷

明王彝撰,都穆编。"补遗",刘廷璋、浦杲同编。"续补遗"则不知谁编。彝师孟梦恂,梦恂师金履祥,本讲学之派,故作《文妖》以诋杨维桢,颇为已甚。王士祯《香祖笔记》,诋其诗堕入恶道,抑又已甚。平心而论,其文大致淳谨,诗亦尚不失风格也。

《白石山房逸稿》二卷

明张孟兼撰。即注《冬青引》之张丁,以字行也。太祖与刘基论一时文士,基称宋濂第一,己次之,又其次则孟兼。今虽未睹其集,即此残稿观之,诗文皆儒雅清丽,具有体裁,而雄骏之气,隐隐然不可遏抑。虽明初作者角立,未必定居第三,而骖乘二人,固亦无愧色也。

《沧螺集》六卷

明孙作撰。其诗力摹黄庭坚,于元末明初,特为别调。然才学皆不及庭坚,虽拔俗而未造古。其文则磊落奇伟,而隐有程度。宋濂为作小传,称其文不称其诗,良有以焉。

《临安集》六卷

明钱宰撰。原本久佚,今从《永乐大典》录出。其诗刻意古调,吐词清拔,无元季柔艳之态。故徐泰《诗谈》,譬以霜晓鲸音,自然洪亮。古文非所擅长,仅守法度而已。

《尚䌹斋集》五卷

明童冀撰。分为四集,《金华》《南行》《雪川》三集,兼载诗文;《北游集》则有诗无文。大抵笔意清刚,矫然自异。虽名不甚著,要亦足周旋作者之间。

《考古文集》二卷

明赵㧑谦撰。㧑谦精研小学,不甚以文章著。此集掇拾残缺,尤不尽所长。然意度波澜,颇存古格,是则学有根柢之故也。

《刘彦昺集》九卷

明刘炳撰。一名《春雨轩集》,杨维桢所评定也。炳元季尝练兵御寇,又尝从余阙于安庆,知其将败辞归,盖亦智略之士。故其诗伉爽挺拔,意度不凡。杂文仅一卷,萎弱殊甚,知其余事视之矣。

《蓝山集》六卷

明蓝仁撰。原本久佚,今从《永乐大典》录出。其诗不为元人之纤秾,亦不为宋人之生硬,大抵规抚唐调,驰骤于大历以还。闽中诗派多称林鸿等十子,实则林弼及仁兄弟导其先也。至仁中更困踬,而其词融怡恬雅,不失和平,抑又高矣。

《蓝涧集》六卷

明蓝智撰。原本久佚,今从《永乐大典》录出。其诗清新婉约,足以肩随其兄。五言结体高雅,七言亦顿挫浏亮。焦竑《国史经籍志》有仁集而无智集,则其散佚已在明之中叶。今两集皆乘时复出,亦文章精气有不可磨灭者欤。

《大全集》十八卷

明高启撰。启诗初有五集,凡二千余首,后自定为《缶鸣集》,凡九百余首。诸集遂亡。景泰中,徐庸乃掇拾逸篇,辑为此本。启天才高逸,在明一代诗人上。凡摹拟古调,无不逼真。惟行世太早,殒折太速,未能镕铸变化,自为一家。故备有古人之体,而反不能名启为何体,此则天实限之,非启过矣。

《凫藻集》五卷

明高启撰。启诗才笼罩一世,古文不甚著名,而此集亦不失前辈之轨度。

《眉庵集》十二卷

明杨基撰。与高启、张羽、徐贲,号明初四杰。其诗沿元季纤秾之习,或时类小词,故《艺苑卮言》谓其情至之语,风雅扫地。然五言古体,卓然正声,近体亦多俊逸。盖其神骨本高,特不能不移于习俗,是所短耳。

《静居集》四卷

明张羽撰。《明史·文苑傅》称,羽文精洁有法,尤长于诗。今文集不传,其列为四杰,亦以诗不以文。《静志居诗话》,于羽颇著微词。今观所作,惟近体意取俊逸,诚不免于平熟,至于古体七言,笔力雄放,五言低昂宛转,不乏浏亮之作,亦未可尽以郁轖目之。

《北郭集》六卷

明徐贲撰。才气不及高启、杨基、张羽,而法律谨严,字句熨贴,长篇短什,并首尾温丽,于三人又别为一格。虽无以胜人,而亦立于不可败。

《鸣盛集》四卷

明林鸿撰。晋安诗派,以闽中十子为祖,鸿又为十子之冠。其诗力仿唐音,李东阳《怀麓堂诗话》已病其摹拟。周亮工《书影》至以“闽人动为七律,如出一手”,归咎于鸿。然鸿诗自有清韵,未可以后来流弊,遂并废鸿所作也。

《白云樵唱》四卷,附录一卷

明王恭撰。闽中十子以高棅居第三,恭居第四。然棅诗自出山以后,无复清思;恭则性耽山野,吐言清拔,时有中唐遗韵。以次高棅,殆恐棅愧在卢前矣。

《草泽狂歌》五卷

明王恭撰。大致与《白云樵唱》相近,而中年所作,情思较深。

《半轩集》十四卷

明王行撰。行桀黠之姿,不可一世,其数以兵法说蓝玉,而劝道衍以待时,意皆叵测,遘祸未为不幸。故其文踔厉风发,纵横排奡,而不能悉归于醇正。诗格清刚骏爽,在北郭十子内,与高启亦称勍敌。就文论文,不能不谓之奇才也。

《西庵集》九卷

明孙蕡撰。其诗于元季绮靡之中,独卓然有古格。虽神骨俊异,不及高启,要非林鸿诸人所及。

《南村诗集》四卷

明陶宗仪撰。宗仪至建文初犹在,然元末已称宿学。其诗格力遒健,为虞、杨、范、揭后劲,然非古淡萧散之派。毛晋刻入十元人集中,谓其诗如疏林早秋,则殊不似也。

《望云集》五卷

明郭奎撰。奎为余阙门人,仗剑从军,备尝险阻,苍凉激楚,一发于诗。五言古体,原本汉魏;七言古体,时近李白;五言律体,多摹唐调;七言律体,兼取宋音;绝句在唐、宋之间。在元末明初,亦可云挺出。

《蚓窍集》十卷

明管时敏撰。名曰"蚓窍",取韩愈《石鼎联句》语也。其诗法受自杨维桢,而不蹈袭维桢之体。春容雅淡,多近唐音。

《西郊笑端集》二卷

明董纪撰。张汝弼作是集序,颇致不满;朱彝尊《静志居诗话》,则举其题海屋诗以争之。然纪诗世罕流传,彝尊所录,乃采之《大雅集》中,未见此集。今观所作,率漫诚为不免,然其合者往往有元、白、张、王遗意。汝弼所论,固执一格以绳人;彝尊所摘一二语,亦未尽所长也。

《草阁诗集》六卷,《拾遗》一卷,《文集》一卷,附筠谷诗一卷

明李晔撰。其诗才力雄赡。古体长篇,多清刚隽上。近体亦无凡近语。末附筠谷诗,乃其子辕作。宋濂作晔集序,称辕诗能继其家云。

《樗庵类稿》二卷

明郑潜撰。或作元人者,误也。原本久佚,今从《永乐大典》录出。潜虽起家掾史,而天姿绝异。其诗词意轩爽,有玉山朗朗之致。入明以后,仅佐一州,又去编《永乐大典》时最近,而当时全部收入,必有以取之矣。

《春草斋集》十卷,附录一卷

明乌斯道撰。凡文五卷,诗五卷。其附录一卷,则传赞之属也。《明史·文苑传》称,斯道工古文,兼精书法,不及其诗。今观其文,类皆恬雅圆润,无剑拔弩张之态,颇近自然。其诗亦寄托深远,吐属清华,在明初可自成一队,不但古文之工也。

《耕学斋诗集》十二卷

明袁华撰。凡古体七卷,近体五卷。华在明初,为诸家盛名所掩,人与诗皆不甚著。然所作衔华佩实,究非后来伪体所能及。

《可传集》一卷

明袁华撰。乃至正癸卯,杨维桢删定之本。其名亦维桢所命。盖于千余首中,存此一卷,去取颇严,故今与全集并存。一取其备,一取其精;犹《欧阳文粹》《放翁诗选》例也。

《强斋集》十卷

明殷奎撰。凡诗文九卷,末附录志状之属为一卷。明初儒风醇实,宋、元以来,江湖积习,门户余波,湔除殆尽。虽不以辞藻名者,其文亦尔雅深厚,有经籍之光。如奎此集,当时未为杰出,至宣德以后视之,已卓然古格矣。

《海桑集》十卷

明陈谟撰。其甥杨士奇编。谟虽未食明禄,然吴元年,元尚未亡,已为卫官作贺表,后应聘而出,以同事龃龉而去,与栗里之事迥殊。所作《通塞论》一篇,谓国亡不必死节,尤为纰缪。至其文体简洁,诗境冲融,则士奇学问渊源,多从是出焉。

《畦乐诗集》一卷

明梁兰撰。兰与杨士奇为姻家，士奇尝从之学诗，此集即士奇编也。然其诗有陶、韦遗意，与士奇诗格迥殊。

《竹斋集》三卷，《续集》一卷，附录一卷

明王冕撰。旧本作元人，误也。《竹斋集》，其子周编，有诗无文。《续集》，骆居敬编，兼载诗文。其行状一卷，亦居敬所附录。冕本狂生，天才纵逸，其诗排宕纵横，不可拘以常格，而非杨维桢等之别体。集中无绝句，惟画梅乃以绝句题之，续集所收，皆画梅诗也。

《独醉亭集》三卷

明史谨撰。其诗平易近人，而神采自然秀异，大抵落落自行，无依傍门户之见。

《海叟集》四卷，《集外诗》一卷

明袁凯撰。凯在元末，以《白燕》诗得名。李梦阳序则谓《白燕》诗最下最传，其高者顾不得传。今检校全集，梦阳之论良是。《怀麓堂诗话》，病其学杜太似，论亦入微。凯之短长，具在于是。其集颇为朱应祥等所点窜，此本乃曹炳曾所校，犹未改其旧文。

《荣进集》四卷

明吴伯宗撰。伯宗有南宫、使文、成均、玉堂四集，今皆未见。此本乃后人所合编。一卷为殿阁词林记、小传及乡试、会试、御试卷；二卷、三卷为诗赋；四卷为杂文。诗文皆典雅雍容，明一代台阁之体，于是滥觞。

《梁园寓稿》九卷

明王翰撰。翰始抗骄王,终殉国难,立身具有本末。发为文章,亦具有刚劲之气。古体质直,近体尤多伉爽。朱彝尊辑《明诗综》,一字不登,疑或未见此本欤。

《自怡集》一卷

明刘琏撰。琏为刘基之子,以才略气节称。其诗乃亦颇工,所作惟七言律诗,不免涉流利圆美之调,至五言古体,居集之太半,皆思力沉挚,词旨高雅。殆排突两宋,而上之以继犁眉诸集,亦不惭其父。

《斗南老人集》六卷

明胡奎撰。奎诗多不事雕饰,自然流出。《静志居诗话》谓其功力既深,格调未免太熟,诵之若古人集中所已有,诚识微之论。然此境已不易造矣。

《希澹园诗》三卷

明虞堪撰。旧本题元人,误也。堪于虞集为从孙,《道园遗稿》即其所编。故其诗具有渊源,古体气格颇高,近体亦音节谐婉。惟七言律诗,刻意欲摹黄庭坚,而才力较薄,颇形竭蹶。要之刻鹄不成,尚类鹜也。

《鹅湖集》九卷

明龚敩撰。原本久佚,今从《永乐大典》录出。其诗沿元季余波,未能特出;其文则原本经术,结构谨严。《明史·宋讷传》,称讷为祭酒,与司业王嘉会、龚敩同定学规,三人终日危坐,堂上肃然。然则敩禔躬端重,为世师范,故其文亦严正如是也。

《荥阳外史集》七十卷

明郑真撰。原本一百卷，今佚三十卷，而存者讹脱亦甚，殆不胜乙。成化《四明郡志》，称其初与宋濂齐名，尝作《裴氏著存堂记》，濂为阁笔。今观其文，虽非濂敌，然义有根柢，词有轨度，与濂亦可肩随。

《全室外集》九卷，《续集》一卷

明释宗泐撰。宗泐虽托迹缁流，而笃好儒术，故其诗风骨高骞，可抗行于作者之列。皎然、齐己，固未易言；要不在契嵩、惠洪下也。

《岘泉集》四卷

明张宇初撰。宇初为张道陵四十三世孙，袭掌道教，尝坐不法夺印诰。然文章乃颇可观，持论多根于儒理，无彼教荒怪之谈。

《唐愚士诗》二卷，附《会稽怀古诗》一卷

明唐之淳撰。此编名曰诗集，实兼载诗文。编次颇无伦绪，疑为杂录之手稿。又皆洪武丁卯、戊辰二年，从李景隆北征之作，亦非完帙。其诗少简练之功，而塞外诸作，山川、物产，颇资考核。《会稽怀古诗》一卷，仿阮阅、张尧同例，亦颇有辨订。

《继志斋集》十二卷，附录一卷

明王绅撰。绅，袆之子，以孝行闻。其文演迤丰蔚，不失家法，诗亦有陶、韦风致。

《练中丞集》二卷

明练子宁撰。黄溥《简籍遗闻》，尝辨其中可疑者三事，其言颇核。盖子

宁一代忠臣,人争依托,因而影撰者有之。然当年手稿,亦杂其中,终不以伪并废真也。

《逊志斋集》二十四卷

明方孝孺撰。凡杂著八卷,文十四卷,诗二卷。其文纵横豪放,出入于东坡、龙川之间,中如行周礼、复井田之类,迂儒谬论,时时有之。而大旨要归于醇正。不以醇正讳其迂谬;亦不可以迂谬,并废其醇正。则孝孺之功过得失,两得其平矣。

《贞白遗稿》十卷,附《显忠录》二卷

明程通撰。贞白,其斋名也。集为其从孙长等所编。后其裔孙枢等,又集建祠请谥之文,谓之《显忠录》。通以上防御燕王封事见杀,而封事不载于集中。然其他诗文,皆醇朴有法度,知为君子之言也。

《静学文集》一卷

明王叔英撰。其文规抚韩愈,稍失之拘,而特为谨严。《明史》载其贻方孝孺书,深言井田不可行。其通达政体,远在孝孺之上。集中不载,则其散佚已多矣。

《刍荛集》六卷

明周是修撰。凡诗三卷,赋及杂文三卷。大抵风骨棱棱,溢于楮墨,望而知为忠臣、义士之文,格律词采,亦复无忝作者。

《巽隐集》四卷

明程本立撰。杂文典雅,诗亦深稳朴健,颇近唐音。与周是修,皆以节义而兼文章,不得以文士目之矣。

《易斋集》二卷

明刘璟撰。其诗文皆颇伤粗率,而刚劲之气,兀傲不群。

《黄给谏遗稿》一卷案:此部《总目》不存。

明黄钺撰。文一首,诗六十八首。多不经意之作,未足名家。然完节捐生,其人不朽,其文亦理在必传。

《野古集》三卷

明龚诩撰。其诗格在《长庆集》《击壤集》间。律以选声配色,尚未能与文士争短长;律以名教纲常,则不合于风人者鲜矣。

谨案:练子宁以下九人,皆惠宗旧臣也。考其通籍之年,盖有在解缙诸人后者。然一则效命于故君,一则求荣于新主,枭鸾异性,不可并居。今故分别编之,使各从其类。至龚诩卒于成化辛丑,更远在缙等之后,今亦升列于缙前,用以昭名教是非。千古论定,纡青拖紫之荣,竟不能与荷戟老兵,争此一纸之先后也。

《文毅集》十六卷

明解缙撰。缙天才敏捷,下笔不能自休。蝼蚓蛟螭,不免相杂。又《怀麓堂诗话》,谓其诗无全稿,真伪参半,则榛楛勿翦,亦有由来。然如大庖西封事、白李善长冤诸疏,未尝不明白剀切,亦未可全废也。

《虚舟集》五卷

明王偁撰。偁与解缙最相善,卒同被谗以死。其才亦略与缙同,然缙诗颇伤轻剽,偁诗则恬雅安和,具有风矩,故列为闽中十子之一。

《王舍人诗集》五卷

明王绂撰。绂工于书画,妙绝一时。其诗虽结体稍弱,然神思清旷,萧散自如,气韵天然拔俗。论者方以倪瓒,亦几几乎近之。

《泊庵集》十六卷

明梁潜撰。潜文格清隽,而兼有浩瀚之气。在明初可自名一家。杨士奇作潜墓志,称其古诗高处逼晋宋,今则不可见矣。

《毅斋诗文集》八卷,附录一卷

明王洪撰。洪任史官,能举其职,可谓古之遗直。其文朴而雅,骈体亦工,诗有唐格,而不为林鸿、高棅之钩摹。《明史·文苑传》,称王偁预修《永乐大典》,学博才雄,自谓无行辈,乃独让洪,信有以也。

《颐庵文选》二卷

明胡俨撰。原集三十卷,此本诗文各一卷,不知何人所删。俨永乐中,久领成均,号为硕学。其诗颇近江西派,词旨高迈,与三杨台阁之体,蹊径迥殊。其文得法于熊钊,钊又得法于虞集,故深厚谨严,足以追踪作者。

《青城山人集》八卷

明王璲撰。璲学诗于杨维桢,而墨守唐音,不踰尺寸,不能如维桢之自为。然元季诗格绮靡,璲独毅然求之右,可云特立,又不必以七子流弊,预绳明初人矣。

《东里全集》九十七卷,《别集》四卷

明杨士奇撰。士奇诗文为明代台阁之祖,末流日敝,至于肤廓庸沓,万口

一音，遂为艺苑口实。然士奇著作，自有典型，未可以李斯罪荀卿。李梦阳诗有曰："宣德文体多浑沦，伟哉东里廊庙珍。"即七子亦不薄之矣。

《杨文敏集》二十五卷

明杨荣撰。荣历事四朝，恩礼无间，故其文委蛇和雅，有富贵福泽之气，与山林枯槁者殊。谓之高格，固不可；然亦不能谓之庸音也。

《省愆集》二卷

明黄淮撰。淮为汉王高煦所谮，系狱十年。此集即狱中所作，故以"省愆"为名。其诗格颇类杨士奇，而词旨和平，尤不失风人之旨。

《金文靖集》十卷

明金幼孜撰。其文章气象稍狭，不及杨士奇等昌明博大。而雍容雅步，亦可以肩随。

《夏忠靖集》六卷

明夏原吉撰。原吉不以文章著，故杨溥序称其平实雅淡，不事华靡。然其文疏通鬯达，多切世用，正不必以词采为工。

《抑庵文集》十三卷，《后集》三十七卷

明王直撰。《抑庵集》，在朝所作；《后集》，归田所作也。直在翰林二十余年，朝廷典册，多所撰著。其文貌似平易，而质实深厚，实不易及。

《运甓漫稿》七卷

明李昌祺撰。昌祺学问赅洽，故其诗清新华赡，无陈因庸腐之状。《静志居诗话》谓其取材结体似段柯古；郑瑗《井观琐言》乃以浮艳病之。是执《文章

正宗》一编,以衡量古今之著作,少见多怪,固其所矣。

《古廉集》十一卷,附录一卷

明李时勉撰。时勉在朝骨鲠,在国学尤师范严正,似刚劲不可狎迩。其文乃平易通达,不露圭角,蔼然仁义之言。盖所养者醇,故不似讲学家盛气凌人也。

《梧冈集》八卷

明唐文凤撰。文凤与祖元、父桂芳,世以文学擅名。程敏政尝裒其诗文,为《唐氏三先生集》。此编诗文各四卷,大抵皆丰蔚深厚,良不失其家法。

《曹月川集》一卷

明曹端撰。明代醇儒,端为之首。而文集无传,此本乃张伯行掇拾而成。伯行刻诸家文集,以意刊削,不能赅备,惟此集有搜辑之功。

《薛文清集》二十四卷

明薛瑄撰。瑄为道学正传,更无异议。然文章雅正,绝不参语录鄙词。其诗如《玩一斋》之类,涉于理路者,不过百中一二,余皆冲淡高秀,吐言天拔,往往逼似陶、韦。亦绝不作有韵之讲义,乃知填缀俚谈,而侈言明理载道者,特自饰不文而已。

《两溪文集》二十四卷

明刘球撰。球力折权珰,陨身不顾。刚毅之气,万古如生。其文乃和平温雅,不类其为人。此义理之勇所由,异于血气用事者欤。然光明磊落,无纤微淟涊之态,则本质固在也。

《于忠肃集》十三卷

明于谦撰。凡奏议十卷，诗一卷，文一卷，附录一卷。奏议分北伐、南征、杂行三类，明白洞达，切中事机，足见经世之略。诗虽无意求工，而风格遒健，乃转出当日诗人上。文则具体而已。

《兰庭集》二卷

明谢晋撰。案：晋或作缙，以其字孔昭推之，盖传写之讹，今从《明诗综》改正。晋善绘事，诗亦颇工。周传序拟以杨基、高启，固未易言；然当其合作，亦时入二人之室。

《古穰集》三十卷

明李贤撰。贤不以文章名，然其时去明初未远，流风余韵，尚有旧传。诗文皆娴雅质实，无矫揉造作之习。其记载时事，亦多可与史传相参。

《武功集》五卷

明徐有贞撰。有贞以机械立功，名以此始，究以此终，可为炯戒。然干略本长，见闻尤富，其文虽多参纵横之学，而逸气坌涌，博辨不穷。谓之不醇则可，谓非奇才则不可。录存其集，犹杂家之录《鬼谷子》也。

《倪文僖集》三十二卷

明倪谦撰。集为谦所自编。平生著作，仅汰存六分之一。大抵沿三杨宗派，而无其末流之庸肤。

《襄毅文集》十五卷

明韩雍撰。正统以后，金华、青田，流风渐远；茶陵亦尚未奋兴。作者相沿，惟三杨旧格。独雍以雄毅之才，自抒胸臆，虽体裁未变，而风格特高。朱彝尊《明诗综》但称雍有集，不著其名，所录雍诗一首，亦非佳作。其《赐游西苑记》，《日下旧闻》亦不载，其殆未见此集欤。

《白沙集》九卷

明陈献章撰。献章学本于禅，其诗文亦似高僧作偈，随口机锋。偶然有合，或微妙不可思议；偶然率意，或粗野不可响迩。故不可为法，而亦不可竟废。

《类博稿》十卷，附录二卷

明岳正撰。其婿李东阳编。正忠于谋国，而疏于自防，故始厄于石亨、曹吉祥，终厄于李贤。然姜桂之性，穷而不改；其文亦天真烂漫，落落自将。《明史》本传，称以"高简峻拔"，殆非溢美。诗则雅非所好，实亦不工。本傅称以"雅健脱俗"，则非其实矣。

《平桥稿》十八卷

明郑文康撰。其诗意主劝惩，而多近《击壤集》体。其文虽不甚修词，而笃实不支，自中绳墨。故《江南通志·文苑传》，有文尤简质之评。

《竹岩诗集》一卷，《文集》一卷，补遗一卷

明柯潜撰。潜当景泰、天顺之间，不能如七子之变文体，亦不循三杨之旧体。故其诗冲淡清婉，文亦峻洁有法度，颇存明初作者之风。

《彭惠安集》十卷，附录一卷

明彭韶撰。其文虽沿台阁之体，而醇深雅正，具有根柢，不同神瘠而貌腴。诗仅存十余首，《明诗综》及《莆风清籁集》所收，此集多不及载。则散佚已多，

区区残稿,不足断其工拙矣。

《清风亭稿》七卷

明童轩撰。轩人品高洁,诗亦雅淡绝俗。然在明代,不以诗名,诗家亦罕相称述。殆弘治、正德以后,北地信阳之说行,寥寥清音,不谐俗尚欤。

《方洲集》二十六卷,附《读史录》四卷

明张宁撰。宁才略气节,皆有可称,虽偃蹇宦途,而岿然负一时重望。其奏疏,谠言正论,通达国体。杂文亦磊落有气。诗则颇杂浮声。观其使朝鲜日,与馆伴登楼,顷刻成长律六十韵,殆才调纵横,不耐沉思之故欤。

《重编琼台会稿》二十四卷

明丘濬撰。其诗文有《吟稿》《类稿》诸刻,郑廷鹄汇合补缀,名曰"会稿"。其裔孙尔谷又为删定。故以"重编"为名。濬尊崇朱子,故讲学家亦尊崇之。然核以史传,遗议颇多。惟其记诵淹博,冠绝一时,故文章尔雅,迥胜游谈。在有明一代,亦不能不谓之作者焉。

《谦斋文录》四卷

明徐溥撰。其奏议指事,陈言委曲恳至,具见老成忧国之心。与万历以后,矫激沽名者迥异。诗文则多平衍,以有德之言传之耳。

《椒丘文集》四十四卷

明何乔新撰。乔新气节刚方,不甚以文章著。然所作详明剀切,直抒胸臆,学问经济,多见于斯。《明史》本传,称其博综典籍,抄书至三万余帙。则有本之言,宜与枵腹高谈者异矣。

《石田诗选》十卷

明沈周撰,华汝德编。仿《分类杜诗》之例,分为三十一目。周以画名一代,诗其余事。然胸次既高,吐属自别。往往不甚经意,而天趣盎然。

《东园文集》十三卷,《续稿》一卷

明郑纪撰。吴濂序,称其文似苏洵,殊拟于不伦。然其奏议切实详明,杂文亦多有关世教。

《怀麓堂集》一百卷

明李东阳撰。东阳主持文柄,三四十年。迨北地信阳,别开蹊径,天下响应,茶陵之坛坫遂微。其后七子余波,流为剽窃,论者又复理东阳旧说,互相攻讦,辗转不休。然东阳导源唐、宋,具有典型,故殚诸家雄杰之才,能掩而胜之,终不能挤而废之也。

《清溪漫稿》二十四卷

明倪岳撰。《明史》本传称,岳前后陈请百余事,军国弊政,抉剔无遗。此集仅载奏议五十九篇,然已见其大略。他文亦浑浩流转,不屑追琢字句。

《康斋文集》十二卷

明吴与弼撰。与弼出处之间,颇多异议。其日记动称梦见孔子,亦诬诞不经。然其学持朱、陆之平,其诗亦皆淳实近理,未可以其急于行道,躁于求名,遂并其书而诋之也。

《楼居杂著》一卷,《野航诗稿》一卷,《野航文稿》一卷,附录一卷

明朱存理撰。惟《楼居杂著》,为存理旧稿,颇足以资考证。《诗稿》《文

稿》,皆其族孙观潜所辑,散佚之余,掇拾残剩,不足见存理之所长。附录一卷,则存理逸事及赠答诗文也。

《一峰集》十卷

明罗伦撰。伦孤高坚忍,一生不能作软语。其文刚劲之气,溢于楮墨,诗亦磊砢不凡。惟过执古义,少所变通,叠引旧文,失于镕化者,时时有之,然不害其宏旨也。末载《梦稿》二卷,隐约幻渺,大抵寓言,莫明其命意所在,原本所有,姑并存之耳。

《篁墩文集》九十三卷

明程敏政撰。文格诗格,皆不免颓唐。其黜郑元,诋苏轼,坚执门户之见,尤多偏驳。然所学终博,往往可以资考证。亦未可以芜杂废之。

《枫山集》四卷,附录一卷

明章懋撰。《明史》本传称,懋不喜为文章,亦不喜著述。故语录无多,而集亦止此。然所作皆词意醇正,望而知为有道之言。

《庄定山集》十卷

明庄昶撰。昶颇虚憍而近名,与陈献章相似。其文多衍《太极图》之义,其诗亦多作《击壤集》之体,均不入格,然亦颇有别趣。譬钓叟田翁,不可绳以礼法,而野逸之态,乃有时可入画图。

《未轩文集》十二卷,补遗二卷,附录一卷

明黄仲昭撰。仲昭与章懋、庄昶同以谏谪。昶善以讲学取名;懋最笃实,亦尚有语录;独仲昭闭门修地志,故声华黯淡,不及二人,然其文实不减懋也。

《医闾集》九卷

明贺钦撰。其子士咨编。钦学虽出陈献章,然献章主静而钦主敬,躬行实践,乃远过其师。故言行录三卷,皆平易直朴;奏议一卷,皆剀切剀达;文四卷、诗一卷,虽不修词,而深有仁义蔼如之意。

《翠渠摘稿》七卷,补遗一卷

明周瑛撰。其门人林近龙选录,故名"摘稿"。补遗一卷,其七世孙维镳所辑也。瑛与陈献章,始合而终离。其学以居敬为主,与贺钦相近。诗文雅淡,则较钦有修词之功。

《家藏集》七十七卷

明吴宽撰。宽学问宗法苏轼,书法亦复摹拟,诗文则与轼异途。大抵典雅和平,才锋不露,与李东阳宗派不殊。

《归田稿》八卷

明谢迁撰。此集乃其致仕以后、再召以前所作,故题曰"归田"。凡在朝时撰述敷陈,皆不载入。然当刘瑾、焦芳伺隙修怨之日,能胸怀夷坦,词旨和平,惟惓惓寄江湖魏阙之思,亦足以见其忠悃矣。

《震泽集》三十六卷

明王鏊撰。鏊虽以制义名一代,而其时场屋之文,尚能以经史为根柢,以子集为波澜,故其古文原本训典,格律谨严,有韩、欧之遗轨。

《郁洲遗稿》十卷

明梁储撰。诗文寥寥无几,盖非所长;奏疏剀切,则有古之遗直。

《见素文集》二十八卷,《奏疏》七卷,《续集》十二卷,附录二卷

明林俊撰。其奏议分六编,皆通达政体,平生经略,足见大凡。其文体裁不一,大抵以奇崛奥衍自喜。其诗出入于黄庭坚、陈师道间,不为常语,盖欲变三杨台阁之体,而力尚未能,然已戛戛然别开门径矣。

《古城集》六卷,补遗一卷

明张吉撰。凡奏议一卷,《陆学订疑》一卷,《贞观小断》一卷,文一卷,诗二卷,又补遗文一卷。正德初年,姚江之说兴,而学问一变;北地之说兴,而文章亦一变。吉高明不及王守仁,而胜以笃实;才力不及李梦阳,而胜以平正通达,犹有先民之矩矱。

《虚斋集》五卷

明蔡清撰。清笃守朱子之传,而不务党同伐异。故其文亦淳厚质实,无讲学家夸大之言与苛刻之论。

《容春堂前集》二十卷,《后集》十四卷,《续集》十八卷,《别集》九卷

明邵宝撰。《明史·儒林传》,称其学以洛闽为的,尝曰"愿为真士大夫,不愿为假道学"。其文以李东阳为宗,而原本经术,粹然一出于正。今观所作,气象较东阳为狭,而文格简严,诗境恬淡,实皆不失其师传。

《罗圭峰文集》三十卷

明罗玘撰。玘文规抚韩愈,务出以深湛幽渺之思,多掩抑其意,迂折其词,使人得之于言外。迹其为文,殆如陈师道之为诗。盖是时台阁之体,数见不鲜,故有志者,恒欲别辟新途,轶乎其外,玘亦其一也。

《吴文肃摘稿》四卷

明吴俨撰。其诗文亦沿台阁之派,才力虽不及李东阳,而往往因题寓意,即事抒怀,不肯为马首之络。

《熊峰集》十卷

明石珤撰。李东阳主持文柄,于门人之中,许以代兴者,惟邵宝及珤。宝集颇行于世,珤集稍晦。然其坚守师传,则一也。

《立斋遗文》五卷

明邹智撰。智抨击权奸,坐遘危祸。奏疏为天下传诵。没时年仅二十六。虽文章骨格,尚未成就,而缠绵悱恻,无一语之怨尤,亦难及也。

《西村集》八卷,附录一卷

明史鉴撰。王士祯《香祖笔记》,称其集二十八卷,今未之见。此本诗文各四卷,乃其孙周所刊也。鉴虽不求仕进,而留心经世,故集中多切于实用之文。于三吴水利,言之尤悉。诗亦落落无俗韵。

《胡文敬公集》三卷

明胡居仁撰。其门人余祐编。居仁学问笃实,远胜其师吴与弼。诗文皆近裹著己,理胜于词,亦不似与弼日记,动称梦孔子来访也。

《小鸣稿》十卷

明秦王朱诚泳撰。凡诗八卷,文一卷。末一卷为《恩赐胜览录》,则纪弘治癸丑,诏许诚泳择地养疾,游风泉诸地所作也。《明史》本传称,诚泳袭封三十年,日课一诗。此集所存止此,盖亦严于删汰。其五言古体,虽薄而清;近体亦多谐婉。视尔时台阁之作,转属清音。

《方简肃文集》十卷

明方良永撰。良永疏劾钱宁,气节动天下。其论学不取王守仁,迨宸濠之役,与守仁规画大计,乃不立异同,尤见大臣之度。诗文不刻意求工,而俊伟光明,可消鄙吝。

《怀星堂集》三十卷

明祝允明撰。允明以书传,唐寅以画传,诗文皆其余事。然寅诗潦倒颓唐,允明诗则取材颇富,遣语颇妍,时有六朝遗意,文亦萧洒自如,不规规依门傍户。才人之作,固不妨存备一格矣。

《整庵存稿》二十卷

明罗钦顺撰。钦顺不留意于诗文,晚年焚弃旧稿,所存仅此。在讲学家文集之,尚为质有其文。

《东江家藏集》四十二卷

明顾清撰。凡《山中稿》四卷,为未仕前作;《北游稿》二十九卷,为在朝时作;《归来稿》九卷,为致仕后作;皆清晚年所自编。诗颇婉丽清新,文亦醇练。在茶陵派内,可谓不失典型。

《空同集》六十六卷

明李梦阳撰。明一代文章体裁,自梦阳而变;文章门户,亦自梦阳而分。毁誉交争,迄无定轨。平心而论,其诗才力富健,诚足笼罩一时,而摹拟有痕,刻画过甚,亦开剽窃之风。利钝互陈,瑕瑜不掩。其文则故作聱牙,以艰深文浅易;以云复古,不免怵于盛名矣。

《山斋集》二十四卷

明郑岳撰。岳天性孤介，非惟触忤小人，并亦龃龉于君子。故其文落落自将，不随风气，诗亦颇深于讽谕。

《浮湘集》四卷，《山中集》四卷，《凭几集》五卷，《续集》二卷，《息园存稿诗》十四卷、文九卷，《缓恸集》一卷

明顾璘撰。《明史·文苑传》称，璘诗矩矱唐人，以风调胜，又称其羽翼李梦阳。今观诸集，远挹晋安之波，近骖信阳之乘，在正、嘉间，不失为第二流之首。

《华泉集》十四卷

明边贡撰。贡为弘治七子之一。其诗不及李梦阳、何景明善于用长；亦不及徐祯卿、高叔嗣善于用短。而夷犹于诸人之间，不战为胜，亦屹然自成一军。其文则置之不论可矣。

《刘清惠集》十二卷

明刘麟撰。凡诗二卷、文九卷，又附录一卷，则其曾孙钦陛所编。朱凤序，称其文出入秦、汉，诗骎骎陶、韦，未免过当。至称其胸无芥蒂，所发皆天趣盎然，则近其实矣。

《东田遗稿》二卷

明张羽撰。与洪武中张羽同姓名，非一人也。集中疏札多中时弊。诗当体裁初变之时，不为旧调之陈肤，亦不作新声之涂饰。我用我法，乃多能不失唐音。

《沙溪集》二十三卷

明孙绪撰。凡文八卷、赋一卷、杂著一卷、《无用闲谈》六卷、诗七卷。文沉着有健气，其《无用闲谈》中，力排赝古之弊，可以见其宗旨。诗格亦近李东阳，而《无用闲谈》中，深以何孟春等过尊东阳为非，可谓无门户之见矣。

《王文成全书》三十八卷

明王守仁撰。凡语录三卷、文集五卷、别录十卷、外集七卷，续编六卷，附以年谱五卷、世德记二卷。守仁之学，一再传而猖狂横决，流弊不可胜言。然在守仁，则确然有自得之处，亦确然有自立之处，未可全非。其文博大昌明，诗亦秀逸。迹其生平，持论不及朱子之醇，其才其学，则固朱子之勍敌也。

《双溪集》八卷

明杭淮撰。其诗格清体健，而不沿袭陈言。故《静志居诗话》，称其如茧丝抽自梭肠，似涩而有条理，五言尤为擅场云。

《对山集》十卷

明康海撰。海亦一时才士，徒以救李梦阳之故，失身刘瑾，人品文品，遂并颓唐。遗集颇为芜杂，此本为孙景烈所删定，去取颇严，然已尽海之所长矣。

《柏斋集》十一卷

明何瑭撰。瑭博通律算之学，郑世子载堉所著诸书，皆述瑭绪论于经世之略，尤所究心。故其文多切于实用，不以雕章绘句为工。诗集则备体而已。

《竹涧集》十二卷

明潘希曾撰。凡诗文奏议各四卷。希曾始劾汪直，终抗刘瑾，皆触天下所不敢触。其他奏议,亦皆真挚详明,深中事理。诗文不甚修辞,而刚直之气,毅然直达,不能更以工拙论之。

《大复集》三十八卷

明何景明撰。李梦阳倡复古之论,景明和之。然二人天分各殊,取境稍异。故论诗诸札,往复相持,究极而论,摹拟之弊,二人所短略同。至梦阳雄阔之气,景明谐雅之音,亦各有所长。离之双美,正不必为分左右袒也。

《洹词》十二卷

明崔铣撰。铣家安阳,地有洹水,故名曰"洹词"。凡五集,皆编年排次。其学笃实而明达,故集中持论不蹈空寂,亦不涉拘迂。在明中叶,可称儒者之文。

《庄渠遗书》十二卷

明魏校撰。校作《周礼沿革传》,欲行《周礼》于明代;作《六书精蕴》,欲以古篆改今文;立说皆谬。然见闻较博,学术尚醇,故是集文律谨严,不失雅正,考证亦具有根柢。

《俨山集》一百卷,《续集》十卷

明陆深撰。深早与徐祯卿游,祯卿虽名列七子,而于北地为别派,故深诗文亦不为赝古之习。是集虽卷轴繁富,而大抵根本典籍,切近事理,与夸多斗靡者殊。

《迪功集》六卷,附《谈艺录》一卷

明徐祯卿撰。其论诗宗旨,见于《谈艺录》及与李梦阳第一书。大旨亦以摹古为主。特梦阳才雄而气盛,故枵张其词;祯卿虑淡而思深,故密运以意。

当时不能与梦阳争先，日久论定，亦不与梦阳俱废，盖以是矣。

《郑少谷集》二十五卷

明郑善夫撰。善夫诗规抚杜甫，多忧时感事之作。林贞恒《福州志》，颇讥其时非天宝、地远拾遗，为无病而呻吟。然武宗之时，可以谓之治世乎？王世懋《艺圃撷余》，以善夫为边、徐、薛、王之亚，斯言允矣。

《太白山人漫稿》八卷

明孙一元撰。一元才性超逸，其诗排奡凌厉，多激壮之音。《静志居诗话》，谓其瓣香在黄庭坚。体格固略相近；然庭坚之诗，沉思研练而入，故盘拏崛强之势多；一元之诗，轩豁披露而出，故淋漓豪宕之气盛；其意境又小殊也。

《苑洛集》二十二卷

明韩邦奇撰。凡杂文九卷、诗二卷、词一卷、奏议五卷、《见闻考随录》五卷。邦奇学问淹博，凡天文、地理、兵法、乐律、术数之属，无不究览；故其文具有依据，不同剿说。其《见闻考随录》，尤多资考证。盖有本之学，虽杂记亦具有条理也。

《东洲初稿》十四卷

明夏良胜撰。《明史·艺文志》载，良胜文集十二卷、诗集八卷，今未之见。此集乃正德十五年所刻，故名"初稿"。前八卷为诗文，附以《考定皇极指掌图》《天文便览》各一卷；又《仕止随录》四卷，前二卷为谏南巡时诗文，并投赠之作，似乎传记，后二卷为家居诗文，似乎续集。编次颇为无法，其诗文则皆岳岳有直气。

《升庵集》八十一卷

明杨慎撰，张士佩编。凡赋及杂文十一卷、诗二十九卷、外集四十一卷。

外集即所著笔记,士佩合为一编也。有明一代,博洽者无逾于慎,尤研索唐以前书,故其诗含吐六朝,于明代别立门户,其文稍逊于诗,而亦具有古法。外集虽各有完书,士佩删其重复,排比编次,亦较《丹铅总录》为有绪,故仍并录焉。

《东岩集》六卷

明夏尚朴撰。尚朴初与陈献章同师吴与弼,后与王守仁同师娄谅。然所学笃实谨严,与陈、王迥异,与吴、娄亦不相同。盖其天性敦厚,故所造如是。文章淳朴,亦适肖学问也。

《瀼溪草堂集》五十八卷

明孙承恩撰。承恩当文体既变之时,独不趋李、何之门径。故陆树声序称,北地信阳两君子出,虽体尚一新,而明初淳庞浑厚之气少漓。承恩生长宪、孝朝,博览宏稽,邃诣渊蓄,故撰述皆深厚尔雅,纡徐委密。承恩之宗旨可见矣。

《方斋诗文集》十卷

明林文俊撰。文颇醇雅,诗亦从容恬适,不事雕镂。朱彝尊《明诗综》,不录一篇,其偶未见欤。

《考功集》十卷

明薛蕙撰。蕙名列七子之中,而古体上挹晋宋,近体旁涉钱郎,取径近于信阳,而稍远于北地。其《戏成五绝句》,有曰“俊逸终怜何大复,粗豪不解李空同”。轩轾之意,显然也。

《云村文集》十四卷

明许相卿撰。章疏多剀切,文亦雅洁,诗多近体。五言沿洄大历,七言出入江西。自题绝句有“诗杂宋腔、欲溯开元”之语,可谓自知矣。

《小山类稿》二十卷

明张岳撰。岳初以谏南巡廷杖,后忤张璁、忤夏言、忤严嵩,而卒得以功名终,盖有天幸。集中奏议分七稿,虽词意朴直,而多切实用。其论学不附王守仁,与人往还书牍,亦皆以实践为本。

《梦泽集》二十三卷

明王廷陈撰。廷陈恃才轻脱,致放废终身,器量殊为浅狭。其诗则意警语圆,轩然出俗。王世贞《艺苑卮言》,称其如良马走坂、美女舞竿。五言尤自长城。朱彝尊《静志居诗话》,亦谓其音高秋竹、色艳春兰。乐府古诗,殊多精诣。杂文则镂金错采,华掩其实,虽谓之伪体可矣。

《泰泉集》十卷

明黄佐撰。佐见闻颇博,文章亦衔华佩实。其诗吐属冲和,不失雅韵。粤东风雅,自南园五子之后,至佐而一振。梁有誉、黎民表,皆其门人也。

《甫田集》三十五卷,附录一卷

明文徵明撰。徵明与沈周均工于书画,亦均工诗。周诗自抒天趣,如云容水态,不可限以方圆。徵明诗则雅润之中,不失法度,与其书画略同。自谓少年从陆放翁入,核其所作,语殆不虚。

《西村诗集》二卷,补遗一卷

明朱朴撰。朴与文徵明、孙一元唱和,而独不附王世贞,故名不甚著。其近体音节清越,翛然出俗,惟古体少弱耳。

《天马山房遗集》八卷

明朱浙撰。嘉靖初,追崇本生,遂至兴国太后礼在慈寿太后上,浙疏争廷杖,放弃终身。其诗萧洒和平,无一毫愤怨之意。至南洋水利之议,山寇海寇之防,又不以泽畔行吟,遂置国事于度外,抑亦可谓纯臣矣。

《苏门集》八卷

明高叔嗣撰。叔嗣初受知李梦阳,其诗摆落窠臼,自抒性情,巧与梦阳异调。王世贞《艺苑卮言》,比以空山鼓琴,"沉思忽往,木叶尽脱,石气自青",可谓善于名状。诗凡四卷。其杂文四卷,不见所长。陈束原序,亦称其诗优于文也。

《愚谷集》十卷

明李舜臣撰。舜臣诗格雅饬,而波澜未阔;文律谨严,而边幅少狭,然终胜嘈囋之繁声。

《遵岩集》二十五卷

明王慎中撰。慎中为文,初亦与七子言秦汉,久而悟摹拟形似之非,反而求之于欧、苏。唐顺之初亦异议,久乃折而从之,遂传古文之正脉,实慎中开其先也。

《陆子余集》八卷

明陆粲撰。粲为王鏊之门人,授受有绪。黄宗羲《明文海》,称其文秀美平顺,不起波澜,为欧阳氏之支流。

《念庵集》二十二卷

明罗洪先撰。洪先人品清高,其学则出于姚江,不免杂禅。其文初效李梦阳,既而改从唐顺之。其答友人书,以文之波澜生于不得不然,由于见道之流行,无所不在。其学问文章,大旨均在是矣。

《皇甫司勋集》六十卷

明皇甫汸撰。初分十九集,晚乃手自删削,合为此本。其古体源出三谢,近体源出中唐。虽乏深湛之思,而雅饬雍容,风标自异。

《杨忠介公文集》十三卷,附录三卷

明杨爵撰。爵气节凛然,而讲学则以躬行实践为宗,不涉客气。其诗文直抒胸臆,似乎平易,而实皆有本之言。

《荆川集》十二卷

明唐顺之撰。顺之讲求经济,颇有志于世务,而再出御倭,不能大有所建立,仍以文传。其文研求古法,循轨知途,故不似李梦阳之学秦、汉,描摹面貌;亦不似茅坤之学唐、宋,掉弄机锋。古文一脉,屹为大宗。惟晚年遁而讲学,颇杂语录之体,当分别观之耳。

《皇甫少元集》二十六卷,《外集》十卷

明皇甫涍撰。涍于黄省曾为中表,省曾传北地之学,故涍亦染其余波。后造诣既深,乃一涤摹拟之习,于古文不甚留意,亦不擅长。诗则古体多于近体,五言多于七言。虽局度未宏,而取径终高,要皆翛然拔俗。

《瑶石山人稿》十六卷

明黎民表撰。其诗错采镂金,而风骨凝重。盖民表为续五子之一,故颇近太仓历下之派,然根柢出于黄佐,终有规程。朱彝尊《静志居诗话》,谓民表诗,读之似质闷,而实沉着坚韧。王世贞所取续五子,不愧大小雅材者,惟此一人。

《南行集》四卷，《东游集》二卷，《北观集》四卷，《山中集》十卷

明丘云霄撰。惟《山中集》载文六卷，余皆诗也。所作不沿七子之派，故抒情写景，颇露天真。

《洞麓堂集》十卷

明尹台撰。其学不主姚江，其诗文亦多存古格。邹元标序，称为阐绎名理，不屑绮词，颇得其实。

《张庄僖文集》五卷

明张永明撰。其文平正质实，而多有用之言。永明为给事中，论劾严嵩、郭勋；巡抚河南，奏治伊王典楧。其刚正有人所难能者，发为文章，宜其端劲如是矣。

《具茨诗集》五卷，补遗一卷，《文集》八卷，补遗一卷，附录一卷，《遗稿》一卷

明王立道撰。其诗微嫌婉弱，而冲融淡宕，不务奇险，犹有中唐钱刘之遗，文则纵横自喜，于眉山为近。

《青霞集》十一卷，年谱一卷

明沈炼撰。炼刚直之士，其文劲健有气，诗亦郁勃磊落，肖其为人。以词采论，实不及严嵩《钤山堂集》之工，而后世见嵩集者，辄不欲观，见炼集者，肃然起敬，是则存乎其人矣。

《沧溟集》三十卷，附录一卷

明李攀龙撰。李梦阳初变文体，尚与李东阳两派并行。后七子出，尊崇北

地，而长沙之焰遂熸。攀龙其首也。其古乐府，割剥字句，不免效颦。诸体诗亦亮节较多，微情差少。文体更诘屈聱牙，诚如论者之所讥。然才力富健，凌轹一时，亦有不可磨灭者焉。

《山海漫谈》三卷，附录二卷

明任环撰。凡文二卷、诗词一卷。其附录则传志类也。环以御倭著绩，吟咏非所擅长。至于古文如《苏门双节记》诸篇，虽不免参以俗体。然《送萧西泉序》诸篇，则笔力崭崭，且高简有法。盖绝异之姿，而未暇专治是事者也。

《杨忠愍集》三卷，附录一卷

明杨继盛撰。继盛忠烈之士，不以诗文著，亦不必借诗文传。此本乃后人重其气节，搜罗成帙。其词虽不甚工，而日月争光，迄今不可磨灭也。

《弇州山人四部稿》一百七十四卷，《续稿》二百七卷

明王世贞撰。四部者，赋部、诗部、文部、说部也。《续稿》则惟赋、诗、文三部，而说部阙焉。世贝初羽翼李攀龙，后岿然独存，为时耆宿，其声价遂出攀龙上。而摹拟剽袭，流弊万端，其受攻亦甚于攀龙。要其才学富赡，规模广阔，实足笼罩群材。尊世贞而薄古人，固为不可；必欲并废世贞，亦非通论也。

《读书后》八卷

明王世贞撰。此书原本四卷，为《四部稿》《续稿》所未载。吴江许恭又采两稿中题跋之文，编为四卷以足之，实蛇足也。其文议论多而考证少，其体例亦非目录，故不入史部，仍入之别集类焉。

《方麓集》十六卷

明王樵撰。凡诗文十四卷，附以说部二卷。樵喜说经，故文有根柢；又好

言经世之略，故文多切实用。其诗虽不能自辟门径，而冲和恬淡，亦异庸音。

《存家诗稿》八卷

明杨巍撰。巍中年始学诗，与唐高适相类。而天姿超逸，自然拔俗，故能摆脱尘埃，自发清音。王士祯《池北偶谈》，称其五言简古，得陶体。实则他体亦工，不但五言也。

《海壑吟稿》十一卷

明赵完璧撰。凡诗文各五卷。其第一卷为目录，用《经典释文》例也。完璧以指挥末秩，能守正以抗陆炳，故在狱中，与杨继盛唱和相契。其诗多触事起兴，吐属天然，意格乃在继盛上。徒以名位未高，史不立传，遂几湮没。惟幸此集仅存，亦足见忠义之气，有不得而消蚀者矣。

《伐檀斋集》十二卷

明张元凯撰。元凯以右班世职，崛起读书，其诗遂与作者抗。大抵推陈出新，不袭窠臼，而气格伉壮自喜。王世贞于其没后，曝书见其行卷，叹生前知之不尽，为诗以酹之，亦有由矣。

《备忘集》十卷

明海瑞撰。瑞遇事敢为，虽矫枉过直而不顾，如恶豪强兼并，遂欲复井田之类，或不近于事理。然其孤忠介节，实人所难能。其文劲气直达，均有凛然不可犯之概。

《石洞集》十八卷

明叶春及撰。首为应诏书二卷，次为《惠安政书》五卷，公牍二卷，文六卷，诗二卷。春及在当时称循吏，其政书井井有条，诗亦得杜甫之一体，文颇平易。又杂录作令时符牒,殊为丛碎。然词意明畅,亦胜于棘句钩章。

《宗子相集》十五卷

明宗臣撰。臣亦七子之一,其诗跌宕俊逸,颇步趋李白。虽为王、李流派所染,而天才婉秀,吐纳风流,本质要未尽失也。

《衡庐精舍藏稿》三十卷,《续稿》十一卷

明胡直撰。衡庐者,所居在衡山、庐山间也。直虽讲姚江之学,而持论切实,故无狂诞之弊。又早年好攻古文词,年二十六始从欧阳德受业,故文章亦雅健有格,无语录之俚词。

《薜荔园诗集》四卷

明余翔撰。其诗沿七子之派,以雄丽为宗。然人品颇高,故特有清致,与七子之浮响固殊。《明诗综》不列其名,殆由未见。迹其所作,断不至屏斥不录也。

《郭鲲溟集》四卷

明郭谏臣撰。谏臣立朝抗直,不愧其名与字。其诗婉约闲雅,乃有范成大、陆游之风。

《亦玉堂稿》十卷

明沈鲤撰。王士祯《古夫于亭杂录》,称其文经术湛深,议论正大。今观其奏议诸篇,尤多有关于大体。

《温恭毅公集》三十卷

明温纯撰。纯平生龃龉权幸,无一日安于其位。所上奏疏,字句多失之

俚;盖指陈利弊,不以辞藻为工。诗沿七子之派,亦未能自异。杂文独雅饬可诵。尺牍五卷,亦多关时政。末一卷为语录,不宗姚江,亦不驳姚江。盖一生以国事为重,所争不在于此也。

《震川文集》三十卷,《别集》十卷

明归有光撰。当七子炽盛之时,有光独力与之抗,至斥王世贞为“庸妄巨子”。世贞初亦抵牾,有光既没,世贞渐悟所学之非,故作有光像赞,推挹甚深。必谓其方轨韩、欧,谈何容易;然根柢醇厚,法度谨严,不谓之古文正传,不可也。

《四溟集》十卷

明谢榛撰。榛终于布衣,而声价重一代。李攀龙等虽相排挤,终不能掩遏其名。是集抗行七子之间,亦无多让。惟末附《诗家直说》二卷,语多迂谬。昔严羽能论诗,而所作不逮;榛能作诗,而所论不可训。其故不可理解,今削之不录焉。

《蠛蠓集》五卷

明卢楠撰。《明史·文苑传》,以楠附谢榛末,称其文赋为王世贞所称,诗亦豪放,如其为人。今观是集,大抵一意往还,真气坌涌,无刻画涂泽之习。盖不与七子争声名,故亦不随七子学步趋,亦可谓毅然自立矣。

《少室山房类稿》一百二十卷

明胡应麟撰。应麟以附王世贞,得列名末五子中。其论诗惟主《艺苑卮言》,所作亦规仿《四部稿》。然应麟记诵淹博,实在隆、万诸家上。故虽随人步趋,而运用自有根柢,与剽窃者不同。存此一编,以为读书者劝也。

《谷城山馆诗集》二十卷

明于慎行撰。慎行于李攀龙为乡人,而不沿历下之学。其论古乐府及五言古诗,尤显相攻讦。然其诗典雅和平,自饶清韵,亦不似公安之学,横开仄径,务反前规。

《宗伯集》十卷

明孙继皋撰。是集由掇拾而成,不足尽继皋之所长。然是时七子交驰,三袁横骛;继皋诗文,独雍容恬雅,有承平台阁之风,亦可见其不移于习俗矣。

《临皋文集》四卷

明杨寅秋撰。是集《千顷堂书目》不著录,则明末已不甚传。然寅秋为杨士奇裔孙,诗文颇守其家学,奏议尤委曲详尽。其《五山纪略》《平播条议》诸篇,于边略亦多裨益。

《淡然轩集》八卷

明余继登撰。凡奏疏二卷、文五卷、诗一卷。奏疏皆剀切深至,切中时弊。诗文不甚擅场,尤多应俗之作,失于删削。然继登于万历中,尝请正文体,故其所作,亦终无佻薄之风。

《泾皋藏稿》二十二卷

明顾宪成撰。宪成不失为君子,然标榜东林,酿成朋党,贤奸淆杂,恩怨纠纷,遂至祸贻于宗社,《春秋》责备贤者,不能不归罪宪成。录存是集,见立身如是之刚方,持论如是之醇正,而名心一炽,尚不免流弊无穷,益足见聚徒讲学,总非世道之福矣。

《小辨斋偶存》八卷,附《事定录》三卷

明顾允成撰。允成为宪成之弟。其文皆谕事讲学之语。书简居十之九,率直抒胸臆,多似语录,无复修词之功。诗皆《击壤集》派,亦不入格。至其对策奏疏,则真气流溢,大义凛然,所不朽千古者,固在此不在彼矣。

《高子遗书》十二卷,附录一卷

明高攀龙撰。其门人陈龙正编。凡十二类,附以志状、年谱。其学以格物为宗,兼取朱、陆,特为切实。文格清遒,诗意冲淡。在明末尤为高调,不徒以气节传也。

《冯少墟集》二十二卷

明冯从吾撰。其讲学之作,主于明理;论事之作,主于达意。不复以词采为工。自北宋以来,儒家已有此一格。不以文章论,而亦弗能废也。

《石隐园藏稿》八卷

明毕自严撰。自严擅会计之才,而鞅掌簿书,不废典籍。高珩序,拟其诗于边贡、李攀龙,殆为近之;拟其文于韩、苏,拟其四六于徐、庾,则为溢量。然谓以经济兼文章,自严实无愧色。未可以名不甚著忽之也。

《仰节堂集》十四卷

明曹于汴撰。有高攀龙、冯从吾序,其学问人品,与二人为气类。其诗文不及攀龙,于从吾则可以肩随。

《愿学集》八卷

明邹元标撰。其学亦姚江支派,而操履特严,无龙溪以下之流弊。集亦大

抵讲学语,盖其奏议别为一集也。

《刘蕺山集》十七卷

明刘宗周撰。宗周之学,以姚江为源本,而不取其猖狂;以东林为气类,而不涉其朋党。流芳史册,为明末完人。其文章皆有物之言,亦足以千古。

《学古绪言》二十五卷

明娄坚撰。坚古文法律,接归有光之传,沿溯韩、欧,而不袭其面貌。在明末可云硕果。王士祯《居易录》尝称其《长庆集序》为真古文,特偶举其一耳。

《檀园集》十二卷

明李流芳撰。凡诗六卷、文四卷、画跋二卷。其文才地稍弱,不能与归有光等并骛争先。而先正典型,守而勿失,在明季亦云晚秀矣。

《忠介烬余集》三卷

明周顺昌撰。其孙靖编,盖掇拾残剩,存什一于千百。然隐忧国事,崇尚名检,忠愤抑郁之气,尚约略见之。

《范文忠集》十二卷

明范景文撰。景文入阁未五十日而明亡,仅以身殉,未及有所规画。然集中奏议,指陈利害,曲折详尽,可以见其经略。至议论不附和东林,诗文不追逐竟陵,亦见其孤立之概,不独以义烈见重也。

《幔亭集》十五卷

明徐熥撰。熥刻意吟咏,圭臬唐人,而不为割裂饾饤之学。于王李、钟谭,两无所染,颇能不失正声。谢肇淛《五杂俎》,称其才情声调,足以伯仲高启。

朱彝尊亦称其七言绝,原本王江宁,多情至语,固非尽出标榜也。

《孙白谷集》六卷

明孙传庭撰。奏疏居三卷,于当日督师情事,曲折详尽,多可与史传相参。杂著一卷、诗一卷,特掇拾备体。末一卷则附录也。奏疏仅载至崇祯十二年止。其十五年复起,救开封,至十六年,奏疏并佚不载,殆俱失兵火欤。

《集玉山房稿》十卷

明葛昕撰。昕以任子入仕,而风力刚劲,守正不阿。其文疏爽俊利,无依违腼觍之态。

《宋布衣集》三卷

明宋登春撰。其诗本名《鹅池集》,文本名《燕石集》,王培益合为一编,改题此名。其文颇简质,诗亦冲淡自然。格虽不高,然在明末,则么弦侧调之中,忽闻雅奏矣。

《忠肃集》三卷

明卢象升撰。象升转战十年,殉难时年仅三十九,未暇覃精古学,故诗文率不甚入格。然其军中家书尺牍,忠孝悱恻,使人感动。无意为文,而工文者莫能加焉。

《倪文贞集》十七卷,《续编》三卷,《奏疏》十二卷,《讲编》四卷,《诗集》四卷

明倪元璐撰。其诗文不出历下、太仓旧格,而言皆有物,与涂饰字句者终殊。至制诰典雅,奏议详明,亦未减古人。

《凌忠介集》六卷

明凌义渠撰。义渠以制义名一时,诗古文非所留意。然忠臣孝子,其精神足以自传。谈艺者亦不能不以其人重之也。

《茅檐集》八卷

明魏学洢撰。其父大中,以身殉国,学洢亦以身殉父,忠孝乃萃一门。其文章未甚成就,亦以人传。

《申忠愍诗集》六卷

明申佳允撰。卷首有家传,称于诗好李梦阳、何景明。然其诗直抒胸臆,多伤纤仄,颇染公安、竟陵之派,实不似李、何;至其忠义之气,则李、何不得而及之矣。

《陶庵全集》二十二卷

明黄淳耀撰。淳耀忠节之士,学问尤具有根柢。其文和平温厚,矩矱先民,诗亦浑雅有格。不但科举之文雄深雅健也。

右别集类明洪武至崇祯。二百三十八部,四千二百零七卷。

集部七 别集类六

《圣祖仁皇帝御制初集》四十卷,《二集》五十卷,《三集》五十卷,《四集》三十六卷

谨案:圣祖仁皇帝御制诗文,癸亥以前为《初集》,丁丑以前为《二集》,辛卯以前为《三集》,皆大学士张玉书等恭编。壬辰至壬寅为《四集》,庄亲王允禄等恭编。景祚洪延,制作宏富。自访落之传周颂,逮作歌之纪虞书,炳耀天章,昭垂宇宙。非惟一朝文治之本原,实亦千古艺林之弁冕也。

《世宗宪皇帝御制文集》三十卷

谨案:世宗宪皇帝集凡文二十卷。分十二体。诗十卷,前三卷为《雍邸集》,康熙辛丑以前作;后七卷为《四宜堂集》,雍正癸卯以后作也。洪惟临御十三年内,励精图治,日昃不远,宣谕批答,逾数百卷。而几暇摛藻,尚裒然巨编。信乎聪明天亶,非管蠡所能窥测矣。

《御制乐善堂全集定本》三十卷

乾隆二十三年,尚书协办大学士蒋溥等奉敕编。皇上奎文焕耀,富有日新。雍正庚戌,亲订《文抄》十四卷,乾隆丁巳汰存十之三,益以乙卯前续著十之七,定为《乐善堂集》。至是又指授溥等,勒为定本。仰见圣不自圣之心,并日进无疆之学焉。

《御制文初集》三十卷,《二集》四十四卷

谨案:《御制文初集》凡五百七十余篇,分十有九体。《二集》四百一十余篇,分二十三体。各以岁月为次。皆万几余暇,亲御丹素所成。是以理剖苞符,体侔典诰,陶镕百代,规矩从心;非代言诸臣,所能仰拟万一。

《御制诗初集》四十四卷,目录四卷,《二集》九十四卷,目录六卷,《三集》一百卷,目录十二卷,《四集》一百卷,目录十二卷

谨案:御制诗集,皆合古体。近体以编年为次,《初集》自丙辰至丁卯,凡四千一百五十余首;《二集》自戊辰至己卯,凡八千四百七十余首;《三集》自庚辰至辛卯,凡一万一千六百二十余首;《四集》自壬辰至辛丑,凡九千七百余首。甲辰以后之诗,海内翘跂,未睹者不知其几。自今以往,亿万斯年,更不知其几。今谨就已刊布者,敬缮著录,以示艺林之矩范。至于义彰人极,律叶元音,如丹霄迥而七曜辉,紫澥深而百宝毓,则有目共瞻,不俟臣等拜颂也。

《梅村集》四十卷

国朝吴伟业撰。伟业才华艳发,故少作多婉丽风流。迨阅历兴亡,暮年萧瑟,乃苍凉激楚,兴象深微。至于度曲倚声,亦特饶情韵。惟杂文于散体之中,多参俪偶,盖欲沿洄魏晋,撷厥膏腴,然不古不今,终非正格也。

《汤子遗书》十卷,附录一卷

国朝汤斌撰。斌学出孙奇逢,主于坚苦自持,而事事讲求实用。故集中语录,宗旨在朱、陆之间。其奏议皆规画周密,条析详明,不同迂论。文章虽其余事,而具协雅音。康熙己未,召试博学鸿词,以诗赋入高等,亦讲学家所希有矣。

《兼济堂文集》二十卷

国朝魏裔介撰。凡奏疏二卷,杂文十四卷,诗三卷,附录、年谱一卷。其奏议多明达政体,诗文虽不甚擅名,亦皆不失正轨。

《学余堂文集》二十八卷,《诗集》五十卷,《外集》二卷

国朝施闰章撰。闰章尝谓王士祯诗,如华严楼阁,弹指即见;而己诗如瓴甓木石,从平地筑起。然其深稳亦在此。其文具有欧、曾法;魏禧为作集序,以为文胜于诗,则过也。

《范忠贞集》十卷

国朝范承谟撰。承谟遭遇逆藩,捐生完节。其画壁诗卷,吴震方刻入《说铃》中,天下传诵。此编乃其全集,奏议具见经略,诗文皆正气凛然,特录存之,并恭录圣祖仁皇帝御制序文,弁诸简首,用昭扶植纲常之至意焉。

《林蕙堂集》二十六卷

国朝吴绮撰。绮与陈维崧,同以四六名。维崧追摹开府,绮含咀樊南,异曲同工,未易定其甲乙。其诗词神姿艳逸,亦不愧才人。末一卷为南曲,非文章之正轨,原本所有,姑并存之云尔。

《精华录》十卷

国朝王士祯撰。题曰"曹禾、盛符升同编",实士祯所自定也。士祯吟咏繁富,其尤者已萃于此集。括其宗旨,不出神韵之一言。虽末流剽窃,使模山范水之语,处处可移,论者不能无同异。要其选言新秀,吐属天然,不能不推为诗家一大宗也。

《尧峰文钞》五十卷

国朝汪琬撰。琬与魏禧、侯方域,并以古文擅名。宋荦尝合刻之。然方域才人之文,禧策士之文,惟琬根柢经典,不失为儒者之文。欧、苏、曾、王,固未易拟;以之接迹王慎中、唐顺之、归有光等,无愧色也。

《午亭文编》五十卷

国朝陈廷敬撰。廷敬初著《尊闻堂集》八十卷，晚年手自删削，定为此编，以所居午亭山村为名。于时古文推汪琬，诗推王士祯；廷敬自序，谓与汪、王，不苟雷同。知其才力学力，均有足以自立者，故不肯随人作计矣。

《读书斋偶存稿》四卷

国朝叶方蔼撰。方蔼初著有《觚斋集》，后自弃其稿，此集皆入仕以至归田之作。其诗导源苏、陆，不及王士祯秀骨天成，而和雅春容，沨沨乎治世之音也。

《松桂堂全集》三十七卷，《延露词》三卷，《南淮集》三卷

国朝彭孙遹撰。康熙己未，召试博学鸿词之士，以孙遹为第一。今观是集，大抵才富学赡，词采清华。馆阁诸作，尤为伟丽。其独邀睿赏，领袖群儒，信非偶然幸致矣。

《曝书亭集》八十卷，附录一卷

国朝朱彝尊撰。彝尊以布衣登馆阁，与一时名士掉鞅文坛。时王士祯工诗而疏于文，汪琬工文而疏于诗，阎若璩、毛奇龄工于考证而诗文皆次乘，独彝尊事事皆工，虽未必凌跨诸人，而兼有诸人之胜。核其著作，实不愧一代之词宗。

《于清端政书》八卷

国朝于成龙撰。前七卷皆历官案牍奏疏，末一卷为诗文。诗文颇不擅长，可云疣赘，余皆有用之言也。

《愚庵小集》十五卷

国朝朱鹤龄撰。鹤龄初攻词赋,后顾炎武劝以穷经,遂研精注疏,故其文引据考证,具有原本。尝注杜甫、李商隐诗,其诗格亦出入于二家。

《抱犊山房集》六卷

国朝嵇永仁撰。永仁在范承谟幕府,耿精忠之乱,与承谟同殉。其诗文为世所重,亦与承谟《忠贞集》同传。

《文端集》四十六卷

国朝张英撰。凡应制诗四卷,《存诚堂诗集》二十五卷,《笃素堂诗集》七卷,文集十卷。英遭逢昌运,珥笔赓扬,皆典雅冲和,为升平黼黻,至于言情赋景,又能抒写性灵,台阁山林,乃体能兼擅。

《西河文集》一百七十九卷

国朝毛奇龄撰。奇龄《西河合集》凡四百余卷。今析其经集、史集、杂著,皆别著录。此集惟存文一百一十九卷、诗五十三卷、词七卷。其文博辨纵横,与所作经说相类,不可律以绳尺。诗词又次于文。然奇龄学问淹通,才锋英锐,以经籍佐其驰骋,譬春秋之楚、战国之秦,以无道行之,犹能制胜,故亦不能竟废焉。

《陈检讨四六》二十卷

国朝陈维崧撰。维崧四六之文,根柢六朝,才力富健,本足以笼罩诸家,徒以传诵者多,摹拟太滥,久而生厌,论者并集矢于维崧。然剑南诗派,流为窠臼,终不能废陆游之诗,今仍录斯集,犹是意也。

《莲洋诗钞》十卷

国朝吴雯撰。雯天才雄骏,有其乡元好问之风。最受知于王士祯,而其诗激昂沉着,实与士祯异趋。凡士祯所称,皆取其近己者耳,不足尽雯所长。惟熟于内典,动摭释氏,故实拉杂堆垛,是其一短。

《张文贞集》十二卷

国朝张玉书撰。玉书诗文皆舂容大雅,为鸣盛之和声。其所记述旧典,考订详明,历举沿革,尤多有资于掌故。惟遗稿仅存,未经删定,募疏祭文之类,收载芜杂,颇病榛楛勿翦,今汰其冗滥,厘为一十二卷。

《西陂类稿》三十九卷

国朝宋荦撰。皆荦晚年所手定。惟初刻《绵津山人集》,删稿不录,以皆少作故也。荦虽不由科目,而淹通典籍,笃好风雅,名与王士祯相亚。其诗文皆源出苏轼,《池北偶谈》记荦尝绘轼象,而己侍立于侧,可以知其所尚矣。

《铁庐集》三卷,《外集》二卷,《后录》一卷

国朝潘天成撰。其语录颇杂于禅,诗文亦不甚工。然天成笃行纯孝,艰苦不渝,足以敦风俗而励人心,天下之义理文章,莫大乎是。特存是集,以示表章。不与操觚之士,论词采之工拙;亦不与讲学之家,争议论之醇疵也。

《湛园集》八卷

国朝姜宸英撰。宸英少习古文,年七十始登第。于斯事,用力颇深,故其文闳肆雅健,有北宋风格。初刻有《湛园未定稿》,后又有《西溟文钞》,此本乃黄叔琳所删定。前二卷皆应俗之文,未必得宸英本意,然梗概亦略具矣。

《古欢堂集》三十六卷,附《黔书》二卷,《长河志籍考》十卷

国朝田雯撰。王士祯负海内重名,自赵执信以外,无不假借其声誉。惟雯与任丘、庞垲,不相攻击,亦不相攀附。垲诗格律谨严,而才地稍弱;雯则天姿超迈,记诵赅博。欲以雄伟奇丽,别关门庭。其名虽不及士祯,然偏师驰突,亦士祯之劲敌也。

《榕村集》四十卷

国朝李光地撰。合诗文笔记共为一编。惟诗为光地自定,余皆其孙清植编也。光地于理学、经术,皆所究心。文章乃其余事。然弘深肃括,不雕琢而自工,则根柢深厚之故也。

《三鱼堂文集》十二卷,《外集》六卷,附录二卷

国朝陆陇其撰。陇其尝以滥刻文集为戒,故没后箧无遗稿。后其从子礼征,蒐合散佚,属其门人侯铨,厘为此本。其所去取,未必尽陇其本意。然陇其学问深醇,虽率尔操觚,不合于道者亦鲜也。

《因园集》十三卷

国朝赵执信撰。执信娶王士祯之甥女,而论诗与士祯相失,至作《谈龙录》以攻士祯。迄今述二家之说者,袒分左右。实则王以神韵缥缈为宗,赵以思路镵刻为主。王之规模阔于赵,而流弊伤于肤廓;赵之才力锐于王,而末派病于纤仄。两家并存,其得失适足相救也。

《怀清堂集》二十卷

国朝汤右曾撰。浙中之称诗者,自朱彝尊后,即推右曾。今观二家之集,彝尊博洽淹通,才力又足以运掉,故镕铸变化,惟意所如;右曾才足肩随,而学

问根柢则少让。齐驱并驾,似未易言;然亦近时之挺出者也。

《二希堂文集》十二卷

国朝蔡世远撰。世远究心理学,不以文艺为专门。然所选《古文雅正》,华实相资,与语录为文者,所见迥异。故所作理醇词正,而吐属渊雅,可谓质有其文。

《敬业堂集》五十卷

国朝查慎行撰。其近体源出于陆游,古体源出于苏轼,而拟议变化,不为优孟之衣冠。其诗一事一地,即立一集,名目颇为繁碎。然亦见其无时不从事于诗矣。

《望溪集》八卷

国朝方苞撰。苞殚思经学,故是集说经之文为多。其古文取法昌黎,谨严简洁,虽未能规矩在手,自运方圆,然蹊径未除,源流终正。近时为八家之文者,当以苞为最焉。

《存砚楼集》十六卷

国朝储大文撰。大文初以制义名,归田后乃潜心古学,尤究心于地理。故此集十六卷中,谕形胜者居七卷,皆援古验今,不徒为纸上之语。其他杂文,或失之隶事太繁,然此亦淹博之过,非空疏之过也。

《香屑集》十八卷

国朝黄之隽撰。皆集唐人之句,为香奁诗。凡古今体九百三十余首,组织工巧,一一如自己出。虽非正格,然实为唐、宋以来所未闻。譬诸嵌珍成器,簇彩为衣,本不适于服用,而不能不谓之工巧。并收兼蓄,亦足见文章之变,无所不有也。

《鹿洲初集》二十卷

国朝蓝鼎元撰。鼎元喜讲经世之学,故集中诸文,多得诸阅历,不徒纸上之谈。在近人文集之中,较有实际。

《樊榭山房集》十卷,《续集》十卷

国朝厉鹗撰。鹗平生于南宋轶事,考究最详。其诗乃吐词秀雅,不涉南宋之派。虽较诸朱彝尊等,未能方驾;以视西泠十子,则翛然远矣。

《果堂集》十二卷

国朝沈彤撰。彤穿穴经学,精于考证。集中释经之文,多补注疏所未备。杂文亦皆尔雅深厚,语有本原。

《松泉文集》二十卷,《诗集》二十六卷

国朝汪由敦撰。由敦久直内廷,仰承指授,故学问具有本原。兹集为其子工部侍郎承霈所编。荷蒙赐诗弁首,天藻褒嘉,尤为艺林盛事焉。

右别集类国朝。四十二部,一千七百九十九卷。

卷十九

集部八　总集类

《文选注》六十卷

梁昭明太子萧统编,唐李善注。据李匡乂《资暇集》称,善注《文选》,有初注,有复注,有三注、四注,其绝笔之本,皆释音训义,批注甚多。此本所注甚详,当即绝笔之本也。《文选》为文章渊薮,善注又考证之资粮。一字一句,罔非瓌宝。古人总集,以是书为弁冕,良无忝焉。

《六臣注文选》六十卷

不知编辑者名氏。陈振孙《书录解题》已有是名,则南宋本矣。其称六臣者,吕延济、刘良、张铣、吕向、李周翰五臣注,合李善注为六也。五臣注非善注之比,然诠释文句,间有寸长,汇为一编,亦颇便于循览焉。

《文选颜鲍谢诗评》四卷

元方回撰。原本久佚,今从《永乐大典》录出。其书取《文选》所录颜延年、鲍昭、谢灵运、谢瞻、谢惠连、谢朓六人之诗,评其工拙,兼论注家之得失。其说较《瀛奎律髓》,颇为惬当。盖回晚年之作也。

谨案:此书虽不全注《文选》,而其诗皆自《文选》摘出,故附于《文选》之后。犹注经者,虽注一篇,亦附列本经之下也。

《玉台新咏》十卷

陈徐陵编。所录梁以前诗,凡五言八卷、七言一卷、五言二韵者一卷。大抵皆缘情之作,而去古未远,犹有温柔敦厚之遗。或与韩偓《香奁集》并称,殊非其比。或以为选录女子之诗,则尤未睹而臆说矣。

《玉台新咏考异》十卷

国朝纪容舒撰。《玉台新咏》自南宋已有两本,明人重刻,窜乱弥多。张嗣修茅国缙本,更非其旧。惟南宋永嘉陈玉父本,差可依据。近时冯舒所校,多以为凭。然舒亦不免于臆改。容舒此本,仿《韩文考异》之例,详列诸本,一一证其是非,引据颇为博洽。

《高氏三宴诗集》三卷,附《香山九老诗》一卷

唐高正臣编。所载皆同人宴会之诗。以一会为一卷。末附《香山九老诗》卷,则白居易等所作。卷尾有“夷白堂重雕”字,盖从北宋鲍慎由家刻本录出也。

《箧中集》一卷

唐元结编。所录沈千运、王季友、于逖、孟云卿、张彪、赵微明及其弟融七人之诗,凡二十四首,皆淳古淡泊之音。核以他本,字句颇有异同,盖结所点定。《馆阁书目》,谓皆结所托名,其言无据,恐未必然也。

《河岳英灵集》三卷

唐殷璠编。所录常建等二十四人之诗,凡二百三十四首。其人不甚叙时代,推测其意,似以三卷分上、中、下三品也。每人姓名之下,各有品题。总集之有评语,自是书始。

《国秀集》三卷

唐芮挺章编。原序称作者九十人,诗二百二十首。此本仅作者八十五人,

诗二百十一首。盖亦有所佚脱。中自录所作二首,作序之楼颖诗亦入选,颇为诗社标榜之滥觞。然所录率皆精美,非后来诗社所及也。

《御览诗》一卷

唐令狐楚编。一名《唐歌诗》,一名《选进集》,一名《元和御览》,乃宪宗时奉敕选定也。所取皆近体,间有乐府古题,其词亦皆律诗,大抵以音节谐婉为主。

《中兴间气集》二卷

唐高仲武编。所录起至德初,迄大历末,凡诗一百四十首,作者二十六人。今佚郑当一人,诗八首。姓名下,各有品题,同殷璠之例。其谕刘长卿:“十首以后,语意略同,落句尤甚。”最为精凿。王士祯《论诗》绝句,独不然之,盖士祯亦有此病,中所忌也。

《极玄集》二卷

唐姚合编。凡一百首,作者二十一人。今佚其一首。合诗颇刻画细碎,而所录乃多高作。自命为诗家射雕手,殆非溢量。计有功《唐诗纪事》,凡此集所录,必注“右姚合取为《极玄集》”字,则宋人甚重其书矣。

《松陵集》十卷

唐陆龟蒙编。其名则皮日休所题,盖崔璞为苏州刺史时,皮日休为从事,适龟蒙亦往谒璞,因相倡和,遂录为此集。其中龟蒙、日休之作,三百四十二首;璞及颜萱、张贲、郑璧、司马都、李縠、崔璐、魏朴、羊昭业等,仅诗三十一首,特附见而已。

《二皇甫集》七卷

明刘润之编。凡皇甫曾诗一卷,与《书录解题》合;皇甫冉诗六卷,较《书录》多五卷,然较独孤及序所称尚少一百十六篇;盖已非其原本矣。

《唐四僧诗》六卷

不著编辑者名氏。凡灵彻诗一卷,灵一诗二卷,清塞诗二卷,常达诗一卷。中惟清塞诗最工,然清塞即周朴,后返初服,不终于僧,列之侩诗之中,殊失考也。

《薛涛李冶诗集》二卷

不著编辑者名氏。皆掇拾而成,非其原本也。唐女子工诗者多,然无出李冶之上者;薛涛诗虽不及冶,亦可接武。以二人合编,亦颇具鉴裁矣。

《窦氏联珠集》五卷

唐褚藏言编。凡窦常及其弟牟、群、庠、巩之诗各一卷,卷首各冠以小序,述其始末。中附唱和诸诗,则谢朓集中载王融诗例也。

《才调集》十卷

蜀韦縠编。凡一千首。縠生五代文敝之际,故所录多取晚唐,以浓丽秀发为宗,救当时粗俚之习,不为无益。冯舒、冯班,引其书合于西昆体,以为诗家轨式,则一隅之见矣。

《搜玉小集》一卷

不著编辑者名氏。郑樵《通志》已载之于《艺文略》,则其来久矣。凡诗六十二首,其次第为毛晋重刊所乱,不可复考,徒以源出唐人存之耳。

《古文苑》二十一卷

不著编辑者名氏。《书录解题》称唐人旧本,宋孙洙得于佛寺经龛,其真伪盖莫可考。淳熙中,韩元吉编为九卷;绍熙中,章樵为之注释,又厘为二十一卷。并非其旧第。然即为孙洙所依托,亦出自北宋人手,犹总集之近古者矣。

《文苑英华》一千卷

宋太平兴国七年李昉等奉敕编。盖以续《昭明文选》,故《文选》迄于梁初,此书即托始梁末,而下迄于唐。然南北朝之文十之一而弱,唐代之文十之九而强,往往全部收入。唐人诸集,传世日稀,所借以考见者,赖此编之存而已。

《文苑英华辨证》十卷

宋彭叔夏撰。北宋初,旧集多存,故《文苑英华》不甚见重,亦无刻本。至南宋,旧集渐少,乃始借以考见,而传写已多讹脱。周必大重为校正,叔夏时预其事,因辑为此编,凡分二十一例,考订异同,极为精核。

《唐文粹》一百卷

宋姚铉编。其书删掇《文苑英华》,而稍附益之。文赋惟取古体,而骈偶不录;诗歌亦惟取古体,而五七言律不录。盖欲救五季之文弊,故不免矫枉过直,举一废百。然鉴裁精审,去取谨严,实为总集之善本。

《西昆酬唱集》二卷

宋杨亿编。所录亿及刘筠等十七人诗。时亿官两禁,故取玉山册府之义,以名其集。所作皆摹李商隐体,大抵音节铿锵,词采精丽。后欧、梅既出,诗格一变,亿等之派遂微。然其组织工致,锻炼新警之处,终不可磨灭,故至今犹有传本焉。

《同文馆唱和诗》十卷

宋邓忠臣等撰。同文馆本高丽使臣所居,元祐丁卯,忠臣等即其地考校,因合同事十三人之诗,共为一集,其编辑则不知何人也。

《唐百家诗选》二十卷

宋王安石编。其书颇为宋人所不满,邵博、周辉并谓缮录之时,钞胥避多就少,潜移其签,非安石之旧本。然此书不合人意,在应有不尽有。至其所取,亦未为冗滥,必以恶安石之故,无一处不排击之,亦门户之见也。

《会稽掇英总集》二十卷

宋孔延之编。乃其知越州时所辑,搜罗图籍,考证金石,取诗文之有关于会稽者,八百五篇,分类编次。大抵由搜剔岩穴得之,故多出诸家集本之外。

《清江三孔集》四十卷

宋王莲编。三孔者,孔文仲及其弟武仲、平仲也。熙宁、元祐之间,与苏轼、苏辙并以词章名世,故黄庭坚有"二苏联璧,三孔分鼎"之语。南渡后,苏氏之文盛行,孔氏之文皆散佚。庆元中,莲知临江,始搜为此本。凡文仲集二卷,武仲集十七卷,平仲集二十一卷。

《三刘家集》一卷

宋刘元高编。刘涣、刘恕、刘羲仲,祖孙父子,并以刚直称,亦并以学问称。遗文散佚。咸淳中,元高始辑为此编。掇拾残剩,十不得一。特有其家学之崖略而已。

《二程文集》十三卷,附录二卷

宋胡安国编。二程子兄弟合集也。安国于原本字句,间有改削。张栻、刘珙所刊,即以安国本为据。朱子盛气争之,二人迄不尽从。元至治中,临川谭善心重刻,乃悉从朱子所改,又搜遗文十六篇、遗事十条,并朱子论胡本诸书,编为二卷附于后。

《宋文选》三十二卷

不著编辑者名氏。据张邦基《墨庄漫录》,知为北宋人所选。据其列欧阳修以下十四家,而不及三苏,当为徽宗时书。然有黄庭坚、张耒,皆党籍中人,惟苏氏文禁最严欤。所录皆有经术政治之文,凡诗赋碑记,皆不登载,其去取颇为严慎。

《坡门酬唱集》二十二卷

宋邵浩编。所录皆二苏及黄、秦、晁、张、陈、李与轼兄弟唱和之诗,凡六十篇。同题共韵,可以互考。其用意亦可以比较其工拙。查慎行补注东坡全集,备列赠答诸作,亦此意也。

《乐府诗集》一百卷

宋郭茂倩编。总括历代乐府歌词,上起陶唐,下迄五代,分为十二类。网罗赅博。其解题叙述源流,尤为详备。言乐府者,以是集为祖本;犹渔猎之资山海也。

《古今岁时杂咏》四十六卷

宋蒲积中编。初,宋绶采魏晋至唐之诗,有关节序者,一千五百六首;积中又采宋诗千二百四十三首,依绶原目续入,故标题增以“古今”字。其搜罗最为赅备,编次亦具有条理。

《严陵集》九卷

宋董棻编。棻绍兴中知严州,因摭其地历代诗文,编为此集,多诸书所未录。其中有淳熙以后之作,盖后来续缀,然亦宋人所加也。

《南岳倡酬集》一卷,附录一卷

宋朱熹与张栻、林用中,南岳纪游诗也。凡五十七题。作于乾道二年十一月。末附朱子与用中书二十二篇,用中遗事十则,皆非此书之旧文,疑为林氏子孙所编,欲借以为荣也。

《万首唐人绝句》九十一卷

宋洪迈编。原本一百卷,今佚其九卷。迈于淳熙中,录唐人绝句五千四百首进御,后广为万首,以绍熙三年上之。其间务求盈数,失于限断,固势所必然;然搜采亦云繁富矣。

《声画集》八卷

宋孙绍远编。或以为刘挚者,误也。所录皆唐宋人题画之诗,分二十六门。其间宋代诸作,今多未见其集,且有不知其姓名者。虽体例稍杂,亦颇资考证也。

《宋文鉴》一百五十卷

宋吕祖谦奉敕编。凡分六十一类,当时颇铄于众口,故诏崔敦诗删定,迄未刊行。今所传者,犹祖谦原稿也。张栻与朱子书,谓祖谦编此等文字,非所以成君德。然祖谦所录,关于学术治法者最多;栻书盖在祖谦受事之始,犹未见其书也。

《古文关键》二卷

宋吕祖谦编。所录韩愈、柳宗元、欧阳修、曾巩、苏洵、苏轼、张耒之文,凡六十余篇。各标举其命意布局之处,示学者以门径,故谓之“关键”。

《回文类聚》四卷，补遗一卷

宋桑世昌编。采录回文诸诗，自苏蕙《璇玑图》以下，裒为一编。亦文章之一体。补遗一卷，为康熙中朱存孝所录，兼录及明人，然未为赅备，附世昌书以存耳。

《五百家播芳大全文粹》一百十卷

宋魏齐贤、叶芬同编。所录皆宋代之文，骈偶居多，凡五百二十家。称五百者，举成数也。虽取盈卷帙，不免有冗滥之嫌，而坠简遗文，亦多赖以有传于后。

《崇古文诀》三十五卷

宋楼昉编。大致仿吕祖谦《古文关键》，而所录上自秦汉，篇目较多，盖昉即祖谦之门人，因其师说推阐加密也。

成都文类五十卷

宋程遇孙等八人同编。旧题袁说友者，误也。凡分十一类，每类又分子目，颇为繁碎。以《全蜀艺文志》核之，亦尚有挂漏。然使先无此书，周复俊等亦未能成《全蜀艺文志》也。

《文章正宗》二十卷，《续集》二十卷

宋真德秀编。所录皆唐以前文，分辞命、议论、叙事、诗歌四类。《续集》则宋代之文，仅有议论、叙事二类，犹未成之稿也。大抵以言理为主，故其去取与古来论文者迥异。其说虽不可行，而持论甚正，亦无词以废之。故自宋以来，无人诵习，而插架则不能不备焉。

《天台前集》三卷,《前集别编》一卷,《续集》三卷,《续集别编》六卷

是书皆裒辑天台题咏。前集宋李庚原本,林师蒧等增修,皆唐以前诗。别编则师蒧子表民所辑。续集前二卷亦李庚原本,后一卷亦师蒧等增修,皆北宋人诗。别编亦表民所辑,皆南宋人诗也。

《赤城集》十八卷

宋林表民编。原本诗十卷、文十八卷,今佚其诗集,惟文集存。盖表民尝续陈耆卿《赤城志》,以艺文别为一书,犹朱长文《吴郡图经续记》例也。

《妙绝古今》四卷

宋汤汉编。马廷鸾尝为作序,而颇致不满。独赵汸题后,以南宋时事,与汉之出处,一一推求,知其去取之间,示劝示诫,篇篇具有深义。廷鸾以文字求之,宜病其阙略矣。

《唐僧宏秀集》十卷

宋李龏编。所录唐代释子之诗,自皎然以下,凡五十二人,诗五百首。虽间有舛误,而搜采颇详。

《众妙集》一卷

宋赵师秀编。所录皆唐人近体,五言居十之九,七言仅十之一。盖四灵长于近体,短于古体;近体长于五言,短于七言,门径本自如是。惟多取风调流丽之作,与四灵门径又小不同。盖四灵之中,师秀本稍宏整也。

《江湖小集》九十五卷

旧本题宋陈起编。凡六十二家。惟姚镛、周文璞、吴渊、许棐四家,附以杂

文,余皆诗集也。核以宋人所称《江湖集》,多不相合。盖后人以其残帙,补辑成编,依袭旧名也。

《江湖后集》二十四卷

宋陈起编。原本久佚,今从《永乐大典》录出。其所辑《江湖集》,刻非一时,亦非一本。故《永乐大典》所题,有前集,有后集,有续集,有中兴江湖集。以世传《江湖小集》互校,彼所未载者,尚四十七家,又诗余二家,又有其人已见《小集》而诗为彼所未载者十七家,今并为一编,统题曰《后集》,以省繁碎。盖当日随得随刊,本无义例,故今可不拘其旧目也。

《三体唐诗》六卷

宋周弼撰,元释圆至注,国朝高士奇补注。三体者,七言绝句、七言律诗、五言律诗也。首载选例。七言绝句分七格,七言律诗分六格,五言律诗亦分七格。盖当日江湖派中,递相授受,有此规程,今亦存备一说。圆至注颇弇陋,士奇所补注,差为清整,今并存备考焉。

《论学绳尺》十卷

宋魏天应编,林子长注。皆当时程试诸论。分十集,例为七十八格。宋代场屋之制,略见于斯。

《吴都文粹》九卷

宋郑虎臣编。其书名为总集,实与与图相表里,多关建置沿革及国计民生之利病。与范成大《吴郡志》互相补苴,足以相辅而行。

《古文集成前集》七十八卷

宋王霆震编。于吕祖谦、真德秀、楼昉诸选本,采录特详。虽一圈点标识,亦必详载。知为理宗以后,道学炽盛时所刻。其文虽多习见,而所引诸评,今多不见其书,并有不知其名者矣。

《文章轨范》七卷

宋谢枋得编。所录汉、晋、唐、宋之文,凡六十九篇。分放胆、小心二格,各有圈点评语。惟《前出师表》《归去来词》二篇,无评语亦无圈点,殆作于宋亡之后,以是寓意欤。

《月泉吟社诗》一卷

宋吴渭编。渭立月泉吟社,以丙戌三月分题,丁亥上元收卷,凡得二千七百三十五卷。延方凤、谢翱、吴思齐评其甲、乙,选中二百八十人。此本惟录其前六十卷。其题为"春日田园杂兴",其姓字皆隐语,意其以代糊名也。

《文选补遗》四十卷

宋陈仁子编。仁子本讲学家,故执真德秀《文章正宗》之法,以甲乙《文选》,殆难以口舌与争。然仅云以此书补《文选》,不云以此书废《文选》,使两书并行,各明一义,用以救专尚华藻之失,亦未尝无裨。较举一废百者,所见犹广矣。

《苏门六君子文粹》七十卷

不著编辑者名氏。或题陈亮,无所据也。所录凡秦观、张耒、晁补之、李荐、黄庭坚、陈师道六家之文,亦有每篇之中,但删存其要语者,盖自乾道以后,苏氏文学盛行,书肆编为程试之用者也。

《三国文类》六十卷

不著编辑者名氏。《宋志》著录,则出自宋人手矣。凡分二十三门。所采上及汉末，下逮晋初，则并裴松之注采之，不仅陈寿书也。

《增注唐策》十卷

不著编辑者名氏。所录皆唐人策论、书状、表启之文，题曰“唐策”者，以备程试答策之用，从所重也。虽亦坊本，而去取不苟。其注杂题诸名，自“崇曰”知为王崇外，余皆不得其姓，莫可考矣。

《十先生奥论》四十卷

不著编辑者名氏。书已残缺，而据其所存之文，作者程子、张耒、朱子、张栻、吕祖谦、杨万里、胡寅、方恬、陈傅良、叶适、刘穆、元戴溪、张震、陈武、郑湜、杨时，已十六人，题曰十先生，莫能详也。

《诗家鼎脔》二卷

不著编辑者名氏。其题词自称“倦叟”，亦不知为谁。所录南宋之诗，上卷五十八人，下卷三十七人，各著其里居字号，为例不一。诗多者不过十余首，少者仅一二首，然宋末佚篇，赖以有考。

《两宋名贤小集》三百八十卷

旧本题宋陈思编。元陈世隆补。凡一百五十七家。前有魏了翁序，后有朱彝尊跋。考了翁序，即《宝刻丛编》之序，改易数字；彝尊跋以思与陈起合为一人，以此集与《江湖集》合为一书，与所作高菊磵集序显然矛盾，盖皆出依托。然书名虽伪，而一百五十七家之诗，则皆不伪，故仍以备考焉。

《柴氏四隐集》三卷

明柴复贞编。四隐者：一柴望，一柴随亨，一柴元亨，一柴元彪，皆宋之故臣，入元以后，抱陶潜栗里之节者，故以“四隐”为名。

《中州集》十卷,附《中州乐府》一卷

金元好问编。以金一代诗,分为十卷。大旨以诗存史,故姓名之下,各列小传。往往旁及其佚事,多足以资考证。所录诸诗,亦多格力遒健,在宋末《江湖集》上。王士祯颇不满之,盖士祯论诗,惟主神韵,与好问门径不同耳,非公论也。

《唐诗鼓吹》十卷

金元好问编,元郝天挺注。所录皆唐人七言律诗,凡九十六家。大抵以高华沉着为宗。与方回《瀛奎律髓》同出元初,而实在回书之上。天挺注,但释出典,无所穿凿,伤于简陋则有之,尚不似廖文炳等所解,庸而妄也。

《二妙集》八卷

金段成己、段克己兄弟诗集也。赵秉文爱其文章,尝称曰“二妙”,因以为名。吴澄序,称其有感于兴亡之会,故陶之达、杜之忧,兼而有之,深能得二人之本志。

《谷音》二卷

元杜本编。所录自王浍迄曾澈二十五人及无名氏诗,共一百首,各系小传,纪其大略。雄浑冲淡,丰格遒上。盖宋金末年,仗节守义之士也。

《河汾诸老诗集》八卷

元房祺编。所录凡麻革、张宇、陈赓、陈扬、房皞、段成己、段克己、曹之谦八人之诗,皆金之遗老,旧从元好问游者也。

《瀛奎律髓》四十九卷

元方回编。以唐宋两代之诗,合而编之,分为四十九类。以皆近体,故名

曰“律髓”;兼取十八学士登瀛洲、五星聚奎之义,故名“瀛奎”。立名颇鄙。其论诗排西昆而主江西,以生硬粗野为老境,又多标字眼之说,亦涉纤仄。然亦自成一家之门径。

《梅花百咏》一卷

元冯子振、释明本倡和之诗。即明本随赵孟𫖯谒子振,子振示以咏梅七言绝句一百首,即席立和者也。末附春字韵七言律诗一百首,惟存明本所和,子振原唱则佚矣。其诗不能皆工,然促同刻烛,捷逾击钵,存之亦艺林佳话也。

《天下同文集》四十四卷

元周南瑞编。原本五十卷,今佚六卷。南瑞文词虽为吴澄所称,此选乃颇类书肆本,不足尽元代之文,然亦多苏天爵《文类》所未收,亦足以互相补苴。

《古赋辨体》八卷,《外集》二卷

元祝尧编。于两汉至宋诸赋,每朝录取数篇,辨其体格。其《外集》则《拟骚》及《琴操》之类,为赋家支流者也。于正变原委,颇为明晰。

《圭塘欸乃集》二卷

元许有壬及其弟有孚、其子桢唱和诗也。至正八年,有壬致仕归田,得康氏别业,凿池其中,其形如圭,日与子弟觞咏,得诗二百一十九首、乐府六十六首。后其客马熙追和诗七十八首、乐府八首,别题曰《圭塘补和》附于后,虽一时适兴,不能刻意求工,而一门之内,风流文采,照映一时,亦有足传者焉。

《忠义集》七卷

元赵景良编。初南丰刘埙作《十忠诗》一卷,其子麟瑞又取宋末节义之士,作《昭忠逸咏》四卷,景良合二集为一编。又取宋末遗老诸诗,续为二卷,盖以诗存史之义也。

《宛陵群英集》十二卷

元汪泽民、张师愚同编,所录宣城之诗,上起宋初,下迄元代,凡二十八卷一千三百九十三首。原本久佚,今载于《永乐大典》者,尚存诗七百四十六首,作者一百二十九人。虽残缺不完,然尚多《宛雅》诸集所未载也。

《元文类》七十卷,目录三卷

元苏天爵编。其书成于元统二年。凡分四十有三类。所录诸作,自元初迄延祐,正元文极盛之日,而天爵妙解文章,工于鉴别,其去取又极精审,故与姚铉《唐文粹》、吕祖谦《宋文鉴》鼎立而三,莫能更续。程敏政《明文衡》努力继之,然论者终不以配三书也。

《元风雅前集》十二卷,《后集》十二卷

《前集》十二卷,元傅习所辑,孙存吾为之编次;《后集》十二卷,则存吾所编辑也。《前集》录刘因以下一百十四家,《后集》录邓文原以下一百六十六家。其中随得随刊,编次颇无条理。然元人逸作,多赖此以存焉。

《唐音》十四卷

元杨士宏编。所录唐人之诗,分始音一卷、正音六卷、遗响七卷。自序称十五卷,盖遗响有一子卷也。其去取颇为不苟,高棅《唐诗品汇》,即因其体例而扩之者也。其注为张震所作,颇嫌弇陋,原本所有,亦姑并存焉。

《古乐府》十卷

元左克明编。与茂倩书互相出入,然郭书终于唐末,务穷其流;此书终于陈隋,务溯其源;用意乃迥然各别。据克明自序,盖病杨维桢所作乐府,破坏古

律,故以此书正之也。

《玉山名胜集》八卷,《外集》一卷

元顾瑛编。瑛在元季,园池宾客之盛,甲于江左,因裒其题咏,为此集。各以亭馆之名为纲,而诗文分系于后。一代知名之士,列其间者十之八九。自金谷兰亭以来,辞藻之富,未有过于是集者。

《草堂雅集》十三卷

元顾瑛编。瑛开玉山草堂,延致四方之文士,因仿段成式《汉上题襟集》例,类次唱和之作为一编;又仿元好问《中州集》例,各为小传。元季诗家,此七十人括其大凡。七十人之诗,此十三卷亦略见其梗概矣。

《玉山纪游》一卷

明袁华编。皆顾瑛与华及杨维桢等纪游之作。其游迹所至,远者或数百里,然往来以玉山为归宿,故总题曰"玉山"焉。

谨案:袁华后虽入明,然诸人作诗之时,在至正中。华编此集之时,亦在至正中。不能以华一人,牵及同游之人,俱入异代。故华题明人,而其书则仍列元人总集中,庶皆不失其实。

《大雅集》八卷

元赖良编。皆元末之诗。前有杨维桢序,称所采皆吴越之隐而不传者。后有良自跋,称选诗二千余首。铁崖先生所留者,仅三百首。然则是集为维桢所删定矣,故卷首题维桢评点耳。然评点寥寥,或传写佚之欤。

《元音遗响》十卷

不著编辑者名氏。前八卷为胡布诗,后二卷一为张达诗,一为刘绍诗。三人皆元之遗民,入明不仕。其诗格调皆高古,不类元宋体裁,而他书罕称述之者。录存其集,以发潜德之幽光也。

《风雅翼》十四卷

元刘履编。凡《选诗补注》八卷,取《文选》诸诗删补旧注,而断以己意。《选诗补遗》二卷,杂录古歌谣词四十二首,为《文选》所不载者。《选诗续编》二卷,则唐宋诗一百五十九首也。大旨本《文章正宗》,然所笺释尚颇详赡。

《荆南唱和集》一卷

元周砥与明马治唱和诗也。至正癸巳,砥避乱客治家,治馆砥于荆溪南,积三年唱和之作,编为此帙。后砥从张士诚死于兵,治入明为建昌府知府,虽人隔两代,而诗则作于一地一时,故以砥为主,附元人之末焉。

《乾坤清气集》十四卷

明偶桓编。所录上该金宋之末,下逮明初。去取极为不苟。朱彝尊《静志居诗话》称,明初诗人,操选政者,皆有所蔽,惟瞎牛。案:瞎牛即桓之别号。《乾坤清气》一编,别开生面,惜所抄缺七言绝句,未得全书。此本所缺,与彝尊所抄同,则此卷之佚久矣。

《元音》十二卷

明孙原理编。所录自刘因至龙云从,凡一百七十六人。顾嗣立《元百家诗选》凡例,尝病其所收未广。然采择颇严,虽未尽涤秾艳之习,大致崇尚风格,已有除烦涤滥之功。

《雅颂正音》五卷

明刘仔肩编。洪武三年,应召至京师,因集同时之诗为此集。仔肩所作亦附焉。所录之诗,每人不过数首,盖随得随入,不求备也。然大抵春容谐雅,有开国气象,与元末噍杀之音,固不侔焉。

《唐诗品汇》九十卷,《拾遗》十卷

明高棅撰。元末诗格纤仄,多类小词,棅与林鸿等始标举唐音,以救其弊。是书因杨士宏《唐音》而广之,每体分正始、大宗、大家、名家、羽翼、接武、正变、余响、旁流九格。后来刻画开宝,渐成肤廓,虽由此滥觞,终不能不谓之正轨也。

《广州四先生诗》四卷

不著编辑者名氏。以黄哲、李德、王佐、赵介四人之诗,共为一集。哲等初与孙蕡号南园五先生,蕡已有集传世,故此惟蒐录四人诗焉。

《三华集》十八卷

明钱公善编。凡钱子正《绿苔轩集》六卷,钱子义《种菊庵集》四卷,钱仲益《锦树集》八卷。其曰"三华"者,以三集皆钱氏之英华也。

《闽中十子诗》三十卷

明袁表、马荧同编。十子者,林鸿、陈亮、高棅、王恭、唐泰、郑定、王偁、王褒、周元、黄元也。闽中诗派,从是发源。大抵皆主于摹仿唐调。

《元诗体要》十四卷

明宋绪编。凡分三十六类,每类各有小序,仿《瀛奎律髓》之例也。门目繁碎,亦同于《律髓》。然去取颇有鉴裁。

《沧海遗珠》四卷

不著何人所编。惟据杨士奇序,知为沐英之子,字曰景容。然英三子皆不字景容，莫能详也。明初沐氏镇云南，故是编所录，皆谪戍云南者之作，凡二十人，去取颇精审。自汉以来，武人能诗者有之，武人选诗而其书不愧善本者，惟此一人而已。

《中州名贤文表》三十卷

明刘昌编。凡六家：曰许衡、姚燧、马祖常、许有壬、王恽、富珠哩翀。案：富珠哩翀原作孛朮鲁翀，今改正。皆其官河南提学副使时所订。每集各附跋语数则，俱有考证。

《明文衡》九十八卷

明程敏政编。其书贪多务得，不免少涉芜杂。然洪武以后、成化以前，先正流风，犹未尽泯，所录终有典型；不似嘉、隆以后，动参伪体也。

《新安文献志》一百卷

明程敏改编。凡南北朝以后，文章事迹有关于新安者，皆旁搜博采，分类辑录。前六十卷，皆先达诗文；后四十卷，皆先达行实。援据浩繁，而排纂具有条理。所附考证，亦多详核。在所选《明文衡》之上。

《海岱会集》十二卷

明冯琦编。琦祖冯裕，与乡人石存礼、蓝田、刘澄甫、陈经、黄卿、刘渊甫、杨应奎，并以林下闲居，结为诗社。琦摘其倡和之诗为此集。八人不以诗名，而其诗真朴闲雅，无三杨台阁之体，亦无七子涂饰之派。盖抒写性情，自适其适，故不随风气转移也。

《经义模范》一卷

不著编辑者姓名。王廷表序，称得之于杨慎，似即慎所辑也。凡宋人经义十六篇。存之以见八比之初体。

《文编》六十四卷

明唐顺之编。陈元素序,称以《文章正宗》为稿本。然真德秀书主于明理,顺之此书主于论文,宗旨截然不同。其论文以法为先,书中所标举者,皆文家窾要,学者由唐宋以适秦汉,当从此入。盖顺之于古文,能心知其得失,故所言大抵中肯也。

《古诗纪》一百五十六卷

明冯惟讷编。原本前集十卷、正集一百三十卷、外集四卷、别集十二卷。此本为吴管所刊,通为一集,卷数次第,则管所窜乱也。所录诗,上起古初,下迄陈隋。遗文佚句,一一登载。六朝以前,有韵之文,以此编为渊薮。后人间有补缀,不过掇拾畸零耳。

《诗纪匡谬》一卷

国朝冯舒撰。纠冯氏《诗纪》之缪,凡一百二十条。《诗纪》采摭浩繁,不能无所抵牾,舒一一校正,于冯氏颇为有功。

《全蜀艺文志》六十四卷

明周复俊编。以《成都文类》为蓝本,而补阙拾遗,搜罗较备。间附案语,亦多所考证。

《古今诗删》三十四卷

明李攀龙编。所录诗,上起古逸,下逮于明。而驾漏宋元两代,一字不登。盖前后七子,皆称不读唐以后书也,未免好作大言,殊非通论。以明代论诗之门户,判于七子;七子论诗之宗旨,具于此书。存之亦足见风会变迁,是非轇轕之由也。

《唐宋元名表》四卷

明胡松编。乃松督学山西时,撰为士子程序之书。虽无奇秘之篇,而持择极为有法。

《文氏五家》十四卷

明长洲文氏祖孙父子之诗也。凡文洪《括囊稿》二卷,案:《括囊稿》有杂交一卷,总以五家诗为名,盖举其所重。文徵明《甫田集》四卷,文彭《博士诗》二卷,文嘉《和州诗》一卷,文肇祉诗一卷。五人之中,终以徵明为最,然余亦不忝其家学。

《宋艺圃集》二十二卷

明李蓘编。所录凡二百三十七人,末附释衲及宫闺、灵怪、妓流及不知姓名人一卷,不在其数。书中编次,后先最为颠倒。上及五代,旁涉金朝,亦失于限断。然王士祯《香祖笔记》,称隆庆初元,海内尊尚李、王之派,讳言宋诗,蓘独闸幽抉异,撰为此书,其学识有过人者。则士祯亦深取其用意矣。

《元艺圃集》四卷

明李蓘编。此集续《宋艺圃集》而作。自序称地僻少书籍,无以尽括一代之长。其说良信。大抵以救赝古之弊,其谓宋诗痼于理,元诗邻于词,亦切中二代之失。故挂漏虽多,而鉴别颇为不爽。

《唐宋八家文钞》一百六十四卷

明茅坤编。坤古文颇尊唐顺之,而顺之不以古文许坤。盖摹拟秦汉之窠臼,自李梦阳始;摹拟唐宋之窠臼,又自坤始也。然八家定自朱右,而右书不传;世称八家,实沿坤此编。故存之以著所自始焉。

《吴都文粹续集》五十六卷，补遗一卷

明钱谷编，以续宋郑虎臣之书。原本五十六卷，今佚二卷。所标二十一目，分类多未确，所采亦博而未精。然谷赤贫壁立，家无图籍，积一生之力，手自抄撮，以成巨编，增于原书者十倍，其用心亦云精苦。征文考献，于是有稽，亦未可以芜杂废矣。

《石仓历代诗选》五百六卷

明曹学佺编。所录上自古逸，下至明嘉靖、隆庆，采摭颇为繁富。虽卷帙浩博，抵牾时有不免，然学佺本自工诗，故去取颇有别裁，非但取盈卷帙。其明诗分初集、次集，据《千顷堂书目》，尚有三集、四集、五集、六集，其三百八十四卷，今并散佚。然明诗自万历以后，幺弦侧调，愈变愈衰，正以不存为佳也。

《四六法海》十二卷

明王志坚编。四六亦古文之变体，犹古诗之为律诗，面貌虽殊，根源不异。世俗溺于华藻，遂判两途。志坚此编，实能溯骈偶之本始。其随事考证，亦皆典核。虽人人习见之坊刻，实四六中第一善本也。

《古乐苑》五十二卷

明梅鼎祚编。因郭茂倩《乐府诗集》而增辑之。其止于南北朝，则左克明《古乐府》例也。虽意在博收，不免芜杂，然搜罗遗佚，亦颇资考证。

《皇霸文纪》十三卷

明梅鼎祚编。鼎祚辑陈隋以前之文，以配冯惟讷《诗纪》。此编上起古初，下迄于秦，以配《诗纪》之古逸，乃其第一集也。

《西汉文纪》二十四卷

明梅鼎祚编。鼎祚《皇霸文纪》,不免真伪糅杂。此编以《史记》《汉书》为主,而杂采他书附益之,于赝托之文,多能辨证。

《东汉文纪》三十二卷

明梅鼎祚编。杂书之作,盛于东汉;金石文之传于世者,亦东汉为多。故是编较《西汉文纪》为稍杂,然搜罗则富矣。

《西晋文纪》二十卷

明梅鼎祚编。据《千顷堂书目》,鼎祚原有《三国文纪》《东晋文纪》,今所传本,乃以西晋上接东汉下接宋。然黄虞稷不著三国东晋之卷数,疑亦未见也。晋人多以清谈著,而此编所录,讨论礼典、奖励风俗者,独居其半。微鼎祚之裒辑,几以《世说新语》尽晋一代之人物也。

《宋文纪》十八卷

明梅鼎祚编。宋文上承魏晋,清隽之体犹存;下启齐梁,雕镂之风渐盛。观鼎祚所录,可以见文质升降之转关。

《南齐文纪》十卷

明梅鼎祚编。是集于前后诸编之中,体例颇为丛脞,徒以一代之文,兼收全备而存之。

《梁文纪》十四卷

明梅鼎祚编。古文至梁而绝,骈体乃以梁为极盛,是集实四六之祖本。所录以《梁书》《南史》为根柢,故体例不甚繁碎,考证亦颇典核。

《陈文纪》八卷

明梅鼎祚编。南朝六代，至陈而终；文亦至陈而极弊。又享国日浅，文士或先仕梁朝，或后归隋室，鼎祚割其前后所在，共归此集，姑以备一代之数云。

《北齐文纪》三卷

明梅鼎祚编。魏代遗文，尚可成帙。鼎祚未为辑录，故北朝托始于齐。然自正史所载及邢魏诸集外，零篇短札，卷帙寥寥，盖流传本少，非其搜采未周也。

《后周文纪》八卷

明梅鼎祚编。所录乃周一代之文，止于八卷，庾信乃居其五卷，次惟王褒得十八篇，余则落落如晨星矣。然是时厘正文体，朝廷诏敕，大抵温醇雅令，有汉魏遗风，返朴还醇，兹其萌蘖，又未可以流传之寡忽之矣。

《隋文纪》八卷

明梅鼎祚编。隋氏混一南北，凡齐周遗老，梁陈故臣，咸荟萃一朝，成文章之总汇。而人沿旧习，风尚各殊，竟不能自为体裁。又唐代小说，多谈隋事，真假相半，难于辨别。故此集又颇糅杂，然唐三百年之文章，从此渐变，亦可以考其源流矣。

《释文纪》四十五卷

明梅鼎祚编。裒合隋以前释氏之文及诸家之文为释氏而作者，虽采摭间或泛滥，然六代以来之义学，则班班然矣。不似唐以后诸方语录，徒以俚词掉弄也。

《文章辨体汇选》七百八十卷

明贺复徵编。因吴讷《文章辨体》而广之。分一百三十二体。每体之首，皆有凡例。虽不免为珠砾兼收，然自《文苑英华》以来，总集之博，未有如是书者，亦著作之渊海也。

《古诗镜》三十六卷，《唐诗镜》五十四卷

明陆时雍编。大旨以神韵为宗，以情境为要。于王李末派，或不免惩羹吹齑，因而连及于古人。要其持论，则在明末诸人上矣。

《汉魏六朝一百三家集》一百十八卷

明张溥编。以张燮《七十二家集》为稿本，而补缀以冯氏《诗纪》、梅氏《文纪》。其中间有非集而强名集者，亦有编次踳驳者，然条分件系，较易检寻。溥一生著作，当以此为最。

《古今禅藻集》二十八卷

明释正勉、性涵同编。所录皆释子之诗，而不必有关于佛理。谓之"禅藻"者，明人换字之陋法，犹曰"僧诗"云尔。上起支遁，下迄性涵所自作。各以时代为次，而一朝之中，各以体分虽颇有舛漏，而辑僧诗者，究以此集为赅备。

《三家宫词》三卷

明毛晋编。三家者，一唐王建，一蜀花蕊夫人费氏，一宋王珪也。建为《宫词》之祖，花蕊夫人身列宫闱，王珪官居禁秘，故述所亲见，有异于影响传闻。

《二家宫词》二卷

明毛晋编。凡宋徽宗皇帝《宫词》三百首、宁宗杨皇后《宫词》五十首，皆

后人掇拾而成,真伪相杂。姑以流传已久,存备参考云尔。

《御选古文渊鉴》六十四卷

康熙二十四年,圣祖仁皇帝御选,内阁学士徐乾学等奉敕编注。所录上起《左传》,下迄宋人。大旨以有关风教,有裨世用者为主。诸臣所注,并考证详明;而卷端御评,尤为论世之权衡,摛文之矩矱。

《御定历代赋汇》一百四十卷,《外集》二十卷,《逸句》二卷,《补遗》二十二卷

康熙四十五年,詹事陈元龙奉敕编。正集分三十类,凡有关于经济学问者,悉以次登载。外集分八类,则缘情抒慨之作,并别见焉。至于残章坠简,无完篇者,别辑为逸句。杂书僻典,偶挂漏者,又续为补遗。正变兼陈,洪纤毕具。信为赋家之大观。

《御定全唐诗》九百卷

康熙四十六年奉敕编。初,胡震亨辑《唐音统签》,多所舛漏,乃诏删补其书,勒为全帙。所采凡二千二百余家,得诗四万八千余首。搜罗精密,只字无遗。诗莫盛于唐,唐诗之正变源流,莫备于此集。诚风雅之渊薮,而吟咏之津涂矣。

《御定佩文斋咏物诗选》四百八十六卷

康熙四十五年奉敕编。咏物诗始于蔡邕。其自为一集者,唐有李峤、元有谢宗可;其汇为总集,则创自是编。凡分四百八十六类,所录诗上起汉魏,下迄元明,计一万四千六百九十首。条分件系,各极摹形绘状之工,托兴寄情之致。非惟资于吟咏,抑亦有裨多识也。

《御定历代题画诗类》一百二十卷

康熙四十六年，编修陈邦彦奉敕编。仿孙绍远《声画集》例，以历代题画之作，分类编次。然绍远书分二十六类，配隶多不允惬；此则分三十类，州居部列，各有条理。绍远书止八卷，此则几及九千首。其精其博，均非绍远所及也。

《御选四朝诗》三百十二卷

康熙四十八年，右庶子张豫章等奉敕编。凡宋诗七十八卷，金诗二十五卷，元诗八十一卷，明诗一百二十八卷。各以作者姓名爵里，冠一代之首。网罗繁富，而持择精严。

《御定全金诗》七十四卷

康熙五十年奉敕编。盖郭元釪因元好问《中州集》，创为稿本奏进。以未能赅备，复命增修。较好问原本，补人几倍，补诗几三倍。金源著作，粲然大备。恭读御制序文，知排纂实出宸鉴，而卷端犹留元釪衔名，尤见片长必录之至意焉。

《御选唐诗》三十二卷，附录三卷

康熙五十二年，圣祖仁皇帝御选。总括四唐，权衡六义，别裁伪体，标举正声，以立风雅之轨范。其注为诸臣奉敕所编。仿李善注《文选》例，但释训诂名物，其作者之志，则使人涵泳而自得，尤足涤说唐诗者，附会穿凿之弊。

《御定千叟宴诗》四卷

康熙六十年奉敕编。首为圣制，次为诸臣和章，次则豫宴诸臣之诗。化成久道，甲子重周，四海臣民，咸登仁寿，赓歌扬拜，鸣盛和声，为自古未有之旷典。

《御选唐宋文醇》五十八卷

乾隆三年御定。初，储欣因茅坤《八家文钞》，益以李翱、孙樵，定为十家。皇上几余典学，为芟除芜杂，采掇精英，定为斯编，并详为论断。凡恭录圣祖仁皇帝御评，以黄色识之；皇上御评，以丹色识之；博采诸家品题、辨定，则以紫色、绿色识之。去取谨严，考证典核。户诵家弦，为业古文者之津筏。

《御选唐宋诗醇》四十七卷

乾隆十五年御定。于唐取李白、杜甫、白居易、韩愈四家，于宋取苏轼、陆游二家。大旨以李、杜为正宗；而平易近情，无如白；奇辟有法，无如韩；天才超妙，无如苏；人工精密，无如陆，故用为羽翼。于诗家源流正变，已综括无遗。其评注悉出睿裁，别色为识，亦略如《唐宋文醇》之例。

《皇清文颖》一百二十四卷

乾隆十二年御定。初，康熙中，大学士陈廷敬奉敕纂辑。雍正中，续有增修。至是乃勒为此帙。凡顺治甲申以后、乾隆甲子以前，巨制鸿篇，无不甄录。且备经天鉴，甄择尤精。郁郁乎谟诰雅颂之遗，非《宋文鉴》《元文类》等，所能比似也。

《钦定四书文》四十一卷

乾隆元年，内阁学士方苞奉敕编。于前明以化、治为一集，正、嘉为一集，隆、万为一集，启、祯为一集；而国朝之文，则自为一集。大旨凛遵圣训，以清真雅正为宗。

谨案：经义代圣贤立言，其义理同于传注，其短檴亦同于古文。故宋人如刘安上诸人，皆以入集；而吕祖谦编《宋文鉴》，亦载张才叔自靖人自献于先王一篇，以为程序。今恭录是编于总集之中，俾学者知八比流为末技,乃揣摩弋获者自贱之。至于国家功令,实以穷经学古,教天下之士也。

《钦定千叟宴诗》三十六卷

乾隆五十五年奉敕编。我皇上健行不息,无逸永和,和气燕譳,克绳祖武,式举嘉筵,一时预宴,献诗者殆四千人。以次编录,汇为斯集。盖酿化愈深,而人瑞亦遂愈上矣。

《明文海》四百八十二卷

国朝黄宗羲编。其书采摭繁富,别择亦颇详审。而编次体例,极为糅杂。阎若璩《潜丘札记》,谓出其子主一所为,盖宗羲选录诸集,未遑诠次,主一于宗羲没后,自以意排纂之。若璩游宗羲之门,当知之审也。

《唐贤三昧集》三卷

国朝王士祯编。明诗滥于王、李,佻于三袁,诡于钟、谭,数穷变极,无可复为。故国初诸家,改而学宋,宋派又弊,士祯乃标举此集,倡神韵之说,以救之。犹南宋诸家,以语录史论为诗,而严羽救以妙悟也。各明一义,于学者不为无功。末学沿波,以虚锋相掉弄,则并失士祯之本法矣。

《二家诗选》二卷

国朝王士祯编。明七子以复古相高,惟徐祯卿、高叔嗣在七子之中,自为别调。故李、何为后人排击,而二家则终无异词。士祯此选,于祯卿惟取《迪功集》,不录其少作;于叔嗣但取五言,不录其七言,尤能举其所长。

《唐人万首绝句选》七卷

国朝王士祯编。洪迈《唐人万首绝句》,取盈卷帙,未免芜杂。士祯为删存八百九十五首。成于康熙戊子,在士祯罢官以后,田居多暇,故去取之间,斟酌最为详慎。

《明诗综》一百卷

国朝朱彝尊编。彝尊以钱谦益《列朝诗集》,颠倒是非,天良澌灭。乃网罗考校,编为此书。每人皆略叙始末,备载诸家之评。而以所作《静志居诗话》,分缀于后。其选诗博而不滥,议论亦皆持平。

《宋诗钞》一百六卷

国朝吴之振编。所录宋人遗集凡一百家。皆采掇英华,删除冗赘,各以小传冠集首,略如《中州集》之例。而品评考证,其文加详。凡本无专集,或有集而所录不满五首者,则悉不载焉。惟随得随刊,故传本多寡不同,竟无全帙。此本较为完备,然有录无书者,尚十六家。

《宋元诗会》一百卷

国朝陈焯编。吴之振《宋诗钞》、顾嗣立《元诗选》,皆取其有专集者;焯此书则掇拾残剩,搜求于散佚之余。虽墨迹石刻,亦一一博采。所录凡九百余家,足以与二书相辅。

《粤西诗载》二十五卷,《粤西文载》七十五卷,《粤西丛载》三十卷

国朝汪森编。乃森官桂林府通判时,搜求文集志乘及残碑断碣而成。所录诗文曰诗载、文载,杂事曰丛载。丛载当别著录,以原本共为一书,今亦并录焉。

《元诗选》卷首一卷,《初集》六十八卷,《二集》二十六卷,《三集》十六卷

国朝顾嗣立编。凡三集。每集百家,各以十干为纪。然癸集皆有录无书,

盖其例以无专集者入癸集,搜罗未竣故也。体例略如吴之振《宋诗钞》,而间有辨订,多资考证,较之振为稍详。

《全唐诗录》一百卷

国朝徐倬编。是集成于康熙丙戌,在《御定全唐诗》告成之前一年,尚未见官刊之本,故编次体例,与《全唐诗》不同。其删汰颇详慎,所附诗话、诗评,亦多资考订。

《甬上耆旧诗》三十卷

国朝胡文学编。初,李邺嗣作《甬上耆旧传》,文学因即传中诸人,各采摭其遗诗,编为此集。而仍以邺嗣原传,分载诸诗之前。始自周文种,终于明季,凡四百三十人,诗三千余首。每卷之首,各有小序,略依其才品名位为次,不尽拘时代先后也。

《槜李诗系》四十二卷

国朝沈季友编。所录嘉兴一郡之诗,由汉晋以至国朝,每人各为小传。诗中山川古迹、民风物产,亦多所考证。

《古文雅正》十四卷

国朝蔡世远编。所录自汉至元之文,凡二百三十六篇,取其有关于学术治道者。虽大旨出《文章正宗》,然意主文质相扶,不废修词之工,故谓之“雅正”。

《鄱阳五家集》十五卷

国朝史简编。所载鄱阳人遗集,自宋末至明初凡五家:一曰宋黎廷瑞《芳洲集》三卷,二曰元吴存《乐庵遗稿》二卷,三曰元徐瑞《松巢漫稿》三卷,四曰元叶兰《寓庵诗集》二卷,五曰明刘炳《春雨轩集》四卷。徐瑞集,末附其从子考诗三十六首;叶兰集,末附其父懋仅存诗一卷。五家之中,惟刘炳诗有传本,余皆赖此刻以存。

《南宋杂事诗》七卷

国朝沈嘉辙、吴焯、陈芝光、符曾、赵昱、厉鹗、赵信同撰。各七言绝句一百首,杂咏南宋轶事,而自引诸书为之注,颇为详赅。

《宋百家诗存》二十八卷

国朝曹廷栋编。以补吴之振《宋诗钞》之遗。凡一百家。体例一如之振书。合二家所录观之,宋人遗集亦大略具是矣。

右总集类。一百六十五部,九千九百四十七卷。

卷二十

集部九　诗文评类

《文心雕龙》十卷

梁刘勰撰。分上、下二篇。上篇二十有五,论体裁之别;下篇二十有四,论工拙之由,合序志一篇,亦为二十五篇。其书于文章利病,穷极微妙。挚虞《流别》,久已散佚。论文之书,莫古于是编,亦莫精于是编矣。

《文心雕龙辑注》十卷

国朝黄叔琳撰。因明梅庆生注本,重为补缀,虽未能一一精审,视梅本则十得六七矣。

《诗品》三卷

梁钟嵘撰。取汉魏至梁能诗者一百三人,分为三品。每品各冠以小序,每人又系以论断。惟所称某人诗源出某人者,颇为武断。至其妙解文理,不减刘勰。王士祯尝病其次第高下,多所违失。然古人篇什,今已百不存一,未可据残剩之余,定当日评骘之确否也。

《文章缘起》一卷

旧本题梁任昉撰。考昉书《隋志》称已佚,不应至今复出。然宋王得臣《麈史》所称,与此本相合,又非近人所伪撰,疑即《唐志》所载张绩书也。其注为明陈懋仁作,国朝方熊又补之。词颇枝蔓,姑以原本所有,存之耳。

《本事诗》一卷

唐孟綮撰。取历代缘情之作，各详其事迹，分为七类。惟宋武帝乐昌公主二条为六朝事，余皆唐事也。

《诗品》一卷

唐司空图撰。图论诗欲有味外之味，故是书所论亦妙契精微。凡分二十四品。各以四言韵语，写其意境。平奇浓淡，无体不备。王士祯惟摘其“不著一字，尽得风流”二语，为诗家秘钥，非图之本意也。

《六一诗话》一卷

宋欧阳修撰。诗话莫盛于宋，其传于世者，以修此编为最古。其书以论文为主，而兼记本事。诸家诗话之体例，亦创于是编。

《续诗话》一卷

宋司马光撰。据首卷自序，即续《六一诗话》也。光不以诗名，而是编所论，乃多中理解。惟“梅尧臣病死”一条，与诗话无涉；宋人诗话往往体参小说，此其滥觞也。

《中山诗话》一卷

宋刘攽撰。攽兄弟均以博洽名，吟咏非所留意。此编所论，得失参半。多收嘲谑之词，尤为猥杂。殊不及欧阳、司马二书。然学问终有根柢，故其考证议论，亦尚多可采。

《后山诗话》一卷

旧本题宋陈师道撰。陆游《老学庵笔记》，尝疑其依托；而魏衍《集记》，又有其名。今考所称教塘雷大使事,在师道身后,其伪可知。然持论虽多出入,亦颇有中肯之语。疑师道原有诗话,其本散佚,好事者以意补之也。

《临汉隐居诗话》一卷

宋魏泰撰。泰为曾布之妇弟,故其学薄元祐而重熙宁。是书所论,亦不免门户之私。然一知半见,亦时有可取。盖泰虽邪党,而文章则未尝不工也。

《优古堂诗话》一卷

宋吴开撰。开误国庸臣,人不足道。其论诗乃颇可取。书中涉考证者,不及十分之一。大旨在明诗家用字炼句相承变化之由。虽无心暗合,不必皆有意相师;然换骨夺胎,作者原有是法,亦未始不资触发也。

《诗话总龟前集》四十八卷,《后集》五十卷

宋阮阅撰。《前集》分四十一类,《后集》分六十一类。所采书凡二百种。故旁涉于小说杂书,不免猥滥。而取材既富,资考证者亦多。披沙拣金,在于淘汰。书成于宣和癸卯,苏、黄文禁方严,故元祐诸家悉不见录焉。

《彦周诗话》一卷

宋许觊撰。其论诗宗元祐之学,故所述苏、黄绪论为多。其品第诸家,颇为有识。惟参杂以神怪之说,自秽其书,为深可惜耳。

《紫微诗话》一卷

宋吕本中撰。其中或偶涉经义,兼及杂事、杂文,然大致以论诗为主。其学源出豫章,而所论乃不主一家,亦不主一格。虽张子、程子之作,与文士南辕北辙,亦不废称述,可谓无门户之见矣。

《四六话》二卷

宋王铚撰。古无专论四六之书，有之自铚始。所论多宋人表启之文，大抵举其工巧之联，而气格法律，皆置不道。故宋之四六日卑。然就一朝风气而言，则亦多推阐入微者，如诗家之有句图，不可废也。

《珊瑚钩诗话》三卷

宋张表臣撰。其曰“珊瑚钩”者，取杜甫“文采珊瑚钩”句也。书中多及杂文，亦多及琐事，不尽论诗之语。然表臣及与陈师道、晁补之游，往往传其绪论，颇有根柢。大抵法元祐之学，与《冷斋夜话》同。其好载己作，务表所长，亦与《冷斋夜话》同。

《石林诗话》一卷

宋叶梦得撰。梦得为蔡京门客，又与章惇为姻家，本绍述之余党，故其持论与魏泰多同。然梦得学问文章，皆出泰上，故是编所论，其识亦出泰《诗话》上。知其党同伐异之私，分别观之可矣。其书则非无所取也。

《藏海诗话》一卷

宋吴可撰。原本久佚，今从《永乐大典》录出。其论诗喜作不了之语，如禅家之机锋，颇嫌其有心作态。然可及见元祐旧人，学问有所授受，持论乃多有深解。

《风月堂诗话》二卷

宋朱弁撰。盖其使金被留时所作。遗稿留于北地，至度宗时乃传至江南。多述元祐诸人遗闻绪论。首尾两条，皆发明钟嵘“思君如流水，既是即目明”“月照积雪、羌无故实”之意，盖其宗旨所在也。

《岁寒堂诗话》二卷

宋张戒撰。钱曾《读书敏求记》载有其名。然世无传本,今从《永乐大典》录出。其论古来诗人,由苏、黄上溯风骚,分为五等。大旨尊李、杜而推陶、阮。始明言志之义,而终以无邪之训。其论唐人咏杨贵妃事,为无礼于君,尤有裨名教也。

《庚溪诗话》二卷

宋陈岩肖撰。冠以宋代御制及前代帝王之作。次评论唐宋诗人,于元祐诸家,尤多所征引,然其论豫章诗派之流弊,最为确凿,是亦未专主元祐也。

《韵语阳秋》二十卷

宋葛立方撰。其评诗不甚论工拙,惟辨别风旨之是非,故谓之“阳秋”。真德秀《文章正宗》,此其先路。然多推尊释氏,与德秀之旨又殊。

《碧溪诗话》十卷

宋黄彻撰。其持论不尚雕华,惟存风教,与《韵语阳秋》略同。然彻本工诗,尚未至以有韵语录,锢天下之性情也。

《唐诗纪事》八十一卷

宋计有功撰。于唐一代诗,或录名篇,或著本事,或记品评之语,兼载其世系爵里,凡一千一百五十家。唐人诗集,不传于世者,多赖此书以存。

《观林诗话》一卷

宋吴聿撰。此书名见《书录解题》,而传本颇稀。故谈艺者,罕相援引。其学亦宗元祐,故多称述苏、黄。其书作于南宋初,故所论至贺铸、汪藻、王宣而止。凡所考证,大抵典核,为宋人诗话之佳本。

《四六谈麈》一卷

宋谢伋撰。其论四六,多以命意遣词分工拙,所见在王铚《四六话》上。其论长句全句,尤切中南宋之弊也。

《环溪诗话》一卷

不著撰人名氏。皆品评吴沆之诗。书中称沆为“先环溪”,则子孙之词也。其诗以杜甫为宗,而出入于李白、韩愈、黄庭坚之间,亦颇具体。其论诗谓多用实字则健,赵与旹《宾退录》尝驳之,盖欲救空疏率易之弊,而主持至于太过也。

《竹坡诗话》一卷

宋周紫芝撰。紫芝以诗媚秦桧父子,人品颇卑。然诗则不能谓之不工,故其论诗考证品评,亦多可取。原本一百条,今所存者八十条,盖已残缺矣。

《苕溪渔隐丛话》前集六十卷,后集四十卷

宋胡仔撰。其书继阮阅《诗话总龟》而作。自序称,阅所载者皆不录。二书互相补苴,北宋以前之诗话已略备矣。然阅书多类小说,此则论文考义者居多;阅书门目冗碎,此则以作者先后为次,实远在阅书上也。

《文则》二卷

宋陈骙撰。所论文章体制,大率准经以立制。虽分门别类,比较于字句之间,所得颇浅;然取格法于圣籍,终胜摹机调于后人也。

《二老堂诗话》一卷

宋周必大撰。必大学问赅洽,又熟于掌故。故是编论诗考证之文为多,精

核者居十之六七。

《诚斋诗话》一卷

宋杨万里撰。题曰“诗话”,而论文之语乃多于诗。又颇及谐谑杂事,盖宋人诗话往往如是也。然其论文论诗之语,中理者实多。惟好以腐语俚语,标为佳句,是其一失。盖万里诗自有此病,故论诗亦尔也。

《余师录》四卷

宋王正德撰。原本久佚,今从《永乐大典》录出。其书辑前代论文之语,自北齐下迄于宋。虽习见者多,而当时古籍今不传于世者,亦复不少。

《沧浪诗话》一卷

宋严羽撰。其论诗以禅为喻,大旨主于妙悟。胡应麟《诗薮》,比为达摩西来。冯班则作《严氏纠谬》以攻之。实则羽当诗教极坏之时,讲学家肤浅粗疏,江湖派雕镂细碎,因标举盛唐之兴象以救弊补偏。尊为极则者非,斥为缪种者亦非也。

《诗人玉屑》二十卷

宋魏庆之编。与《苕溪渔隐丛话》,大致相仿。胡仔书作于高宗时,所载北宋人语为详。此书作于度宗时,所载南宋人语差备。合是两编,宋人诗话略具矣。

《娱书堂诗话》一卷

宋赵与虤撰。其论诗源出江西,而兼涉江湖宗派,故所取或涉于庸腐。然名章隽句、逸事遗文,亦络绎其间,亦未可以其芜杂,并弃其菁华也。

《后村诗话》前集二卷，后集二卷，续集四卷，新集六卷

宋刘克庄撰。克庄晚节颓唐，诗亦日趋潦倒。其论诗则终多心得之言。前集、后集、续集，统论历代之诗，而论唐宋者为多，所载宋人诸集，多今所未睹。新集惟论唐诗，往往连篇备录，与他家诗话为例独殊。

《荆溪林下偶谈》四卷

宋吴子良撰。子良为叶适门人，学问具有端绪。故此编品评诗文，多述适之余论，大抵精确者居多。

《草堂诗话》二卷

宋蔡梦弼撰。裒集宋人评论杜诗之语，共为一编，颇足以资参考。远在方道醇《老杜诗评》之上。

《文章精义》一卷

宋李耆卿撰。原本久佚，今从《永乐大典》录出。其论文多原本六经，不屑于声律章句。于源流得失，具有鉴裁。其论三苏、二程之文，尤破除门户，独得其平。

《竹庄诗话》二十四卷

宋何溪汶撰。其例每条以前人诗话列前，以所论之诗全篇附载于后，互相勘证，颇便于参考。

《浩然斋雅谈》三卷

宋周密撰。原本久佚，今从《永乐大典》录出。上卷考证经史、品评文章，中卷为诗话，下卷为词话。其持论多精确。而遗篇断句，为他书所不载者，居十之九。

《对床夜话》五卷

宋范晞文撰。皆论诗之语,自汉魏至宋,皆有品评。虽不免瑕瑜互见,然当宋之末,能力排四灵、晚唐二派,亦可云特识矣。

《诗林广记》前集十卷,后集十卷

宋蔡正孙撰。与《竹庄诗话》体例相同。但《竹庄诗话》以诗列评后,此以评列诗后为小异。

《文说》一卷

元陈绎曾撰。原本久佚,今从《永乐大典》录出。盖因廷祐复行科举,以此为程试之式。然绎曾受学于戴表元,虽论场屋之文,亦不失先正典型也。

《修词鉴衡》二卷

元王构编。上卷论诗,下卷论文。皆采录旧说,然简择特为精审。中如《诗文发源》《诗宪》《蒲氏漫斋录》之类,亦今人未见之书。

《金石例》十卷

元潘昂霄撰。前五卷述碑志之始,凡制度源流,一一详核;六卷至八卷,举韩愈所撰碑志,标为程序;九卷杂论文体;十卷为史院;凡例则附录也。所举韩愈诸篇,虽不免拘于定法,然愈于无法者多矣。

《作义要诀》一卷

元倪士毅撰。皆当时科举经义之体例。虽拘于程序,不足括文章之变,然所论皆后来八比之龟鉴也。

《墓铭举例》四卷

明王行撰。取韩愈、李翱以下十五家，志墓之文，标为一十三例，以补潘昂霄书之遗。较墨守韩氏一家者，为得其变通。

《怀麓堂诗话》一卷

明李东阳撰。其论诗主于法度音调，而极论剽窃摹拟之非。至李梦阳出，乃一变其体。然赝古之派，适中其所诋诃。故后人多抑彼伸此。惟好誉其子兆先，有王福畤之癖，为其所短耳。

《颐山诗话》二卷

明安磐撰。其论诗以严羽为宗，持论往往中理，虽载及俳谐，未免涉于小说，然不害其宏旨也。

《诗话补遗》三卷

明杨慎撰。作于谪戍永昌之时，边地少书，惟凭记忆，故不免小有舛讹。然慎学有根柢，兼富词章，其所论说，究在明人诗话之上。

《艺圃撷余》一卷

明王世懋撰。杂论诗格，大旨宗其兄世贞之说。然成书在《艺苑卮言》以后，已稍觉摹古之流弊。故于李攀龙颇示裁损，而于徐祯卿、高叔嗣深致推挹，则所见过于其兄矣。

《唐音癸签》三十三卷

明胡震亨撰。所编《唐音统签》凡十集，以十干为记，此其第十集也。前九集皆录唐诗，此集则专录诗话，凡分七目。虽多录明人议论，未可据为定评，然缕析条分,元元本本,唐三百年诗派之源流,已约略备具矣。

《金石要例》一卷

国朝黄宗羲撰。亦补潘昂霄书之缺,凡为例三十有六,附以论文九则,其考订较王行为密。

《历代诗话》八十卷

国朝吴景旭撰。统论历代之诗,上起三百篇,下迄明季,分为十集,皆仿《学林就正》之例,先列旧说于前,而杂引诸书,以互相参考其旧说所无。而景旭自立论者,则列本诗于前,而附己意于其后。虽嗜奇爱博,不免有曼衍之失,然取材宏富,亦《苕溪渔隐丛话》之亚也。

《渔洋诗话》三卷

国朝王士祯撰。士祯论诗之语,杂见所著说部中,未有专书。康熙乙酉,乃应吴陈炎之请,著为此编。其所标举,不离乎神韵之说,然搜罗名隽,宏奖风流,在近人诗话之中,固无能出其右也。

《师友诗传录》一卷,《续录》一卷

《师友诗传录》,国朝郎庭槐编;《续录》,刘大勤编。二人皆学诗于王士祯,各述其师说以成书。郎录虽以士祯为主,而兼质于平原张笃庆、邹平张实居故,每问必有三答,然宗旨则一耳。

《声调谱》一卷

国朝赵执信撰。古诗不拘平仄拗体,律诗亦不拘平仄,而别有一定之平仄,不可更移。执信尝求其法于王士祯,士祯密不肯语,乃以古诗、唐诗,互相钩稽而得之,因著为此书,其法律至为精密。

《谈龙录》一卷

国朝赵执信撰。王士祯与门人论诗,谓当如云中之龙,时露一鳞一爪,执信因作此书以排之。大旨主于诗中有人,不当为缥缈无著之语,使人人可用、处处可移。其说足救新城末派之弊,似相反而实相成。

《宋诗纪事》一百卷

国朝厉鹗撰。孟棨《本事诗》所录篇章,咸有故实,刘攽《诗话》之类,或偶存轶事,而不必有诗。计有功《唐诗纪事》之类,或但录其诗,而不必有事。鹗作此书,乃兼三例而用之,虽搜罗太博,抵牾所不能无,然南北宋逸篇轶事,此其渊薮也。

《全闽诗话》十二卷

国朝郑方坤编。是编所载诗话,皆闽人所作之诗,与诗之为闽而作者。虽网罗既富,细大不捐,而体例分明,辨证有据,在郭子章豫章诗话之上。

《五代诗话》十卷

国朝郑方坤撰。初,王士祯辑五代诗话,而未成;其乡人臆为补缀,舛漏殊多。方坤得士祯原稿六百四十二条,为删二百十六条,补七百八十九条,定为此编,较山东新刻之本,实为赅备。

右诗文评类。六十四部,七百三十一卷。

集部十　词曲类

《珠玉词》一卷

宋晏殊撰。殊性刚方，而词格特为婉丽。刘攽《中山诗话》称，殊喜冯延巳歌词，其所自作，亦不减延巳，良不虚也。

《乐章集》一卷

宋柳永撰。永词虽未能免俗，然风流旖旎，亦足以移人。故叶梦得《避暑录话》称，教坊乐工，每得新腔，必求永为词，始行于世，凡有井水吃处，皆能歌之也。

《安陆集》一卷，附录一卷

宋张先撰。先本工诗，而当时但传其乐府，后乐府亦不传，但传"张三影"为佳话耳。此本乃安邑葛鸣阳所辑，凡诗八首、词六十八首，今从其多者归之词集。

《六一词》一卷

宋欧阳修撰。修诗文皆变当时旧格，惟词为小技，未尝别关门庭，然婉约风流，较苏轼之硬语盘空，转不失本色。

《东坡词》一卷

宋苏轼撰。轼以歌行纵横之笔，盘屈而为词，跌宕排奡，一变唐五代之旧格，遂为辛弃疾一派开山，寻溯源流，不能不谓之别调，然亦不能谓之不工。

《山谷词》一卷

宋黄庭坚撰。庭坚诗峭拔奇丽，自为门径，入词乃非当行。集中如《沁园春》等十余首,尤帙诨不可名状,然当其造语高妙之处,亦脱尽畦町。盖此事非所留意,但偶然兴到即佳耳。

《淮海词》一卷

宋秦观撰。观诗谓之小石调,格少逊于苏、黄;词则情韵兼胜,在苏、黄之上。

《书舟词》一卷

宋程垓撰。垓词清便流易,不施雕饰,其《意难忘》《一翦梅》诸调,毛晋刻《六十家词》,定为苏轼之作,误入垓集,不知何据。然诸词格力俱较轼为弱也。

《小山词》一卷

宋晏几道撰。几道为殊之幼子,词有父风。黄庭坚序,称其合者,《高唐》《洛神》之流,其下者不减《桃叶》《团扇》,推之诚过。然其"梦魂惯得无拘检,又踏杨花过谢桥"句,虽伊川程子亦赏之也。

《晁无咎词》六卷

宋晁补之撰。其词神姿高秀,与苏轼可以肩随。《书录解题》,载其论黄庭坚词,"不是当家语,是著腔子唱好诗"。又载其品题秦观"斜阳外,寒鸦数点,流水绕孤村"语,知其于此事特深也。

《姑溪词》一卷

宋李之仪撰。之仪以尺牍擅名,而词亦甚工。小令尤清婉峭蒨,黄升《花庵词选》北宋名篇采摭略尽,独未登之仪一字,殆未见其集欤。

《东堂词》一卷

宋毛滂撰。滂初以《惜分飞》词，为苏轼所赏；后竟以寿词媚蔡京，得官，颇干清议。然其词实工，《书录解题》谓他词皆不及苏轼所赏之一首，则随人作计之见也。

《溪堂词》一卷

宋谢逸撰。逸诗列江西宗派中，《复斋漫录》又载其《杏花村馆词》为世所传录，盖诗词并工也。今观是集，大抵淘炼清圆，点染工丽。原序但称其《菩萨蛮》《望江南》中四语，殊不尽所长。

《片玉词》二卷，补遗一卷

宋周邦彦撰。邦彦于南北宋间为词家大宗，所作皆精深华艳，而气格浑成，镕铸成语如己出，此由笔力高妙，不但以娴于音律见长也。

《初寮词》一卷

宋王安中撰。安中人不足称，然学出苏轼、晁说之。其文章之富艳，亦不可掩。以其余技填词，犹清丽芊眠，与专门者联镳并驾。

《友古词》一卷

宋蔡伸撰。伸与向子諲同官彭城，澧属集中多赠子諲之作，而子諲《酒边词》中所载倡酬姓字，独无一首及伸，似于伸颇有所不满。然伸词格韵婉约，实不在子諲之下。

《和清真词》一卷

宋方千里撰。清真者，周邦彦之别号也。千里词规抚邦彦，故追和其韵；

如苏轼之和陶。虽天然谐婉,终有芒忽之差;然亦似唐摹晋帖,几于乱真矣。

《圣求词》一卷

宋吕滨老撰。案:滨老或作渭老,未详孰是。滨老初以诗名,南渡后其诗已佚,惟词集仅存。然赵师峨序所载,诗数联皆未为超诣,词则秀逸清新。杨慎《词品》尝称,其佳处不减秦观,又称其咏梅词不减苏轼。

《石林词》一卷

宋叶梦得撰。其词初以秾艳擅长,晚年刊落浮华,乃颇类苏轼。旧本多与轼词互刊,由其近似而误收也。

《筠溪乐府》一卷

宋李弥逊撰。凡长短调八十一首。其长调多学苏轼,与柳周纤秾,别为一派,而力稍不足以举之,不及轼之操纵自如;短调则不乏秀韵矣。

《丹阳词》一卷

宋葛胜仲撰。其诗文集久佚,今从《永乐大典》录出。词集则原有传本,但多讹脱,今亦以《永乐大典》补完。胜仲多与叶梦得唱和,词格少亚于梦得,而工力大致相埒。

《坦庵词》一卷

宋赵师使撰。案:师使或作师侠,未详孰是。其词萧疏淡远,不肯为翦红刻翠之文,为倚声家之高格。但微离率易,是其一短。

《酒边词》二卷

宋向子諲撰。上卷曰"江南新词",下卷曰"江北旧词"。新词绍兴中作,旧词宣和政和中作也。以老境渐归平淡，故退置少作于后云。

《无住词》一卷

宋陈与义撰。无住，其庵名也。与义诗为南渡第一，词亦吐言天拔，不为花弹莺娇之态，亦不含蔬笋之气。殆于首首可传，不止如《渔隐丛话》之所称，未可以篇页之少而废之。

《竹坡词》三卷

宋周紫芝撰。据其《鹧鸪天》词下自注，其词盖初学晏几道，晚乃刊除秾丽，自为一格。孙兢序称，其初师张耒，后师李之仪者，乃诗文之渊源耳。

《漱玉词》一卷

宋李清照撰。清照虽女子，而词格高秀，乃与周、柳抗行。此本仅十七阕，附以《金石录后序》一篇，盖后人掇拾而成，非其完本，然已见大概矣。

《芦川词》一卷

宋张元干撰。元干以作词送胡铨除名，此集即冠以是篇，而次以寄李纲一篇，并慷慨悲歌，声动简外。然其他作，则清新婉丽，与秦观、周邦彦，可以肩随。

《东浦词》一卷

宋韩玉撰。玉本金人，绍兴初挈家南渡，此集皆归宋以后作也。毛晋刻入《六十家词》中，称其虽与康与之、辛弃疾唱和，相去如苎萝、无盐。今考集中，惟庆贺诸篇，不免俗滥，晋所摘《且坐令》二语，体类北曲，亦诚为不佳，然宋人词此类甚多，何独刻责于玉。至如《感皇恩》《减字木兰花》《贺新郎》诸作，又何尝不凄清宛转，岂可一概排诋欤。

《孏窟词》一卷

宋侯寘撰。寘为晁氏之甥，犹有元祐旧家余韵。其词皆婉约娴雅，无酒楼歌馆簪鸟狼藉之态。

《逃禅词》一卷

宋杨无咎撰。无咎工画墨梅，赏鉴家至今宝贵，遂以技艺掩其文章。然词格殊高，无绮罗脂粉之气。盖无咎当秦桧柄国时，耻于附势，遂伏处终身，其胸次本无俗事也。

《于湖词》三卷

宋张孝祥撰。其诗文皆追摹苏轼，词亦骎骎乎近之。《朝野遗记》称其在建康留守席上，赋《六州歌头》，感慨淋漓，主人为之罢席，可以想其气概矣。

《海野词》一卷

宋曾觌撰。其应制诸作，多任务稳。奉使过汴诸作，黄升收入《花庵词选》，称其有黍离之悲。虽与龙大渊并列名《佞幸传》中，然才华富艳，实有可观。过而存之，亦选六朝诗者，不废江总之意也。

《审斋词》一卷

宋王千秋撰。其词出入于秦观、苏轼之间。毛晋跋以绝少绮艳病之。然如《忆秦娥》《清平乐》《好事近》《虞美人》《点绛唇》及咏花诸作，短歌微吟，兴复不浅，何必屯田乐章，始为情语也。

《介庵词》一卷

宋赵彦端撰。彦端尝以"波底斜阳红湿"之句，见赏于高宗。全集亦多婉转纤秾,不愧作者。惟集末《鹧鸪天》十阕,俨然北里之音,颇伤大雅耳。

《归愚词》一卷

宋葛立方撰。立方作《韵语阳秋》,颇不以兴象为重。其词亦朴实平直,少清新宛转之思。然究不失为雅音,犹诗家之有长庆体也。

《克斋词》一卷

宋沈端节撰。其词多有调而无题,虽唐五代之旧例,然无以考其用意之工拙。以词采论之,则吐属颇有风韵,不以《花庵》《草堂》诸选未见采录减价也。

《稼轩词》四卷

宋辛弃疾撰。其词源出于苏轼,而才气纵横,溢为奇恣。遂于宋人中,别辟门庭。譬诸苏,黄之书,不可绳以二王法,而能自为一法,传之至今。

《龙川词》一卷,补遗一卷

宋陈亮撰。亮词已载本集中,然无艳绮之作。其艳绮之作,乃载于黄升《花庵词选》。盖集为其子沆所编,意有所讳,黄升则据其流传之稿也。此本合两书所载为一编,差为完备。

《西樵语业》一卷

宋杨炎正撰。词凡三十七首,而与辛弃疾唱和者六。其奇逸排奡之气,虽不足以敌弃疾,而洗涤铅华,独标清隽,要非俗艳所能拟。

《放翁词》一卷

宋陆游撰。填词为游之余事,故所作仅及诗集百分之一。刘克庄《诗话》谓其时掉书袋,要是一病。杨慎《词品》则谓其纤丽处似淮海,雄快处似东坡。

平心而论，慎评为允矣。

《樵隐词》一卷

宋毛幵撰。陈振孙《书录解题》载《樵隐词》一卷，此刻计四十二首，不知即振孙所见否。幵他作不甚著，而小词最工。王木叔题词，有“病其诗文视乐府颇不逮”之语，则当时已定论矣。

《知稼翁词》一卷

宋黄公度撰。据其子沃跋语，盖公度没后，掇拾未竟之本，故词仅十四阕。其每调之下，系以本事，并及倡酬诸作，公度生平可以见其大概。较他家词集，体例特详。

《蒲江词》一卷

宋卢祖皋撰。祖皋为楼钥之甥，又与永嘉四灵游，故颇工于诗。然其诗传者不多；词集虽存，较《花庵词选》所载仅多一首，盖即从《花庵词选》录出，亦非原帙也。张端义《贵耳集》，称其小词纤雅。今虽散佚之余，尚可见一班。

《平斋词》一卷

宋洪咨夔撰。咨夔骨鲠之士，早年见扼于权幸，晚乃致位通显。故其词多抑塞磊落之气，颇近辛弃疾、刘过。毛晋跋以王岐公文，多富贵拟之，未为得实。

《白石道人歌曲》四卷，《别集》一卷

宋姜夔撰。夔诗格高秀，迥出一时，词亦华妙精深，尤娴于音律。故于《九歌》，皆注律吕，琴曲亦注指法，自制诸曲皆注节拍于旁，似西域旁行之字，亦足以资考核。

《梦窗稿》四卷，补遗一卷

宋吴文英撰。分甲、乙、丙、丁四稿，皆其原本。补遗则毛晋所辑也。沈泰嘉称其深得清真之妙，但用事下语太晦处，人不易知。张炎称其如七宝楼台，炫人眼目，拆碎下来，不成片段。所短所长，可谓均得之矣。

《惜香乐府》十卷

宋赵长卿撰。其词瑕瑜互见，不能一一警策。然长卿恬于进取，觞咏自适，随意成文，亦颇有淡远萧疏之致。

《龙洲词》一卷

宋刘过撰。黄升谓过乃辛弃疾客，词多壮语，盖学弃疾。然过惟和弃疾者用弃疾体，其他作实不尽然。如《贵耳集》所取《南楼令》一首，颇为婉秀；《辍耕录》所取《沁园春》二首，未尝非香奁媟语也。

《竹屋痴语》一卷

宋高观国撰。其词与史达祖齐名，其清新挺拔，壁垒诚足以相当。故陈造序称，《竹屋》《梅溪》，妙处皆不经人道也。

《竹斋诗余》一卷

宋黄机撰。机才气磊落，多与岳珂以长调唱酬，极激楚苍凉之致。

《梅溪词》一卷

宋史达祖撰。达祖为韩侂胄堂吏，而其词则抗行作者间。张镃序，称其"分镳清真，平睨方回"，固为过当；然清词丽句，亦姜夔之次乘也。

《石屏词》一卷

宋戴复古撰。方回《瀛奎律髓》,称其诗清新健快,其词亦然。至《赤壁怀古》之类,豪情壮采,直逼苏轼,又集中之变调也。

《散花庵词》一卷

宋黄升撰。案:毛晋刻本作黄昃,乃字之误。升尝辑《花庵词选》,自录其词四十首。此本即从是集录出,所增不过三首。然升于词极有鉴别,选录己作尤冷暖自知,其菁华已略具于此矣。

《断肠词》一卷

宋朱淑真撰。淑真所适非偶,故多幽怨之音。旧与李清照《漱玉词》合刊,虽未能与清照齐驱,要亦无愧于作者。此本由掇拾而成,其《元夜·生查子》一首,本欧阳修作,在《庐陵集》一百三十一卷中,编录者妄行采入,世遂以淑真为佚女,误莫甚矣。

《山中白云词》八卷

宋张炎撰。炎以《春水》词得名,此集即以压卷。然集中似此者尚众。宋亡以后,抚时感事,尤苍莽悲凉,以之接武姜夔,可云后劲。

《竹山词》一卷

宋蒋捷撰。其词炼字深稳,抒词谐畅,为倚声家之正轨,不但抱节终身,其人品为足贵也。

《天籁集》二卷

金白朴撰。朴幼鞠于元好问,家学有端绪。其词清婉秀逸,可与张炎相匹。旧无刻版，亦无传本，康熙中朱彝尊始序而传之。书虽晚出，然倚声家未有疑其伪者，盖词采气韵，望而知为宋、金、元人，非后人所能依托也。

《蜕岩词》二卷

元张翥撰。其词皆风流婉丽，有姜夔、吴文英之遗。又一身阅元之盛衰，故闵乱忧时，颇多楚调。

《珂雪词》二卷

国朝曹贞吉撰。贞吉诗集、词集，皆以“珂雪”为名。而其词寄托遥深，风华掩映，实远过其诗，盖才性有所偏至也。

右词曲类词集之属。五十九部，一百三卷。

《花间集》十卷

蜀赵崇祚编。诗变为词，始于中唐，而成于五代。然大抵附见诗集中，其以长短句自为一编者，自此集始。其语多浓艳而隐秀，不似后来畅发无余，盖词之初体本如此。

《尊前集》二卷

不著编辑者名氏。毛晋跋以为明顾梧芳作，朱彝尊据吴宽手写本，定为宋初人作。考张炎《乐府指迷》，有“尊前”之名，则彝曾说当信然。《书录解题》称《花间集》为倚声之祖，又不载此集，疑以传疑，莫能确定。就词论词，固《花间集》之亚也。

《梅苑》十卷

宋黄大舆编。所录皆咏梅之词，起于唐代，止于南、北宋之间。

《乐府雅词》三卷，补遗一卷

宋曾慥编。所录宋人之词，凡三十有四家。自序谓涉谐谑则去之，当时艳曲谬托欧公者则除之。其去取具有风旨，故命曰“雅词”。

《花庵词选》二十卷

宋黄升编。前十卷曰《唐宋诸贤绝妙词选》，始于唐李白，终于北宋王昂，方外、闺秀各为一卷附焉；后十卷曰《中兴以来绝妙词选》，始于康与之，终于洪瑹。升本工词，能心知其得失，故去取精审，在曾慥书之上。

《类编草堂诗余》四卷

不著编辑者名氏。王楙《野客丛书》已引之，则书在庆元以前矣。后来小令、中调、长调之分，始于此集。其持择不及《花庵词选》之精，然名章隽句，亦往往而在。朱彝尊以无目诋之，未免已甚矣。

《绝妙好词笺》七卷

《绝妙好词》，宋周密编，其笺则国朝查为仁、厉鹗同撰也。密所录歌词，始于张孝祥，终于仇远，凡一百三十二家。采掇菁华，几于篇篇皆善。为仁等所注，亦颇详赅。

《乐府补题》一卷

不著编辑者名氏。所录宋末遗民唱和之作，凡十三人三十七首，皆咏物词也。旧无刊本，康熙中始行于世。前后无序跋，亦无目录，疑从墨迹录出也。

《花草粹编》二十四卷，附录一卷

明陈耀文编。所录皆唐、宋二代之词。曰“花草粹编”者，《花间集》为唐词,《草堂诗余》为宋词,各摘其一字也,立名殊为不典。然其书援据繁富,笺释详赅,颇足以资参考。

《御定历代诗余》一百二十卷

康熙四十六年,翰林院侍读学士沈辰垣等奉敕撰。所录自唐及明词,凡一千五百四十调九千余首,为一百卷,又撰人姓氏爵里十卷,词话十卷。于倚声家之派别异同,博征详考,本末粲然。而崇雅黜浮,别裁不苟,固度曲之渊海,而赏音之衡鉴矣。

《词综》三十四卷

国朝朱彝尊编。所录宋、金、元词凡五百余家,采摭极为繁富,而鉴别精审,辨订详核,迥出诸家词选之上。著精考证者,多不娴于音律;娴音律者,多不精于考证;彝尊则兼是二者也。

《十五家词》三十七卷

国朝孙默编。十五家者,吴伟业、梁清标、宋琬、曹尔堪、王士禄、尤侗、陈世祥、黄永、陆求可、邹祗谟、彭孙遹、王士祯、董以宁、陈维崧、董俞也。国初填词之家约略具是矣。

右词曲类词选之属。十二部,二百七十四卷。

《碧鸡漫志》一卷

宋王灼撰。详载曲调源流,首述古初至唐宋声歌递变之由,次列二十八调,溯其得名之所自,与其渐变宋调之沿革。但据其传授分明者;其晚出杂曲,则不暇悉举。以作是书时,适居碧鸡坊,因以为名焉。

《沈氏乐府指迷》一卷

宋沈义父撰。凡二十八条。其论词以周邦彦为宗,颇多中理。其谓去声字要紧，及入声可替平声，不可替上声，尤入微之解。又谓古曲谱亦有异同，嘌唱家多有添字，亦足以解释纠纷。

《渚山堂词话》三卷

明陈霆撰。本与所作《诗话》同刊，而较胜其《诗话》。盖霆诗格颇纤，于词为近，故论词转多中肯也。其中轶事逸篇，亦可资考订。

《西河词话》二卷

国朝毛奇龄撰。奇龄填词之功，较深于诗，且本为小技，萌于唐而成于宋，亦不能附会古义，辗转辨争，故所说转多可取。

《词苑丛谈》十二卷

国朝徐釚撰。辑录词家故实，分为七类，采摭颇详。惟引书不著所出，是其一失。朱彝尊、陈维崧等尝病之，釚亦自欲添注，而讫未能也。

右词曲类词话之属。五部，十九卷。

《钦定词谱》四十卷

康熙五十四年，詹事王奕清等奉敕撰。凡八百二十余调、二千三百余体，均以字数多寡为序，而删除《草堂诗余》小令、中调、长调之名，并删除《啸余谱》第一体、第二体之次。刊讹订妄，具有考证。于诸调得名之源流，倚声之平仄，句法之异同，以及大曲之套数，尤博赡而典核。

《词律》二十卷

国朝万树撰。多纠正《啸余谱》及《填词图谱》之讹，虽不及《钦定词谱》之精密，而当众说轇轕之时，能参互考证，得古人之旧法，其翦除榛楛之功，亦不可没。故并存以备考焉。

右词曲类词谱词韵之属。二部,六十卷。

谨案:自明以来,词韵无一善本,是以概不收录,然存目中则有之。门类标题,不可歧出,故缺其书,而仍兼著其名。

《顾曲杂言》一卷

明沈德符撰。专论南曲、北曲之别。其条分缕析,辨订颇为精确。 以上曲品。

《御定曲谱》十四卷

康熙五十四年,詹事王奕清等奉敕撰。首载诸家论说及九宫谱定论一卷,次北曲谱四卷,次南曲谱八卷,次以失宫犯调诸曲别为一卷附于末。南曲、北曲,各以宫调提纲,每曲各详注其音律。其旧谱讹字,亦一一辨证,载于本调之后。 以上曲谱。

《中原音韵》二卷

元周德清撰。其例以平声分阴阳,而以入声分隶三声。盖乐府既为北调,则声韵亦宜用北音,所谓言各有当,不能以一格执也。 以上曲韵。

右词曲类南北曲之属。三部,十七卷。

谨案:南北曲非文章之正轫,故不录其词,惟存其论曲之语,与曲谱、曲韵,以备一家。词话列词韵、词谱前,故此亦以论曲者列前焉。

补　遗

从赵怀玉刻本补录

别史类(卷五,史部四)

《南北史合注》一百五卷案:在《春秋别典》后。

明李清撰。以宋、齐、梁、陈四史参定《南史》,以魏、齐、周、隋四史参定《北史》,兼旁采诸书,考证异同,以为之注,用意颇为精密。惟于李延寿书多所改定,既不可云清之新撰,又不可以云延寿之原文,未免进退无据耳。

载记类(卷六,史部九)

《南唐书合订》二十五卷案:在《安南志略》后。

明李清撰。以陆游书为主,以马令书及诸家所录参之,多所补正。大旨以南唐绍长安正统。申陆游之谬说,殊为乖舛。其考证之详核,则与南北史合注可并称焉。

地理类杂记之属(卷七,史部十一)

《闽小记》四卷案:在《颜山杂记》后。

国朝周亮工撰。杂记闽中物产民风,颇及遗闻琐事。叙述雅令,时时参以论断,亦颇名隽。

艺术类书画之属(卷十二,子部八)

《读画录》四卷案:在《石渠宝笈》后。

国朝周亮工撰。记明末国初画家凡七十六人,各论其品第及其生平梗概,亦间附以题咏,后列有名无传者六十九人,或欲撰而未成,或以有传无传分甲乙,则莫可考矣。

《书画记》六卷案:在《庚子销夏记》后。

国朝吴其贞撰,录所藏及所见真迹,各为品题,于行款、位置、方幅大小、卷轴长短及印记、纸绢、装褙,一一详述,并注所见年月,惟不录旧人题跋,与郁、张诸家体例小异。

艺术类杂技之属(卷十二,子部八)

《印人传》三卷案:在《学古编》后。

国朝周亮工撰。亮工喜集印章,工于鉴别,所编赖古堂印谱,为篆刻楷模。此书以谱中诸人各为小传,首载文天祥、海瑞、顾宪成三印及其父、其弟与其友许宰印,次为文彭以下六十九人,附见三人,又不知姓名一人,有名无传者六十一人,其例与《读画录》同。

杂家类杂说之属(卷十三,子部十)

《书影》十卷案:在《春明梦余录》后。

国朝周亮工撰。曰书影者,取老人读书惟存影子意也。所录皆杂论杂事,每引据旧文,而系以评语,大抵明末国初人所著为多,引古书者仅十之一二,然去取颇有持择,虽繁而不杂。

类书类(卷十四,子部十一)

《历代不知姓名录》十卷案:在《广博物志》后。

明李清撰。取诸书所载有事迹而无姓名者,类为一编,分五十四门,大致以正史为主,而参以小说杂记之可信者。

《诸史同异》六十八卷案:次于前种之后。

明李清撰。取诸史所载事迹,以相合者为同,分三十八类;相反者为异,分三十类。与陈禹谟之《骈志》,大致相近,而体例各异,博洽亦较胜之。

《同书》四卷案:在《韵府拾遗》后。

国朝周亮工撰。大致如李清《诸史异同》,而李书多载相类之事,此则兼载相类之语,颇足以稽古异同。